Hongkong

„Hat man sich erst einmal zum Reisen entschlossen, ist das Wichtigste auch schon geschafft.

Also, los geht's!"

TONY WHEELER, GRÜNDER VON LONELY PLANET

Emily Matchar, Piera Chen

Inhalt

Reiseplanung 4

Willkommen in Hongkong.......................... 4
Hongkongs Top 16........... 6
Was gibt's Neues?.......... 17
Gut zu wissen................ 18
Hongkong für Einsteiger 20
Unterwegs vor Ort 22
Hongkong erleben.......... 24
Wie wär's mit 26
Monat für Monat 29
Mit Kindern reisen......... 33
Wie die Einheimischen.. 37
Hongkong gratis............ 40

Essen **42**
Ausgehen & Nachtleben **50**
Unterhaltung **54**
Shoppen **57**
Sport & Aktivitäten **62**

Hongkong erkunden 66

Stadtviertel im Überblick....................... 68
Hong Kong Island – Central........................... 70
Hong Kong Island: The Peak & der Nordwesten.. 85
Hong Kong Island: Wan Chai & der Nordosten... 107
Hong Kong Island: Aberdeen & der Süden 130
Kowloon....................... 139

New Territories............. 167
Outlying Islands........... 190
Macao........................... 210
Schlafen.................... **238**

Hongkong verstehen 251

Hongkong aktuell........................... 252
Geschichte 254
Kunst 265
Kino............................... 273
Architektur................... 277
Religion & Glaube 281

Praktische Informationen 283

Verkehrsmittel & -wege 284
Allgemeine Informationen.............. 294
Sprache........................ 301
Register 317

Cityatlas Hongkong 326

(links) Goldene Pagode im Nan Lian Garden (S. 145)

(oben) Fischverkäufer auf dem Bowrington Road Market (S. 120)

(rechts) Figurinen in der Cat Street (S. 89)

Kowloon
S. 139

Hong Kong Island: Central
S. 70

Hong Kong Island: The Peak & der Nordwesten
S. 85

Hong Kong Island: Wan Chai & der Nordosten
S. 107

Hong Kong Island: Aberdeen & der Süden
S. 130

Willkommen in Hongkong

Hongkong lockt mit der berühmten Skyline, seiner legendären Küche und großartiger, geschützter Natur, die seltenen Vögeln und bunten Traditionen eine Heimat gibt.

Stadtviertel & Inseln

Hongkongs faszinierende Viertel und Inseln sind ein Fest für die Sinne. Besucher können in einer alten Doppeldecker-Straßenbahn durch die Stadt schaukeln, bei Pferderennen im Zentrum mit den Massen mitfiebern oder den tollen Hafen bestaunen. Über 70 % der Fläche bestehen aus Bergen und weiten Parks, die geologische und historische Kostbarkeiten bergen. Dem urbanen Trubel kann man dank eines der perfektesten Nahverkehrsnetze der Welt entfliehen, um z. B. ein Dorf aus der Song-Dynastie zu besuchen, einsame Inseln zu erkunden oder per Kajak vulkanische Felsbögen im Meer zu bestaunen.

Küche

Hongkong gehört weltweit gesehen zur Spitze der kulinarischen Hochburgen. Die facettenreiche Küche prägen kantonesische, Sichuan-, japanische und französische Einflüsse. Mit der Leidenschaft für gutes Essen und dem breiten Repertoire an Aromen hat Hongkong für jeden Geschmack etwas zu bieten, sei es mit einer Schüssel Wan-Tan-Teigtaschen, frisch zubereitetem Dim Sum, einem warmen Ananasbrötchen mit Butter, süßen Garnelen, dem allerersten „stinkenden" Tofu überhaupt oder den Kreationen des neuesten Starkochs.

Shoppen

Ob chinesische Kleider von der Stange oder maßgefertigte Küchenmesser: Die Vielfalt in Hongkongs Läden ist atemberaubend. Jedem Wunsch, Bedürfnis und Geldbeutel wird mit Geschäftssinn in einer schwindelerregenden Zahl von Geschäften entsprochen – in schicken Malls für das große Budget, in Edelboutiquen in Seitenstraßen und Vintage-Läden für Modeliebhaber, auf Elektronik-Basaren für Technikfans oder auf bunt gemischten Märkten. Da die Stadt keine Umsatzsteuer erhebt, sind die Preise für Besucher besonders attraktiv.

Kultur

Hinter der Fassade aus Glas und Stahl – der kommerziellen Seite Hongkongs – verbirgt sich eine lebendige Kulturszene, geprägt von chinesischen Wurzeln, kolonialen Elementen und stadteigenen Talenten. Hier kann man Asiens beste Filmfestivals besuchen, den Tag mit Tai Chi beginnen oder, begleitet vom Trommelschlag eines Drachenboots, die Zweizeiler eines lokalen Dichters lesen. Kultur bedeutet hier aber auch Indie-Musik am Hafen oder chinesische Oper in einem Bambustheater, ganz zu schweigen von den tausenden Veranstaltungen, die das ganze Jahr über in den vielen Museen und Konzerthallen stattfinden.

Warum ich Hongkong liebe

von Piera Chen, Autorin

Hongkongs Komplexität lässt sich kaum in Worte fassen. Die Stadt ist der einzige Ort, an dem ich nahe der chinesischen Grenze koloniale Militärrelikte erkunden, mit einem Buddhisten in einem Sikh-Tempel zu Mittag essen, die Ästhetik der chinesischen Renaissance-Architektur entdecken und ein teures Messerset erstehen kann, und das innerhalb von fünf Stunden! Am Abend locken dann kantonesische Oper, Karaoke oder Dichtkunst. Hongkong ist so intensiv und bietet so viele Möglichkeiten, dass ich froh bin, dass die Gesetze (und das großartige Verkehrsnetz) ein Abgleiten ins Chaos verhindern.

Mehr Infos über unsere Autoren gibt's auf S. 351

Oben: Hongkongs Skyline bei Sonnenuntergang

Hongkongs
Top 16

Star Ferry (S. 73)

1 Die legendäre Star Ferry ist ein schwimmendes Stück Hongkonger Geschichte und ein Sightseeing-Schnäppchen. Seit 1880 bringt sie Pendler und Touristen quer über den Victoria Harbour. Der 15-minütige Törn für nur 2,50 HK$ mit Blick auf die berühmte Skyline Hongkongs gehört sicher zu den preiswertesten Bootstouren der Welt. In Richtung Insel wirkt die Aussicht zwar spektakulärer, aber der Kowloon Pier im Art-déco-Stil, der wie ein Finger zur Insel zeigt, ist zweifellos charmanter.

◉ *Central*

The Peak (S. 87)

2 Der Victoria Peak über dem Finanzzentrum von Hong Kong ermöglicht einen überwältigenden Blick auf die Stadt und die bergige Landschaft dahinter. Während die haarsträubende Peak Tram, Asiens älteste Seilbahn, die seit 1880 in Betrieb ist, zum kühleren Gipfel hinauf fährt, werden Wolkenkratzer und Apartmentblöcke in der Ferne ganz klein. Wenn abends die Lichter der Stadt angehen, glitzert der Victoria Harbour wie die Milchstraße auf einem Science-Fiction-Poster – mysteriös und verheißungsvoll.
UNTEN: PEAK TRAM

◉ *The Peak & der Nordwesten*

Märkte in Mong Kok (S. 150)

3 Mong Koks bunte Spezialitätenmärkte sind das beste Pflaster für lohnende Shoppingtouren. In der „Endlosgarderobe" des Ladies' Market gibt's Klamotten, und zwar alles von „I Love HK"-T-Shirts über Fußballtrikots bis hin zu Oma-Badeanzügen. Auf dem Blumenmarkt findet man exotisches Saatgut und Gartengeräte neben Eimern mit duftenden Blumen. Die Stände des Goldfischmarkts präsentieren bunte Wasserlebewesen im UV-Licht sanft surrender Aquarien. Es gibt aber auch senkrecht in die Höhe schießende Märkte (nämlich Einkaufszentren): etwa ein viel besuchtes Computerkaufhaus und ein mehrstöckiges Paradies für Gadget-Fans.

 Kowloon

Man Mo Temple (S. 88)

4 Mitten in Soho wartet eine Begegnung mit dem chinesischen Volksglauben. Der berühmte Tempel – ständig vom dicken Sandelholzrauch herabhängender Räucherspiralen vernebelt – ist den Göttern der Literatur und des Krieges (Man und Mo) geweiht. Er war früher ein kulturelles und politisches Zentrum hiesiger Chinesen und lockt heute weit mehr Besucher an als nur brave Studenten und Kämpfer: Einheimische und Fremde praktizieren hier uralte Rituale und lassen sich ihre Zukunft vorhersagen.

◉ *The Peak & der Nordwesten*

Restaurants in Wan Chai (S. 117)

5 Wer einfach mal mit geschlossenen Augen ein Lokal aussuchen und dabei trotzdem ziemlich sicher einen Volltreffer landen will, hat dazu in Wan Chai die allerbesten Chancen: Hier warten viele tolle Restaurants für jeden Geldbeutel. Ob chinesische Regionalküche, Asiatisches, östlich-westliche Fusionküche, elegant, mittelteuer, am Verkaufsfenster … Ganz egal wonach einem ist, einfach hinunter zur Wanch – denn dort gibt's garantiert das Gewünschte.

✕ *Wan Chai & der Nordosten*

Temple Street Night Market
(S. 143)

6 Im Schein nackter Glühbirnen verkaufen Hunderte Stände Beutegut aller Art – vom Sexspielzeug bis hin zu nepalesischen Dolchen. Beim Stöbern nach praktischen oder schrägen Souvenirs kann man seine Fähigkeiten im Feilschen testen. Gleich nebenan sagen Wahrsager in schummrigen Zelten die Zukunft voraus und kantonesische Opernsänger posieren für Passanten. Viele Stände verkaufen Snacks oder Seafood-Mahlzeiten. Natürlich ist das Ganze touristisch, doch wegen der hypnotisierenden, Aura fühlen sich selbst Einheimische wie willkommene Gäste.

Kowloon

Hong Kong Wetland Park
(S. 175)

7 Das sumpfige, artenreiche Naturschutzgebiet (61 ha) im belebten Tin Shui Wai liegt unter einem mächtigen Bogen von Apartment-Türmen. Ein höchst surrealer Gegensatz von Stadt und Natur, aber dennoch sehr harmonisch. In den kostbaren Ökosystemen in diesem einsamen, aber leicht erreichbaren Teil der New Territories liegen ruhige Habitate für Wasservögel und andere Tiere. Deshalb lohnt es sich, die von Menschen gemachte Welt vorübergehend zu vergessen und in die Mangrovenlandschaft mit Flüssen und Fischteichen einzutauchen.

New Territories

Shoppen in Tsim Sha Tsui *(S. 162)*

8 Ein Nachmittag in Tsim Sha Tsuis Shoppingbezirken sollte so manches Juwel zutage fördern. Geschenke im chinesischen Stil (z. B. Seidenumhänge, Teekannen und Modeschmuck) gibt's nahe dem Südende des Viertels. Glamourfans absolvieren zusammen mit den superreichen Touristen vom Festland einen langen Kreditkarten-Durchziehmarathon in den Designerläden und Luxus-Einkaufszentren entlang der Canton Rd. Lust auf etwas Einzigartiges? Dann rüber zur Granville Rd für einen XXL-Blazer in Orange, und für asymmetrische Ohrringe oder schenkelhohe Stiefel in eine nahe gelegene Mini-Mall.

Kowloon

Tian Tan Buddha (S. 191)

9 Bei Ausflüglern und ausländischen Besuchern beliebt ist der weltgrößte im Freien sitzende Buddha, der über den westlichen Hügeln von Lantau Island thront. Die Seilbahn Ngong Ping 360 fährt zur erhabenen Riesenstatue hinauf. Danach geht's über 268 Stufen zum aus drei Plattformen bestehenden Altar, auf dem die Statue sitzt. Unterwegs kommt man an drei lohnenden Hallen vorbei. Als Belohnung genehmigt man sich im vegetarischen Restaurant des unterhalb der Statue gelegenen Po Lin Monastery leckere Mönchskost. Zu Buddhas Geburtstag im Mai ist die bedeutende Pilgerstätte besonders bunt.

◉ *Outlying Islands*

Pferderennen im Happy Valley (S. 113)

10 Jeden Mittwochabend erwacht die Pferderennbahn im Happy Valley zum Leben. Es gibt acht mitreißende Rennen sowie ein wahres Fest mit reichlich Essen und Bier. Dabei kann man sein Wettglück versuchen oder nur die kollektive Heiterkeit und das Donnern der Hufe genießen. Die ersten Rennen wurden im 19. Jh. von europäischen Kaufleuten veranstaltet. Sie importierten stämmige Pferde aus der Mongolei und ritten sie selbst. Heute finden jede Woche Rennen statt – außer im Juli und August, wenn es einfach zu heiß ist.

◉ *Wan Chai & der Nordosten*

Straßenbahn-Trips
(S. 289)

11 Schon 1904 tuckerten die Straßenbahnen (lokaler Spitzname „Ding Dings") zwischen dem Osten und dem Westen der Insel hin und her. Und heute, mehr als ein Jahrhundert später, bahnt sich die weltgrößte Flotte noch betriebener Doppeldecker-Straßenbahnen noch immer klimafreundlich durch Hongkongs Höllenverkehr. „Ding-Ding"-Passagiere können entspannt beobachten, wie die Bilder der Stadt an ihnen vorbeiziehen – und dabei ihre Pläne für den nächsten Tag aushecken. Die Fahrt macht einfach jede Menge Spaß: Passagiere sich entgegenkommender Straßenbahnen sollen sich im Fahren sogar schon abgeklatscht haben.

◉ *Verkehrsmittel & -wege*

Tsim Sha Tsui East Promenade
(S. 142)

12 Glitzernde Wolkenkratzer zwischen smaragdfarbenen Hügeln und einem tiefblauen Hafen mit kreuzenden Booten: Das ist Hongkongs berühmtestes Panorama. Doch wie bei einem Hologramm schimmert diese Schönheit nur von der Tsim Sha Tsui East Promenade (Kowloon) aus ins Blickfeld – vor allem nach Sonnenuntergang. Wenn man die Promenade entlangspaziert – näher kommt man an diesen traumhaften Ausblick nicht heran, ohne dabei buchstäblich baden zu gehen – kommt man auch noch an allerlei Kultur vorbei, darunter an windumtosten Museen und einer Weltklasse-Konzerthalle.

◉ *Kowloon*

Wandern auf dem Hong Kong Trail
(S. 64)

13 Wer es erst einmal über den schwierigen Bergkamm Dragon's Back geschafft hat, den führt der Hong Kong Trail über grüne Hügel, in einsame Wälder und entlang luftiger Pfade, die tolle Ausblicke auf den rauen Süden und seine von Wellen umtoste Küste bieten. Die 50 km lange Route verläuft ab dem Peak über die ganze Länge von Hong Kong Island, vorbei an wunderschönen Stauseen, Schlachtfeldern des Zweiten Weltkriegs und blauen Buchten. Der Trail, der durch fünf Landschaftsparks führt, ist sowohl etwas für einfache Spaziergänge als auch für anstrengende Wanderungen.

🏃 *Sport & Aktivitäten*

Lamma erkunden
(S. 192)

14 Gäbe es einen Soundtrack für die Insel Lamma, so wäre es Reggae. Die entspannte Atmosphäre der Insel lockt Kräutergärtner, Musiker und New-Age-Therapeuten aller Kulturen an. In den Geschäften im Ort gibt's Prosecco und die Straßenhunde der Insel hören auf französische Befehle. Wer sich zum nächsten Strand aufmachen will, kann sich an den drei Kohlekraftwerken orientieren, die vor der Skyline recht schräg, aber keinesfalls düster wirken. Nach dem Strandnachmittag geht's kurz vor der Dämmerung zurück, um am Pier gedünstete Garnelen, frittierten Tintenfisch und Bier zu genießen.

🏃 *Outlying Islands*

REISEPLANUNG HONGKONGS TOP 16

Ummauerte Dörfer von Yuen Long (S. 177)

15 Die befestigten Dörfer von Yuen Long versetzen den Traveller über 500 Jahre zurück – in die wilde und stürmische Zeit der Piraterie entlang der südchinesischen Küste. Weit weg von Chinas Regierungszentrum war Hongkong mit seinen Bergen und tückischen Küsten ein ideales Piratenversteck. So umgaben die ersten Bewohner ihre Dörfer mit hohen Schutzmauern und versahen diese z. T. noch mit Kanonen. Innerhalb der Mauern sieht man heute (Ahnen-)Tempel, Innenhöfe, Pagoden, Brunnen und landwirtschaftliche Geräte – Überbleibsel aus Hongkongs vorkolonialer Zeit.

◉ *New Territories*

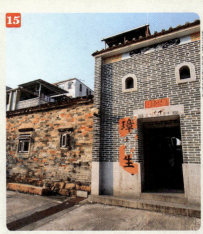

Ruine von São Paulo, Macao (S. 211)

16 Als Macaos Antwort auf den Eiffelturm oder die Freiheitsstatue steht ein beeindruckendes Tor rund 26 m über dem Meeresspiegel auf einem Hügel mitten in der Stadt. Eine geländerbewehrte Treppenflucht mit Podesten führt hinauf und dann ins Nichts. Die Granitfassade ist der Überrest einer abgebrannten Jesuitenkirche aus dem 17. Jh. Ihre schmucken Steinmetzarbeiten zeigen christliche, chinesische und japanische Elemente – ein faszinierendes Geschichtsfragment, das von Macaos einzigartiger, mediterran-asiatischer Kultur zeugt.

◉ *Macao*

Was gibt's Neues?

Hong Kong Global Geopark
Die Regierung plant, diesen fantastischen Geopark, der seit 2011 auf der Liste der UNESCO steht, im Hinblick auf Barrierefreiheit, diverse Anlegestellen oder die Ausbildung professioneller Führer auf Vordermann zu bringen. (S. 169)

Lai Chi Wo
Lai Chi Wo, ein 400 Jahre altes Dorf und Süßwasser-Feuchtgebiet, wird zurzeit landwirtschaftliche wiederbelebt, was als Modell für andere Parkgebiete auf dem Land dienen könnte. Es gehört ebenfalls zum Hong Kong Geopark. (S. 169)

Craft-Bier aus Hongkong
Plötzlich braut ganz Hongkong Bier, das in den lokalen Bars verkauft wird. Young Master Ales hat eine eigene Brauerei, die samstagmorgens für die Öffentlichkeit zugänglich ist. (S. 132)

Caroline Haven
Das heruntergekommene Wohngebiet am Rande der Causeway Bay hat sich zu einem Hafen für Ladenbesitzer, Designer und Restaurants entwickelt, die von den niedrigeren Mieten und dem altmodischen Flair der Gegend angezogen werden. (S. 108)

Pok Fu Lam Village
Im PFL Village, einem der letzten erhaltenen Dörfer auf Hong Kong Island, werden auch Touren angeboten, seit es von einer offiziell zu einem „bedrohten historischen Denkmal" erklärt wurde. (S. 133)

TUVE
Ein stark designorientiertes Boutique-Hotel in einer ruhigen Ecke eines Wohngebiets. Designfans werden sich zwischen all dem Stahl, Glas und Beton wie zu Hause fühlen. (S. 243)

Einfache Gerichte, neu erfunden
Auf der Insel gibt's neue Restaurants, die edle Versionen bekannter chinesischer Gerichte anbieten: Fortune Kitchen und Choi's Kitchen. (S. 120)

Desserts
Dessert-Lokale, darunter auch das teure Atum Desserant und das günstige Master Low Key Food Shop, sprießen in dieser Stadt aus dem Boden, in der bisher das größte Kompliment für einen Kuchen war: „Er ist nicht süß." (S. 119, S. 122)

Restaurants von Familien des Alten Establishments
Familienfehden und andere aufregende Ereignisse bei einigen der ganz großen Namen in Hongkongs Gastroszene haben neue, kleinere und erschwinglichere Lokale hervorgebracht, die ihrem Erbe gerecht werden, vor allem Seventh Son, Kam's Kitchen und Kam's Roast Goose. (S. 117, S. 120, S. 117)

Campus Hong Kong
Ein Studentenwohnheim mit den gleichen luxuriösen Annehmlichkeiten des Apartmenthotels, das vom selben Unternehmen geführt wird, inklusive Swimmingpool, Fitnessstudio und atemberaubender Aussicht. Backpacker können hier unterkommen, wenn die Studenten nicht da sind. (S. 248)

Mehr Tipps und Kritiken finden sich unter **lonelyplanet.com/china/hong-kong**

Gut zu wissen

Weitere Infos gibt's im Abschnitt „Praktische Informationen" (S. 283)

Währung
Hongkong-Dollar (HK$)

Sprache
Kantonesisch, Englisch

Visa
Deutsche, Österreicher und Schweizer brauchen für Hongkongaufenthalte von bis zu 90 Tagen kein Visum.

Geld
Geldautomaten gibt es überall. Kreditkarten werden in den meisten Hotels und Restaurants akzeptiert; einige günstigere Einrichtungen nehmen nur Bares.

Handys
Jedes GSM-kompatible Handy kann in Hongkong verwendet werden.

Zeit
China Standard Time (MEZ +7 Std.)

Touristeninformation
Hong Kong Tourism Board (S. 292) Hilfreiche Mitarbeiter, und massenhaft Informationsmaterial, das meiste davon ist kostenlos.

Tagesbudget

Günstig – weniger als 800 HK$
- Pension 180–450 HK$
- Mahlzeit in *cha chaan tang* (Teestuben) oder an *dai pai dong* (Imbissständen): 60–150 HK$
- Museumsbesuche mittwochs (kostenlos); Nachtmärkte (kostenlos); Pferderennen (10 HK$)
- Bus-, Straßenbahn-, Fährticket: 2,50–15 HK$

Mittelteuer – 800–1800 HK$
- DZ in einem Hostel oder Budgethotel: 550–1100 HK$
- Chinesisches Abendessen mit drei Gerichten: 350 HK$
- Getränke und Livemusik: 300 HK$

Teuer – mehr als 1800 HK$
- DZ im Boutique- oder Vier-Sterne-Hotel: 2000 HK$
- Abendessen in einem chinesischen Top-Restaurant: ab 800 HK$
- Ticket für die kantonesische Oper: 400 HK$

Vor der Reise

Zwei Monate Die Termine der chinesischen Feste abchecken, Unterkünfte und Tickets für größere Veranstaltungen sowie eventuell einen Tisch in einem Top-Restaurant buchen.

Ein Monat Die Programme angucken und Tickets für kleinere Veranstaltungen buchen; Naturtouren buchen und in beliebten Lokalen einen Tisch reservieren.

Zwei Wochen Hafenrundfahrten buchen; sich für Newsletter von Event-Agenturen eintragen.

Eine Woche Wettervorhersage abrufen.

Infos im Internet

Discover Hong Kong (www.discoverhongkong.com) Die benutzerfreundliche offizielle Reiseinformationsseite Hongkongs.

Urbtix (www.urbtix.hk) Tickets für Filme, Shows und Ausstellungen.

Time Out Hong Kong (www.timeout.com.hk) Was man in Hongkong und Macao essen und unternehmen kann.

Hong Kong Observatory (www.hko.gov.hk) Wetterinfos und -vorhersagen.

Lonely Planet (lonelyplanet.com/china/hong-kong) Alles, was man zum Reisen wissen muss.

REISEZEIT

Von Oktober bis Anfang Dezember ist die beste Reisezeit. Von Juni bis August ist es heiß und regnerisch. Im September kann es Taifune geben.

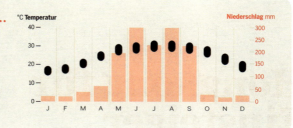

Ankunft

Hong Kong International Airport Mit dem MTR-Zug Airport Express geht es von 5.54 bis 0.48 Uhr für 90 bis 100 HK$ ins Zentrum; Busse in verschiedene Teile Hongkongs fahren von 6 bis 0.30 Uhr (19–48 HK$); die Taxifahrt ins Zentrum kostet 220 bis 360 HK$.

Lo Wu und Lok Ma Chau Der MTR-Zug zum Zentrum fährt von 5.55 bis 0.30 Uhr (Lo Wu) bzw. von 6.38 bis 22.55 (Lok Ma Chau); die Fahrt kostet 37 bis 48 HK$.

Hong Kong-Macau Ferry Terminal Der MTR-Zug (Sheung Wan) ins Zentrum fährt von 6.05 bis 0.46 Uhr (4.50–13 HK$); eine Taxifahrt kostet 20 bis 100 HK$.

China Ferry Terminal Der MTR-Zug (Tsim Sha Tsui) ins Zentrum fährt von 6.11 bis 0.54 Uhr (4.50–12 HK$); eine Taxifahrt kostet 20 bis 100 HK$.

Mehr Infos zum Thema **Anreise** s. S. 284

Geführte Touren

Gray Line Tours (S. 293) Über 20 verschiedene Touren.

Little Adventures in Hong Kong (www.littleadventuresin hongkong.com) Alles Mögliche von kulinarischen bis zu historischen Touren.

Handmade in Hong Kong Tour (www.hstvl.com; 8-stündige Tour 850 HK$/Pers.; ⊙Di–Do 9.15 Uhr) Die Tour zeigt den Teilnehmern Hongkongs altes Kunsthandwerk von der Schuh- bis zur Neonschildherstellung.

Land Between Tour (www.grayline.com.hk; Ganz-/Halbtagestour 620/460 HK$) Geboten werden Wanderungen zu ummauerten Dörfern, Klöstern, Fischfarmen etc. in den New Territories.

Hong Kong Foodie Tour (www.hongkongfoodietours.com; Erw./Kind 690/490 HK$; ⊙Mo–Sa 14.15 Uhr) Kulinarische Tour durch Central und Sheung Wan.

HKTB Island Tour (S. 292) Die Tour beinhaltet u. a. den Man Mo Temple, The Peak, Aberdeen, Repulse Bay und den Stanley Market.

Mehr Infos zum Thema **Unterwegs vor Ort** s. S. 286

Schlafen

In Hongkong gibt es Unterkünfte aller Art, von wandschrankgroßen Zimmern bis hin zu palastartigen Suiten. Die meisten Hotels auf Hong Kong Island liegen zwischen Central und Causeway Bay; in Kowloon befinden sie sich beiderseits der Nathan Rd, wo man auch preiswertere Unterkünfte findet. In der Nebensaison fallen die Preise, besonders für mittelteure und teure Optionen; dann gibt's Rabatte von bis zu 60 %, wenn man online bucht. Gute Websites:

Lonely Planet (lonelyplanet.com/china/hong-kong/hotels) Die Empfehlungen von Lonely Planet online buchen.

Hotel.com (www.hotels.com/hong-kong) Spezialisiert auf günstige Unterkünfte.

Discover Hong Kong (www.discoverhongkong.com) Bietet eine Hotelsuche nach Ort und Ausstattung.

Asia Travel (www.hongkonghotels.com) Bessere Deals als bei anderen.

Mehr Infos zum Thema **Schlafen** s. S. 238

Hongkong für Einsteiger

Weitere Informationen siehe Praktische Informationen (S. 283)

An alles gedacht?

➡ Ist der Reisepass noch mindestens einen Monat nach Ende der Reise gültig?

➡ Ist die Bank informiert, die die Kreditkarte/Debitkarte ausgestellt hat?

➡ Eine angemessene Reiseversicherung abschließen.

➡ Prüfen, ob der eigene Mobilfunkanbieter eine Roaming-Vereinbarung mit einem Anbieter in Hongkong hat.

Einpacken

➡ Gute Wanderschuhe für die Stadt und fürs Land

➡ Leichte Regenkleidung – in Hongkong herrscht subtropisches Klima mit sommerlichem Monsun

➡ Im Sommer Mückenschutz, Sonnencreme und Sonnenbrille

➡ Steckdosenadapter für Hongkong

➡ Kleiner Rucksack für tagsüber

Top-Tipps

➡ Das effiziente Verkehrssystem Mass Transit Railway (MTR) und Busse bringen Besucher zu den meisten Attraktionen und ermöglichen es ihnen, an einem Tag viel abzuklappern. Die meisten ländlichen Gebiete sind mit öffentlichen Verkehrsmitteln vom Zentrum aus in weniger als eineinhalb Stunden zu erreichen.

➡ Wer mehr als zwei Tage Zeit hat, sollte mal aus der Stadt hinaus fahren oder die Outlying Islands besuchen, um andere Eindrücke zu bekommen. Hongkong hat viel mehr zu bieten als Wolkenkratzer.

➡ Hier kann man einige der besten chinesischen Gerichte genießen; man sollte sich mindestens ein chinesisches Essen gönnen.

➡ Um ein Gespür für die hiesige Kultur zu bekommen, empfiehlt es sich, viel zu Fuß zu erkunden.

➡ Man sollte mindestens einmal mit der Star Ferry und den Straßenbahnen fahren. Sie sind Zeugen der Vergangenheit und bieten gute Verbindungen zu einigen der wichtigsten Attraktionen.

Kleidung

Hongkong hat modebewusste Einwohner, doch insgesamt sind die Hongkonger recht leger. Auch zum Dinner in elegante Lokale gehen viele in Jeans – aber nicht in Flipflops.

Der Sommer ist heiß und feucht. Leichte Kleidung ist dann angebracht, doch wegen der Klimaanlagen sollte man eine Jacke im Gepäck haben. Letztere können in leeren Bussen und in manchen Innenbereichen für Affenkälte sorgen.

Wer im Sommer wandern will, sollte Badesachen und Schwimmbrille für ein Bad zwischendurch mitnehmen.

Gefahren & Ärgernisse

Hongkong ist eine sehr sichere Stadt, doch man sollte gesunden Menschenverstand walten lassen.

➡ Im Gedränge immer auf die Wertsachen aufpassen!

➡ Im Taxi darauf achten, dass der Fahrer den Taxameter benutzt!

➡ Einige Geschäfte und Restaurants sind am ersten und zweiten Tag des Mond-Neujahrs geschlossen, manche auch für längere Zeit.

Geld

Kreditkarten werden in den meisten Hotels und Restaurants akzeptiert; in einigen Budgetunterkünften kann man nur bar bezahlen. Geldautomaten sind allgegenwärtig.
Weitere Informationen s. S. 295.

Steuern

In Hongkong gibt es weder Mehrweststeuer (VAT) noch Umsatzsteuer.

Etikette

Die Hongkonger sind zwar im Alltag sehr zwanglos, doch gewisse Verhaltensregeln werden eingehalten.

➡ **Begrüßung** Bei der ersten Begegnung und beim Verabschieden winkt man einfach und sagt „Hi" und „Bye".

➡ **Essen gehen** In günstigen Restaurants finden die Gäste nichts dabei, ihre Stäbchen in gemeinsam bestellte Gerichte zu stecken. Bessere Restaurants stellen für jede Speise Servierlöffel zu Verfügung; wenn es diese gibt, sollte man sie auch benutzen. Bloß keine falsche Scheu: Wer mit den Stäbchen nicht zurechtkommt, kann problemlos um eine Gabel bitten.

➡ **Anstehen** Die Hongkonger bilden bei jedem Anlass geduldig eine Schlange. Versuche, sich vorzudrängeln, ernten Missbilligung.

➡ **Feilschen** In Geschäften ist es nicht üblich, um die Preise von Waren zu feilschen. Feilschen kann man mit Straßenverkäufern (aber nicht in Lebensmittelmärkten).

Shoppen auf der Cat Street (S. 89)

Trinkgeld

➡ **Hotels** 10 oder 20 HK$ für den Gepäckträger; Trinkgeld für das Reinigungspersonal nach eigenem Ermessen.

➡ **Restaurants** Die meisten Restaurants – von sehr billigen einmal abgesehen – erheben einen Servicezuschlag von 10 oder 15%, doch es ist üblich, ein kleines Trinkgeld zu geben (unter 5%), wenn man zufrieden ist. In günstigen Lokalen genügt es, auf die nächsten vollen 10 HK$ aufzurunden.

➡ **Kneipen und Cafés** Wird nicht erwartet, es sei denn, es wird serviert; dann höchstens 5% der Rechnung.

➡ **Taxis** Trinkgeld wird nie erwartet.

Sprache

Die meisten Einwohner Hongkongs sprechen Englisch – manche besser, manche schlechter. Nach dem Weg kann man immer auf Englisch fragen. Die meisten Restaurants haben englischsprachige Speisekarten.

Wer Mandarin kann, sollte ruhig versuchen, es in Hongkong anzuwenden. Die meisten Menschen verstehen den Dialekt und einige sprechen ihn auch recht gut.

Weitere Infos zur Sprache sowie ein hilfreiches Glossar gibt's auf S. 301.

Unterwegs vor Ort

Weitere Infos gibt's im Abschnitt „Verkehrsmittel & -wege (S. 284)

Metro
Hongkongs Mass Transit Railway (MTR) bedient den größten Teil der Stadt und ist die einfachste Möglichkeit, sich in der Stadt zu bewegen. Die meisten Linien fahren von 6 bis nach 24 Uhr.

Bus
Die Busse sind recht schnell und ein unentbehrliches Verkehrsmittel, um zu Orten zu gelangen, die nicht mit der MRT erreichbar sind, sowie für nach Mitternacht.

Schiff/Fähre
Die Star Ferry verkehrt zwischen Hong Kong Island und Kowloon mit Stopp im Victoria Harbour. Moderne Fähren fahren zwischen Central und den Inseln.

Straßenbahn
Langsam, doch die Aussicht vom Oberdeck ist toll. Fährt von 6 bis 24 Uhr die Nordküste von Hong Kong Island entlang.

Taxi
Taxifahrten sind hier recht billig. Die meisten Taxis sind rot; grüne fahren in Teilen der New Territories, blaue auf Lantau Island. Taxameter sind üblich.

Public Light Bus (Minibus)
Minibusse mit grünem oder rotem Dach ergänzen das Busnetz. In den grünen gilt die Octopus Card, die roten nehmen nur Bargeld.

Wichtige Begriffe

MTR Die neun Linien der Mass Transit Railway decken Hong Kong Island, Kowloon und die New Territories ab; der Airport Express fährt vom und zum Flughafen; über ein Light-Rail-Streckennetz werden die nordwestlichen New Territories bedient; Züge verkehren nach Guangdong, Beijing und Shanghai.

Octopus Card Eine aufladbare Chipkarte, die in den meisten öffentlichen Verkehrsmitteln benutzt werden kann; außerdem kann man damit in Minimärkten und Supermärkten einkaufen.

Cross-Harbour-Taxi Ein Taxi, das von Hong Kong Island nach Kowloon fährt oder umgekehrt; die Fahrgäste müssen für jede Fahrt Maut für den Cross-Harbour-Tunnel zahlen.

Central-Mid-Levels Escalator Eine lange, überdachte Rolltreppe, die am Hang gebaute Areale in Central, Sheung Wan und im Western District verbindet.

Wichtige Strecken

Star Ferry Die malerische, nostalgische Option.

MTR Island Line Fährt zwischen Central, Admiralty, Wan Chai und Causeway Bay.

MTR Tsuen Wan Line Verbindet Central und Tsim Sha Tsui.

Peak Tram Eine Strandseilbahn, die Fahrgäste zum höchsten Punkt der Insel bringt.

Straßenbahn „Historisches" Verkehrsmittel, das an der Nordküste der Insel entlangfährt.

Taxi Etiquette

➡ Nach parkenden oder fahrenden Taxis mit dem beleuchteten Schild „For Hire" Ausschau halten!

➡ Wenn sich ein Fahrzeug nähert, stellt man sich an eine gut sichtbare Stelle am Straßenrad und streckt den Arm aus. Der Fahrer fährt dann heran.

➡ Taxis halten nicht bei doppelten gelben Linien am Straßenrand oder an Bushaltestellen.

TOP-TIPPS

→ Ist das Ziel nur eine MTR-Station entfernt, fährt man besser mit der Straßenbahn oder geht zu Fuß.

→ Die App für das MTR-System sollte man sich am besten schon zu Hause herunterladen.

→ Wer wenig Zeit hat, kann auf dem Weg zu Zielen, die einen gewissen Fußweg von der MTR-Station entfernt liegen, die MTR mit Taxis kombinieren.

→ Es ist ratsam, eine Visitenkarte des gebuchten Hotels mit chinesischen Schriftzeichen mit sich zu führen, die man dem Taxifahrer zeigen kann.

Reisezeit

→ Während der Stoßzeiten (8–9.30 & 17.30–19 Uhr) sind die Umsteigestationen der MTR (Central, Admiralty, Tsim Sha Tsui, Kowloon Tong) brechend voll.

→ Auch auf den Hauptstraßen und in den Cross-Harbour-Tunneln kann es zu den Hauptverkehrszeiten quälend langsam vorangehen.

Reise-Etikette

→ Die Octopus Card sollte man schon bereithalten, bevor man die Eingänge der MTR-Stationen passiert. Wer den Verkehr hier auch nur drei Sekunden aufhält, wird die Ungeduld der Menschen hinter sich deutlich spüren.

→ Auf Rolltreppen immer rechts stehen, sonst wird man von dahineilenden Hongkongern – und von denen gibt es viele – gebeten, Platz zu machen.

→ Essen und Trinken ist in der MTR und in Bussen nicht erlaubt.

→ Fahrgäste erst aussteigen lassen, bevor man in MTR-Züge einsteigt. Diese fahren erst los, wenn alle Türen ordnungsgemäß geschlossen sind.

→ Sitze für bewegungseingeschränkte Fahrgäste sind in Bussen und MTR-Zügen klar gekennzeichnet.

→ Die Hongkonger sind nicht gerade vorbildlich, wenn es darum geht, schwangeren Frauen und älteren Fahrgästen ihren Platz zu überlassen.

Tickets & Pässe

→ Die Prepaid-Octopus Card kann in den meisten Verkehrsmitteln benutzt werden, Sie ist an MTR-Stationen erhältlich und kann dort und in Minimärkten aufgeladen werden.

→ Bei Aufenthalten von mehr als zwei Tagen lohnt sich der Kauf einer Octopus Card; so spart man bei jeder Fahrt 5 % und muss keine Tickets kaufen und kein Kleingeld parat haben.

→ Für kürzere Besuche bekommt man in allen MTR-Stationen Tagespässe oder Dreitagespässe für unbegrenzt viele Fahrten mit der MTR.

Weitere Infos zu **Unterwegs vor Ort,** s. S. 286

Hongkong erleben

Tag Eins

The Peak & der Nordwesten (S. 85)

Am besten nimmt man die legendäre Standseilbahn Peak Tram hinauf zum **Victoria Peak**, um den unglaublichen Blick auf die Stadt zu genießen. Auf dem Weg hinunter nach **Sheung Wan** kommt man automatisch an den vielen Shoppingmöglichkeiten vorbei. Nach einem Zwischenstopp am **Man Mo Temple**, wo man ein bisschen Geschichte tankt, taucht man ein in die boomende Gemeinschaft auf der **Tai Ping Shan St**.

> **Mittagessen** Das Luk Yu Tea House (S. 95) serviert großartige Dim Sum.

Kowloon (S. 139)

Mit der **Star Ferry** geht's nach Kowloon. Dort genießt man die Aussicht bei einem Bummel auf der **Tsim Sha Tsui East Promenade** bis zum **Museum of History**, wo man die Eindrücke des Tages geschichtlich untermauern kann.

> **Abendessen** Im Woo Cow (S. 154) eintunken und dippen à la Hongkong.

The Peak & der Nordwesten (S. 85)

Mit der Straßenbahn geht's nach **Soho**, wo Drinks, Tanz und Livemusik locken. Steht im **Hidden Agenda** Indie-Musik auf dem Programm, fährt man mit der MTR dorthin, besorgt sich in einem Minimarkt der Gegend ein paar Bier und mischt sich unter die Hipster.

Tag zwei

Wan Chai & der Nordosten (S. 107)

Nachdem man im schönen **Hong Kong Park** (menschgemachte) Natur genossen hat, geht's zum **Museum of Teaware** und danach zur **Queen's Rd East**, um die Sehenswürdigkeiten und Straßen des alten Wan Chai zu entdecken. Zum Shoppen steigt man in die Straßenbahn nach **Causeway Bay**. Besonders lohnenswert sind die Fachgeschäfte in **Caroline Haven**.

> **Mittagessen** Das Fortune Kitchen (S. 120) serviert köstliche kantonesische Hausmannskost.

Kowloon (S. 139)

Nachdem man einen Blick in die **Chungking Mansions** geworfen hat, kann man auf der **Tsim Sha Tsui East Promenade** entspannen. Eine gute Alternative für Familien ist der **Middle Road Children's Playground**. Danach gönnt man sich einen Nachmittagstee im **Peninsula**. Ist die Schlange zu lang, bietet sich die **InterContinental Lobby Lounge** an, die zum Tee tolle Hafenblicke bietet. Mit dem Bus geht's dann nach **Yau Ma Tei** mit dem **Tin Hau Temple**, dem **Jade Market** und den traditionellen Läden an der **Shanghai Street**.

> **Abendessen** Auf dem Temple Street Night Market (S. 143) gibt's günstiges Essen unter den Sternen.

Kowloon (S. 139)

Auf dem **Temple Street Night Market** kann man sich die Zukunft voraussagen lassen und einer kantonesischen Oper lauschen. Dann geht's ins atmosphärische **Butler** für einen handgemachten japanischen Cocktail – oder auch zwei.

Largo do Senado, Macao

Tag Drei

Aberdeen & der Süden (S. 130)

 Mit dem Bus fährt man nach Aberdeen, um durch den charmanten **Aberdeen Harbour** zu spazieren. Weiter geht's mit Shoppen (vor allem Feilschen um Designermöbel und -klamotten) im Horizon Plaza auf der Insel **Ap Lei Chau**. Kaffee und Kuchen servieren mehrere Möbelgeschäfte vor Ort. Samstags kann man außerdem Hongkongs stadteigene Brauerei **Young Master Ale** besuchen.

> **Mittagessen** Im „schwimmenden" Restaurant Jumbo Kingdom (S. 136) kommen Dim Sum auf den Tisch.

New Territories (S. 167)

 Nach dem Mittagessen geht's von Aberdeen nach **Sai Kung**. Dann erkundet man Sai Kung Town oder steigt am Ufer in eine Fähre zu einem nahe gelegenen **Strand** für ein Bad am späten Nachmittag.

> **Abendessen** Im Loaf On (S. 187) gibt's exzellente Meeresfrüchte.

Kowloon (S. 139)

In einer klaren Nacht lockt die höchste Bar der Welt, das **Ozone** im Ritz Carlton, mit Drinks unter den Sternen. Bei bewölktem Himmel ist das **Aqua** in Tsim Sha Tsui eine tolle Alternative. Nach ein paar Getränken werden Nachtschwärmer die Dim Sum im **One Dim Sum** zu schätzen wissen.

Tag Vier

Macao (S. 210)

Frühmorgens geht's mit dem Boot nach Macao. Dort nimmt man einen Bus oder ein Taxi zum **Long Wa Teahouse** und gönnt sich zum Frühstück Dim Sum. Nachdem man ein paar Teeblätter erstanden hat, erkundet man den **Red Market** nebenan. Ein Verdauungsspaziergang führt zum kulturellen Teil der **nördlichen Halbinsel Macao**. Im atmosphärischen **Lazarusviertel** kann man nun die Designerläden und kopfsteingepflasterten Straßen entdecken und Souvenirs kaufen.

> **Mittagessen** Im Clube Militar de Macau (S. 225) gibt's portugiesische Küche alter Schule.

Macao (S. 210)

 Hat man die Sehenswürdigkeiten rund um den **Largo do Senado** bestaunt, läuft man die Rua Central entlang durch einen großen Teil des zum UNESCO-Weltkulturerbe gehörenden **historischen Zentrums von Macao**, einschließlich der **Ruine der Kirche São Paulo**. Gegen den kleinen Hunger helfen portugiesische Eiercremetörtchen und Mandelkekse. Anschließend sieht man sich das reizende **Taipa Village** an.

> **Abendessen** Das António (S. 234) serviert portugiesische Klassiker.

Macao (S. 210)

 Zunächst geht's zum brandneuen Kasinokomplex **Studio City**, wo man sein Glück versuchen kann oder einfach einen Drink an der Bar genießt. Zurück auf der Halbinsel Macao nimmt man dann die Fähre nach Hongkong.

Wie wär's mit...

Aussichtspunkte

Victoria Peak Pilger aus aller Welt kommen wegen der grandiosen Aussicht auf die Stadt hierher. (S. 87)

Sevva Der Eine-Million-Dollar-Ausblick – im wahrsten Sinne des Wortes. (S. 81)

Tsim Sha Tsui East Promenade Hier kann man vom Ufer aus den Blick auf die legendäre Skyline Hongkongs genießen. (S. 142)

InterContinental Lobby Lounge Zum Nachmittagstee oder zu den Drinks am Abend bekommt man hier den besten Hafenblick in Kowloon. (S. 159)

High Island Reservoir East Dam Wer den beeindruckenden East Dam erklimmt, kann dieses Bravourstück der Ingenieurskunst und die schroffen Felsformationen darunter bestaunen. (S. 187)

Tai Long Wan Hiking Trail Auf diesem Wanderweg heißt es jedes Mal, wenn eine Bucht zu sehen ist: Staunen und Kamera zücken! (S. 188)

Tai Po Waterfront Park Mit den Fernrohren auf dem Aussichtsturm kann man sich die Hügel und das Retro-Fabrikgelände ganz nah ranholen. (S. 179)

Tai Mo Shan Von Hongkongs höchstem Berg bietet sich ein toller Ausblick auf die New Territories. (S. 172)

Amah Rock In Sha Tin kann man den alles überragenden Wächter der Stadt besuchen und bekommt einen Eindruck von der Bevölkerungsdichte gratis dazu. (S. 183)

Pak Nai Am äußersten Westrand von Hongkong kann man den Sonnenuntergang wunderbar genießen. (S. 175)

Blick vom Dragon's Back (S. 64)

Kultur & Tradition

Tai O In Hongkongs Südwesten kann man diese Pfahlbauten besuchen und gewinnt einen Einblick in die Fischereikultur der Stadt. (S. 201)

Aberdeen & Ap Lei Chau Die Kultur der „water people" ist auf den Märkten und an den Essensständen ebenso lebendig wie auf den Drachenbooten. (S. 130)

Ummauerte Dörfer Überall in den New Territories sind hier Spuren einer landwirtschaftlichen Lebensweise erhalten. (S. 169)

Volks-Voodoo Jeden März in vollem Gange, nachdem der erste (mythologische) Donnerschlag des Jahres die Tierwelt in Aufruhr versetzt hat. (S. 113)

Kantonesische Oper Diese auf der UNESCO-Liste als bedroht verzeichnete Kunstform wird in den Theatern Sunbeam und Yau Ma Tei am Leben erhalten. (S. 125)

Pok Fu Lam Village Dieses „urbane" Dorf präsentiert eine alte Lebensweise zwischen den Überresten einer Molkerei und Feuerdrachen-Ritualen. (S. 133)

Sheung Wan Hier folgt man noch immer der traditionellen Beerdigungskultur Hongkongs. (S. 90)

Tsim Sha Tsui TSTs weitgehend unbekannte Seite umfasst Freizeiteinrichtungen aus der Kolonialzeit und die Wohnhäuser früher Migranten aus Shanghai. (S. 146)

North Point Hongkongs Little Fujian seit Beginn des letzten Jahrhunderts. (S. 115)

Yau Ma Tei Kowloons alternative Straßenkultur ist hier noch immer sehr lebendig. (S. 149)

Ungewöhnliche Leckereien

Arme Ritter à la Hongkong Beliebtes „Seelenfutter", das in cha chaan tangs (Teehäusern) großzügig serviert wird. Im Sei Yik kann man es probieren. (S. 136)

Schlangensuppe Dank seiner wärmenden Eigenschaften ein Lieblingsgericht im Winter. Wird im Ser Wong Fun serviert. (S. 95)

Austern-Omelett Eine Spezialität aus Chaozhou aus klebrigen Schalentieren und Eiern, in Schmalz knusprig gebraten. Wird im Chan Kan Kee serviert. (S. 97)

Rinderinnereien Günstig und nahrhaft brodeln sie in Bottichen voller Brühe hinter beschlagenen Schaufenstern vor sich hin. Am besten kostet man sie im City Hall Maxim's Palace. (S. 76)

Turtle Jelly Ein leicht bitterer Trank aus Schildkrötenpanzern und chinesischen Kräutern, der gut für die Haut sein soll. Erhältlich in Kung Lee. (S. 100)

Yin Yeung Dieses für Hongkong typische Getränk aus Tee und Kaffee ist dem Kolonialismus entsprungen. Es wird im Mido Café serviert. (S. 157)

Stinkender Tofu Eine fermentierte, bakterienreiche Spezialität, die beißender riecht, als sie schmeckt. Erhältlich im Chuen Cheong Foods. (S. 117)

Gebratene Taube Die „Ratten des Himmels" schmeckten noch nie so gut. Man findet sie im Lung Wah Hotel. (S. 184)

Lui Seng Chun Dieses verbreitete, bittere Getränk kühlt das komplette System runter. Man kann es im Lui Seng Chun genießen. (S. 150)

Weitere Highlights in Hongkong:

- ➡ Essen (S. 42)
- ➡ Ausgehen & Nachtleben (S. 50)
- ➡ Unterhaltung (S. 54)
- ➡ Shoppen (S. 57)
- ➡ Sport & Aktivitäten (S. 62)

Wandern

Tai Long Wan Hiking Trail Der Weg durch die üppig bewachsene Berglandschaft führt zum idyllisch gelegenen Strand Tai Long Wan. (S. 188)

Dragons's Back Ein beliebter Streifzug mit Meerblick, der sich zu dem verschlafenen Fischerort Shek O schlängelt. (S. 64)

Lamma Island Leichte 4-km-Wanderung über die grüne Insel, die zu den am Wasser gelegenen Seefood-Restaurants führt. (S. 192)

High Island Reservoir East Dam Die einzige vulkanische Stätte im Hong Kong Geopark, die Menschen (und streunende Rinder) zu Fuß erreichen können. (S. 187)

Lai Chi Wo Jede Wanderung von Wu Kau Tang oder Luk Keng passiert dieses antike Hakka-Dorf, das von Wäldern und Mangroven umgeben ist. (S. 169)

Hong Kong Cemetery Hügeliger, zum Teil verwilderter und sehr stimmungsvoller Friedhof. (S. 113)

Vom Pok Fu Lam Reservoir zum Peak Anstrengender, aber malerischer Aufstieg durch dichten Wald; führt an Wasserfällen und Militärruinen vorbei. (S. 87)

Ng Tung Chai Waterfalls Ein schönes Ausflugsziel für ein

Picknick inmitten üppiger Bewaldung. (S. 180)

Tai Mo Shan Verschiedene Wanderrouten führen auf Hongkongs höchsten Berg und um ihn herum. (S. 172)

Chinesische Architektur

Man-Mo-Tempel Diese atemberaubende Anlage ist Hongkongs berühmtester Tempel und wird heute von Wolkenkratzern überragt. (S. 88)

Ahnenhalle von Tang Clan Hongkongs imposanteste Ahnenhalle steht in Ping Shan neben anderen beeindruckenden Gebäuden des Dorfes. (S. 175)

Tin-Hau-Tempel Ein schöner Tin-Hau-Tempel, der weitgehend original erhalten ist, ebenso wie die aufwendigen Dachdekorationen. (S. 112)

Tsz-Shan-Kloster Eine beeindruckende, von der Antike inspirierte moderne buddhistische Anlage in Tai Po. (S. 181)

Chi-Lin-Nonnenkloster Ein exakter moderner Nachbau buddhistischer Architektur aus der Tang-Dynastie. (S. 145)

Kolonialarchitektur

Former Legislative Council Building Der imposanteste noch in der Stadt erhaltene Kolonialbau, wenn vielleicht auch nicht der schönste. (S. 74)

Government House Der Wohnsitz Hongkongs britischer Gouverneure (1855 bis 1997). Eine ebenso elegante wie seltene georgianisch-japanische Mischung. (S. 75)

Former Marine Police Headquarters Nicht einmal unverhohlener Kapitalismus kann von der großen Ruhe und Schönheit ablenken, die dieses neoklassizistische Denkmal ausstrahlt. (S. 146)

Tao Fong Shan Christian Centre Christliche Gebäude mit buddhistischen Akzenten, von einem Dänen entworfen, stehen in Shatin auf einem Hügel. (S. 184)

Murray House Dieser viktorianische Bau wurde Stein für Stein von Central nach Stanley verpflanzt. (S. 134)

Central Police Station & Central Magistracy In diesen Gebäuden weht der geschichtliche Geist der Strafverfolgung Hongkongs. (S. 89)

Lui Seng Chun Eine überraschend harmonische Verbindung zwischen einem chinesischen „Shophouse" und einer italienischen Villa. (S. 150)

St. Johns Cathedral Zu Beginn seiner Geschichte wurde das Bauwerk häufig kritisiert, da es sich nicht in die Landschaft einfügte. Heute gilt das Gotteshaus als eine Erinnerung an das gute, alte England (S. 74).

Béthanie Zwei achteckige Kuhställe und eine neugotische Kapelle bilden heute den Campus der Hong Kong Academy for Perfoming Arts. (S. 132)

Parks & Gärten

Victoria Peak Garden Der Gipfel über dem Gipfel: Dieser angelegte Hafen der Ruhe lockt mit einer unversperrten Aussicht. (S. 91)

Tai Po Waterfront Park Ein charmanter Park in der Nähe des Tolo Harbour mit Picknickwiesen und Aussichtsturm. (S. 179)

Kowloon Walled City Park Das ehemalige Sündenviertel wurde als traditioneller Jiāngnán (Süd-Yangtze)-Garten neu erfunden. (S. 152)

Nan Lian Garden Ein wunderschöner Garten im Tang-Stil im Chi-Lin-Nonnenkloster, inklusive Pagode, Teepavillon, Koi-Teich und „Buddhisten-Pinien". (S. 145)

Hong Kong Zoological & Botanical Gardens Diese Festung der Natur ist von Wolkenkratzern umringt und schmückt die Stadt seit 1871. (S. 74)

Hong Kong Park Diese von Menschen gemachte Freizeitoase beherbergt eine regenwaldartige Voliere und das älteste Kolonialgebäude der Stadt. (S. 109)

Ocean Park Ein riesiges Aquarium und aufregende Fahrgeschäfte locken Familien in Scharen in diesen äußerst beliebten Vergnügungspark. (S. 132)

Middle Road Children's Playground Ein weitläufiger Park und Spielplatz mit Blick auf die Tsim Sha Tsui Waterfront. (S. 149)

Astropark Dieser Park weckt die Sehnsucht nach den Sternen und lockt mit interessanten chinesischen und westlichen astronomischen Instrumenten. (S. 188)

Kowloon Park Eine Oase in Grün abseits der Nathan Rd. (S. 146)

Monat für Monat

TOP-EVENTS

Chinesisches Neujahrsfest Jan./Feb.

Geburtstag von Tin Hau April/Mai

Cheung-Chau-Bun-Festival April/Mai

Dragon Boat Festival Mai/Juni

Fest der hungrigen Geister August

Februar

Die Stadt mag unter einem grauen Wolkendach im Winterschlaf liegen, aber das wichtigste Fest – das Chinesische Neujahrsfest – des Kulturkalenders sorgt für Hochstimmung.

🎊 Chinesisches Neujahrsfest

Ausgedehnte Blumenmärkte leiten den Beginn des beliebtesten chinesischen Festes ein. Die Menschen kleiden sich in Rot und lassen sich im Sik Sik Yuen Wong Tai Sin Temple segnen (S. 144). Danach sucht man sich einen Platz am Victoria Harbour (oder, wenn's nicht klappt, vor dem Fernseher) und lässt sich vom Feuerwerk beeindrucken.

🎊 Frühlings-Laternenfest

In diesem Monat stehen die Liebespaare im Mittelpunkt. Beim Frühlings-Laternenfest leuchten in der ersten Vollmondnacht des Mondjahres bunte Laternen, um das Ende der Neujahresfeierlichkeiten und den „Chinesischen Valentinstag" zu feiern.

🎊 Hong Kong Arts Festival

Hongkongs wichtigstes kulturelles Ereignis (S. 54) dauert fünf bis acht Wochen und ist ein Mix aus Musik und darstellenden Künsten von traditionell bis zeitgenössisch und zieht Hunderte einheimischer und internationaler Talente an.

🏃 Hongkong-Marathon

2016 nahmen 61 000 Läufer an diesem wichtigsten asiatischen Marathon teil (www.hkmarathon.com). Jedes Jahr finden außerdem ein Halbmarathon, ein 10-km-Rennen und ein Rollstuhlrennen statt.

März

Der Regen und die warmen Tage kehren zurück, sodass die Luftentfeuchter wieder auf Hochtouren laufen, während Blumen und Regenschirme das Stadtbild prägen.

👁 „Schlag' den kleinen Mann"

Dabeisein, wenn unter der Überführung in der Canal Rd in Wan Chai oder am Tin Hau Temple in Yau Ma Tei ältere Damen auf Bestellung Flüche ausstoßen und Volkszauber praktizieren. Sie sind mit Schuhen bewaffnet und schlagen damit auf Bilder der Feinde ihrer Kunden ein, während sie dazu ihre Verfluchungen herunterbeten.

🎊 Hong Kong International Film Festival

Zwei Wochen lang findet in Hongkong eines der besten Filmfestivals Asiens statt. Das HKIFF (S. 55) wurde vor 40 Jahren ins Leben gerufen und zeigt die neuesten Arthouse-Filme sowie preisgekrönten Filme aus Asien und dem Rest der Welt.

👁 Hong Kong Flower Show

Etwa zehn Tage lang verwandelt sich der Victoria Park in ein buntes Meer aus herrlichen Blumen, wenn Gärtner aus über 20 Ländern ihrer Fantasie freien Lauf lassen.

☆ Hong Kong Sevens

Hongkongs berühmteste Sportveranstaltung – und die vielleicht originellste – erfreut sich ungebrochen riesiger Beliebtheit und verspricht neben harten Matches auch feierfreudige Fans, die das Turnier in eine Art Karneval verwandeln (www.hksevens.com.hk).

Art Basel

Wenn die renommierte Kunstmesse das Hong Kong Convention and Exhibition Centre im Sturm erobert, wird Hongkong drei Tage lang das Epizentrum der internationalen Kunstwelt (www.artbasel.com/hong-kong).

Mai

Nun beginnen die langen Sommermonate und in der Stadt wird es von Tag zu Tag schwüler. Die ersten starken Niederschläge des Jahres reinigen die Luft, während religiöse Feierlichkeiten die Stimmung kräftig anheizen.

Geburtstag von Tin Hau

Dieses Fest wird zu Ehren der Schutzheiligen der Fischer und einer der beliebtesten Gottheiten der Hafenstadt gefeiert. Dazu gehören auch die Parade mit den bunten Festwagen in Yuen Long und die traditionellen Riten am „Großen Tempel" in der Joss House Bay.

Cheung Chau Bun Festival

Dieses ungewöhnliche einwöchige Fest (S. 209) wird auf der Insel Cheung Chau gefeiert und erreicht seinen Höhepunkt am Geburtstag Buddhas, wenn als mythologische Gestalten oder als zeitgenössische Politiker verkleidete Kinder durch die engen Gassen der Insel „schweben", während die mutigeren Teilnehmer um Mitternacht auf die mit Brötchen behängten Türme emporklettern.

Geburtstag Buddhas

Die Gläubigen pilgern am achten Tag des vierten Mondmonats zu den buddhistischen Klöstern und Tempeln Hongkongs, um für den ehrwürdigen Gründer der buddhistischen Lehre zu beten und seine Statuen mit duftendem Wasser zu waschen.

Le French May

Der Name verwirrt ein wenig: Das Event feiert alles Gallische, beginnt oft im April und endet im Juni – mit einem reichhaltigen, hochwertigen Kunstprogramm, gutem Essen und feinem Wein (www.frenchmay.com).

Juni

Der Himmel öffnet sich, das Quecksilber steigt und in der Stadt laufen die Klimaanlagen, um die Gemüter der Einheimischen und Traveller zu kühlen.

☆ Dragon Boat Festival

Tausende der besten Drachenbootfahrer aus aller Welt treffen sich für drei Tage in Hongkong, um im Victoria Harbour ihre Rennen auszutragen und zu feiern, während kleinere, aber nicht minder spannende Rennen im gesamten Stadtgebiet stattfinden.

August

7 Mio. Menschen hecheln und schwitzen in der erdrückenden Hitze. Sintflutartige Regenfälle sind nicht ungewöhnlich, aber in diesem weitläufigen Archipel mit über 260 Inseln ist ein sonnenbeschienener Strand nie weit.

Fest der Hungrigen Geister

Während des siebten Mondes entfliehen rastlose Geister der Hölle, um dann über die Erde zu streifen. Höllengeld, Lebensmittel und irdische Luxusgüter, allesamt aus Pappmaschee angefertigt, werden verbrannt, um die Besucher milde zu stimmen. In der ganzen Stadt leben während des Festes faszinierende volkstümliche Traditionen auf.

September

Der gute alte Sommer ist noch nicht vorbei, aber allmählich sinkt die Luftfeuchtigkeit und man kann entlang der Meeresküsten wieder durchatmen. Die Schulkinder tauschen Sandspielzeug gegen Berge von Hausaufgaben ein.

Mondfest

In der 15. Nacht des achten Mondmonats schnappt man sich eine Laterne und

(Oben) Feierlichkeiten zum Chinesischen Neujahrsfest (S. 29)
(Unten) Ausstellungsstück bei der Hong Kong Flower Show (S. 29)

nimmt an einem Mondscheinpicknick teil. Bei diesem auch Mittherbstfest genannten Familienfest, das an einen Aufstand gegen die Mongolen im 14. Jh. erinnert, verspeist man genüsslich die einst als subversiv angesehenen „Mondkuchen".

November

Endlich wird es in Hongkong wieder kühler. Die Temperaturen sinken auf erträgliche 22 °C und es regnet deutlich seltener – sehr zur Freude von Wanderern und anderen Naturfans.

Oxfam Trailwalker

Was 1981 als Übungsdrill für örtliche Gurkha-Soldaten begann, die Spenden sammeln sollten, ist heute eine berühmte Herausforderung: Ein Wanderteam aus vier Personen muss den 100 km langen MacLehose Trail in 48 Stunden bewältigen (www.oxfamtrailwalker.org.hk).

Hong Kong International Literary Festival

Bei dem zehntägigen Literaturfestival im Herbst kommen anerkannte Autoren sowie aufstrebende Schriftsteller aus aller Welt zu Wort. Zu den früheren Teilnehmern gehören Starautoren wie Seamus Heaney und Louis de Bernières (www.festival.org.hk).

Clockenflap Outdoor Music Festival

Beim größten Open-Air-Festival Hongkongs (S. 55) treten internationale, regionale und lokale Künstler vorwiegend aus dem Indie-Genre auf. Zu sehen sind außerdem Kunstinstallationen und Pop-Up-Werke. In früheren Jahren standen hier u. a. schon New Order, The Libertines, A$AP und Primal Scream auf der Bühne.

Dezember

Wohl die beste Jahreszeit für einen Trip in die Stadt. Die Tage sind sonnig und der Himmel blau. Das herrliche Wetter ist perfekt für diverse Outdoor-Aktivitäten. Allerdings sind die Weihnachtsshopper bereits im Anmarsch!

☆ Hong Kong Winterfest

Strahlende Neonweihnachtswandgemälde an der Tsim Sha Tsui! Nimmt man die Fähre zum Statue Sq, kann man den erleuchteten Weihnachtsbaum und falschen Schnee bestaunen. Oder man feiert mit den Teenagern rund um den Times Sq den 1. Weihnachtsfeiertag.

☆ Hong Kong International Races

Bei den „Weltmeisterschaften auf der Pferderennbahn" treten Stars und berühmte Pferde aus aller Welt auf dem Sha Tin Racecourse (S. 184; http://racing.hkjc.com) vor grandioser Kulisse gegeneinander an. Die über 60 000 Zuschauer wetten und fiebern auf den Tribünen mit.

Mit Kindern reisen

Hongkong ist ein tolles Reiseziel für Kinder, auch wenn die Menschenmassen, der Verkehr und die Luftverschmutzung gewöhnungsbedürftig sind. Die Lebensmittel und die sanitären Einrichtungen erfüllen alle Ansprüche. Die Stadt bietet eine Fülle von Attraktionen, die die Kids lieben werden.

Folkloredarbietung, Ocean Park

Kinder- (& Teenager-) freundliche Museen

Hong Kong Science Museum
Die drei Stockwerke in Hongkongs lebendigstem Museum quellen über vor Attraktionen für Kinder aller Altersstufen. Es gibt ein Theater, in dem das Personal in Laborkitteln verrückte Experimente vorführt (S. 147).

Hong Kong Museum of History
Dieses ausgezeichnete Museum erweckt die Geschichte der Stadt in Bild und Ton anschaulich zum Leben. Die Kids werden begeistert sein von der Ausstellung „Hong Kong Story" mit ihren herrlichen Nachbauten der lokalen traditionellen Dinge und einer lebensgroßen Fischerdschunke. (S. 141)

Hong Kong Space Museum & Theatre
Kinder, die ja gern ihre motorischen Fähigkeiten testen wollen, geraten hier völlig aus dem Häuschen – sie können auf Knöpfe drücken, durch Teleskope schauen, im Simulator fahren und Computerquizze lösen. Ältere Kinder haben ihre Freude an den Omnimax-Filmen, die auf der konvex gewölbten Decke des Theaters zu sehen sind. (S. 147)

Hong Kong Maritime Museum
Auch wenn die großartigen Schiffsmodelle ihren Zweck nicht erfüllen sollten, gibt es hier viele Ausstellungsstücke, die die Fantasie der Kleinen anregen, darunter mit Gewehren bewaffnete Piraten-Puppen, aus Wracks geborgene echte Schätze, einen metallenen Taucheranzug, Töne eines Nebelhorns, eine digitale antike Karte... (S. 74)

Hong Kong Railway Museum
Thomas, die kleine Lokomotive, ruckelt in diesem Open-Air-Museum, das in einem historischen Bahnhof eingerichtet wurde, ins Leben; hier stehen alte Personenwagen und ein Zugabteil (S. 179).

Hong Kong Heritage Museum
Ein paar wenige Kinder interessieren sich vielleicht für die Ausstellungsstücke, aber der wahre Hit ist die interaktive Children's

> **GUT ZU WISSEN**
>
> ➡ **La Leche League Hong Kong** (☎Caroline 852 6492 7606, Jenny 852 2987 7792, Molly 852 5303 6164; www.lll-hk.org) Eine Selbsthilfegruppe für Stillende, die mit Englischkenntnissen aufwarten kann.
>
> ➡ **Stillräume** Gibt's in großen Einkaufszentren und den meisten Museen.
>
> ➡ **Rent-a-Mum** (☎852 2523 4868; www.rent-a-mum.com; ab 180 HK$/Std.) Babysitter für mindestens vier Stunden.
>
> ➡ **In Safe Hands** (☎852 2323 2676, 852 9820 3363; www.insafehands.com.hk; ab 280 HK$/Std., plus Transportkosten) Diese Agentur bietet Voll- und Teilzeit-Nannys und Babysitter am Abend (mind. 4 Std).

Discovery Gallery, wo die Kleinen sich verkleiden, Puzzlespiele machen und die Ausstellung historischer Spielzeuge bewundern können (S. 182).

Parks auch für Kinder

Ocean Park
Hongkongs wichtigster Vergnügungspark bietet nervenaufreibende Achterbahnen, ein hervorragendes Aquarium, echte, riesige Pandas und eine Panoramaseilbahn mit Meerblick (S. 132).

Hong Kong Park
Enten, Schwäne und Schildkröten wohnen in den Teichen dieses Parks. In der riesigen Voliere, die an einen natürlichen Wald erinnert, laufen die Besucher über eine Art Baumwipfelpfad an den Baumkronen vorbei und können so die Vögel gut beobachten. (S. 109)

Hong Kong Zoological & Botanical Gardens
Beim Besuch dieses Parks sieht der Nachwuchs Kubaflamingos, Tigerpythons und Zweifinger-Faultiere und kann hinterher vielleicht sogar einen Gelbwangen-Schopfgibbon von einem frechen Kind unterscheiden. (S. 74)

Middle Road Children's Playground
Dieser abwechslungsreiche Spielplatz mit Schaukeln und Rutschen für jedes Alter ist eine Utopie der klassenlosen Gesellschaft. Kinder aller Ethnien und sozialer Klassen sind durch die universelle Sprache des Spiels vereint (S. 149).

Hong Kong Wetland Park
Man braucht durchaus Geduld, um die Bewohner des Sumpflands zu Gesicht zu bekommen, aber das machen die thematisch geordneten Ausstellungen, das Theater und der Spielbereich „Swamp Adventure" wieder wett (S. 175).

Kowloon Park
Diese große Grünanlage bietet jede Menge Platz zum Toben, Seen mit Wasservögeln, zwei Spielplätze, Swimmingpools und ein Vogelgehege. (S. 146).

Hong Kong Disneyland
Die allerneueste Attraktion in diesem berühmten Themenpark ist das Toy Story Land (S. 197).

Tipps zum Besuch von Themenparks

Hier folgen einige Tipps, wenn man mit den Kleinen im Schlepptau den Ocean Park (S. 132) oder Disneyland (S. 197) besucht.

Praktisches

➡ Beide Parks sind bei den Touristen aus dem chinesischen Mutterland sehr beliebt. Wer es etwas ruhiger mag, sollte die Parks an den staatlichen chinesischen Feiertagen meiden, besonders aber am Tag der Arbeit (1. Mai) und den zwei darauffolgenden Tagen, am Nationalfeiertag und den folgenden Tagen (1.–7. Okt.), dem Ching Ming Festival im April und dem chinesischen Neujahrsfest im Januar oder Februar. Auch in den Sommermonaten Juli und August ist viel los.

➡ Am Wochenende ist der Sonntag etwas weniger überlaufen als der Samstag.

➡ Einige Rides haben Größen-Begrenzungen.

➡ In beiden Parks gibt's ein reiches Angebot an erschwinglichen chinesischen und westlichen Speisen.

Ocean Park

➡ Die meisten Teenager und Erwachsenen werden den Ocean Park Disneyland vorziehen. Er ist deutlich größer, hat viel mehr zu bieten und die Achterbahnen sind spektakulärer.

➡ Er besteht aus zwei Teilen: Waterfront in der Nähe des Eingangs und Summit auf der Landzunge. Man kann nicht zu Fuß von einem Bereich in den anderen wechseln, aber sie sind durch eine Panoramaseilbahn und den unterirdischen Ocean-Express-Zug verbunden. Erstere ist morgens und kurz vor der Schließung besonders voll. Um lange Schlangen zu umgehen, fährt man am besten mit dem Ocean Express hoch und mit der Seilbahn runter.

➡ Kleineren Kindern dürfte Whisker's Harbour gefallen. Hier gibt's einen altersgerechten Spielbereich und den Pacific Pier, an dem man Robben und Seelöwen bestaunen und füttern kann. Das mag zwar nach Spaß aussehen, aber Tierschützer sind der Ansicht, dass Interaktionen mit in Gefangenschaft lebenden Meeressäugern bei den Tieren Stress auslösen.

Disneyland

➡ Auch wenn Hong Kong Disneyland vergleichsweise klein ist, sollte man einen Kinderwagen mitbringen – darin kann man nicht nur die müden Kinder, sondern auch die vielen Taschen verstauen; an den Rides gibt's sogar spezielle Stellplätze dafür. Der Park bietet außerdem ein paar Kinderwagen zum Verleih.

➡ Auf der Main Street, USA, in der sich viele der Geschäfte befinden, gibt's Schließfächer.

➡ Fantasyland ist das beste Ziel für die ganz Kleinen. Hier warten Dumbo und Attraktionen wie Mad Hatter's Teacups, It's a Small World und The Many Adventures of Winnie the Pooh.

➡ Toy Story Land und Grizzly Gulch sind äußerst beliebt, das zeigen auch die für gewöhnlich längsten Warteschlangen.

➡ Eine Fahrt mit der Disneyland Railroad ist nett, wenn man müde ist, aber es gibt nur wenige Plätze. Sie fährt auch nicht durch den ganzen Park, es gibt nur zwei Haltestellen: am Eingang und in Fantasyland.

➡ Es ist nicht nötig, sich schon frühzeitig einen Platz fürs Feuerwerk um 20 Uhr zu sichern, es sei denn, man möchte Fotos schießen. Wenn man sich in Eingangsnähe postiert, ist man anschließend schneller draußen.

➡ Wer Disneyland am Nachmittag besucht, hat vermutlich mehr von seiner Zeit und vermeidet die längsten Schlangen. Außerdem wohnt dem Park in der Dämmerung (18–21 Uhr) eine besondere Magie inne. Die Jungle Cruise verwandelt sich dann beispielsweise in eine „Nachtsafari", die fliegenden Untertassen des Orbitron im Tomorrowland sind beleuchtet und der Himmelsglobus und die Planeten funkeln mit Glasfasersternen.

Bootsfahrt & Straßenbahn

Peak Tram

Kinder sind von der der Erdanziehungskraft trotzenden Peak Tram immer fasziniert (S. 74).

Star Ferry

Kreuzfahrtschiffe, Lastkähne, Tragflächenboote, Fischerdschunken... Die kleinen Seemänner werden einen Riesenspaß haben, die vorbeifahrenden Schiffe zu benennen, während der eigene Schlepper im stürmischen Victoria Harbour geschickt den Klauen eines gigantischen Drachen ausweicht. (S. 73)

Straßenbahn

Aus der oberen Etage eines schmalen Fahrzeugs herauszuschauen, das mitten durch den stärksten Verkehr rattert, schnauft und schwankt, kann durchaus Spaß machen.

MTR

Um die Metro mit ihrem interessanten Farbleitsystem ranken sich eine Fülle von Mythen und spannenden Fakten.

Symphony of Lights

Kinder werden begeistert sein vom musikalisch untermalten Tanz der Laserstrahlen, die auf beiden Seiten des Hafens von Hochhäusern aus projiziert werden. Das Darth-Vader-Kostüm nicht vergessen.

Shoppen mit Kindern

Am Horizon Plaza (S. 137) gibt's riesige Läden, die Kinderbücher und -kleider verkaufen, und in der Tai Yuen St warten traditionelle Spielzeugläden für Kinder jeden Alters.

Im Erdgeschoss des Ocean Terminal (S. 148) in Harbour City locken Dutzende Läden, die sich nur an Kinder richten, genau wie auf Ebene 2 des **Festival Walk** (又一城; www.festivalwalk.com.hk; 80-88 Tat Chee Ave, Kowloon Tong; ⊘11–22 Uhr; Ⓜ Kowloon Tong, Ausgang C), Ebene 9 des Times Square (S. 128) und Ebene 2 des Elements (S. 165).

Delfinbeobachtung

Das zweitschlauste Tier der Erde in freier Wildbahn beobachten – und es ist quietschpink! Hong Kong Dolphinwatch unternimmt in der Woche drei vierstündige Touren in Gewässer, in denen Chinesische Weiße Delfine gesichtet werden können. (S. 166)

Eislaufen

In den drei Einkaufszentren Elements (S. 165), Festival Walk (S. 36) und **Cityplaza** (太古城; ☏852 2568 8665; www.city plaza.com.hk; 18 Tai Koo Shing Rd, Tai Koo Shing, Quarry Bay; Ⓜ Tai Koo, Ausgang D2) gibt's Eislaufbahnen. Auf den Websites findet man die aktuellen Preise und Öffnungszeiten.

Wie die Einheimischen

Bestimmte Werte und Sitten prägen den Alltag in Hongkong, doch ob man etwas davon merkt, hängt von den Einheimischen ab, die einem über den Weg laufen, denn nicht alle halten das gleich. Hier sind ein paar Tipps, die helfen, sich im sozialen Gefüge dieser Metropole zurechtzufinden.

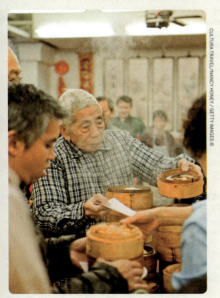

Dim-Sum-Restaurant (S. 38)

Etikette

Begrüßung

Manche Einheimische finden Umarmungen und ein Wangenküsschen in der Öffentlichkeit zu intim, andere wünschen sich heimlich mehr davon. Normalerweise reicht ein einfaches *Hello, how are you?*, verbunden mit einem leichten Händedruck. Besucher ziehen ihre Schuhe vor dem Betreten einer fremden Wohnung aus.

Mienenspiel

In diesem Teil der Welt ist es ein Eckpfeiler zwischenmenschlicher Beziehungen. Auf Status und Respekt ist stets zu achten, ebenso auf Höflichkeit und darauf, in der Öffentlichkeit nie die Beherrschung zu verlieren.

Geschenke

Wenn man jemandem ein Geschenk machen möchte, könnte es sein, dass sich dieser ziert, es anzunehmen, um nicht als habgierig zu gelten. Wenn man aber darauf beharrt, wird er dennoch nachgeben. Nicht überrascht sein, wenn ein verpacktes Geschenk nicht gleich geöffnet wird – das gilt hier als unhöflich.

Essen gehen

Wenn Einheimische mit Freunden ausgehen, wird meist getrennt bezahlt. Gewöhnlich wird aber der Endrechnungsbetrag in gleiche Teile aufgeteilt, unabhängig davon, was jeder Einzelne genau bestellt hat. Es ist eher ungewöhnlich, nach separaten Rechnungen zu fragen.

Farben

Rot steht für Glück, Fröhlichkeit und Reichtum (obwohl ein mit roter Tinte geschriebener Brief Ärger und Unfreundlichkeit ausdrücken kann). Weiß ist in der chinesischen Kultur die Farbe des Todes – man sollte es sich daher gut überlegen, bevor man jemandem weiße Blumen schenkt oder zur Geburtstagsfeier einer älteren Person weiß gekleidet erscheint.

Tischmanieren

Hygiene beim Essen

Bei chinesischen Mahlzeiten kann sich jeder vom Essen, das auf dem Tisch steht, bedienen. Exklusive Lokale bieten für jedes Gericht Essstäbchen oder Löffel an; in den preiswerten Lokalen ist das meist nicht der Fall; es ist aber jederzeit möglich, darum zu bitten.

Auf die Stäbchen achten!
Die Stäbchen niemals senkrecht in eine Schale stellen – dies erinnert an Räucherstäbchen bei Trauerfeiern. In fast allen Restaurants gibt's auch Gabeln. Man sollte sich nicht scheuen, um eine zu bitten.

Vom Geist des Teilens
Von einem für alle bestimmten Gericht sollte man nur einige Häppchen auf einmal nehmen, und zwar am besten von denen, die einem jeweils am nächsten liegen. Es ist nicht notwendig, die eigene Schale auf einmal mit dem halben Gericht zu beladen. Was die Beilagen (Reis, Nudeln etc.) anbelangt: Damit kann man die eigene Schale voll machen.

Teesitten
Wenn einem jemand die zierliche Teetasse wiederauffüllt, kann man als Zeichen des Dankes mit zwei Fingern (Zeige- und Mittelfinger) zweimal leicht auf den Tisch klopfen, anstatt mit vollem Mund ein Danke herauszupressen. Wer diese (angeblich) jahrhundertealte Geste beherrscht, kann seinem Gastgeber ganz schön imponieren.

Wohin mit den Knochen?
Knochen gehören auf den eigenen Teller oder in eine extra Knochenschale. Wer das nicht mag, kann sie auch auf ein Papiertaschentuch legen oder eines darüber breiten.

Essen als Leidenschaft

Essen & Bewerten
Ganze Scharen von Restaurantkritikern, und zwar nicht nur Hobbytester, stellen ihre Berichte und Fotos täglich auf der von den Benutzern gepflegten zweisprachigen Restaurantkritik-Website www.openrice.com ins Netz.

Dim Sum – Teil des Lebens
Die morgendlichen Dim Sum sind für viele Rentner ein tägliches Ritual und ein leckerer Anlass für eine Familienzusammenkunft am Wochenende. Heutzutage stehen das Essen und die Familie jedoch in scharfer Konkurrenz zu den allgegenwärtigen Smartphones.

Teepause
Sobald es Nachmittag wird, füllen sich die *cha chaan tang* (Teehäuser) mit älteren Herrschaften, die über die Fleischpreise vom Vormittag oder die Schwankungen an den Aktienbörsen diskutieren. Diese winzigen Teehäuser sind ein sozialer Treffpunkt für Hausfrauen und Rentner, die gern ein Schwätzchen halten und den neuesten Klatsch und Tratsch austauschen. Gestressten Büroangestellten dienen sie oft auch als Refugium.

Süßes zur nächtlichen Stunde
Nach dem Abendessen suchen die Einheimischen gern noch einen Dessert Shop auf, wo es süße Suppen und andere Nachspeisen der chinesisch beeinflussten Fusion-Küche gibt, etwa schwarze Sesamsuppe und Durian-Crêpes.

Dampfender Winter
Im Winter ist ein Eintopf in einem *dai pai dong* (Imbissstand unter freiem Himmel) oder in einem Restaurant eine wohltuende, gesellige Erfahrung. Dabei werden Fleischstückchen und Meeresfrüchte sowie Gemüse in einen Topf mit dampfender Brühe getunkt – ein Vorgang, der natürlich mehrmals wiederholt wird.

Traditionelle Viertel
Eine Gentrifizierung in großem Stil hat in diesen Gebieten noch nicht stattgefunden, allerdings nimmt die städtische Entwicklung bereits Einfluss auf den Charakter der Wohnviertel.

Aberdeen & Ap Lei Chau
Hier kann man mit dem Boot den bekanntesten Taifun-Schutzhafen der Stadt bestaunen, Drachenbootrennen verfolgen und die Märkte und Tempel von Hongkongs „Volk des Wassers" besuchen (S. 130).

Yau Ma Tei
Wenn man nach traditionellen Barbieren, Schneidern für chinesische Hochzeitsmode und traditionellem Kunsthandwerk Aus-

schau halten will, ist man in der Shanghai St richtig.

Sham Shui Po
In diesem schier unverwüstlichen Arbeiterviertel gibt's Flohmärkte, Geschäftshäuser aus den 1930er-Jahren, Nachkriegssiedlungen und sogar eine antike Grabstätte.

Queen's Road West
Der durchdringende Geruch nach getrocknetem Fisch und chinesischen Heilkräutern wird einen zu den Geschäften von fleißigen Händlern führen.

Rund ums Geld
Jockey Club
Die Wettbüros des Jockey Club befinden sich häufig in der Nähe von Wohngebieten, Märkten oder Endhaltestellen öffentlicher Verkehrsmittel. Wenn man sie an Renntagen oder -abenden betritt, gerät man in einen Strudel der Gefühle, denn die Wettenden versuchen, das Unbeeinflussbare zu beeinflussen. Gelegentlich hört man einen Freudenschrei, häufiger jedoch durchsetzen Schimpftiraden die Seufzer der Verzweiflung, wenn im 30-Minuten-Takt die neuesten Ergebnisse über die TV-Bildschirme flimmern. Draußen auf der Straße trifft man die High-Rollers (die große Summen setzen), das Gesicht vergraben in den Wettkarten, auf ihrer Suche nach der ewig unerreichbaren Gewinngarantie.

Aktien & Wertpapiere
Unter der Woche lohnt es sich auch, die Leute in den unscheinbaren Maklerbüros zu beobachten, in denen Scharen von (oft nicht ganz unwichtigen) Investoren völlig versunken die Live-Aktienmarkt-Updates auf den Anzeigentafeln an den Wänden verfolgen.

Hong-kong gratis

Hongkong ist nicht gerade ein preiswertes Reiseziel, und – wie jeder Einheimische bestätigen wird – die Preise steigen, wann immer es eine Gelegenheit dazu gibt. Doch mit etwas Planung und Fantasie kann man es sich hier auch mit wenig Geld gutgehen lassen.

Hong Kong Heritage Museum

Museen & Galerien mit freiem Eintritt am Mittwoch

Hong Kong Museum of Art
Großartige Kunst aus Hongkong und China. (S. 146)

Hong Kong Museum of History
Hier gibt's interessante Hintergrundinfos für Hongkong-Besucher. (S. 141)

Hong Kong Heritage Museum
Ausstellungen zu volkstümlichen Traditionen, dem Leben von Bruce Lee und zur kantonesischen Oper. (S. 182)

Hong Kong Science Museum
Unterhaltsame, kinderfreundliche Einführung in die Grundlagen der Physik, Chemie und Biologie. (S. 147)

Hong Kong Space Museum
Kinder werden die Himmelskörper faszinieren. Das Space Theatre kostet Eintritt. (S. 147)

Museum of Coastal Defence
Das Museum neben einem Fort erläutert die Geschichte von Hongkongs Küstenverteidigung über sechs Jahrzehnte. (S. 116)

Dr. Sun Yat-Sen Museum
Dem Mann gewidmet, der auch Vater des modernen China genannt wird. (S. 91)

Museen & Galerien mit freiem Eintritt

Museum of Tea Ware
Elegante Ausstellung alten Teegeschirrs im Hong Kong Park. (S. 109)

Railway Museum
Erzählt Hongkongs Eisenbahngeschichte mit ausrangierten Zugwaggons für Kids. (S. 179)

Para Site
Die alteingesessene Indie-Institution zeigt – mittlerweile in North Point – Kunst mit sozialkritischem Anstrich. (S. 115)

Blindspot Gallery
Auf die Werke von **Fotografen** (刺點畫廊; Karte S. 342, D1; ☎852 2517 6238; www. blindspotgallery.com; 15. OG, Po Chai Industrial Bldg, 28 Wong Chuk Hang Rd, Aberdeen; ◉Di–Sa 10–18 Uhr, So & Mo nur nach Anmeldung; 🚌70, 90, 590, 72, 42, 38) aus Hongkong und Asien spezialisiert.

PMQ
Haushaltswaren, Mode und die eine oder andere Ausstellung von hiesigen Designern. (S. 89)

Geführte Touren
Asia Society Hong Kong Centre
Das einstige Sprengstofflager zeigt heute erstklassige Ausstellungen. (S. 110)

Heritage of Mei Ho House Museum
Erläutert die Entwicklung des öffentlichen Wohnungsbaus in Hongkong anhand von Fotos und Repliken. (S. 152)

Tai O Heritage Hotel
Die ehemalige Polizeistation schützte die Küste vor Piraten. (S. 249)

Tsz Shan Monastery
Elegantes, modernes, historisch inspiriertes buddhistisches Kloster. Kann nur im Rahmen einer Führung besichtigt werden. (S. 181)

Lui Seng Chun
Altes Gebäude mit einer Klinik für chinesische Medizin. Kann nur im Rahmen einer Führung besichtigt werden. (S. 150)

Feste & Events
Dragon Boat Races
Drachenbootrennen vor der Kulisse von Fischerdschunken. (S. 30, S. 63)

Fest der Hungrigen Geister
Im 11. Mondmonat öffnen sich angeblich die Tore zur Hölle, deshalb werden die umherschwebenden Geister mit aufwendigen Riten besänftigt. (S. 30)

Fire Dragon Dance
Während des Mondfests in der 15. Nacht des achten Mondmonats steht der Tanz eines Strohdrachens mit glühend-rauchigen Räucherstäbchen auf dem Programm.

Cheung Chau Bun Festival
Moderne Interpretation eines Qing-Rituals, bei dem man auf Türme klettert, um so viele Brötchen wie möglich einzusammeln. (S. 209)

Freespace Happening
Einmal im Monat gibt's hier ein buntes Programm aus Livemusik, Film, Tanz, Parkour und Kunsthandwerk (www.westkowloon.hk/en/freespacehappening).

In der Natur
Hügel
Hongkongs wunderschönes Umland lädt zu Wanderungen, Radtouren oder langen Spaziergängen ein.

Strände
Hongkongs Strände werden von Rettungsschwimmern überwacht; einfach Sonnenschutz und Bier mitbringen.

Straßenstände in Hongkong

 Essen

Als Stadt mit sehr gutem Geschmack bietet Hongkong jedem ein kulinarisches Erlebnis, egal ob man 30 HK$ für eine Schüssel Nudeln oder 2000 HK$ für ein Seafood-Büfett bezahlt. Das Beste der chinesischen Speisekarte trifft sich hier – ob kantonesisch, nordchinesisch oder die Küche aus Shanghai und Sichuan. Dazu kann man hier so vielfältig französisch, italienisch, spanisch, japanisch, thailändisch oder indisch essen wie nirgendwo sonst in Asien.

Kantonesische Küche

Die kantonesische ist die bedeutendste Küche in Hongkong und vielleicht die beste der Welt. Um 1949 herum flohen viele Spitzenköche aus China in die Stadt und deshalb machte diese Küche nicht in ihrer Heimat Guangzhou Karriere, sondern hier.

Diese spezielle Art zu kochen ist geprägt von der Obsession, alles frisch zuzubereiten. In den Fischrestaurants sieht man Wasserbecken voller Flossen- und Schalentiere, die dort ein paar letzte glückliche Minuten verbringen. Die Geschmacksrichtungen sind köstlich und ausgeglichen, bedingt durch maßvolles Würzen und leichte Kochtechniken wie Dünsten oder schnelles Anbraten.

REGIONALE BESONDERHEITEN

Die kantonesische Küche definiert sich durch den kulinarischen Stil der Provinz Guangdong sowie durch die Küche von Chiu Chow (Chaozhou) und die Hakka-Küche. Chiu-Chow-Gerichte haben einen Hang zu Seafood und Gewürzen – es gibt z. B. frittierten, feingrätigen Fisch mit Mandarinenöl, Gänseschmorbraten, Essig- und Knoblauchsaucen. Die Hakka-Küche ist bekannt für viel Salz und ihre Vorliebe für Fleischkonserven. In Salz gebackenes Hühnchen und Schweinefleisch im Eintopf mit eingelegtem Gemüse machten schon so manche hungrige Familie und manch hungrigen Arbeiter in mageren Zeiten satt.

MODERNISIERUNG

Hongkongs Köche verschließen sich keinesfalls innovativen Einflüssen und probieren stets neue Zutaten und wundersame Methoden aus. Dim Sum etwa wird heute mit Mangopudding oder Shortbread-Torte gefüllt und mit Abalone und Hühnchen serviert. Schwarze Trüffel werden auf Reisrollen gestreut und gedünstet – fabelhaft!

Essen wie die Einheimischen

DIM SUM

Dim Sum sind kantonesische Leckerbissen, die mit einer Tasse Tee zum Frühstück oder Mittagessen verspeist werden. Das Wort bedeutet „das Herz berühren" und der Konsum von Dim Sum wird als „Yum Cha" bezeichnet, was „Tee trinken" heißt.

Nach dem Krieg gingen hauptsächlich alleinstehende Männer zum Yum Cha. Sie trafen sich zum Frühstückstee, um Gesellschaft zu haben oder sich über Jobmöglichkeiten auszutauschen. Bald wurde Yum Cha jedoch zu einer Familienaktivität.

GUT ZU WISSEN

Öffnungszeiten

- Mittagessen 11–15 Uhr
- Abendessen 18–23 Uhr

Einige Restaurants haben nachmittags durchgehend geöffnet, während andere auch zum Frühstück aufmachen. Die meisten Restaurants sind sonntags offen, bleiben während des Mond-Neujahrs aber mindestens zwei Tage lang geschlossen.

Preise

Die unten aufgeführten Preise gelten für ein 2-Gänge-Menü mit Getränk.

$	unter 200 HK$
$$	200–500 HK$
$$$	über 500 HK$

Reservierung

In den meisten Restaurants (mittlere Preisklasse oder darüber) werden Reservierungen angenommen. Bei sehr beliebten Adressen ist eine Reservierung notwendig, besonders abends am Wochenende. In beliebten Restaurants werden die Tische bis zu zwei oder dreimal am Abend belegt.

Wie teuer?

Für 40 HK$ erhält man Nudeln mit etwas Gemüse oder ein Menü in Fast-Food-Ketten.

Ein Mittagessen in einem Mittelklasserestaurant kostet zumindest 80 HK$, ein Abendessen 150 HK$. Für ein Abendessen im Edelrestaurant muss man mit mindestens 600 HK$ rechnen.

Viele Restaurants in Central bieten einen Mittagstisch an.

Trinkgeld

Trinkgeld ist kein Muss, da jede Rechnung bereits 10 % Servicezuschlag enthält, die aber fast immer in die Tasche des Besitzers wandern. Wer mit dem Service also sehr zufrieden war, kann nach eigenem Ermessen Trinkgeld geben. Die meisten Gäste lassen das Kleingeld liegen.

Jedes Gericht, zu dem oft zwei bis vier Häppchen gehören, die in einem Bambuskorb gedünstet werden, soll miteinander geteilt werden. In Dim-Sum-Lokalen der alten Schule winkt man einfach den Kellner

Oben: Wan-Tan-Nudeln

Rechts: Ap Lei Chau Market Cooked Food Centre (S. 134)

zu sich und sucht sich etwas von seinem Wagen aus. Moderne Lokale geben Speisekarten aus, diese sind aber fast immer nur auf Chinesisch zu haben. Da Dim Sum meist frisch zubereitet wird, können die Kellner einem die Auswahl präsentieren.

SOY SAUCE WESTERN

„Soy Sauce Western" *(si yau sai chaan)* nennt man westliche Gerichte, die mit vielen Kenntnissen aus der chinesischen Küche zubereitet werden. Dieser Kochstil soll in den 1940er-Jahren entstanden sein, als der geniale Koch Tai Ping Koon sich dazu entschied, die westliche Küche mit frisierten Gerichten „aufzupeppen", indem er Milchprodukte durch einheimische Gewürze ersetzte – Laktoseintoleranz ist verbreitet unter Asiaten – und Reis auf die Karte setzte.

Seine Erfindung traf auf Gleichgesinnte, als 1949 Weißrussen, die nach der bolschewistischen Revolution nach Shanghai geflohen waren, in Hongkong Zuflucht suchten und bald das kreierten, was als Shanghai-Russland-Küche bekannt ist.

Diese zwei Richtungen der westlich inspirierten Küche boten den Einheimischen bezahlbare und „exotische" Gerichte zu einer Zeit an, als westliche Restaurants fast nur hier lebende Auswanderer bedienten. Mit der Zeit vermischten sich beide Stilrichtungen und brachten die „Soy Sauce Western" hervor, wie man sie heute kennt. Zu den beliebtesten Gerichten gehören russischer Borschtsch, gebackenes Schweinekotelett auf gebratenem Reis und Bœuf Stroganoff mit Reis.

CHA CHAAN TANG

Teehäuser (茶餐廳, *cha chaan tangs*) sind günstige und fröhliche Lokale im Viertel, die in den 1940er-Jahren auftauchten und denjenigen westliche Snacks und Getränke servierten, die sich keinen Earl Grey und Gurkensandwiches leisten konnten. Seit damals haben sich ihre Speisekarten weiterentwickelt, auf denen man inzwischen die bekanntesten chinesischen und Soy-Sauce-Western-Gerichte finden kann.

Zu manchen Teehäusern gehören Bäckereien, die europäisches Gebäck mit chinesischem Einschlag servieren, z.B. Ananasbrötchen (菠蘿包, *bo law bao*), die nicht mal eine Spur der besagten Frucht enthalten, oder Cocktailbrötchen mit Kokosnussfüllung (雞尾包, *gai may bao*).

Dai Pai Dongs

Ein *dai pai dong* (大牌檔) ist ein Imbissstand, der entweder in eine Bude oder in eine klapprige Hütte gequetscht wurde, die voller Tische und Stühle steht, die manchmal auf die Straße „hinausquellen". Nach dem Zweiten Weltkrieg bot die Regierung den Familien von verletzten oder verstorbenen öffentlichen Angestellten Lizenzen für Essensstände an. Die Lizenzen waren so umfangreich, dass die Stände unter dem

---

HONGKONGS ESSGEWOHNHEITEN

Viele berufstätige Einwohner Hongkongs nehmen ihr Frühstück oder Mittagessen in Tee-Cafés ein. Zum Frühstück gehört ein Toast mit Butter, Spiegelei und Frühstücksfleisch, Fertignudeln und ein Getränk. Wer sich lieber gesundheitsbewusster ernährt, wählt dagegen Congee mit Dim-Sum-Reisrollen (*chéung fán*) und gedünstete Klöße mit Schweinefleisch und Shrimps (*siù máai*).

Geschäftsleute essen mittags meist eine Schüssel Wan-Tan-Nudeln, einen Teller Reis mit chinesischem Barbecue oder etwas Aufwendigeres.

Am Wochenende wird nachmittags die Teestunde zelebriert. An den Wochentagen ist dieses Privileg Arbeitern und reichen Hausfrauen (*tai-tais*) vorbehalten. Man sagt, dass sich Arbeiter pünktlich um 15.15 Uhr plötzlich in Luft auflösen, um ihre tägliche Ration an Eiercremetörtchen und Tee mit Milch zu sich zu nehmen. *Tai-tais* nehmen zu dieser Mahlzeit vielleicht mit Freunden Milchbrötchen und Rosenblütenkonfitüre zu sich oder sie gönnen sich eine Schüssel Nudeln beim Friseur.

Das Abendessen ist die wichtigste Mahlzeit des Tages. Wenn es zu Hause stattfindet, hängt es von den Traditionen der Familie ab, was auf den Tisch kommt. Normalerweise handelt es sich dabei um Suppe, Reis, Gemüse und ein Fleisch- oder Fischgericht. Jeder hat seine eigene Schüssel mit Reis und/oder Suppe und die restlichen Gerichte stehen in der Mitte des Tisches und werden geteilt. Auswärts zu essen ist ebenfalls sehr beliebt. Manche Familien gehen drei- bis fünfmal pro Woche essen.

Namen *dai pai dong* bekannt wurden (also „Stände mit der großen Lizenz").

Dai pai dongs gibt es überall, neben der Straße, in kleinen Gassen oder unter einem Baum. Trotzdem gehören diese altmodischen Lokale, die besser als jede Sterneküche sind, zu einer aussterbenden Spezies. Viele wurden bereits in von der Regierung betriebene Restaurantzentren verbannt.

Das kulinarische Angebot der *dai pai dongs* variiert je nach Stand. Während sich ein Betreiber auf Congee spezialisiert hat, verkauft sein Nachbar vielleicht vor allem Fischgerichte, die so manchem Restaurant Konkurrenz machen. Wenn sich gleich mehrere *dai pai dongs* nahe beieinander ballen, kann man oft Gerichte von verschiedenen Betreibern bestellen.

Internationale Küche

Von Seeteufelleber-Sushi zu französischer Molekularküche: Hongkong hat wirklich genügend Restaurants, die sich auf das Essen aus anderen Kulturen spezialisiert haben. Die Auswahl und Qualität der asiatischen Küche ist herausragend und übertrifft sogar Tokios Standards. Hinzu kommt ein gigantisches Aufgebot an Restaurants mit westlicher Küche. Hongkongs wohlhabende und weltoffene Bevölkerung liebt die westliche und besonders die europäische Küche. Das zeigt sich an den vielen internationalen Chefköchen, die hier Restaurants haben – beispielsweise Joël Robuchon und Pierre Gagnaire. Die Preise in diesen Lokalen der oberen Kategorie sind manchmal ziemlich happig. Doch es gibt auch immer mehr fantastische Restaurants, die sich auf die rustikale französische oder italienische Küche spezialisiert haben und

Gedünstete Schweineklöße (Dim Sum; S. 43)

auch Gourmets mit kleinerem Geldbeutel gern als ihre Gäste sehen.

Kochkurse

In Hongkong kann man prima an seinen chinesischen Kochkünsten feilen. Beispielsweise hier:

Home's Cooking (www.homescookingstudio.com; Kurse 600 HK$) Diese viel gelobte Kochschule befindet sich im Haus des Inhabers und bietet dreistündige Kurse am Vor- oder Nachmittag an. Die Teilnehmer kochen ein chinesisches 3-Gänge-Menü, etwa Frühlingsrollen, Hühnchen in Lotusblättern und Ingwerpudding. Die Kurse umfassen einen Besuch auf einem lokalen Lebensmittelmarkt sowie Mittag- oder Abendessen.

Martha Sherpa (S. 129) Martha Sherpa (ihren Nachnamen verdankt sie ihrem nepalesischen Mann) ist eine Expertin in kantonesischer Küche und hat schon Berühmtheiten wie der ehemaligen australischen Premierministerin Julia Gillard beigebracht, wie man Dim Sum und Lieblingsgerichte aus Hongkong kocht. In kleinen Gruppen widmet man sich Themen wie Wok-Gerichten, Dim Sum oder vegetarischer chinesischer Küche. Man kann aus Halb- oder Ganztags- und Abendkursen wählen.

> **VEGETARIER, AUFGEPASST!**
>
> Die Chance ist ziemlich groß, dass man in Hongkong versehentlich Fleisch isst. Gemüse wird oft in Fleischbrühe gekocht und mit Austernsauce serviert. Brühe, die mit Hühnchen zubereitet wird, ist in vielen Gerichten drin, auch wenn diese augenscheinlich fleischlos sind. In preiswerten Restaurants arbeitet man großzügig mit Hühnchenpulver. Wer als Vegetarier gern chinesisch essen gehen möchte, sollte sich an vegetarische Lokale und Restaurants der gehobenen Preisklasse halten.

Weitere Informationen

Auf der beliebten Website Open Rice (www.openrice.com) findet man von den Feinschmeckern der Stadt verfasste Restaurantkritiken.

Time Out (www.timeout.com.hk) Ein zuverlässiger, 14-tägiger Veranstaltungsführer.

Good Eating (www.scmp.com) Restaurantführer und -verzeichnis einer englischsprachigen Zeitung.

WOM Guide (www.womguide.com) Ein Führer für die Gastroszene der Stadt.

Selbstversorger

Die beiden größten Supermarktketten, **Park'N'Shop** (www.parknshop.com) und **Wellcome** (www.wellcome.com.hk), haben riesige Filialen, in denen Lebensmittel und Essen zum Mitnehmen erhältlich sind.

Viertel für Viertel

➡ **Hong Kong Island: Central** Beste Adressen für wichtige Arbeitsessen und internationale Küche aus allen Himmelsrichtungen.

➡ **Hong Kong Island: The Peak & der Nordwesten** Die Touristenfallen rund um den Peak gehen weiter westlich in entspannte Lokale über.

➡ **Hong Kong Island: Wan Chai & der Nordosten** Alles – vom weltbesten *char siu* (Schweinebraten) zu ultra-authentischem Sushi im kulinarischen Herzen Hongkongs.

➡ **Hong Kong Island: Aberdeen & der Süden** Lässige Strandcafés und britische Pubs durchziehen die sonnige Südseite der Insel.

➡ **Kowloon** Preiswerte indische Lokale liegen an den neonbunten Boulevards von Kowloon neben funkelnden kantonesischen Bankettsälen.

Top-Tipps

Choi's Kitchen (S. 120) Reis aus dem Tontopf mit Zutaten nach Wahl sowie kantonesische Gerichte, mit Liebe zubereitet.

Kam's Roast Goose (S. 117) Die knusprigste, saftigste gebratene Gans weit und breit.

Fortune Kitchen (S. 120) Kantonesische Hausmannskost – edel, aber erschwinglich.

Aberdeen Fish Market Yee Hope Seafood Restaurant (S. 135) Ein Meeresfrüchte-Festmahl inmitten eines Fischgroßmarkts.

Atum Desserant (S. 119) Köstliche Desserts, die vor den Augen der Gäste zubereitet werden und Gemälden ähneln.

Lung King Heen (S. 79) Fabelhafte Dim Sum, makelloser Service und grandioser Hafenblick.

Preiskategorien

$

Sun Kwai Heung (S. 122) Ausgezeichnetes, entspanntes chinesisches Grillrestaurant.

Tai Cheong Bakery (S. 94) Serviert seit einem halben Jahrhundert Hongkongs beliebteste Eiertörtchen.

$$

Fortune Kitchen (S. 120) Kantonesisches Wohlfühllessen, wie es sein muss.

Choi's Kitchen (S. 120) Meisterhafte Variationen von Tontopf-Reis und kantonesischer Küche.

$$$

Seventh Son (S. 117) Erstklassige Dim Sum und kantonesisches Essen.

Chairman (S. 98) Perfekt zubereitete kantonesische Klassiker.

Dim Sum

City Hall Maxim's Palace (S. 76) Der berühmteste unter Hongkongs Dim-Sum-Palästen.

Seventh Son (S. 117) Ein ausgezeichneter Ableger des Fook Lam Moon.

Luk Yu Tea House (S. 95) Dieses altehrwürdige Teehaus war einst der Lieblingsplatz eines Künstlers.

Lin Heung Tea House (S. 78) Altmodische Dim Sum frisch vom Wagen in sachlicher Umgebung.

Tim Ho Wan, the Dim Sum Specialists (S. 76) Das allererste Dim-Sum-Budgetlokal, das mit einem Michelin-Stern ausgezeichnet wurde.

Fook Lam Moon (S. 155) Lieblingstreff der Prominenz mit edler Karte und Dim Sum zu vernünftigen Preisen.

Nudeln

Ho To Tai Noodle Shop (S. 176) Die mit Shrimps gefüllten Wan-Tan-Teigtaschen erfreuen sich einer ergebenen Anhängerschar.

Tasty Congee & Noodle Wonton Shop (S. 78) Shrimp-Wan-Tans, Krabben-Congee und mehr im luxuriösen IFC-Einkaufszentrum.

Mak's Noodle (S. 94) Beliebter Laden mit mehreren Filialen und äußerst beliebten Shrimp-Wan-Tans.

Ho Hung Kee (S. 119) Serviert seit 68 Jahren Nudeln, Wan Tans und Congee.

Seafood

Aberdeen Fish Market Yee Hope Seafood Restaurant (S. 135) Meeresfrüchte in einem Fischgroßmarkt; unbedingt vorbestellen.

Ap Lei Chau Market Cooked Food Centre (S. 134) Die Meeresfrüchte, die man unten im Markt kaufen kann, werden hier zubereitet.

Lei Yue Mun (S. 158) Dieses Fischerdorf zieht die Massen an.

Loaf On (S. 187) Erstklassige Meeresfrüchte in entspannter Atmosphäre im Küstendorf Sai Kung.

Chuen Kee Seafood Restaurant (S. 187) Klassischer Seafood-Palast im Hafenviertel von Sai Kung.

Sam Shing Hui Seafood Market (S. 174) Geschäftiger Fischmarkt in den New Territories.

Nicht kantonesisch, aber asiatisch

Din Tai Fung (S. 154) In dieser extrem beliebten taiwanesischen Kette muss man sich auf lange Schlangen einstellen, wenn man die Suppenklöße probieren möchte.

Chicken HOF & Soju Korean (S. 152) Unfassbar leckeres, scharfes Brathähnchen koreanischer Art.

Spring Deer (S. 154) Dieser Oldie der nordchinesischen Küche liefert immer erstklassig ab.

Woodlands (S. 153) Hier kann man sich mit südasiatischen Familien herzhafte vegetarische Gerichte aus Indien schmecken lassen.

Dai Pai Dongs

Sing Kee (S. 78) Einer der wenigen noch verbliebenen *dai pai dong* (Imbissstände) in Central.

Gi Kee Seafood Restaurant (S. 121) Gourmet-Seafood über einem Lebensmittelmarkt.

Sei Yik (S. 136) In dieser halb versteckten Legende in Stanley bilden sich Schlangen für den Frühstückstoast.

Ap Lei Chau Market Cooked Food Centre (S. 134) Hier treffen sich die Fischer.

Teehäuser

Australia Dairy Company (S. 157) Wird für seine fabelhaften Eier-Sandwiches und den schroffen Service geliebt.

Lan Fong Yuen (S. 94) *Der* Ort, wenn man Hongkongs berühmten Milchtee probieren möchte.

Capital Cafe (S. 117) Die luftigen Eier und Nudeln mit Schinken ziehen die Gäste scharenweise an.

Mido Café (S. 157) Ein charmanter Retro-Laden mit Blick auf den Tin Hau Temple.

Vegetarisch

Pure Veggie House (S. 116) Herausragende vegetarische Dim Sum und kantonesische Klassiker.

Chi Lin Vegetarian (S. 158) Fantastische buddhistische Küche in einem traumhaften Nonnenkloster.

Queen of the East (S. 119) Eine günstigere Version des Pure Veggie House.

Woodlands (S. 153) Die südindischen vegetarischen Gerichte hier erfreuen sich ganzjähriger Beliebtheit.

Bookworm Cafe (S. 194) Beliebter Hippie-Laden auf dem entspannten Lamma.

Süßes

Atum Desserant (S. 119) Süßwaren, als Kunst präsentiert.

Master Low Key Food Shop (S. 122) Die vielleicht besten Waffeln der Stadt.

Yuen Kee Dessert (S. 98) Klebrig-süße kantonesische Süßigkeiten.

Tai Cheong Bakery (S. 94) *Die* Adresse für Hongkongs Eiercremetörtchen.

Honeymoon Dessert (S. 186) Eine regionale Kette aus Hongkong, die süße Suppen sowie viele eiskalte Köstlichkeiten serviert.

Südostasiatisch

Cheong Fat (S. 158) Chiang-Mai-Nudeln im Little Bangkok Hongkongs.

Chom Chom (S. 97) Trendige vietnamesische Küche und Cocktails am Hang.

Bêp (S. 95) Vietnamesische Klassiker im stilvollen Soho.

Chachawan (S. 96) Thailändisches Straßenessen im Hipster-Stil.

Außergewöhnliches

Rainbow Seafood (S. 195) Eine bunte Vielfalt an Fisch und Krustentieren am Ende der Wanderung auf dem Lamma's Family Trail.

Black Sheep (S. 137) Buntes Hippie-Café in einer ruhigen Seitengasse in Shek O am Strand.

Chi Lin Vegetarian (S. 158) Vegetarische Küche auf dem Gelände eines atemberaubenden Nonnenklosters.

Yue Kee Roasted Goose (S. 172) Erstklassige gebratene Gänse in einem entlegenen Dorf.

Mavericks (S. 202) Ein lässiges Strandcafé an der Küste von Lantau.

Englischsprachige Food Blogs

That Food Cray (www.thatfoodcray.com)

Sassy Hong Kong (www.sassyhongkong.com)

E-Ting (www.e-tingfood.com)

Food Craver (www.foodcraver.hk)

Hungry Hong Kong (http://hungryhk.blogspot.hk)

Scharfes Essen

Megan's Kitchen (S. 118) Sichuan-Eintopf mit dem gewissen Kick.

San Xi Lou (S. 117) Renommiertes Sichuan-Lokal auf der mittleren Ebene eines Hochhauses.

Cheong Fat (S. 158) Scharfes thailändisches Essen im Viertel Little Bangkok.

Woodlands (S. 153) Schweißtreibende Vegi-Küche aus Indien.

Japanisch

Sogo (S. 120) Dekadente japanische Markthalle.

Go Ya Yakitori (S. 120) Köstliche Spieße im trendigen Tai Hang.

Inagiku (S. 80) Hervorragendes Sushi, Grillfleisch und Tempura im Four Seasons.

Französisch

Bistronomique (S. 99) Leckere, bodenständige Spezialitäten aus Gallien.

Upper Modern Bistro (S. 98) Feine, asiatisch inspirierte französische Küche in schicker Atmosphäre.

Serge et le Phoque (S. 119) Kreativ-moderne französische Küche gegenüber von einem Lebensmittelmarkt.

Pierre (S. 80) Berühmte französische Küche, mit Michelin-Stern prämiert.

Italienisch (oder italienisch à la New York)

Otto e Mezzo Bombana (S. 80) Gilt vielen als das beste italienische Restaurant in Hongkong.

Motorino (S. 95) Die Massen lieben die grandiose neapolitanische Pizza in diesem hippen Import aus New York.

Grissini (S. 119) Ein würdevoller Veteran in der schicken italienischen Gastroszene Hongkongs.

Nordamerikanisch

Beef & Liberty (S. 116) Solide nordamerikanische Gerichte in Wan Chai.

Mavericks (S. 202) Umwelt- und gesundheitsbewusste Burger und Würstchen in Lantau.

Flying Pan (S. 95) Frühstück in Soho, zu jeder Tageszeit.

Ausgehen & Nachtleben

In Hongkong versteht man sich aufs Feiern – oft geht es bunt und laut zu. In der Stadt gibt es Bars und Kneipen jeder Sorte, von Pubs britischer Art über schicke Hotelbars und angesagte Treffs bis hin zu Karaoke-Schuppen für die junge chinesische Kundschaft. In den letzten Jahren hat auch die Zahl der Weinlokale und Livemusiktreffs zugenommen, die sich an vielseitige und anspruchsvolle Leute wenden, die ihren Spaß haben wollen.

Wein & Whiskybars

Eine wachsende Zahl von Bars widmet sich erlesenen Whiskys, Gins und anderen Spirituosen. Sie zeichnen sich durch handgeschnitztes Eis, geheimnisvolle Flaschen und erstklassige Barkeeper, die an Nerds erinnern, aus. Whisky ist dabei der herausragendste Trend, und immer mehr Bars stehen im Zeichen des beliebten bernsteinfarbenen Drinks, darunter auch einige stilvolle japanische Whiskybars.

Cafés

Zwar dominieren noch immer Starbucks und Pacific Coffee (eigentlich Hongkongs hausgemachte Variante von Starbucks), doch neuerdings hat sich in der Stadt eine unabhängige Cafészene etabliert, mit allem, was dazugehört: Bio-Kaffee, Mikroröstereien und Events rund um den Kaffee.

Cha Chaan Tang

Teehäuser (茶餐廳; *cha chaan tangs*) sind vor allem für ihren „Strumpfhosen"-Milchtee (奶茶; *nai cha*) auf Hongkong-Art berühmt. Das starke Gebräu besteht aus einer Mischung diverser Schwarztees, denen zerstoßene Eierschalen beigegeben werden, um das Ganze sämiger zu machen. Das Getränk wird durch einen Stoff gefiltert, der an eine Strumpfhose erinnert, und mit Kondensmilch getrunken. Der Tee wird manchmal mit drei Teilen Kaffee gemixt – so entsteht der für Hongkong typische Tee-Kaffee oder *yin yeung* (鴛鴦), was „Mandarinente" bedeutet (jenes Tier steht für eheliche Harmonie).

Karaoke

Karaoke-Clubs sind bei den jungen Einwohnern der Stadt beliebt wie eh und je – in Causeway Bay und Wan Chai gibt's einige und dazu ein paar Nachbarschaftstreffs in Mong Kok. Meist bildet kantonesischer Pop, der oft westlichen Rock und Pop mit chinesischen Melodien und Texten mixt, die Klangtapete, aber in der Regel werden zwischendurch auch Oldies und englischsprachiger Pop geboten.

Tanz

SALSA

Hongkongs muntere Salsa-Gemeinde veranstaltet wöchentlich Clubabende, an denen alle teilnehmen können, die daran Spaß haben. Infos finden sich unter www.dancetrinity.com oder www.hongkongsalsa.com. Zum jährlich meist im Februar stattfindenden **Hong Kong Salsa Festival** (香港沙沙節; www.hksalsafestival.com; ☺März) kommen Teilnehmer aus aller Welt. Detaillierte Infos zu den Veranstaltungen und den Partys danach stehen auf der Website.

SWING

Wer auf Swing steht, hat mindestens sechs Mal im Monat die Gelegenheit, zur Musik von Live-Jazzbands abzugrooven (manchmal gibt's kostenlose Anfängerkurse). Weitere Infos finden sich im Veranstaltungskalender auf www.hongkongswings.com.

TANGO

Hongkong hat eine kleine, aber enthusiastische Tangogemeinde, die sich aus Büroangestellten, Profis und Expats zusammensetzt.

Bei Tango Tang (www.tangotang.com), der bekanntesten aller Tangoschulen, stehen alle Tango-Events – auch die anderer Veranstalter – auf der Website. Wer möchte, kann eine der vielen *milongas* (Tanzpartys), die jede Woche in den Restaurants und Tanzstudios überall in der Stadt stadtfinden, besuchen.

Happy Hour

Zu bestimmten Zeiten gibt's in den meisten Kneipen, Bars und sogar einigen Clubs die Drinks um ein Drittel bis die Hälfte billiger oder man bekommt zwei Getränke zum Preis von einem.

Happy Hour ist meist am späten Nachmittag oder frühen Abend, etwa zwischen 16 und 20 Uhr, der genaue Zeitraum variiert je nach Lokal. Abhängig von Jahreszeit, Wochentag und Standort kann sich die Happy Hour von 12 bis 22 Uhr erstrecken, und in einigen Bars gibt's schon gleich nach Mitternacht die Drinks wieder billiger.

LGBT-Szene in Hongkong

Die Homosexuellenszene Hongkongs ist zwar nicht so dynamisch und präsent wie in anderen Großstädten der Welt, machte in den letzten Jahre jedoch große Fortschritte. Mittlerweile gibt es über ein Dutzend entsprechende Bars und Clubs.

Zu den nützlichen Infoquellen gehören:

Dim Sum (http://dimsum-hk.com) Ein kostenloses schwules Monatsmagazin mit Veranstaltungsterminen.

Les Peches (852 9101 8001; lespechesinfo@yahoo.com) Hongkongs führende Lesbenorganisation veranstaltet jeden Monat Events für Lesben, bisexuelle Frauen und ihre Freunde.

Utopia Asia (www.utopia-asia.com/hkbars.htm) Eine Website mit schwulenfreundlichen Adressen und Veranstaltungsterminen.

Viertel für Viertel

➡ **Hong Kong Island: Central** Hotelbars mit edlem Ambiente.

➡ **Hong Kong Island: The Peak & der Nordwesten** Das Epizentrum von Hongkongs Partyszene zieht Trendsetter, Berufstätige und Expats an.

➡ **Hong Kong Island: Wan Chai & der Nordosten** Verlockende Mischung aus Klasse, Geheimnisvollem und Hippness sowie Hostess-Bars aus einer anderen Zeit.

GUT ZU WISSEN

Öffnungszeiten

➡ Bars öffnen um 12 oder 18 Uhr und schließen zwischen 2 und 6 Uhr; die Bars in Wan Chai sind am längsten offen.

➡ Cafés öffnen in der Regel zwischen 8 und 11 Uhr und schließen zwischen 17 und 23 Uhr

Preise

➡ Bier ab 45 HK$/Pint
➡ Wein ab 50 HK$/Glas
➡ Whisky ab 50 HK$/Glas
➡ Cocktails 80–200 HK$
➡ Eintritt für Tanzclubs 200–700 HK$ (ein Getränk inklusive)

Kleiderordnung

In den meisten Clubs reicht sportlich-elegante Kleidung aus, Shorts und Flip-Flops werden aber nicht akzeptiert. Jeans sind in Hongkong beliebt und werden oft mit Stöckelschuhen oder einem Blazer getragen, wenn's eleganter wirken soll. Hongkongs Clubber sind stilbewusst, wer also Eindruck schinden will, muss sich aufbrezeln.

Was kostet wie viel?

Ausgehen ist in Hongkong teuer. Wer einen ganzen Abend durch die Kneipen ziehen will, muss dafür mindestens 800 HK$ veranschlagen. Man kann aber auch Nightlife-Atmosphäre schnuppern, ohne viel Geld auszugeben – und viele junge Leute tun das: Man holt sich sein Getränk einfach aus einem Minimarkt und hängt dann mit den Feierlustigen ab, die vor den Bars herumstehen. Es hat also durchaus seinen Grund, warum eine Gasse neben einem solchen Minimarkt in Soho (angelehnt an die Bezeichnung entsprechender zwielichtiger Straßen in Chicago) als „Cougar Alley" bekannt ist.

Aktuelle Infos

➡ **Time Out** (www.timeout.com.hk)

➡ **Hong Kong Island: Aberdeen & der Süden** Richtung Süden sinkt die Auswahl, am Ufer kann man jedoch mit ein paar Drinks eine eigene Party steigen lassen.

➡ **Kowloon** In Tsim Sha Tsui gibt es zahlreiche Kneipen mit lokalem Flair.

Top-Tipps

Ping Pong Gintoneria (S. 102) Gin-Bar in einer ehemaligen Pingpong-Halle.

Tai Lung Fung (S. 122) Cocktails und altmodische Extravaganz.

MO Bar (S. 81) Hier sieht man manchmal Cantopop-Stars.

Executive Bar (S. 123) Exklusive Whisky- und Cocktailbar, in der kundige japanische Barmixer am Tresen stehen.

Club 71 (S. 99) Hier treffen sich Aktivisten, Künstler, Musiker und Gesellschaftskritiker zum Quatschen und Feiern.

Aussicht

Sevva (S. 81) Sehen (schöne Menschen und einen schönen Hafen) und gesehen werden auf dem Prince's Building.

Ozone (S. 161) Die höchstgelegene Bar Asiens.

Ben's Back Beach Bar (S. 137) Mit Blick auf einen einsamen Strand in Shek O.

Sugar (S. 124) Schwindelerregender Ausblick von einem Island-East-Hotel.

Intercontinental Lobby Lounge (S. 159) Raumhohe Fenster mit Blick auf den Victoria Harbour.

Cocktailbars

Butler (S. 159) Japanische Cocktailbar in einer ruhigen Gegend von TST.

Executive Bar (S. 123) In diese Whisky-Lounge kommt man nur mit Reservierung.

Bar 42 (S. 101) Hier treffen sich Expats und Einheimische bei Brettspielen.

Tai Lung Fung (S. 100) Nette Retro-Kulisse in rosa Neonlicht.

Ping Pong Gintoneria (S. 102) Gin-Getränke in einer alten Pingpong-Halle.

Quinary (S. 99) Kreative, asiatische inspirierte Cocktails in elegantem Ambiente.

Cafés

Peninsula Hong Kong (S. 247) Der eleganteste Nachmittagstee der Gegend.

Cafe Corridor (S. 124) Intime Atmosphäre und viele Stammkunden.

Teakha (S. 102) In dieser eleganten Tee-Lounge startet man mit Jasminduft in den Tag.

Elephant Grounds (S. 124) Leckere Kaffeegetränke – darunter auch eine „kugelfeste" Variante – und sehr beliebte Eiscreme-Sandwiches.

Lan Fong Yuen (S. 94) Der Klassiker, um den berühmten Milchtee à la Hongkong zu probieren.

Leute gucken

Peak Cafe Bar (S. 102) Gäste dieser Bar in Soho blicken auf den Mid-Levels Escalator.

China Bear (S. 204) Im verschlafenen Dorf Mui Wo kann man beobachten, wie Scharen von Menschen von den und auf die Fähren strömen.

Club 71 (S. 99) Beliebter Treffpunkt von Künstlern und Schriftstellern.

Senses 99 (S. 82) Beste Aussicht auf die Hipster-Gemeinde.

Nachtclubs

Dragon-I (S. 100) Angesagter, schicker Treff mit vielen Prominenten.

Dusk Till Dawn (S. 123) Der richtige Ort, um bei Livemusik zu rocken, wenn die anderen Bars schließen.

Tazmania Ballroom (S. 101) Hier kann man sich mit Models an ihrem freien Abend amüsieren.

Kneipen

Smugglers Inn (S. 137) Gemütlicher Pub im britisch geprägten Stanley.

Delaney's (S. 137) Der geräumige irische Pub ist die perfekte Adresse für ein Pint.

Dickens Bar (S. 124) Kolonialer Klassiker, der sich ständig neu erfindet.

Lokalkolorit

Utopia (S. 160) Hier kann man mit den Büroangestellten aus der Umgebung Dart spielen.

Buddy Bar (S. 124) In Tai Hang mit Einheimischen und ihren Hunden abhängen.

Club 71 (S. 99) Mit Einheimischen radikale politische Ansichten diskutieren oder sich an der Bar mit dem Künstler auf dem Nachbarhocker unterhalten.

Ben's Back Beach Bar (S. 137) Wenn all die Strandbesucher weg sind, gehört die Bar am Ufer wieder den Einwohnern.

Voll schräg

Ned Kelly's Last Stand (S. 160) Dixieland, eine australische Dekoration und viele Ausländer, die in der Stadt leben.

Wanch (S. 124) In dieser Livemusik-Location kann man mit Touristen, Einheimischen, Matrosen, Junkies und vielen anderen komischen Vögeln rocken.

Bodenständiges Flair

Pier 7 (S. 81) Lädt nach dem Abendessen zu ein paar Drinks auf dem Star Ferry Pier ein.

Club 71 (S. 99) Unprätentiöser geht's in Soho kaum.

Buddy Bar (S. 124) Bodenständige Kneipe im hippen, aber freundlichen Tai Hang.

Whiskybars

Butler (S. 159) Whisky, Cocktails und Whiskey-Cocktails.

Angel's Share Whisky Bar (S. 99) Hier dreht sich alles um Whisky.

Executive Bar (S. 123) Der japanische Barmixer kennt seine Whiskys.

Weinbars

MyHouse (S. 122) Bio-Weine und Schallplatten in Causeway Bay.

Les Copains D'Abord (S. 195) Ein abgeschiedenes französisches Café auf einer äußeren Insel.

Central Wine Club (S. 101) Barocke Bar mit guten europäischen Weinen.

Kneipenessen

Dickens Bar (S. 124) Hier kann man sich an indischen Currys sattessen und dabei einem Rugbyspiel zusehen.

Classified (S. 187) Die leckeren Käseteller passen bestens zu einem Glas Rotwein.

Stone Nullah Tavern (S. 122) Solide nordamerikanische Küche.

Ted's Lookout (S. 123) Tolle Burger.

Sportbars

Amici (S. 123) Dank der großen Fernseher und des Biers vom Fass die Lieblingsadresse von Fußballfans.

King Ludwig Beerhall (S. 160) Deutsche Kneipe mit Fußball- und Rugbyübertragungen.

Dickens Bar (S. 124) In dem Pub im britischen Stil läuft wirklich jedes Rugby- und Fußballspiel.

Delaney's (S. 137) Irish Pub mit Fernsehern und sympathischer Klientel.

Darsteller einer chinesischen Oper

⭐ Unterhaltung

Hongkongs Kunst- und Unterhaltungsszene geht's besser als je zuvor. Auf dem immer volleren Kulturkalender stehen Musik, Theater und Tanz, die auf einer reichen Tradition gründen. Auch die Liste der importierten Darbietungen ist atemberaubend. Jede Woche führen lokale Kunstensembles und Solokünstler einfach alles auf – von Bach über Stand-up-Comedy und kantonesische Opern bis hin zu Tschechow-Stücken in englischer Sprache.

Darstellende Künste

Einheimische westliche Musikensembles und Theatertruppen treten jede Woche auf, aber auch berühmte internationale Gruppen werden häufig zu Auftritten eingeladen, insbesondere während des **Hong Kong Arts Festivals** (香港藝術節; www.hk.artsfestival.org; ab 150 HK$; ☺Feb.–März). Dieses alljährlich stattfindende Event lockt eine Vielzahl weltberühmter Namen aus der Musik-, der Theater- und der Tanzszene in die Stadt, unter ihnen beispielsweise das Bolschoi-Ballett, Anne-Sophie Mutter und der Dramatiker Robert Wilson.

Kantonesische Oper

Hongkong ist einer der besten Orte der Welt, um sich eine kantonesische Oper anzuschauen. Am besten tut man dies während des Hong Kong Arts Festival (S. 54) oder des Mondfests, wenn im Victoria Park Open-Air-Vorstellungen stattfinden. Auch auf dem Temple Street Night Market (S. 143) oder während chinesischer Festivals kann man Darbietungen bewundern.

Im Sunbeam Theatre (S. 125) und im neuen **Yau Ma Tei Theatre** (油麻地戲院; ☏852 2264 8108, Tickets 2374 2598; www.lcsd.gov.hk/ymtt; 6 Waterloo Rd, Ecke Reclamation St, Yau Ma Tei; Ⓜ Yau

Ma Tei, Ausgang B2) gibt's tägliche Vorstellungen. Wer kein Kantonesisch spricht, bucht Tickets fürs Sunbeam Theatre am besten durch Hong Kong Ticketing, Urbtix oder **Cityline** (852 2317 6666; www.cityline.com.hk).

Kino

Die Kinodichte in Hongkong ist groß und es werden sowohl Blockbuster als auch Arthouse-Filme gezeigt. Meist laufen in den Kinos örtliche Produktionen und Hollywoodstreifen. Die allermeisten Filme haben englische und chinesische Untertitel. Tickets und Plätze kann man online oder weit vor Beginn der Vorstellung vor Ort kaufen.

Kinofans aus ganz Asien pilgern zum **Hong Kong International Film Festival** (香港國際電影節; www.hkiff.org.hk; ab 45 HK$; März & April), das jedes Jahr im März/April stattfindet. **Cine Fan** (www.cinefan.com.hk) von denselben Organisatoren bietet das ganze Jahr über Filme.

AVENUE OF STARS
Ein Großteil des Hafenviertels in Kowloon ist den Stars des Hongkong-Kinos gewidmet, die durch Statuen und Handabdrücke geehrt werden. Ausländer werden viele der Namen nicht kennen, aber alle posieren gern vor der Bruce-Lee-Statue. Wer sich wundert: Das Bronze-Schwein heißt McDull und stammt aus einem Hongkong-Cartoon für Kinder.

Livemusik

Durch neue Veranstaltungsorte, an denen an mehreren Abenden pro Woche unabhängige (lokale und internationale) Musiker auftreten, wächst Hongkongs Livemusik-Szene immer weiter. Die Auswahl reicht von Jazz-Abenden bis zu Gothic-Metal-Nächten – von Dubstep, Post-Rock Drum 'n' Bass und Electronica ganz zu schweigen.

Der Fringe Club (S. 102) und Grappa's Cellar (S. 82) sind beliebt, aber auch den versteckten Geheimtipp Hidden Agenda (S. 161) sollte man besuchen.

Das **Hong Kong International Jazz Festival** (www.hkijf.com; ab 200 HK$; Sept., Okt. oder Nov.) ist das Richtige für Jazzliebhaber.

In Hongkong machen auch die ganz großen internationalen Bands und Solokünstler gerne Station. Das Spektrum reicht von Mainstream-Acts bis zum Rande des Mainstreams – von U2, Robbie Williams und den Red Hot Chili Peppers bis zu den Kings of Convenience, Deerhof und Mogwai.

Das Highlight ist das Open-Air-Festival **Clockenflap** (www.clockenflap.com; Tickets 600–1800 HK$; Nov. oder Dez.). Es dauert drei Tage und präsentiert Dutzende lokaler, regionaler und internationaler Künstler an der Promenade in West Kowloon.

GUT ZU WISSEN

Preise
Man muss mit rund 80 HK$ für einen Sitzplatz in den hinteren Reihen bei lokalen Künstlern und ab 600 HK$ für Konzerte großer internationaler Stars oder Musicals wie Chicago rechnen.

Kinokarten kosten zwischen 65 HK$ und 100 HK$, aber Matinees sowie die letzte Vorstellung am Tag (meist um 23.30 Uhr) oder Tickets am Wochenende, an Feiertagen und an bestimmten Wochentagen können günstiger sein. Fast alle nicht englischsprachigen Filme haben chinesische und englische Untertitel.

Tickets & Reservierungen
Urbtix (852 2734 9009; www.urbtix.hk; 10–20 Uhr) und **Hong Kong Ticketing** (852 3128 8288; www.hkticketing.com; 10–20 Uhr) verkaufen Tickets zu allen großen Events in Hongkong. Man kann sie über diese Agenturen oder direkt beim Veranstaltungsort buchen.

Was läuft wo?
→ **Artmap** (www.artmap.com.hk)
→ **Artslink** (www.hkac.org.hk)
→ **Time Out** (www.timeout.com.hk)

Viertel für Viertel

→ **Hong Kong Island: Central** Centrals wildes Lan Kwai Fong (LKF) ist eines der legendärsten Straßenfeste in ganz Asien.

→ **Hong Kong Island: The Peak & der Nordwesten** Das hippe Viertel Sheung Wan ist die beste Adresse für entspannte Bars und Kneipen.

→ **Hong Kong Island: Wan Chai & der Nordosten** Wan Chai ist ein ehemaliger Rotlichtbezirk und immer noch gleichbedeutend mit Spaß bis in die frühen Morgenstunden.

→ **Hong Kong Island: Aberdeen & der Süden** Auch wenn es ein paar tolle Pubs bietet, ist das ruhige Southside eher für seine Strände bekannt.

→ **Kowloon** Auf der Halbinsel, die nie schläft, kann man bis Sonnenaufgang Karaoke singen.

Top-Tipps

Hong Kong International Film Festival (S. 55) Auf Asiens bestem Filmfestival werden ausgefallene Filme ebenso gezeigt wie Mainstream-Streifen.

Clockenflap Outdoor Music Festival (S. 55) Jeder in der Stadt besucht dieses riesige Rock-Festival.

Hong Kong Arts Festival (S. 54) Hongkongs aufregendstes Open-Air-Musikfestival.

Hidden Agenda (S. 161) Der bekannteste Laden für Livemusik in der Stadt.

Staßenmusikkonzerte (S. 125) Kostenlose Livemusik unter den Sternen, von Bach bis Original-Jazz.

Livemusik

Peel Fresco (S. 102) Cooler Jazz und künstlerisches Publikum in einem winzigen Club.

Hidden Agenda (S. 161) Hongkongs berühmteste Musikkneipe hat ein solides Line-up von Indie-Künstlern.

Wanch (S. 124) Dieser altehrwürdige Laden für Livemusik in Wan Chai ist die beste Adresse für Rock, Jazz und viel Bier.

Grappa's Cellar (S. 82) Dieses italienische Restaurant serviert nebenbei auch Rock, Jazz und Comedy.

Fringe Club (S. 102) In diesem viktorianischen Gebäude werden Jazz, Weltmusik und mehr auf die Bühne gebracht.

Kinos

Broadway Cinematheque (S. 162) Hongkongs bestes Arthouse-Kino zeigt Independent-Filme, die sonst nirgendwo laufen.

AMC Pacific Place (S. 125) Im schicken Pacific Place kann man Hollywood- und Hongkong-Streifen mit allem Komfort genießen.

Agnès b. Cinema (S. 125) Dieses kleine Kino im Hong Kong Arts Centre zeigt limitierte Festivalbeiträge.

Theater

Hong Kong Arts Centre (S. 125) Theater, Tanz und noch viel mehr.

Hong Kong Academy for the Performing Arts (S. 125) Die Bühne dieser Schule zeig die unterschiedlichsten Darbietungen.

Hong Kong Cultural Centre (S. 162) Wenn es etwas mit Kultur zu tun hat, findet man es hier.

Fringe Club (S. 102) So etwas wie der Off-Broadway Hongkongs.

Cattle Depot Artist Village (S. 152) Esoterische Aktionskunst in einem ehemaligen Schlachthaus.

Underground-Atmosphäre

XXX (S. 161) Lässige Kneipe mit Indie-Bands.

Cattle Depot Artist Village (S. 152) Dieser ehemalige Schlachthof in Kowloon wurde in ein Künstlerdorf und einen Veranstaltungsort für Konzerte verwandelt.

Hidden Agenda (S. 161) *Der* Laden für Underground-Musik in Hongkong – so cool, dass die Regierung ihn sogar schließen will.

Shoppen

Hongkong ist als neonbunter Pilgerort für Shoppingwütige bekannt. Die Stadt ist auf eine positive Art und Weise vollgestopft mit protzigen Einkaufszentren und Markenboutiquen. Es sind nicht nur internationale Marken mit ihren Outlets vertreten, sondern auch einheimische Wegbereiter des Einzelhandels sowie einige kreative Designer. Zusammen bilden sie Hongkongs Schreine und Tempel des Stils und des Konsums.

Antiquitäten

In Hongkong findet man eine reiche Auswahl an asiatischen (vor allem chinesischen) Antiquitäten. Seriöse Sammler halten sich meist an angesehene Läden und Auktionshäuser, denn Fälschungen und professionelle Kopien gibt es zuhauf. Die meisten hochwertigen Stücke werden daher von Auktionshäusern wie Christie's verkauft (Auktionen im Frühjahr und Herbst).

Die meisten Antikläden Hongkongs gibt's an der Wyndham St und der Hollywood Rd in Central und Sheung Wan. Die Läden am Westende der Hollywood Rd neigen eher zu billigem Krimskrams wie Magazinen, chinesischen Propagandapostern und Abzeichen.

Alte chinesische Handarbeiten findet man in den großen Warenhäusern.

Kunst

Die Zahl der Kunstgalerien in Hongkong wächst stetig. Hier verkaufen einheimische Künstler Malereien, Skulpturen, Keramikarbeiten und Installationen – einige davon sind wirklich gut! Die kommerziellen Kunstgalerien der Stadt liegen an der Wyndham St und Hollywood Rd in Central und Sheung Wan.

Die Art Basel (S. 30) und Le French May (S. 30) bieten gute Gelegenheiten, um Kunstgegenstände zu kaufen oder sich mit der interessanten Szene der bildenden Künste in der Stadt bekannt zu machen.

Handeln

Die Verkäufer in Kaufhäusern und bei Ketten dürfen meist keine Preisnachlässe geben, doch in selbstständig betriebenen Läden und auf Märkten kann man immer versuchen zu handeln.

Manche Reisende sind der Meinung, dass man Artikel immer für die Hälfte des ursprünglich ausgezeichneten Preises bekommt. Doch wenn man ein Produkt so nach unten handeln kann, sollte man es sich lieber zweimal überlegen, ob man es wirklich in diesem Laden kaufen sollte. Man muss immer bedenken, dass dann zwar die Spiegelreflexkamera wenig kosten mag, dass man dafür aber vielleicht zu viel für die Speicherkarte zahlt oder dass im schlimmsten Fall Zubehör oder eine internationale Garantie fehlt.

Lieber nicht zu sehr nach dem super billigen Preis schauen. Was sind denn schon 2 HK$ Nachlass auf ein Souvenir, das vorher 20 HK$ gekostet hat? Für den Touristen ist es nichts, für die alte Dame, die es verkauft, aber vielleicht viel.

Fotoausrüstung

Um Kameras und Fotozubehör zu erstehen, begibt man sich am besten in die Stanley St in Central. Alle Artikel sind mit Preisen versehen, aber man kann auch versuchen zu handeln, wenn man nicht zu unverschämte Vorstellungen hat. Niemals sollte man eine Kamera ohne Preisschild kaufen: Das schließt schon mal die meisten Läden in Tsim Sha Tsui aus. Apropos Tsim Sha Tsui, hier gibt es einige Läden auf der Kimberley Rd, die sich auf gebrauchte Kameras spezialisiert haben; auf der Sai Yeung Choi St in Mong Kok gibt es unzählige Fotoläden.

GUT ZU WISSEN

Öffnungszeiten
➜ Central: normalerweise 10–20 Uhr
➜ Causeway Bay: 11–21.30 oder 22 Uhr
➜ Tsim Sha Tsui: 11–20 Uhr
➜ Die meisten Läden sind sonntags offen
➜ Der Winterschlussverkauf findet im Januar statt, der Sommerschlussverkauf Ende Juni und Anfang Juli

Duty Free
In Hongkong gibt es keine Mehrwertsteuer, deshalb sollte man die „Tax Free"-Schilder in manchen Läden einfach ignorieren. Gebühren werden allerdings für den Kauf von Tabak, Parfüm, Kosmetik und Autos fällig. Im Grunde ist außerhalb von Duty Free Shops alles ein wenig billiger.

Rückgabe & Umtausch
Nur in den wenigsten Geschäften kann man Artikel zurückgeben, doch viele Läden tauschen Sachen doch um, wenn sie unbeschädigt sind und man einen Beleg hat.

Service
Das Servicepersonal ist sehr aufmerksam, Kreditkarten werden fast überall akzeptiert.

Warenversand
Viele Geschäfte verpacken und versenden größere Gegenstände. Vorher sollte man aber checken, ob die Ware im Zielland verzollt werden muss. Kleinere Einkäufe kann man vom Postamt aus oder mit DHL (www.dhl.com.hk/en) verschicken.

Garantien & Gewährleistungen
Manch importierte Ware hat nur in Hongkong eine Garantie. Bei bekannten Marken kann man die Garantiekarte beim Importeur in Hongkong gegen eine Karte für das Heimatland eintauschen. Gegenstände vom grauen Markt, die nicht offiziell eingeführt wurden, haben oft nur eine Garantie für ihr Herstellungsland – oder gar keine.

Uhren

Geschäfte, die mit Uhren handeln, sind in Hongkong allgegenwärtig. Von der Rolex bis hin zum russischen Armeezeitmesser oder zu Tauchuhren findet man hier alles. Läden ohne Preisschilder meiden. Die großen Kaufhäuser und City Chain sind in Ordnung, es lohnt sich aber, die Preise zu vergleichen.

Defensives Shoppen

Hongkong ist zwar keine Stadt, in der man leicht über den Tisch gezogen wird, doch wer nicht aufpasst, fällt vielleicht doch auf einen miesen Deal herein.

Was auch immer man kaufen will, vorher sollte man stets die Preise der verschiedenen Läden vergleichen. Die meisten Reisenden werden schlicht durch überhöhte Preise übers Ohr gehauen. In einigen Elektrogeschäften in der touristischen Einkaufsgegend von Tsim Sha Tsui haben viele Waren kein Preisschild, weshalb es dringend nötig ist, vorher in mehreren Läden nach den Preisen zu fragen. In manchen Fällen bekommt man bei einer teuren Anschaffung einen vernünftigen oder sogar niedrigen Preis angeboten, nur um dann bei der Ausstattung in Sachen Preis über den Tisch gezogen zu werden.

Überteuerte Preise zu erkennen, ist dabei noch der leichteste Teil der Übung. Zu den gerissenen (jedoch seltenen) Tricks der Händler gehört es, wichtige Teile des Artikels zu entfernen, die kostenlos dabei gewesen wären. Kommt der Kunde daraufhin in den Laden zurück und fordert die Teile ein, verlangen die Händler dann noch einen Aufpreis. Oder die Händler ersetzen die hochwertigen Bestandteile des Produkts durch billige Teile.

Kleidung

DESIGNERMARKEN & BOUTIQUEN
Weltweit bekannte Designermarken und Luxusgeschäfte sind hauptsächlich in Einkaufszentren wie IFC oder The Landmark in Central, Pacific Place in Admiralty und Festival Walk in Kowloon Tong vertreten. Einige dieser Läden, z. B. Prada, betreiben am Horizon Plaza in Ap Lei Chau Outlets, in denen sie Mode der letzten Saison zu reduzierten Preisen verkaufen.

In den vielen Mittelklasse-Einkaufszentren findet man zweit- oder drittrangige Marken, Modeketten wie Mango und Zara und einheimische Geschäfte wie Giordano.

Wer eher nach einzigartigen Stücken sucht, kommt in Sheung Wan, Wan Chai und Tsim Sha Tsui auf seine Kosten, wo ein paar unabhängige Läden von einheimischen Designern und Einzelhändlern eröffnet wurden. Hier findet sich manch

HIGHTECH-SHOPPING

Unzählige Läden haben sich in Hongkong auf elektronische und digitale Geräte spezialisiert. Die Angebotspalette und Preise variieren jedoch stark. Gleichzeitig kann die Englischkompetenz der Händler von „genug, um einen Deal abzuschließen" (Mong Kok, Sham Shui Po) bis hin zu „anständig" (der Rest) reichen. Die meisten Ladenbesitzer sind ehrlich, doch einige sind dafür bekannt, dass sie zweitklassige Ware als neu anbieten. Wenn man all dies in Betracht zieht, ist Wan Chai die sicherste Lösung für einen Einkauf. Technikfreaks werden aber auch von den Einkaufszentren und Flohmärkten in Sham Shui Po begeistert sein.

originelles Stück, allerdings nicht in vielen Stilrichtungen.

STRASSENMÄRKTE & MINI-EINKAUFSZENTREN

Preiswerte Kleidung gibt's in Tsim Sha Tsui am östlichen Ende der Granville Rd und auf der Cheung Sha Wan Rd in Sham Shui Po. Die Straßenmärkte auf der Temple St in Yau Ma Tei und der Tung Choi St in Mong Kok bieten die preisgünstigsten Outfits. Ein Abstecher zur Li Yuen St East und zur Li Yuen St West, zwei enge Gassen zwischen Des Voeux Rd Central und Queen's Rd Central, dürfte sich ebenfalls lohnen. Hier findet man haufenweise billige Klamotten, Taschen, Rucksäcke und Modeschmuck.

Die Mini-Einkaufszentren in Tsim Sha Tsui sind vollgestopft mit allem, was jung und trendy ist, ob von einheimischen Designern, importiert vom Festland oder aus Korea. Wer mehr als ein Stück kauft, kann meist feilschen, und wer den richtigen Blick dafür hat, kommt günstig zu einem schicken Outfit.

Edelsteine & Schmuck

Die Chinesen schreiben der Jade mehrere magische Eigenschaften zu, beispielsweise die Kraft, das Altern aufzuhalten und den Menschen vor Unfällen zu bewahren. Der Jademarkt in Yau Ma Tei ist unterhaltsam, wer sich mit Jade jedoch nicht gut auskennt, sollte auf teure Anschaffungen lieber verzichten.

Die Auswahl an Perlen, egal ob es um Zucht- oder Süßwasserperlen geht, ist in Hongkong riesig. Die Einkaufspreise für andere wertvolle Steine liegen nur ein klein wenig unter den Preisen, die anderswo verlangt werden. Die angesehenen Juwelengeschäfte, von denen es in Tsim Sha Tsui und Mong Kok eine Menge gibt, stellen Zertifikate aus, die einem genau bescheinigen, was man gekauft hat und dass das Geschäft die Ware zu einem fairen Marktpreis wieder zurückkauft.

Handwerkskunst und Souvenirs

Altes chinesisches Kunsthandwerk und ähnliche Erzeugnisse, wie aus Holz handgeschnitzte Stücke, Keramiken, Cloisonné, Kleidungsstücke aus Seide sowie Tischsets, verkaufen die großen chinesischen Warenhäuser: z.B. das Chinese Arts & Crafts.

In den Gassen von Tsim Sha Tsui findet man eine kleinere Auswahl ähnlicher Kunstgegenstände, die Qualität ist jedoch schlechter – Preise bei verschiedenen Verkäufern vergleichen und handeln!

Wer den moderneren chinesischen Stil sucht, darf Shanghai Tang nicht verpassen (die Modeboutique hat Zweigstellen in der ganzen Stadt). Hier gibt's eine große Auswahl an Kissen, Geschirr, Bilderrahmen und anderen Dekorationsgegenständen.

Im Möbelgeschäft G.O.D. bekommt man Haushaltswaren und Büroutensilien mit dem gewissen frechen Hongkong-Touch.

Lederwaren & Reisegepäck

In Hongkongs Kaufhäusern ist alles vertreten, was Rang und Namen hat, z.B. Louis Vuitton, Samsonite und Rimowa, aber auch ein paar einheimische Verkäufer im Reisegepäck-Business. Der Wander- und Reisetrend, der immer stärker wird, treibt auch den Verkauf von Outdoor-Equipment in darauf spezialisierten Läden an, wo es Rucksäcke in sehr guter Qualität zu kaufen gibt. Wer nach einer einfachen Tasche oder nach kleineren Rucksäcken sucht, wird auf der Li Yuen St East und der Li Yuen St West in Central oder Stanley Market fündig.

Einheimische Marken & Designer

Zwar gibt es in Hongkong keinen Überfluss an skurrilen, kreativen Unikaten oder einzigartigen Vintage-Stücken so wie in London, New York oder Kopenhagen (doch was zahlen die hier an Miete?!). Dafür bietet aber eine überschaubare Gruppe an einheimischen Designerboutiquen mit Leidenschaft Artikel von Qualität, Charakter und Stil an, insbesondere Mode und Möbel.

In Soho, Wan Chai, Causeway Bay und Tsim Sha Tsui findet man die meisten dieser Läden. Manche, wie Homeless, führen teils schicke, design-orientierte Artikel (hiesige und importierte), während andere, wie das Möbelgeschäft G. O. D. oder die Modeboutiquen Shanghai Tang und Initial, mit eigenen Designerteams arbeiten.

Viertel für Viertel

➜ **Hong Kong Island: Central** Schicke Einkaufszentren und Designerlabel gibt's in Hongkongs Geschäftsviertel zuhauf.

➜ **Hong Kong Island: The Peak & der Nordwesten** Das trendige Sheung Wan entwickelt sich rasant zur begehrten Anlaufstelle für allerlei recht skurrile Boutiquen und Haushaltswarenläden.

➜ **Hong Kong Island: Wan Chai & der Nordosten** Von Straßenmärkten über edle Einkaufszentren bis zu angesagten Hipster-Läden – Wan Chai hat alles.

➜ **Hong Kong Island: Aberdeen & der Süden** Ap Lei Chau ist der beste Ort für Outlet-Schnäppchen; in Stanley gibt's einen lustigen Open-Air-Markt mit Souvenirs.

➜ **Kowloon** Hier kann man zusammen mit halb China Designer-Sachen und haufenweise Imitate shoppen.

Top-Tipps

G.O.D (S. 137). Tolle Lifestyle-Accessoires, Haushaltsgegenstände und Geschenke – Hongkong durch und durch.

Wattis Fine Art (S. 103) Alte Landkarten und Fotografien von Hongkong und Macao.

Gallery of the Pottery Workshop (S. 103) Wunderbare Keramikgegenstände von Hongkongs einheimischen Künstlern.

Chan Shing Kee (S. 105) Klassische chinesische Möbel und Deko-Artikel.

Lane Crawford (S. 82) Luxuskaufhaus, das sich auf elegante Kleidung, Haushaltswaren und Accessoires spezialisiert hat.

Märkte

Stanley Market (S. 137) Touristischer Straßenmarkt mit guten Souvenirs.

Ap Liu Street Flea Market (S. 164) Riesiger Elektronik-Flohmarkt.

Temple Street Night Market (S. 143) Legendärer Nachtmarkt mit Kitsch und Souvenirs.

Ladies' Market (S. 164) Klamotten, Handyhüllen, Handtaschenimitate und mehr.

Ap Lei Chau Market (S. 134) Ein wahres Seafood-Spektakel nur ein Stockwerk unter dem Cooked Food Centre in Ap Lei Chau.

Wholesale Fruit Market (S. 150) Die ältesten Markthallen Hongkongs.

Antiquitäten

Lam Gallery (S. 104) Skulpturen von der Jungsteinzeit bis in die Qing-Dynastie sowie alte chinesische Kunst anderer Genres.

Andy Hei (S. 104) Seltene chinesische antike Möbel.

Capital Gallery (S. 105) Winziger Laden mit jahrtausendealten Kuriositäten.

Chan Shing Kee (S. 105) *Die* Adresse für klassische chinesische Möbel.

Ngai Tile Wave (S. 106) Statuetten, Keramiken und Porzellan.

Picture This (S. 82) Alte Landkarten, Bücher und Poster.

Kunst

Grotto Fine Art (S. 103) Die Werke stammen überwiegend von Künstlern aus Hongkong.

Karin Weber Gallery (S. 105) Antiquitäten und zeitgenössische asiatische Kunst.

C&G Artpartment (S. 152) Ausgefallene Kunst aus der Region.

Pearl Lam Galleries (S. 104) Zeitgenössische Kunst aus Hongkong und ganz Asien.

Geschenke

Temple Street Night Market (S. 143) Hier gibt's alles, von Essstäbchen bis zu Schmuck. Knallhartes Feilschen ist angesagt.

Chinese Arts & Crafts (S. 126) Teures, aber authentisches Kunsthandwerk.

Stanley Market (S. 137) Handgeschnitzte Namensstempel, Babyschuhe aus Satin und vieles mehr bietet dieser touristische, aber spaßige Straßenmarkt.

Picture This (S. 82) Coole alte Poster und ebensolche Bücher.

Mountain Folkcraft (S. 104) Volkshandwerk chinesischer Minderheiten und aus südostasiatischen Ländern.

Lam Kie Yuen Tea Co (S. 105) Altehrwürdiger Teeladen mit riesiger Auswahl.

Essen & Getränke

Tak Hing Dried Seafood (S. 164) Vertrauenswürdiger Laden mit getrockneten Meeresfrüchten.

Shanghai Street (S. 149) Woks, Mondkuchen-Formen und andere Kochutensilien in rauen Mengen.

Citysuper (S. 83) Auswahl an internationalen Gourmet-Lebensmitteln.

Sogo (S. 128) Lebensmittelladen im Untergeschoss mit allen erdenklichen japanischen Snacks.

Papabubble (S. 128) Bonbons in einer Vielzahl skurriler lokaler Geschmacksrichtungen.

Kosmetikprodukte

Two Girls (S. 127) Hongkongs gute und günstige örtliche Kosmetikmarke mit lustigen Retroverpackungen.

Joyce (S. 126) Luxuriöse Kosmetik und Düfte aus aller Welt.

Muji (S. 127) Elegant verpackte japanische Pflegeartikel.

Hysan Place (S. 127) Das Garden of Eden im sechsten Stock ist ein wahres Paradies, wenn man nach schwer aufzutreibenden asiatischen Kosmetikartikeln für Jugendliche sucht.

Bücher

Flow (S. 104) In diesem versteckten Gebäude in Soho gibt's Secondhand-Bücher.

Eslite (S. 126) Riesiger taiwanesischer Buchladen mit Café, Galerie und einem Spielzeugladen.

Hong Kong Reader (S. 164) Zweisprachiger Buchladen mit intellektuellem Touch.

Kubrick Bookshop Café (S. 160) Ausgezeichnete Auswahl an anspruchsvoller Belletristik sowie Kunstbücher und Literaturmagazine.

Basheer (S. 128) Großartige Auswahl an Büchern über Architektur und Design.

Mode

Joyce (S. 126) In Hongkong entstandenes Kaufhaus mit zahlreichen Designershops.

Numb Workshop (S. 127) Eleganz in Schwarz und vor Ort designter Minimalismus.

Vivienne Tam (S. 165) Haute-Couture-Kleider und mehr von einer aus Hongkong stammenden Designerin.

Kapok (S. 126) Hipster-Mode von lokalen und internationalen Designern.

Horizon Plaza (S. 137) Günstige Preise für Luxusgüter und Kleidung gibt's in diesem Warenhaus im 27. Stock.

Cuffs (S. 128) Maßgeschneiderte Hemden zu angemessenen Preisen.

Gadgets

Wan Chai Computer Centre (S. 125) Alles rund ums Thema Elektronik.

Golden Computer Arcade (S. 165) Computer und Zubehör zu sehr günstigen Preisen.

Apliu Street Flea Market (S. 164) Ein riesiger Flohmarkt für digitale Produkte.

Sin Tat Plaza (S. 165) Hier gibt's alles rund ums Mobiltelefon.

Mong Kok Computer Centre (S. 165) Einkaufszentrum für billige Computer.

Einkaufszentren

IFC Mall (S. 83) Mondänes und immer überfülltes Einkaufszentrum in Central.

Pacific Place (S. 126) Ultraluxuriöse internationale Kleidung und Accessoires.

Elements (S. 165) Eines der schicksten Einkaufszentren in Kowloon.

Festival Walk (S. 36) Mehr als 200 Läden und eine Eislaufbahn.

Rise Shopping Arcade (S. 162) Ebenso billiges wie spaßiges Einkaufszentrum.

Hysan Place (S. 127) Das Beste aus der japanischen und koreanischen Modewelt.

Skurriles

Sino Centre (S. 165) In diesem Anime-Einkaufszentrum kann man ganz Fan sein.

Chan Wah Kee Cutlery Store (S. 164) Einer der letzten Messerschleifermeister Asiens.

Picture This (S. 82) Alte Bücher, Poster und Landkarten.

Cat Street (S. 89) Schnickschnack-Läden verhökern in diesem touristischen Straßenmarkt kommunistischen Kitsch.

Island Beverley Mall (S. 127) Japanische Jugendmode, bei der einem (fast) die Augen ausfallen.

Sport & Aktivitäten

Hongkong bietet unzählige Möglichkeiten, sich mit viel Spaß fit zu halten. Von Golf und Fußball bis zu Radfahren und Windsurfen – es mangelt nicht an Optionen, aktiv zu werden. Eine Liste mit Sportplätzen, Stadien, Stränden, Schwimmbädern, Wassersportzentren usw. sowie Leihausrüstung gibt's online oder telefonisch beim Leisure and Cultural Services Department. Fitness- und Yogastudios sowie Wellnesscenter bieten außerdem Aromatherapien, Fußmassagen und dergleichen an. Wer lieber anderen beim Sport zusieht, ist beim aufregenden Drachenbootrennen genau richtig!

Wandern & Trekken

Viele Besucher sind überrascht, wenn sie hören, dass man in Hongkong hervorragend wandern kann. Lange Naturpfade führen kreuz und quer durch die Sonderverwaltungszone, über die Inseln und durch atemberaubende Landschaften auf Bergen, an Küsten und im Dschungel. Die vier bekanntesten Routen sind der **MacLehose Trail**, mit 100 km der längste Weg der Sonderverwaltungszone, der 78 km lange **Wilson Trail**, der zu beiden Seiten des Victoria Harbour entlangführt, der 70 km lange **Lantau Trail** und der Hong Kong Trail (S. 64) mit 50 km Länge. Dank Hongkongs ausgezeichnetem Nahverkehrsnetz kann man all diese Wege auch gut nur etappenweise wandern.

Für nähere Einzelheiten und Tipps zu Routen und Planung sollte man in einen der tollen Wanderführer investieren, die in Hongkongs Buchläden erhältlich sind. Bevor man aufbricht, sollte man sich außerdem bei Hongkongs offizieller Wander-Website (www.hkwalkers.net) über die Wetterlage den Zustand der Wege informieren (wegen Erdrutschen werden Routen manchmal gesperrt oder umgeleitet). Wanderer können unterwegs an einigen entlegenen Stränden zelten.

SCHLANGENWARNUNG

Vorsicht ist geboten beim Wandern durch Gestrüpp in den New Territories, insbesondere auf Lamma und den Lantau Islands. Giftige Schlangen, vor allem die Grünen Bambusottern, können eine Gefahr darstellen, obwohl sie nur dann angreifen, wenn sie überrascht oder provoziert werden. Wer dennoch gebissen wird, sollte unverzüglich ein öffentliches Krankenhaus aufsuchen, private Arztpraxen haben kein Mittel gegen das Gift vorrätig.

Pferderennen

Pferderennen sind der beliebteste Zuschauersport in Hongkong. Es gibt zwei Rennbahnen: eine in Happy Valley (S. 113) und eine in Sha Tin (S. 185). Die beste Gelegenheit, ein Pferderennen in Hongkong mitzuerleben, sind die Mittwochsrennen im Happy Valley (19 Uhr, Eintritt 10 HK$) während der Rennsaison (Sept.–Juni).

Wellness & Therapien

Egal, ob man sich eine dekadente Kaviarmaske gönnen will oder gern eine Fußmassage hätte, Hongkongs umfangreiche Wellnessszene kann helfen. Die meisten Luxushotels haben einen eigenen Wellnessbereich. Wer auch mit weniger Aufwand zufrieden ist, findet in Central und Kowloon zahlreiche Verwöhnanwendungen sowie traditionelle und Reflexzonenmassagen. Aber Vorsicht: Einige Massagepraxen, vor allem in Wan Chai, sind Etablissements für ein „Happy End"!

Kampfsport

In Hongkong gibt es eine Vielzahl von Kampfsportveranstaltern, aber nur sehr wenige haben spezielle Angebote für englischsprachige Besucher.

Das Hong Kong Shaolin Wushu Culture Centre (S. 205) bietet Aufenthalte mit Übernachtung an.

Die Wan Kei Ho International Martial Arts Association (S. 106) hat einheimisches und ausländisches Publikum.

Drachenbootrennen

Hongkong ist vielleicht der beste Ort der Welt, um sich ein Drachenbootrennen anzuschauen: Hier sind die Traditionen, auf denen der Sport basiert, sehr lebendig. In der Stadt finden über 20 Rennen pro Jahr statt, meist zwischen Mai und Juli. Das Hong Kong Tourism Board (www.discoverhongkong.com) bietet Infos zu den Events.

Laufen

Am besten läuft man auf Hong Kong Island z.B. auf der Harlech Rd und der Lugard Rd auf dem Peak, auf der Bowen Rd oberhalb von Wan Chai, auf dem Track im Victoria Park und auf der Rennbahn im Happy Valley – natürlich nur, wenn gerade keine Pferderennen stattfinden! In Kowloon ist die Tsim Sha Tsui East Promenade bei Joggern sehr beliebt. Lamma ist mit seinen zahlreichen Wegen, Pfaden und dem schönen Ausblick ideal zum Laufen, nicht zuletzt weil es auf der Insel keine Autos gibt.

Fitness- & Yogastudios

Yoga und Fitness sind der Renner, und den größten Teil vom Profit heimsen ein paar bekannte Studios ein. Pure Fitness (S. 84) hat umfangreiche Einrichtungen.

Radfahren

Hongkongs natürliches Terrain eignet sich hervorragend zum Radfahren.

Der längste Radweg führt von Sha Tin durch Tai Po nach Tai Mei Tuk durch herrliche Parks, an Tempeln und am Wasser vorbei. Die Hong Kong Cycling Alliance (http://hkcyclingalliance.org) hält Informationen zu Verkehrsregeln und Sicherheitsmaßnahmen für Radfahrer bereit.

Zum Mountainbiken benötigt man eine (kostenlose) Genehmigung. Bei der Mountain Biking Association (www.hkmba.org) gibt's Details.

Fußball

Hongkong erfreut sich einer recht lebendigen Fußball-Amateurliga. Die Spiele finden auf dem Happy Valley Sports Ground (S. 129), der mehrere Plätze auf dem Gelände des Happy Valley Racecourse umfasst, und im **Mong Kok Stadium** (旺角大球場; Karte S. 349; 852 2380 0188; 37 Flower Market Rd, Mong Kok; MPrince Edward, Ausgang B1) statt. Näheres zu Spielplänen und Austragungsorten gibt's im Sportteil englischsprachiger Zeitungen oder auf der Website der Hong Kong Football Association (www.hkfa.com). Informationen zu Freizeitkicks findet man unter http://casualfootball.net.

GUT ZU WISSEN

Karten

Das Map Publications Centre vertreibt ausgezeichnete Wander- und Radwanderkarten. Man kann sie online (www.landsd.gov.hk/mapping/en/pro&ser/products.htm) oder in großen Postämtern kaufen.

Praktische Informationen & Adressen

Außer bei den folgenden Stellen kann man sich auch in den Sportteilen englischsprachiger Zeitungen informieren.

Environmental Protection Department (www.epd.gov.hk) Hat eine Liste der Naturschutzgebiete und Meeresparks.

Hong Kong Tourism Board (www.discoverhongkong.com) Ein Komplettverzeichnis mit sämtlichen Events.

Leisure & Cultural Services Department (www.lcsd.gov.hk) Bietet eine Liste der Sportplätze, Stadien, Strände, Schwimmbäder, Wassersportzentren usw. sowie Leihausrüstung.

South China Athletic Association (S. 129) Vermietet Sportausrüstung.

Enjoy Hiking (http://hiking.gov.hk) Staatliche Website mit umfassenden Infos; man kann die Wege nach Region, Schwierigkeitsgrad, Dauer usw. auswählen.

Noch mehr Aktivitäten

Vogelbeobachtung (www.hkbws.org.hk)

Delfinbeobachtung Warum nicht in Hongkong Delfine bestaunen (S. 166)?

Wander- und Kajakausflüge Etwa mit Kayak and Hike (S. 292).

Outdoor-Aktivitäten (www.hkoutdoors.com)

DER HONG KONG TRAIL

Wer wandern, sich aber nicht überanstrengen will, sollte sich für den **Hong Kong Trail** (港島徑) auf Hong Kong Island entscheiden. Die 50 km lange Route umfasst acht Abschnitte in verschiedenen Schwierigkeitsgraden. Sie beginnt auf dem Peak (mit der Tram hochfahren und den Schildern folgen) und endet nahe Shek O auf Island South.

Einer der einfachsten und malerischsten Abschnitte, der **Dragon's Back**, dauert rund zwei Stunden. Man läuft an einem Bergkamm entlang, vorbei an Wäldern und dann hinauf zum gewundenen Rückgrat des Drachen, von wo sich ein toller Blick auf sonnige Strände und sanfte Hügel mit Wolkenschatten bietet. Anschließend steigt man zur Shek O Rd hinab, von wo es zu Fuß oder per Bus zum Strand von Shek O geht. Dort kann man sich verdientermaßen etwas zu essen gönnen, schwimmen gehen oder Frisbee spielen.

Golf

In Hongkong gibt's nur einen öffentlichen Golfplatz, aber auch einige private Clubs öffnen an Werktagen gegen eine Green-Gebühr der Tore.

Die **Hong Kong Golf Association** (852 2504 8659; www.hkga.com) hält eine Liste mit Driving Ranges und Turnieren in der Sonderverwaltungszone bereit, darunter auch die **Hong Kong Open Championships**, eines der wichtigsten Profi-Golfturniere in Asien (meist Nov. od. Dez.).

Rugby

Für die **Rugby World Cup Sevens** (www.hksevens.com.hk; ⊙ Ende März oder Anfang April) kommen Teams aus aller Welt nach Hongkong und treten im 40 000 Sitzplätze umfassenden Hong Kong Stadium (S. 125) in So Kon Po in blitzschnellen 15-Minuten-Spielen gegeneinander an. Auch Nicht-Rugbyfans versuchen, Tickets zu ergattern – die Sevens sind eine riesige, dreitägige internationale Party mit lustigen Kostümen und Alkoholpegeln wie beim Karneval.

Klettern

Hongkongs Naturregionen sind mit tollen Granitwänden und Vulkanfelsen gesprenkelt. Am besten kann man in Tung Lung Chau klettern: Hier gibt's eine Wand fürs technische Klettern, eine Big Wall und einen Sea Gully. Am Strand von Shek O kann man ausgezeichnet bouldern.

Die Website von Hong Kong Climbing (www.hongkongclimbing.com) ist eine praktische Informationsquelle für Kletterer.

Tauchen

Hongkong hat ein paar überraschend lohnende Tauchspots, vor allem im äußersten Nordosten, und auch an Kursen mangelt es nicht. Eine der besten Infoquellen für Kurse und Exkursionen ist **Splash Hong Kong** (852 2792 4495; www.splashhk.com; Kurse ab 1200 HK$) in Sai Kung.

Windsurfen, Kanu- & Kajakfahren

Die Top-Zeit zum Windsurfen ist von Oktober bis Dezember. Auf der Website des Leisure and Cultural Services Department (www.lcsd.gov.hk) gibt's Infos zu staatlichen Wassersportzentren, die Kanus, Boards, Kajaks und mehr verleihen – einige aber nur an Inhaber entsprechender Bescheinigungen.

Wakeboarding

Die meisten Anbieter findet man in Sai Kung (New Territories) und Tai Tam (Hong Kong Island). Die Preise liegen bei rund 700 HK$ pro Stunde.

Viertel für Viertel

➡ **Hong Kong Island: Central** Hongkongs Geschäftsviertel ist ideal zum Relaxen und bietet einige der herrlichsten Wellnessoasen der Welt.

➡ **Hong Kong Island: The Peak & der Nordwesten** Auf den Peak zu klettern (oder zu reiten) ist eine einmalige Erfahrung.

➡ **Hong Kong Island: Aberdeen & der Süden** In Southside dreht sich alles um Strände und Familienspaß: Hier befindet sich der größte Vergnügungspark der Stadt.

➡ **Kowloon** Die Parks dieser überfüllten Halbinsel eignen sich prima zum Leutegucken.

➡ **New Territories** Die Berge in Hongkongs größter Region laden zu einigen der besten Wanderungen weltweit ein.

➡ **Outlying Islands** Bin ich hier in Fidschi? Auf Hawaii? Nein, dieser goldene Sand ist typisch Hongkong.

Top-Tipps

Drachenbootrennen (S. 30, S. 63) Die aufregende Atmosphäre dieser auf einem alten Ritual basierenden Rennen löst nicht selten Herzrasen aus.

Hongkongs Wanderwege Ein spannender Mix aus Hügeln, Geschichte, Grotten und ländlicher Kultur.

Pferderennen in Happy Valley (S. 113) Das wilde Donnern der Hufe auf dieser urbanen Rennbahn sorgt für ein unvergessliches Erlebnis.

Rugby Sevens (S. 64) Hier kann man sich für drei Tage voller aufregender Spiele und wilder Partys unter die Rugbyfans mischen.

Kajakfahren in Sai Kung (S. 188) Warum nicht durch das von Hügeln und geologischen Wundern umgebene klare Wasser paddeln?

Tageswanderungen

Lion Rock Country Park (S. 183) Ein steiler Aufstieg durch dichten Wald zu einem schroffen Gipfel, dessen Form an einen Löwen erinnert.

Dragon's Back (S. 64) Hong Kong Islands tollste Landschaft.

The Morning Trail Ein schattiger, gepflasterter Pfad rund um The Peak mit überwältigenden Ausblicken auf die Stadt.

Sunset Peak (S. 204) Hongkongs dritthöchster Gipfel auf Lantau.

Lamma Island Family Trail Ein zweistündiger Spaziergang zwischen den beiden Hauptsiedlungen dieser zu den Outlying Islands gehörenden Insel.

Wellness

Spa at the Four Seasons (S. 83) Luxus, Luxus und noch mehr Luxus.

Ten Feet Tall (S. 83) Fußmassagen, Akupressur und Aromatherapie.

Happy Foot Reflexology Centre (S. 106) Hongkongs beliebteste Wahl, wenn eine Fußmassage gewünscht ist.

Landschaft

Tai Long Wan Hiking Trail (S. 188) Ein herrlicher Wanderweg zu einem noch großartigeren Strand.

Plover Cove Reservoir (S. 181) Radfahren rund um das blau schimmernde Wasser.

Eastern Nature Trail (S. 129) Leichte Tageswanderung.

Tai Tam Waterworks Heritage Trail (S. 138) Hier begegnen sich Natur und Geschichte.

Kampfsport

Hong Kong Shaolin Wushu Culture Centre (S. 205) Unterricht in Kampfsportarten im Shaolin-Stil.

Wan Kei Ho International Martial Arts Association (S. 106) Kung Fu für Einheimische und Ausländer.

Wing Chun Yip Man Martial Arts Athletic Association (S. 166) Geboten werden sechswöchige Intensivkurse.

Schwimmen

Lamma Island Klein und entspannt.

Lantau Island Groß, abgeschieden und für Wassersport geeignet.

Cheung Chau Island (S. 209) Perfekt zum Windsurfen.

Sai Kung Tauchen, Kajak fahren und blaues Wasser in Hülle und Fülle.

Island South (S. 134) Manchmal überfüllt, aber traumhaftes Wasser rund um Stanley und Shek O.

Geselligkeit

Rugby Sevens (www.hksevens.com.hk) Legendäre alljährliche Ausschweifungen im Frühling.

Fußball (spielen) Hier lernt man die englische Auswanderergemeinde kennen.

Drachenbootrennen (S. 30, S. 63) Mit der Lieblingsmannschaft das eine oder andere Bierchen kippen.

Sporteinrichtungen

South China Athletic Association (S. 129) Fitnessstudio und andere Sporteinrichtungen.

Victoria Park (S. 129) Tennis, Schwimmen, Joggingpfade und noch mehr.

Kowloon Park (S. 146) Tai-Chi, Laufen, Kampfsport und noch vieles mehr.

Inhalt

Stadtviertel im Überblick **68**

Hong Kong Island – Central **70**
Highlights 72
Sehenswertes 74
Essen 76
Ausgehen & Nachtleben ... 81
Unterhaltung 82
Shoppen 82
Sport & Aktivitäten 83

Hong Kong Island: The Peak & der Nordwesten **85**
Highlights 87
Sehenswertes 89
Essen 94
Ausgehen & Nachtleben ... 99
Unterhaltung 102
Shoppen 103
Sport & Aktivitäten 106

Hong Kong Island: Wan Chai & der Nordosten **107**
Highlights 109
Sehenswertes 110
Essen 116
Ausgehen & Nachtleben . 122
Unterhaltung 124
Shoppen 125
Sport & Aktivitäten 129

Hong Kong Island: Aberdeen & der Süden **130**
Sehenswertes 132
Essen 134
Ausgehen & Nachtleben . 137
Shoppen 137
Sport & Aktivitäten 138

Kowloon **139**
Highlights 141
Sehenswertes 146
Essen 152
Ausgehen & Nachtleben . 159
Unterhaltung 161
Shoppen 162
Sport & Aktivitäten 166

New Territories **167**
Highlights 168
Tsuen Wan 170
Tuen Mun 172
Yuen Long 174
Fanling & Sheung Shui ... 176
Tai Po 178
Plover Cove 180
Sha Tin 182
Sai Kung Peninsula 185
Clearwater Bay Peninsula . 188

Outlying Islands **190**
Highlights 191
Lamma 192
Lantau 196
Cheung Chau 205
Essen & Ausgehen 208
Shoppen 209
Sport & Aktivitäten 209

Macao **210**
Highlights 211
Halbinsel Macao 212
Die Inseln: Taipa, Coloane & Cotai 229

Schlafen **238**

HONGKONG HIGHLIGHTS

HSBC Building 72

Star Ferry 73

Victoria Peak 87

Man Mo Temple 88

Hong Kong Park 109

Hong Kong Museum
of History 141

Tsim Sha Tsui
East Promenade 142

Temple Street
Night Market 143

Sik Sik Yuen
Wong Tai Sin Temple 144

Chi Lin Nunnery 145

Ping Shan
Heritage Trail 168

Hong Kong
Global Geopark 169

Po Lin Monastery &
Big Buddha 191

Ruine von São Paulo 211

Stadtviertel im Überblick

❶ Hong Kong Island: Central (S. 70)

Das pulsierende Herz von Asiens Finanzzentrum steckt voller Firmentempel, kolonialer Relikte und gigantischer Konsumdenkmäler. Hier findet man die Börse, das Four Seasons, Prada und preisgekrönte Restaurants, alle untergebracht in einer faszinierenden Mischung aus moderner Architektur, die neben eleganten Überbleibseln der Kolonialgeschichte der Stadt existiert. Dynamisch am Tag, kommt es schon kurz nach Sonnenuntergang zur Ruhe.

❷ Hong Kong Island: The Peak & der Nordwesten (S. 85)

Victoria Peak erhebt sich über den Luxushäusern der Mid-Levels und eignet sich bestens als Aussichtspunkt für einen großartigen Blick auf Hongkong. Unterhalb des Peaks bieten die charmanten alten Stadtviertel Sheung Wan, Sai Ying Pun und der Western District für jeden etwas, seien es Geschichte, Antiquitäten und die schönen Künste, stilvoller Hedonismus oder ein großes Stück des einheimischen Lebens, das so schon seit Jahrzehnten hier existiert.

❸ Hong Kong Island: Wan Chai & der Nordosten (S. 107)

Das vielseitige Wan Chai präsentiert Kunst, Folkloretraditionen und sensationelle Küche. Zudem findet man hier einige bessere Beispiele für Hongkongs Denkmalschutzbemühungen. Im Westen beherbergt Admiralty den Regierungssitz, lockt mit einem atemberaubenden Ausblick auf Hügel und Meer und bietet in Sachen Shoppen, Kulinarisches und Unterkünfte eher Qualität statt Quantität. Im Einkaufsmekka Causeway Bay kämpfen Verkehr, Einkaufszentren und Restaurants mit einer Rennbahn und einem Friedhof um den spärlichen Platz, während ganz am Rand Altes auf Neues trifft und der Osten den Westen in herrlichen Oasen der Stille begrüßt.

❹ Hong Kong Island: Aberdeen & der Süden (S. 130)

Der südliche Distrikt lässt nicht nur Geschichte wieder aufleben – Pok Fu Lam überlebt als einziges Dorf der Insel neben den Überbleibseln einer viktorianischen Molkerei –, Aberdeen und Ap Lei Chau sind auch das Zuhause von Hongkongs auf Booten lebenden Fischern. Beide Viertel bieten daher köstliche Meeresfrüchte und Bootstouren in eine vergangene Ära, und Ap Lei Chau lockt zusätzlich mit Kunst und Einkaufsmöglichkeiten. Das Viertel ist auch der Hinterhof-Spielplatz der Insel – von den Stränden der Repulse Bay über den Stanley Market (dem Bazar am Wasser) bis zum Ocean Park (Vergnügungspark).

❺ Kowloon (S. 139)

Tsim Sha Tsui ist mit einer unschlagbaren Hafenlage, vier Museen und sämtlichen Superlativen gesegnet, die Central auf einer menschlicheren Ebene zu bieten hat. Zu den weiteren Vorzügen gehören grüne Parks, koloniale Schmuckstücke und die bunteste ethnische Mischung in Hongkong. Das indigene Yau Ma Tei ist ein Mosaik aus Nachtmärkten, Pensionen und Kampfsportzentren, während in Mong Kok der Kommerzialismus auch noch in der letzten Ecke steckt. In New Kowloon locken ein buddhistisches Nonnenkloster und ein taoistischer Tempel spirituell Interessierte an.

Hong Kong Island – Central

Highlights

❶ **Star Ferry** (S. 73) Mit den legendären grün-weißen Fähren aus der Mitte des 20. Jhs. fahren, die den ganzen Tag bis in die Nacht hinein durch den Victoria Harbour tuckern

❷ **Wolkenkratzer** (S. 74) Die Wolkenkratzer, die man in *The Dark Knight* gesehen hat, kennenlernen, indem man Gebäude wie den Bank of China Tower besichtigt

❸ **Kantonesische Küche** (S. 79) Im Lung King Heen, dem ersten China-Restaurant mit drei Michelin-Sternen, kantonesische Küche genießen

❹ **IFC Mall** (S. 83) Im luxuriösesten Einkaufszentrum in Central, einem Paradies für Kaufsüchtige zu Füßen der IFC-Türme, mit den Reichen shoppen (oder sie dabei beobachten)

❺ **Zoological & Botanical Gardens** (S. 74) Einen Morgenspaziergang zu den Tieren in diesem grünen Zoo und Park an den Hängen des Victoria Peak unternehmen

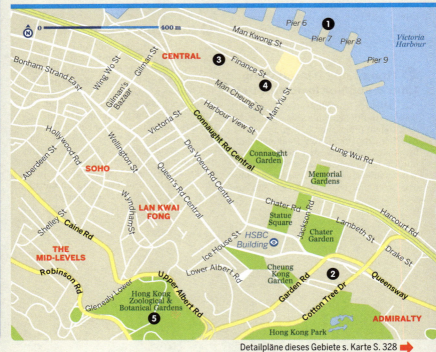

Detailpläne dieses Gebiete s. Karte S. 328 ➡

Rundgang: Central

Wer seinen Besuch des Hongkongs CBD plant, muss bedenken, dass die Geschäfte hier zwischen 18 und 19 Uhr schließen und dass sich dann schnell Stille über das Viertel senkt. Zu Mittag isst man besser nicht zwischen 12 und 14 Uhr, wenn Horden von Anzugträgern hungrig die Tische stürmen.

Hin kommt man am bequemsten mit der MTR; man sollte am Statue Sq aussteigen und sich eine Stunde dem Legislative Council Building und anderen Gedenkstätten zu Hongkongs Vergangenheit widmen. Man kann Architektur genießen, seien es Repräsentanten der Glas- und-Stahl-Moderne wie das HSBC Building oder Überbleibsel aus der Kolonialzeit wie die St. Johns Cathedral.

In den Zoological and Botanical Gardens freuen sich Rhesusaffen auf Besuch. Hat man den Akku wieder aufgeladen, lohnt sich ein Abstecher zum Hafen, um sich in der IFC Mall dem Konsumrausch hinzugeben. Die Star Ferry bringt einen schließlich zurück nach Kowloon.

Lokalkolorit

→ **Klein-Manila** Jeden Sonntag versammeln sich philippinische Hausangestellte auf dem Statue Square (S. 75) und den Bürgersteigen in der Umgebung, um zu essen, zu singen, zu schwatzen und in der Bibel zu lesen.

→ **Treffpunkte** An Werktagen treffen sich um 15 Uhr gut frisierte Damen im Sevva (S. 81) und genießen einen Kuchen namens Marie Antoinette's Crave.

→ **Shoppen** Im World-Wide Plaza (S. 76) gibt es Hygieneartikel und Snacks.

An- & Weiterreise

→ **MTR** An der MTR-Station Central halten Züge der Island- und der Tsuen-Wan-Linie.

→ **Airport Express** Eine Unterführung verbindet die Station Hong Kong unter der IFC Mall mit der MRT-Station Central und den Central Piers.

→ **Star Ferry** Die Fähren aus Tsim Sha Tsui und Hung Hom in Kowloon legen an Pier 7 in Central an.

→ **Bus** Busse von der ganzen Insel starten und enden am Busbahnhof Central unter dem Exchange Sq.

→ **Straßenbahn** Die Strecke verläuft von Ost nach West entlang der Des Voeux Rd Central.

→ **Outlying Islands Ferry** Fähren fahren nach Discovery Bay, Lamma, Cheung Chau, Lantau und Peng Chau fahren von Piers 3–6 in Central.

→ **Central Escalator** Die Rolltreppe führt vom früheren Central Market bis in die Mid-Levels.

→ **Peak Tram** Die Standseilbahn fährt von ihrer Talstation (33 Garden Rd) hinauf auf den Peak.

Top-Tipp

Wer in den erstklassigen französischen und italienischen Restaurants von Central tafeln will, ohne sich in den Ruin zu stürzen, sollte die Mittagsangebote wählen. Viele Restaurants bieten Menüs für Berufstätige und für preisbewusste Feinschmecker an. Einige servieren sogar Frühstück und/oder den klassischen Nachmittagstee und verkaufen an einem Straßenschalter Gourmetsandwiches zum Mitnehmen. Wer mittags essen möchte, sollte rechtzeitig reservieren.

Gut essen

→ Lung King Heen (S. 79)
→ Otto e Mezzo Bombana (S. 80)
→ Amber (S. 79)
→ Tasty Congee & Noodle Wonton Shop (S. 78)

Details s. S. 76

Nett ausgehen

→ Sevva (S. 81)
→ MO Bar (S. 81)
→ Pier 7 (S. 81)

Details s. S. 81

Schön shoppen

→ Shanghai Tang (S. 82)
→ Armoury (S. 82)
→ Lane Crawford (S. 82)
→ Picture This (S. 82)

Details s. S. 82

HIGHLIGHTS
HSBC BUILDING

Die atemberaubende Zentrale der HSBC, vom britischen Stararchitekten Sir Norman Foster entworfen, ist ein innovatives technisches Meisterwerk voller architektonischer Raffinesse. Und das sollte sie auch sein, war sie doch bei ihrer Fertigstellung 1985 das teuerste Bauwerk der Welt (mehr als 1 Mrd. US$). Foster wollte mit seinem Entwurf die starren Formen der herkömmlichen Bankenarchitektur sprengen und ein Gebäude mit sowohl öffentlichem Raum als auch privaten Bereichen erbauen. Eine später angebrachte Lichtinstallation sorgt dafür, dass das Gebäude nachts bunt erleuchtet ist.

Die zwei Bronzelöwen, die den Haupteingang bewachen, wurden 1935 für die vorherige Zentrale gegossen. Benannt sie sind nach zwei Bankmanagern aus den 1920ern: links Stephen (der brüllende), rechts Stitt. Die Japaner missbrauchten die Löwen in der Besatzungszeit als Zielscheiben; bei Stephen kann man noch heute Einschusslöcher erkennen. Die Pfoten der Tiere zu reiben, soll Glück bringen.

Das 52-stöckige Glas- und Aluminium-Gebäude steckt voller Beispiele für besonders gutes Feng Shui. So blockiert beispielsweise nichts den Blick auf den Victoria Harbour, weil Wasser Wohlstand bedeutet. Die Rolltreppen sollen die Schnurrhaare eines Drachen symbolisieren. Über sie sollen Reichtümer in seinen Bauch gesogen werden. Sie sind in einem bestimmten Winkel zum Eingang errichtet, angeblich, um böse Geister zu verwirren, die nur geraden Linien folgen können.

Das Erdgeschoss ist ein öffentlicher Raum, den man durchqueren kann, ohne die Bank selbst betreten zu müssen. Von dort führt eine Rolltreppe in den 3. Stock, wo man das von natürlichem Licht durchströmte, kathedralenartige Atrium bestaunen kann.

NICHT VERSÄUMEN!

➜ Nächtliche Beleuchtung
➜ Stephen und Stitt
➜ Feng-Shui-Elemente
➜ Das Atrium

PRAKTISCH & KONKRET

➜ 滙豐銀行總行大廈
➜ Karte S. 328, D6
➜ www.hsbc.com.hk/1/2/about/home/unique-headquarters
➜ 1 Queen's Rd, Central
➜ Eintritt frei
➜ ⏱Rolltreppe Mo–Fr 9–16.30, Sa 9–12.30 Uhr
➜ Ⓜ Central, Ausgang K

HIGHLIGHTS
STAR FERRY

Wer nicht wenigstens einmal mit einer Elektro-Diesel-Fähre der legendären Flotte Star Ferry unterwegs war, der war eigentlich gar nicht in Hongkong. Egal zu welcher Tageszeit man fährt, es ist eine der besten Schifffahrten, die man unternehmen kann. Am Ende der zehnminütigen Tour wird man mit einem Mini-Spektakel belohnt, wenn ein Crew-Mitglied seinem Kollegen ein Hanfseil zuwirft, der es mit einer Hippe fängt – wie es seit der ersten Fahrt 1880 Tradition ist.

Die Star Ferry war Zeuge wichtiger historischer Ereignisse: so etwa am Weihnachtstag 1941, als der britische Gouverneur Sir Mark Aitchison Young mit der Fähre nach Tsim Sha Tsui übersetzte, wo er auf der Peninsula vor den Japanern kapitulierte.

Für einen ersten Trip empfiehlt es sich, nachts von Tsim Sha Tsui nach Central zu fahren. In die entgegengesetzte Richtung ist die Fahrt eigentlich weniger beeindruckend – andererseits kann man dann aber zurückblicken und Abschied vom herrlichen Panorama von Central nehmen, das sich mehr und mehr entfernt. Sofern man kein Problem mit Lärm und Dieselabgasen hat, eignet sich das untere Deck – es ist nur auf der Strecke Tsim Sha Tsui–Central zugänglich – besser zum Fotografieren.

Der Pier auf Hong Kong Island ist eine eher uninspirierte Replik edwardianischer Architektur und hat den Vorgängerbau auf dem Edenburgh Platz abgelöst (moderner Art-déco-Stil mit Turmuhr), der trotz heftiger Proteste abgerissen wurde. Der Kowloon Pier dagegen ist und bleibt unangetastet.

Die Star-Ferry-Boote verkehren auf zwei Routen: Tsim Sha Tsui–Central und Tsim Sha Tsui–Wan Chai; die erste ist die beliebtere. Die Münzdrehkreuze geben kein Wechselgeld raus; das bekommt man am Ticketschalter.

NICHT VERSÄUMEN!

- Die Aussicht
- Kowloon Pier
- Das Andocken

PRAKTISCH & KONKRET

- 天星小輪
- Karte S. 328, F2
- 852 2367 7065
- www.starferry.com.hk
- Erw. 2,50–3,40 HK$, Kind 1,50–2,10 HK$
- alle 6–12 Min., 6.30–23.30 Uhr
- M Hong Kong, Ausgang A2

⦿ SEHENSWERTES

STAR FERRY FÄHRE
Siehe S. 73.

HSBC BUILDING BEMERKENSWERTES GEBÄUDE
Siehe S. 72.

PEAK TRAM STRASSENBAHN
Karte S. 328 (☏852 2522 0922; www.thepeak.com.hk; Lower Terminus, 33 Garden Rd, Central; einfache Strecke/hin & zurück Erw. 28/40 HK$, Kind 3-11 Jahre & Senior über 65 Jahre 11/18 HK$; ⊙7-24 Uhr; MCentral, Ausgang J2) Die Peak Tram („Gipfel-Straßenbahn") ist eigentlich eine Standseilbahn. Seit 1888 erklimmt sie die 396 m bis zum höchsten Punkt auf Hong Kong Island. Die Fahrt mit der Bahn über den steilen Abhang gehört zum typischen Hongkong-Erlebnis dazu und beschert einen schwindelerregenden Blick über die Dächer der Stadt. Die Peak Tram startet zwischen 7 und 24 Uhr alle 10 bis 15 Minuten; die Octopus Card wird akzeptiert. An Tagen mit guter Sicht muss man sich auf lange Wartezeiten einstellen.

HONG KONG MARITIME MUSEUM MUSEUM
Karte S. 328 (香港海事博物館; ☏852 3713 2500; www.hkmaritimemuseum.org; Central Ferry Pier 8, Central; Erw./Kind & Senior 30/15 HK$; ⊙Mo-Fr 9.30-17.30, Sa & So 10-19 Uhr; ⓕ; MHong Kong, Ausgang A2) Nach einem Umzug und einer Erweiterung ist dies nun eines der interessantesten Museen der Stadt mit 15 gut zusammengestellten Galerien, in denen über 2000 Jahre der chinesischen Schifffahrtsgeschichte und die Entwicklung des Hongkonger Hafens beleuchtet werden. Ausgestellt werden u. a. Keramiken aus Chinas Seehandel, Schätze aus Schiffswracks sowie alte nautische Instrumente. Eine bemalte Schriftrolle aus dem frühen 19. Jh. mit Piratenszenen aus China ist eines der wichtigsten historischen Artefakte Hongkongs und öffnet Besuchern, wie der Rest des Museums auch, die Augen.

Das Museum befindet sich dort, wo es hingehört, nämlich direkt neben dem Victoria Harbour. Wenn man die MTR verlässt, einfach auf der Man Yiu St in Richtung Kai gehen!

ST. JOHN'S CATHEDRAL KIRCHE
Karte S. 328 (聖約翰座堂; ☏852 2523 4157; www.stjohnscathedral.org.hk; 4-8 Garden Rd, Central; ⊙7-18 Uhr; ☐12A, 40, 40M, MCentral, Ausgang K) GRATIS In dieser anglikanischen Kathedrale von 1849 wurden von Anfang an bis heute durchgängig Gottesdienste gefeiert. Einzige Ausnahme was das Jahr 1944, als die japanische Armee sie als Gesellschaftsklub nutzte. Im Zweiten Weltkrieg wurde sie schwer beschädigt, woraufhin die Haupteingangstüren erneuert werden mussten. Sie wurden aus dem Holz der HMS *Tamar* hergestellt, eines britischen Kriegsschiffs, das den Victoria Harbour geschützt hatte. Dieser Ort ist in vielerlei Hinsicht heilig: Es ist das einzige nicht staatlich verwaltete Grundstück in ganz Hongkong. Der Eingang befindet sich auf dem Battery Path.

Nicht verpassen sollte man die Buntglasfenster, die Alltagsszenen aus Hongkong zeigen, wie etwa Fischerinnen, die ein Netz halten. Auch beachtenswert sind die von der Decke hängenden zerfetzten Regimentsfahnen. Diese wurden im Zweiten Weltkrieg vergraben, um sie vor den Japanern zu verstecken. Draußen kann man das Grab von R. D. Maxwell sehen, einem britischen Soldat, der während der Schlacht um Hongkong gefallen war und am nächsten passenden Ort begraben wurde.

**HONG KONG ZOOLOGICAL &
BOTANICAL GARDENS** PARK
Karte S. 328 (香港動植物公園; www.lcsd.gov.hk/parks; Albany Rd, Central; ⊙Terrassengärten 5-22 Uhr, Gewächshaus 9-16.30 Uhr; ⓕ; ☐3B, 12) GRATIS Der viktorianische Park wartet mit einer einladenden Ansammlung von Brunnen, Skulpturen und Gewächshäusern sowie einem Zoo und einigen fabelhaften Volieren auf. Hier leben etwa 160 Vogelarten sowie zahlreiche Affen, Faultiere, Lemuren und Orang-Utans, und die Anlage gilt als eines der weltweit führenden Zentren für die Zucht bedrohter Arten in Gefangenschaft. Die Albany Rd unterteilt den Park: Im Ostteil nahe der Garden Rd sind die Pflanzen und Vogelhäuser angesiedelt, im Westteil sind die meisten anderen Tiere untergebracht.

**FORMER LEGISLATIVE
COUNCIL BUILDING** HISTORISCHES GEBÄUDE
Karte S. 328 (前立法會大樓; 8 Jackson Rd, Central; MCentral, Ausgang G) Das mit Säulen und Kuppeln versehene, 1912 aus Granit von Stonecutters Island errichtete Gebäude war von 1985 bis 2012 Sitz der Gesetzgebenden Versammlung (Legislative Council). Im Zweiten Weltkrieg saß die japanische Geheimpolizei in dem Haus, die von hier aus

viele Hinrichtungen anordnete. Über dem Giebel thront eine Statue der Themis, der griechischen Göttin der Gerechtigkeit und Ordnung, deren Augen verbunden dargestellt sind.

BANK OF CHINA TOWER
BEMERKENSWERTES GEBÄUDE

Karte S. 328 (中銀大廈; BOC Tower; 1 Garden Rd, Central; MCentral, Ausgang K) Der Ehrfurcht gebietende, 70-stöckige Bank of China Tower wurde von I. M. Pei entworfen. Er ragt wie ein Würfel aus dem Boden und verjüngt sich raffiniert nach oben, bis die Südfassade ganz allein himmelwärts strebt. Ein paar Geomantiker glauben, dass die vier Prismen negative Symbole sind; als Gegenstück von Kreisen verkörpern sie das Gegenteil der Eigenschaften, die Kreisen zugeschrieben werden: Geld, Einheit und Perfektion.

In der Lobby des BOC Tower befindet sich der **Prehistoric Story Room** (◯9–18 Uhr, Di geschlossen); die ausgestellten Fossilien erlauben einen kleinen Ausflug in die Erdgeschichte.

OLD BANK OF CHINA BUILDING
BEMERKENSWERTES GEBÄUDE

Karte S. 328 (1 Bank St, Central; MCentral, Ausgang K) Der 1950 erbaute ehemalige Hauptsitz der Bank of China beherbergt heute die Filiale Central und in den oberen Etagen den exklusiven **China Club**, in dem die Atmosphäre des alten Shanghai wieder zum Leben erweckt wird. Die BOC-Zentrale indes befindet sich mittlerweile im eindrucksvollen Bank of China Tower weiter südöstlich.

TWO INTERNATIONAL FINANCE CENTRE
BEMERKENSWERTES GEBÄUDE

Karte S. 328 (國際金融中心; Two IFC; 8 Finance St, Central; MHong Kong, Ausgang A2 od. F) Dieser perlmuttfarbene Gigant, der ein wenig an einen überdimensionalen Elektrorasierer erinnert, ist das höchste Gebäude auf Hong Kong Island. Bis nach ganz oben hinauf dürfen Besucher zwar nicht, wenn man jedoch im Hongkonger Monetary Authority Information Centre vorbeischaut, kommt man aber auch schon hoch hinaus. Das Gebäude wurde auf die IFC Mall (S. 83) gebaut, die auch die unteren Etagen des Schwesterngebäudes einnimmt, des viel kleineren **One IFC** (國際金融中心; Karte S. 328; 1 Harbour View St, Central; MHong Kong, Ausgang A2 oder F).

GOVERNMENT HOUSE
HISTORISCHES GEBÄUDE

Karte S. 328 (禮賓府; ✆852 2530 2003; www.ceo.gov.hk/gh; Upper Albert Rd, Central; MCentral, Ausgang G) Teile der früheren offiziellen Residenz des Hongkonger Gouverneurs stammen aus dem Jahr 1855, andere Elemente wurden 1942 von den Japanern hinzugefügt. Während der Besatzung Hongkongs im Zweiten Weltkrieg nutzten diese den Komplex als Militärhauptquartier. Das Government Building ist drei- bis viermal im Jahr öffentlich zugänglich – besonders lohnend ist der Besuch am offenen Sonntag im März, wenn die Azaleen im Garten des Anwesens in voller Blüte stehen.

STATUE SQUARE
PLATZ

Karte S. 328 (皇后像廣場; Edinburgh Pl, Central; MCentral, Ausgang K) Auf diesem ruhigen Platz standen früher Bildnisse von Mitgliedern des britischen Königshauses. Heute zollt er nur einem einzigen Herrscher Tribut – dem Gründer der HSBC. Im nördlichen Bereich (über eine Unterführung zu erreichen) steht der 1923 errichtete **Cenotaph** (Karte S. 328; 和平紀念碑; Chater Rd; MCentral, Ausgang A), der jener Einwohner Hongkongs gedenkt, die in den beiden Weltkriegen ihr Leben ließen. Auf der Südseite der Chater Rd wartet der Statue Sq mit verschiedenen Brunnen und Sitzbereichen auf, wobei die Fliesen befremdlich an eine öffentliche Toilette der 1980er-Jahre erinnern.

Das Gebäude im Osten sieht aus wie ein schwimmender Stachelrochen und beherbergt einen prestigeträchtigen Club, der auch noch lange nach Ende des Zweiten Weltkriegs keine chinesischen Mitglieder aufnahm.

HONG KONG OBSERVATION WHEEL
RIESENRAD

Karte S. 328 (www.hkow.hk/en/; Hong Kong Central Piers; Erw./Kind 100/70 HK$; ◯10–23 Uhr; ♿; MCentral Ausgang A) Im Hafengebiet, das sich ständig im Bau befindet, steht dieses 60 m hohe Riesenrad mit geschlossenen Kabinen. Es ist zwar bei Weitem nicht der höchste Punkt der Stadt, verspricht aber dennoch eine nette Rundfahrt sowie einen schönen Blick über das Wasser und Kowloon.

EXCHANGE SQUARE
PLATZ

Karte S. 328 (交易廣場; 8 Connaught Pl, Central; MCentral, Ausgang A) In diesem Büroturmkomplex befinden sich der Hong Kong

Stock Exchange (die Börse von Hongkong) sowie die Büros globaler Finanzunternehmen. Hauptattraktion ist der schöne, recht friedliche offene Platz, der mit Brunnen und Skulpturen von Henry Moore und Ju Ming geschmückt ist. Der Zugang erfolgt über ein Netz von Fußgängerbrücken, die nach Westen bis Sheung Wan reichen und mit vielen Gebäuden auf der anderen Seite der Connaught Rd verbunden sind.

HELENA MAY HISTORISCHES GEBÄUDE
Karte S. 328 (梅夫人婦女會主樓; ☏852 2522 6766; www.helenamay.com; 35 Garden Rd, Central; ☐23) Das Helena May wurde 1916 von der Frau eines Gouverneurs als Gesellschaftsclub für alleinstehende, berufstätige europäische Frauen eröffnet. Ihnen hatte die Kolonie wenig „ehrbare" Unterhaltung wie Ballettunterricht oder Teegesellschaften zu bieten. Das Kolonialgebäude mit palladianischen und Beaux-Arts-Elementen wurde während der japanischen Besatzung als Pferdestall genutzt.

Zurzeit beherbergt es einen privaten Club und ein Hostel, an einem Samstag im Monat (10 Uhr; Daten s. Website) finden jedoch 20-minütige Führungen auf Englisch und Chinesisch statt. Eine vorherige Anmeldung ist erforderlich.

FORMER FRENCH
MISSION BUILDING HISTORISCHES GEBÄUDE
Karte S. 328 (前法國外方傳道會大樓; 1 Battery Path, Central; ⓂCentral, Ausgang K) Dieses hübsche rote Backsteingebäude wurde Mitte des 19. Jhs. errichtet, seine heutige Pracht verdankt es allerdings einer Renovierung von 1917, die von der French Society of Foreign Missions in Auftrag gegeben wurde. Bis 2015 war hier Hongkongs Court of Final Appeal untergebracht. Heute wartet es darauf, eine neue Aufgabe zu bekommen.

WORLD-WIDE
PLAZA BEMERKENSWERTES GEBÄUDE
Karte S. 328 (環球商場; 19 Des Voeux Rd, Central; ⓂCentral, Ausgang G) Dieses Labyrinth winziger Geschäfte – ein Stückchen Manila mitten im Geschäftszentrum Hongkongs – ist im Stil der Einkaufsarkaden der 1980er-Jahre errichtet und hat sich ganz auf die Bedürfnisse der philippinischen Hausmädchen eingestellt, die sich sonntags in den Straßen ringsum versammeln. Hier werden u. a. Lebensmittel, Drogerieartikel und Telefonkarten verkauft.

JARDINE HOUSE BEMERKENSWERTES GEBÄUDE
Karte S. 328 (怡和大廈; 1 Connaught Pl, Central; ⓂHong Kong, Ausgang B2) Der 52-stöckige Silbermonolith mit seinen 1750 bullaugenförmigen Fenstern war bei seiner Eröffnung als Connaught Centre im Jahr 1973 Hongkongs erster echter Wolkenkratzer. Natürlich hat auch dieses Gebäude seinen respektlosen Spitznamen abgekriegt: „Haus der 1000 Arschlöcher".

HONG KONG
CITY HALL BEMERKENSWERTES GEBÄUDE
Karte S. 328 (香港大會堂; www.cityhall.gov.hk; 5 Edinburgh Pl, Central; ⊙9–23 Uhr; ⓂCentral, Ausgang K) Hongkongs Rathaus wurde 1962 im klassischen Bauhausstil erbaut und war das erste große kommunale Zentrum der Stadt. Noch heute ist es ein bedeutendes Kulturzentrum mit Konzert- und Aufführungssälen, einem Theater und Ausstellungsräumen. Das Innere der **City Gallery** (⊙10–18 Uhr) im Lower Block, deren Eingang sich östlich vom Haupteingang der City Hall befindet, dürfte bei nicht wenigen Besuchern selige Erinnerungen an ihre Meccano-Metallbaukästen wecken.

ESSEN

★TIM HO WAN, THE
DIM SUM SPECIALISTS DIM SUM $
Karte S. 328 (添好運點心專門店; ☏852 2332 3078; www.timhowan.com; Shop 12a, Podium Level 1, 8 Finance St, IFC Mall, Central; Hauptgerichte 50 HK$; ⊙9–20.30 Uhr; ⓂHong Kong, Ausgang E1) Das von einem früheren Four-Seasons-Koch eröffnete Tim Ho Wan war das erste preiswerte Dim-Sum-Restaurant, das einen Michelin-Stern erhielt. Viele Umzüge und Filialeröffnungen später schmeckt man den Stern immer noch unverändert in den köstlichen Leckerbissen, etwa beim Verkaufsschlager: dem Brötchen mit gebackenem Schweinefleisch. Man sollte sich auf eine Wartezeit zwischen 15 und 40 Minuten einstellen.

CITY HALL MAXIM'S PALACE DIM SUM $
Karte S. 328 (美心皇宮; ☏852 2521 1303; 3. Stock, Lower Block, Hong Kong City Hall, 1 Edinburgh Pl, Central; Gerichte ab 150 HK$; ⊙Mo–Sa 11–15, So 9–15 Uhr; 📶🅿; ⓂCentral, Ausgang K) Dieser „Palast" bietet das typische Hongkonger Dim-Sum-Erlebnis: Es ist fröhlich, laut und findet in einem riesigen, kitschi-

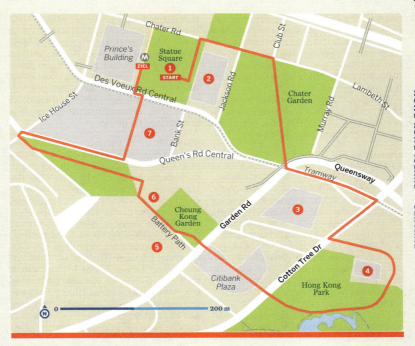

🏃 Stadtspaziergang
Hongkongs Zentrum erkunden

START STATUE SQ
ZIEL MTR-STATION CENTRAL
LÄNGE/DAUER 1,5 KM, 45 MIN.

Am ① **Statue Square** (S. 75) bewundert man die prächtige Fassaden des neoklassizistischen ② **Former Legislative Council Building** (S. 74), eines der wenigen erhaltenen Gebäude aus der Kolonialzeit in der Gegend; in der jüngeren Vergangenheit diente das Gebäude als Sitz der gesetzgebenden Versammlung Hongkongs.

Nun geht es in südwestlicher Richtung durch den Chater Garden Park über die Garden Rd zum scharfkantigen, ultramodernen ③ **Bank of China Tower** (S. 75), aus dessen 43. Stock sich eine wunderbare Aussicht bietet.

Im Hong Kong Park beherbergt das kostenlose ④ **Flagstaff House Museum of Tea Ware** (S. 109) wertvolle und elegante Teekannen und -tassen. Und im friedlichen Café kann man den passenden edlen chinesischen Tee kosten.

Von hier geht es auf Fußgängerüberwegen westwärts über den Cotton Tree Dr, durchs Citibank Plaza, über die Garden Rd und durch den Cheung Kong Garden zur 1849 erbauten ⑤ **St. John's Cathedral** (S. 74). Für eine Kathedrale wirkt sie eher bescheiden, zumal sie inzwischen von hoch aufragenden Konzernkathedralen umringt ist, doch ist sie ein wichtiges historisches Denkmal Hongkongs.

Nun geht es auf dem Battery Path vorbei am ⑥ **Former French Mission Building** (S. 76) zur Ice House St. Man überquert sie, geht rechts auf der Queen's Rd Central zum ⑦ **HSBC Building** (S. 72) und fährt mit der Rolltreppe (sofern in Betrieb) hinauf zum großen, luftigen Atrium. Durch die Plaza im Erdgeschoss geht's zu Stephen und Stitt, den beiden Löwen, die den Ausgang zur Des Voeux Rd Central bewachen. Nachdem man sie gestreichelt hat, ist es nur ein kurzes Stück auf dem Fußgängerweg zwischen Statue Sq und Prince's Building nordwärts bis zum nächstgelegenen Eingang der MTR-Station Central.

gen Saal statt, der mit Dekodrachen und Hunderten Einheimischer gefüllt ist. Eine überwältigende Dim-Sum-Parade ist auf traditionelle Weise auf Trolleys aufgereiht. Sonntags ab 9 Uhr gibt es Frühstück, doch die ersten Gäste stehen schon um 8.30 Uhr für einen Tisch an.

Wer einen Tisch am Fenster ergattert, blickt auf den Hafen oder sieht – was eigentlich häufiger der Fall ist –, wie aktive Landrückgewinnung betrieben wird.

LIN HEUNG
TEA HOUSE
KANTONESISCH, DIM SUM $

Karte S. 328 (852 2544 4556; 160-164 Wellington St, Central; Gerichte ab 100 HK$; 6–23 Uhr, Dim Sum bis 15.30 Uhr; M Sheung Wan, Ausgang E2) Genau wie 1926 ist dieses berühmte Teehaus morgens auch heute noch voller älterer Herren, die hier in aller Gemütsruhe ihre Zeitung lesen. Die Dim Sum (ab 12 HK$) werden auf Trolleys dargeboten, sind aber häufig schnell ausverkauft. Für eine größere Auswahl positioniert man sich am besten strategisch in der Nähe der Küche.

Die Cha Siu Bao und Leber-Siu-Mai sind heißbegehrt und teurer als das restliche Angebot, was aber mehr ihrem nostalgischen Wert als ihrem Aroma geschuldet ist. Die Lotuswurzel-Bratlinge und die gefüllte geschmorte Ente (150 HK$, auf Vorbestellung) werden ihrem guten Ruf allerdings gerecht.

TASTY CONGEE &
NOODLE WONTON SHOP
NUDELN $

Karte S. 328 (正斗粥麵專家; 852 2295 0101; Shop 3016, Podium Level 3, 8 Finance St, IFC Mall, Central; Gerichte 90–200 HK$; 11–22.45 Uhr; M Hong Kong, Ausgang E1) In diesem sauberen, preiswerten Lokal in der megaschicken IFC Mall bilden sich mittags lange Warteschlangen. Von den müßiggängerischen Damen lernt man, wie man es richtig macht: erst shoppen, dann essen. Der aufgeschobene Genuss bedeutet auch, dass man eine größere Auswahl der mit einem Michelin-Stern gekrönten Köstlichkeiten hat: mit Garnelen gefüllte Wan Tan, Garnelen-Congee, gebratene Bandnudeln mit Rindfleisch …

PIERRE HERMÉ
BÄCKEREI $

Karte S. 328 (www.pierreherme.com; Shop 1019c, Level 1, 8 Finance St, IFC Mall, Central; Box mit Makronen ab 210 HK$; 10–21 Uhr; M Hong Kong Station, Ausgang A1 od. A2) Die Einwohner Hongkongs lieben Makronen von ganzem Herzen! Als diese legendäre Konditorei in der IFC Mall eröffnete, standen die Menschen tagelang Schlange. Hier kann man sich ganz einfach eine Portion dieser juwelenartigen Leckereien zusammenstellen. Die Geschmacksrichtungen reichen von klassisch (Schokolade, Pistazie, Himbeere) bis hin zu avantgardistisch (Olive, Foie gras, weißer Trüffel).

SING KEE
DAI PAI DONG $

Karte S. 328 (盛記; 852 2541 5678; 9-10 Stanley St, Soho; Gerichte 200 HK$; 11–15 & 18–23 Uhr; ; M Central, Ausgang D2) In Soho, einer Enklave der gehobenen Küche, kann es schwierig sein, ein gutes und günstiges Restaurant zu finden. Das Sing Kee, einer der wenigen übriggebliebenen *dai pai dong* (Imbissstände) in der Gegend, hat der Gentrifizierungswelle standgehalten und sich die laute, fröhliche Atmosphäre eines Arbeiterlokals bewahrt. Am besten bestellt man sich hier einen Hongkong-Klassiker wie Knoblauchgarnelen, frittierte Nudeln und Schweinefleisch süß-sauer. Das Sing Kee ist nicht ausgeschildert – einfach nach den überfüllten Tischen am Ende der Stanley St Ausschau halten!

YUE HING
DAI PAI DONG $

Karte S. 328 (裕興; 76-78 Stanley St, Soho; Mahlzeiten 25–40 HK$; 8.15–14 Uhr; M Central, Ausgang D2) Das lockere Yue Hing, eines von einer Gruppe *dai pai dong*, (Essensstände) die bewahrt werden sollen, hat das Hongkonger Sandwich neu erfunden, indem es die üblichen Zutaten (Schinken, Dosenfleisch und Eier) mit Erdnussbutter und gekochtem Kohl kombiniert. Und es funktioniert! Bis zum Servieren dauert es allerdings bis zu 15 Minuten, denn die exzentrischen Kreationen werden stets frisch zubereitet.

OLIVER'S, THE
DELICATESSEN
SUPERMARKT $

Karte S. 328 (852 2810 7710; www.oliversthe deli.com.hk; 201-205, Prince's Bldg, 10 Chater Rd, Central; Gerichte 80–150 HK$; Mo-Fr 8–21, Sa & So 8.30–20 Uhr; M Central) Die Gourmetsalate und -sandwiches zum Mitnehmen dieses gehobenen internationalen Lebensmittelgeschäfts sind bei den Büroangestellten in Central sehr beliebt, die diese dann bequem am Schreibtisch verzehren. Eine tolle Adresse, um sich für ein Picknick einzudecken!

LEI GARDEN
KANTONESISCH, DIM SUM $$

Karte S. 328 (利苑酒家; ☏852 2295 0238; www.leigarden.hk/en/; Shop 3007-3011, Level 3, 8 Finance St, IFC Mall, Central; Gerichte 180–900 HK$; ⊙11.30–15 & 18–23 Uhr; 🛜🍴; ⓂHong Kong, Ausgang E1) Die militärisch-strenge Kontrolle der Essensqualität hat vielen der 24 Filialen von Lei Garden einen Michelin-Stern eingebracht, u.a. auch dieser. Diese Filiale im IFC wartet zudem mit dem modernsten Ambiente und den professionellsten Mitarbeitern auf. Beliebte Gerichte sind gebratenes Fleisch, Dim Sum und das preisgekrönte Dessert: süße Sago-Suppe mit Mango und Pampelmuse. Unbedingt reservieren!

ISLAND TANG
KANTONESISCH, DIM SUM $$

Karte S. 328 (港島廳; ☏852 2526 8798; www.islandtang.com; Shop 222, 9 Queen's Rd Central, Galleria, Central; Mittagsmenü ab 308 HK$, Abendessen ab 400 HK$; ⊙12–14.30 & 18–22.30 Uhr; 🛜; ⓂCentral, Ausgang D1) Das Island Tang könnte locker einer dieser Orte sein, die man besucht, „um die Dekoration zu verschlingen", wie die Chinesen sagen: Die Art-déco-Inneneinrichtung aus den 1930er-Jahren ist jedenfalls pure Eleganz. Doch auch den hohen gastronomischen Standard hat das Restaurant bewundernswerterweise gehalten. Das ausgezeichnete Angebot reicht von kantonesischer Hausmannskost bis zu Fischgerichten im Bankettstil – daher kann eine Mahlzeit mit 300 bis 3000 HK$ zu Buche schlagen.

HEICHINROU
KANTONESISCH $$

Karte S. 328 (聘珍樓; ☏852 2868 9229; www.heichinrou.com; G05 & 107-108, Nexxus Bldg, 41 Connaught Road, Central; Mittag-/Abendessen ab 200/350 HK$; ⊙10.30–24 Uhr; 🛜🍴; ⓂCentral, Ausgang C) Hier findet man alles, was man von einem modernen kantonesischen Restaurant dieses Kalibers in Hongkong erwartet: ausgefeilten Service, ein recht förmliches Ambiente, raffinierte Küche und guten Tee. Die Eigenwerbung als „ältestes chinesisches Restaurant in Japan" wirkt daher ein bisschen rätselhaft. Der Nachmittagstee mit vier verschiedenen Arten Dim Sum, Snack und Dessert für 128 HK$ ist ein Schnäppchen.

WATERMARK
EUROPÄISCH $$

Karte S. 328 (☏852 2167 7251; www.cafedecogroup.com; Shop L, Level P, Central Pier 7, Star Ferry Pier, Central; Mittagessen & Brunch ab 400 HK$, Abendessen 600 HK$; ⊙Mo-Fr 12–14.30 & 18 Uhr–open end, Sa & So 11.30–15 & 18 Uhr–open end; 🛜🍴; ⓂHong Kong, Ausgang A2) Dank seiner Lage an der Star Ferry Anlegestelle bietet das Watermark eine Panoramaaussicht auf den Victoria Harbour. Tagsüber ist es nett, abends romantisch, und an manchen Tischen spürt man regelrecht das Schaukeln der Wellen. Die Highlights der soliden europäischen Speisekarte sind das gut abgehangene Rib-Eye-Steak und die Meeresfrüchte. Der Brunch am Wochenende ist extrem beliebt.

⭐LUNG KING HEEN
KANTONESISCH, DIM SUM $$$

Karte S. 328 (龍景軒; ☏852 3196 8888; www.fourseasons.com/hongkong; Four Seasons Hotel, 8 Finance St, Central; Mittagessen 200–500 HK$, Abendessen 500–2000 HK$; ⊙12–14.30 & 18–22.30 Uhr; 🛜; ⓂHongkong, Ausgang E1) Das weltweit erste chinesische Restaurant mit drei Michelin-Sternen hat selbige noch immer. Die kantonesische Küche, obschon keineswegs einzigartig in Hongkong, ist sowohl in Geschmack als auch Präsentation ausgezeichnet und – in Verbindung mit dem Hafenblick und dem tadellosen Service – ein großartiges kulinarisches Erlebnis. Die Paradegerichte gedünsteter Hummer und Klöße aus Jakobsmuscheln sind schnell ausverkauft.

⭐CAPRICE
MODERN-FRANZÖSISCH $$$

Karte S. 328 (☏852 3196 8888; www.fourseasons.com/hongkong; Four Seasons Hotel, 8 Finance St, Central; Mittags-/Abendmenü ab 540/1740 HK$; ⊙12–14.30 & 18–22.30 Uhr; 🛜; ⓂHong Kong, Ausgang E1) Ganz im Gegensatz zur opulenten Einrichtung ist die Karte des mit zwei Michelin-Sternen ausgezeichneten Caprice kurz und bündig. Die Gerichte sind meisterhaft mit täglich frisch aus Frankreich eingeflogenen Zutaten zubereitet. Das Angebot wechselt, doch die Erfahrung besagt, dass alles mit Ente, Kaiserhummer und Schweinebauch überirdisch ist. Die traditionell hergestellten Käsesorten, die wöchentlich importiert werden, sind die besten, die man in Hongkong bekommt.

AMBER
MODERN-EUROPÄISCH $$$

Karte S. 328 (☏852 2132 0066; www.mandarinoriental.com/landmark; Mandarin Oriental, 15 Queen's Rd, Central; Mittagsmenü 598–1288 HK$, Abendmenü 2068 HK$; ⊙12–14.30 & 18–22.30 Uhr; ⓂCentral, Ausgang G) Das Restaurant mit schummriger Beleuchtung und 3000 von der Decke herabhängenden „Orgelpfeifen" wirkt vielleicht ein kleines bisschen steif, doch wer erst einmal die meisterlichen Versionen traditioneller französischer Gerichte des hiesigen Kochs Ekkebus probiert hat, wird sich schnell für das mit zwei Michelin-Sternen ausgezeichnete Amber erwärmen. Mit den regelmäßig wechselnden Menüs schaffen es die Mitarbeiter immer wieder, die Gäste zu überraschen und zu begeistern, etwa mit Hokkaido-Seeigel an Hummergelee und Algenwaffeln oder Entenstopfleber mit Daikonrettich-Fondant.

L'ATELIER DE
JOËL ROBUCHON   MODERN-FRANZÖSISCH $$$
Karte S. 328 (852 2166 9000; www.robuchon.hk; Shop 401, 15 Queen's Rd Central, Landmark, Central; Mittagsmenü 598–858 HK$, Abendmenü 2080 HK$, Hauptgerichte à la carte 440–1000 HK$; 12–14.30 & 18.30–22.30 Uhr; Central, Ausgang G) Das rot-schwarze L'Atelier ist einer von drei wunderbaren Speisesälen des mit Michelin-Sternen gekrönten Starkochs Joël Robuchon. Es bietet eine verlockende Palette Tapas (ab 350 HK) und eine 70 Seiten lange Weinkarte. Wer gern etwas förmlicher speisen möchte, kann den benachbarten Raum Le Jardin wählen. Der Salon de The befindet sich eine Etage tiefer und bietet die besten Sandwiches und das beste Gebäck der Stadt – auch zum Mitnehmen.

OTTO E MEZZO
BOMBANA   MODERN-ITALIENISCH $$$
Karte S. 328 (852 2537 8859; www.ottoemezzobombana.com; Shop 202, 18 Chater Rd, Landmark Alexandra, Central; Mittag-/Abendessen ab 700/1380 HK$; Mo-Sa 12–14.30 & 18.30–22.30 Uhr; Central, Ausgang H) Das einzige italienische Restaurant in Asien mit drei Michelin-Sternen macht seinem Namen alle Ehre – dafür sorgt Koch Bombana mit seinen hochgekrempelten Ärmeln. Das „Achteinhalb" ist der perfekte Ort, um weiße Trüffel zu genießen, ist es doch ein Veranstalter von Auktionen für die feinwürzigen Juwelen. Wer hier essen möchte, benötigt die Hartnäckigkeit eines Trüffelhundes und sollte den Tisch zwei Monate im Voraus buchen.

DUDDELL'S   KANTONESISCH $$$
Karte S. 328 (都爹利會館; 852 2525 9191; www.duddells.co; Level 3 & 4 Shanghai Tang Mansion, 1 Duddell St, Central; Mittagessen 500–800 HK$, Abendessen 800–1600 HK$; Mo-Sa 12–14.30 & 18–22.30 Uhr; Central, Ausgang G) Hier werden leichte kantonesische Speisen in faszinierenden, mit Kunstwerken geschmückten Räumlichkeiten serviert: in einem eleganten Speisesaal, den diffuses Licht erhellt, in einem mit Marmor gefliesten Salon im modernisierten Schick der 1950er-Jahre und auf einer begrünten Terrasse. Eine sehr beliebte Gaumenfreude ist der Brunch am Samstag (680 HK$; 12–15.30 Uhr), bei dem der kostenlose Champagner in Strömen fließt und Dim Sum nach Herzenslust verdrückt werden kann (umso mehr, da die Portionen sonst in der Regel winzig sind).

INAGIKU   JAPANISCH $$$
Karte S. 328 (稻菊日本餐廳; 852 2805 0600; www.fourseasons.com/hongkong; Four Seasons Hotel, 8 Finance St, Central; Mittag-/Abendessen ab 600/900 HK$; 11.30–15 & 18–23 Uhr; Central, Ausgang A) Das Inagiku, der Name bedeutet „Reis-Chrysantheme", ist der Inbegriff der Perfektion. Die Atmosphäre ist förmlich, die Einrichtung subtil, der Blick auf den Hafen atemberaubend und auf jedes Gericht wird größte Aufmerksamkeit verwendet. Die Gäste können an der Sushi-, Teppanyaki- oder Tempurabar sitzen und den Köchen bei ihrem magischen Wirken zuschauen oder an einem Tisch die romantische Privatsphäre genießen. Wenn Geld keine Rolle spielt, sollte man unbedingt das *kaiseki* bestellen, ein mit viel Finesse zubereitetes und kunstvoll drapiertes Mehrgängemenü mit saisonalen Zutaten aus Japan.

PIERRE   MODERN-FRANZÖSISCH $$$
Karte S. 328 (852 2825 4001; www.mandarinoriental.com/hongkong; Mandarin Oriental, 5 Connaught Rd, Central; Mittagsmenü 498–598 HK$, Abendmenü 998–1598 HK$; Mo-Fr 12–14.30, Mo-Sa 18.30–22.30 Uhr; Central, Ausgang F) Pierre Gagnaire, einer der Vorreiter in Sachen Fusion-Küche, hat in einer Stadt, die dieses Konzept mit Herz und Seele lebt, eine provokante Speisekarte geschaffen. Das Appetithäppchen kann ein mit Garnelenpulver besprenkelter Marshmallow sein, das Dessert ein karamellisierter Rucolasalat – und doch geht die Rechnung immer auf. Die Einrichtung des Pierre erinnert mit den Bullaugen und Kronleuchtern an ein Kreuzfahrtschiff, besonders natürlich angesichts des Blicks auf den Hafen. Das Pierre kann sich zweier Michelin-Sterne brüsten.

AUSGEHEN & NACHTLEBEN

MO BAR BAR
Karte S. 328 (852 2132 0077; 15 Queen's Rd Central, Landmark, Central; 7–1.30 Uhr; ; Central, Ausgang D1) Wer in Ruhe etwas trinken oder sich unterhalten möchte, findet in der noblen MO Bar, die zum eleganten Ableger des Mandarin im Landmark Oriental (S. 241) gehört, Frieden, sanftes Licht und eine erstklassige Getränkekarte mit Weinen und Cocktails.

GOOD SPRING CO KRÄUTERTEE
Karte S. 328 (春回堂; 852 2544 3518; 8 Cochrane St, Soho; Tee 7–30 HK$; 8.45–20 Uhr; Central, Ausgang D2) Dieser Laden für chinesische Medizin hat eine Theke, an der Kräutertees verkauft werden – zum Entgiften, Entwässern, Kühlen und gegen Erkältungen. Am beliebtesten ist der bittere 24-Kräuter-Tee. Es gibt auch aromatische Chrysanthemenaufgüsse. Auf Wunsch fühlt der Englisch sprechende Kräuterkundler den Puls und verschreibt eine (schwarze und bittere) medizinische Suppe.

SEVVA COCKTAIL BAR
Karte S. 328 (852 2537 1388; www.sevva.hk; 25. Stock, Prince's Bldg, 10 Chater Rd, Central; Mo-Do 12–24, Fr & Sa bis 2 Uhr; ; Central, Ausgang H) Wenn es in Hongkong eine 1-Mio.-Dollar-Aussicht gibt, dann ist es die vom Balkon des megastylishen Sevva. Hier sind einem die Wolkenkratzer so nah, dass man ihre Stahlarterien fast greifen kann, und in der Ferne sieht man den Hafen und Kowloon. Nachts ist der Blick schlichtweg atemberaubend. Der Preis dafür sind jedoch ein Service von schwankender Qualität und teure Drinks.

Wer einen Tisch auf dem Balkon möchte, sollte vorher reservieren. Wer aber nur ein Foto schießen will, kann auch ohne Reservierung rausgehen.

RED BAR BAR
Karte S. 328 (852 8129 8882; www.pure-red.com; Level 4, 8 Finance St, Two IFC, Central; Mo-Mi 12–24, Do bis 1, Fr & Sa bis 3, So bis 22 Uhr, Happy Hour 18–21 Uhr; ; Hong Kong, Ausgang E1) Die Kombination aus Drinks unter freiem Himmel und Blick auf den Hafen, die die Red Bar bietet, ist schwer zu schlagen. In der tollen Bar tummeln sich viele elegant gekleidete Finanzmenschen aus den Büros der großen Konzerne in der unmittelbaren Umgebung. Wenn das Wochenende naht, drehen die DJs, die Funk und Jazz auflegen, die Regler ordentlich auf.

Tipp: Wer etwas Geld sparen möchte, der holt sich im 7-Eleven ein paar Bier und setzt sich an einen der Tische auf der Dachterrasse gleich neben dem Red. Diese ist öffentlich zugänglich.

BEER BAY BAR
Karte S. 328 (Hong Kong Central Ferry Pier 3, Central; 15–24 Uhr; Hong Kong, Ausgang A1 od. A2) Immer noch im Sightseeing-Outfit und keine Lust auf die schicken Nachtclubs in Central? Die Rettung naht in Form dieser fast ausschließlich von Einheimischen besuchten Bierkneipe im Freien am Fähranleger. Sie ist besonders bei den Bewohnern der vorgelagerten Inseln beliebt, die sich hier gern noch kurz einen Drink genehmigen, bevor es zurück nach Hause geht. Man kann auf den Betonstufen sitzen und bei einem günstigen britischen Importbier aufs Wasser blicken.

CAPTAIN'S BAR BAR
Karte S. 328 (船長吧; 852 2825 4006; www.mandarinoriental.com.hk; Mandarin Oriental, 5 Connaught Rd Central, Central; Mo-Sa 11–2, So bis 1 Uhr; ; Central, Ausgang F) Seit einem halben Jahrhundert ist die Captain's Bar mit ihrer clubartigen Atmosphäre und dem ausgefeilten, perfekten Service ein Magnet für alle, die ausgehen wollen. Heutzutage wirkt es zwar ein wenig altmodisch, doch das Personal mixt noch immer die besten Martinis der Stadt und serviert eiskaltes Fassbier in gekühlten Silberbechern. Hier lässt's sich gut über Geschäfte reden, zumindest so lange, bis um 21 Uhr die Coverband loslegt.

PIER 7 BAR
Karte S. 328 (852 2167 8377; www.cafedecogroup.com; Shop M, Roof Viewing Deck, Central Pier 7, Star Ferry Pier, Central; 9–24 Uhr, Happy Hour 18–21 Uhr; ; Hong Kong, Ausgang A1) Das Pier 7 im obersten Stockwerk des Star Ferry Terminals hat eine große Terrasse unter freiem Himmel mit Blick auf die benachbarten Wolkenkratzer, die Hügel von Kowloon und ein Stückchen vom Hafen. Die unprätentiöse Bar eignet sich ideal für einen ruhigen Drink vor dem Kinobesuch (oder nach dem Dinner) und leichte Snacks. An manchen Wochenenden sind Reggae-DJs im Haus, und die Atmosphäre wird ziemlich unkonventionell.

⭐ UNTERHALTUNG

GRAPPA'S CELLAR LIVEMUSIK
Karte S. 328 (☎852 2521 2322; http://elgrande.com.hk/restaurant/grappas-cellar/; 1 Connaught Pl, Central; ⏱21 Uhr–open end; Ⓜ Hong Kong, Ausgang B2) An mindestens zwei Wochenenden im Monat verwandelt sich dieses italienische Kellerrestaurant in eine Jazz- oder Rockbühne, mit karierten Tischdecken und allem Drum und Dran. Die Veranstaltungstermine und Informationen zu den Tickets gibt's telefonisch oder über die Website.

SENSES 99 LIVEMUSIK
Karte S. 328 (☎852 9466 2675; www.sense99.com; 2. & 3. OG, 99 Wellington St, Soho; ⏱Fr & Sa 21 Uhr–open end; Ⓜ Sheung Wan, Ausgang E2) Die zweistöckige Flüsterkneipe in einem Gebäude aus der Zeit vor dem Zweiten Weltkrieg wartet mit allen Eigenschaften einer geschmackvollen Residenz aus der Mitte des vorherigen Jahrhunderts auf: hohe Decken, Balkons mit Blick auf eine ruhige Straße, Faltschiebetüren und alte Sofas. Die Konzerte beginnen nach 22 Uhr. Vorher kann man sich im 3. Stock selbst ans Schlagzeug setzen oder zur E-Gitarre greifen und eine Jam-Session starten bzw. sich einer anschließen.

PALACE IFC KINO
Karte S. 328 (☎852 2388 6268; Podium Level 1, 8 Finance St, IFC Mall, Central; Ⓜ Hong Kong, Ausgang F) Dieses Kino mit acht Sälen in der IFC Mall ist zweifellos das modernste und komfortabelste in Hongkong. In der hinteren Reihe kann man allerdings die Armlehnen nicht hochklappen.

SHOPPEN

⭐SHANGHAI TANG BEKLEIDUNG, HAUSHALTSWAREN
Karte S. 328 (上海灘; ☎852 2525 7333; www.shanghaitang.com; 1 Duddell St, Shanghai Tang Mansion, Central; ⏱10.30–20 Uhr; Ⓜ Central, Ausgang D1) Das elegante Geschäft auf vier Stockwerken ist der richtige Ort, wenn man auf der Suche nach einem figurbetonten *qipao* (auch *cheongsam*; schmales, festliches chinesisches Kleid) mit einer modernen Note, einer Clutch (kleine Handtasche) im chinesischen Stil oder einer lindgrünen Mandarinjacke ist. Maßgeschneiderte Kleidung ist ebenfalls erhältlich, die Anfertigung dauert allerdings zwei bis vier Wochen und erfordert eine Anprobe. Außerdem gibt's im Shanghai Tang Kissen, Bilderrahmen und sogar Mah-Jongg-Sets in modernem Chinoiserie-Stil.

⭐LANE CRAWFORD KAUFHAUS
Karte S. 328 (連卡佛; ☎852 2118 3388; www.lanecrawford.com; Podium Level 3, 8 Finance St, IFC Mall, Central; ⏱10–21 Uhr; Ⓜ Central, Ausgang A) Lane Crawford (gegründet 1850) ist Hongkongs Antwort auf Harrods in London. Es war das erste hiesige Warenhaus im westlichen Stil und hat es bewundernswerterweise geschafft, sich im Lauf der Jahrzehnte immer wieder zu erneuern, ohne dabei seine Klasse zu verlieren. Der Flagship-Store verkauft so ziemlich alles, von Mode bis zu Geschirr. Es gibt noch vier weitere Filialen in der Stadt.

⭐KOWLOON SOY COMPANY CHINESISCHE ZUTATEN
Karte S. 328 (九龍醬園; ☎852 2544 3695; www.kowloonsoy.com; 9 Graham St, Soho; ⏱Mo-Fr 8–18.15, Sa bis 18 Uhr; Ⓜ Central, Ausgang D1) Das Geschäft (gegründet 1917) für traditionell hergestellte Sojasaucen, erstklassige chinesische Misos und andere vorzügliche Lebensmittel. Hier werden auch Tausendjährige Eier (*pei darn*, 皮蛋) und eingelegter Ingwer (*suen geung*, 酸姜) verkauft, was in Restaurants häufig zusammen auf den Tisch kommt. Schon gewusst, dass Tausendjährige Eier den Geschmack von jungen Rotweinen voller wirken lassen, weil sie alkalisch sind? Gleich mal ausprobieren!

⭐PICTURE THIS GESCHENKE & SOUVENIRE
Karte S. 328 (☎852 2525 2803; www.picturethiscollection.com; 13th fl. 9 Queen's Road, Central; ⏱Mo-Sa 10–19, So 12–17 Uhr; Ⓜ Central, Ausgang H) Vintage-Poster, Fotografien, Drucke und alte Hongkong-Karten für Sammler und Leute, die ein ungewöhnliches Geschenk suchen. Zudem gibt's eine Auswahl antiquarischer Bücher zu Hongkong. Billig ist Picture This nicht, dafür wird einem garantiert, dass alle Karten und Drucke Originale sind.

⭐ARMOURY BEKLEIDUNG
Karte S. 328 (☎852 2804 6991; www.thearmoury.com; 307 Pedder Bldg, 12 Pedder St, Central; ⏱Mo-Sa 11–20 Uhr; Ⓜ Central, Ausgang D1) Das Armoury hilft Männern jeder Statur dabei, wie ein stilsicherer Gentleman auszusehen,

denn das elegante Geschäft hat sich auf edle Herrenbekleidung aus aller Welt spezialisiert. Britische, italienische und in Asien geschneiderte Anzüge stehen zur Auswahl. Dazu gibt's natürlich auch die passenden hochwertigen Schuhe und Krawatten. Wem das nicht gut genug ist, der sollte sich nach den maßgeschneiderten Anzügen und maßgefertigten Schuhen erkundigen.

★ BLANC DE CHINE   MODE & ACCESSORIES

Karte S. 328 (源; ☎852 2104 7934; www.blancdechine.com; Shop 123, Prince's Bldg, 10 Chater Rd, Central; ⓗMo–Sa 10.30–19.30, So 12–18 Uhr; ⓜCentral, Ausgang H) Das luxuriöse Geschäft ist auf chinesische Herrenjacketts und Seidenkleider für Frauen spezialisiert, sowohl von der Stange als auch maßgeschneidert. Die Anfertigung eines prächtigen, mit Pailletten besetzten Abendkleids dauert inklusive einer Anprobe etwa vier Wochen. Wer nicht so lange in Hongkong verweilt, dem schickt das Geschäft die Ware nach Hause. Auch die Satinbettwäsche ist exklusiv (ebenso wie die alten Schiffsschränke, in denen sie ausgestellt ist).

IFC MALL   MALL

Karte S. 328 (☎852 2295 3308; www.ifc.com.hk; 8 Finance St, Central; ⓜHong Kong, Ausgang F) Hongkongs luxuriöseste Mall beherbergt 200 Haute-Couture-Boutiquen und verbindet die IFC-Türme One (S. 75) und Two (S. 75) sowie das Four Seasons Hotel (S. 241) miteinander. Hier sind u. a. die Outlets von Prada, Gucci, Céline, Jimmy Choo, Vivienne Tam und Zegna zu finden – und das sind noch längst nicht alle. Im unteren Stockwerk befindet sich die Haltestelle des Hong Kong Airport Express.

FOOK MING
TONG TEA SHOP   ESSEN & TRINKEN

Karte S. 328 (福茗堂; ☎852 2295 0368; www.fookmingtong.com; Shop 3006, Podium Ebene 3, 8 Finance Street, IFC Mall, Central; ⓗMo–Sa 10.30–20, So 11–20 Uhr; ⓜCentral, Ausgang A) Hier bekommt man alles rund um die Teezubereitung sowie sorgfältig ausgewählte Tees verschiedenen Alters und unterschiedlicher Qualität, von Gunpowder (einem speziellen chinesischen grünen Tee) bis zu Nanyan Ti Guan Yin Crown Grade; 100 g kosten zwischen 10 und 9000 HK$!

CITY'SUPER   ESSEN & GETRÄNKE

Karte S. 328 (www. citysuper.com.hk; Shop 1041-1049, Level 1, 8 Finance St, IFC Mall, Central; ⓗ10.30–21.30 Uhr; ⓜHong Kong, Ausgang F) Dieser Feinschmecker-Supermarkt verkauft eine Reihe erstklassiger, schwer aufzutreibender Lebensmittel und Zutaten aus der ganzen Welt sowie Naturkost und Bionahrungsmittel. Die Preise sind natürlich entsprechend hoch.

LANDMARK   EINKAUFSZENTRUM

Karte S. 328 (置地廣場; ☎852 2525 4142; www.centralhk.com; 1 Pedder St, Central; ⓜCentral, Ausgang G) Das Landmark, das am zentralsten gelegene Einkaufszentrum, bietet hochwertige Mode und gutes Essen in einem angenehmen, offenen Areal. Es hat sich nahezu ausschließlich auf Nobelmarken und Boutiquen (Gucci, Louis Vuitton, TODs etc.) spezialisiert.

SPORT & AKTIVITÄTEN

TEN FEET TALL   FUSSMASSAGE

Karte S. 328 (☎852 2971 1010; www.tenfeettall.com.hk; 20. & 21. Stock, L Place, 139 Queen's Road, Central; ⓗMo–Do 11–24, Fr & Sa 10.30–1.30 Uhr, So 10.30–0.30 Uhr; ⓜCentral, Ausgang D2) Die weitläufige Wohlfühlzone (745 m²) bietet eine breite Palette von Anwendungen, von Fußreflexzonen- und Schultermassagen bis zu kräftigen Druckpunktmassagen und Behandlungen mit Aromaölen. Das Innere wurde von französischen Restaurantdesignern entworfen.

SPA AT THE FOUR SEASONS   SPA

Karte S. 328 (☎852 3196 8900; www.fourseasons.com/hongkong/spa.html; Four Seasons Hotel, 8 Finance St, Central; ⓗ8–22 Uhr, letzte Reservierung 10 Uhr; ⓜHong Kong, Ausgang F) Ein 1860 m² großes, supernobles Spa mit einem umfangreichen Angebot von Schönheitsanwendungen, Massagen und medizinischen Behandlungen; ferner gibt's einen Eisbrunnen, Moxibustion und sogar einen „Kräuterkokon-Raum".

IMPAKT MARTIAL ARTS
& FITNESS CENTRE   KAMPFSPORT

Karte S. 328 (☎852 2167 7218; www.impakt.hk; 110-116 Queen's Rd Central, 2. Stock, Wings Bldg, Central; ⓗMo–Fr 7–22, Sa 8–19, So 10–17 Uhr; ⓜCentral, Ausgang D2) Eines von wenigen Kampfsportzentren mit weiblichen Trainern. Sie bringen erfahrenen Kampfsportlern, aber auch vom Film *Die Akte Jane* inspirierten Anfängern Muay Thai, Kickboxen, Jiu Jitsu, Karate und anderes bei. Interessierte können ohne Voranmeldung an einzelnen Unterrichtseinheiten teilnehmen, für 250 HK$ die Einrichtungen des Fitnessstudios nutzen oder private Trainingsstunden (pro Pers. bis zu 325 HK$/Std.) buchen.

PURE FITNESS FITNESSSTUDIO
Karte S. 328 (852 8129 8000; www.pure-fitness.com; Level 3, 8 Finance St, IFC Mall, Central; Mo–Sa 6–24, So 8–22 Uhr; Hong Kong, Ausgang F) Schickes, sehr gut ausgestattetes städtisches Fitnessstudio, das auch Kurse für Ausdauer und Kraft, Spinning, Kickboxen, Yoga, Pilates und Tanz-Fitness anbietet. Es ist sehr beliebt bei den Berufstätigen der Gegend. Neben diesem Studio gibt es noch sieben weitere Ableger in der Stadt. Das Pure bietet auch Kurzzeitmitgliedschaften, die perfekt für Traveller sind, die länger hier bleiben, oder solche, die Hongkong als Ausgangsbasis nutzen.

Hong Kong Island: The Peak & der Nordwesten

LAN KWAI FONG & SOHO | SHEUNG WAN | MID-LEVELS & THE PEAK | WESTERN DISTRICT

Highlights

❶ **Victoria Peak** (S. 87) Mit der Peak Tram auf den Victoria Peak fahren und den nächtlichen Ausblick von oben genießen

❷ **Sheung Wan** (S. 89) Durch die Straßen von Sheung Wan schlendern und die faszinierende Geschichte Hongkongs während des 19. Jhs. entdecken

❸ **Lan Kwai Fong** (S. 89) An den einladenden Hügeln von „LKF", wie einheimische Partylöwen das Herz von Hong Kong Islands Nachtleben nennen, von einer Bar zur anderen ziehen

❹ **Luk Yu Tea House** (S. 95) Unter Deckenventilatoren und Buntglasfenstern köstliches Essen in dieser Hongkonger Institution von 1933 genießen

❺ **Soho** (S. 89) Durch die Galerien und Boutiquen in Soho bummeln, dem Zentrum der Kunstszene der Stadt

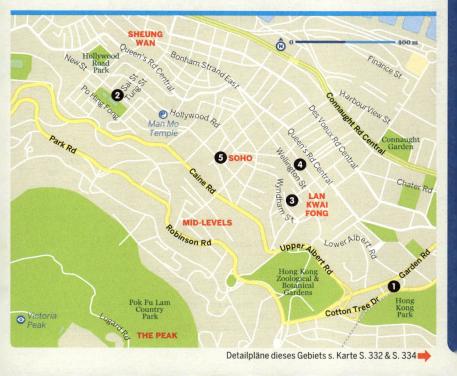

Detailpläne dieses Gebiets s. Karte S. 332 & S. 334

Top-Tipp

Neben den Partymeilen in Lan Kwai Fong und Soho sollte man auf keinen Fall die Gegend rund um die Tai Ping Shan St in Sheung Wan verpassen. Sie ist ein aufkeimendes Künstlerparadies mit preiswerten, guten Cafés, Galerien und Boutiquen, die neben verwitterten Schreinen aus dem Boden sprießen.

Gut essen

- Luk Yu Tea House (S. 95)
- Chachawan (S. 96)
- Dumpling Yuan (S. 94)
- The Boss (S. 96)

Details s. S. 94 ➡

Nett ausgehen

- Club 71 (S. 99)
- Ping Pong Gintoneria (S. 102)
- Angel's Share Whisky Bar (S. 99)

Details s. S. 99 ➡

Schön shoppen

- Grotto Fine Art (S. 103)
- PMQ (S. 89)
- Gallery of the Pottery Workshop (S. 103)
- Goods of Desire (S. 103)

Details s. S. 103 ➡

Rundgang: The Peak & der Nordwesten

Am besten erkundet man am Morgen das alte Stadtviertel Sheung Wan, wenn das Leben um die Tempel und die Marktstände mit Meeresfrüchten erwacht. Mittags probiert man in der Gegend noch Hongkonger Spezialitäten, bevor es dann Richtung Hollywood Rd geht, um die Antiquitätenläden und Kunstgalerien zu durchstöbern. Wer noch Zeit hat, sollte die Mid-Levels besuchen und sich die Museen und religiösen Monumente anschauen. Dann geht es mit der Peak Tram in Central auf den Victoria Peak – man sollte hier den Sonnenuntergang genießen und die beleuchtete Stadt bei Nacht bewundern. Zum Abendessen geht es wieder runter nach Sheung Wan. Und in Lan Kwai Fong und Soho warten viele Kneipen und Pubs.

Lokalkolorit

➡ **Treffpunkte** Wer sich nach intellektuellen Gesprächen und unkonventionellem Flair sehnt, geht am besten in den Club 71 (S. 99) – ein Magnet für Kreative.

➡ **Shoppen** Die Li Yuen St East und West sind zwei Gassen, die die Des Voeux Rd Central mit der Queen's Rd Central verbinden. Hier gibt es jede Menge preiswerte Klamotten, Handtaschen und Schmuck.

➡ **Old Chinese Quarter** Im 19. Jh. befand sich in der Gegend rund um die Tai Ping Shan St das alte chinesische Viertel. Hier gibt es Tempel und Läden, die sich auf Bestattungsdienstleistungen spezialisiert haben.

An- & Weiterreise

➡ **Escalator** Caine Rd und Robinson Rd (Mid-Levels) via Central–Mid-Levels Escalator (S. 90).

➡ **Bus** Lan Kwai Fong und Soho: Bus 26 entlang der Hollywood Rd verbindet Sheung Wan mit Central, Admiralty und Wan Chai. Western District: Bus 3B vom Jardine House in Central und die Busse 23, 40 und 40M aus Admiralty halten entlang der Bonham Rd. The Peak: Bus 15 vom Busbahnhof unterhalb des Exchange Sq verkehrt entlang der Queen's Rd East, Endstation ist unter der Peak Galleria.

➡ **Minibus** Die grünen Minibusse 8 und 22 aus Central fahren an der Caine Rd (Mid-Levels) vorbei.

➡ **MTR** Hauptbahnhof der MTR-Linien Island und Tsuen Wan. Stationen Sheung Wan, Sai Ying Pun, HKU und KennedyTown der Island-Linie.

➡ **Straßenbahn** Verkehrt entlang der Des Voeux Rd Central und Des Voeux Rd West. Die Peak Tram (S. 289) fährt vom unteren Bahnhof in der Garden Rd zum Peak Tower.

HIGHLIGHTS
VICTORIA PEAK

Mit 552 m ist der Victoria Peak der höchste Punkt auf Hong Kong Island. „The Peak" ist eine der meistbesuchten Touristenattraktionen Hongkongs, und man sieht sofort, warum: Von hier aus hat man einen Panoramablick auf die lebendige Metropole, es gibt grüne Wälder und die Möglichkeit, leichte, aber wundervolle Wanderungen zu unternehmen – und all das ist in nur acht Minuten von Central aus zu erreichen.

Am besten erreicht man den Victoria Peak mit der 125 Jahre alten, der Schwerkraft trotzenden **Peak Tram** (S. 289). Sie steigt fast vertikal über die nahen Wolkenkratzer auf und ist die älteste Seilbahn Asiens. Klappernd bahnt sie sich ihren Weg bergauf bis zum Peak Tower. In der Talstation in Central gibt es eine interessante Galerie, die einen Nachbau des ersten Waggons beherbergt. Die Peak Galleria (S. 93) neben dem ambossförmigen Peak Tower (S. 91) lockt mit einer Aussichtsplattform (Eintritt frei), die allerdings keinen freien Blick auf den Hafen bietet.

500 m nordwestlich der Bergstation, die steile Mt. Austin Rd hinauf, stand einst die Sommerresidenz des Gouverneurs, die im Zweiten Weltkrieg von japanischen Soldaten niedergebrannt wurde. Die hübschen, mit viktorianischen Pavillons und Steinsäulen verzierten **Gärten** gibt es allerdings immer noch; sie können besichtigt werden.

Ein abwechslungsreicher Rundweg ist der 3,5 km lange **Morning Trail**. Er verläuft im Süden direkt vor dem Peak Lookout entlang der Harlech Rd und an den Nordhängen entlang der Lugard Rd. Der Spaziergang dauert ungefähr 45 Minuten. Nach weiteren 2 km auf der Peak Rd gelangt man zur Pok Fu Lam Reservoir Rd. Die Hatton Rd an der Westseite, erreichbar über die Lugard Rd oder die Harlech Rd, führt hinunter zur University of Hong Kong. Und nicht zuletzt beginnt auch der 50 km lange Hong Kong Trail am Peak.

NICHT VERSÄUMEN!

➡ Peak Tram
➡ Wanderwege
➡ Victoria Peak Garden

PRAKTISCH & KONKRET

➡ 維多利亞山頂
➡ 852 2522 0922
➡ www.thepeak.com.hk
➡ Eintritt frei
➡ 24 Std.
➡ Bus 15 ab Central, unterhalb des Exchange Sq, Peak Tram Lower Terminus

HIGHLIGHTS
MAN MO TEMPLE

Einer der ältesten Tempel Hongkongs, der stimmungsvolle Man Mo Temple, ist dem stets mit Schreibfeder dargestelltem Gott der Literatur (Man) und dem Kriegsgott (Mo) geweiht, der immer mit Schwert zu sehen ist.

Der Tempel wurde 1847 zur Zeit der Qing-Dynastie von wohlhabenden chinesischen Kaufleuten errichtet und diente nicht nur als Heiligtum, sondern auch als Schiedsgericht bei innerchinesischen Streitigkeiten. Zudem wurden Schwüre, die in diesem taoistischen Tempel abgelegt wurden – oft begleitet von dem Ritual, einen Hahn zu köpfen –, von der Kolonialregierung anerkannt.

Vor dem Haupteingang befinden sich vier **vergoldete Tafeln** an Stämmen, die während Prozessionen getragen wurden. Auf zwei Tafeln sind die Götter beschrieben, die drinnen verehrt werden, auf einer wird um Ruhe und Respekt innerhalb der Tempelanlage gebeten, und auf der letzten wird Frauen, die gerade menstruieren, verboten, die Haupthalle zu betreten. Im Innern des Tempels können zwei mit schmuckvollen Schnitzereien verzierte Sänften aus dem 19. Jh. bewundert werden, auf denen die zwei Götter während Festen getragen wurden.

Die betörende, rauchige Luft im Tempel entsteht durch unzählige große erdfarbene Spiralen, die wie seltsame Pilze kopfüber vom Dach herunterhängen. Dabei handelt es sich um Räucherkerzen, die als Opfergaben von den Gläubigen abgebrannt werden.

Die Halle neben dem Tempel heißt **Lit Shing Kung**, wörtlich „Palast der Heiligen". Hier werden andere buddhistische und taoistische Gottheiten verehrt. Die Halle **Kung Sor** (Begegnungsstätte) war vor der Einführung des modernen Justizwesens Sitzungssaal eines chinesischen Gerichtshof. Ein Zweizeiler am Eingang ermahnt die Besucher, selbstsüchtige Interessen und Vorurteile draußen zu lassen. Drinnen wimmelt es nur so von **Wahrsagern**, die Gläubigen und Ungläubigen allzu gern ihr Schicksal vorhersagen.

NICHT VERSÄUMEN!

➜ Haupttempel
➜ Lit Shing Kung
➜ Wahrsager

PRAKTISCH & KONKRET

➜ 文武廟
➜ Karte S. 332, A2
➜ 852 2540 0350
➜ 124–126 Hollywood Rd, Sheung Wan
➜ Eintritt frei
➜ 8–18 Uhr
➜ 26

👁 SEHENSWERTES

👁 Lan Kwai Fong & Soho

GRAHAM STREET MARKET MARKT
Karte S. 332 (嘉咸街; Graham St, Central; ◷8–18 Uhr; ⛟5B) Dieser geschäftige Straßenmarkt versorgt Central seit fast 200 Jahren mit Obst, Gemüse, Tofu, Enteneiern, allen erdenklichen fermentierten Bohnen und Saucen. Leider ist der Markt in Gefahr, da die städtischen Behörden planen, ihn in den kommenden Jahren durch Hotels und Wohnungen zu ersetzen. Aber bis dahin ist dies einer der besten Orte, um Hongkongs Alltag hautnah kennenzulernen – von den alten Omas, die Karotten auf verrosteten Waagen wiegen, bis zu den Marktkatzen, die auf „Betten" aus Pak Choi (chinesischer Kohl) schlafen.

PMQ KUNSTZENTRUM
Karte S. 332 (元創方; ☎852 2870 2335; www.pmq.org.hk; S614, Block A, PMQ, 35 Aberdeen St, Soho; ◷Gebäude 7–23 Uhr, meiste Geschäfte 12–20 Uhr; ⛟26, ⓜCentral, Ausgang D2) Dieses neue Kunstzentrum ist im modernistischen Gebäude und luftigen Innenhof der alten Police Married Quarters (ca. 1951) untergebracht. Dutzende kleiner Galerien und Läden verkaufen trendigen handgefertigten Schmuck, Lederwaren, Drucke, Kleidung, Haushaltswaren und mehr und machen das PMQ zu einem tollen Revier für die Jagd nach nicht-kitschigen Souvenirs. Außerdem gibt's hier mehrere Restaurants und Bäckereien und einen großen Raum, in dem wechselnde kostenlose Ausstellungen stattfinden.

LIANGYI MUSEUM MUSEUM
Karte S. 332 (兩依藏博物館; ☎852 2806 8280; www.liangyimuseum.com; 181-199 Hollywood Rd, Soho; Eintritt 200 HK$; ◷Di–Sa 10–18 Uhr; ⓜCentral, Ausgang D2) Dieses privat betriebene dreistöckige Museum beherbergt zwei ausgezeichnete Ausstellungen: antike chinesische Möbel aus der Ming- und der Qing-Dynastie sowie chinesisch beeinflusste europäische Schminktische aus dem 19. und 20. Jh. Die erstgenannte Ausstellung ist eine der besten ihrer Art weltweit! Die 400 wertvollen Möbelstücke aus *huanghuali*- und *zitan*-Holz werden in alle sechs Monate wechselnden Ausstellungen gezeigt. Um diese Ausstellungen besuchen zu können, ist ein Anruf mindestens einen Tag im Voraus obligatorisch; nur so kann man bei einer der kleinen Führungen teilnehmen.

CENTRAL POLICE STATION HISTORISCHES GEBÄUDE
Karte S. 332 (10 Hollywood Rd, Lan Kwai Fong; ⛟26, ⓜCentral, Ausgang D2) Hongkongs ältestes Symbol für Recht und Ordnung wurde zwischen 1841 und 1919 nach dem Modell von Londons Old Bailey erbaut. Heute dient dieser Komplex aus Polizeistation, Magistratsamt und Gefängnis nicht mehr seinem eigentlichen Zweck; stattdessen wird die riesige Anlage gerade in ein Freizeitzentrum mit Kino, Museum und großer Shoppingmall umgewandelt.

👁 Sheung Wan

MAN MO TEMPLE TAOISTISCHER TEMPEL
Siehe S. 88.

PAK SING ANCESTRAL HALL TEMPEL
Karte S. 334 (廣福祠; Kwong Fuk Ancestral Hall; 42 Tai Ping Shan St, Sheung Wan; ◷8–18 Uhr; ⛟26) Im 19. Jh. starben viele Chinesen, die ihr Zuhause auf der Suche nach einem besseren Leben verließen, in Übersee. Da sich die traditionsbewussten Chinesen wünschten, in ihrer Heimatstadt beigesetzt zu werden, wurde 1856 dieser Tempel erbaut, um die Leichen zu lagern, die auf ihre Beerdigung in China warteten. Er diente außerdem als öffentliche Ahnenhalle für all jene, die es sich nicht leisten konnten, die sterblichen Überreste zu überführen. Die Familien Letzterer haben in einem Raum hinter dem Altar 3000 Erinnerungstafeln aufgestellt.

Die Pak Sing Ancestral Hall diente darüber hinaus als Klinik für chinesische Patienten, die eine Behandlung durch westliche Ärzte ablehnten. *Pak shing* bedeutet „Volk" – dies war ein Tempel für das Volk.

CAT STREET STRASSE
Karte S. 332 (摩囉街; Upper Lascar Row, Sheung Wan; ◷10–18 Uhr; ⛟26) Gleich nördlich (und parallel zur) Hollywood Rd befindet sich die Upper Lascar Row alias „Cat Street", eine von Antiquitäten- und Kuriositätenläden und Imbissständen gesäumte Fußgängerzone, wo es Fundsachen, billigen Schmuck und neu geprägte alte Münzen zu kaufen gibt. Es macht Spaß, hier nach

Schnickschnack zu fahnden, auch wenn die meisten Souvenirs Imitate aus Massenproduktion sind.

PALACE OF MOON AND WATER
KWUN YUM TEMPLE BUDDHISTISCHER TEMPEL

Karte S. 334 (水月觀音堂; 7 Tai Ping Shan St, Sheung Wan; ◎9–18 Uhr; ☐26) Dieser schummrig beleuchtete Tempel darf nicht mit dem nahe gelegenen Kwun Yum Temple (S. 90) verwechselt werden. Hier wird die 1000-armige Kwun Yum (Guanyin), die Göttin der Mitgefühls, verehrt. Einer Legende zufolge bekam sie von Buddha 1000 Waffen, um jedem helfen zu können, der in Not war. Gegen eine kleine Spende darf man die kleine hölzerne Windmühle am Eingang drehen – das soll Glück bringen.

WESTERN MARKET HISTORISCHES GEBÄUDE

Karte S. 334 (西港城; ☎852 6029 2675; 323 Des Voeux Rd Central & New Market St, Sheung Wan; ◎9–19 Uhr; ☐Sheung Wan, Ausgang B) Textilverkäufer, die in den 1990ern von den Straßen rundum vertrieben wurden, sind in dieses renovierte Marktgebäude (1906) mit rot-weißer Fassade, vier Ecktürmen und anderen edwardianischen Elementen gezogen. Jetzt säumen Stoffrollen die Gänge im 1. Stock, während Souvenirläden und das Restaurant **Grand Stage** (大舞臺飯店; Karte S. 334; ☎852 2815 2311; 2. Stock, Western Market, 323 Des Voeux Rd Central, Sheung Wan; Mittag-/Abendessen ab 120/200 HK$; ◎11.30–15 & 19–24 Uhr; ☒; ☐Sheung Wan, Ausgang E2) das Erdgeschoss und die oberen Stockwerke einnehmen.

KWUN YUM TEMPLE BUDDHISTISCHER TEMPEL

Karte S. 334 (觀音廟; 34 Tai Ping Shan St, Sheung Wan; ◎9–18 Uhr; ☐26) Sheung Wans ältester Tempel wurde 1840 erbaut und ehrt Kwun Yum, die Göttin der Barmherzigkeit. Er ist ein kurioses Bauwerk mit wunderschönen, aufwendigen Messingschnitten über dem Eingang. Der Tempel wurde bei der Renovierung durch ungewöhnliche Elemente ergänzt: orangefarbene Eisengeländer und ein gelbes, mit buddhistischen Swastika-Symbolen bedrucktes Vordach.

TAI SUI TEMPLE BUDDHISTISCHER TEMPEL

Karte S. 334 (太歲廟; 9 Tai Ping Shan St, Sheung Wan; ◎9–18 Uhr; ☐26) Ein skurriler Tempel mit Statuen von Göttern, die über die (insgesamt zwölf) Tiere des chinesischen Tierkreises herrschen. Für nicht mal 100 HK$ und vier rote Umschläge (mit beliebigem Betrag) wird Besuchern beim Verbrennen von Räuchermitteln geholfen, und deren persönliches Tier wird mit Gebeten gesegnet, wodurch wiederum die Besucher selbst gesegnet werden.

MAN WA LANE STRASSE

Karte S. 334 (文華里; Man Wa Lane, Sheung Wan; ◎10–18 Uhr; ☒Sheung Wan, Ausgang A1) Die Kioske in dieser Gasse gleich östlich der MTR-Station Sheung Wan haben sich auf Namensstempel spezialisiert: In die Fläche eines Siegels aus Stein (oder Holz oder Jade) wird der chinesische Name des Kunden graviert. Mit roter chinesischer Tinte oder Zinnoberpaste kann der Siegelabdruck eine handschriftliche Signatur ersetzen. Wenn man dem Ladeninhaber seinen Namen sagt, kreiert er eine individuelle Glück verheißende Version.

LEUNG CHUN
WOON KEE BESTATTUNGSGEWÄNDER

Karte S. 332 (梁津煥記; www.leungchunwoonkee.com; 17 Square St, Sheung Wan; ◎Mo–Sa 9–17.30 Uhr; ☐26) Leung Chun Woon Kee (1904) ist einer der letzten Hersteller von Bestattungsgewändern in Hongkong. Weiß, Schwarz, Braun und Blau sind die bevorzugten Farben der Gewänder, aber niemals Rot. Die Chinesen glauben, dass nur jene, die sich an den Lebenden rächen wollen, in Rot ins Jenseits wechseln. Die Ärmel bedecken die Hände komplett – entblößte Hände machen die Nachkommen des Verstorbenen zu Bettlern. Außerdem haben die Gewänder keine Taschen, um zu verhindern, dass die Toten das Geld oder Glück ihrer Familien mitnehmen. Im Laden ist Fotografieren verboten.

◉ Mid-Levels & The Peak

VICTORIA PEAK GIPFEL
Siehe S. 87.

JAMIA MOSQUE MOSCHEE

Karte S. 332 (些利街清真寺; Lascar-Moschee; ☎852 2523 7743; 30 Shelley St, Mid-Levels) Hongkongs älteste Moschee wird auch Lascar-Moschee genannt und wurde 1849 errichtet. Nicht-Muslime können die mintgrüne Fassade nur von der vorderen Terrasse aus bewundern. Die Jamia Mosque ist über den Central–Mid-Levels Escalator erreichbar.

CENTRAL–MID-LEVELS ESCALATOR
ROLLTREPPE

Karte S. 332 (⊙abwärts 6–10 Uhr, aufwärts 10.30–24 Uhr) Das weltweit längste überdachte Förderband für Menschen führt im Zickzack von den Büros in Central zu den Wohnhäusern nahe der Conduit Rd. Man kann das Rolltreppensystem betreten und zusehen, wie die Straßen rundum vorbeiziehen: Stanley und Wellington mit ihrem Glamour und ihrer Tradition, Gage und Lyndhurst, in denen einst Floristen und Prostituierte ihre Dienste anboten, die Hollywood Rd, Hongkongs zweitälteste Straße, die Staunton Rd, deren Porzellanläden Platz für Soho machen mussten, und schließlich die Shelley Rd, die – wenig romantisch – nach einem berühmt-berüchtigten Generalrechnungsprüfer benannt wurde.

PEAK TOWER
INTERESSANTES GEBÄUDE

(凌霄閣; ☏852 2849 0668; 128 Peak Rd, Victoria Peak; ⊙Mo–Fr 10–23, Sa, So & Nationalfeiertage 8–23 Uhr; 🚋Peak Tram) Der ambossförmige Peak Tower eignet sich hervorragend als Tribüne, von der sich ein grandioser Blick auf die Stadt und den Hafen bietet. Auf Ebene P1 findet man eine Filiale von Madame Tussauds (S. 93), in der geradezu gruselige Wachsnachbildungen internationaler Stars und lokaler Berühmtheiten besichtigt werden können.

Auf Ebene 5 wartet eine Open-Air-**Aussichtsterrasse** (Erw./Kind 30/15 HK$).

HONG KONG MUSEUM OF MEDICAL SCIENCES
MUSEUM

Karte S. 334 (香港醫學博物館; ☏852 2549 5123; www.hkmms.org.hk; 2 Caine Lane, Mid-Levels; Erw./erm. 20/10 HK$; ⊙Di–Sa 10–17, So 13–17 Uhr; 🚌3B) Dieses kleine Museum präsentiert medizinische Ausrüstung – etwa einen alten Autopsietisch und Medizinschränke für Kräuter –, erzählt wie Hongkong 1894 mit der Beulenpest fertig wurde, und vergleicht in einer Ausstellung die Ansätze der chinesischen und westlichen Medizin. Ebenso interessant ist das Gebäude an sich, ein Ziegel- und Kachelbau im edwardianischen Stil (1905), vor dem Bauhinienbäume wachsen.

Um hin zu kommen, vom Ausgang des Central–Mid-Levels Escalator in der Caine Rd Richtung Westen zur Ladder St gehen, dann eine Treppe runter und links abbiegen. Wer mit dem Bus fährt, steigt an der Haltestelle Ladder St in der Caine Rd aus.

DER GIPFEL DES PEAK

Auch wenn der kommerzialisierte Teil des **Victoria Peak** eine grandiose Aussicht bietet, ist er nicht wirklich der höchste Punkt des Bergs. Wer so hoch wie möglich hinaus will, muss die Austin Rd zum Victoria Peak Garden hinaufwandern und dann dem Pfad bergauf in Richtung der Kontrolltürme folgen.

Gleich westlich des Victoria Peak liegt der 494 m hohe **High West**. Der Berg bietet ein grandioses Panorama, aber nur einen Bruchteil der Menschenmassen. Der einzige Haken? Der Gipfel ist nur zu Fuß erreichbar. Einfach dem Pfad von der Kreuzung Hatton, Harlech und Lugard Rd folgen und sich für einen steilen Aufstieg wappnen! Unbedingt Wasser und festes Schuhwerk mitbringen. Hin und zurück muss man mit einer bis eineinhalb Stunden Laufzeit rechnen.

OHEL LEAH SYNAGOGUE
SYNAGOGE

Karte S. 334 (莉亞堂; ☏852 2589 2621; www.ohelleah.org; 70 Robinson Rd, Mid-Levels; ⊙nur nach Anmeldung Mo–Do 10.30–19, Gottesdienste Mo–Fr 7, Mo–Do 18 Uhr; 🚌3B, 23) Dieser maurisch-romantische Tempel wurde 1902 fertiggestellt und ist nach Leah Gubbay Sassoon benannt, der Matriarchin einer philanthropischen Familie von sephardischen Juden. Sie ist die älteste Synagoge Hongkongs. Man sollte unbedingt einen Ausweis mitbringen, wenn man das opulente Innere besuchen will. Wer koscher lebt, kann vorab anrufen und dann im Kosher Mart einkaufen, Hongkongs einzigem koscheren Lebensmittelladen.

DR. SUN YAT-SEN MUSEUM
HISTORISCHES GEBÄUDE

Karte S. 332 (孫中山紀念館; ☏852 2367 6373; http://hk.drsunyatsen.museum; 7 Castle Rd, Mid-Levels; Erw./erm. 10/5 HK$, Mi frei; ⊙Mo–Mi & Fr 10–18, Sa & So bis 19 Uhr; 🚌3B) Das Museum ist dem Vater des modernen China gewidmet und in einem Gebäude im edwardianischen Stil untergebracht, das womöglich interessanter ist als die pathetischen Ausstellungen mit Archivmaterial. Die Villa wurde 1914 erbaut und gehörte Ho Komtong, einem einer eurasischen Familie enttammenden Tycoon. 1960 wurde es zu ei-

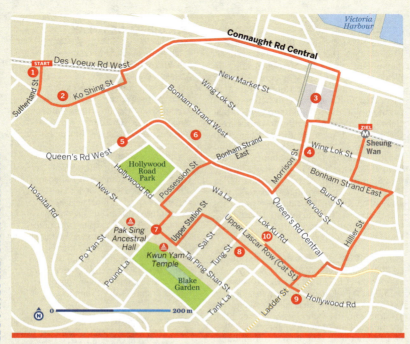

Stadtspaziergang
Hongkongs Handelsviertel

START KENNEDY TOWN TRAM (SUTHERLAND ST)
ZIEL MTR-STATION SHEUNG WAN, AUSGANG B
LÄNGE/DAUER 1,9 KM, 1 STD.

Der Stadtspaziergang beginnt an der Station Sutherland St der Straßenbahn nach Kennedy Town. Hier kann man sich die vielen ❶ **Läden für getrocknetes Seafood** in der Des Voeux Rd West ansehen (und sie riechen). Folgt man der Sutherland St nach Süden bis zur Ko Shing St, bieten ❷ **Händler für pflanzliche Heilmittel** Waren an, deren Namen sehr mittelalterlich klingen.

Am Ende der Ko Shing St geht es zurück auf die Des Voeux Rd West und weiter nordostwärts. In der Connaught Rd West ist in einem hübschen Kolonialgebäude der ❸ **Western Market** (S. 90) zu Hause.

An der Ecke der Morrison St geht's weiter nach Süden vorbei an der Wing Lok St und dem Bonham Strand, die mit ❹ **Läden für Ginsengwurzeln und essbare Vogelnester** gesäumt sind. Dann geht es weiter auf der Queen's Rd West zu den ❺ **Läden für Weihrauch und Opfergaben** (S. 93).

Hunger? Dann weiter nach rechts auf die Queen's Rd Central und ein paar Schritte zurück für einen Chiu-Chow-Snack bei ❻ **Chan Kan Kee** (S. 97). Danach folgt man der Possession St, biegt links in die Hollywood Rd und dann rechts in die Pound Lane ein. An der Kreuzung mit der Tai Ping Shan St befinden sich vier ❼ **Tempel** (S. 89).

Südostwärts die Tai Ping Shan St und dann links die Upper Station St entlanggehend, gelangt man zu den ❽ **Antiquitätenläden** in der Hollywood Rd mit unzähligen kuriosen, oft raren chinesischen Schätzen. Weiter Richtung Osten geht es zum ❾ **Man Mo Temple** (S. 88).

Schließlich geht's links die Ladder St zur Upper Lascar Row, wo sich der ❿ **Cat Street Market** (S. 89) befindet. Hier gibt es chinesische Souvenirs und Krimskrams. Die Ladder St führt zurück auf die Queen's Rd Central. Man überquert die Straße und folgt der Hillier St zum Bonham Strand. Im Norden liegt die MTR-Station Sheung Wan.

ner Mormonenkirche umgebaut und 2006 in ein Museum verwandelt. Wer mit dem Bus fährt, steigt an der Hong Kong Baptist Church in der Caine Rd aus.

HONG KONG CATHEDRAL OF
THE IMMACULATE CONCEPTION KIRCHE
Karte S. 334 (香港聖母無原罪主教座; ☏852 2522 8212; www.cathedral.catholic.org.hk; 16 Caine Rd, Mid-Levels; ◷Mo-Fr 9.30-17.30, Sa bis 12.30, Messe So 9.30 Uhr; ☐23) Diese neugotische Kathedrale wurde 1888 erbaut und größtenteils von portugiesischen Gläubigen aus Macao finanziert. Wer mit dem Bus fährt, steigt am Caritas Centre in der Caine Rd aus.

PEAK GALLERIA AUSSICHTSPUNKT
(山頂廣場; 118 Peak Rd, Victoria Peak; ☐15) Das Gebäude ist so konzipiert, dass es 270 km/h schnellen Winden standhält – theoretisch also mehr als der Höchstgeschwindigkeit eines Taifuns der Stärke 10. Die einzige Attraktion hier ist die kostenlose Aussichtsplattform, die zwar größer ist als die im Peak Tower (S. 91), aber keinen freien Ausblick auf den Hafen bietet. Wer mit dem Bus fährt, steigt an der Haltestelle zwischen Stubbs Rd und Peak Rd aus.

MADAME TUSSAUDS MUSEUM
(☏852 2849 6966; www.madametussauds.com/hong-kong/en; Peak Rd, Victoria Peak; Erw./Kind 250/180 HK$; ◷10-22 Uhr; ☐15, ☐Peak Tram) Die meisten Besucher kommen auf den Peak, um die Aussicht zu genießen oder den Nervenkitzel zu erleben, den eine geradezu abartig steile Fahrt mit der Peak Tram zu Hongkongs höchstem Punkt bietet. Aber es gibt hier noch andere Attraktionen, etwa den Peak Tower (S. 91) mit zum Verwechseln ähnlichen (und unheimlichen) Wachsfiguren großer internationaler Stars und lokaler Berühmtheiten wie Jackie Chan, Andy Lau, Michelle Yeoh, Aaron Kwok und Cecilia Cheung. Es sind zahlreiche Paketangebote erhältlich. Man kann richtig sparen, wenn man die Tickets vorab online kauft.

◉ Western District

QUEEN'S ROAD WEST
INCENSE SHOPS LADEN
Karte S. 334 (Queen's Rd W, Sheung Wan; ◷8-19 Uhr; ☐26) In der Queen's Rd West Nr. 136-150 findet man mehrere Shops, die Räucher- und Papieropfergaben verkaufen, welche verbrannt werden, um die Geister der Toten gnädig zu stimmen. Die Auswahl von Brennstoffen ist überwältigend: So gibt es Dim Sum, iPad, Rolex-Uhren oder Viagrapillen – alles aus Pappe! Man kann all das auch als Souvenir kaufen, aber allen Abergläubischen sei gesagt, dass es Pech bringt, die Opfergaben zu behalten statt sie zu verbrennen.

UNIVERSITY OF HONG KONG UNIVERSITÄT
(香港大學; ☏852 2859 2111; www.hku.hk; Pok Fu Lam Rd, Pok Fu Lam; ☐23, 40 aus Admiralty) Die HKU, 1911 gegründet, ist die älteste Universität Hongkongs. Das **Hauptgebäude** wurde 1912 im edwardianischen Stil errichtet und steht unter Denkmalschutz. Auf dem Campus befinden sich noch weitere Gebäude aus dem frühen 20. Jh., etwa das **Hung Hing Ying** (1919) und **Tang Chi Ngong** (1929), die ebenfalls denkmalgeschützt sind.

UNIVERSITY MUSEUM &
ART GALLERY MUSEUM
(☏852 2241 5500; www.hku.hk/hkumag; Fung Ping Shan Bldg, 94 Bonham Rd, Pok Fu Lam; ◷Mo-Sa 9.30-18, So 13-18 Uhr; ☐23, 40M) GRATIS Das Museum University of Hong Kong Museum & Art Gallery beherbergt Sammlungen mit Keramiken und Bronzen, die bis zu 5000 Jahre alt sind, darunter auch grandioses blau-weißes Ming-Porzellan, dekorative Spiegel, die bis in die Zeit der Streitenden Reiche und der Qing-Dynastie zurückreichen sowie fast 1000 kleine Nestorianische Kreuze aus der Yuan-Dynastie – die größte Sammlung dieser Art weltweit. Es zeigt außerdem Wechselausstellungen aus aller Welt; zu den jüngsten Publikumsfavoriten zählten Picasso und Botticelli.

Das Museum steht links neben dem Hauptgebäude der Universität, gegenüber dem Beginn der Hing Hon Rd.

SAI YING PUN COMMUNITY
COMPLEX HISTORISCHES GEBÄUDE
(西營盤社區綜合大樓; ☏852 2540 2812; 2 High St, Western District; ◷9-17.30 Uhr; ☐12M, 13, 14M) In einem auf viktorianischen Überresten errichteten Hochhaus befindet sich dieser Komplex, der den Spitznamen High Street Haunted House trägt. Die graue Steinfassade und die gewölbte Veranda sind beide vom Vorgängerbau von 1892 erhalten, der zunächst als Wohnheim für Krankenschwestern diente, dann als Irren-

anstalt und während der japanischen Belagerung als Hinrichtungsstätte. In den 20 Jahren, in denen das Gebäude leer stand, erzählte man sich von Männern, die in Flammen aufgingen, wehklagenden Frauen und enthaupteten Geistern. Nach und nach zerstörten Feuer alles mit Ausnahme dessen, was heute noch zu sehen ist.

WESTERN DISTRICT COMMUNITY CENTRE HISTORISCHES GEBÄUDE
(西區社區中心; ☎852 2119 5001; 36A Western St, Western District; ⊙9–22.30 Uhr; ☐37A, 90B) In diesem georgianischen roten Ziegelbau an der Kreuzung Western St und Third St sind NGO-Büros und Freizeiträume untergebracht. Das denkmalgeschützte Gebäude wurde 1922 als Tsan Yuk Maternity Hospital eröffnet. Es war für Geburtshilfe und gynäkologische Versorgung zuständig und bildete Hebammen für die britischen Kolonien aus.

ESSEN

Lan Kwai Fong & Soho

★ DUMPLING YUAN NORDCHINESISCH $
Karte S. 332 (餃子園; ☎852 2541 9737; 98 Wellington St, Soho; Gerichte ab 40 HK$; ⊙Mo–Sa 11–22.30 Uhr; ☑; ☐40M) Einheimische und Besucher aus dem Norden strömen in Scharen in diesen kleinen Laden und stürzen sich förmlich auf die neun Variationen himmlisch saftiger Klöße, die unter anderem mit Lamm und Kreuzkümmel, Schwein und Schnittlauch oder vegetarisch gefüllt sind, zum Beispiel mit Ei und Tomate.

★ TAI CHEONG BAKERY BÄCKEREI $
Karte S. 332 (泰昌餅家; ☎852 8300 8301; 35 Lyndhurst Tce, Central; Gebäck ab 8 HK$; ⊙Mo–Sa 9.30–21, So 8.30–21 Uhr; ☐40M) Die Bäckerei Tai Cheong war vor allem für ihre luftig-leichten Beignets (frittierter, in Zucker gerollter Teig; kantonesisch *sa yung*) bekannt, bis der ehemalige Gouverneur Chris Patten dabei fotografiert wurde, wie er ihre Cremetörtchen verschlang. Seither stehen die „Fat Patten"-Törtchen im Rampenlicht.

★ KAU KEE RESTAURANT NUDELN $
Karte S. 332 (九記牛腩; ☎852 2850 5967; 21 Gough St, Sheung Wan; Gerichte ab 40 HK$; ⊙Mo–Sa 12.30–19.15 & 20.30–23.30 Uhr; Ⓜ Sheung Wan, Ausgang E2) Man kann endlos darüber streiten, ob Kau Kee nun die beste Rinderbrust der Stadt serviert. Aber wie auch immer das Urteil ausfällt, das Fleisch – mit bissfesten Nudeln in herrlich duftender Rinderbrühe serviert – ist schwer zu toppen. In den 90 Lebensjahren des Lokals haben schon Filmstars und Politiker für einen Tisch Schlange gestanden.

Außer der üblichen Rinderbrust kann man aber auch das etwas zähere Bruststück *song laam* (爽腩) oder Rindersehnen (牛筋; *ngau gun*) bestellen, die in Currysauce serviert werden – und viele Einheimische tun das sehr gern.

★ LAN FONG YUEN CAFÉ $
Karte S. 332 (蘭芳園; ☎852 2544 3895, 852 2854 0731; 2 & 4A Gage St, Soho; Gerichte ab 60 HK$, Mindestverzehr 20 HK$; ⊙Mo–Sa 7–18 Uhr; ☐5B) Die schäbige Fassade verbirgt ein komplettes *cha chaan tang* (Tee-Café). Das Lang Fong Yuen (1952) hat angeblich den „Pantyhose"-Milchtee erfunden. Über 1000 Tassen des starken, milden Gebräus werden hier täglich neben Schweinefleischbrötchen, gebratenen Nudeln und anderen schnellen Köstlichkeiten verkauft. Man kann sehen, wie alles auf beinahe magische Weise zubereitet wird, während man auf einen Tisch wartet.

BUTAO RAMEN JAPANISCH $
Karte S. 332 (豚王; ☎852 2530 0600; www.butaoramen.com; 69 Wellington St, Central; Ramen ab 85 HK$; ⊙11–23 Uhr; Ⓜ Central, Ausgang D2) Wenn man die Warteschlange draußen sieht, glaubt man sofort, dass dieses Straßenlokal die besten Ramen der Stadt serviert. Zur Auswahl stehen verschiedene Brühen, etwa die stets beliebte herzhafte Butao (Schwein), die scharfe Red King, die Fusion-Kreation Green King mit Parmesan oder die Black King mit Tintenfischtinte. Man kann selbst entscheiden, wie lange die Nudeln gekocht werden und wie stark die Brühe sein soll – einfach auf dem Bestellzettel die entsprechenden Kästchen ankreuzen!

MAK'S NOODLE NUDELN, KANTONESISCH $
Karte S. 322 (麥奀雲呑麵世家; ☎852 2854 3810; 77 Wellington St, Soho; Nudeln 32–48 HK$; ⊙11–20 Uhr; ☐40M) In diesem legendären Lokal werden die Nudeln auf traditionelle Art mit einem Bambusstab zubereitet und auf einem Löffel serviert, der über der Schüssel liegt, damit sie nicht zu weich wer-

den. Die Nudeln mit Rinderbrust sind ebenso köstlich.

YAT LOK
CHINESISCH $

Karte S. 332 (一樂燒鵝; ☏852 2524 3882; 34-38 Stanley St, Soho; Gerichte 45–80 HK$; ⏲Mo-Sa 10–21, So bis 17.30 Uhr; ⓂCentral, Ausgang D2) In diesem winzigen Lokal, das für seine gebratene Gans bekannt ist, steht man nicht selten Ellenbogen an Ellenbogen mit den Einheimischen. Auch Anthony Bourdain schwärmte von diesem Vogel, und Feinschmecker ziehen ihn dem teureren Geflügel der „Gänsespezialisten" jederzeit vor. Unser Favorit ist die Keule mit Reis oder glitschigen Reisnudeln. Am besten am Stück bestellen und selbst zerteilen: knusprige Haut, zartes Fleisch – lecker!

MOTORINO
PIZZA $

Karte S. 332 (☏852 2801 6881; www.motorinopizza.com; 14 Shelley St, Soho; Gerichte 150–380 HK$; ⏲12–24 Uhr; 📶🍴; ⓂCentral, Ausgang D2) Dieser geschäftige erste Außenposten der berühmten Pizzeria aus N.Y.C. serviert kohlegeküsste neapolitanische Pizza mit Blasen werfendem, köstlichem Rand, an dem man seine Kiefermuskeln trainieren kann. Die Kreation mit Rosenkohl und geräuchertem Pancetta ist besonders köstlich. Zum Mittagessen kann man reservieren.

SHARKIE'S
SNACKS $

Karte S. 332 (鯊仔記; ☏852 2530 3232; 8-12 Wo On Lane, Lan Kwai Fong; Snacks 5–25 HK$; ⏲11.30–18 Uhr; ⓂCentral, Ausgang D2) Wenn man von der D'Aiguilar St die kurze Wo On Lane entlanggeht, wartet das Sharkie's zur Linken und serviert Snacks im Hongkong-Stil, z. B. Curry-Fischbällchen und Waffeln. Genau wie die Lebensmittelläden in diesem Viertel genießt es einen Ruf als „Jagdrevier" von älteren Frauen, die einen jüngeren Partner suchen – vermutlich aufgrund seiner jungen, hungrigen männlichen Stammgäste.

SER WONG FUN
KANTONESISCH $

Karte S. 332 (蛇王芬; ☏852 2543 1032; 30 Cochrane St, Soho; Gerichte 70 HK$; ⏲11–22.30 Uhr; ⓂCentral, Ausgang D1) Hier werden alte kantonesische Spezialitäten wie Schlangensuppe serviert, die genauso betörend sind wie die berühmte Fleischbrühe. Die vollen Tische sagen alles. Viele der Stammgäste kommen hier nur wegen der hausgemachten, mit Roséwein verfeinerten Leberwurst her – sie schmeckt hervorragend zu einer Schüssel mit schneeweißem Reis. Reservierung empfehlenswert.

WANG FU
NORDCHINESISCH $

Karte S. 332 (王府; ☏852 2121 8089; 65 Wellington St, Soho; Gerichte 40 HK$; ⏲Mo-Sa 11–15 & 18–22 Uhr; 🚇40M) In diesem gemütlichen Lokal kann man bestaunen, wie Besucher vom Festland einen Teller Klöße nach dem anderen verputzen. Es gibt sie in neun köstlichen Variationen (32–44 HK$), und dazu herzhafte Nudeln und typisch nordische Vorspeisen.

MANA! FAST SLOW FOOD
VEGAN $

Karte S. 332 (☏852 2851 1611; www.mana.hk; 92 Wellington St, Soho; Gerichte 100–200 HK$; ⏲10–22 Uhr; 📶🍴; ⓂCentral, Ausgang D2) 🌿 In diesem Paradies für Veganer und Rohkostliebhaber werden Smoothies, Salate und Nachspeisen serviert. Das Fladenbrot (auch glutenfrei erhältlich) wird direkt vor Ort von dem freundlichen Personal gebacken und dann mit Biogemüse und mediterranen Dips verfeinert. Das leckere und gesunde Essen und das Hippie-Flair lassen über die beengten Räumlichkeiten und die nicht ganz so Hippie-freundlichen Preise hinwegsehen.

FLYING PAN
AMERIKANISCH $

Karte S. 332 (☏852 2140 6333; www.the-flying-pan.com; 9 Old Bailey St, Soho; Frühstücksmenü 78–146 HK$; ⏲24 Std.; 🍴; 🚇26) Leckere Eier Benedict, Schokoladenwaffeln oder sogar ein ganzes Englisches Frühstück mitten in der Nacht? Kein Problem. Im Flying Pan wird im Stil eines amerikanischen Diners aus den 1950er-Jahren rund um die Uhr Frühstück serviert.

BÊP
VIETNAMESISCH $

Karte S. 332 (☏852 2581 9992; www.bep.hk; 88-90 Wellington St, Soho; Hauptgerichte 58–118 HK$; ⏲12–16.30 & 18–23 Uhr; ⓂCentral, Ausgang D2) Hier werden in stilvollem Ambiente blitzschnell frische vietnamesische Köstlichkeiten serviert. Das Bêp hat sich zu einer Institution in Soho entwickelt. Die *pho* ist gut, aber uns haben es besonders der *goi bo* (scharfer Salat mit Rindfleisch) und die Frühlingsrollen angetan. Zu Stoßzeiten muss man mit einer Warteschlange rechnen, die sich aber meist schnell bewegt.

★LUK YU TEA HOUSE
KANTONESISCH $$

Karte S. 332 (陸羽茶室; ☏852 2523 5464; 24-26 Stanley St, Lan Kwai Fong; Gerichte 300 HK$;

⊙ 7–22, Dim Sum bis 17.30 Uhr; 🍴; Ⓜ Central, Ausgang D2) Dieses wunderschöne Teehaus (ca. 1933) ist für seine meisterhafte Küche und die östliche Art-déco-Einrichtung bekannt. Einst trafen sich hier Opernsänger, Schriftsteller und Maler (darunter der Schöpfer eines riesigen Tintengemäldes, das eine der Wände ziert), um Liederabende oder Lesungen abzuhalten und über das Schicksal des Landes zu diskutieren. Das Essen ist altmodisch kantonesisch, es gibt z. B. süß-saures Schweinefleisch, Krabbentoast und verschiedene Dim-Sum-Klöße und -Pasteten.

★CHACHAWAN THAI $$

Karte S. 334 (☎ 852 2549 0020; http://chachawan.hk; 206 Hollywood Rd, Sheung Wan; Gerichte 200–450 HK$; ⊙ 12–14.30 & 18.30–24 Uhr; Ⓜ Sheung Wan, Ausgang A2) Dieses hippe, kleine Lokal hat sich auf die scharfe Küche der Isan-Region in Thailands Nordosten spezialisiert. Es ist immer proppenvoll und lärmig. Hier gibt's weder Currys, noch *pad thai*, nur bergeweise originelle, mit Kräutern und reichlich Chili verfeinerte Salate (unser Favorit ist der mit grüner Papaya und Schweinebauch) oder Fleisch und Fisch vom Grill.

HO LEE FUK MODERN CHINESISCH $$

Karte S. 332 (☎ 852 2810 0860; http://holeefookhk.tumblr.com/; 1-5 Elgin St, Soho; Gerichte 250–500 HK$; ⊙ So–Do 18–23, Fr & Sa bis 24 Uhr; Ⓜ Central, Ausgang D2) Dieser geschäftige, gar nicht mehr so geheime Geheimtipp ist genauso kess, wie der Name vermuten lässt, und serviert augenzwinkernd moderne Variationen von Chinatown-Klassikern. Zu den Krabbentoasts gibt's eine Portion Kewpie-Majo und herzhafte Bonitoflocken, das *char siu* ist dank des Kurobuta-Schweinefleischs ziemlich edel, und das *lo mein* mit Shrimps ist mit knusprig gebratenem Knoblauch und Krebsöl verfeinert. Ansonsten gilt hier Sehen und Gesehenwerden, obwohl die Beleuchtung so spärlich ist wie in einem Nachtclub.

LITTLE BAO ASIATISCH $$

Karte S. 332 (☎ 852 2194 0202; www.little-bao.com; 66 Staunton St, Sheung Wan; Gerichte 200–500 HK$; ⊙ Mo–Fr 18–23, Sa 12–16 & 18–23, So 12–16 & 18–22 Uhr; Ⓜ Central, Ausgang D2) Dieser trendige Diner begeistert mit seinen *bao* (chinesische Brötchen) – schneeweiße Kugeln, vollgepackt mit saftigem Fleisch und mit einer Fülle asiatischer Gewürze zubereitet. Die Spezialität ist *bao* mit Schweinebauch, das mit Hoisin-Ketchup, Sesamdressing und Lauch-Shiso-Salat serviert wird. Wer diese perfekten Aromen und grandiosen Saucen kosten möchte, sollte frühzeitig kommen – man kann hier nicht reservieren.

YUNG KEE RESTAURANT KANTONESISCH $$

Karte S. 332 (鏞記; ☎ 852 2522 1624; www.yungkee.com.hk; 32-40 Wellington St, Lan Kwai Fong; Mittagessen 150–400 HK$, Abendessen ab 450 HK$; ⊙ 11–22.30 Uhr; 🍴; Ⓜ Central, Ausgang D2) Die gebratene Gans hier, die von der restauranteigenen Farm stammt und in einem kohlenbefeuerten Ofen zubereitet wird, ist seit 1942 Stadtgespräch. Berühmtheiten und Gutsituierte gehen in diesem hübsch beleuchteten und einladenden Lokal ein und aus. Das mittägliche Dim Sum ist beliebt bei den Berufstätigen in Central.

★THE BOSS MODERN KANTONESISCH $$$

Karte S. 332 (波士廳; ☎ 852 2155 0552; www.thebossl.com; Basement, 58-62 Queen's Rd Central, Central; Mittag-/Abendmenüs 230/680 HK$; ⊙ Mo–Sa 11.30–24, So ab 11 Uhr; ☎; Ⓜ Central, Ausgang D2) Der mit einem Michelin-Stern ausgezeichnete Küchenchef ist Perfektionist. Einwandfreier Service, eine nüchtern moderne Einrichtung und eine makellose Küche zeugen von den hohen Erwartungen, die an dieses Restaurant gestellt werden. Die klassischen kantonesischen Gerichte sind beeindruckend, besonders das panierte Hühnchenfleisch mit hausgemachter Garnelensauce und der Krabbenauflauf. Mittags gibt es Dim Sum mit erstklassigen Zutaten.

CARBONE ITALIENISCH $$$

Karte S. 332 (☎ 852 2593 2593; http://carbone.com.hk/; 9. St., LKF Tower, 33 Wydham St, Soho; Abendessen 400–800 HK$; ⊙ Mo–Sa 12–14.30, So–Do 18–23.30, Fr & Sa bis 24 Uhr) Das Carbone ist die einzige ausländische Filiale der extravaganten italienisch-amerikanischen Kette aus New York. Man kommt sich beim Abendessen vor wie Frank Sinatra 1963. Die Wände sind mit dunklem Holz verkleidet, die Stühle aus rotem Leder, die Kellner tragen coole rotbraune Smokings, und die Desserts werden auf einem Rollwagen serviert. Zu den Retro-Klassikern gehören der sehr gute Caesar-Salat mit Ricotta, das gigantische Kalbskotelett mit Parmesan und der riesige, sehr befriedigende Berg Spaghetti mit Fleischbällchen.

SUSHI KUU JAPANISCH $$$

Karte S. 332 (852 2971 0180; 1. Stock, 2-8 Wellington St, Wellington Pl, Lan Kwai Fong; Mittag-/Abendessen ab 200/800 HK$; Mo-Do & So 12-23, Fr & Sa 12-00.30 Uhr; M Central, Ausgang D2) Wer in dieser eleganten Sushi-Bar *omakase* („Das überlasse ich dir") bestellt, bekommt ein üppiges Mehrgänge-Menü aus herrlich frischen Meeresfrüchten serviert. Mit 1500 HK$ pro Person ist es zwar nicht billig, aber dank der Frische und Qualität jeden Cent wert. Der Mittagstisch wird ebenfalls sehr gelobt. Am Wochenende muss man zum Abendessen unbedingt reservieren.

✘ Sheung Wan

CHAN KAN KEE CHIU CHOW $

Karte S. 334 (陳勤記鹵鵝飯店; 852 2858 0033; 11 Queen's Rd W, Sheung Wan; Gerichte 50 HK$; 11-22 Uhr; 5) Wer auf authentisches Chiu-Chow-Essen steht, bekommt in diesem Familienbetrieb herzhafte marinierte Gans, Austernomelett und Entensuppe. Mittags ist es hier rappelvoll. Chiu Chow (Chaozhou) ist übrigens eine Stadt im Nordosten der Provinz Guǎngdōng, die dortige Küche ist aber so raffiniert und charakteristisch, dass sie häufig zusätzlich zur kantonesischen genannt wird.

TIM'S KITCHEN KANTONESISCH $$

Karte S. 334 (桃花源; 852 2543 5919; www.timskitchen.com.hk/; 84-90 Bonham Strand, Sheung Wan; Mittagessen 130-500 HK$, Abendessen 300-1300 HK$; 11.30-15 & 18-23 Uhr; ; M Sheung Wan, Ausgang A2) Dieses zweistöckige Restaurant gilt als das beste in Hongkong – die Michelin-Ehrung und der Ruf bei den einheimischen Gourmets beweisen es. Das Personal serviert außergewöhnlich delikate, raffinierte kantonesische Küche. Jedes Gericht ist so einzigartig und elegant wie ein Edelstein auf einem glänzend weißen Teller. Spezialitäten wie die pochierten Krebsscheren mit Wintermelone (279 HK$) müssen vorab bestellt werden. Die Crystal King Prawns und die geschmorte Pomelo-Haut mit Krabbenrogen sollte man sich nicht entgehen lassen. Reservierungen erforderlich.

ABC KITCHEN EUROPÄISCH $$

Karte S. 334 (852 9278 8227; Shop 7, Queen St Cooked Food Centre, 1 Queen St, Sheung Wan; Gerichte 150-400 HK$; 19-22.30 Uhr; M Sheung Wan, Ausgang B) Das ABC Kitchen serviert elegante europäische Küche in der unerwarteten Umgebung des Food-Courts eines lokalen Wet Markets und sorgt für ein Erlebnis, das sonst nirgendwo zu haben ist. Das Essen ist fantastisch – die Karte wechselt ständig, aber zu den zuverlässigen Favoriten gehören das knusprig braune Spanferkel, das hauseigene Risotto und die Soufflés zum Dessert (Pistazie, wenn man Glück hat). Reservierungen erforderlich. Wer eigenen Wein mitbringt, spart Geld.

MRS. POUND ASIATISCH $$

Karte S. 334 (852 3426 3949; www.mrspound.com; 6 Pound Lane, Sheung Wan; Gerichte 150-400 HK$; 12-14.30 & 17-23 Uhr; M Sheung Wan) Von außen sieht das Mrs. Pound wie einer der traditionellen Stempelläden in Sheung Wan aus. Aber wenn man auf den richtigen Stempel im Schaufenster drückt (kleiner Tipp: Er leuchtet!), schwingt eine Tür auf und enthüllt ein Kneipenlokal, das originelle asiatische Streetfood-Variationen serviert.

Auch wenn man nicht auf die megahippe Atmosphäre steht, wird man die mit Sriracha beträufelten Maiskolben, die luftigen *bao* mit indonesischem *rendang* mit Rind und die Makkaroni mit Käse und Chilikrabben aus Singapur zu schätzen wissen. Zu späterer Stunde verwandelt sich der Laden in eine der coolsten Bars der Gegend. Reservierung ist nicht möglich.

CHOM CHOM VIETNAMESISCH $$

Karte S. 332 (852 2810 0850; www.chomchom.hk; 58-60 Peel St, Soho; Gerichte 250-500 HK$; Mi-So 16 Uhr-open end, Mo & Di ab 18 Uhr; ; M Central, Ausgang D1) Das lebendige Chom Chom erfindet vietnamesisches Streetfood mit mutigen Aromen und Holzkohlegrills neu – am besten lässt man es sich mit einem frisch gezapften Bier schmecken. Dank der Ecklage kann man hier auch prima Leute gucken, unter freiem Himmel am Hang oder drinnen an einer der marmornen Bistrotische. *Pho*-Fans aufgepasst: Die Nudeln werden in einer (erfrischenden) Kombination mit Rindfleisch und Minze serviert. Meist ist das Chom Chom proppenvoll, und es gibt lange Warteschlangen.

YARDBIRD JAPANISCH $$

Karte S. 332 (852 2547 9273; www.yardbirdrestaurant.com; 33-35 Bridges St, Sheung Wan; Gerichte 300 HK$; Mo-Sa 18-22.45 Uhr; 26)

Das Yardbird ist eine Hipster-Ode an das Hühnchen. Jeder einzelne Teil des Federviehs – vom Schenkel bis zum Magen – wird delikat gewürzt, auf einen Holzspieß gespießt und dann im *yakitori*-Stil gegrillt. Das Ergebnis sind schmackhafte Fleischstückchen mit genau der richtigen Konsistenz. In diesem sehr beliebten Restaurant kann man nicht reservieren. Aber während man auf einen Tisch wartet, kann man an der Bar ein paar Sakes probieren.

ABERDEEN ST SOCIAL MODERN BRITISCH $$
Karte S. 332 (852 2866 0300; www.aberdeenstreetsocial.hk; Erdgeschoss, PMQ, 25 Aberdeen St, Central; Gerichte unten 150–300 HK$, oben 300–750 HK$; 11.30–24 Uhr; Sheung Wan) Das trendige Aberdeen St Social wird vom britischen Starkoch Jason Atherton geführt. Eigentlich sind es zwei Restaurants in einem: Unten ist es ein ganztägig geöffnetes Café, in dem die Hipster aus Sheung Wan Avocado-Toast und edle Fish & Chips auf der Terrasse genießen. Oben wartet ein elegantes Avantgarde-Restaurant (hier gibt's dann Räucheraal mit Foie gras). Beide Lokale sind sehr gut, aber unten bekommt man in entspanntem Ambiente ein bisschen mehr für sein Geld.

CHAIRMAN KANTONESISCH $$$
Karte S. 332 (大班樓; 852 2555 2202; www.thechairmangroup.com; 18 Kau U Fong, Sheung Wan; Mittag-/Abendessen ab 200/560 HK$; 12–15 & 18–23 Uhr; ; Sheung Wan, Ausgang E2) Dezente, nachgemachte Retro-Einrichtung und herzlicher Service verleihen diesem gehobenen Restaurant eine gemütliche Atmosphäre. Hier werden klassische kantonesische Gerichte mit gesundem Einschlag serviert. Die Zutaten kommen aus der Region, das gepökelte Fleisch und die Essiggurken werden auf der hauseigenen Farm hergestellt. Auf der Website findet sich sogar ein Manifest! Kein Wunder, denn fast alle Gerichte treffen die richtigen Töne – vom Geschmack bis zur Präsentation. Unbedingt reservieren!

UPPER MODERN BISTRO MODERN FRANZÖSISCH $$$
Karte S. 334 (852 2517 0977; 6-14 Upper Station St, Sheung Wan; Mittagessen 180–450 HK$, Abendessen ab 850 HK$; Mo–Sa 12–22.30 Uhr; Central, Ausgang D2) Die nüchterne Speisekarte verrät nicht, dass sich hinter den Gerichten komplexe Geschmackserlebnisse mit cleverer asiatischer Note verbergen. Auch die Bezeichnung „Bistro" passt nicht ganz zum schicken Ambiente mit der skurrilen Decke, die blütenblätterähnliche „Eier" zieren. Die französische Haute Cuisine des mit einem Michelin-Stern geehrten Philippe Orrico ist voller Überraschungen, man muss sich nur dafür öffnen.

Mid-Levels & The Peak

PEAK LOOKOUT INTERNATIONAL, ASIATISCH $$
(太平山餐廳; 852 2849 1000; www.peaklookout.com.hk; 121 Peak Rd, The Peak; Mittag-/Abendessen ab 250/350 HK$; Mo–Fr 10.30–23.30, Sa & So ab 8.30 Uhr; 15, Peak Tram) Diese 60 Jahre alte koloniale Institution mit Tischen auf einer verglasten Veranda und Außenterrasse hat mehr Charakter als alle anderen Peak-Lokale zusammen. Das Essen ist ausgezeichnet – vor allem die indischen und westlichen Gerichte –, genau wie der Ausblick.

Western District

BA YI RESTAURANT CHINESISCH $
(巴依餐廳; 852 2484 9981; 43 Water St, Sai Ying Pun; Gerichte ab 100 HK$; Di–So 12–15 & 18–22 Uhr; Central, Ausgang B, grüner Minibus 55) In einer Stadt, in der Wildaromen oft für die chinesischen Gaumen gezähmt werden, serviert dieses rustikale *halal*-Restaurant Gerichte aus der Provinz Xinjiang in Chinas Nordwesten und ist ein wahres Paradies für Liebhaber von Lammfleisch. Hier kann man sich Fleisch vom Schaf in allen Darreichungsformen schmecken lassen – gegrillt, geschmort, gebraten oder gekocht und großzügig mit Gewürzen verfeinert. Man kann vor dem United Chinese Bank Building (Des Voeux Rd Central) in Minibus 55 ein- und am St. Paul's College wieder aussteigen. Eine Reservierung ist unbedingt erforderlich; Spezialitäten wie die gebratene Lammkeule müssen vorab bestellt werden.

YUEN KEE DESSERT DESSERTS $
(源記; 852 2548 8687; 32 Centre St, Sai Ying Pun; Gerichte 25 HK$; 12–23.30 Uhr; 101 104) In diesem alteingesessenen Dauerbrenner wird schon seit 1855 der berühmte süße Maulbeer-Mistel-Tee mit Lotosamen und Ei (桑寄蓮子雞蛋茶) serviert. Der passt doch perfekt zum superleckeren Biskuitkuchen.

KWUN KEE RESTAURANT KANTONESISCH $

(坤記煲仔小菜; ☏852 2803 7209; Wo Yick Mansion, 263 Queen's Rd W, Sai Ying Pun; Gerichte ab 80 HK$; ⏱Mo-Sa 11–14.30 & 18–23, So 18–23 Uhr; ☐101) Die hohen Tiere Hongkongs pilgern in Scharen zu diesem einheimischen Restaurant. Der Grund: Reis aus dem Tontopf (40–60 HK$; nur abends), ein Gericht, bei dem der Reis und Beilagen wie Hühnchen zusammen über Holzkohlefeuer gegart werden, bis die Reiskörner vom Fleischsaft durchtränkt sind und sich auf dem Topfboden eine knusprige Schicht gebildet hat.

SUN HING RESTAURANT DIM SUM $

(新興食家; ☏852 2816 0616; 8C Smithfield Rd, Kennedy Town; Gerichte 50 HK$; ⏱3–16 Uhr; ☐101) Viele angetrunkene Partylöwen aus Soho schwanken nach einer langen Nacht auf der Suche nach billigen Dim Sum immer weiter nach Westen, aber ohne Erfolg. Doch dann, kurz bevor sie in Ohnmacht fallen, taucht es auf wie eine Vision: das Sun Hing in all seiner köstlichen Pracht! Und sie weinen vor Glück. Die Geschichte ist wahr, auch wenn manche behaupten, die Tränen würden wegen der Brötchen mit scharfer Sauce fließen. Einfach die HKU-Studenten fragen, ob man sich mit an den Tisch setzen darf!

CAFE HUNAN HUNANESISCH $

(書湘門第; ☏852 2803 7177; Koon Wah Bldg, 420-424 Queen's Rd W, Sheung Wan; Mittag-/Abendessen 50/180 HK$; ⏱12–15 & 17.30–22 Uhr; Ⓜ Sheung Wan, Ausgang A1) Ehrliche Preise, ein schönes Ambiente und das kulinarische Genie des jungen Kochs Huang haben dem Cafe Hunan einen hochverdienten Platz im Michelin-Führer beschert. Doch schon vorher haben auch anspruchsvolle Gourmets die erdigen Gerichte mit Lob überhäuft. Sie werden mit Gewürzen aus der Provinz Hunan zubereitet, die für ihre Chilis und den Vorsitzenden Mao bekannt ist. Den Fischkopf mit Chili, den geräucherten Tofu und die scharfen Kartoffelspalten sollte man probiert haben.

BISTRONOMIQUE FRANZÖSISCH $$

(☏852 2818 8266; Erdgeschoss, 1B Davis St, Kennedy Town; Mittag-/Abendessen ab 150/400 HK$; ⏱Di–So 12–14.30 & 18–22, Mo 18–22 Uhr; ☐5B, 5X nach Central) Das Bistronomique mit seiner hohen Decke erfüllt den Wunsch nach erschwinglichem, aber fachmännisch zubereitetem französischem Essen. Die Karte ist recht rustikal – es stehen beispielsweise Knochenmark, Froschschenkel und Schweineohren, aber auch gängigere Zutaten drauf –, und alles wird auf heimelig-gallische Weise zubereitet. Die Mittagsmenüs sind unglaublich preiswert.

🍷 AUSGEHEN & NACHTLEBEN

🍷 Lan Kwai Fong & Soho

⭐ ANGEL'S SHARE WHISKY BAR BAR

Karte S. 332 (☏852 2805 8388; www.angelsshare.hk; 2. Stock, Amber Lodge, 23 Hollywood Rd, Lan Kwai Fong; ⏱Mo-Do 15–2, Fr & Sa bis 3 Uhr; Ⓜ Central, Ausgang D1) Dieser clubartige Laden ist eine der besten Whiskybars in Hongkong und bietet über 100 Whiskysorten aus aller Welt – vor allem schottische, aber auch französische, japanische und amerikanische. Der 23 Jahre alte Macallan kommt direkt aus einem 180-l-Eichenfass in der Mitte des Raumes. Wer Hunger hat, kann sich der Auswahl whiskyinspirierter Gerichte widmen.

⭐ CLUB 71 BAR

Karte S. 332 (Basement, 67 Hollywood Rd, Soho; ⏱Mo-Sa 15–2, So 18–1, Happy Hour 15–21 Uhr; ☐26, Ⓜ Central, Ausgang D1) Diese freundliche Bar mit Bohème-Flair ist nach dem Protestmarsch vom 1. Juli 2003 benannt. Sie ist bei lokalen Künstlern und Aktivisten beliebt, die wegen des Biers und der Jam-Sessions herkommen. Im Garten vorn haben Revolutionäre vor einem Jahrhundert einen Plot geschmiedet, um die Qing-Dynastie zu stürzen. Der Eingang ist in der Gasse neben 69 Hollywood.

⭐ QUINARY COCKTAILBAR

Karte S. 332 (☏852 2851 3223; www.quinary.hk; 56-58 Hollywood Rd, Soho; ⏱Mo–Sa 17–2 Uhr; Ⓜ Central, Ausgang D2) Das Quinary ist eine schicke, stimmungsvoll beleuchtete Cocktailbar und zieht gut gekleidete Gäste an, die asiatisch inspirierte Cocktails schlürfen, etwa den Quinary Sour (Whisky, Süßholzwurzel, chinesischer schwarzer Zucker), den Oolong Tea Collins (Wodka, Oolong-Tee-Sirup) oder den Checkers (Wodka, schwarzer Sesamsirup, Vanilleeis). Die Preise sind gesalzen – am besten beginnt

> ### „GEHEIMER" ÖFFENTLICHER GARTEN
>
> Wer während der Kneipentour ein bisschen frische Luft schnappen will, sollte in diesem Amphitheater am Ende der Wo On Lane in Lang Kwai Fong vorbeischauen. Es ist eine Art offenes Geheimnis: Hier treffen sich junge Auswanderer, kaufen Kippen und Getränke in den nahen Lebensmittelläden, spielen Scharade oder quatschen mit ihren Freunden. Warum es ihnen nicht gleichtun – vielleicht trifft man ja sogar den Partner fürs Leben? Offiziell heißt der Park **Lok Hing Lane Park**.

man den Abend hier und zieht dann in billigere, weniger elegante Läden weiter.

★ STOCKTON COCKTAILBAR

Karte S. 332 (852 2565 5268; www.stockton.com.hk; 32 Wyndham St, Lan Kwai Fong; Mo-Sa 18 Uhr-open end; M Central, Ausgang D2) Das Stockton schafft die Atmosphäre eines Privatclubs im viktorianischen London: mit Chesterfield-Sofas, dunkler Holzverkleidung und Kronleuchter. Die Einrichtung ist so clever arrangiert, dass sich trauliche Nischen bilden, in denen man bei einem Date prima die Cocktails auf Rum- und Whiskybasis genießen kann. Wer am Wochenende nach 21 kommen will, sollte unbedingt reservieren.

Um hin zu kommen, vom großen Eisentor schräg gegenüber dem Fringe Club drei Schritte nach Westen gehen und dann links in die Gasse abbiegen. Ganz hinten führen die Stufen zum Stockton hinauf.

TAI LUNG FUNG CAFÉ

Karte S. 332 (852 2572 2886; 1. Stock, Shop H107, PMQ, 35 Aberdeen St, Central; 11-23 Uhr; M Sheung Wan) Zwischen den Galerien und Boutiquen des PMQ-Gebäudes (S. 89) lockt das Tai Lung Fung mit dem Retro-Flair des Hongkongs der 1960er. Die gekachelte Bar und die alten Poster an den Wänden passen zum Stil. Die künstlerische Gästeschar nippt an hauseigenem Likör (die Auswahl reicht von Duftblüte bis Pu-Erh-Tee) und lässt sich dazu altmodische Snacks wie Krabbentoast schmecken.

GLOBE KNEIPE

Karte S. 332 (852 2543 1941; www.theglobe.com.hk; 45-53 Graham St, Soho; 10-2, Happy Hour 10-20 Uhr; M Central, Ausgang D1) Neben der eindrucksvollen Auswahl von 150 Importbieren, darunter 13 vom Fass, serviert das Globe auch T8, das erste fassgereifte, in Hongkong gebraute Bier. Die Bar erstreckt sich über bewundernswerte 370 m² und umfasst einen riesigen Speisesaal mit langen Holztischen und bequemen Bänken. Das Globe ist auch dank seines sehr anständigen britischen Pub-Essens beliebt.

T:ME SCHWULENBAR

Karte S. 332 (852 2332 6565; www.time-bar.com; 65 Hollywood Rd, Soho; Mo-Sa 18-2 Uhr; M Central, Ausgang D1) Diese kleine, schicke Schwulenbar befindet sich in einer Gasse in einer Wohngegend, gegenüber einem kleinen Park. Die Getränke sind ein bisschen teuer, aber an Werktagen gibt's eine Happy Hour. Der Eingang ist in der Gasse abseits der Peel St, gleich nördlich der Hollywood Rd.

KUNG LEE SAFT

Karte S. 332 (公利真料竹蔗水; 852 2544 3571; 60 Hollywood Rd, Soho; Saft ab 11 HK$; 11-23 Uhr; 26) Diese Institution im Herzen Sohos verkauft seit 1948 ganz entspannt Kräutertees und frischen Zuckerrohrsaft – die Qualität ist unvermindert, genauso wie der Charme der alten Fliesen, Poster und Schilder.

DRAGON-I BAR, CLUB

Karte S. 332 (852 3110 1222; www.dragon-i.com.hk; oberes EG, das Centrium, 60 Wyndham St, Lan Kwai Fong; 12 Uhr-open end, Happy Hour auf der Terrasse Mo-Sa 15-21 Uhr; 26, M Central, Ausgang D2) Diese schicke Bar verfügt über einen Innenbereich und eine Terrasse über der Wyndham St, auf der lauter Käfige mit Singvögeln stehen. Nach Mitternacht kann man hier ukrainische Models und Cantapop-Stars dabei beobachten, wie sie Schampus trinken und Luftküsschen verteilen, während die DJs die Leute mit Hip-Hop, R & B und Jazz auf die Tanzfläche locken. Wer hier rein will, muss entweder früh kommen oder sich hammermäßig in Schale werfen.

STUDIO LOUNGE

Karte S. 332 (www.studioclub.asia; 1. St., On Hing Bldg, 1 On Hing Tce, Central; 18-4 Uhr; M Central, Ausgang D2) Die hauseigene Jazzband spielt jeden Abend ab 21 Uhr im Studio, einer von den 1950ern inspirierten Jazzlounge in Lan Kwai Fong. Die warm wirkenden Holzwände und die spektakuläre Beleuchtung verleihen dem offenen Raum eine glamourös-theatralische Atmosphäre. Nach der Band legen DJs bis in die frühen Morgenstunden auf. Die Cocktails sind teuer, aber die Whisky-Karte ist eine der besten weit und breit.

VARGA LOUNGE — LOUNGE
Karte S. 332 (852 2104 9697; http://vargaloungehk.com; 36 Staunton St, Soho; 18–3 Uhr; MCentral D2) Dieses kleine Schmuckstück von einer Cocktailbar ist eine Hommage an die Pin-up-Girls aus alten Zeiten mit passendem Retro-Dekor: türkisfarbene Wände, Samtsofas und Kissen mit Leopardenmuster. Die Gimlets sind grandios, und das Ambiente ist einladend. Typischerweise setzt sich die Gästeschar aus Schwulen in den Dreißigern und Vierzigern, Hipstern mit Begleitung und Frauen beim Mädelsabend zusammen.

VOLAR — CLUB
Karte S. 332 (852 2810 1510; Basement, 38-44 D'Aguilar St, Central; 18–6 Uhr; MCentral, Ausgang D2) Dieser futuristisch ausgeleuchtete (im wahrsten Sinne des Wortes) Underground-Club ist eine Institution im Nachtleben von Lan Kwai Fong; hier lässt man es bis Sonnenaufgang richtig krachen. Das verschwitzte, internationale Publikum ist in den Zwanzigern und feiert die ganze Nacht hindurch wild.

TAZMANIA BALLROOM — CLUB
Karte S. 332 (852 2801 5009; www.tazmaniaballroom.com; 1. St., LKF Tower, 33 Wyndham St, Lan Kwai Fong; 17 Uhr–open end, Happy Hour 17–20 Uhr; MCentral, Ausgang D2) Fitnessstudio geschwänzt? In diesem stilvollen Laden werden jeden Dienstag-, Donnerstag- und Sonntagabend Tischtennisplatten aufgestellt. Der Dresscode ist allerdings lässigglamourös und nicht à la chinesische Nationalmannschaft. Man kann sich an einem golden bezogenen Billardtisch mit Bankern messen, mit modellmäßigen Gästen auf dem Balkon quatschen oder zur jazzigen House-Musik auf der glänzenden Tanzfläche abzappeln.

ROUNDHOUSE TAPROOM — BAR
Karte S. 332 (852 2366 4880; www.roundhouse.com.hk; 62 Peel St, Soho; 12–23, Happy Hour 12–20 Uhr; MCentral, Ausgang D1) Dies ist eine der besten Adressen der Stadt für Kleinbrauereibier vom Fass – hier gibt's 24 verschiedene aus aller Welt! Das Roundhouse ist klein, aber hell beleuchtet. Wer mehr Atmosphäre will, kann sich aus der iPad-Karte ein Bier aussuchen und es ein paar Meter weiter draußen an der Bar genießen. Außerdem wird hier das vielleicht authentischste Texas-Barbecue auf dieser Seite des Globus serviert.

CENTRAL WINE CLUB — WEINBAR
Karte S. 332 (852 2147 3448; www.thecentralwineclub.com; 3. Stock, Sea Bird House, 22-28 Wyndham St, Lan Kwai Fong; Mo-Fr 14–2, Sa 16–2, Happy Hour 15–21 Uhr; MCentral, Ausgang D1) Wer auf Wein steht und sich nicht an überkandidelten Modernes-Barock-Dekor stört, kann im CWC edle Tropfen aus der alten Welt genießen. Die iPad-Karte der Bar umfasst über 500 Flaschen und dazu noch Kognak und Whisky. Blues und Jazz sorgen für den passenden Soundtrack zum Abend. Für Nicht-Mitglieder fallen 15 % Servicegebühr an.

TIVO BAR — BAR
Karte S. 332 (852 2116 8055; www.aqua.hk; 43-55 Wyndham St, Lan Kwai Fong; So–Do 18–24 Uhr, Fr & Sa open end; MCentral, Ausgang D2) Das niveauvolle Tivo erfreut mit offener Fassade, überschwänglichem Publikum und Aperitivo-Snacks. Am ersten und dritten Sonntag im Monat übernehmen zauberhafte Dragqueens ab 19 Uhr den Laden und bringen die Gäste für den Tivo Tea Dance in Stimmung.

BAR 42 — BAR
Karte S. 332 (42 Staunton St, Soho; Happy Hour 16–20 Uhr; MCentral, Ausgang D2) Diese gemütliche Lounge mit kleinem Hinterhof zieht eine coole Mischung aus Einheimischen und Auswanderern an. Mit den Brettspielen kann man seine Gehirnzellen trainieren.

BAR 1911 — BAR
Karte S. 332 (逸日會; 852 2810 6681; www.sbs.hk/1911.html; 27 Staunton St, Soho; Mo-Sa 17-24, Happy Hour 17–21 Uhr; 26) Diese kleine Bar mit schönen Details (Buntglas, Wurzelholztheke, Deckenventilator) versprüht das alte Hongkong-Flair der 1920er. Der Name erinnert an das Jahr, in dem Dr. Sun Yatsen die Qing-Monarchie stürzte. Im Inneren ist eine Darstellung des Mannes zu sehen. Normalerweise ist die Bar weniger voll als die Konkurrenz rundum, sodass man in aller Ruhe einen trinken kann.

TASTINGS — WEINBAR
Karte S. 332 (☎852 2523 6282; www.tastings.hk; Basement, Yuen Yick Bldg, 27 & 29 Wellington St, Lan Kwai Fong; ⊙Mo-Sa 17–2 Uhr; Ⓜ Central, Ausgang D2) Diese Bar in einer Seitenstraße der Wellington bietet 40 Weine zur Auswahl. Sie werden von Automaten millimetergenau als halbes oder ganzes Glas ausgeschenkt. So kann man seltene Sorten kosten, ohne Bankrott anmelden zu müssen. Los geht's, indem man seine Kreditkarte im Tausch gegen eine Smartcard hinterlegt, mit der man dann die Automaten betätigt.

PEAK CAFE BAR — BAR
Karte S. 332 (☎852 2140 6877; www.cafedecogroup.com; 9-13 Shelley St, Soho; ⊙Mo–Fr 11–2, Sa 9–2, So 9–24, Happy Hour 17–20 Uhr; 🚌13, 26, 40M) Diese einladende Bar serviert tolle Cocktails und ist mit charmanten Möbeln und Details aus dem alten Peak Cafe von 1947 eingerichtet, das durch das Peak Lookout (S. 98) ersetzt wurde. Die Bar besteht aus zwei Teilen, beide befinden sich neben dem Central-Mid-Levels Escalator und sind durch einen Innenhof miteinander verbunden. Am besten setzt man sich ans Fenster und sieht zu, wie die Welt vorbeizieht.

🍷 Sheung Wan

CAFE DEADEND — CAFÉ
Karte S. 334 (☎852 6716 7005; www.cafedeadend.com; 72 Po Hing Fong, Sheung Wan; Gerichte 100–200 HK$; ⊙Di–So 9.30–18 Uhr; 🚌23, 40) Dieses versteckte kleine Café in Sheung Wans grünem Viertel „PoHo" mit entspannten Boutiquen und Galerien ist einer der besten Orte in Hongkong, wenn man in aller Ruhe eine Tasse Kaffee genießen und ein Buch lesen will.

TEAKHA — TEE
Karte S. 334 (茶家; ☎852 2858 9185; http://teakha.com; Shop B, 18 Tai Ping Shan St, Sheung Wan; ⊙Di-So 11–19 Uhr; 📶; 🚌26) Die edlen Bio-Tees genießt man in dieser Oase am besten mit den hausgemachten Scones. Sie befindet sich gleich abseits der Hauptstraße in der unglaublich hippen Tai Ping Shan St. Die süßen Teeservice sind tolle Souvenirs.

THREE MONKEYS — KNEIPE
Karte S. 332 (☎852 3151 7771; http://threemonkeys.hk; 151-155 Hollywood Rd, Sheung Wan; ⊙Mo–Do 17–1, Fr bis 2, Sa 14–2, So 12–1 Uhr; Ⓜ Sheung Wan) Dieser freundliche Laden auf zwei Ebenen bezeichnet sich selbst als japanischer Gastro-Pub und bietet eine ausgezeichnete Auswahl von Sakes und japanischem Bier. Dank der großen Tische eignet er sich prima für Gruppen. Am besten beginnt man mit Knabbereien wie Krebs-Kroketten, Edamame und Käse-Mochi und bleibt die ganze Nacht.

BARISTA JAM — KAFFEE
Karte S. 334 (☎852 2854 2211; www.baristajam.com.hk; Shop D, EG, 126-128 Jervois St, Sheung Wan; ⊙Di–Fr 8–18, Mo & Sa ab 10 Uhr; 📶; Ⓜ Sheung Wan, Ausgang A2) Kaffeeliebhaber sollten unbedingt zu dieser Institution pilgern, die vor grauen Wänden Kaffeebohnen und professionelles Equipment für Hobby-Baristas verkauft.

Western District

★PING PONG GINTONERIA — BAR
(☎852 9835 5061; www.pingpong129.com/; 135 Second St, Sai Ying Pun; ⊙18–23.30 Uhr; Ⓜ Sai Ying Pun, Ausgang B2) Eine unbeschriftete rote Tür führt in eine großzügige ehemalige Tischtennishalle hinab, die heute zu den coolsten Bars Hongkongs gehört. Hier trinkt man Gin – an der Bar stehen über 50 Sorten aus aller Welt zur Auswahl, die in klassischen und kreativen Cocktails ausgeschenkt werden. Das Publikum ist künstlerisch angehaucht, die Einrichtung noch mehr – unbedingt nach dem Original des berüchtigten Hongkonger Graffiti-Künstlers King of Kowloon Ausschau halten!

☆ UNTERHALTUNG

★PEEL FRESCO — JAZZ
Karte S. 332 (☎852 2540 2046; www.peelfresco.com; 49 Peel St, Soho; ⊙Mo–Sa 17 Uhr–open end; 🚌13, 26, 40M) Im charmanten Peel Fresco gibt's an sechs Abenden die Woche Livejazz. Lokale und internationale Künstler treten auf einer kleinen, aber spektakulären Bühne neben falschen Renaissance-Gemälden auf. Los geht's um 21.30 Uhr, aber wer einen Platz will, sollte schon um 21 Uhr da sein.

FRINGE CLUB — LIVEMUSIK, THEATER
Karte S. 332 (藝穗會; ☎Theaterkarten 852 2521 9126, 852 2521 7251; www.hkfringe.com.hk; 2 Lower Albert Rd, Lan Kwai Fong; ⊙Mo–Do 12–24, Fr &

Sa bis 3 Uhr; MCentral, Ausgänge, D2 & G) Der Fringe Club ist in einem viktorianischen Gebäude (ca. 1892) untergebracht, das zu einem Milchbetrieb gehörte. In der Molkerei gibt's an mehreren Abenden pro Woche originelle Livemusik, meist Jazz, Rock oder Weltmusik. In den Theatern finden lokale und internationale Darbietungen statt. Das Fringe steht an der Grenze zu Lan Kwai Fong.

SHEUNG WAN
CIVIC CENTRE   THEATER, LIVEMUSIK
Karte S. 334 (上環文娛中心; ☏Tickets 852 2853 2678, Information 852 2853 2689; www.lcsd.gov.hk/en/swcc/; 5. Stock, Sheung Wan Municipal Services Bldg, 345 Queen's Rd Central, Sheung Wan; ◷9–23, Ticketschalter 10–18.30 Uhr; MSheung Wan, Ausgang A2) Dieses staatlich geführte Zentrum teilt sich ein Gebäude mit einem Wet Market und Food-Court. Das ganzjährige Programm besteht aus Theaterproduktionen lokaler Truppen – einige davon sehr experimentell – und Konzerten von Indie-Musikern und -Bands.

CULTURE CLUB   LIVEMUSIK
Karte S. 332 (☏852 2127 7936; www.cultureclub.com.hk; 15 Elgin St, Soho; ◷Mo–Do 14.30–22, Fr & Sa bis 23 Uhr, So manchmal Tango-Workshops; ⛟26) Abgesehen von den Milongas, die hier sonntags manchmal stattfinden, geben in diesem Mehrzweckclub auch Amateurmusiker ihr Bühnendebüt. Außerdem gibt's Fotoausstellungen und Darbietungen chinesischer Musik, etwa *nányīn* (ein aussterbendes kantonesisches Genre).

TAKEOUT COMEDY CLUB   COMEDY
Karte S. 332 (☏852 6220 4436; www.takeoutcomedy.com; EG, 34 Elgin St, Soho; ⛟26) Lust auf Lacher? In Hongkongs erstem Vollzeit-Comedyclub, der vom chinesisch-amerikanischen Jameson Gong gegründet wurde, treten auch englischsprachige Stand-up-Comedians und Impro-Darsteller auf. Ab und zu schauen Comedians aus Übersee vorbei. Das aktuelle Programm gibt's online.

SHOPPEN

Lan Kwai Fong & Soho

★PMQ   KUNSTHANDWERK, SCHMUCK
Karte S. 332 (☏852 2870 2335; www.pmq.org.hk; 35 Aberdeen St, Central; ◷meiste Läden 11–19 Uhr) In dem modernistischen Gebäude waren einst die Police Married Quarters untergebracht. Heute ist es die vielleicht beste Adresse in Hongkong, wenn man Stücke lokaler Designer, Schmuckhersteller und Kunsthandwerker kaufen möchte. In den alten Wohnungen sind Dutzende Läden und Boutiquen ansässig. Zu empfehlen sind die hippen Klamotten von Kapok, Geschenke mit Hongkong-Motto aus der HKTDC Design Gallery, industriell inspirierter Schmuck von The Little Finger und die Bambus-Haushaltswaren von Bamboo Home.

★GOODS
OF DESIRE   GESCHENKE, HAUSHALTSWAREN
Karte S. 332 (G.O.D.; ☏852 2805 1876; http://god.com.hk/; 48 Hollywood Rd, Soho; ◷11–21 Uhr) Goods of Desire – oder G.O.D. – ist eine freche lokale Lifestyle-Marke, die Haushaltswaren, Klamotten, Bücher und Geschenke mit Retro-Hongkong-Thema verkauft. Schön sind die Schürzen mit aufgedruckten Bildern von Hongkongs berühmten Neonschildern, die Lichterketten, die an die roten Lampenschirme in Hongkongs allgegenwärtigen Wet Markets erinnern und die Bettwäsche mit Kois, alten Briefkästen oder Doppelglück-Schriftzeichen.

★GALLERY OF THE POTTERY
WORKSHOP   KUNST, HAUSHALTSWAREN
Karte S. 332 (樂天陶社; ☏852 9842 5889, 852 2525 7949; www.potteryworkshop.com.cn; 3. Stock Hollywood House, 27-29 Hollywood Rd, Soho; ◷Di–So 13–18 Uhr; ⛟26) Diese Galerie zeigt verspielte Keramik-Objekte lokaler Künstler und Kunsthandwerker vom Festland und aus Übersee. Die hübschen Werke reichen von Geschirr bis zu Skulpturen.

★GROTTO FINE ART   KUNST
Karte S. 332 (嘉圖; ☏852 2121 2270; www.grottofineart.com; 2. Stock, 31C-D Wyndham St, Lan Kwai Fong; ◷Mo–Sa 11–19 Uhr; MCentral, Ausgang D2) Diese exquisite Galerie, die von einem Gelehrten der Hongkonger Kunst gegründet wurde, ist eine der wenigen, die überwiegend einheimische Künstler ausstellt. Die kleine, aber ausgezeichnete Auswahl der Werke reicht von Gemälden und Skulpturen bis hin zu Keramiken und Multimedia-Kunst. Und die Preise sind auch in Ordnung.

★WATTIS FINE ART   ANTIQUITÄTEN
Karte S. 332 (www.wattis.com.hk; 2. Stock, 20 Hollywood Road, Lan Kwai Fong; ◷Mo–Sa 10.30–

18 Uhr; 26) Diese Galerie im oberen Stockwerk stellt eine großartige Sammlung antiker Landkarten zum Verkauf. Auch die Auswahl von alten Fotografien von Hongkong und Macao ist beeindruckend. Zugang über die Old Bailey St.

HONEYCHURCH ANTIQUES ANTIQUITÄTEN
Karte S. 332 (852 2543 2433; 29 Hollywood Rd, Lan Kwai Fong; Mo-Sa 9-18.30 Uhr; 26) Dieser schöne Laden wird seit über 30 Jahren von einem amerikanischen Paar geführt und ist auf antike chinesische Möbel, Schmuck und englisches Silber spezialisiert. Das Sortiment ist sehr vielfältig: Es gibt Stücke aus der Zeit früher chinesischer Dynastien und ebenso solche aus dem 20. Jh.

ARCH ANGEL ANTIQUES ANTIQUITÄTEN
Karte S. 332 (852 2851 6848; 53-55 Hollywood Rd, Lan Kwai Fong; Mo-Sa 9.30-18.30, So bis 18 Uhr; 26) Obwohl er auf antikes Porzellan und Grabbeigaben spezialisiert ist, hat dieser Laden auf seinen drei Etagen noch mehr zu bieten: von Mah-Jongg-Spielen und Terrakotta-Pferden bis hin zu Palastmöbeln.

PEARL LAM GALLERIES KUNST
Karte S. 332 (藝術門; 852 2522 1428; www.pearllam.com; 601-605 Peddar Bldg, 12 Pedder Street, Central; Mo-Sa 10-19 Uhr; Central, Ausgang H) Diese elegante Galerie zeigt zeitgenössische Kunst vom chinesischen Festland, aus Hongkong und ganz Asien – überwiegend Gemälde und Skulpturen. Pearl Lam, die Besitzerin, die schon seit den 1990er-Jahren eine leidenschaftliche Förderin von zeitgenössischer chinesischer Kunst ist, betreibt auch in Shanghai und Singapur Galerien.

MOUNTAIN FOLKCRAFT GESCHENKE & SOUVENIRS
Karte S. 332 (高山民藝; https://mountainfolkcraft.com; 12 Wo On Lane, Soho; Mo-Sa; Central) Dies ist einer der schönsten Läden für folkloristische Kunst in der ganzen Stadt. Er ist randvoll mit Batik- und Sarong-Ballen, Kleidung, Schnitzereien, Lackwaren und Papierschnitten, die von ethnischen Minderheiten in China und anderen asiatischen Ländern hergestellt wurden.

LAM GALLERY ANTIQUITÄTEN
Karte S. 332 (松心閣; 852 2554 4666; 61 Hollywood Rd, Lan Kwai Fong; Mo-Fr 10.30-18.30, Sa 11-18 Uhr; 26, Central, Ausgang D2) Der zweifellos beste Laden der Gegend für Skulpturen ist der größte von vielen an der Hollywood Rd, die der Familie Lam gehören. Das Sortiment umfasst Werke von der Jungsteinzeit bis zur Qing-Dynastie. Ferner werden Keramiken, Bronzen, Gemälde, Gold- und Silberwaren ausgestellt. Die Lam Gallery ist Sammlern und Auktionären auf der ganzen Welt ein Begriff und bietet auch Restaurationen an.

L PLUS H BEKLEIDUNG
Karte S. 332 (852 2923 2288; www.lplush.com; 17. Stock, 11 Stanley St, Soho; Mo-Sa 10-19 Uhr; Central, Ausgang D2) Das L Plus H wurde von einer Gruppe sozial engagierter Unternehmer gegründet und hat zusammen mit lokalen Designern das Etikett „zu 100 % in Hongkong entworfen und hergestellt" geschaffen. Klassische, äußerst tragbare Strickwaren sind ihre Stärke.

FANG FONG PROJECTS BEKLEIDUNG
Karte S. 332 (69 Peel St, Lan Kwai Fong; So-Do 11-20, Fr & Sa 12-21 Uhr; 26) Die sehr tragbaren Kleider von Wu Lai-fan sind eine clevere Mischung aus Vintage-Stoffen und 1980er-Silhouetten. Der Laden verkauft auch einige eigene Designs.

FLOW BÜCHER
Karte S. 332 (852 2964 9483, 852 9278 5664; www.flowbooks.net; 7. Stock, 1A Wing On Bldg, 38 Hollywood Road, Lan Kwai Fong; 12-19 Uhr; 26) Fast jeder Winkel des Flow ist mit gebrauchten englischsprachigen Büchern vollgestopft. Hier braucht man Geduld, um das zu finden, was man sucht. Oder man bittet den freundlichen Besitzer Lam Sum um Hilfe.

10 CHANCERY LANE GALLERY KUNST
Karte S. 332 (10 號贊善里畫廊; 852 2810 0065; www.10chancerylanegallery.com; 10 Chancery Lane, Soho; Di-Sa 10-18 Uhr; Central, Ausgang D2) Diese Galerie liegt in der versteckten Chancery Lane und ist auf zum Nachdenken anregende Werke vielversprechender Künstler aus Asien, Festland-China und Hongkong spezialisiert. Sie bietet außerdem Seminare und Kunstspaziergänge an.

ANDY HEI ANTIQUITÄTEN
Karte S. 332 (研木得益; 852 3105 2002; www.andyhei.com; 84 Hollywood Rd, Lan Kwai Fong; Mo-Sa 10-12.30 & 13.30-18 Uhr; 26, Cen-

tral, Ausgang D2) Dieser erstklassige Möbelhändler ist auf klassische chinesische Möbel aus den Ming- und Qing-Dynastien sowie Objekte von Gelehrten spezialisiert. Außerdem kann man hier seltene *huanghuali*- und *zitan*-Stücke aus Holz restaurieren lassen. Hei ist Gründungsvorstand der Fine Art Asia (www.fineartasia.com), auf der alte asiatische Kunst und Antiquitäten ausgestellt werden.

LINVA TAILOR MODE & ACCESSOIRES
Karte S. 332 (年華時裝公司; ☏852 2544 2456; 38 Cochrane St, Soho; ⊙Mo-Sa 9.30–18.30 Uhr; ⬜26) Braucht jemand einen Cheongsam, auch *qipao* genannt (ein körpernahes chinesisches Gewand)? Man kann entweder seine eigene Seide mitbringen oder sich hier den Stoff aussuchen. Mr. und Mrs. Leung schicken einem die maßgeschneiderten Stücke gern nach Hause.

KARIN WEBER GALLERY ANTIQUITÄTEN
Karte S. 332 (☏852 2544 5004; www.karinwebergallery.com; 20 Aberdeen St, Soho; ⊙Di-Sa 11–19 Uhr, So nach Vereinbarung; ⬜26) Karin Weber verfügt über eine interessante Mischung aus chinesischen Antiquitäten vom Land und zeitgenössischer asiatischer Kunst. Echtes Kaufinteresse vorausgesetzt, kann man sich von ihr auch Einkaufstrips nach Guǎngdōng organisieren lassen.

INDOSIAM BÜCHER, ANTIQUITÄTEN
Karte S. 332 (☏852 2854 2853; 1. Stock, 89 Hollywood Rd, Soho; ⊙13–19 Uhr; ⬜26) Hongkongs erstes richtiges Antiquariat handelt mit seltenen Büchern, die mit asiatischen Ländern zu tun haben. Thailand, China und die ehemaligen französischen Kolonien sind seine große Stärke. Indosiam verkauft außerdem alte Zeitungen und chinesische Drucke.

LI YUEN STREET EAST & WEST MARKT
Karte S. 332 (Li Yuen St E & W, Central; ⊙10–19 Uhr; Ⓜ Central, Ausgang C) Die beiden schmalen, überfüllten Gassen, die die Des Voeux Rd Central mit der Queen's Rd Central verbinden, werden von Hongkongern nur „The Lanes" (Die Gassen) genannt und sind traditionell die erste Adresse für Stoffe und Stückware. Die meisten Händler sind inzwischen zum Western Market in Sheung Wan (S. 90) umgezogen, aber auch wenn das hier kein Shoppingparadies mehr ist, findet man doch günstige Kleidung, Handtaschen, Rucksäcke und Modeschmuck.

🔒 Sheung Wan

⭐ CHAN SHING KEE ANTIQUITÄTEN
Karte S. 332 (陳勝記; ☏852 2543 1245; www.chanshingkee.com; 228-230 Queen's Rd Central, Sheung Wan; ⊙Mo-Sa 9–18 Uhr; ⬜101, 104) Dieser Laden mit dreistöckiger Ausstellungsfläche wird von Daniel Chan betrieben; er gehört der dritten Generation einer Familie an, die schon seit 70 Jahren im Geschäft ist. Das Chan Shing Kee ist bei Sammlern und Museen aus aller Welt für seine schönen, klassischen, chinesischen Möbel (16.-18. Jh.) bekannt. Im Sortiment finden sich auch uralte chinesische Paravents und kunstvoll verzierte Holzboxen.

LAM KIE YUEN TEA CO ESSEN & TRINKEN
Karte S. 334 (林奇苑茶行; ☏852 2543 7154; www.lkytea.com; 105-107 Bonham Strand E, Sheung Wan; ⊙Mo-Sa 9–18.30 Uhr; Ⓜ Sheung Wan, Ausgang A2) Diesen Laden gibt's schon seit 1955 – er beweist, wie viel Tee es in China tatsächlich gibt. Von nicht fermentiert bis zu voll fermentiert und allem dazwischen – die Auswahl ist einfach viel zu groß. Aber keine Panik: Der Inhaber bietet gern eine Verkostung an!

CAPITAL GALLERY ANTIQUITÄTEN
Karte S. 334 (長安美術; ☏852 2542 2271; 27E Tung St, Sheung Wan; ⊙Mo-Sa 10–18 Uhr, So nach Vereinbarung; ⬜26, Ⓜ Central, Ausgang D2) Dieser winzige Laden liegt zwischen der Upper Lascar Row und der Hollywood Rd und ist rappelvoll mit Skulpturen, Keramiken und anderen Kuriositäten aus 4000 bis 5000 Jahren. Zu den Highlights zählen Stücke von der Seidenstraße, etwa Stoffe von ethnischen Minderheiten im Nordwesten Chinas, und Schmuck.

L'S FINE ARTS ANTIQUITÄTEN
Karte S. 334 (松心閣; ☏852 6606 1818, 852 2540 5569; Room G8, Hollywood Centre, 233 Hollywood Rd, Sheung Wan; ⊙Mo-Sa 12–18 Uhr; ⬜26, Ⓜ Central, Ausgang D2) Das L steckt voller Kuriositäten mit Werten zwischen 5000 und 200 000 HK$, darunter auch frühe chinesische Keramiken und Figurinen aus der Tang-Dynastie. Das renommierte Geschäft befindet sich im Hollywood Centre und verschifft Waren an Sammler in aller Welt.

SIN SIN FINE ART KUNST
Karte S. 334 (☏852 2858 5072; www.sinsin.com.hk; 53-54 Sai St, Sheung Wan; ⊙Mo-Sa 9.30–

18.30 Uhr; MSheung Wan, Ausgang A2) Diese vielseitige Galerie gehört einem Modedesigner mit einer Vorliebe für Ethno-Design. Sie zeigt qualitativ hochwertige Kunst aus Hongkong, Festland-China und Südostasien – hauptsächlich ausgefallene Gemälde und Fotografien.

NGAI TILE WAVE ANTIQUITÄTEN
Karte S. 334 (藝雅廊; 852 2517 2586; 172 Hollywood Rd, Sheung Wan; Mo-Sa 11–18 Uhr; 26, MCentral, Ausgang D2) Hier finden Interessierte Tang-Figurinen, dreifarbige antike Tonwaren und Porzellan aus den Ming- und Qing-Dynastien, die zwischen 1000 und 100 000 HK$ kosten. Die älteren und teureren Artefakte werden im oberen Raum aufbewahrt. Man kann dem Personal einfach sagen, wonach man sucht: Es weiß sofort, ob das im Sortiment ist.

WING ON DEPARTMENT STORE KAUFHAUS
Karte S. 334 (永安百貨; 852 2852 1888; www.wingonet.com; Wing On Centre, 211 Des Voeux Rd Central, Central; 10–19.30 Uhr; MSheung Wan, Ausgang E3) Das letzte echte Kaufhaus in Hongkong, in dem es wirklich alles gibt. Sicher, es ist ein bisschen altmodisch, aber hier findet man praktisch alles, was man sucht, von Gartenschläuchen über iPhone-Hüllen und Schnuller bis hin zu italienischen Lederjacken – und die freundlichen Damen helfen immer gern weiter.

SPORT & AKTIVITÄTEN

WAN KEI HO INTERNATIONAL MARTIAL ARTS ASSOCIATION KAMPFSPORT
Karte S. 334 (尹圻灝國際武術總會; 852 2544 1368, 852 9506 0075; www.kungfuwan.com; 3. Stock, Yue's House, 304 Des Voeux Rd Central, Sheung Wan; Mo-Fr 10–20, Sa & So 9–13 Uhr; MSheung Wan, Ausgang A) Der Englisch sprechende Meister Wan bringt einer großen Anhängerschaft aus Einheimischen und Expats das Shaolin Kung Fu aus dem Norden bei. Die Kurse finden von Montag bis Donnerstag jeweils abends statt. Je nach Anzahl der gebuchten Kurse belaufen sich die monatlichen Gebühren auf 350 bis 160 HK$.

HAPPY FOOT REFLEXOLOGY CENTRE WELLNESS
Karte S. 332 (知足樂; 852 2522 1151; www.happyfoot.hk; 19. & 20. St., Century Sq, 1 D'Aguilar St, Lan Kwai Fong; 10–24 Uhr; MCentral, Ausgang D2) Viele hart arbeitende Hongkonger Geschäftsleute gönnen sich gern eine intensive Fußmassage in chinesischer Tradition. Eine Fußreflexzonen-/Körpermassage beginnt in diesem beliebten Wellness-Center bei 200/250 HK$ für 50 Minuten.

FLAWLESS HONG KONG WELLNESS
Karte S. 332 (852 2869 5868; www.flawless.hk.com; 4. St., Sea Bird House, 22-28 Wyndham St, Lan Kwai Fong; 10–22 Uhr; MCentral, Ausgang D1) Dieses preisgekrönte Wellness-Center zieht mit seiner heimeligen Umgebung und der großen Palette zweckmäßiger Behandlungen für Gesicht (ab 580 HK$) und Nägel (Maniküre ab 160 HK$) eine recht junge Klientel an. Hier kommen zwar auch hochwertige Anti-Aging-Seren zum Einsatz, aber nichts allzu Versponnenes wie Blümchen oder Kiesel.

HONG KONG PUB CRAWL KNEIPENTOUR
(www.hongkongpubcrawl.com; Ticket 100 HK$) Hong Kong Pub Crawl organisiert jeden Donnerstagabend ein Event, bei dem man das Hongkonger Nachtleben richtig erlebt und neue Freunde kennenlernt.

FRINGE CLUB KURS
Karte S. 332 (852 2521 7251; www.hkfringe.com.hk; 2 Lower Albert Rd, Lan Kwai Fong) Der Fringe Club bietet eine Auswahl von Kursen und Workshops rund um die bildenden Künste an.

Hong Kong Island: Wan Chai & der Nordosten

ADMIRALTY | WAN CHAI | CAUSEWAY BAY | HAPPY VALLEY | ISLAND EAST

Highlights

❶ **Blue House** (S. 110) In den Straßen rund um die Queen's Rd East und Johnston Rd historische Bauten wie das Viva Blue House sowie Tempel, Hipster-Bars, Lebensmittelmärkte und Freiluftbasare entdecken

❷ **Happy Valley Racecourse** (S. 129) An einem Mittwochabend mit einem Bier in der Hand ein Pferderennen verfolgen

❸ **Flagstaff House Museum of Tea Ware** (S. 109) In dem Museum und dem hauseigenen Restaurant Lock Cha Tea Shop Kultur, Geschichte und Gastronomie erleben

❹ **Fashion Walk** (S. 127) In den Straßen und Einkaufszentren von Causeway Bay zwischen Scharen von trendbewussten Teenies Mode shoppen

❺ **Street Music Concert Series** (S. 125) Sich eines der Straßenkonzerte in fast professioneller Qualität vor dem Hong Kong Arts Centre und anderswo in Wan Chai ansehen

Detailpläne dieses Gebiets s. Karten S. 336, S. 338 & S. 340 ➡

Top-Tipp

Wenn man die östlichen Bezirke der Insel aus einer fahrenden Straßenbahn betrachtet, rauschen sie wie ein Film vorbei. Die vor allem aus Wohnhäusern bestehenden Viertel zu Fuß zu erkunden, ist nicht besonders beeindruckend, fährt man aber schneller zwischen den Blocks hindurch, ergibt sich ein gewisser Rhythmus und ein Muster. Und das Gute ist: Man kann jederzeit raushüpfen, wenn man etwas Interessantes entdeckt hat. In diesem Bezirk gibt es 30 Haltestellen für die Tram Richtung Osten.

Gut essen

- Choi's Kitchen (S. 120)
- Sun Kwai Heung (S. 122)
- Lock Cha Tea Shop (S. 116)
- Atum Desserant (S. 119)
- Pure Veggie House (S. 116)

Details s. S. 116 ➡

Nett ausgehen

- Tai Lung Fung (S. 122)
- Elephant Grounds (S. 124)
- MyHouse (S. 122)
- Stone Nullah Tavern (S. 122)

Details s. S. 122 ➡

Schön shoppen

- GOD (S. 127)
- Cuffs (S. 128)
- Basheer (S. 128)
- Kapok (S. 126)
- Eslite (S. 126)

Details s. S. 126 ➡

Rundgang: Wan Chai & der Nordosten

Erst schlendert man durch das Einkaufszentrum Pacific Place an der MTR-Station Admiralty und vergnügt sich zweieinhalb Stunden im Hong Kong Park und im Asia Society Hong Kong Centre. Dann geht's zur Queen's Rd East in der Nähe. Nach einem zweistündigen Bummel durchs „alte" Wan Chai führt der Weg ins „neue" Wan Chai näher am Hafen, wo man das Wan Chai Computer Centre besuchen oder zum Hong Kong Convention & Exhibition Centre gehen kann. Gegen den Hunger hilft moderne Hongkong-Küche in Wan Chai oder in Causeway Bay, wo man mit der Straßenbahn hingelangt. Danach kann man Bücher oder Mode shoppen, sich im Victoria Park ausruhen oder in einem Café im nahen Tai Hang das Treiben bestaunen. Zum Schluss gönnt man sich Happy-Hour-Drinks im „Caroline Haven" oder nimmt ein *ding ding* ostwärts und lässt sich treiben.

Lokalkolorit

➡**Lil' Jakarta** Indonesierinnen treffen sich sonntags im Victoria Park (S. 87) zum Essen, Singen und Beten.

➡**Spielzeugläden** Eltern bringen ihre Kids zu den Spielzeugläden der Tai Yuen St (S. 126), schwelgen in Erinnerungen und kaufen Mondfest-Laternen.

➡**Hipster-Terrain** Die Gegend rund um Caroline Hill Rd und Haven St, „Caroline Haven" genannt, zieht Hipster, Sammler und Mechaniker gleichermaßen an.

➡**Hiesiger Charme** Die grünen Straßen von Tai Hang säumen jede Menge kleine Galerien und Eckcafés.

➡**Fujian Town** North Point ist die Hochburg der Fujian-Gemeinde Hongkongs.

An- & Weiterreise

➡**Bus** Die Busse 5, 5B und 26 von Admiralty und Central nach Causeway Bay und Happy Valley halten an der Yee Wo St. Der grüne Minibus 40 ab Stanley legt an der Tang Lung St und der Yee Wo St Stopps ein.

➡**MTR** An der Station Admiralty halten Züge der Island- und der Tsuen-Wan-Linie. Der Bahnhof Wan Chai liegt an der Island-Linie. An den Stationen Causeway Bay und Tin Hau fahren die Züge der Central-Linie nach Happy Valley und Tai Hang ab.

➡**Straßenbahn** Nach Causeway Bay und Happy Valley fahren Bahnen an der Hennessy Rd und der Yee Wo St nach Central und Shau Kei Wan. An der Percival St fährt eine nach Happy Valley und an der Wong Nai Chung Rd nach Causeway Bay, Central, Kennedy Town und Shau Kei Wan. Die Linie nach Island East geht bis Chai Wan.

➡**Star Ferry Wan Chai Ferry Pier** (灣仔碼頭; Karte S. 338; Ⓜ Wan Chai, Ausgang C) Nach Tsim Sha Tsui, Kowloon.

HIGHLIGHTS
HONG KONG PARK

Den bewusst unnatürlich gestalteten Hong Kong Park prägen künstliche Attraktionen wie ein Springbrunnen-Platz, ein Gewächshaus, ein Wasserfall, ein Spielplatz, ein Tai-Chi-Garten und ein Aussichtsturm. Dennoch ist das 8 ha große Areal wunderschön. Auf einer Seite von einer Wand aus Wolkenkratzern und auf der anderen von Bergen begrenzt, wartet er mit spektakulären Fotomotiven auf.

Das Highlight des Parks ist das **Edward Youde Aviary** (尤德觀鳥園; Karte S. 336; ⏱9–17 Uhr). Es wirkt wie ein Regenwald in der Stadt und dient über 600 Vögeln von rund 90 Arten als Lebensraum. Besucher laufen auf einer Hängebrücke etwa 10 m über dem Boden, auf Augenhöhe mit den Baumwipfeln. Das **Forsgate Conservatory** (霍士傑溫室; Karte S. 336; 10 Cotton Tree Dr, Admiralty; ⏱9–17 Uhr) GRATIS überblickt den Park und ist das größte Südostasiens.

Die erlesene **KS Lo Gallery** (羅桂祥茶藝館; Karte S. 336; ☎852 2869 0690; 10 Cotton Tree Dr, Admiralty; ⏱Mi–Mo 10–18 Uhr) GRATIS zeigt seltene chinesische Keramik und Steinsiegel des gleichnamigen Sammlers.

An der Nordspitze des Parks beherbergt das **Flagstaff House Museum of Tea Ware** (旗桿屋茶具文物館; Karte S. 336; ☎852 2869 0690; www.lcsd.gov.hk/CE/Museum/Arts/en_US/web/ma/tea-ware.html; 10 Cotton Tree Dr, Admiralty; ⏱Mi–Mo 10–18 Uhr) GRATIS in einem Gebäude von 1846 eine Sammlung von altem chinesischem Teegeschirr. Im Café im Erdgeschoss kann man bestens bei einer guten Kanne Tee und vegetarischem Dim Sum neue Energie tanken.

NICHT VERSÄUMEN!

➡ Edward Youde Aviary
➡ Flagstaff House Museum of Tea Ware
➡ KS Lo Gallery
➡ Forsgate Conservatory

PRAKTISCH & KONKRET

➡ 香港公園
➡ Karte S. 336, C4
➡ ☎852 2521 5041
➡ www.lcsd.gov.hk/parks/hkp/en/index.php
➡ 19 Cotton Tree Dr, Admiralty
➡ Eintritt frei
➡ ⏱Park 6–23 Uhr
➡ ♿
➡ Ⓜ Admiralty, Ausgang C1

👁 SEHENSWERTES

👁 Admiralty

HONG KONG PARK
PARK

Siehe S. 109.

ASIA SOCIETY HONG KONG CENTRE
HISTORISCHES GEBÄUDE, GALERIE

Karte S. 336 (亞洲協會香港中心; Hong Kong Jockey Club Former Explosives Magazine; ☏852 2103 9511; www.asiasociety.org/hong-kong; 9 Justice Dr, Admiralty; ⊙Galerie Di–So 11–17, am letzten Do im Monat bis 19 Uhr; MAdmiralty, Ausgang F) Dieses wunderschöne architektonische Meisterwerk besteht aus Militärgebäuden der Briten aus dem 19. Jh. – einschließlich einiger Sprengstoffdepots. Heute beherbergt es eine Galerie, ein Mehrzwecktheater, ein hervorragendes Restaurant und einen Buchladen. Alles ist öffentlich zugänglich. Die Architekten Tod Williams und Billie Tsien haben gewagte Ansätze vermieden und ein dezentes Design vorgezogen, das die Geschichte und die natürliche Landschaftsform aufnimmt. Das Ergebnis sind horizontal orientierte Bauten, die einen schönen Kontrast zu den nahen Wolkenkratzern bilden. Man sollte es zusammen mit einem Essen im AMMO (S. 117) genießen.

TAMAR PARK
PARK

Karte S. 336 (添馬公園; Harcourt Rd, Admiralty; MAdmiralty, Ausgang A) Dieser Park am Hafen befindet sich auf dem Gelände der New Central Government Offices (新政府總部) und besteht aus einladenden grünen Rasenflächen, auf denen man sich so sonnen kann, während die Schiffe an einem vorbeiziehen. Er gehört zu einer 4 km langen Promenade entlang der Nordküste von Hong Kong Island, die von den Central Piers vor der IFC Mall an Wan Chai vorbei bis nach North Point führt. Gelegentlich finden hier Konzerte und Kunstveranstaltungen statt, zudem protestierte hier 2014 die sogenannte Regenschirm-Bewegung.

Die HMS *Tamar* war ein britisches Marineschiff, das im Victoria Harbour vor Anker lag und bis zum Jahr 1946 als Operationszentrale der Royal Navy diente. Die New Central Government Offices beherbergen den Hauptsitz der HKSAR-Regierung, die Legislative und das Büro des Regierungschefs.

👁 Wan Chai

BLUE HOUSE
ARCHITEKTUR

Karte S. 338 (藍屋; ☏852 2835 4376; http://houseofstories.sjs.org.hk; 72–74A Stone Nullah Lane, Wan Chai; ⊙6, 6A) Das in den 1920er-Jahren errichtete Blue House bildet zusammen mit den angrenzenden Gebäuden, dem **Yellow House** (黃屋; Karte S. 338; 2–8 Hing Wan St, Wan Chai) und dem **Orange House** (橙屋; Karte S. 338; 8 King Sing St, Wan Chai), das historische Areal „Viva Blue House" (We 嘩 藍屋) und ist der Star des Komplexes. Das prachtvolle vierstöckige Wohnhaus zieren gusseiserne spanische Balkone, die an New Orleans erinnern. Zum Zeitpunkt der Recherche wurde es renoviert und sollte inzwischen mit einem Dessertladen, einer modernisierten Osteopathie-Klinik und Toiletten für sein Dutzend Bewohner wiedereröffnet sein. Falls es noch geschlossen sein sollte, befindet sich das House of Stories (S. 129) im Yellow House.

HUNG SHING TEMPLE
BUDDHISTISCHER TEMPEL

Karte S. 338 (洪聖古廟; 129–131 Queen's Rd E, Wan Chai; ⊙8.30–17.30 Uhr; ⊙6, 6A, MWan Chai, Ausgang A3) In einer Ecke an der Südseite der Queen's Rd East wurde dieser dunkle, wenig einladende Tempel auf riesigen Felsblöcken errichtet, die einst den Hafen überblickten. Er entstand um das Jahr 1850 zu Ehren eines hohen Beamten der Tang-Dynastie, der für seine Tugend (wichtig!) und für seine Fähigkeit, lukrative Handelsprognosen (noch wichtiger!) zu erstellen, bekannt war.

Eine schmale Treppe führt in den oberen Stock, wo man sich für 880 HK$ die Zukunft voraussagen lassen kann. Allerdings benötigt man einen Dolmetscher.

KING YIN LEI
HISTORISCHES GEBÄUDE

(景賢里; ☏852 2848 6230; www.heritage.gov.hk; 45 Stubbs Rd, Wan Chai; ⊙15, 15B Sonn- & Feiertag) GRATIS Die eindrucksvolle, über 1500 m² große Villa von 1937 verdankt ihre einzigartige Architektur der chinesischen Renaissance. Diese geht auf die 1920er-Jahre zurück, als die chinesische Regierung zu einer Wiederbelebung traditioneller Kultur aufrief, und Architekten in Shanghai östliche und westliche Stilrichtungen miteinander mischten. Das Haus ist einer der wenigen verbliebenen Bauten der chinesischen Renaissance in Hongkong und verbindet wohl am besten unterschiedliche Elemente zu einem harmonischen Ganzen. Öffnungszeiten erfährt man per E-Mail; aktuell ist das King Yin Lei einige Tage im Jahr geöffnet, in Zukunft jedoch vielleicht öfter.

PAK TAI TEMPLE
TAOISTISCHER TEMPEL

Karte S. 338 (北帝廟; 2 Lung On St, Wan Chai; ◷8–17 Uhr; ⓂWan Chai, Ausgang A3) Ein kurzer Spaziergang die Stone Nullah Lane hinauf führt zu einem majestätischen taoistischen Tempel. Er wurde 1863 zu Ehren von Pak Tai, einem Meeresgott, errichtet, ist der größte von Hong Kong Island und äußerst eindrucksvoll. Den Dachfirst aus Keramik zieren Szenen der kantonesischen Oper. Sie entstanden in Shiwan und sind ein wunderschönes Beispiel für Lingnan-Architektur in Hongkong. In der Haupthalle steht ein 3 m hohes imposantes Kupferabbild von Pak Tai aus der Ming-Dynastie.

KHALSA DIWAN SIKH TEMPLE
SIKH-TEMPEL

Karte S. 338 (✆852 2572 4459; www.khalsadiwan.com; 371 Queen's Rd E, Wan Chai; ◷5–20 Uhr; 🚌10) Hongkongs größter Sikh-Tempel zwischen einer belebten Straße und einem Friedhof strahlt Ruhe aus und ist der Nachbau des kleineren Originals, das 1901 von Sikh-Mitgliedern der britischen Armee erbaut wurde. Der weiße Bau mit blauen Akzenten lädt Menschen jeder Religion, Kaste oder Hautfarbe zu seinen Gottesdiensten ein. Bei der Sonntagsmesse (9–13.30 Uhr) finden sich rund 1000 Gläubige und Nichtgläubige zum gemeinsamen Gebet ein (weniger bei den täglichen Gebetsstunden von 6–8.30 Uhr und von 18.30–20 Uhr).

Von der Gastfreundschaft der Tempelgemeinde zeugt u. a. die Ausgabe kostenloser vegetarischer Gerichte (11.30–20.30 Uhr). Jeder, der durch die Tore kommt, bekommt ein einfaches Dal oder *sabzi* (Gemüseeintopf). Man kann sich erkenntlich zeigen, indem man beim Abwasch hilft.

COMIX HOME BASE
MUSEUM

Karte S. 338 (✆852 2824 5303; www.comixhomebase.com.hk; 7 Mallory St, Wan Chai; ◷10–20 Uhr; ⓂWan Chai, Ausgang A3) GRATIS Das helle Museum ist in zehn historischen Gebäuden aus den 1910er-Jahren untergebracht und widmet sich Hongkongs talentierten Comic-Künstlern, zu denen Gewinner internationaler Preise gehören. Eine Bibliothek, Ausstellungen, Videomaterial und Workshops geben Besuchern Einblick in die faszinierende Comicbuch-Geschichte der Stadt. Die Bandbreite reicht von Klassikern über die Kriegszeit *(Renjian Pictorial)* und satirischen Darstellungen über das Leben in einer britischen Kolonie *(Old Master Q)* über Ma Wing-shings Kampfkunst-Comics bis hin zu nachdenklichen Werken junger Künstler wie Chi Hoi.

POLICE MUSEUM
MUSEUM

(警隊博物館; ✆852 2849 7019; www.police.gov.hk/ppp_en/01_about_us/pm.html; 27 Coombe Rd, The Peak; ◷Di 14–17, Mi–So 9–17 Uhr; 🚶; 🚌15) GRATIS Krimifans sollten einen Abstecher zu diesem kleinen Museum in einer ehemaligen Polizeiwache an der grünen Wan Chai Gap machen. Der Fokus liegt auf der 1844 gegründeten Polizei von Hongkong, die eigentlichen Stars sind jedoch die Triaden (die Hongkonger Mafia). Die faszinierende **Triad Societies Gallery** enthüllt deren Geheimrituale. Ebenso interessant sind die umfangreiche **Narcotics Gallery** und die historischen Exponate zur Kowloon Walled City. Kinder werden sich für die Waffenausstellung interessieren.

LOVER'S ROCK
AREAL

(姻緣石; abseits der Bowen Rd; 🚐grüner Minibus 24A) Lover's Rock oder Destiny's Rock (Yan Yuen Sek) ist ein phallusförmiger Felsen auf einer Klippe am Ende eines Weges oberhalb der Bowen Rd. Hierher pilgern vorwiegend

---

FARBENUHR

Das Central Plaza in Wan Chai, jener grazile Wolkenkratzer, der von Kowloon aus gesehen hinter dem Hong Kong Convention & Exhibition Centre hervorguckt, ist die vielleicht größte Uhr der Welt. Zwischen 18 und 24 Uhr blitzen vier Lichterreihen durch die Glaspyramide auf der Gebäudespitze. Die untere Reihe zeigt die Stunde an: rot für 18 Uhr, weiß für 19 Uhr, violett für 20 Uhr, gelb für 21 Uhr, pink für 22 Uhr und grün für 23 Uhr. Zur vollen Stunde erstrahlen alle vier Lichter in derselben Farbe. Wenn sich das obere Licht von den darunter liegenden unterscheidet, ist eine Viertelstunde vergangen. Zur halben Stunde leuchten die beiden oberen und unteren Reihen jeweils in verschiedenen Farben. Sind die drei oberen Reihen gleich, sind 45 Minuten vergangen.

Also: Wie spät ist es jetzt?

Frauen, die sich Kinder wünschen oder Beziehungsprobleme haben. Besonders viel los ist während des **Maidens' Festival** am siebten Tag des siebten Mondes (Mitte Aug.).

Zu erreichen ist die Stätte am besten mit dem grünen Minibus 24A vom Busbahnhof Admiralty. Von der Endhaltestelle aus (Shiu Fai Tce) nimmt man den Weg hinter der Wohnanlage.

GOLDEN BAUHINIA SQUARE DENKMAL

Karte S. 338 (金紫荊廣場; 1 Expo Dr, Golden Bauhinia Sq, Wan Chai; 🚌18, ⓂWan Chai, Ausgang A5) Eine 6 m hohe Statue des Symbols von Hongkong steht vor dem Hong Kong Convention & Exhibition Centre am Wasser und gedenkt der Gründung der Sonderverwaltungszone 1997. Die Zeremonie, bei der die Flagge gehisst wird, findet täglich (außer am ersten Tag des Monats) von 7.50 bis 8.03 Uhr statt und wird von der Hongkonger Polizei abgehalten – ein Muss für Touristengruppen vom Festland. An jedem Monatsersten beginnt die Zeremonie um 7.45 Uhr, zudem spielt danach eine Dudelsackkapelle.

⊙ Causeway Bay

TIN HAU TEMPLE TEMPEL

Karte S. 340 (天后廟; 10 Tin Hau Temple Rd, Causeway Bay; 🕗7–17 Uhr; ⓂTin Hau, Ausgang B) Dem berühmtesten Tin-Hau-Tempel (Göttin der Seefahrer) von Hong Kong Island verdanken ein ganzes Viertel, eine Metrostation und eine Straße ihre Namen. Er war 370 Jahre lang ein Ort des Gebets und versprüht trotz Renovierungen antikes Flair, vor allem wegen der kunstvollen Steinschnitzereien in Eingangsnähe und den Keramikfiguren aus Shiwan, die das Dach zieren. Der Hauptschrein beherbergt eine Statue der Göttin mit geschwärztem Gesicht.

LIN FA TEMPLE BUDDHISTISCHER TEMPEL

Karte S. 340 (蓮花宮; Lin Fa Kung St W, Tai Hang; 🕗8–17 Uhr; ⓂTin Hau, Ausgang B) Den ungewöhnlichen Tempel erkennt man an seiner halb-achteckigen Halle und der Veranda-Balustraden im westlichen Stil. Beide überstanden verschiedene Renovierungsarbeiten, die seit den 1860er-Jahren durchgeführt wurden. Zu den bedeutenden Reliquien im Inneren gehören ein Altar für die Patronin des Tempels, die Göttin der Barmherzigkeit, ein Fresko eines Drachens, der an den Fire Dragon Dance in Tai Hang erinnert, und ein alter Fels, der in die hintere Halle hineinragt. Dort soll die Göttin erschienen sein.

ST. MARY'S CHURCH KIRCHE

Karte S. 340 (聖馬利亞堂; 📞852 2576 1768; http://dhk.hkskh.org/stmary/; Ecke Tung Lo Wan Rd & Ka Ning Path, Causeway Bay; ⓂCauseway Bay, Ausgang B) Die ungewöhnliche anglikanische Kirche entstand in den 1930er-Jahren und ist eine auffällige Mischform zwischen chinesischem Tempel und christlichem Gotteshaus. Die roten Ziegelsteinwände zieren chinesische Traufen und Säulen, hinter denen sich Buntglasfenster befinden. Im Inneren sollen großzügig an Bänken und Wänden platzierte chinesische Wolkenmotive den Anschein eines (christlichen) Himmels erwecken. Die Kirche, insbesondere der Innenraum, ist ein durchaus ansehnliches, exzentrisches Beispiel für die sogenannte chinesische Renaissance.

INSIDERWISSEN

VICKIES WÜTENDE ONKEL

Der Victoria Park wurde schon immer mit dem Thema Meinungsfreiheit assoziiert, und das verdankt er vor allem der Kerzenmahnwache, die an jedem 4. Juni hier stattfindet, aber auch der aktuellen Diskussionsveranstaltung „City Forum", die den Park jeden Sonntag in einen Mini-Hyde-Park verwandelt.

Durch zwei MTR-Stationen und etliche Eingänge bietet der Park neben schattigen Spazierwegen Abkürzungen für viele Einheimische. Unter den Stammbesuchern gibt es eine Gruppe prokommunistischer Rentner, die sich beim „City Forum" am Sonntag (12–13 Uhr) in der Nähe versammeln und gegen die Reden schwingenden prodemokratischen Politiker anschreien, um sie zu übertönen.

Diese Männer wurden bekannt als „Onkel vom Victoria Park" (維園阿伯), doch der Begriff bezeichnet inzwischen jeden politisch engagierten Senior, der stänkert. Und davon gibt es in Hongkong auf jeden Fall eine ganze Menge.

INSIDERWISSEN

DIE RENT-A-CURSE-GRANNIES

Unter der Überführung in der Canal Rd zwischen Wan Chai und Causeway Bay kann man ältere Damen anheuern, um seinen Feinden eine Abreibung zu verpassen. Die „Fluch-Omas" sitzen auf ihren Plastikhockern und schlagen mit einem Schuh – ob mit einem orthopädischen Schuh der Omas oder einem Stiletto, entscheidet der Kunde – kräftig auf Bilder von Rivalen in Liebesdingen, mobbenden Kollegen oder weinerlichen Promis. Dabei rappen sie rhythmische Flüche. Und das alles für schlappe 50 HK\$! Im Hung-Shing-Tempel (S. 110) gibt's einen „Meister", der dasselbe mit einem symbolischen „kostbaren" Schwert für die astronomische Summe von 100 HK\$ erledigt.

Das voodooähnliche Exorzieren von Bösewichtern (打小人; *da siu yan*) ist eine Praxis, die zur Volkszauberei gehört. Praktiziert wird der Brauch das ganze Jahr über, aber das beliebteste Datum ist der **Tag des Erwachens der Insekten**, wenn die Sonne genau auf dem 345. Breitengrad steht (meist zwischen dem 5. und 20. März des gregorianischen Kalenders). Man glaubt, es bringe Versöhnung und Klärung, obwohl auch das rein symbolisch sein könnte.

VICTORIA PARK   PARK

Karte S. 340 (維多利亞公園; www.lcsd.gov.hk/en/ls_park.php; Causeway Rd, Causeway Bay; ⏱Park 24 Std.; 👤; MTin Hau, Ausgang B) GRATIS
Der Victoria Park ist die größte öffentliche Grünfläche auf Hong Kong Island und entstand auf einem Areal, das einst zum **Causeway Bay Typhoon Shelter** (銅鑼灣避風塘; Karte S. 340; abseits der Hung Hing Rd, Causeway Bay; MCauseway Bay, Ausgang D1) gehörte. Am besten kommt man morgens unter der Woche, wenn unzählige Menschen Tai-Chi-Übungen in Zeitlupentempo vollführen. Vor dem chinesischen Neujahrfest verwandelt sich der Park in einen Blumenmarkt und während des Mondfests (S. 30) in ein Meer aus Laternen. Der Pool (einst im Freien) von 1957 ist der älteste der Stadt.

NOONDAY GUN   HISTORISCHE STÄTTE

Karte S. 340 (香港怡和午炮; 221 Gloucester Rd; ⏱7–24 Uhr; MCauseway Bay, Ausgang D1) Das Abfeuern dieses 3-Pfund-Hotchkiss-Schiffsgeschützes ist eine koloniale Tradition, die bis in die Mitte des 19. Jhs. zurückreicht und durch die Erwähnung in Noël Cowards Song „Mad Dogs and Englishman" berühmt wurde. Die Kanone steht in einem kleinen Garten gegenüber dem Excelsior Hotel am Wasser und das Abfeuern um Punkt zwölf zieht immer ein paar Schaulustige an.

Die Noonday Gun ist schwer zu finden – sie ist durch einen Tunnel im unterirdischen Parkhaus des World Trade Centre erreichbar, gleich westlich des Excelsior Hotel. Vom Taxistand vor dem Hotel in westlicher Richtung nach der Tür mit der Aufschrift „Car Park Shroff, Marina Club & Noon Gun" Ausschau halten.

🎯 Happy Valley

HAPPY VALLEY
RACECOURSE   PFERDERENNEN

Karte S.340 (跑馬地馬場; ☎852 2895 1523; www.hkjc.com/home/english/index.asp; 2 Sports Rd, Happy Valley; 10 HK\$; ⏱Sept.–Juni Mi 19–22.30 Uhr; 🚋Happy Valley) Zu einem Hongkong-Besuch gehört in jedem Fall ein Abstecher zur Rennbahn, vor allem wenn man mittwochabends Zeit hat, wenn hier die wöchentlichen Rennen stattfinden. Dann sammeln sich die Leute auf den Tribünen und an der Rennstrecke, feiern und essen – die Atmosphäre ist wie elektrisch aufgeladen.

Die ersten Rennen fanden hier 1846 statt. Heute werden auch auf dem neueren, größeren (aber wenig atmosphärischen) Sha Tin Racecourse (S. 184) in den New Territories Rennen ausgetragen. Auf der Website sind Details zum Wettsystem und zu Paketangeboten nachzulesen. Um hierher zu gelangen, fährt man mit der Straßenbahn nach Happy Valley Richtung Osten bis zur Endhaltestelle. Die Rennbahn befindet sich auf der anderen Straßenseite.

HONG KONG CEMETERY   FRIEDHOF

Karte S. 338 (香港墳場; www.fehd.gov.hk/english/cc/introduction.html; Wong Nai Chung Rd, Happy Valley; ⏱7–18 oder 19 Uhr; 👤; MCauseway Bay, Ausgang A) Überfüllt und kosmopolitisch – das Hongkong der Toten unterscheidet sich nicht von der Stadt der Lebenden. Die Grabsteine drängen sich dicht an dicht auf diesem christlichen Friedhof (1845), der sich neben den jüdischen, hinduistischen, parsischen und muslimischen Friedhöfen

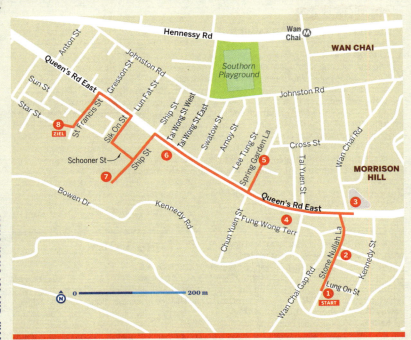

Stadtspaziergang
Die vergessenen Straßen von Wan Chai

START PAK TAI TEMPEL
END STAR ST
LÄNGE/DAUER 1,2 KM; 2 STD.

Schon nach einem kurzen Spaziergang abseits der wichtigsten Busrouten und der Metro von Wan Chai (Ausgang A3) bekommt man ein Gefühl dafür, wie dieses Stadtviertel im 19. Jh. aussah. Der ❶ **Pak Tai Temple** (S. 111) ist ein atemberaubender Tempel, der vor 150 Jahren von Einheimischen erbaut wurde. Weiter unten am Hang erlaubt das ❷ **House of Stories** (S. 121) Einblicke ins Leben in Wan Chai im vergangenen Jahrhundert.

Die Streamline-Moderne-Fassade des ❸ **Wan Chai Market** (S. 126) ist alles, was von dem früheren Gebäude noch übrig ist (heute ist hier ein Einkaufszentrum). Einst das Herz des Viertels, wurde der Markt von den japanischen Streitkräften im Zweiten Weltkrieg als Leichenhalle genutzt. Gleich westlich steht das ❹ **Old Wan Chai Post Office**, Hongkongs ältestes Postamt.

Ein Abstecher zur ❺ **Spring Garden Lane** lohnt sich; die Ecke war eine der ersten, in der sich die Briten niederließen. Man muss sich vorstellen, wie es gewesen sein muss, als Prostituierte Anfang des 20 Jhs. hier ihre Dienste angeboten haben. Weiter geht's auf der Queen's Rd East, wo man einen Blick in den mysteriösen ❻ **Hung Shing Temple** (S. 110) werfen kann.

Westlich des Tempels steigt man die Ship St hinauf, bis man vor dem verfallenen ❼ **Ghost House** in der 55 Nam Koo Tce steht. Seine Geschichte ist eher tragisch: Japanische Soldaten hielten in dem Bordell „Trostfrauen" (Zwangsprostituierte) fest.

Rund um die ❽ **Star Street** gelingt es, an Altem festzuhalten, etwa am traditionellen *dai pai dong* (Essensstand) in der St Francis St, aber auch in Form unkonventioneller Boutiquen und Restaurants Neues zuzulassen. In der 31 Wing Fung St steht ein sechsstöckiges Art-déco-Gebäude. Die Admiralty-MTR erreicht man über eine Rolltreppe und einen unterirdischen Rollsteig, der vom unteren Ende der Wing Fung St zugänglich ist.

und dem St. Michael's Catholic Cemetery befindet. Die Grabstätten stammen aus der Mitte des 19. Jhs. und beherbergen Kolonialisten, Magnaten und Filmdiven.

F11 PHOTOGRAPHIC MUSEUM MUSEUM

(F11攝影博物館; ☎852 6516 1122; http://f11.com; 11 Yuk Sau St, Happy Valley; ⊙Di–Sa nach Anmeldung; ⛴Happy Valley) GRATIS Das Fotografiemuseum in einem restaurierten 80 Jahre alten Art-déco-Bau zeigt Werke großer internationaler Fotografen. Ausstellungen finden drei- oder viermal im Jahr auf zwei Etagen der schönen dreistöckigen Räumlichkeiten statt. In der Vergangenheit waren z. B. Elliott Erwitt, Bruno Barbey und Robert Capa vertreten. Zudem gibt es eine Bibliothek und eine Ausstellung zu historischen Leica-Kameras. Besucher müssen sich anmelden (über den Online-Kalender des Museums) und einer Führung anschließen.

⊙ Island East

PARA SITE KUNSTGALERIE

(☎852 2517 4620; www.para-site.org.hk; 22/F, Wing Wah Industrial Bldg, 677 King's Rd, Quarry Bay; ⊙Mi–So 12–19 Uhr; ⛴Quarry Bay, Ausgang C) In neuen Räumlichkeiten in Quarry Bay stellt die renommierte, unabhängige Galerie Para Site auch weiterhin mit zeitgenössischen Ausstellungen die Kernwerte der Gesellschaft und der Moderne in Frage. Ihr Fokus liegt meist auf Hongkong oder Asien, dennoch sind sie von universeller Relevanz.

HONG KONG FILM ARCHIVE MUSEUM

(香港電影資料館; ☎Reservierungen 852 3761 6661, Auskunft 852 2739 2139, Infozentrum 852 2119 7360; www.filmarchive.gov.hk; 50 Lei King Rd, Sai Wan Ho; ⊙10–20 Uhr, Hauptkasse 12–20 Uhr, Infozentrum Mo & Mi–Fr 10–19, Sa bis 17, So 13–17 Uhr; ⛴Sai Wan Ho, Ausgang A) GRATIS Das Archiv ist ein Paradies für Kinoliebhaber. Hier lagern über 6300 Filmrollen und Bänder, außerdem Zeitschriften und Drehbücher aus der Kinogeschichte Hongkongs im Lauf der Jahrzehnte. Vor einem Besuch kann man sich den umfangreichen Online-Katalog (auch auf Englisch) anschauen. Zusätzlich bietet das Archiv Themenausstellungen und regelmäßige Vorführungen im hauseigenen **Kino**. Das aktuelle Programm ist online nachzulesen. Von der MTR-Station läuft man auf der Tai On St Richtung Norden und biegt dann nach Westen auf die Lei King Rd ab.

STATE THEATRE BUILDING HISTORISCHES GEBÄUDE

(皇都戲院大廈; 279–291 King's Rd, North Point; ⛴North Point, Ausgang B4) Die Strebebogen auf dem Dach jenseits der Reklametafeln erinnern an ein Walgerippe. Das State Theatre ist das letzte von Hongkongs Luxustheatern aus der Zeit nach dem Zweiten Weltkrieg. Premiere feierte es 1952 mit *Just for You* mit Bing Crosby und Jane Wyman, und über Jahre war das Theater Kult. Die Strebebogen im sowjetischen konstruktivistischen Stil stützen das Dach von oben. Die dadurch säulenfreie, große Halle galt damals als äußerst avantgardistisch.

AO VERTICAL ART SPACE KUNSTGALERIE

(AO Vertical 藝術空間; ☎852 2976 0913; www.aovertical.com; Photo Book Centre, 1–14. OG, Asia One Tower, 8 Fung Yip St, Chai Wan; ⊙Mo–Sa 10–18 Uhr; ⛴788) GRATIS Die vertikale Galerie ist *die* Adresse schlechthin für Werke von Hongkongs brillanten Fotografen sowie Bilder der Region von asiatischen und internationalen Künstlern. Sie erstreckt sich über zehn Etagen in einem Industriebau und zeigt im Treppenhaus exzellente Ausstellungen. Der Buchladen im Erdgeschoss hat eine gute Auswahl an regionaler Kunst und Fotografie. Besucher müssen sich vorab anmelden.

Bus 788 fährt von der Haltestelle Central zur Station „Kailey Industrial Building" an der Ecke der Fung Yip St. Auch der Expressbus 789 fährt von der Canal St in Causeway Bay hierher. Der Minibus 47M verkehrt von der MTR-Station Chai Wan zur Fung Yip St und hält direkt vor dem Buchladen. Einfach dem Fahrer sagen, dass man am „Asia One Tower" (宏亞大廈) aussteigen möchte.

CHUN YEUNG STREET MARKET MARKT

(春秧街街市; Chun Yeung St, North Point; ⊙8–18 Uhr; ⛴North Point, Ausgang A4) Fährt man mit der Straßenbahn Richtung Osten durch Fortress Hill, findet man sich in einer alten, engen Gasse voller Marktstände und alter Mietshäuser wieder. Das ist der berühmte Chun Yeung Street Market, auf dem es um 17 Uhr so voll ist, dass man sich wundert, dass noch niemand von der Straßenbahn angefahren wurde. Vor Ort verkaufen viele Läden Lebensmittel aus Fujian, die es sonst nirgendwo in Hongkong gibt. In North Point gibt es eine riesige Fujian-Gemeinde; deren Dialekt hört man überall auf der Shun Yeung St.

HONG KONG MUSEUM OF
COASTAL DEFENCE MUSEUM
(香港海防博物館; 852 2569 1500; http://hk.coastaldefence.museum; 175 Tung Hei Rd, Shau Kei Wan; Erw./erm. 10/5 HK$; März–Sept. 10–18 Uhr, Okt.–Feb. bis 17 Uhr, Do geschl.; Shau Kei Wan, Ausgang B2) Das Museum punktet mit einer Traumlage im Lei Yue Mun Fort (1887) mit weiten Blicken hinunter auf den Lei Yue Mun Channel und das südöstliche Kowloon. Die Ausstellungen in der alten Befestigungsanlage informieren über sechs Jahrhunderte der Hongkonger Küstenverteidigung. Ein historischer Lehrpfad führt über die Kasematten, Tunnel und Beobachtungsposten fast bis zur Küste hinunter.

ISLAND EAST MARKET MARKT
(www.hkmarkets.org; Tong Chong St, Quarry Bay; Frühling–Herbst Sa & So 11–17.30 Uhr; Quarry Bay, Ausgang A) Der größte Bauernmarkt von Hong Kong Island öffnete 2012 seine Pforten. Vor typischer Hongkong-Kulisse auf einem geschäftigen Platz gibt es hier Bio-Produkte, Snacks, Kunsthandwerker und Straßenmusiker en masse. Die Öffnungszeiten sind online nachzulesen. Manchmal ist der Markt über Monate geschlossen.

ARTIFY KUNSTGALERIE
(852 3543 1260; www.artifygallery.com; Unit 7, 10. OG, Block A, Ming Pao Industrial Centre, 18 Ka Yip St, Chai Wan; Di–Fr 10–19, Sa & So 11–19 Uhr, Mo geschl.; Minibus 62, 62A) In einem Industriegebäude mit Blick aufs Meer zeigt die Galerie zeitgenössische asiatische Kunst in Druck- und Papierform, u.a. Gemälde, Radierungen, Tiefdrucke, Lithographien und sogar Skulpturen. Minibus 62 oder 62A fährt von der MTR-Station Heng Fa Chuen zum Ming Pao Industrial Centre. Dem Fahrer sagen, dass man am Ming Pao Industrial Centre (明報工業中心) aussteigen möchte.

ESSEN

Admiralty

★ LOCK CHA
TEA SHOP VEGETARISCH, CHINESISCH $
Karte S. 336 (樂茶軒; 852 2801 7177; www.lockcha.com; EG, KS Lo Gallery, 10 Cotton Tree Dr, Hong Kong Park, Admiralty; Dim Sum 15–28 HK$, Tee ab 25 HK$; 10–20 Uhr, 2. Di im Monat geschl.; Admiralty, Ausgang C1) Im üppig grünen Hong Kong Park serviert das Lock Cha duftende Tees und leckere vegetarische Dim Sum in einer Replik eines alten Studienzimmers. Samstags (19–21 Uhr) und sonntags (16–18 Uhr) gibt es zudem chinesische Musik. Man sollte reservieren. Die Musik ist volkstümlich, der Teeladen elegant.

GREAT
FOOD HALL SUPERMARKT, INTERNATIONAL $
Karte S. 336 (852 2918 9986; www.greatfoodhall.com; UG, Two Pacific Place, Admiralty; Gerichte ab 100 HK$; 10–22 Uhr; Admiralty, Ausgang F) Im Untergeschoss des schicken Einkaufszentrums Pacific Place lockt mit der Great Food Hall einer der besten Gourmet-Supermärkte Hongkongs. Neben einem hauseigenen Burgerlokal und einem spanischen Tapas-Restaurant gibt es eine Spitzenauswahl an verschiedenem Käse, Sushi zum Mitnehmen und herzhafte Salate zum selber Zusammenstellen.

BEEF & LIBERTY BURGER $
Karte S. 336 (852 2811 3009; www.beef-liberty.com/hk; 23 Wing Fung St, 2. St.; Burger 92–118 HK$; Mo–Fr 11.30–15 & 18–22.30, Sa & So 11–23 Uhr; Admiralty, Ausgang F) Unserer Meinung nach gibt's in diesem trendigen Laden die besten Burger der Stadt. Das saftige tasmanische Rind wird je nach Wunsch gebraten und mit Speck-Marmelade, grünen Chilis, eingelegten Zwiebeln und anderen Köstlichkeiten belegt. Die Süßkartoffel-Pommes sind der Hammer, die Milchshakes mit Schuss machen ebenfalls richtig Spaß. Während Stoßzeiten sollte man reservieren. Eingang über den Fahrstuhl in der Pizzeria darunter.

★ PURE VEGGIE
HOUSE VEGETARISCH, CHINESISCH $$
Karte S. 336 (心齋; 852 2525 0556; 3. OG, Coda Plaza, 51 Garden Rd, Mid-Levels; Gerichte 250–500 HK$; 10.30–22.30 Uhr; MTR-Station Admiralty, dann Bus 12A) Das buddhistische Restaurant geht weit über den üblichen Tofu mit Brokkoli hinaus und serviert innovative, köstliche vegetarische Gerichte, darunter gebratenen Reis mit schwarzen Trüffeln und Pinienkernen sowie Tofu-Röllchen mit Algenmantel. Ein paar Etagen darüber zaubert das Schwesterrestaurant San Xi Lou (S. 117) die beste fleischlose Sichuan-Küche der Stadt. Die ausgezeichneten vegetarischen Dim Sum, die mittags auf den Tisch kommen, werden auch überzeugten Fleischessern schmecken.

SAN XI LOU
SICHUAN-KÜCHE $$
Karte S. 336 (三希樓; ☎852 2838 8811; 7. OG Coda Plaza, 51 Garden Rd, Mid-Levels; Gerichte 200–400 HK$; ⏱11–22.30 Uhr; ☐MTR-Station Admiralty, dann Bus 12 A) Frische Zutaten und kreative Gewürzmischungen machen das San Xi Lou zum besten Sichuan-Restaurant der Stadt. Unentschlossene Chili-Fans machen mit dem Eintopf nichts falsch, echte Sichuan-Liebhaber sollten jedoch den „in Wasser gekochten Fisch" (水煮魚) probieren. Dieser besteht aus Fischscheiben und geriebenem Gemüse in einer dunkelroten Brühe mit getrockneter Chili und Sichuan-Pfefferkörnern. Viele Restaurants nehmen für das feurige Gericht Tiefkühlfisch, hier schmeckt man hingegen die delikate Süße des frischen Fisches und die seidige Konsistenz der dampfenden Brühe.

AMMO
MEDITERRAN $$
Karte S. 336 (☎852 2537 9888; www.ammo.com.hk; Asia Society Hong Kong Centre, 9 Justice Dr, Admiralty; Hauptgerichte 118–400 HK$; ⏱So–Do 12–24, Fr & Sa bis 1 Uhr; ☐Admiralty, Ausgang F) Dieses schicke, komplett verglaste Café im Asia Society Hong Kong Centre (S. 110) erstrahlt in kupfernem Licht und ist mit Kronleuchtern und Kupferplatten dekoriert, die an seine Vergangenheit als Sprengstoffdepot erinnern. Die moderne, gut durchdachte Speisekarte umfasst vor allem italienische Hauptgerichte, darunter exzellente hausgemachte Pasta und kunstvoll minimalistische Desserts. Tapas gibt's ab 17 Uhr. Reservierung erforderlich.

✗ Wan Chai

KAM'S ROAST GOOSE
KANTONESISCH $
Karte S. 338 (甘牌燒鵝; ☎852 2520 1110; www.krg.com.hk; 226 Hennessy Rd, Wan Chai; Gerichte 70–200 HK$; ⏱11.30–21 Uhr; ☐Wan Chai, Ausgang A2) Das Kam's ist einer von zwei Ablegern des berühmten Yung Kee Restaurant (S. 96) in Central. Beim Einkauf und bei der Zubereitung des grandiosesten Gänsebratens der Stadt werden dieselben strengen Standards wie in der Mutterfiliale eingehalten. Neben dem saftig-knusprigen Federvieh (am besten schmeckt der Schenkel) sind auch andere Fleischgerichte vom Grill wie geröstetes Spanferkel zu empfehlen.

JOY HING ROASTED MEAT
KANTONESISCH $
Karte S. 338 (再興燒臘飯店; ☎852 2519 6639; 1C Stewart Rd, Wan Chai; Gerichte 30–60 HK$; ⏱10–22 Uhr; ☐Wan Chai, Ausgang A4) Dieser einfache Laden ist vielleicht unsere erste Wahl für kantonesische Grillgerichte – die Michelin-Tester sind derselben Meinung. Grund dafür ist saftiges Grillfleisch vom Schwein, von der Gans, vom Hühnchen und von der Leber an frisch gedämpftem Reis. Die Speisekarte besteht aus simplen Karten, die an der Wand hängen. Einfach schauen, was der Nachbar isst und darauf zeigen.

WING WAH
NUDELN $
Karte S. 338 (永華雲吞麵家; 89 Hennessy Rd, Wan Chai; Nudeln ab 50 HK$; ⏱12–2, So bis 1 Uhr; ☐Wan Chai, Ausgang A3) Das unprätentiöse Nudellokal bereitet seit 50 Jahren kantonesische Nudelgerichte auf traditionelle Art zu. Der Teig wird täglich frisch mit einem Bambusstock geknetet, damit die Nudeln später al dente werden. Die kleinen Wan Tans haben die perfekte Größe und samtene Teighüllen, die in Brühe schwimmen. Weitere Spezialitäten sind geschwenkte Nudeln mit Garnelenrogen und Dessertsuppen.

CAPITAL CAFE
CHA CHAAN TANG $
Karte S. 338 (華星冰室; ☎852 2666 7766; Shop B1, EG, Kwong Sang Hong Bldg, 6 Heard St, Wan Chai; Gerichte 35–50 HK$; ⏱7–23 Uhr; ☐Wan Chai, Ausgang A2) Das Café ist einem traditionellem *cha chaan tang* (Teehaus) nachempfunden, dabei jedoch sauberer und verspielter. Betrieben wird es von den Gründer des gleichnamigen Cantopop-Plattenlabels. Auf den Tisch kommen gute, alte Klassiker wie fluffiges Rührei und eisgekühlter Rote-Bohnen-Drink sowie raffiniertere, mit schwarzem Trüffel verfeinerte Kreationen.

CHUEN CHEONG FOODS
CHINESISCH $
Karte S. 338 (泉昌美食; ☎852 2575 8278; 150 Wan Chai Rd, Wan Chai; 2 Stück stinkender Tofu 12 HK$; ⏱Mo–Sa 12.30–21 Uhr; ☐Wan Chai, Ausgang A4) Wir schlendern gemütlich durch Wan Chai und nehmen plötzlich diesen Geruch wahr… Moment mal, ist hier ein Pferdestall in der Nähe? Nein, das ist nur der dungartige Geruch von stinkendem Tofu, einem Paradebeispiel für „schmeckt besser, als es riecht". Dieser beliebte Straßenstand (keine Ausschilderung in lateinischen Buchstaben) serviert den beliebten Snack nach Hongkong-Art: frittiert und mit Chilisauce und süßer Hoisin-Sauce.

★SEVENTH SON
KANTONESISCH $$
Karte S. 338 (家全七福; ☎852 2892 2888; www.seventhson.hk; 5. & 6. OG, Kwan Chart Tower, 6

Tonnochy Rd, Wan Chai; Gerichte ab 350 HK$; ⏲11.30–15 & 18–22.30 Uhr; Ⓜ Wan Chai, Ausgang C) Der lohnenswerte Ableger des berühmten Fook Lam Moon (S. 155; alias Tycoon's Canteen) kredenzt genau dieselbe Hausmannsküche wie das Original sowie ein paar extravagante Meeresfrüchtegerichte. Das Essen ist exzellent, zudem gibt's hier hervorragenden Service, den das FLM aber der Stammkundschaft vorbehält – als Gelegenheitsgast kann man das also kaum beurteilen.

22 SHIPS
TAPAS $$

Karte S. 338 (☎852 2555 0722; www.22ships.hk; 22 Ship St, Wan Chai; Tapas 88–198 HK$; ⏲12–15 & 18–23 Uhr; Ⓜ Wan Chai, Ausgang B2) Der winzige, trendige Laden ist immer proppenvoll. Doch die lange Wartezeit (man kann nicht reservieren) lohnt sich dank der exquisiten, verspielten, kleinen Gerichte des sehr angesagten jungen britischen Küchenchefs Jason Atherton.

Bei vielen der spanischen Gerichte mit asiatischem Touch kommen Techniken der Molekularküche zum Einsatz, darunter knusprige Fischhaut mit ein paar Klecksern schaumiger Kabeljau-Mousse. Wer mehr Lust auf exklusives Seelenfutter hat, bestellt z. B. Toast mit *jamón*, Manchego und Trüffel unter einem Wachtelspiegelei.

KIN'S KITCHEN
KANTONESISCH $$

Karte S. 338 (留家廚房; ☎852 2571 0913; 5. OG, W Square, 314–324 Hennessy Rd, Wan Chai; Gerichte 180–450 HK$; ⏲12–15 & 18–23 Uhr; Ⓜ Wan Chai, Ausgang A2) Der einstige Kunstkritiker und jetzige Gastronom Lau Kin verbindet in diesem eher unprätentiösen Restaurant seinen Sinn für Kunst mit seiner Leidenschaft für regionale Produkte. Der Fokus liegt auf kreativ interpretierten kantonesischen Klassikern. Lau, mit seinem silbernen Haar und den rosigen Wangen ein echter Bonvivant, erklärt seiner Kundschaft manchmal die Besonderheiten der vier verschiedenen Sorten von weißem Reis auf der Karte.

HONG ZHOU RESTAURANT
HANGZHOU-KÜCHE $$

Karte S. 338 (杭州酒家; ☎852 2591 1898; 1. OG, Chinachem Johnston Plaza, 178–188 Johnston Rd, Wan Chai; 200–800 HK$; ⏲11.30–14.30 & 17.30–22.30 Uhr; Ⓜ Wan Chai, Ausgang A5) Das bei Gourmetkritikern beliebte Restaurant punktet mit exzellenter Hángzhōu-Küche, der delikaten Schwester der Shanghai-Küche. Die Gerichte, darunter Garnelenpfanne mit Teeblättern, sollen alle Sinne anregen. Die Variante von Dongpo-Schwein (東坡肉), saftig geschmortem Schweinebauch, benannt nach einem kulinarisch interessierten Dichter, ist eine köstliche Cholesterinbombe.

PAWN
BRITISCH $$

Karte S. 338 (☎852 2866 3444; www.thepawn.com.hk; 62 Johnston Rd, Wan Chai; 250–1000 HK$; ⏲Mo-Sa 11–2, So bis 24 Uhr; Ⓜ Wan Chai, Ausgang A3) Das Pawn hat in einem hübschem Block wiedereröffnet, in dem einst eine 100 Jahre alte Pfandleihe untergebracht war. Die kreative Speiseauswahl, zusammengestellt vom britischen Starkoch Tom Aikens, interpretiert Klassiker neu, darunter Fischpastete (Heilbutt mit knusprig gebratener Haut mit geschmortem Tintenfisch und getrockneter Algengarnele).

MEGAN'S KITCHEN
KANTONESISCH, HOTPOT $$

Karte S. 338 (美味廚; ☎852 2866 8305; www.meganskitchen.com; 165-171 Wan Chai Rd, Wan Chai, 5. St., Lucky Centre; Hotpot 200–300 HK$/Pers.; ⏲12–15 & 18–23.30 Uhr; Ⓜ Wan Chai, Ausgang A3) Im Megan's kann man aus verschiedenen Brühen wie *tom yum* oder „Hummer-Borschtsch" wählen, die der klassischen Hotpot-Erfahrung einen modernen Kick verleihen, obwohl Klassiker wie die scharfe Sichuan-Suppe genauso gut sind. Die umfangreiche Karte mit Sachen zum Dippen reicht vom üblichen Standard (Pilze, Fischstücke, Tofu) bis zu Avantgarde (die fabelhaften Regenbogen-Tintenfischbällchen muss man probieren). Wie alle Hotpot-Restaurants besucht man das Megan's am besten mindestens zu viert.

Durch die unterteilten Hotpots kann man bis zu drei Brühen probieren, also je mehr Leute, desto besser. Vorab telefonisch reservieren, vor allem am Wochenende.

BO INNOVATION
CHINESISCH $$$

Karte S. 338 (廚魔; ☎852 2850 8371; www.boinnovation.com; 2. OG, 60 Johnston Rd, Wan Chai; Mittags-/Probiermenü 430/730 HK$, Abendessen Probiermenü 1680–2380 HK$; ⏲Mo-Fr 12–14, Mo-Sa 19–22 Uhr; Ⓜ Wan Chai, Ausgang B2) Das Bo interpretiert chinesische Klassiker mithilfe der zukunftsweisenden Molekularküche auf neue und überraschende Weise. *Cha siu bao*, eine Teigtasche mit gegrilltem Schweinefleisch, ist ein schwabbeliger Klecks aus Schweinefleischsuppe, umhüllt von einer Verpackung, die im Mund explodiert. Chilikrabben werden in einem Babyfläschchen samt Babylöffel mit Hello-

GRISSINI
ITALIENISCH $$$

Karte S. 338 (☎852 2588 1234; www.hongkong. grand.hyattrestaurants.com/grissini; Grand Hyatt Hotel, 1 Harbour Rd, Wan Chai; Mittag-/Abendessen ab 400/800 HK$; ⊗So–Fr 12–14.30, tgl. 19–22.30 Uhr; ✐; MWan Chai, Ausgang A1) Luftig, knusprig und süchtig machend – die 30 cm langen Grissini sind die besten der Stadt. Aber man sollte auch noch Platz für die Mailänder Spezialitäten lassen und dazu eine der 1000 Weinsorten bestellen. Zudem punktet das Restaurant mit bis zum Boden reichenden Fenstern, schickem 1990er-Stil, solider Küche, herzlichem Service, gelegentlichen Besuchen von Promiköchen und speziellen Trüffelmenüs.

SERGE ET LE PHOQUE
MODERN-FRANZÖSISCH $$$

Karte S. 338 (☎852 5465 2000; Shop B2, EG, Tower 1, The Zenith, 3 Wan Chai Rd, Wan Chai; Abendmenü ab 700 HK$; ⊗18–22.30 Uhr; MWan Chai, Ausgang A3) Während man perfektes französisches Rind oder riesige japanische Kammmuscheln in lässig-luxuriösem Ambiente genießt (und damit von der Gentrifizierung profitiert), sieht man durch die bis zum Boden reichenden Fenster Metzger vom Frischmarkt beim Zerteilen von Fleisch zu (von draußen noch drinnen sieht man kaum etwas). Das Restaurant öffnet nur abends. Milchig-weiße Kugeln aus den 1960er-Jahren sorgen für gedämpftes Licht.

✕ Causeway Bay

★ATUM DESSERANT
DESSERTS $

Karte S. 340 (☎852 2956 1411, 852 2377 2400; www.atumhk.com; 16. OG, The L Square, 459–461 Lockhart Rd, Causeway Bay; Desserts ab 138 HK$; ⊗Mo–Do 14.45–24, Fr–So ab 13 Uhr; MCauseway Bay, Ausgang C) Nachdem man sich einen Stuhl geschnappt und seine Tasche unter dem Tresen verstaut hat, kann man bei der Zubereitung museumswürdiger Desserts zusehen. Verantwortlich dafür sind flüssiger Stickstoff und der Besitzer, der lang im Mandarin Oriental als Konditor arbeitete. „Improvisation" (348 HK$ für 2), eine Mischung aus Konfekt, Früchten und Eis, wirkt wie eine Kreuzung aus einem Jackson Pollock und einem Monet. Neben der Ästhetik überzeugen auch die erstaunlich harmonischen Aromen. Eine Reservierung ist ratsam.

HO HUNG KEE
NUDELN $

Karte S. 340 (何洪記; ☎852 2577 6028; 12. OG, Hysan Place, 500 Hennessy Rd, Causeway Bay; Nudeln ab 40 HK$; ⊗11.30–23.30 Uhr; MCauseway Bay, Ausgang F2) Die leckeren Nudeln, Wan Tans und Congees in diesem 70 Jahre alten Lokal werden nach althergebrachten Rezepten der Familie Ho zubereitet, die offensichtlich weiterhin funktionieren. Dasselbe gilt für die Neuzugänge auf der Karte, Dim Sum und kantonesische Klassiker. Auch wenn es der Lage an Ambiente mangelt, ist das Ho Hung Kee zur Mittagszeit immer rappelvoll. Und das war auch schon so, als es noch keinen Michelin-Stern hatte.

QUEEN OF THE EAST
CHINESISCH $

Karte S. 340 (東后齋; ☎852 2377 7733; 25/F Circle Tower, 28 Tang Lung St, Causeway Bay; Hauptgerichte 78–168 HK$; ⊗11–22 Uhr; ✐; MCauseway Bay, Ausgang A) Der preiswertere, kleinere und zentraler gelegene Ableger des exquisiten Pure Veggie House (S. 116) in Admiralty, ein buddhistisches Restaurant, tauscht glutenreiche Fleischrepliken für die kreative Zubereitung von Pilzen, Hülsenfrüchten und Gemüse ein. Dim Sum sind bis 17 Uhr verfügbar und sind mit und ohne Fleisch gleichermaßen köstlich.

GUN GEI HEALTHY VEGETARIAN
CHINESISCH $

Karte S. 338 (根記健康素食; ☎852 2575 7595; No 6 Bowrington Rd Market & Cooked Food Centre, 21 Bowrington Rd, Wan Chai; Gerichte 32–70 HK$; ⊗Mo–Sa 8.30–14.30 & 17.30–21.30 Uhr; ✐; MCauseway Bay, Ausgang A) Das sauberste *dai pai dong* im Bowrington Road Market (S. 120) verkauft einfache, aber leckere vegetarische Gerichte. Abends ist die Auswahl am größten. Meist ist das Lokal voll, deswegen holt man sich am besten Hilfe von jemandem, der Chinesisch spricht, um einen Tisch zu reservieren und das Essen vorab zu bestellen. Das Mittagsangebot umfasst zwei oder drei Gerichte, eine Suppe und so viel Reis, wie man möchte.

★DELICIOUS KITCHEN
SHANGHAI-KÜCHE $

Karte S. 340 (☎852 2577 8350; 9-11B Cleveland St, Causeway Bay; Gerichte 70–100 HK$; ⊗11–23 Uhr; MCauseway Bay, Ausgang E) Der Shanghai-Reis, der mit geraspeltem chinesischem Kraut serviert wird, ist in diesem *cha cha an teng* (Teehaus) so gut, dass sich die Fashionistas regelrecht überschlagen, um einen Tisch zu ergattern. Am besten schmeckt er mit dem legendären Schweinekotelett mit Honigglasur. Die prall mit Gemüse gefüllten Wan Tans und der perfekt knusprig gebratene Tofu sind ebenfalls der Hammer.

LAB MADE ICE CREAM
DESSERTS $

Karte S. 340 (分子雪糕專門店 852 9355 4476; www.labmade.com.hk; 6 Brown St, Tai Hang; Eiscreme 41 HK$; 14–24, So bis 23 Uhr; MTin Hau, Ausgang B) Ein wirklich köstliches Experiment: Die Eiscreme von Lab Made wird mit flüssigem Stickstoff und einem Mixer hergestellt, jede Kugel auf Bestellung geformt und in einer Dampfwolke serviert. Auf der wechselnden Karte stehen täglich vier Sorten, eine Mischung aus den üblichen Verdächtigen (Schokolade, Mango) und purer Magie, die es nur in Hongkong gibt (Kondensmilch mit knusprigen Toaststückchen, lila Süßkartoffel, Mondkuchen).

SOGO
JAPANISCH, SELBSTVERSORGER $

Karte S. 340 (852 2833 8338; www.sogo.com.hk; 555 Hennessy Rd, Causeway Bay, UG; Snacks ab $20 HK; 10–22 Uhr; MCauseway Bay, Ausgang D3) Dieser überfüllte Supermarkt mit Feinkostabteilung im Untergeschoss des bekannten japanischen Kaufhauses Sogo ist die Adresse für alle erdenklichen japanischen Snacks. Wir empfehlen *onigiri* (mit Fisch gefüllte Reisbällchen), frische Crêpes mit Füllungen wie Grüner-Tee-Eiscreme, Pfannkuchen mit gebratenem Oktopus und *mochi* (klebrig-süße Reiskuchen), die beinahe zu hübsch zum Essen sind.

BOWRINGTON ROAD MARKET
MARKT $

Karte S. 338 (鵝頸街市; 21 Bowrington Rd, Causeway Bay; 6–20 Uhr; MCauseway Bay, Ausgang A) Die mehrstöckige Markthalle für frische Lebensmittel hat eine Abteilung für warme Gerichte, die bis 2 Uhr geöffnet ist. Auf der Straße draußen verkaufen Fisch- und Gemüsehändler ihre Waren. Ein Besuch ist ein Genuss für Marktliebhaber.

★KAM'S KITCHEN
KANTONESISCH $$

Karte S. 340 (甘飯館; 852 3568 2832; 5 Mercury St, Tin Hau; Mittagessen 50–390 HK$, Abendessen ab 200 HK$; 11.30–15 & 18–22.30 Uhr; MTin Hau, Ausgang A1) Eine Familienfehde in ehrwürdigen Yung Kee in Central führte zur Gründung dieses Ablegers mit exzellentem Preis-Leistungs-Verhältnis. Auf den Tisch kommen klassische, aufwendige kantonesische Gerichte wie Garnelen, gefüllt mit Krabbenrogen und geschmorter Gans. Natürlich gibt es auch noch die berühmte Gans als Braten oder gebratenen Reis mit Gänsefett.

Es ist ratsam zu reservieren.

★CHOI'S KITCHEN
KANTONESISCH $$

Karte S. 340 (私房蔡; 852 3485 0501; Shop C, EG, Hoi Kok Mansion, 9 Whitfield Rd, Tin Hau; Hauptgerichte ab 128 HK$; 11–15 & 18–22 Uhr; MTin Hau, Ausgang A) Der charmante Laden veredelt Klassiker mit frischen, hochwertigen Zutaten und dezenter Würzung. Die Spezialität des Hauses, Reis aus dem Tontopf, wird auf Vorbestellung zubereitet und ist nur abends verfügbar. Das unprätentiöse Dekor im Vintage-Stil spiegelt die Ursprünge des Restaurants als *dai pai dong* (大牌檔; Imbissstand) wieder. Die Preise haben sich seitdem stark verändert, die (gut besuchte) Klientel kommt jedoch auch weiterhin.

Wer nicht früh kommen kann, sollte besser reservieren.

★FORTUNE KITCHEN
KANTONESISCH $$

Karte S. 340 (盈福小廚; 852 2697 7317; 5 Lan Fong Rd, Causeway Bay; Hauptgerichte 100–500 HK$; 11.30–17 & 18–22.30 Uhr; MCauseway Bay, Ausgang A) Trotz des altmodischen Chinatown-Namens ist das Fortune Kitchen wie ein altes Teehaus dekoriert und serviert bodenständige, aber raffinierte kantonesische Küche zu erschwinglichen Preisen. Der Besitzer war früher Souschef in einem Sternerestaurant und das merkt man den Gerichten wie dem gedämpften Hühnchen mit getrockneten Jakobsmuscheln und dem gebratenen Reis auch an. Reservierung empfehlenswert.

SUSHI FUKU-SUKE
JAPANISCH $$

Karte S. 340 (鮨福助; 852 2955 0005; www.fukusuke.com.hk; 11. OG, Macau Yat Yuen Centre, 525 Hennessy Rd, Causeway Bay; Menüs 200–1300 HK$; 12–23 Uhr; MCauseway Bay, Ausgang D4) Die elegante Sushi-Bar mit geraden Linien und Kiefernholz würde auch in Tokio eine gute Figur abgeben – und genau dort hat der Koch und Besitzer früher auch gearbeitet. Wer keinen allzu großen Hunger hat, kann für 200 HK$ sehr anständig zu Mittag essen. Das *omakase (*Menü des Küchenchefs) am Abend umfasst frisches Sushi oder Sashimi und professionell zubereitete warme Gerichte für rund 800 HK$.

GO YA YAKITORI
JAPANISCH $$

Karte S. 340 (五谷串燒; 852 2504 2000; 21 Brown St, Tai Hang; Gerichte ab 200 HK$; tgl. 18–23.30, außerdem So 12–14.30 Uhr; MTin Hau,

Ausgang B) In diesem holzvertäfelten *yakitori*-Lokal im gemütlichen Viertel Tai Hang fühlt man sich wie in einem japanischen Dorf. Nach einer Tasse Sake samt Amuse-Gueule aufs Haus kann man aus dutzenden Spießen wählen – besonders beliebt sind z. B. Hühnchen mit Knorpel und *kurobuta*-Schwein. Das Bier stammt von einer kleinen japanischen Brauerei.

Keine Panik beim Blick auf die Preise – sie sind in japanischen Yen angegeben!

YEE TUNG HEEN DIM SUM, KANTONESISCH $$$

Karte S. 340 (怡東軒; ☎852 2837 6790; 2. OG, Excelsior Hotel, 281 Gloucester Rd, Causeway Bay; Mittag-/Abendessen ab 200/500 HK$; ⏰12–15 & 18–22 Uhr) Das elegante, unaufgeregte Restaurant unter Leitung des Mandarin Oriental ist Experte für kantonesische Haute Cuisine. Essen und Service haben die fürs Mandarin typische Qualität, man zahlt jedoch ein Drittel weniger (außerdem ist das Reservieren einfacher). Beste Zutaten werden kunstvoll verarbeitet und eindrucksvoll angerichtet, das gilt auch für Dim Sum zum Mittagessen, darunter Auberginenpastete und eine preisgekrönte Pilzauswahl.

FORUM KANTONESISCH, DIM SUM $$$

Karte S. 340 (富臨飯店阿一鮑魚; ☎852 2869 8282; 1. OG, Sino Plaza, 255–257 Jaffe Rd, Causeway Bay; Gerichte 500–1600 HK$; ⏰11–14.30 & 17.30–22.30 Uhr; MCauseway Bay, Ausgang D4) Die Abalone-Gerichte in diesem schicken Restaurant haben Fans in aller Welt. Die Rezepte stammen vom Besitzer, dem preisgekrönten Koch Yeung Koon-yat. Wer geschmorte Abalone probieren möchte, kommt mit dem Sechs-Gänge-Menü samt Riesengarnele und „zweiköpfiger" Abalone am günstigsten weg (1380 HK$/Pers.).

WEST VILLA KANTONESISCH, DIM SUM $$$

Karte S. 340 (西苑酒家; ☎852 2882 2110; www.westvillahk.com; 5. OG, Lee Gardens One, 33 Hysan Ave, Causeway Bay; Gerichte ab 350 HK$; ⏰11–23.30 Uhr; MCauseway Bay, Ausgang E) Das elegante Restaurant versteht sich bestens auf die Zubereitung von *char siu* (gegrilltem Schwein), nur etwas angekohlt an den Rändern, herrlich golden und nicht zu mager oder zu fett. Zudem gibt's hier mit das beste Hühnchen mit Sojasauce der Stadt und die „Duke's Soup" (爵士湯) mit Hühnchen, Muschelfleisch, Honigmelone und vielen weiteren Zutaten, für deren Kenntnis die Konkurrenz töten würde. Die köstliche Suppe, die ursprünglich für einen zum Ritter geschlagenen Einheimischen kreiert wurde, muss vorbestellt werden. Die Dim Sum zur Mittagszeit sind ebenfalls exzellent.

✘ Happy Valley

GI KEE SEAFOOD RESTAURANT DAI PAI DONG, KANTONESISCH $

(鉄記海鮮飯店; ☎852 2574 9937; 2 Yuk Sau St, Shop 4, 2. Stock, Wong Nai Chung Municipal Services Bldg; Hauptgerichte ab 150 HK$; ⏰17.30–22 Uhr; 🚌1 ab Des Voeux Rd Central) Wer nicht reserviert hat, muss Schlange stehen, um in diesem *dai pai dong* über einem Straßenmarkt einen Plastikstuhl zu ergattern. Chan Chung-fai, der Mann in der Küche, zaubert so tolle Gerichte wie Hähnchen mit gebratenem Knoblauch. Er ist ein preisgekrönter Meisterkoch mit einer großen Fangemeinde, zu der auch Zhang Ziyi und Jackie Chan zählen.

✘ Island East

TUNG PO SEAFOOD RESTAURANT DAI PAI DONG, KANTONESISCH $

(東寶小館; ☎852 2880 5224; 2. OG, Municipal Services Bldg, 99 Java Rd, North Point; Gerichte 100–250 HK$; ⏰17.30–24 Uhr; MNorth Point, Ausgang A1) Das Tung Po liegt über dem Lebensmittelmarkt in der Java Rd und hat die *dai-pai-dong*-Küche revolutioniert. Das Bier wird in gekühlten Porzellanschalen serviert und kann so lässig in großen Schlucken geleert werden. Das Personal marschiert in Gummistiefeln herum und serviert kantonesische Gerichte mit dem gewissen Pfiff. Vorab reservieren (Reservierungen von 14.30–17.30 Uhr) oder vor 19 Uhr herkommen.

Sehr zu empfehlen sind das knusprige Hühnchen mit jeder Menge gebratenem Knoblauch (風沙雞), Reis mit Enten-Jus, in Lotusblättern gebacken (鴨汁荷葉飯), und gebratene Schweinsfüße mit rotem fermentiertem Sojaquark (南乳炸豬手).

SIU WA KITCHEN KANTONESISCH $

(紹華小廚; ☎852 8199 8188; Shop CF3, Aldrich Bay Market Cooked Food Centre, Aldrich Bay, Shau Kei Wan; Reis aus dem Tontopf ab 55 HK$; ⏰18.30–22 Uhr; MShau Kei Wan, Ausgang B3) Der einfache Stand bereitet Reis aus dem Tontopf nach traditioneller Weise auf Holzkohle zu. Auf diese Weise kocht der Reis gleichmäßiger als mit Gas und erhält eine wunderbare Kruste. Zu den ungewöhnlicheren Varianten gehören Taro mit Schweinefleisch (芋茸肉碎飯) sowie Hammel und Kumin (疆土羊肉). Nachdem man den Reis mit süßer Sojasauce beträufelt hat, sollte man ein paar Minuten warten, sodass eine knusprige karamellisierte Schicht entsteht. Die Geschmacksknospen werden es einem danken!

SUN KWAI HEUNG CHINESISCH $
(新桂香燒臘; ☏852 2556 1183; 17, Kam Tam Yun House, 345 Chai Wan Rd, Chai Wan; Gerichte ab 37 HK$; ⏱8–21 Uhr; ⓂChai Wan, Ausgang C) Der etwas abgelegene Laden bietet unschlagbare kantonesische Grillgerichte und das ohne die üblichen Warteschlangen der bekannteren Adressen. *Char siu* (gegrilltes Schwein) wird mehrmals am Tag frisch gegrillt. Am besten bittet man jemanden, der Kantonesisch spricht, darum, telefonisch nachzufragen, wann die nächste Ladung fertig ist. So kommt man in den Genuss von saftigem Fleisch mit tollem *char*.

MASTER LOW KEY FOOD SHOP WAFFELN $
(低調高手大街小食; ☏852 6986 8500; 76A Shau Kei Wan Main St E, Shau Kei Wan; Eierwaffeln ab 16 HK$; ⏱Mo–Fr 12–22, Sa & So 11–22 Uhr; ⓂShau Kei Wan, Ausgang B1) Master Low Keys Eierwaffeln (雞蛋仔) gehören zu den besten der Stadt. Die köstlichen, luftigen Bällchen mit goldener Kruste und weichem Eikern sind der beliebteste Snack Hongkongs. Auf den Tisch kommen auch belgische Waffeln mit Erdnussbutter und Kondensmilch oder nach Hongkonger Art mit Schinken.

Der Food Shop befindet sich an der linken hinteren Ecke von Ausgang B1 der MTR-Station Shau Kei Wan.

AUSGEHEN & NACHTLEBEN

🍷 Admiralty & Wan Chai

⭐ MYHOUSE WEINBAR
Karte S. 338 (☏852 2323 1715; www.myhousehk.com; 26. OG, QRE Plaza, 202 Queen's Rd E, Wan Chai; ⏱Di & Mi 18–2, Do–Sa bis 3 Uhr, So geschl.; ⓂWan Chai, Ausgang A3) Das MyHouse vereint Vinyl-Schallplatten und naturbelassenen Wein mit einer geräumigen Kulisse im europäischen Schick. Die Möbel sind aus unbehandeltem Holz und neben Räucherwürsten hängen beleuchtete Weinflaschen. Gäste können eine Scheibe aus der Plattenbibliothek wählen, auf verschiedenen Spielern auflegen und die Musik bei chemiefreiem Bio-Beaujolais genießen. Alternativ lauscht man dem Können des hiesigen DJs, der natürlich analog auflegt.

⭐ TAI LUNG FUNG BAR
Karte S. 338 (大龍鳳; ☏852 2572 0055; 5–9 Hing Wan St, Wan Chai; ⏱Mo–Do 12–1, Fr & Sa bis 1.30 Uhr, Happy Hour 12–21 Uhr; ⓂWan Chai, Ausgang A3) Der Name der Bar im kapriziösen Retro-Stil geht auf eine kantonesische Operntruppe aus den 1960er-Jahren zurück. Im allgemeinen Sprachgebrauch bedeutet Tai Lung Fung (Großer Drachenphönix) „viel Aufhebens", entsprechend ausladend ist das Dekor. Der Laden zieht eine kunstaffine Klientel an, die die schrille Ästhetik, gepaart mit ruhigem Ambiente, konventionellerem Partyflair vorzieht. Spezialität des Hauses sind die – weniger experimentellen – Cocktails.

SKYBAR BAR
Karte S. 338 (☏852 3926 3888; www.ihg.com; 29. OG, Hotel Indigo, 246 Queen's Rd E, Wan Chai; ⏱16–1 Uhr, Happy Hour 17–20 Uhr; ⓂWan Chai, Ausgang A3) Die Skybar im Dachgeschoss des Hotel Indigo ist ganz in Burgunder- und Lilatönen mit ansprechenden Akzenten gehalten. Herzstück ist ein chinesischer Kräuterschrank mit 300 Schubladen, die zum Teil herausgezogen sind und so das chinesische Zeichen für „Himmel" formen. Die gepolsterten Bänke auf der Terrasse laden zu einem entspannten, asiatisch inspirierten Cocktail bei Sonnenuntergang ein.

BOTANICALS BAR
Karte S. 338 (☏852 2866 3444; www.thepawn.com.hk; 62 Johnston Rd, Wan Chai; ⏱16–0.30 Uhr; ⓂWan Chai, Ausgang A3) In dieser Bar mit echter Vegetation, schicker Einrichtung, die farblich mit Grün harmoniert, Craft-Bier, kreativen Cocktails mit Kräutern aus dem Dachgarten und neu interpretierter Kneipenkost lassen Einheimische gern den Feierabend ausklingen. Die Öffnungszeiten ändern sich zeitweise; um sicher zu gehen, sollte man vorher anrufen.

STONE NULLAH TAVERN BAR
Karte S. 338 (☏852 3182 0128; www.stonenullahtavern.com; 69 Stone Nullah Lane, Wan Chai; ⏱12–1 Uhr; ⓂWan Chai, Ausgang A3) Die Knei-

pe erinnert an eine schicke amerikanische Farm und bietet eine eindrucksvolle Auswahl an amerikanischen Whiskeys und Bourbons, edle Tropfen von Francis Ford Coppolas Weingut und kalifornisches Ale. Das Dekor machen weißgefliestе Wände, alte Weinschränke und ein ausgestopfter Maultierhirsch an der Wand aus. Die Terrassentüren passen gut zur Lage in einem hübschen, historischen Teil von Wan Chai.

MANSON'S LOT CAFÉ
Karte S. 338 (852 2362 1899; www.mansons lot.com; 15 Swatow St, Wan Chai; Mo-Fr 8-18.30, Sa ab 8.30 Uhr, So geschl.) Das hübsche, kleine Café punktet mit australischen Röstungen und ruhigem Ambiente. Während man seinen Flat White genießt, gibt's noch etwas Geschichte: Im 19. Jh. gehörte das Grundstück dem Gründer von Hongkongs erstem Milchbauernhof, einem schottischen Chirurgen namens Patrick Manson.

AMICI SPORTSBAR
Karte S. 338 (852 2866 1918; www.amicihong kong.com; 1. OG, Empire Land Commercial Centre, Lockhart Rd, Wan Chai; So-Do 12-1, Fr & Sa bis 2 Uhr; Wan Chai, Ausgang C) Der Champion unter den Sportbars in Wan Chai punktet mit großen TVs, fünf Bieren vom Fass, anständiger Pizza und einer langen Happy Hour. Ein paar lokale Fußballfanclubs haben das Amici zu ihrem Hauptquartier erklärt und man erkennt sofort, warum: Bei Live-Übertragungen von großen Sportereignissen springt der Funke im Nu über.

TED'S LOOKOUT BAR
Karte S. 336 (852 5533 9369; Moonful Court, 17A Moon St, Wan Chai; Mo-Fr 17-23, Sa & So 12-23 Uhr; Admiralty, Ausgang F) Das Ted's ist hip: Die Betonfassade zieren Theaterklappsitze und Leuchtbuchstaben mit dem Namen der Bar, während drinnen weißgefliestе Wände und Gaslaternen warten. Gleichzeitig geht's hier entspannt zu – so lassen sich leger gekleidete Gäste aus der Nachbarschaft tagsüber gern ein Bier schmecken. Auch die Burger sind gut, allerdings ist der beim Brutzeln entstehende Geruch wegen der offenen Küche überall zu riechen.

DJIBOUTII BAR
Karte S. 336 (852 9449 0777; www.djiboutii. squarespace.com; 2 Landale St, Wan Chai; 12-23 Uhr; Wan Chai) Das Djiboutii voller aquamarinblauer und lilafarbener Lichter versteckt sich in einer Nebenstraße abseits der Landale St. Gäste haben die Wahl zwischen Holzhockern an der Bar und gemütlichen Stühlen an der Straße. Unter einem Kristallkronleuchter und nordafrikanisch inspirierten Kupferlampen werden Tee-Cocktails, die Spezialität des Hauses, gemixt. Meist wird Reggae gespielt.

CHAMPAGNE BAR BAR
Karte S. 338 (852 2584 7722; EG, Grand Hyatt Hotel, 1 Harbour Rd, Wan Chai; Mo-Mi 17-1, Do-So bis 2 Uhr; Wan Chai, Ausgang A1) Die luxuriöse Grand Hyatt's Champagne Bar, die mit ihren Art-déco-Möbeln ans Paris der 1920er-Jahre erinnert, ist perfekt, um einen Champagner zu schlürfen. An den meisten Abenden unterhält Livejazz die betuchte Klientel aus Hotelgästen und Theaterbesuchern vom Arts Centre oder der Academy for Performing Arts in der Nähe.

LAWN BAR
Karte S. 336 (852 2918 1838; www.upperhou se.com/en/Inside-and-Out/Inside-the-Hotel/The -Lawn.aspx; 88 Queensway, 6. St., The Upper House, Admiralty; 12-22 Uhr; Admiralty, Ausgang F) Diese Dachbar auf dem Boutiquehotel Upper House wirkt wie ein geheimer Garten. Hier kann man sich unter einem lackierten Sonnenschirm die Beine in den Bauch stehen und einen Pimm's schlürfen. Bei den gelegentlichen DJ-Partys am Sonntag heißt es „sehen und gesehen werden".

DUSK TILL DAWN LIVEMUSIK
Karte S. 338 (852 2528 4689; EG, 76-84 Jaffe Rd; Mo-Fr 12-17, Sa & So 15-19, Happy Hour 17-23 Uhr; Wan Chai, Ausgang C) Der Name ist Programm: Wenn sich die anderen Bars allmählich leeren, legt das Dusk Till Dawn erst richtig los. Eine lautstarke Filipino-Rockband sorgt dafür, dass das bunte Publikum aus Einheimischen, Expats und Backpackern tanzt, bis die Sonne aufgeht.

Causeway Bay

EXECUTIVE BAR LOUNGE
Karte S. 340 (852 2893 2080; http://executive bar-com-hk1.blogspot.hk; 27. OG, Bartlock Centre, 3 Yiu Wa St, Causeway Bay; Mo-Do 17-2, Fr & Sa bis 5 Uhr, So geschl.; Causeway Bay, Ausgang A) In der clubähnlichen, maskulinen Bar ist eine Reservierung erforderlich; wer spontan kommt, muss also viel Glück haben. Der exklusive Laden ist für seinen Whiskey bekannt und bietet mehrere Dut-

zend Sorten. Serviert werden sie in großen Cognacschwenkern mit riesigen Eiswürfeln, die der japanische Besitzer eigenhändig fertigt, um das Geschmackserlebnis zu perfektionieren.

DICKENS BAR
BAR

Karte S. 340 (852 2837 6782; www.mandarinoriental.com/excelsior/dining/dickens_bar; UG, Excelsior Hong Kong, 281 Gloucester Rd, Causeway Bay; Mo-Do 12–1, Fr & Sa bis 2 Uhr, Happy Hour 16–20 Uhr; MCauseway Bay, Ausgang D1) Das Dickens ist seit Jahrzehnten bei Expats und Einheimischen beliebt. Einem britischen Pub nachempfunden, hat es eine umfangreiche Bierkarte mit seltenen Sorten wie britischem Black Sheep Ale und Gweilo, einem fruchtigen hellen Bier aus Hongkong. Zudem gibt's große TVs, auf denen Sportveranstaltungen gezeigt werden, und ein beliebtes Curry-Mittagsbuffet.

BUDDY BAR
BAR

Karte S. 340 (852 2882 9780; 22 School St, Tai Hang; 17.30–2.30 Uhr; MTin Hau, Ausgang B) Die entspannte Bar wirkt wie einer dieser Läden, in dem alle deinen Namen kennen (oder kennen würden, wenn man in Tai Hang wohnen würde). Hunde dürfen neben den Füßen der Gäste schlafen, während diese sich ein Glas belgisches Bier schmecken lassen. Letzte Runde ist um 1.30 Uhr.

ELEPHANT GROUNDS
CAFÉ

Karte S. 340 (852 2253 1313; www.elephantgrounds.com; Shop C, 42–48 Paterson St, Fashion Walk, Causeway Bay; MCauseway Bay, Ausgang D2) Entspanntes Ambiente, junges, gut gelauntes Personal, perfekter Kaffee und Zweigstellen in Sheung Wan und Aberdeen machen das Elephant Grounds zum angesagtesten Café der Stadt. Beliebter als die Rösterzeugnisse sind nur noch die dicken Eis-Sandwiches. Auch das Essen – z. B. Eier Benedict im Taco – kann sich für ein Kaffeehaus sehen lassen.

CAFE CORRIDOR
CAFÉ

Karte S. 340 (852 2892 2927; 26A Russell St, Causeway Bay; Mo-Do 8–22, Fr bis 23, Sa & So 10–23 Uhr; MCauseway Bay, Ausgang A) Das schicke, 15 Jahre alte Café versteckt sich im hinteren Teil einer schmalen Gasse und serviert an einem Dutzend Stühle handgerösteten Yirgacheffe-Kaffee und täglich Frühstück an Stammgäste und alle, die eine Pause vom Trubel auf dem Times Square gegenüber brauchen. Gedämpfte Beleuchtung und eine Themenwand sorgen für Gemütlichkeit. Da es kein WLAN gibt, kann man sich hier wunderbar unterhalten.

FRITES
BIERKNEIPE

Karte S. 340 (852 2142 5233; 38 Haven St, Causeway Bay; 11–24 Uhr, Happy Hour bis 19 Uhr; MCauseway Bay, Ausgang D4) Die belgische Bierkneipe an der angesagten Haven St hat hohe Decken, Sportübertragungen im TV und eine Auswahl an belgischen Brauerzeugnissen, von Stella Artois vom Fass bis zu Lindemans Kriek mit süßem Kirscharoma aus der Flasche. Der Alkohol lässt sich bestens mit Muscheln (mit Hoegaarden verfeinert) und den namensgebenden Fritten mit Mayo (unserer ersten Wahl) aufsaugen.

Island East

SUGAR
LOUNGE

(852 3968 3738; www.sugar-hongkong.com; 32. OG, East Hotel, 29 Taikoo Sing Rd, Quarry Bay; Mo-Sa 17–1, So 12–24 Uhr; MTai Koo, Ausgang D1) Die elegante Bar in einem Businesshotel hat beleuchtete Böden und eine Terrasse, die die grandiose Aussicht auf East Island umwerfend in Szene setzt: silbrige Hochhäuser auf der einen Seite und die alte Flughafenlandebahn Kai Tak auf der anderen. In einer klaren Nacht eignet sich die eindrucksvolle Kulisse perfekt für ein Rendezvous, darum sind die Tische immer schnell besetzt. Wer keine Reservierung hat, sollte gegen 18 Uhr kommen.

UNTERHALTUNG

FOCAL FAIR
LIVEMUSIK

Karte S. 340 (www.facebook.com/focalfair; 28. OG, Park Avenue Tower, 5 Moreton Terrace, Causeway Bay; MTin Hau, Ausgang A1) Endlich gibt es einen Laden für Indie-Musik in praktischer Lage: Das Focal Fair liegt direkt bei der Hong Kong Central Library. Mehrmals im Monat gibt es Konzerte, wobei die Bandbreite von den kanadischen Hardcore-Punks Career Suicide bis zu den lokalen Musikern Dennis Wong und Eric Chan reicht. Das aktuelle Programm ist auf der Facebook-Seite nachzulesen.

WANCH
LIVEMUSIK

Karte S. 338 (852 2861 1621; www.thewanch.hk 54 Jaffe Rd, Wan Chai; MWan Chai, Ausgang C)

STREET MUSIC CONCERT SERIES

Die **Street Music Concert Series** (街頭音樂系列; http://hkstreetmusic.com) umfasst mehrere wunderbare Open-Air-Konzerte des vielseitigen Musikers Kung Chi-shing. Mit ihrer Balance aus straffer, professioneller Organisation und spritziger Spontaneität begeistern sie Obdachlose genauso wie Generalkonsule. Die Bandbreite reicht von Indie-Rock über kantonesische Oper und Bluegrass bis hin zu Bach. Hier ist fast für jeden etwas dabei und wenn es nur die mitreißende Atmosphäre ist. Die Konzerte finden jeden dritten Samstag im Monat von 17.30 bis 20 Uhr beim Arts Centre (S. 125), jeden vierten Sonntag von 15 bis 16.30 Uhr beim Comix Home Base (S. 111) und jeden zweiten Donnerstag im Monat von 19.30 bis 21 Uhr beim Blue House (S. 110) statt. Gelegentlich gibt es auch welche in anderen Teilen der Stadt. Über das aktuelle Programm informiert die Website.

Alte Hongkonger Erinnerungsstücke zieren das Wanch, das seinen Namen der Tatsache verdankt, dass das Viertel im Volksmund so genannt wird. Jeden Abend um 21 Uhr gibt es Livemusik (meist Rock und Folk mit gelegentlichen Sologitarristen). Montag um 20 Uhr findet eine Jam-Session statt. Kein Eintritt. Happy Hour von 17 bis 21 Uhr.

HONG KONG ARTS CENTRE TANZ, THEATER
Karte S. 338 (香港藝術中心; 852 2582 0200; www.hkac.org.hk; 2 Harbour Rd, Wan Chai; Wan Chai, Ausgang C) Das Arts Centre ist ein beliebter Veranstaltungsort für Tanz, Theater und Musik. Es gibt Theatersäle, ein Kino und eine Galerie.

HONG KONG STADIUM STADION
Karte S. 340 (香港大球場; 852 2895 7926; www.lcsd.gov.hk/stadium; 55 Eastern Hospital Rd, So Kon Po; Kartenverkauf Mo–Fr 8.45–17.45 Uhr; Happy Valley) Das 40 000 Zuschauer fassende Hong Kong Stadium in So Kon Po, einem Unterbezirk von Causeway Bay, ist die größte Sportveranstaltungsstätte der Stadt. Hier wird das **Rugby-Turnier Hong Kong Sevens** (www.hksevens.com.hk) ausgetragen.

SUNBEAM THEATRE THEATER
(新光戲院; 852 2563 2959, 852 2856 0161; www.sunbeamtheatre.com/hk; 423 King's Rd, Kiu Fai Mansion, North Point; North Point, Ausgang A4) In diesem alten Theater werden das ganze Jahr über kantonesische Opern aufgeführt. Die Darbietungen werden normalerweise eine Woche lang an fünf Tagen um 19.30 Uhr gezeigt, manchmal auch um 13 oder 13.30 Uhr.

HONG KONG ACADEMY FOR THE PERFORMING ARTS TANZ, THEATER
Karte S. 338 (香港演藝學院; 852 2584 8500; www.hkapa.edu; 1 Gloucester Rd, Wan Chai; Admiralty, Ausgang E2) Das APA ist ein wichtiger Veranstaltungsort für Tanz, Musik und Theater.

PUNCHLINE COMEDY CLUB COMEDY
Karte S. 338 (Reservierungen 852 2111 5333, Auskunft 852 2598 1222; www.punchlinecomedy.com/hongkong; Tamarind, 2. OG, Sun Hung Kai Centre, 30 Harbour Rd, Wan Chai; 18) Das Punchline ist ein alter Hase in der Szene. Hier treten jeden Monat von 20 oder 21 bis 23 Uhr lokale und internationale Künstler auf. Tickets (ca. 350 HK$) gibt es online oder telefonisch. An der Bushaltestelle Wan Chai Sports Ground aussteigen.

AMC PACIFIC PLACE KINO
Karte S. 336 (852 2265 8933; www.amccinemas.com.hk; 1. St., 1 Pacific Pl, Admiralty; Admiralty, Ausgang F) Dieses Kino im Einkaufszentrum Pacific Place in Admiralty zeigt einige der interessanteren aktuellen Filme.

AGNÈS B. CINEMA KINO
Karte S. 338 (852 2582 0200; oberes UG, Hong Kong Arts Centre, 2 Harbour Rd, Wan Chai; 18) Hier stehen Klassiker, Neuverfilmungen, alternatives Kino und tourende Filmfestivals auf dem Programm.

SHOPPEN

Admiralty & Wan Chai

⭐**WAN CHAI COMPUTER CENTRE** ELEKTRONIK
Karte S. 338 (灣仔電腦城; 1. OG, Southorn Centre, 130–138 Hennessy Rd, Wan Chai; Mo–Sa 10–21, So 12–20 Uhr; Wan Chai, Ausgang B2) Das grelle, blinkende Labyrinth an winzi-

gen Läden ist die richtige Anlaufstelle für Digital- und Elektroartikel.

⭐ KAPOK — MODE & ACCESSOIRES

Karte S. 336 (📞852 2549 9254; www.ka-pok.com; 5 St Francis Yard, Wan Chai; ⏱11–20, So bis 18 Uhr; Ⓜ Admiralty, Ausgang F) Die Boutique in der hippen Gegend rund um die Star St hat ein anspruchsvolles Sortiment an leger-luxuriöser Mode lokaler und internationaler Marken sowie Accessoires-Labels, darunter in Hongkong hergestellte Hemden von Kapok und Mischa-Handtaschen der hiesigen Designerin Michelle Lai. Um die Ecke an der 3 Sun St gibt es eine weitere Filiale, zudem ist das Kapok mit einer Ecke im Buchladen Eslite (S. 126) vertreten.

JOYCE — BOUTIQUE

Karte S. 336 (📞852 2523 5944; www.joyce.com; Shop 232, Pacific Place, 88 Queensway, Admiralty; ⏱So–Do 10.30–20, Fr & Sa bis 20.30 Uhr; Ⓜ Admiralty, Ausgang F) Die Verkaufsstelle eines der berühmtesten Luxusmodegeschäfte Hongkongs verkauft im Pacific Place eine clevere Auswahl an internationalen Labels, die die Balance zwischen populärer und ausgefallener Kleidung schafft.

TAI YUEN STREET TOY SHOPS — SPIELZEUG

Karte S. 338 (太原街玩具店; 14–19 Tai Yuen St, Wan Chai; ⏱10–19.30 Uhr; Ⓜ Wan Chai, Ausgang A3) Die Tai Yuen St ist als „Spielzeugstraße" bekannt. Grund dafür ist eine Handvoll Geschäfte, die alle möglichen Spielwaren, Spiele und Krimskrams sowie Partyartikel für die Kleinen verkaufen. Die Qualität ist nicht besser als bei Toys R Us, dafür sind die Preise günstiger und die Auswahl ist riesig. Ein paar Läden haben alte Zinnfiguren für Sammler, die in Glasvitrinen aufbewahrt werden. Eine Einkaufstasche mitbringen.

PACIFIC PLACE — EINKAUFSZENTRUM

Karte S. 336 (太古廣場; 📞852 2844 8988; www.pacificplace.com.hk; 88 Queensway, Admiralty; Ⓜ Admiralty, Ausgang F) Im Einkaufszentrum Pacific Place gibt es Hunderte von Shops, wobei der Schwerpunkt auf exklusiven Kleidern und Accessoires für Männer und Frauen liegt. Vor Ort findet man außerdem ein Lane-Crawford-Kaufhaus (S. 126) und eine Joyce-Boutique (S. 126).

CHINESE ARTS & CRAFTS — KAUFHAUS

Karte S. 338 (中藝; 📞852 2827 6667; 2. OG Causeway Centre, 28 Harbour Rd, Wan Chai; ⏱10.30–19.30 Uhr; Ⓜ Wan Chai, Ausgang A5) Der riesige Laden im Besitz von Festlandchinesen ist die richtige Adresse für Jade-Schmuck, Porzellan-Essstäbchen und chinesischen Plunder. Eine Art Aladdins Schatzhöhle für Souvenirs mit Ablegern in Admiralty, Central und Tsim Sha Tsui.

LANE CRAWFORD — KAUFHAUS

Karte S. 336 (連卡佛; 📞852 2118 2288; Ebene 1, Pacific Place, 88 Queensway, Admiralty; ⏱10–21 Uhr; Ⓜ Admiralty, Ausgang F) Das erste Kaufhaus der Stadt im westlichen Stil, das überaus stylishe Lane Craford, ist auf Haushaltswaren und Lifestyle-Produkte spezialisiert und ist Hongkongs Antwort auf das Harrod's in London.

KUNG FU SUPPLIES — SPORT & OUTDOOR

Karte S. 338 (功夫用品公司; 📞852 2891 1912; www.kungfu.com.hk; Room 6A, 6. OG, Chuen Fung House, 192 Johnston Rd, Wan Chai; ⏱Mo–Sa 10–19, So 13–18 Uhr; 🚌6, 6A, 6X) Wer sich für Kampfsportzubehör interessiert – darunter Uniformen, Nunchakus und Sicherheitswaffen zum Üben –, oder wer einfach nur in einem anständigen Sortiment aus Büchern und DVDs stöbern möchte, ist hier genau richtig. Hilfsbereites Personal.

WAN CHAI MARKET — MARKT

Karte S. 338 (灣仔街市; Zenith, 258 Queen's Rd E, Wan Chai; ⏱6–20 Uhr; Ⓜ Wan Chai, Ausgang A3) Die Händler des alten Wan Chai Market, der 1937 im Stil der Stromlinien-Moderne errichtet wurde, sind in diesen neuen Komplex in den unteren Etagen des Zenith, einer Wohnanlage, umgezogen. Der Markt ist sauberer als die meisten seiner Art und die Klimaanlage ist ein echter Segen. Die Fassade des alten Wan Chai Market ist noch immer in der 246 Queen's Road East zu sehen.

LOCKHART RD MARKET — MARKT

Karte S. 338 (駱克道街市; 225 Lockhart Rd, Wan Chai; ⏱6–20 Uhr; Ⓜ Wan Chai, Ausgang A2) Der große Lebensmittelmarkt befindet sich im Erdgeschoss und in der ersten Etage eines Regierungsgebäudes, das außerdem eine öffentliche Bibliothek, Sportanlagen und eine Abteilung für warmes Essen, die bis 2 Uhr geöffnet ist, beherbergt.

🛍 Causeway Bay

⭐ ESLITE — BÜCHER

Karte S. 340 (誠品; 📞852 3419 6789; 8.–10. OG, Hysan Place, 500 Hennessy Rd, Causeway Bay;

⊙ So–Do 10–22, Fr & Sa bis 23 Uhr; 🚻; Ⓜ Causeway Bay, Ausgang F2) In der schicken dreistöckigen taiwanesischen Buchhandlung kann man einen ganzen Abend verbringen. Das riesige Sortiment umfasst englisch- und chinesischsprachige Bücher und Magazine, zudem gibt es einen Laden mit wunderschönen Schreibwaren und Journalen in Ledereinbänden, ein Café, eine Theke für Bubble Tea sowie eine umfangreiche Abteilung für Spielzeug und Kinderbücher.

GOD
HAUSHALTSWAREN, BEKLEIDUNG

Karte S. 340 (Goods of Desire; ☎ 852 2890 5555; www.god.com.hk; 9 Sharp St E, Causeway Bay; ⊙ 12–22 Uhr; Ⓜ Causeway Bay, Ausgang A) Die wiedereröffnete Filiale des verspielten Hongkonger Ladens in Causeway Bay verkauft Kühlschrankmagneten in Form von alten Briefkästen und Velours-Hoodies mit „Hong Kong Team"-Aufdruck für Daheimgebliebene. Es gibt eine große Zweigstelle in Stanley.

MUJI
BEKLEIDUNG, HAUSHALTSWAREN

Karte S. 340 (無印良品; ☎ Kundenservice 852 2694 9309; www.muji.com/hk-en/; 3. OG, Lee Theatre, 99 Percival St, Causeway Bay; ⊙ 11–22.30 Uhr; Ⓜ Causeway Bay, Ausgang F1) Das Hongkonger Flaggschiff der japanischen Kultmarke verkauft auf zwei Etagen jede Menge charmant minimalistischer Kleider in gedeckten Farben, Haushaltswaren, Schreibwaren und Spielzeug. Die Abteilung mit japanischen Snacks, darunter Pflaumenbonbons und Algenkräcker in Tierform, ist einfach unwiderstehlich.

GUM GUM GUM
BEKLEIDUNG

Karte S. 340 (☎ 852 3486 7070; http://gum-gum-gum.com; 8–10 Cleveland St, Fashion Walk, Causeway Bay; ⊙ 12–22 Uhr; Ⓜ Causeway Bay, Ausgang D2) Der coole Laden führt Dutzende lokale und internationale Mode- und Lifestyle-Labels sowie gelegentlich auch Mischkollektionen von Marken wie Columbia. Die Kleider sind jung, leger und alltagstauglich, wobei sich ein paar Einzelstücke auch für den Job eignen. Hier finden gelegentlich Indie-Gigs und andere hippe Events statt. Über das aktuelle Programm informiert die Website.

HYSAN PLACE
EINKAUFSZENTRUM

Karte S. 340 (☎ 852 2886 7222; www.hp.leegardens.com.hk; 500 Hennessy Rd, Causeway Bay; ⊙ So–Do 10–22, Fr & Sa bis 23 Uhr; Ⓜ Causeway Bay, Ausgang F2) Das schicke Einkaufszentrum mit 17 Etagen vertreibt Hunderte stets trendige japanische, koreanische und lokale Mode- und Kosmetikmarken in einer etwas edleren Umgebung als andere Teenie-Mekkas. Die Preise sind günstiger als in den meisten Malls in Causeway Bay. Im Supermarkt Jason's Food & Living im unteren UG gibt es eine großartige Bäckerei.

ISLAND BEVERLEY MALL
EINKAUFSZENTRUM

Karte S. 340 (金百利商場; 1 Great George St, Causeway Bay; Ⓜ Causeway Bay, Ausgang E) Auf engstem Raum führen in diesem unauffälligen Einkaufszentrum neben dem Sogo Rolltreppen und Gässchen zu winzigen Läden, die lokale Designerklamotten, Kleidung, Spielzeug und Kosmetikartikel aus Japan und Korea sowie alle möglichen verrückten Accessoires verkaufen. Wer für seine Jeans die perfekt passenden Jimmy-Choo-Imitate sucht, ist hier ebenfalls richtig. Die Geschäfte sind von nachmittags bis spätabends geöffnet.

TWO GIRLS
KOSMETIK

Karte S. 340 (雙妹嘜; www.twogirls.hk; 2-10 Great George St, Causeway Bay, Causeway Place, Shop 283; ⊙ 12–22 Uhr; Ⓜ Causeway Bay, Ausgang E) Hongkongs erste Kosmetikmarke verkauft seit 1898 Parfüms und äußerst erschwingliche Cremes und Lotionen. Dank der hübschen Retro-Verpackungen, auf denen zwei in ein *cheongsam* gewandete Schönheiten zu sehen sind, eignen sich die Produkte wunderbar als Geschenk. Uns gefällt das kräftige Parfüm Florida Water.

FASHION WALK
BEKLEIDUNG

(www.fashionwalk.com.hk; ⊙ Informationen 10–23 Uhr; Ⓜ Causeway Bay, D4) Das Shoppingmekka für Modefans befindet sich vorwiegend auf Straßenhöhe und erstreckt sich über vier Straßen in Causeway Bay (Paterson, Cleveland, Great George und Kingston). Vertreten sind große Namen wie Paul Smith, Comme des Garcons und Kiehl's, jedoch auch aufstrebende lokale Labels sowie Geschäfte mit massentauglichen Durchschnittsklamotten.

NUMB WORKSHOP
BEKLEIDUNG

Karte S. 340 (☎ 852 2312 7007; www.numbworkshop.com; 25 Haven St, Causeway Bay; ⊙ 13–22 Uhr; Ⓜ Causeway Bay, Ausgang A) Sehr minimalistischer Laden mit androgyner einfarbiger Mode. Je nach Stil und Figur, kann man damit Fettpölsterchen verstecken oder wie ein stylisher Ninja aussehen. Besonders gut haben uns die Details der schwarzen legeren Baumwollhosen gefallen.

TIMES SQUARE
EINKAUFSZENTRUM

Karte S. 340 (時代廣場; www.timessquare.com.hk; 1 Matheson St, Causeway Bay; [M]Causeway Bay, Ausgang A) Die 13 Einkaufsetagen sind etwas weniger gehoben als in Central. Ein ganzes Stockwerk ist Kinderartikeln gewidmet, außerdem gibt es Restaurants im 10. bis 13. Stock, ein Kino nebenan, Snackbars, Cafés und einen Supermarkt im UG sowie weitere Lokale und Geschäfte im unteren UG.

YIU FUNG STORE
ESSEN

Karte S. 340 (么鳳; 852 2576 2528; Shop A, 2 Pak Sha Rd, Causeway Bay; 11–22.30 Uhr; [M]Causeway Bay, Ausgang A) Hongkongs bekanntester Laden (von 1960) für eingelegtes Gemüse und Obst aus China verkauft saure Pflaumen, Zitrone mit Lakritzaroma, Mandarinenschalen, eingelegte Papaya und getrocknete Longanfrüchte. Vor dem Chinesischen Neujahrsfest ist es hier gerammelt voll.

SOGO
KAUFHAUS

Karte S. 340 (崇光; 852 2833 8338; www.sogo.com.hk; 555 Hennessy Rd, Causeway Bay; 10–22 Uhr; [M]Causeway Bay, Ausgang B) Das Kaufhaus unter japanischer Leitung mitten in Causeway Bay hat zwölf gut strukturierte Etagen und eine Verkaufsfläche von über 37 000 m². Die Auswahl ist verblüffend: Es gibt allein über 20 verschiedene Krawattenmarken. Zu den vielen unterschiedlichen Abteilungen gehören der Barbie Counter und der Character's Shop. Beim Schlussverkauf (Datum s. Website) sinken die Preise dramatisch und es geht hier zu wie im Irrenhaus.

CUFFS
BEKLEIDUNG

Karte S. 340 (852 2413 6033; www.cuffs.hk; 2/F, 27 Lee Garden Rd, Causeway Bay; 13–21 Uhr) Das Cuffs ist der flippigste Vertreter von Hongkongs neuer Generation an Männerschneidereien. Die Mode ist trendbewusst und es werden nicht nur Anzüge, Hemden und Smokings, sondern auch lässige Chinos maßgeschneidert. Es gibt sogar eine Shirt Bar und eine Suit Bar, wo sich der gemeine Dandy beraten lassen kann. Zweiteilige Anzüge sind ab 4200 HK$ erhältlich. Zum Sortiment gehören auch Kleider und Accessoires von der Stange.

HOLA CLASSIC
BEKLEIDUNG

Karte S. 340 (852 2870 0246; 11A Caroline Hill Rd, Causeway Bay; 12.30–21 Uhr; [M]Causeway Bay, Ausgang A) Der elegante kleine Laden ist für seine sehr erschwinglichen maßgeschneiderten Anzüge, Sakkos und Hemden für Männer bekannt. Hochwertigste Stoffe sollte man nicht erwarten (das britische Königshaus gehört sicherlich nicht zum Kundenstamm), dafür gibt's zweiteilige Anzüge schon ab 2280 HK$. Hola macht sogar Oxford-Schuhe, auf Wunsch auch mit lilafarbenen Troddeln. Das Schuhgeschäft befindet sich in der 13A Haven St in direkter Nähe.

PAPABUBBLE
ESSEN

Karte S. 340 (852 2367 4807; www.papabubble.com.hk; 34 Tung Lo Wan Rd, Tai Hang; 11–22 Uhr; [M]Tin Hau, Ausgang B) Der spanische Hersteller hausgemachter Süßigkeiten bietet Geschmackserlebnisse, die für Hongkong einzigartig sind, z. B. Zitronentee und Durian. Dazu gibt's an den hiesigen Markt angepasste Designs wie chinesische Tierkreiszeichen oder das Schriftzeichen für „doppeltes Glück". Großartige Geschenke. Kinder lieben es dabei zuzusehen, wie der heiße Zucker hinter der Theke in die Länge gezogen wird.

BASHEER
BÜCHER

Karte S. 340 (書得起; 852 2126 7533; www.basheer.com.hk; Flat A, 1/f, Island Bldg, 439–441 Hennessy Rd, Causeway Bay; Mo–Fr 11–22, Sa & So ab 12 Uhr; [M]Causeway Bay, Ausgang B) In der Fundgrube für Architekten und Designer gibt es alles Mögliche, das designt ist, von Animation und Architektur bis hin zu Kunsthandwerk und Schmuck.

🔒 Island East

WAH FUNG CHINESE GOODS CENTRE
KAUFHAUS

(華豐國貨公司; 852 2856 0333; Kiu Kwan Mansion, 395–421 King's Rd, North Point; 10.30–21.30 Uhr; [M]North Point, A4) Das lokaltypische chinesische Kaufhaus hat ein bunt gemischtes Sortiment, von Ginseng über Babyschuhe aus Seide bis hin zu Akupunkturmodellen und Kalligrafien. Hier ist es überfüllt und staubig, zudem kommt man mit Englisch nicht weit (die meisten Mitarbeiter sprechen Fujian), man kann jedoch wunderbar nach Geschenken stöbern, ohne feilschen zu müssen.

MOUNTAIN SERVICES
OUTDOOR-AUSRÜSTUNG

Karte S. 340 (名峰行; www.mshk.com.hk; Shop 1, 52–56 King's Rd, Fortress Hill; ⊗Mo–Sa 11–19 Uhr; MFortress Hill, Ausgang A) Dieser ausgezeichnete Laden verkauft Kletter- und Wanderausrüstung und so ziemlich alles, was man braucht, um Hongkongs Hügel und Landschaftsparks zu erkunden. Am Ausgang der MTR-Station links abbiegen, dann sind es drei Minuten zu Fuß.

SPORT & AKTIVITÄTEN

EASTERN NATURE TRAIL
WANDERN

(東區自然步道) Der 9 km lange, dreistündige Naturpfad gehört zu Teil 5 des Hong Kong Trail (S. 64). Bekannt ist er für die einheimischen Bäume und Zugvögel, die man unterwegs sieht. Der Weg beginnt in der Mount Parker Rd in Quarry Bay und endet in der Wong Nai Chung Gap Rd in Tai Tam. Er führt auch an Relikten aus dem Zweiten Weltkrieg und einer ehemaligen Zuckerraffinerie vorbei.

Wenn man zum Tai Tam Reservoir hinabsteigt, passiert man den schönen Tai Tam Country Park. Folgt man der Tai Tam Reservoir Rd, erreicht man schließlich die Wong Nai Chung Gap Rd. Der Startpunkt ist über Ausgang B der MTR-Station Tai Koo zu erreichen. Von dort geht's 600 m nach Westen, bevor man in die Quarry St einbiegt. Der Beginn des Wanderwegs befindet sich nahe des Quarry Bay Municipal Services Building in der 38 Quarry St.

HONG KONG HOUSE OF STORIES
STADTFÜHRUNG, MUSEUM

Karte S. 338 (香港故事館; ☏852 2835 4376; http://houseofstories.sjs.org.hk; 74 Stone Nullah Lane, Wan Chai; ⊗Do–Di 11–18 Uhr; ☐6, 6A) Das winzige Museum wurde von Wan-Chai-Fans eröffnet und ist im historischen Blue House (S. 110) untergebracht. Zum Zeitpunkt der Recherche war dieses jedoch geschlossen. Inzwischen sollte es wieder offen sein – falls nicht, findet man das Museum noch im Yellow House (S. 110). Zum Angebot gehören private Führungen auf Englisch zu historischen Stätten, Restaurants und anderen sehenswerten Orten in Wan Chai, die einen Monat im Voraus per E-Mail gebucht werden müssen. Eine zweistündige Tour kostet 600 HK$ – je mehr Teilnehmer, desto günstiger wird's pro Kopf. Die Straßenbahntour kostet übrigens 6000 HK$.

MARTHA SHERPA
KOCHEN

(☏852 2381 0132; www.marthasherpa.com; Flat F, 14. OG, Wah Lai Mansion, 62–76 Marble Rd, North Point; Kurse 1680 HK$; MNorth Point, Ausgang A2) Martha Sherpa (ihren Nachnamen verdankt sie ihrem nepalesischen Ehemann) ist Expertin für kantonesische Hausmannskost und hat schon der ehemaligen australischen Premierministerin Julia Gillard gezeigt, wie man Dim Sum und Klassiker aus Hongkong zubereitet. Die Kurse mit kleinen Gruppen behandeln Themen wie Wok-Küche, Dim Sum und vegetarische chinesische Gerichte. Es werden Halb- und Ganztages- sowie Abendkurse angeboten.

VICTORIA PARK
TENNIS

Karte S. 340 (Hing Fat St, Causeway Bay; ⊗6 oder 7–23 Uhr; MCauseway Bay, Ausgang E) In dem Park gibt es 13 Standard-Tennisplätze, zwei Bowls-Bahnen, Swimmingpools, Fußball- und Basketballplätze sowie Joggingwege.

HAPPY VALLEY SPORTS GROUND
FUSSBALL

Karte S. 340 (☏852 2895 1523; 2 Sports Rd, Happy Valley; MCauseway Bay, Ausgang A) Auf den Plätzen im Happy Valley Racecourse findet ein Großteil der Amateurfußballspiele Hongkongs statt. Spieltermine und Veranstaltungen sind unter http://casual football.net nachzulesen.

SOUTH CHINA ATHLETIC ASSOCIATION
FITNESSSTUDIO

Karte S. 340 (南華體育會; ☏Auskunft 852 2577 6932, Mitgliedschaft 852 2577 4427; www.scaa.org.hk; 5. OG, South China Sports Complex, 88 Caroline Hill Rd, Causeway Bay; Besuchermitgliedschaft 60 HK$/Monat; ⊗8–21.30 Uhr; ☐31) Das SCAA umfasst ein 1000 m² großes Fitnessstudio mit modernen Trainingsgeräten und einem Aerobic-Raum sowie einer Sauna, einem Dampfraum und einem Massagezimmer.

Hong Kong Island: Aberdeen & der Süden

ABERDEEN | POK FU LAM | DEEP WATER BAY | REPULSE BAY | STANLEY | SHEK O

Highlights

❶ **Aberdeen Promenade** (S. 132) Beobachten, was an Bord der vor Anker liegenden Boote passiert und dann in ein Sampan steigen und den Taifunschutz überqueren, wie die Menschen es schon seit Jahrzehnten tun

❷ **Ap Lei Chau Market Cooked Food Centre** (S. 134) In Aberdeen oder Ap Lei Chau Meeresfrüchte genießen, ohne dass dabei ein Loch im Geldbeutel entsteht

❸ **Béthanie** (S. 132) In die Zeit in der Geschichte Hongkongs zurückreisen, in der französische Missionare in Pok Fu Lam auf Milchbauern und Feuerdrachen trafen

❹ **Stanley** (S. 136) Sich in einem der britischen Pubs in dieser Hafenstadt ein oder zwei Pints gönnen und an einem der Strände schwimmen gehen

❺ **Shek O Beach** (S. 134) Am schattigen Sandstrand dieses entspannten, von Klippen umringten Dörfchens herumlümmeln

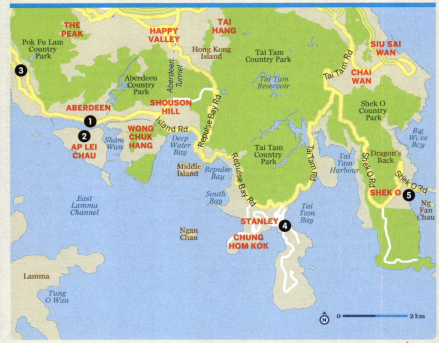

Detailpläne dieses Gebiets s. Karten S. 342 & S. 343 ➡

Rundgang: Aberdeen & der Süden

Dank der langen Küstenlinie im Süden der Insel braucht man mindestens einen halben Tag (oder mehr), um alle Gegenden zu erkunden. Strandhopping ist auch möglich.

Für den Ocean Park in Aberdeen am besten einen Tag einplanen! Wer's gemütlicher mag, kann in Aberdeen einen Brunch oder Seafood *to go* genießen. Schnäppchenjäger können in Ap Lei Chau Designerware ergattern.

Im Strandvorort Repulse Bay liegt Hongkongs berühmtester Strand; hier leben viele Reiche. Man kann prima Leute gucken, bevor man an den weniger vollen Stränden in Middle Bay oder South Bay schwimmen geht.

Mit seinem lebendigen Markt, den netten Stränden und dem tollen Mix aus Museen und Sehenswürdigkeiten hat Stanley einen ganzen Tag zur Erkundung verdient.

Das Dörfchen Shek O liegt im Südosten von Hong Kong Island und versprüht Alte-Welt-Charme. Außerdem wartet hier einer der besten (und ruhigsten) Strände der Insel.

Lokalkolorit

➨ **Ausgehen** Nach dem Essen in Ap Lei Chau oder Aberdeen kann man sich in einem der kleinen Supermärkte Getränke kaufen und an die Promenade weiterziehen.

➨ **Shoppen** Wer im gigantischen Horizon Plaza (S. 137) einkauft, sollte bequeme Schuhe tragen und die Nummer einer **Taxizentrale** (852 2368 1318) bereithalten.

➨ **Meeresfrüchte** Man kann sich auf einem Wet Market Seafood kaufen und es bei einem *dai pai dong* (Imbiss) zubereiten lassen (Preis nach Gewicht). Der Ap Lei Chau Market und das Cooked Food Centre (S. 134) sind top.

➨ **Baden** Leuchtalgen rund um Stanley, Middle Bay und Repulse Bay sind im Sommer häufig. Sie sind harmlos und gleiten problemlos von der Haut (oder dem Paddel).

An- & Weiterreise

➨ **Bus nach Shek O** Nr. 9 ab MTR-Station Shau Kei Wan (Ausgang A3).

➨ **Bus nach Stanley** Bus 14 ab Shau Kei Wan Rd nahe der MTR-Station. Die Busse 6, 6A, 6X, 66 und 260 fahren über Repulse Bay ab Central (nahe Exchange Sq). Die Busse 6, 6A, 6X und 260 halten am Stanley Market Bus Terminus.

➨ **Bus nach Aberdeen** Die Busse 73 und 973 aus Stanley halten an der Repulse Bay und der Aberdeen Main St. Bus 107 aus Kowloon Bay hält am Aberdeen Bus Terminus. Der grüne Minibus 40 fährt von der Tang Lung St (Causeway Bay) über den Ocean Park nach Stanley.

➨ **Bus nach Pok Fu Lam** Die Busse 40 und 40M fahren vom Wan Chai Ferry Pier nach Admiralty, Nr. 7, 90B und 91 verbinden Pok Fu Lam mit der Aberdeen Praya Rd.

➨ **Bus zur Deep Water Bay** Bus 6A, 6X oder 260 aus Central, unterhalb des Exchange Sq.

Gut essen

➨ Ap Lei Chau Market Cooked Food Centre (S. 134)
➨ Aberdeen Fish Market Yee Hope Seafood (S. 135)
➨ Chu Kee (S. 134)
➨ Pak Kee (S. 135)
➨ Hoi Kwong Seafood Restaurant (S. 135)

Details s. S. 134

Nett ausgehen

➨ Young Master Ales (S. 132)
➨ Ben's Back Beach Bar (S. 137)
➨ Smugglers Inn (S. 137)
➨ Delaney's (S. 137)

Details s. S. 137

Schön shoppen

➨ G.O.D. (S. 137)
➨ Horizon Plaza (S. 137)

Details s. S. 137

SEHENSWERTES

Aberdeen

ABERDEEN PROMENADE — UFERPROMENADE
Karte S. 342 (香港仔海濱公園; Aberdeen Praya Rd, Aberdeen) GRATIS Die von Bäumen gesäumte Aberdeen Promenade verläuft an der Aberdeen Praya Rd gegenüber von Ap Lei Chau auf der anderen Seite des Wassers von Ost nach West. An ihrem Westende befindet sich der riesige **Aberdeen Wholesale Fish Market** (香港仔魚市場; Karte S. 342; Aberdeen Promenade, Aberdeen) mit seinen mächtigen Aquarien voller Meerestiere. Der Markt ist schmutzig und stinkt, repräsentiert Hongkong aber zu 100%. Bevor man ihn erreicht, kommt man an festgemachten Hausbooten und Schiffen vorbei, auf denen Meeresfrüchte verarbeitet werden. Außerdem haben wir ein oder zwei Karaoke-Schuppen entdeckt.

YOUNG MASTER ALES — BRAUEREI
Karte S. 342 (少爺麥啤; www.youngmasterales.com; Units 407-9, Oceanic Industrial Centre, 2 Lee Lok St, Ap Lei Chau; ⊙Sa 12–17 Uhr, oder nach Vereinbarung; 🚌671, 90B) Man kann Hongkongs eigene Mikrobrauerei an den meisten Samstagnachmittagen besuchen, sollte aber vorab per E-Mail Bescheid geben, dass man kommt. An anderen Tagen lassen sich Bierverkostungen arrangieren. YMA bietet eine Auswahl von nicht gefilterten, chemiefreien Ales, die geschmacklich von frisch bis robust reichen. Uns hat das Mood for Spring (Limited Edition) mit seiner blumigen Note besonders gut geschmeckt.

OCEAN PARK — VERGNÜGUNGSPARK
(海洋公園; ☎852 3923 2323; www.oceanpark.com.hk; Ocean Park Rd; Erw./Kind 3–11 Jahre 385/193 HK$; ⊙10–19.30 Uhr; ♿; 🚌629 ab Admiralty, 🚌973 ab Tsim Sha Tsui, 🚌6A, 6X, 70, 75 ab Central, 🚌72, 72A, 92 ab Causeway Bay) Auch wenn Disneyland auf Lantau die großen Massen anzieht, bleibt der Ocean Park für viele Hongkonger Einwohner der bevorzugte Vergnügungspark. Mit ständigen Erweiterungen, neuen Attraktionen und noch mehr Nervenkitzel sowie vier Großen Pandas und zwei seltenen Kleinen Pandas lockt der Park nach wie vor unzählige Familien an. Man sollte jedoch wissen, dass in der Marine World Wale in Gefangenschaft gehalten und Shows mit Delfinen und Orcas durchgeführt werden. Wissenschaftliche Studien legen nahe, dass die Tiere dadurch Schaden nehmen.

Der Park ist in zwei Hauptbereiche unterteilt. Der Haupteingang befindet sich in Waterfront (untere Ebene). Von hier geht's auf einer Fahrt mit der **Panoramaseilbahn** oder der Standseilbahn **Ocean Express** mit Meeresmotto zum Hauptbereich auf dem Summit (obere Ebene).

Die Hauptattraktionen in Waterfront sind **Amazing Asian Animals** und **Aqua City**. Das **Grand Aquarium**, das größte Kuppelaquarium der Welt, ist für 5000 Fische und über 400 Spezies ein Zuhause. In **Old Hong Kong** wurden die alten Gebäude nachgebaut, die einst Wan Chai und ältere Teile Kowloons schmückten. Im Norden lockt **Whiskers Harbour** mit diversen Fahrgeschäften für die Kleinen.

In Summit verschaffen **Thrill Mountain** und die gefeierte Achterbahn Hair Raiser den größten Nervenkitzel. Im **Chinese Sturgeon Aquarium** wiederum ist ein lebendes Geschenk vom chinesischen Festland zu besichtigen.

Pok Fu Lam

BÉTHANIE — HISTORISCHES GEBÄUDE
(伯大尼; ☎852 2854 8918; www.hkapa.edu/asp/general/general_visitors.asp; 139 Pok Fu Lam Rd, Pok Fu Lam; 33 HK$; ⊙Mo–Sa 11–18, So ab 12 Uhr; 🚌7, 40, 40M, 90B, 91) Dieses wunderschön restaurierte Gebäude, das sich im hügeligen Pok Fu Lam versteckt, einer College- und Wohngegend nordwestlich von Aberdeen, ist das Highlight in dieser Ecke der Stadt. Es wurde 1875 von französischen Missionaren als Sanatorium für Priester aus ganz Asien erbaut, die sich hier von Tropenkrankheiten erholen sollten, bevor sie wieder in ihre Missionen zurückkehrten, und beherbergt heute eine Filmschule.

Die 20-minütige geführte Tour umfasst den Besuch der neugotischen **Béthanie-Kapelle**, des **Theaters** in den beiden achteckigen Kuhställen des Milchbetriebs und eines winzigen **Museums**, das die Geschichte der Mission erzählt. Die Touren werden stündlich angeboten. Es ist ratsam, vorher anzurufen, da einige Teile vielleicht nicht besichtigt werden können, falls sie gerade vermietet sind. Die nächste Bushaltestelle befindet sich an der Kreuzung Pok Fu Lam Reservoir und Pok Fu Lam Rd.

POK FU LAM VILLAGE DORF

(薄扶林村; ☎852 6199 9473; www.pokfulamvillage.org; 🚌7, 40, 40M, 90B, 91) Das friedliche Pok Fu Lam Village sieht im Vergleich zu den dicht an dicht stehenden Mittelklassehäusern ringsum wie eine Barackenstadt aus. Es mag zwar nicht hübsch sein, aber Historiker schätzen es nicht nur wegen des Feuerdrachentanzes beim Mid-Autumn Festival, sondern auch für seine lange Tradition der Hongkonger Milchindustrie. Weitere Highlights sind Béthanie und die Li-Ling-Pagode.

Da die einzelnen Sehenswürdigkeiten verstreut liegen, besucht man sie am besten im Rahmen einer geführten Tour.

⊙ Deep Water Bay

DEEP WATER BAY STRAND

(深水灣; 🚌6, 6A, 6X, 260) Die Deep Water Bay ein paar Kilometer nordwestlich der Repulse Bay ist eine ruhige kleine Bucht, deren Strand von großen Bäumen flankiert wird. Am Südende des Strandes gibt es ein paar Lokale und Grillplätze. Hier müssen sich Badenixen den Strand mit weniger Menschen teilen als an der Repulse Bay. Der Deep Water Bay Beach ist ein Wakeboard-Hotspot.

⊙ Repulse Bay

REPULSE BAY STRAND

(淺水灣; 🚌6, 6A, 6X, 260) Der lange Strand mit goldgelbem Sand in der Repulse Bay ist bei chinesischen Touristengruppen das ganze Jahr über beliebt und – wenig überraschend – an Sommerwochenenden überfüllt. Hier kann man aber prima Leute gucken. Der Strand bietet Duschen und Umkleiden sowie schattige Bäume am Straßenrand, aber das Wasser ist ziemlich trüb.

Die **Middle Bay** (中灣) und **South Bay** (南灣), 10 bzw. 30 Minuten südlich, haben entschieden weniger überfüllte Strände. Middle Bay ist bei schwulen Strandläufern beliebt, während es französische Auswanderer in die South Bay zieht.

KWUN YAM SHRINE TAOISTISCHER TEMPEL

(觀音廟; 🚌6, 6A, 6X, 260) In Richtung Südostende des Strandes der Repulse Bay befindet sich ein farbenfroher Schrein, der Kwun Yam gewidmet ist, der Göttin der Barmherzigkeit. In der umliegenden Gegend findet man eine Ansammlung von Gottheiten und anderen Figuren – Goldfische, Widder, den Gott des Geldes und Statuen von Tin Hau –, die herrlich schrill und cartoonmäßig kitschig sind. Die meisten Statuen wurden von Lokalgrößen und Geschäftsmännern in den 1970ern in Auftrag gegeben.

⊙ Stanley

ST. STEPHEN'S COLLEGE HISTORISCHER STÄTTE

Karte S. 343 (聖士提反書院文物徑; ☎852 2813 0360; www.ssc.edu.hk/ssctrail/eng; 22 Tung Tau Wan Rd, Stanley; 🚌6, 6A, 6X, 260) GRATIS Wer sich für die Geschichte rund um den Zweiten Weltkrieg interessiert, kommt auf diesem wunderschönen Campus des St. Stephen's College auf seine Kosten. Er liegt unmittelbar neben dem Stanley Military Cemetery. Die 1903 gegründete Schule wurde 1941 kurz vor der japanischen Invasion Hongkongs zu einem Militärkrankenhaus umfunktioniert; nach dem Fall der Stadt richteten die Japaner dann ein Internierungslager ein. Die zweistündige Tour führt zu acht Stationen auf dem Campus.

STANLEY MILITARY CEMETERY FRIEDHOF

(赤柱軍人墳場; ☎852 2557 3498; Wong Ma Kok Rd, Stanley; ⊙8–17 Uhr; 🚌14, 6A) Dieser Friedhof für Armeebedienstete und ihre Familien liegt südlich des Stanley Market und gehört zu den Highlights von Stanley. Die ältesten Gräber reichen zurück bis 1843 und sind faszinierende Zeugnisse der Kolonialzeit. Die älteren Grabhügel zeigen, wie viele europäische Siedler Krankheiten zum Op-

---

> **DAS GEBÄUDE MIT DEM LOCH**
>
> Keiner, der durch Repulse Bay schlendert, kommt umhin, den großen Wohnblock mit dem riesigen quadratischen Loch in der Mitte zu entdecken – er gleicht einem riesigen architektonischen Donut. Nach den Feng-Shui-Prinzipien soll es Unglück bringen, dem Drachen, der im Berg lebt, den Weg zum Meer zu versperren. Und bevor dieser das Gebäude kurzerhand einfach niederreißt, passt sich das Gebäude mit dem Namen **The Repulse Bay** lieber dem Drachen an und bleibt so stehen.

fer fielen, während die zahlreichen Gräber aus den frühen 1940ern an die vielen Menschen erinnern, die im Kampf um Hongkong oder in der Gefangenschaft der japanischen Besatzungskräfte starben.

ST. STEPHEN'S BEACH STRAND
(聖士提反灣泳灘; 🚌6A, 14) Dieser tolle kleine Schlupfwinkel liegt nur einen kurzen Spaziergang südlich von Stanley und bietet praktische Cafés, Duschen und Umkleiden. Im Sommer kann man am Wassersportzentrum Surfbretter und Kajaks ausleihen.

MURRAY HOUSE HISTORISCHES GEBÄUDE
Karte S. 343 (美利樓; Stanley Bay; 🚌6, 6A, 6X, 260) Das stolze dreistöckige Murray House mit seinen Arkaden erhebt sich auf der anderen Seite der Bucht, gegenüber der Stanley Main St. Es wurde 1846 als Offizierskaserne mitten in Central errichtet und stand dort fast 150 Jahre lang, bis es 1982 durch den Bank of China Tower ersetzt wurde. Es wurde an seinem heutigen Platz Stein für Stein wieder aufgebaut und 2001 eröffnet. Heute beherbergt es zahlreiche Restaurants, von denen viele einen tollen Blick aufs Meer bieten.

STANLEY MAIN BEACH STRAND
Karte S. 343 (赤柱正灘; 🚌6A, 14) Der Stanley Main Beach ist proppenvoll mit Sonnenanbetern, vorbeirauschenden Windsurfern und ein paar Schwimmern, die ihren Sport richtig ernst nehmen. Drachenbootteams trainieren hier am Wochenende: Sie paddeln 5 km Richtung Osten nach **To Tei Wan** und wieder zurück.

TIN HAU TEMPLE TEMPEL
Karte S. 343 (天后廟; 119 Stanley Main St, Stanley; 🚌6, 6A, 6X, 260) Am westlichen Ende der Stanley Main St, hinter dem winzigen **Tai Wong Schrine** (大王廟; Karte S. 343) und dem Shoppingcenter Stanley Plaza, liegt der Tin Hau Temple. Er wurde 1767 erbaut, allerdings hat sich sein Erscheinungsbild mit den Jahren total verändert; heute ist er nur noch ein Betonbunker. Der Weg hierher lohnt sich aber schon wegen der tollen Aussicht aufs Meer.

⊙ Shek O

SHEK O BEACH STRAND
(石澳; 🚌9 von MTR-Station Shau Kei Wan, Ausgang A3) Der Strand von Shek O erstreckt sich auf einem weiten Sandstreifen mit Schatten spendenden Bäumen im hinteren Bereich, Duschen, Umkleiden und mietbaren Schließfächern. Es geht hier nicht besonders leise zu, außer an Taifuntagen, aber dieser entspannte, von schroffen Klippen gesäumte Strand ist trotzdem recht angenehm.

BIG WAVE BAY STRAND
(大浪灣; Ⓜ Station Shau Kei Wan, Ausgang A3, Minibus nach Shek O) Dieser schöne, oft verlassene Strand liegt 2 km nördlich von Shek O und ist außerhalb der Surfszene kaum bekannt. Man erreicht ihn, indem man die Straße Richtung Norden aus der Stadt nimmt, vorbei am 18-Loch-Platz des Shek O Golf & Country Club, dann am Kreisverkehr nach Osten abbiegt und der Straße bis zum Ende folgt. Eines von acht prähistorischen Felsenreliefs, die in Hongkong entdeckt wurden, befindet sich auf der Landzunge oberhalb von Big Wave Bay.

ESSEN

✕ Aberdeen

⭐AP LEI CHAU MARKET COOKED FOOD CENTRE SEAFOOD $
Karte S. 342 (鴨利洲市政大廈; 1. Stock, Ap Lei Chau Municipal Services Bldg, 8 Hung Shing St, Ap Lei Chau; Gerichte 45–70 HK$; 🚌Minibus 36X von Lee Garden Rd, Causeway Bay) Über einem überdachten Markt werden an *dai pai dong* (Imbissständen) geschäftig herrliche Köstlichkeiten in einer riesigen, mit Klapptischen und Plastikstühlen übersäten Halle zubereitet. Pak Kee (S. 135) und Chu Kee (S. 134) bieten schlichte, aber schmackhafte Gerichte mit Meeresfrüchten. Man kann auch unten auf dem Wet Market Meeresfrüchte kaufen und sie für kleines Geld oben zubereiten lassen. Am Wochenende ist es hier rappelvoll und sehr laut.

Jeden Abend kommen Fischer und Drachenbootfahrer vorbei, um das billige Bier und Essen zu genießen. Man erreicht den Markt von der Aberdeen Promenade per Sampan.

CHU KEE SEAFOOD $
Karte S. 342 (珠記; ☎852 2555 2052; 1. Stock, Ap Lei Chau Municipal Services Bldg., 8 Hung Shing St, Ap Lei Chau; Seafood-Abendessen 160 HK$;

BBQ AM STRAND

Wer am Wochenende zu irgendeinem Strand in Hongkong oder in einen Countrypark geht, der sieht Dutzende, wenn nicht Hunderte Einheimische, wie sie euphorisch ihre langen, scharfen Metallgabeln schwingen. Ein uraltes Hongkonger Ritual? So ungefähr. Hier in der Sonderverwaltungszone ersetzen die Barbecues an öffentlichen Stränden oder in Parks die gesellschaftlichen Zusammenkünfte, die in Ländern mit größeren Wohnhäusern drinnen oder im Garten stattfinden.

Das eigene BBQ zu organisieren, ist überraschend einfach und verspricht einen tollen Tag im Freien. Hier ist eine Liste mit Dingen, die man braucht:

➤ Grillgabeln (gibt es in den meisten Supermärkten für etwa 3 HK$)

➤ Alufolie und Pappteller

➤ Fleisch: marinierte Chicken Wings, Fischbällchen, Rinderwürfel u. v. m. gibt es in den meisten Supermärkten

➤ Gemüse (Mais und Pilze sind praktische Snacks)

➤ Salz, Öl und Gewürze nach Wahl

➤ „Barbecue-Honig": Der in jedem Supermarkt erhältliche dicke Sirup wird zu gegrilltem Brot, Chicken Wings, Mais u. Ä. gereicht

➤ Brot

➤ Kohle und Feuerzeug

➤ Bier

Einfach früh genug auf einem öffentlichen Platz erscheinen, die Kohle zum Glühen bringen und schon grillt man wie ein Einheimischer!

18–24 Uhr; Minibus 36X ab Lee Garden Rd, Causeway Bay) Das Chu Kee ist einer von sechs günstig-leckeren *dai pai dong* (Imbissständen) im Ap Lei Chau Market Cooked Food Centre und bietet solide Meeresfrüchte- und Wok-Gerichte. Wer sich unten auf dem Markt etwas kauft, kann es für einen kleinen Aufpreis von rund 80 HK$ pro Portion (600 g) zubereiten lassen. Wenn es hier voll ist, kann's ein bisschen hektisch zugehen.

PAK KEE
SEAFOOD $

Karte S. 342 (栢記; 852 2555 2984; 1. Stock, Ap Lei Chau Municipal Services Bldg., 8 Hung Shing St, Ap Lei Chau; Seafood-Abendessen ab 160 HK$; 18–24 Uhr; Minibus 36X ab Lee Garden Rd, Causeway Bay) Das Pak Kee ist einer der günstigen *dai pai dong* (Imbissstände) im Ap Lei Chau Market Cooked Food Centre und serviert leckere Meeresfrüchte- und Wok-Gerichte.

HOI KWONG SEAFOOD RESTAURANT
KANTONESISCH, SEAFOOD $

Karte S. 342 (海港食家; 852 2552 6463; 71 Ap Lei Chau Main St, Ap Lei Chau; Hauptgerichte 40–220 HK$; 11.30–14.30 & 18–23.30 Uhr) Dieses kleine Lokal mit Aquarien und Styroporboxen am Eingang bietet über 100 Gerichte, die Hälfte davon mit Meeresfrüchten. Teure, exotische Arten stehen nicht auf der Karte. So bleiben die Preise günstig, aber alles ist immer frisch und lokal. Unbedingt reservieren und nicht wundern, wenn man mit dem Ellenbogen an den des Tischnachbarn stößt!

★ABERDEEN FISH MARKET YEE HOPE SEAFOOD RESTAURANT
KANTONESISCH, SEAFOOD $$

Karte S. 342 (香港仔魚市場二合海鮮餐廳; 852 5167 1819, 852 2177 7872; 102 Shek Pai Wan Rd, Aberdeen; Gerichte ab 350 HK$; 4–16 Uhr; 107) Dieses unterschätzte, von Fischern geführte Lokal versteckt sich in Hongkongs einzigem Fischgroßmarkt und ist *die* Adresse für ultrafrische Meeresfrüchte. Es gibt keine Speisekarte, aber man kann einfach sagen, wie viel man ausgeben möchte, dann wird das Essen aus den passenden Zutaten zubereitet. Dazu gehören auch einige, die man in Restaurants sonst nicht bekommt – hier ist jedes Gericht ein Treffer.

Das Restaurant dient auch den Fischern vom Markt als Kantine, und es kommen den ganzen Tag über Männer in Gummistiefeln auf ein Bierchen, Arme Ritter à la Hongkong oder andere Klassiker aus den *cha chaan tang* (Teehäusern) vorbei. Andere Gäste können es ihnen gleichtun. Es gibt kein englischsprachiges Schild: einfach nach dem unscheinbaren, einstöckigen gelben Gebäude mit grünem Dach am Ende des Fischmarkts Ausschau halten!

Man braucht einen Kantonesisch sprechenden Freund, wenn man einen Tisch reservieren möchte; am besten organisiert man alles Nötige zwei Tage im Voraus (zwei Wochen vorab fürs Wochenende).

JUMBO KINGDOM FLOATING RESTAURANT
KANTONESISCH $$

Karte S. 342 (珍寶海鮮舫; ☎852 2553 9111; www.jumbo.com.hk; Shum Wan Pier Dr, Wong Chuk Hang; Gerichte ab 200 HK$; ⊙Mo–Sa 11-23.30, So ab 9 Uhr; 🚌90 ab Central) Das Jumbo Kingdom wurde jüngst renoviert und besteht aus zwei Restaurants: dem Jumbo Floating Restaurant und dem Tai Pak Floating Restaurant. Die dreistöckigen „schwimmenden" Sensationen (sie sind mit Beton befestigt) sehen aus wie eine Kreuzung zwischen der Verbotenen Stadt in Peking und dem Casino Lisboa in Macao – so kitschig, dass sie schon wieder cool sind. Das übertuerte Dragon Court im 2. Stock kann man ignorieren und lieber Dim Sum im 3. Stock genießen.

✗ Repulse Bay

SPICES RESTAURANT
SÜDOSTASIATISCH $$

(香辣軒; ☎852 2292 2821; www.therepulsebay.com; 109 Repulse Bay Rd, Repulse Bay; Gerichte ab 300 HK$; ⊙Mo–Fr 12–14.30 & 18–22.30, Sa & So 11.30–23.30 Uhr; 🚌6, 6A, 6X, 260) Die hohen Decken, Korbstühle und glänzenden Holzböden versprühen das romantische Flair eines Strandlokals auf Bali. Die Einrichtung ist tropisch-kolonial, ebenso wie die Karte, die reichlich Seafood, Satés und britisch-indische Currys bietet.

VERANDAH
INTERNATIONAL $$$

(露台餐廳; ☎852 2292 2822; www.therepulsebay.com; 1. Stock, 109 Repulse Bay Rd, Repulse Bay; Gerichte ab 600 HK$; ⊙tgl. 12–14.30, 15–17.30 & 19–22.30, Brunch So 11–14.30 Uhr; 🚌6, 6A, 6X, 260) Im grandiosen Verandah zu speisen, das vom Peninsula (S. 146) geführt wird, ist in der Tat ein besonderes Erlebnis. Das große Restaurant schwelgt in kolonialer Nostalgie inklusive Flügel am Eingang, Holzventilatoren an der Decke und Marmortreppe mit Holzgeländer.

Der Sonntags-Brunch ist berühmt (700 HK$) und der Nachmittagstee der beste auf dieser Seite von Hong Kong Island. Vorab reservieren.

✗ Stanley

TOBY INN
KANTONESISCH, DIM SUM $

Karte S. 343 (赤柱酒家; ☎852 2813 2880; U1-U2, 126 Stanley Main St, Stanley; Gerichte 60–200 HK$; ⊙5.30–22 Uhr; 🚌6, 6A, 6X od. 260) Dieses bescheidene Lokal ist bei Stanleys Einwohnern sehr beliebt. Ältere Herrschaften essen hier gern Dim Sum in der Morgendämmerung, Drachenbootfahrer lassen sich nach dem Training die günstigen Meeresfrüchte schmecken, und Familien freuen sich den ganzen Tag über einfache, leckere Gerichte.

SEI YIK
KANTONESISCH $

Karte S. 343 (泗益; ☎852 2813 0507; 2 Stanley Market St, Stanley; Gerichte ab 30 HK$; ⊙Mi–Mo 6–16 Uhr; 🚌6, 6A, 6X, 66) Wochenendausflügler strömen in das kleine *dai pai dong* (Imbiss) mit Zinndach, genau gegenüber des Stanley Municipal Buildings, um die lockeren Armen Ritter nach Hongkong-Art mit dem Aufstrich namens *kaya* (Kokosnussmarmelade) zu genießen. Es gibt keine Beschilderung in lateinischer Schrift; Ausschau halten nach der langen Schlange von Pilgern und den Obsttürmen, die den Eingang verbergen!

KING LUDWIG BEER HALL
DEUTSCH $$

Karte S. 343 (King Ludwig 德國餐廳; ☎852 2899 0122; www.kingparrot.com; Shop 202, Murray House, Stanley; Gerichte ab 180 HK$; ⊙12–24 Uhr; 🚌6, 6A) Diese absurde, mittelalterlich wirkende deutsche Restaurantkette hat fünf Restaurants in Hongkong. Diese Filiale punktet mit der Lage im historischen Murray House, von dessen Veranda aus man eine unschlagbare Aussicht aufs Meer genießt. Nach einer langen Wanderung bewältigt man vielleicht auch die riesige Schweinshaxe des King Ludwig. Der *all you can eat*-Brunch am Wochenende ist besonders beliebt.

✗ Shek O

HAPPY GARDEN
THAILÄNDISCH $

(石澳樂園; ☎852 2809 4165; 786 Shek O Village; Hauptgerichte 70–200 HK$; ⊙11.30–23 Uhr; 🚌9 ab MTR-Station Shau Kei Wan, Ausgang A3) Der lässige Familienbetrieb macht jeden mit seinem frischen Seafood, mit authentischem Thai-Essen und fairen Preisen glücklich. Die Terrasse oben bietet einen tollen Meerblick. Das Restaurant liegt vor dem Parkplatz am Strand.

BLACK SHEEP INTERNATIONAL $

(黑羊餐廳; 852 2809 2021; 330 Shek O Rd, Shek O; Gerichte ab 180 HK$; Mo–Fr 18–21, Sa & So 12–21 Uhr; ; 9 von MTR-Station Shau Kei Wan, Ausgang A3) Dieses Bistro mit Batiktischdecken und einer Terrasse voller Pflanzen befindet sich in einer Nebengasse und versprüht Hippie-Flair. Es ist jedoch meist ziemlich voll und der Service nicht immer freundlich. Pizza (ab 150 HK$) und Meeresfrüchte (ab 189 HK$) sind die Favoriten, aber die Moussaka und die gekochten Artischockenherzen sind ebenfalls beliebt. Es gibt immer eine vegetarische Option.

AUSGEHEN & NACHTLEBEN

DELANEY'S KNEIPE

(852 2677 1126; Shop 314, 411, 501 & 601 The Arcade, 100 Cyberport Rd, Pok Fu Lam; 12 Uhr–open end, Happy Hour 16–21 Uhr; 30X, 42C, 73, 73P, 107P, 970) Diese Filiale in Wan Chai war eine Institution, wurde jedoch nach 21 Jahren geschlossen. Fans können sich nun im entlegenen Cyberport an sie erinnern. Das Publikum setzt sich aus den umliegenden Büros und Luxusapartments zusammen. Die Karte zum St. Patrick's Day und der Sonntagsbraten mögen der Vergangenheit angehören, aber die entspannte Stimmung und den Meerblick gibt's immer noch.

SMUGGLERS INN KNEIPE

Karte S. 343 (852 2813 8852; EG, 90A Stanley Main St, Stanley; Mo–Do 10–24, Fr–So bis 1 Uhr; 6, 6A, 6X od. 260) In einem sich stets erneuernden Touristenzentrum wie Stanley ist es schön, einen Ort zu finden, dem die Moden der letzten Jahre nichts anhaben konnten. Hier kann man noch immer vor mit Geldscheinen tapezierten Wänden oder draußen am Wasser einen Sex on the Beach genießen oder gegen andere Gäste Darts um ein Bier spielen. Außerdem gibt's eine Jukebox.

BEN'S BACK BEACH BAR BAR

(石澳風帆會; 852 2809 2268; Shek O back beach, 273 Shek O Village; Di–Fr 19–24, Sa & So 14–24 Uhr; 9 ab MTR-Station Shau Kei Wan, Ausgang A3) Unter einer rustikalen Markise, versteckt hinter dem ruhigen Shek O Beach, mampfen Einheimische und Ausländer Burger und trinken Bier. Direkt neben diesem urigen Ensemble Richtung Meer steht ein Schrein. Bei Reggaebeats und dem Klang der Brandung nippt man an seinem Bier.

Vom Busbahnhof in Shek O rechts auf den Pfad einbiegen, der zu einer verlassenen Schule und zum Gesundheitszentrum führt. Der Strand liegt am Ende des Pfades.

SHOPPEN

★**G.O.D.** BEKLEIDUNG, HAUSHALTSWAREN

Karte S. 343 (Goods of Desire; 852 2673 0071; www.god.com.hk; Stanley, Shop 105, Stanley Plaza, 22-23 Carmel Rd, Stanley; Mo–Fr 10.30–20, Sa bis 21 Uhr; 6, 6A, 6X, 260) Das G.O.D. ist einer der coolsten einheimischen Läden Hongkongs und behandelt das klassische Stadtbild von Hongkong mit recht wenig Respekt: U. a. können Smartphone-Covers mit Bildern von Häuserblocks der Stadt, Lampeninstallationen, die denen auf altmodischen Märkten ähneln, Kissen mit Glücks-Koi-Druck etc. käuflich erworben werden.

In der Stadt gibt es ein paar G.O.D.-Läden, aber diese Filiale ist eine der größten.

STANLEY MARKET MARKT

Karte S. 343 (赤柱市集; Stanley Village Rd, Stanley; 9–18 Uhr; 6, 6A, 6X od. 260) In dem herrlich verwirrenden Gassenlabyrinth, das sich hinunter zur Stanley Bay erstreckt, werden keine ausgesprochenen Schnäppchen oder Kostbarkeiten verkauft, sondern erschwingliche Freizeitklamotten (inkl. großer Größen und Kinderkleider), Schnickschnack, Souvenirs und Kunst aus Massenproduktion. Am besten kommt man werktags hierher, da der Markt am Wochenende vor lauter Touristen und Einheimischen aus allen Nähten platzt.

HORIZON PLAZA EINKAUFSZENTRUM

Karte S. 342 (新海怡廣場; 2 Lee Wing St, Ap Lei Chau; 10–19 Uhr; 90 ab Exchange Sq in Central) Dieses riesige Outlet-Center versteckt sich an der Südküste von Ap Lei Chau und ist in einem umgebauten Fabrikgebäude untergebracht. Es beherbergt über 150 Läden auf 28 Stockwerken. Die meisten Einheimischen kaufen hier ihre Möbel, aber man findet auch Alexander McQueen und Jimmy Choos zu Schnäppchenpreisen. Haufenweise Sachen für Kinder gibt's auch, von Büchern über Spielzeug bis zu Klamotten und Möbeln.

SPORT & AKTIVITÄTEN

TAI TAM WATERWORKS HERITAGE TRAIL WANDERN & TREKKEN
(大潭水務文物徑) Dieser malerische, 5 km lange Wanderweg führt an Reservoirs und einer hübschen Ansammlung von 20 historischen Wasserwerksbauten vorbei. Zu den Errungenschaften viktorianischer Ingenieurskunst gehören Brücken, Aquädukte, Schleusenhäuser, Pumpstationen und Dämme, von denen viele noch funktionstüchtig sind. Der Weg endet an der Tai Tam Tuk Raw Water Pumping Station und dauert zwei Stunden. Man kann ihn in Wong Nai Chung Gap in der Nähe der Luxusapartments in Hong Kong Parkview oder an der Kreuzung Tai Tam Rd und Tai Tam Reservoir Rd betreten. Am Wochenende gehen die Einwohner hier mit ihren Hunden, Kindern, Dienstmädchen, Chauffeuren und Nannys spazieren.

Von der MTR-Station Admiralty geht's mit Bus 6 zum Wong Nai Chung Reservoir; von dort der Tai Tam Reservoir Rd Richtung Osten folgen.

HONG KONG YACHTING BOOTFAHREN
Karte S. 342 (852 2526 0151; www.hongkongyachting.com; 18A Gee Chang Hong Centre, 65 Wong Chuk Hang Rd, Aberdeen; Mo-Sa 9-18 Uhr; 4C, 90) Bei Hong Kong Yachting kann man Boote mieten, die vom Aberdeen Harbour aus verschiedene Ziele in Hongkong und auf den Outlying Islands ansteuern. Man kann sich ein Ticket für eine Tour kaufen oder einen Privatausflug mit Freunden organisieren.

HONG KONG AQUA-BOUND CENTRE WASSERSPORT
Karte S. 343 (852 8211 3876; www.aquabound.com.hk; 6A, 14) Bei diesem Outdoor-Anbieter in der Nähe des Südendes des Stanley Main Beach gibt's Kurse und Leihausrüstung zum Windsurfen, Wakeboarding, Kajakfahren und Stehpaddeln.

ABERDEEN BOAT CLUB BOOTFAHREN
Karte S. 342 (香港仔遊艇會; 852 2552 8182; www.abclubhk.com; 20 Shum Wan Rd, Aberdeen; fünftägiger Kurs ab 4000 HK$; 70, 73, 793) Dieser Bootsclub organisiert Segelkurse für Mitglieder und Nichtmitglieder.

Kowloon

TSIM SHA TSUI | YAU MA TEI | MONG KOK | NEW KOWLOON

Highlights

❶ **Symphony of Lights** (S. 146) Die kitschige, aber beeindruckende Lichtshow mit dem Victoria Harbour im Hintergrund bestaunen

❷ **Lobby des Peninsula** (S. 146) Zu Streicherklängen in der Lobby des eleganten Jazz-Age-Hotels Peninsula Gebäck und Earl Grey genießen

❸ **Temple Street Night Market** (S. 143) Auf diesem lebhaften Nachtmarkt die berauschende Mischung aus visuellen, akustischen und olfaktorischen Eindrücken aufsaugen

❹ **Sik Sik Yuen Wong Tai Sin Temple** (S. 144) In dem farbenfrohen Tempel eine taoistische Zeremonie erleben oder sich die Zukunft voraussagen lassen

❺ **Yuen Po Street Bird Garden & Flower Market** (S. 150) Die Singvögel und die Blütenpracht auf dem Markt bewundern, wo ältere Leute ihre Piepmätze an die frische Luft bringen und Verkäufer Bambuskäfige und Vögel feilbieten.

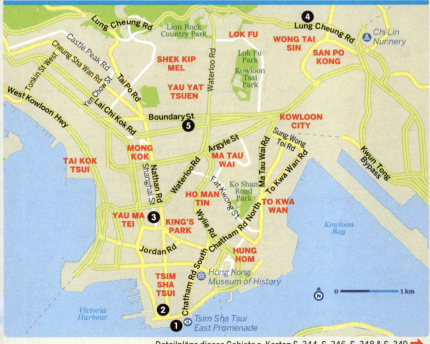

Detailpläne dieses Gebiets s. Karten S. 344, S. 346, S. 348 & S. 349 ➡

Top-Tipp

In Kowloon sind zahlreiche Ethnien vertreten, vor allem in Tsim Sha Tsui, was für eine spannende Gastronomie sorgt. Um die Chungking Mansions gibt es tolle indische Lebensmittelläden, koreanische Lokale und Minimärkte liegen an Kimberley St und Austin Ave, Nepalesisches findet man rund um den Temple Street Night Market in Yau Ma Tei, und in Kowloon City gibt's viele Thai-Restaurants.

Gut essen

→ Chi Lin Vegetarian (S. 158)
→ Chicken Hof & Soju Korean (S. 152)
→ Spring Deer (S. 153)
→ Sun Sin (S. 156)
→ Yè Shanghai (S. 153)

Details s. S. 152 →

Nett ausgehen

→ InterContinental Lobby Lounge (S. 159)
→ Butler (S. 159)
→ Aqua (S. 159)
→ Kubrick Bookshop Café (S. 160)

Details s. S. 159 →

Schön shoppen

→ Yue Hwa Chinese Products Emporium (S. 164)
→ Temple Street Night Market (S. 143)
→ Rise Shopping Arcade (S. 162)
→ Shanghai Street (S. 164)

Details s. S. 162 →

Rundgang: Kowloon

Der Tag beginnt mit ein, zwei Stunden im Museum of History, gefolgt von einem halbstündigen Bummel auf der malerischen Tsim Sha Tsui East Promenade (ein Teil davon ist bis 2018 gesperrt; hier nimmt man einen Umweg über die Salisbury Rd) zum Star Ferry Concourse. Unterwegs bestaunt man verschiedene Sehenswürdigkeiten wie etwa das Cultural Centre oder den Uhrenturm und kehrt mittags in einem indischen oder Shanghai-Restaurant ein.

Auf dem Weg nach Yau Ma Tei stoppt man an der St Andrew's Church und der Kowloon British School. Etwa eine Stunde ist für die Erkundung des Tin-Hau-Tempels, des Jademarkts und der Shanghai St einzuplanen. Danach gibt's zwei Möglichkeiten: Entweder man fährt mit der MTR bis zur Station Prince Edward, um den Blumen-und Vogelmarkt in der Yuen Po St und danach Mong Kok zu besuchen, und schaut sich anschließend Sham Shui Po und den Flohmarkt in der Ap Liu Street an, oder man genießt einfach die Stille im Nonnenkloster Chi Lin Nunnery in Diamond Hill.

Nach dem Abendessen an einem Straßenstand in Yau Ma Tei steht der Nachtmarkt in der Temple Street an. Bei ein paar Drinks in einer Bar in Tsim Sha Tsui (TST) kann man die Erlebnisse des Tages sacken lassen.

Lokalkolorit

→ **Treff** Filmfans und Kunstinteressierte chillen gern in der oberen Etage des Mido Café (S. 157).
→ **Shoppen** Modefreaks finden in der Rise Shopping Arcade (S. 162) und in den Läden am Granville Circuit bezahlbare Erweiterungen ihrer Garderobe.
→ **Singalong Parlours** Collegestudenten feiern ihren Geburtstag gern in den „Mitsing-Stuben" in Yau Ma Tei wie dem Canton Singing House (S. 161).

An- & Weiterreise

→**Bus** Vom Busbahnhof an der Star Ferry kommt man nach Kowloon, Hong Kong Island und in die New Territories: N21 fährt zum Flughafen, 5A nach Kowloon City und die 8 fährt zur Kowloon Station. Busse von Eternal East Cross Border Coach fahren von verschiedenen Haltestellen in Tsim Sha Tsui ab.
→**Schiff/Fähre** Die Fähren von Macau Ferries legen am China Ferry Terminal an der Canton Rd (Tsim Sha Tsui) ab. Star Ferries starten vom Tsim Sha Tsui Concourse am Westende der Salisbury Rd.

HIGHLIGHTS
HONG KONG MUSEUM OF HISTORY

Wer bei seinem Hongkong-Trip nur Zeit für ein einziges Museum hat, sollte das Hong Kong Museum of History besuchen. Der kurze Überblick über die Natur, Ethnografie und Kultur Hongkongs ermöglicht Besuchern, ihre Eindrücke einzuordnen und zu verstehen.

Die acht Säle der Ausstellung **Hong Kong Story** nehmen Besucher mit auf eine faszinierende Reise durch die Geschichte Hongkongs, angefangen von der Natur und der prähistorischen Geschichte dieser Region ab 4000 v. Chr. bis hin zur Rückgabe des Territoriums an China im Jahr 1997. Interessanterweise gibt es kaum Material zur Zeit nach 1997.

Das Museum zeigt farbenfrohe Repliken einer chinesischen Hochzeitsprozession sowie Behausungen der auf Booten lebenden Tanka und der Puntay, die ummauerte Dörfer bauten. Unter den Exponaten sind auch traditionelle Trachten und Nachbauten von Ladenhäusern aus dem Jahr 1881. Außerdem kann man in eine 1913 gebaute Straßenbahn steigen und Filmmaterial aus dem Zweiten Weltkrieg anschauen, darunter Zeitzeugenberichte von Chinesen und Ausländern, die in japanische Gefangenschaft gerieten.

Die der städtischen Kultur Hongkongs gewidmete Abteilung zeigt u. a. die Rekonstruktion eines traditionellen Lebensmittelgeschäfts, einen alten Getränkespender und die Wohnungseinrichtung der unteren Bevölkerungsschichten. Ein im Stil der 1960er-Jahre eingerichtetes Kino zeigt dreimal täglich (11, 14 & 16 Uhr) alte kantonesische Filme.

NICHT VERSÄUMEN!

➜ Hong Kong Story
➜ Sonderausstellungen

PRAKTISCH & KONKRET

➜ 香港歷史博物館
➜ Karte S. 346, B2
➜ 852 2724 9042
➜ http://hk.history.museum
➜ 100 Chatham Rd South, Tsim Sha Tsui
➜ Erw./erm. 10/5 HK$, Mi Eintritt frei
➜ Mo & Mi–Sa 10–18, So bis 19 Uhr
➜
➜ M Tsim Sha Tsui, Ausgang B2

HIGHLIGHTS
TSIM SHA TSUI EAST PROMENADE

Der prächtige Blick auf den Victoria Harbour macht die Promenade zu einem der schönsten Spazierwege Hongkongs. Am besten kommt man schon tagsüber hierher, macht Fotos und besucht die Museen. Nach Sonnenuntergang kehrt man dann nochmals zurück, um den Ausblick auf die Wolkenkratzer von Central und Wan Chai – nun magisch in buntes Neonlicht getaucht – ganz anders auf sich wirken zu lassen.

Während des Feuerwerks anlässlich des **chinesischen Neujahrsfests** Ende Januar/Anfang Februar sowie beim **Drachenbootfest** im Juni ist die Promenade brechend voll.

Ein guter Ausgangspunkt für den Spaziergang ist der **Uhrenturm** (S. 148) der ehemaligen Kowloon–Canton Railway (KCR) gleich neben dem Star Ferry Concourse, ein Wahrzeichen aus der Ära der Dampfmaschine. 1966 versammelten sich hier Tausende Menschen, um gegen eine Erhöhung der Fährtarife zu demonstrieren. Die Demonstrationen mündeten in die Unruhen von 1966, die ersten von vielen sozialen Protesten, die zu einer Reform der Kolonialverwaltung führten.

Vorbei am Cultural Centre und dem Museum of Art führt der Weg zur Avenue of the Stars (S. 148), Hongkongs recht glanzloser Hommage an seine einst blühende Filmindustrie. Das Highlight ist die 2,5 m hohe Bronzestatue der Kung-Fu-Legende Bruce Lee. Der Großteil dieses Gebiets ist jedoch bis Ende 2018 wegen Sanierungsmaßnahmen gesperrt.

Von der Promenade kann man jeden Abend die Symphony of Lights (S. 146) beobachten. Die weltweit größte ständige Lasershow wird von Wolkenkratzerdächern projiziert.

Der Spaziergang führt weiter an den Hotels von Tsim Sha Tsui East vorbei, einem dem Meer abgerungenen Gebiet, zum **Hong Kong Coliseum** und zum Bahnhof Hung Hom. Je weiter man nach Norden kommt, umso ruhiger wird es, Touristen- und Ausflugsboote weichen nach und nach Frachtkähnen und Anglern.

Teile der Promenade sind bis 2018 geschlossen; die Umgehung führt über die Salisbury Rd.

NICHT VERSÄUMEN!

- ➜ Die Aussicht
- ➜ Uhrenturm
- ➜ Symphony of Lights

PRAKTISCH & KONKRET

- ➜ 尖沙嘴東部海濱花園
- ➜ Karte S. 346, B6
- ➜ Salisbury Rd, Tsim Sha Tsui
- ➜ Ⓜ Tsim Sha Tsui, Ausgang E

HIGHLIGHTS
TEMPLE STREET NIGHT MARKET

Der lebhafteste Nachtmarkt Hongkongs, der Temple Street Night Market, erstreckt sich von der Man Ming Lane im Norden zur Nanking St im Süden und wird durch den historischen Tin-Hau-Tempel (S. 149) in zwei Hälften unterteilt. Hier erlebt man mit allen Sinnen eine wunderbar quirlige Atmosphäre. Am schönsten ist der Markt ca. zwischen 19 und 22 Uhr, wenn man vor lauter Ständen und Menschenmassen kaum vorwärts kommt.

Wer gern unter freiem Himmel speist, sollte die Woo Sung St, die im Osten parallel zum Markt verläuft, oder den Bereich nördlich vom Tempel ansteuern. Hier bekommt man alles, was die asiatische Küche hergibt: von einer Schüssel Wan Tans bis zu Austernomeletts und nepalesischen Currys. Ein ungewöhnliches Erlebnis ist es, in einem **Singalong Parlour** Platz zu nehmen und sich Essen dorthin zu bestellen.

Jeden Abend errichten mehrere **Wahrsager** in der Mitte des Marktes Zelte und sagen der Kundschaft ihr Schicksal voraus (ab 100 HK$), wozu sie im Gesicht und in den Händen lesen und das Geburtsdatum benutzen. Einige haben Vögel darauf abgerichtet, „Glückskarten" zu ziehen. Die meisten Wahrsager sprechen ein paar Brocken Englisch.

Wer Glück hat, kann ein paar Passagen einer kantonesischen Oper unter freiem Himmel erleben. Einige der berühmtesten Stars der Opernbühne begannen ihre Karriere auf diese bescheidene Weise – oder behaupten es zumindest.

Um von hier zur MTR-Station Yau Ma Tei zu gelangen, folgt man der Man Ming Lane.

NICHT VERSÄUMEN!

➥ Shoppen
➥ Imbissstände
➥ Wahrsager
➥ Singalong Parlours in der Temple St

PRAKTISCH & KONKRET

➥ 廟街夜市
➥ Karte S. 348, C2
➥ Temple St, Yau Ma Tei
➥ ⊙6–23 Uhr
➥ ⓜYau Ma Tei, Ausgang C

HIGHLIGHTS
SIK SIK YUEN WONG TAI SIN TEMPLE

Der geschäftige taoistische Tempel, eine bunte Orgie aus Säulen, Dächern und Ziergittern, zieht Gläubige in allen Lebenslagen an, von Rentnern bis zu jungen Hipstern. Einige kommen, um zu beten, andere, um mithilfe von *chìm* **(„Glücksstäbchen" aus Bambus) ihre Zukunft zu erfahren: Die Stäbchen werden auf den Boden geworfen, Wahrsager deuten dann das Muster.**

Besonders viel Betrieb herrscht rund ums chinesische Neujahrsfest, am Geburtstag Wong Tai Sins (23. Tag des 8. Monats) und an Wochenenden.

Der 1973 erbaute Komplex ist dem „Großen Unsterblichen Wong", Wong Tai Sin, geweiht, einer heilkundigen taoistischen Gottheit, die als Hirte in der Provinz Zhèjiāng gelebt und Felsbrocken in Schafe verwandelt haben soll. Das ganze Viertel ist nach dem heiligen Mann benannt, was seltsam anmutet, da er ein Einsiedler gewesen sein soll. Als Wong 15 Jahre alt war, lehrte ihn ein Unsterblicher, einen Kräutertrank zu brauen, der alle Krankheiten heilte. Deshalb wird Wong von Kranken ebenso wie von denen verehrt, die gesund bleiben wollen. Mit „Wong Tai Sin" werden manchmal auch Personen bezeichnet, die übertrieben großzügig sind.

Am Hauptaltar werden taoistische Rituale zelebriert. Das Bild der Gottheit wurde 1915 aus der Provinz Guangdong nach Hongkong gebracht. Rechts hinter dem Hauptschrein liegen die **Good Wish Gardens** mit Brücken, Karpfenteichen und Pavillons, von denen die sechseckige Unicorn Hall mit ihren geschnitzten Türen und Fenstern besonders hübsch anzuschauen ist.

NICHT VERSÄUMEN!

- Die Architektur
- *Chìm*
- Hauptaltar
- Zeremonien
- Good Wish Gardens
- Unicorn Hall

PRAKTISCH & KONKRET

- 嗇色園黃大仙祠
- 852 2351 5640, 2327 8141
- www.siksikyuen.org.hk
- 2 Chuk Yuen Village, Wong Tai Sin
- Spende 2 HK$
- 7–17.30 Uhr
- Ⓜ Wong Tai Sin, Ausgang B2

HIGHLIGHTS
CHI LIN NUNNERY

Das große buddhistische Nonnenkloster gehört zu den eindrucksvollsten Bauwerken in Hongkong. Es stammt ursprünglich aus den 1930er-Jahren und wurde 1998 im Stil eines Klosters aus der Tang-Dynastie wieder neu aufgebaut. Lotusteiche, Bonsai-Teepflanzen und schweigsame Nonnen, die ihre Opfergaben darbringen oder hinter geschnitzten Wandschirmen ihre Gesänge anstimmen, prägen das Bild dieses friedlichen Ortes.

Das Nonnenkloster ist der weltweit größte Komplex aus handgezimmerten Holzgebäuden. Die massiven Bauten sind von einer handwerklichen Meisterkunst, wie sie bei modernen Rekonstruktionen alter Architektur nur selten zu finden ist. Die Bauweise, bei der die Holzelemente so ineinandergreifen, dass kein einziger Nagel benötigt wurde, will den Einklang zwischen Mensch und Natur zum Ausdruck bringen.

Man betritt den Komplex durch das Sam Mun, eine Reihe von „drei Toren", die für die buddhistischen Gebote Mitgefühl, Weisheit und die „geschickten Mittel" *(upaya)* stehen. Durch den ersten Hof kommt man zur Halle der Himmelskönige mit einer großen Statue des sitzenden, von Gottheiten umgebenen Buddhas. Hinter ihr erhebt sich die Haupthalle mit einer Statue des Buddha Shakyamuni.

An das Kloster schließt sich der **Nan Lian Garden** an, ein Park im Stil der Tang-Zeit mit goldener Pagode, Koi-Teich und bizarren Felsen.

Hin kommt man, indem man von der MTR-Station Diamond Hill, Ausgang C2, durchs Hollywood Plaza geht und dann ostwärts in die Funk Tak Rd einbiegt.

NICHT VERSÄUMEN!

→ Architektur im Tang-Stil
→ Sam Mun
→ Lotusteichgarten
→ Halle der Himmelskönige
→ Haupthalle
→ Nan Lian Garden

PRAKTISCH & KONKRET

→ 志蓮淨苑
→ 852 2354 1888
→ www.chilin.org
→ 5 Chi Lin Dr, Diamond Hill
→ Eintritt frei
→ Nonnenkloster 9–16.30 Uhr, Garten 6.30–19 Uhr
→ Diamond Hill, Ausgang C2

◎ SEHENSWERTES

◉ Tsim Sha Tsui

**TSIM SHA TSUI EAST
PROMENADE** — HAFEN

Siehe S. 142.

**HONG KONG MUSEUM
OF HISTORY** — MUSEUM

Siehe S. 141.

KOWLOON PARK — PARK

Karte S. 344 (九龍公園; www.lcsd.gov.hk; Nathan Rd & Austin Rd, Tsim Sha Tsui; ⊘6–24 Uhr; 🖼; ⓂTsim Sha Tsui, Ausgang C2) Der Kowloon Park wurde auf dem Gelände einer früheren Kaserne für indische Soldaten der Kolonialarmee angelegt und ist eine grüne Oase, die eine erholsame Zuflucht vor dem Getümmel in Tsim Sha Tsui bietet. Wege und Mauern ziehen sich kreuz und quer über grasbewachsenes Gelände, Vögel hüpfen in Volieren umher, vereinzelt wachsen alte Banyanbäume. Morgens praktizieren Senioren hier in ruhiger Atmosphäre Tai Chi, sonntagnachmittags gibt's im Kung Fu Corner Kampfkunstvorführungen.

SYMPHONY OF LIGHTS — LICHTSHOW

(Ufer von Kowloon; ⊘20–20.20 Uhr) Diese kitschige, aber klassische Sound-&-Light-Show findet das ganze Jahr über jeden Abend um 20 Uhr statt. Dabei werden synchron zum Licht, das von den Wolkenkratzern auf Hong Kong Island über den Hafen streicht, traditionelle chinesische Lieder gespielt. Um sich einen guten Platz zu sichern, sollte man schon einige Minuten früher da sein. An klaren Abenden ist das Spektakel am schönsten.

**PENINSULA
HONG KONG** — HISTORISCHES GEBÄUDE

Karte S. 344 (香港半島酒店; www.peninsula.com; Ecke Salisbury & Nathan Rd, Tsim Sha Tsui; ⓂEast Tsim Sha Tsui, Ausgang L3) Das 1928 erbaute, an einen Thron erinnernde Peninsula ist eines der großen Hotels der Welt. Einst „bestes Hotel östlich von Suez" genannt, konkurrierte es mit mehreren ähnlich renommierten Hotels in Asien, u. a. dem Raffles in Singapur und dem Cathay (heute Fairmont Peace Hotel) in Shanghai. Der Nachmittagstee im Peninsula ist ein entzückendes Erlebnis. Fein machen und darauf einstellen, auf einen Tisch zu warten!

HONG KONG MUSEUM OF ART — MUSEUM

Karte S. 344 (香港藝術館; ☎852 2721 0116; http://hk.art.museum; 10 Salisbury Rd, Tsim Sha Tsui; Erw./erm. 10/5 HK$, Mi frei; ⊘Mo–Fr 10–18, Sa & So bis 19 Uhr; 🚢Star Ferry, ⓂEast Tsim Sha Tsui, Ausgang J) Das exzellente Museum ist momentan wegen Renovierungsarbeiten im Umfang von mehreren Millionen Dollar geschlossen. Wenn es wiedereröffnet, soll es in sieben Galerien auf sechs Etagen chinesische Antiquitäten, Kunstwerke, historische Fotoaufnahmen sowie zeitgenössische Kunst aus Hongkong zeigen. Zu den Highlights zählen die Xubaizhi-Sammlung von Gemälden und Kalligrafien, moderne Kunst, Keramiken und sonstige alte Kostbarkeiten aus China.

NATHAN ROAD — STRASSE

Karte S. 344 (彌敦道; Tsim Sha Tsui; ⓂTsim Sha Tsui, Jordan) Kowloons von Juweliergeschäften und Modeboutiquen gesäumte Hauptstraße ist ein von Verkehr und Fußgängern verstopftes Gedränge. Sie wurde nach Matthew Nathan, Hongkongs einzigem jüdischen Gouverneur benannt. Nichtsdestotrotz ist sie eine berühmte Ecke Hongkongs, in der einfache Pensionen und Luxushotels direkt nebeneinander stehen. Zudem ist die Gegend vollkommen sicher – und das ist gut so, denn jeder Hongkong-Besucher wird sich über kurz oder lang hier wiederfinden.

**KOWLOON MOSQUE &
ISLAMIC CENTRE** — MOSCHEE

Karte S. 344 (九龍清真寺; ☎852 2724 0095; 105 Nathan Rd, Tsim Sha Tsui; ⊘5–22 Uhr; ⓂTsim Sha Tsui, Ausgang C2) Hongkongs größte Moschee ist mit einer Kuppel und Marmorverzierungen geschmückt und bietet bis zu 3000 Gläubigen Platz. Sie ist die Gebetsstätte der etwa 70 000 Muslime des Territoriums, von denen über die Hälfte Chinesen sind. Ursprünglich wurde die Moschee für die indischen Muslime in der britischen Armee gebaut, die im heutigen Kowloon Park stationiert waren. Muslime sind in der Moschee willkommen, Nichtmuslime sollten um Erlaubnis bitten. Nicht vergessen, die Schuhe auszuziehen!

**FORMER MARINE POLICE
HEADQUARTERS** — HISTORISCHES GEBÄUDE

Karte S. 344 (前水警總部; ☎852 2926 8000, Reservierung von Führungen 852 2926 1881; www.1881heritage.com; 2A Canton Rd, Tsim Sha Tsui; ⊘10–22 Uhr; 🚢Star Ferry, ⓂEast Tsim Sha Tsui, Ausgang L6) GRATIS Das ehemalige Hauptquartier der Hafenpolizei, ein prächtiger, 1884 erbauter viktorianischer Komplex, ist eines der vier ältesten Regierungsgebäude Hongkongs. Er wurde durchgängig von der Hongkonger Hafenpolizei genutzt; lediglich während des Zweiten Weltkriegs hatte die japanische Marine das Kommando. Heute ist der Komplex ein rein kommerzielles Unternehmen namens „Heritage 1881". Einige der alten Bauwerke stehen noch, darunter die Ställe, Taubenschläge und Bombenschutzbunker. Die 1881 steht im Namen, weil der abergläubische Bauträger die in 1884 vorkommende Zahl 4 vermeiden wollte – diese klingt im Chinesischen ähnlich wie das Wort für „Tod".

AVENUE OF STARS STRANDPROMENADE
Karte S. 344 (星光大道; Tsim Sha Tsui East Promenade, Tsim Sha Tsui) Die Avenue of Stars an der spektakulären Tsim Sha Tsui East Promenade ist eine Hommage an Hongkongs Filmbranche und ihre Stars, komplett mit Handabdrücken, Skulpturen und Infotafeln. Es ist ein tapferer, aber letztendlich glanzloser Versuch, die Film- und Fernsehindustrie Hongkongs zu ehren.

Die Avenue of Stars ist derzeit aufgrund von Sanierungsarbeiten gesperrt. Voraussichtliche Wiedereröffnung ist 2018. Dennoch lohnt es sich, vorbeizuschauen: Manche Abschnitte werden vielleicht auch während der Bauarbeiten geöffnet.

HONG KONG SCIENCE MUSEUM MUSEUM
Karte S. 346 (香港科學館; ☏852 2732 3232; http://hk.science.museum; 2 Science Museum Rd, Tsim Sha Tsui; Erw./erm. 25/12,50 HK$, Mi frei; ◉Mo–Mi & Fr 10–19, Sa & So bis 21 Uhr; 🛜♿; MTsim Sha Tsui, Ausgang B2) Das Hongkonger Wissenschaftsmuseum veranschaulicht technische Grundprinzipien anhand praktischer Demonstrationen physikalischer und chemischer Gesetzmäßigkeiten und bietet Kindern aller Altersgruppen, aber auch Erwachsenen ein tolles interaktives und unterhaltsames Erlebnis.

INTERNATIONAL COMMERCE CENTRE GEBÄUDE
(環球貿易廣場, ICC; www.shkp-icc.com; 1 Austin Rd W, Tsim Sha Tsui; Sky100 Erw./erm. 168/118 HK$; ◉ab 10 Uhr; MKowloon, Ausgang C) Mit 118 Stockwerken ist das schlanke ICC das höchste Gebäude Hongkongs und gehört zu den zehn höchsten Bauwerken der Welt. Innen befindet sich neben dem Ritz-Carlton (S. 247) und dem Elements (S. 165) auch die Panoramaaussichtsterrasse **Sky100** (100. Stock). Nur 60 Sekunden benötigt der Hochgeschwindigkeitsfahrstuhl, um Besucher hinaufzubeamen, damit sie die atemberaubende Aussicht auf Kowloon und Teile der Insel bewundern können. Im 2. Stock des Elements („Metal Zone") weisen kleine Schilder den Weg zum Sky100. Letzter Einlass ist um 20 Uhr.

SIGNAL HILL GARDEN & BLACKHEAD POINT TOWER PARK
Karte S. 346 (訊號山公園和訊號塔; Minden Row, Tsim Sha Tsui; ◉Turm 9–11 & 16–18 Uhr; MEast Tsim Sha Tsui, Ausgang K) Die Aussicht vom Gipfel dieses Hügels ist ziemlich spektakulär, und wäre es das frühe 20. Jh., so würden die Schiffsbesatzungen die neugierigen Blicke der Besucher erwidern, denn einst fiel täglich um 13 Uhr vom schönen edwardianischen Turm eine Zeitkugel aus Kupfer herab, damit die Seefahrer ihre Chronometer justieren konnten. Der Park liegt oberhalb des Middle Road Children's Playground (S. 149), der Eingang in der Minden Row (Mody Rd).

HONG KONG SPACE MUSEUM & THEATRE MUSEUM
Karte S. 344 (香港太空館; ☏852 2721 0226; www.lcsd.gov.hk; 10 Salisbury Rd, Tsim Sha Tsui; Erw./erm. 10/5 HK$, Shows 24/12 HK$, Mi Eintritt frei; ◉Mo & Mi–Fr 13–21, Sa & So 10–21 Uhr; 🛜♿; MEast Tsim Sha Tsui, Ausgang J) In diesem einem Golfball ähnelnden Gebäude am

> ### ℹ️ COPY WATCH, MADAM?
> Wie fast überall in Kowloon muss man auch beim Schlendern über die Promenade (S. 142) jederzeit damit rechnen, von Schleppern angesprochen zu werden, die einem *copy watch*, *copy bag* oder *tailor* (also Uhren- oder Taschenimitate oder einen Schneider) andrehen wollen. Wer sich sowieso eine gefälschte Rolex oder Prada-Handtasche kaufen möchte, kann ruhig einen Blick auf ihre Waren werfen (sie werden meist in einem laminierten Buch aufbewahrt). Unbedingt unnachgiebig feilschen! Wer jedoch einen guten Anzug möchte, der hat man auf jeden Fall mehr davon, wenn er sich diesen bei einem seriösen Schneider anfertigen lässt.

Ufer befinden sich zwei Ausstellungssäle und ein Planetarium mit einer großen Projektionsfläche an der Decke. Das Museum wirkt ein wenig veraltet, doch die IMAX-Filme, der virtuelle Gleitschirmflug und der simulierte „Mondspaziergang" sind für Klein und Groß zeitlos faszinierend. Das Museumsgeschäft verkauft auch „Astronauten"-Eis in drei Geschmacksrichtungen.

FORMER KCR CLOCK TOWER
HISTORISCHES GEBÄUDE

Karte S. 344 (前九廣鐵路鐘樓; Tsim Sha Tsui Star Ferry Concourse, Tsim Sha Tsui; Star Ferry, East Tsim Sha Tsui, Ausgang J) Der 1915 erbaute, 44 m hohe Uhrenturm aus rotem Backstein und Granit am Südende der Salisbury Rd gehörte früher zum südlichen Endbahnhof der Kowloon–Canton Railway (KCR). Der Bahnhof wurde 1978 abgerissen, nachdem der Zugverkehr in einen moderneren Bahnhof in Hung Hom verlegt worden war; im Hong Kong Railway Museum in Tai Po kann man heute noch eine Vorstellung davon gewinnen, wie er einst ausgesehen hat. Die Uhr begann am Nachmittag des 22. März 1921 zu ticken und hat seitdem, außer während der Phase der japanischen Besatzung, nicht damit aufgehört.

HONG KONG CULTURAL CENTRE
GEBÄUDE

Karte S. 344 (香港文化中心; www.lcsd.gov.hk; 10 Salisbury Rd, Tsim Sha Tsui; 9–23 Uhr; ; Star Ferry; East Tsim Sha Tsui, Ausgang J) Am schönsten Abschnitt des Hafens steht das ästhetisch missratene, fensterlose Kulturzentrum (S. 162), das einen Konzertsaal mit 2085 Plätzen, einen Theatersaal mit 1750 Plätzen, eine Studiobühne für bis zu 535 Zuschauer und Probensäle beherbergt. An der Südseite des Gebäudes liegt eine Aussichtsplattform, von der aus man zur Tsim Sha Tsui East Promenade (S. 142) gelangt.

FORMER KOWLOON BRITISH SCHOOL
HISTORISCHES GEBÄUDE

Karte S. 344 (前九龍英童學校; www.amo.gov.hk; 136 Nathan Rd, Tsim Sha Tsui; Tsim Sha Tsui, Ausgang B1) Die älteste erhaltene Schule für die Kinder von in Hongkong lebenden Ausländern ist ein denkmalgeschütztes viktorianisches Gebäude, in dem sich heute die **Antiquities and Monuments Office** (古物古蹟辦事處) befindet. Sie wurde 1902 errichtet und nachträglich mit luftigen Veranden und hohen Decken versehen – vermutlich, weil die Kinder öfter mal in Ohnmacht fielen.

OCEAN TERMINAL BUILDING
GEBÄUDE

Karte S. 344 (www.oceanterminal.com.hk; Salisbury Rd, Tsim Sha Tsui; 10–21 Uhr; Star Ferry, East Tsim Sha Tsui, Ausgang J) Dieses Gebäude, das 381 m in den Hafen hineinragt, ist gleichzeitig Kreuzfahrtterminal und Einkaufszentrum. Der ursprüngliche Kowloon Wharf Pier aus dem Jahr 1886 wurde 1966 neu gebaut und unter dem Namen Ocean Terminal als damals größtes Einkaufszentrum Hongkongs wieder eröffnet. Heute ist es Teil des Komplexes der Harbour City (S. 163), der sich 500 m entlang der Canton Rd erstreckt und unbezahlbare Ausblicke aufs Ufer bietet. Der Eingang befindet sich am westlichen Ende der Ehemaligen KCR-Uhrenturms.

HONG KONG OBSERVATORY
HISTORISCHE STÄTTE

Karte S. 346 (香港天文台; 852 2926 8200; www.hko.gov.hk; 134a Nathan Rd, Tsim Sha Tsui; Tsim Sha Tsui, Ausgang B1) Dieses bezaubernde historische Bauwerk wurde 1883 erbaut und ist der Öffentlichkeit an zwei Tagen im März jedes Jahres (Daten s. Website) leider nicht zugänglich. In der Wetterwarte wird auch heute noch das Wettergeschehen in Hongkong überwacht, und es ertönt ein furchterregendes Warnsignal, wenn sich ein Wirbelsturm der Sonderverwaltungszone nähert.

ROSARY CHURCH
KIRCHE

Karte S. 346 (玫瑰堂; 852 2368 0980; http://rosarychurch.catholic.org.hk; 125 Chatham Rd S, Tsim Sha Tsui; 7.30–19.30 Uhr; Jordan, Ausgang D) Das Geld für den Bau der ältesten katholischen Kirche in Kowloon spendete 1905 ein in Hongkong lebender portu-

---

> **ⓘ VORSICHT: FALSCHE MÖNCHE**
>
> Etliche Besucher werden in Hongkong von Trickbetrügern in Mönchsroben angesprochen, die versuchen, sie um einen Teil ihres Geldes zu erleichtern. Einige verkaufen sogar buddhistische Amulette oder geben einem ihren „Segen", um anschließend auf eine Spende zu drängen. Dabei gilt: Echte Mönche bitten nie um Geldspenden! Wer von ihnen belästigt wird, sollte deutlich nein sagen und sie einfach ignorieren.

giesischer Arzt. Ursprünglich wurde sie für die Katholiken eines in Kowloon stationierten indischen Bataillons errichtet, später diente sie der aufkeimenden Hongkonger Katholikengemeinde. Die gelbliche Fassade der im klassischen gotischen Stil gestalteten Rosary Church erinnert an Kirchen in Macau.

KOWLOON UNION CHURCH KIRCHE

Karte S. 348 (九龍佑寧堂; ☎852 2367 2585; www.kuc.hk; 4 Jordan Rd, Tsim Sha Tsui; ⏱Mo-Fr 9-17 Uhr; ⓜJordan, Ausgang B2) Die rote Backsteinkirche mit protestantischen Ursprüngen wurde 1930 mit dem Geld eines englischen Geschäftsmanns armenischer Abstammung errichtet. Sie wurde – für Kowloon ungewöhnlich – im neogotischen Stil erbaut und hat ein chinesisches (sturmsicheres) Giebeldach, einen mit Zinnen versehenen Turm und Maßwerkfenster im gotischen Stil. Die sonntägliche Messe beginnt um 10.30 Uhr.

FOOK TAK ANCIENT TEMPLE BUDDHISTISCHER TEMPEL

Karte S. 344 (福德古廟; 30 Haiphong Rd, Tsim Sha Tsui; ⏱6-20 Uhr; ⓜTsim Sha Tsui, Ausgang C2) Tsim Sha Tsuis einziger Tempel ist ein winziger, verrauchter Bau mit einem aufgeheizten Blechdach. Über seine Vergangenheit weiß man nur, dass es sich um einen Schrein aus der Zeit der Qing-Dynastie handelt, und dass er im Jahr 1900 renoviert wurde. Vor dem Zweiten Weltkrieg huldigten hier die ungelernten Arbeiter der nahe gelegenen Kowloon Wharf – dort, wo sich heute der Ocean Terminal (S. 148) befindet – dem Erdgott. Heute bringen in dem Tempel hauptsächlich 80-jährige Greise Weihrauch dar. Die verehrte Gottheit soll ein langes Leben garantieren.

ST. ANDREW'S ANGLICAN CHURCH KIRCHE

Karte S. 344 (聖安德烈堂; ☎852 2367 1478; www.standrews.org.hk; 138 Nathan Rd, Tsim Sha Tsui; ⏱7.30-22.30 Uhr, Kirche 8.30-17.30 Uhr; ⓜTsim Sha Tsui, Ausgang B1) Auf einem Hügel neben der ehemaligen britischen Schule von Kowloon steht die älteste protestantische Kirche Kowloons. Das schöne Bauwerk aus Granit und Backsteinen im Stil der englischen Gotik wurde 1905 für die Protestanten Kowloons errichtet. Während der japanischen Besatzung wurde es in einen Schrein verwandelt. In der Nähe befindet sich das hübsche ehemalige Pfarrhaus aus dem Jahr 1909 mit arkadenähnlichen Balkons. In die Kirche gelangt man von der Ostseite der Nathan Rd über eine Treppe oder einen Hang.

MIDDLE ROAD CHILDREN'S PLAYGROUND PARK

Karte S. 346 (中間道兒童遊樂場; Middle Rd, Tsim Sha Tsui; ⏱7-23 Uhr; ⏤; ⓜEast Tsim Sha Tsui, Ausgang K) Dieses verborgene Juwel oberhalb der MTR-Station East Tsim Sha Tsui – zu erreichen über eine Treppe von der Chatham Rd South – hat Spielgeräte, schattige Sitzgelegenheiten und bietet einen tollen Blick aufs Ufer. Werktags ist dies ein kleiner, ruhiger Spielplatz, der von den Anwohnern genutzt wird; am Wochenende trifft man hier aber Kinder und Picknickgesellschaften aller möglichen Ethnien an.

⊙ Yau Ma Tei

TEMPLE STREET NIGHT MARKET MARKT

Siehe S. 143.

SHANGHAI STREET STRASSE

Karte S. 348 (上海街; Yau Ma Tei; ⓜYau Ma Tei, Ausgang C) Ein Spaziergang die Shanghai St hinunter gleicht einer Reise in eine ferne Vergangenheit. Die einstige Hauptstraße Kowloons wird heute von Geschäften gesäumt, die chinesische Brautkleider, Sandelholzräucherstäbchen und Buddha-Statuen verkaufen. Außerdem gibt's hier Mah-Jongg-Spielhallen und an der Kreuzung mit der Saigon St auch einen alteingesessenen Pfandleiher. Die perfekte Adresse für Souvenirs wie Mondkuchenformen aus Holz mit eingeprägten Bildern von Fischen, Schweinen oder guten Wünschen, Garbehälter aus Bambus, lange Essstäbchen zum Umrühren von Speisen im Topf sowie hübsche Keramikschalen!

Es gibt hier vor allem Küchenzubehör: Dutzende Geschäfte verkaufen Woks, Fleischerbeile, Schneidebretter aus Baumstämmen und andere Utensilien, die bei der Zubereitung eines chinesischen Mahls nicht fehlen dürfen.

TIN HAU TEMPLE TAOISTISCHER TEMPEL

Karte S. 348 (天后廟; ☎852 2385 0759; www.ctc. org.hk; Ecke Temple St & Public Square St, Yau Ma Tei; ⏱8-17 Uhr; ⓜYau Ma Tei, Ausgang C) Das große, von Weihrauch erfüllte Heiligtum, das im 19. Jh. erbaut wurde, ist einer von Hongkongs berühmtesten Tempeln, die Tin

CHIN WOO ATHLETIC ASSOCIATION
KAMPFSPORTSCHULE

Karte S. 348 (精武體育館; ☎852 2384 3238; www.chinwoo.com.hk/; Flat B & C, 13. Stock, Wah Fung Bldg, 300 Nathan Rd, Yau Ma Tei; ⊗14.30–21 Uhr; ⓂJordan, Ausgang B1) Die 88 Jahre alte Kampfsportschule ist ein Ableger der Chin Woo Athletic Association, die vor 100 Jahren vom berühmten Kung-Fu-Meister Huo Yuanjia (霍元甲) in Shanghai gegründet wurde. Diese war im Bruce-Lee-Film *Todesgrüße aus Shanghai* und in Jet Lis *Fearless* zu sehen. Während der Öffnungszeiten kann man die Hongkonger Schule besuchen. Die Kurse finden allerdings hauptsächlich auf Kantonesisch statt.

WHOLESALE FRUIT MARKET
MARKT

Karte S. 348 (油麻地果欄; Ecke Shek Lung St & Reclamation St, Yau Ma Tei; ⊗2–6 Uhr; ⓂYau Ma Tei, Ausgang B2) Der 1913 gegründete historische Obstgroßmarkt wird noch heute abgehalten. Er besteht aus einer Ansammlung ein- und zweistöckiger Ziegel- und Steinhäuser mit Schildern aus der Zeit vor dem Zweiten Weltkrieg. Von 4 bis 6 Uhr morgens herrscht hier ein reges Treiben: Laster mit frischem Obst werden be- und entladen, und Arbeiter mit freiem Oberkörper schleppen im Mondschein stapelweise Kisten durch die Gegend. Wer um diese Zeit nicht mehr oder noch nicht fit ist, der kann hier auch tagsüber vorbeischauen; einige Händler öffnen ihre Stände auch am Tag.

Der Markt wird von der Ferry St, Waterloo Rd und Reclamation St begrenzt, die Shek Lung St verläuft mitten hindurch.

Um hin zu kommen, von der MTR-Station Yau Ma Tei aus den Ausgang B2 nehmen und nach rechts gehen!

YAU MA TEI POLICE STATION
HISTORISCHES GEBÄUDE

Karte S. 348 (油麻地警署; 627 Canton Rd, Yau Ma Tei; ⓂYau Ma Tei, Ausgang C) Nur einen Katzensprung vom Tin-Hau-Tempel (S. 149) entfernt steht diese schöne, mit Arkaden und Bogen geschmückte edwardianische Polizeiwache (erbaut 1922), die zuletzt im Film *Rush Hour 2* einen kleinen Gastauftritt hatte. Einige architektonische Merkmale wurden gemäß den Prinzipien des Feng Shui verändert – der Kampf gegen Kriminalität ist schließlich eine riskante Angelegenheit. So wurde der Säulenvorbau am Haupteingang in eine Ecke versetzt, um die Bewohner des Gebäudes besser vor schädlichen Einflüssen zu schützen.

⊙ Mong Kok

YUEN PO STREET BIRD GARDEN & FLOWER MARKET
PARK

Karte S. 349 (園圃街雀鳥花園, 花墟; Yuen Po St & Boundary St, Mong Kok; ⊗7–20 Uhr; ⓂPrince Edward, Ausgang B1) In dieser bezaubernden Ecke von Mong Kok trifft man häufig auf ältere Männer, die ihre Singvögel in Käfigen spazieren tragen. Wenn man etwas verweilt, sieht man bestimmt, wie so einem Piepmatz eine auf einem Essstäbchen aufgespießte Raupe serviert wird. Auf dem Gelände werden Vögel und hübsche Käfige aus Teakholz (wäre das nicht ein tolles Souvenir?) zum Kauf angeboten. Außerhalb des Parks befindet sich in der Flower Market Rd der Blumenmarkt. Er hat offiziell die gleichen Öffnungszeiten wie der Vogelpark, allerdings setzt das Treiben hier erst nach 10 Uhr so richtig ein.

Besucher sollten unbedingt auch nach den Läden mit Tausenden Orchideen in allen möglichen Farben und zu Spottpreisen Ausschau halten.

LUI SENG CHUN
HISTORISCHES GEBÄUDE

Karte S. 349 (雷春生堂; ☎852 3411 0628; http://scm.hkbu.edu.hk/lsctour; 119 Lai Chi Kok Rd, Ecke Tong Mi Rd, Mong Kok; ⊗Führung Mo–Fr 14.30 & 16, Sa 9.30 & 11 Uhr, Konsultationen Mo–Sa 9–13 & 14–20, So 9–13 Uhr; ⓂPrince Edward, Ausgang C2) GRATIS Das hübsche vierstöckige chinesische *shophouse* an einer Straßenecke wurde um 1931 erbaut und gehört zu einer Schule für chinesische Medizin. Die Architektur vereint verschiedene chinesische und europäische Stile: breite Veranden, urnenförmige Balustraden und andere modische Elemente einer neoklassizistischen italienischen Villa. Das Erdgeschoss, in dem sich ein Kräuterteegeschäft befindet, ist öffentlich zugänglich. Kostenlose Führungen in den Kliniken im oberen Stockwerk sind nach Anmeldung möglich. Die Führungen finden auf Kantonesisch statt, die Exponate sind aber zweisprachig beschriftet.

🏃 Stadtspaziergang
Kowloons quirlige Marktstraßen

START YUEN PO STREET BIRD GARDEN
ZIEL MTR-STATION JORDAN, AUSGANG A
LÄNGE/DAUER 4,5 KM; 2 STD.

Nach zehn Gehminuten von der MTR-Station Prince Edward (Ausgang A) gelangt man zum ❶ **Yuen Po Street Bird Garden** (S. 150), einem Treffpunkt älterer Männer, die hier ihre gefiederten Lieblinge in Käfigen an die frische Luft bringen. Ein Stückchen weiter säumen duftende, exotische Blüten die Flower Market Rd.

Am Ende der Flower Market Rd geht es nach links in die Sai Yee St, dann nach rechts in die Prince Edward Rd West und wieder nach links in die Tung Choi St. Auf dieser läuft man zwei Blocks geradeaus bis zum ❷ **Goldfish Market**, wo etwa ein Dutzend Geschäfte mit diesen farbenfrohen Fischen handeln. Die Vielfalt der angebotenen Spezies ist erstaunlich – je seltener die Art, desto höher der Preis.

Nun wird es eng. Auf dem ❸ **Tung Choi St Market** (S. 164), auch Ladies' Market genannt, drängen sich Besucher zwischen den Ständen, die vor allem billige Kleidung verkaufen. Auch auf dem ❹ **Temple Street Night Market** (S. 143) herrscht, vor allem abends, Hochbetrieb. An Hunderten Ständen wird im Licht nackter Glühlampen eine riesige Warenpalette verkauft: von Sexspielzeug bis zu Koffern. Von der Tung Choi St kommend, biegt man rechts in die Dundas St ein, dann links in die Shanghai St, geht die Hi Lung Lane links bis zur Temple St und biegt rechts ab. Der Markt zieht sich bis zur Jordan Rd hinunter.

Weihrauchschwaden wabern im ❺ **Tin Hau Temple** (S. 149) in der Luft. Wahrsager in dessen Nähe ziehen für ihre „Kunst" alle Register: Es wird in den Händen der Kunden gelesen, und es kommen Tarotkarten und sogar zahme Spatzen zum Einsatz.

Der große, überdachte ❻ **Jade Market** (S. 164) besteht aus Dutzenden Ständen, die Jade aller Qualitätsstufen verkaufen, und ist ein guter Ort, um ein günstiges Schmuckstück zu kaufen. An der Jordan Rd wendet man sich nach Osten und biegt dann rechts in die Nathan Rd ein, um zur MTR-Station Jordan zu gelangen.

Für Gruppen aus mehr als vier Personen kann eine englischsprachige Tour arrangiert werden. Wer einen chinesischen Arzt konsultieren möchte, vereinbart einen Termin.

HERITAGE OF MEI HO HOUSE MUSEUM
MUSEUM

(美荷樓生活館; ✆852 3728 3500; Block 41, Shek Kip Mei Estate, 70 Berwick St, Sham Shui Po; ⊗Di–So 9.30–17 Uhr; ⛴A2, MSham Shui Po, Ausgang D2) Das Museum im Mei Ho House Youth Hostel beleuchtet die Geschichte des Mei Ho House. Es gehörte zu den ersten Umsiedlungsgebäuden, die errichtet wurden, um 58 000 Menschen, die bei einem Feuer im Jahr 1953 ihr Heim verloren hatten, aufzunehmen. Somit markiert dieses Gebäude den Beginn des sozialen Wohnungsbaus in Hongkong. Mit Artefakten und Nachbildungen alter Residenzen gewährt das Museum einen Einblick in den Alltag und die Kultur Hongkongs der 1950er- bis 1970er-Jahre.

C&G ARTPARTMENT
GALERIE

Karte S. 349 (✆852 2390 9332; www.candg-artpartment.com; 3. Stock, 222 Sai Yeung Choi St S, Mong Kok; ⊗Do, Fr, So & Mo 14–19.30, Sa ab 11 Uhr; MPrince Edward, Ausgang B2) Clara und Gum, die Gründer der progressiven Galerie hinter dem Pioneer Centre (始創中心), kümmern sich leidenschaftlich um die hiesige Kunstszene und stellen Werke von Künstlern mit sozialem Thema aus. Für Veranstaltungen hat die Galerie länger geöffnet. Aktuelle Termine finden sich auf der Website.

LEI CHENG UK HAN TOMB MUSEUM
MUSEUM

(李鄭屋漢墓博物館; ✆852 2386 2863; www.lcsd.gov.hk; 41 Tonkin St, Sham Shui Po; ⊗Fr–Mi 10–18 Uhr; MCheung Sha Wan, Ausgang A3) GRATIS Eine Terrakottaarmee lässt sich hier nicht besichtigen, wer sich aber für die Frühgeschichte der Region interessiert, kann hier eine Grabanlage aus der Zeit der Östlichen Han-Dynastie (25–220 n.Chr.) erkunden. Die Anlage besteht aus vier gewölbten Grabkammern mit einer Kammer mit Kuppeldach. Die Gruft wurde mit einem Betonmantel versehen; Besucher können nur durch eine Plexiglasscheibe ins Innere spähen.

⊙ New Kowloon

CHI LIN NUNNERY
BUDDHISTISCHES NONNENKLOSTER

Siehe S. 145.

SIK SIK YUEN WONG TAI SIN TEMPLE
TAOISTISCHER TEMPEL

Siehe S. 144.

CATTLE DEPOT ARTIST VILLAGE
DORF

(牛棚藝術村; 63 Ma Tau Kok Rd, To Kwa Wan; ⊗10a–22 Uhr; ⛴106, 12A, 5C, 101, 111) Das rund 100 Jahre alte Schlachthaus hat sich in ein Künstlerdorf verwandelt, in den roten Ziegelgebäuden befinden sich nun Ateliers und Ausstellungssäle. Etwa 20 Kunstorganisationen haben hier ihren Sitz, darunter den On and On Theatre Workshop (S. 162). Die gemeinnützige Organisation **1a Space** (✆852 2529 0087; www.oneaspace.org.hk; Unit 14, Cattle Depot Artist Village; ⊗Di–So 11–19 Uhr) veranstaltet regelmäßig anspruchsvolle Ausstellungen mit lokaler und internationaler Kunst sowie Konzerte und Theater.

Das Dorf selbst lohnt auch dann einen Besuch, wenn nichts Besonderes los ist. Es befindet sich neben einem Towngas-Gasspeicher im nördlichen Teil von To Kwa Wan, einem Gebiet an Kowloons Ostküste.

KOWLOON WALLED CITY PARK
PARK

(九龍寨城公園; ✆852 2716 9962; www.lcsd.gov.hk; Tung Tau Tsuen, Tung Tsing, Ecke Carpenter & Junction Rd, Kowloon City; ⊗Park 6.30–23 Uhr; Ausstellung 10–18 Uhr, Mi geschl.; ⛴1ab Star Ferry Pier) Hier befand sich im 19. Jh. die mysteriöse Kowloon Walled City, eine chinesische Garnison, die während der britischen Herrschaft formell zu China gehörte. Keine der beiden Regierungen wollte mit der 1,2 ha großen Enklave etwas zu tun haben, sodass sie zu einem gesetzlosen Slum verkam, der für seine Gangs, Drogenhöhlen und für Prostitution berüchtigt war. Schließlich siedelten die Briten die 30 000 Bewohner um und legten hier einen Park an. Darin befindet sich ein Modell der Kowloon Walled City. Wer mit dem Bus kommt, steigt gegenüber in der Tung Tau Tsuen Rd aus.

ESSEN

Tsim Sha Tsui

★CHICKEN HOF & SOJU KOREAN
KOREANISCH $

Karte S. 346 (李家; Hähnchen; ✆852 2375 8080; EG, 84 Kam Kok Mansion, Kimberley Rd, Tsim Sha Tsui; Gerichte ab 150 HK$; ⊗17–4 Uhr; MJordan, Ausgang D) Dieses Restaurant mit abgedunkelten Scheiben wirkt von außen vielleicht etwas zwielichtig, im Innern wartet aber ein koreanischer Gastropub mit einem freundlichen Besitzer, der seine Gäste beim Eintreten mit einem lauten Gruß willkommen heißt. Das hervorragende Brathähnchen in einem leichten und knusprigen Teig wird in fünf Variationen angeboten. Traditionelle Speisen wie etwa koreanisches Barbecue stehen auch auf der Karte. Wer nach dem Weg fragen muss, sollte wissen, dass Einheimische das Restaurant „Lee Family Chicken" nennen. Lange Warteschlangen sind die Regel.

TAK FAT BEEF BALLS NUDELN $

Karte S. 344 (德發牛肉丸; Haiphong Rd, Tsim Sha Tsui; Nudeln mit Rindfleischbällchen 28 HK$; 9–20 Uhr; M Tsim Sha Tsui, Ausgang A1) Dieser berühmte *dai pai dong* (Imbissstand) ist einer von mehreren auf dem Haiphong Rd Temporary Market. Am besten sucht man sich im lärmigen Trubel einen Platz und bestellt die Nudeln mit Rindfleischbällchen, die für ihre Bissfestigkeit und das zarte Aroma getrockneter Mandarinenschalen bekannt sind. Der Markt liegt direkt neben dem Fook Tak Ancient Temple. Zum *dai pai dong* geht's vorbei an Blumenhändlern und Ständen mit *halal*-Fleisch.

WOODLANDS INDISCH $

Karte S. 346 (活蘭印度素食; 852 2369 3718; oberes EG, 16 & 17 Wing On Plaza, 62 Mody Rd, Tsim Sha Tsui; Gerichte 70–180 HK$; 12–15.30 & 18.30–22.30 Uhr; M East Tsim Sha Tsui, Ausgang P1) Das gute alte Woodlands über einem Warenhaus serviert Indern und vereinzelt auch ein paar Einheimischen indische vegetarische Speisen mit großartigem Preis-Leistungs-Verhältnis. Wer sich nicht für ein Gericht entscheiden kann, aber ordentlich Kohldampf hat, bestellt am besten das Thali, das auf einem runden Metallteller mit zehn kleinen Kostproben, einem Dessert und Brot serviert wird. Die Dosai sind hervorragend.

PEKING DUMPLING SHOP NORDCHINESISCH $

Karte S. 346 (北京水餃店; 852 2368 3028; Shop A2, 15B Austin Ave, Tsim Sha Tsui; Portion 10–40 HK$; 11.30–23.30 Uhr; M Jordan, Ausgang D) Das Personal in diesem winzigen Laden bereitet ganz gute Pasteten, herzhafte Dim Sum und Nudeln in der zähen nordchinesischen Variante zu. Essen kann man in Nischen; wer sich am Fettgeruch stört, kann die Speisen aber auch mitnehmen.

MAMMY PANCAKE SÜSSSPEISEN $

Karte S. 344 (媽咪雞蛋仔; 8-12 Carnarvon Rd, Tsim Sha Tsui; Eierwaffeln 16–28 HK$; So–Do 11.30–21, Fr & Sa bis 22.30 Uhr; M Tsim Sha Tsui, Ausgang D2) In diesem kleinen Laden mit Verkaufstheke gibt's die besten *eggettes* Hongkongs zum Mitnehmen. Die Waffeln in Eierform sind sowohl bei einheimischen Kindern als auch Erwachsenen beliebt. Entweder bestellt man sich eine Portion ohne alles, oder man wählt noch eine innovative Geschmacksrichtung dazu wie etwa grüner Tee, Makronen, Süßkartoffeln oder Rousong. Wer so richtig in die Vollen gehen möchte, entscheidet sich für ein Waffelsandwich mit einer dicken Schicht Erdnussbutter und Kondensmilch. Die Wartezeit beträgt oft bis zu 15 Minuten.

PIERRE HERMÉ SÜSSSPEISEN $

Karte S. 344 (852 2155 3866; www.pierreherme.com/hk; Shop 2410, Level 2, Harbour City, 7-27 Canton Rd, Tsim Sha Tsui; Makronen 30 HK$; 10–22 Uhr; M Tsim Sha Tsui, Ausgang C3) Die legendären Makronen des französischen Konditors sind so süß, zart und vergänglich wie eine junge Liebe, tragen klangvolle und bezaubernde Namen und verblüffen obendrein mit ungewöhnlichen Geschmackskombinationen. Hinter Jardin Dans Les Nuages („Garten in den Wolken") verbirgt sich z. B. die Kombination von Schokolade und Rauchsalz – das Ergebnis ist ein Aroma, das an eine rauchige, samtige Schokolade erinnert.

YUM CHA DIM SUM $

Karte S. 346 (飲茶; 852 2751 1666; http://yumchahk.com; 3/F 20-22 Granville Rd, Tsim Sha Tsui; Gerichte 100–250 HK$; 11.30–15 & 18–23 Uhr; M Tsim Sha Tsui, Ausgang B2) Die entzückenden, in Tierform zubereiteten Klöße und Brötchen schreien förmlich danach, auf Instagram gepostet zu werden. Das Yum Cha ist einer der neueren Player in Hongkongs Dim-Sum-Szene. Die Brötchen mit gegrilltem Schweinefleisch sind mit winzigen Schweinegesichtern verziert, die Puddingbrötchen sehen aus wie anthropomorphe Eier, und die Ananastaschen in Form von Vögeln werden in verschnörkelten Käfigen serviert. Es gibt auch allerlei kantonesische Gerichte mit modernem Touch.

SWEET DYNASTY KANTONESISCH, DESSERTS $

Karte S. 344 (糖朝; 852 2199 7799; Shop A, UG, Hong Kong Pacific Centre, 28 Hankow Rd, Tsim Sha

Tsui; Gerichte 70–300 HK$; ⊙Mo-Do 8–24, Fr 8–1, Sa 7.30–1, So 7.30–24 Uhr; 🅟; ⓂTsim Sha Tsui, Ausgang A1) Auf der umfangreichen Karte des Sweet Dynasty stehen zahlreiche bekannte kantonesische Gerichte, doch am besten sind nach wie vor die Desserts, Nudeln und Congees, die dem Restaurant vor Jahren zu seiner Berühmtheit verhalfen. Es ist sauber und modern, wenn auch bei großem Andrang sehr beengt.

CHANGWON KOREANISCH $

Karte S. 346 (莊園韓國料理; ☎852 2368 4606; 1 Kimberly St, Tsim Sha Tsui East; Gerichte 100–200 HK$; ⊙12–5 Uhr; ⓂTsim Sha Tsui, Ausgang B1) Eines der ältesten und authentischsten koreanischen Restaurants der Stadt. Hier kommen köstliche Rinderrippchen, Seafood-Pfannkuchen und kalte Nudeln auf den Tisch, und die Angestellten servieren großzügige Portionen Beilagen. Die Toilette ist jedoch nichts für schwache Nerven.

HUNGRY KOREAN KOREANISCH $

Karte S. 344 (☎852 2730 5577; http://hungrykorean.com; 24-38 Ashley Rd, Tsim Sha Tsui; Gerichte 30–60 HK$; ⊙12–24 Uhr) Dies ist der beliebteste Ableger der insgesamt fünf Filialen dieser lässigen koreanischen Gastronomiekette. Es stehen hier fast immer Kunden Schlange, die sich auf die leckeren und günstigen *bibimbap*, *gim bap* (Sushi nach koreanischer Art), würzigen Hähnchenflügel und *kimchi*-Pfannkuchen freuen. Aber keine Sorge: Man kommt trotzdem schnell dran!

CITY'SUPER SUPERMARKT, FOOD-COURT $

Karte S. 344 (www.citysuper.com.hk; Shop 3001, Gateway Arcade, Harbour City Level 3, 25-27 Canton Rd, Tsim Sha Tsui; ⊙10–22 Uhr; ⓂTsim Sha Tsui, Ausgang C2) Diese noble japanische Supermarktkette verkauft internationale Lebensmittel und hat einen Food-Court mit zahlreichen Angeboten verschiedener asiatischer Küchen, darunter Udon-Nudeln, koreanischer Reis aus dem Steintopf und taiwanesische Klöße sowie super Softeis nach Hokkaido-Art.

★ YÈ SHANGHAI DIM SUM $$

Karte S. 344 (夜上海; ☎852 2376 3322; www.elite-concepts.com; 6. Stock, Marco Polo Hotel, Harbour City, Canton Rd, Tsim Sha Tsui; Gerichte 400–800 HK$; ⊙11.30–14.30 & 18–22.30 Uhr; 🅟; ⓂTsim Sha Tsui, Ausgang C2) Der Name des Restaurants bedeutet „Nächte in Shanghai". Dunkles Holz und dezentes Licht, inspiriert vom Shanghai der 1920er-Jahre, schaffen eine romantische Atmosphäre. Auch die modernen Shanghai-Gerichte sind hervorragend. Den einzigen Ausreißer aus dieser Yin-Yang-Harmonie bildet das kantonesische Dim Sum, das man hier mittags bekommt – aber auch das ist großartig. Das niveauvolle Yè Shanghai kann sich eines Michelin-Sterns brüsten.

★ DIN TAI FUNG TAIWANESISCH, NUDELN $$

Karte S. 344 (鼎泰豐; ☎852 2730 6928; www.dintaifung.com.hk; Shop 130, 3. Stock, Silvercord, 30 Canton Rd, Tsim Sha Tsui; Gerichte 120–300 HK$; ⊙11.30–22.30 Uhr; 🅟; ⓂTsim Sha Tsui, Ausgang C1) Ob man nun Appetit auf „Essen für die Seele" hat oder dringend Kohlenhydrate braucht – die saftigen Shanghai-Klöße und herzhaften Nudeln nach nordchinesischer Art dieser beliebten taiwanesischen Kette sind garantiert das Richtige. Lange Schlangen sind hier an der Tagesordnung, Reservierungen nicht möglich. Der Service ist allerdings hervorragend. Unbedingt probieren sollte man z. B. die berühmten *xiao long bao* (Suppenklöße), die luftigen Brötchen mit gedünstetem Schweinefleisch oder die vor Fett triefenden, aber einfach unwiderstehlich leckeren gebackenen Schweinekoteletts.

★ SPRING DEER NORDCHINESISCH $$

Karte S. 346 (鹿鳴春飯店; ☎852 2366 4012; 1. Stock, 42 Mody Rd, Tsim Sha Tsui; Gerichte 80–500 HK$; ⊙12–15 & 18–23 Uhr; ⓂEast Tsim Sha Tsui, Ausgang N2) Hier wird der authentischste nordchinesische Lammbraten Hongkongs serviert, bekannter ist aber die Pekingente, die hier auch sehr gut ist. Der Service kann allerdings so freundlich sein wie der Pekinger Winter 1967. Unbedingt reservieren!

★ WOO COW EINTOPF $$

Karte S. 346 (禾牛薈火焗館; Great Beef Hot Pot; ☎852 3997 3369; 1. & 2. Stock, China Insurance Bldg, 48 Cameron Rd, Tsim Sha Tsui; Gerichte 350–600 HK$; ⊙17.30–2 Uhr; ⓂTsim Sha Tsui, Ausgang B3) Unentschlossene Gäste dürften angesichts der riesigen Auswahl von Hot Pots schier verzweifeln: 200 Zutaten (die meisten frisch oder hausgemacht), 20 verschiedene Brühen (von Muschelsuppe bis zu raffinierten Kräuterzubereitungen) und eine Vielzahl von Würzsaucen (in unbegrenzter Menge) erfordern Entscheidungskraft. Doch auch an der Karte kommt man nicht vorbei, das Licht ist zu hell! So, und nun zum Sashimi-Angebot… Reservierung notwendig!

SEN HOTPOT RESTAURANT KANTONESISCH $$
Karte S. 348 (千鍋居; ☎852 2377 2022; 1. Stock, Liberty Mansion, 26E Jordan Rd, Tsim Sha Tsui; Gerichte 300 HK$; ⊗11.30–15 & 17-30–1 Uhr; MJordan, Ausgang A) Das Sen schont den Geldbeutel; der Name ist allerdings irreführend: Es hat sich auf Gerichte spezialisiert, die im Topf serviert werden, spezialisiert, weniger auf den klassischen Feuertopf – den gibt es aber auch. Das rustikale Küchenpersonal arbeitet mit taufrischen Zutaten, die herzerwärmend kombiniert werden – und damit fährt das moderne Restaurant gut, besonders bei der geschmorten Gans. Allerdings geht hier es recht laut, ganz im Kontrast zu den Bildern des alten Hongkong, die die Wände zieren. Der Eingang befindet sich in der Temple St.

GAYLORD INDISCH $$
Karte S. 344 (爵樂印度餐廳; ☎852 2376 1001; 1. Stock, Ashley Centre, 23-25 Ashley Rd, Tsim Sha Tsui; Gerichte ab 250 HK$; ⊗12–15 & 18–23 Uhr; ; MTsim Sha Tsui, Ausgang E) Gedämpftes Licht und Liveauftritte von Sita-Spielern bilden in Hongkongs ältestem indischen Restaurant (von 1972) – und dem nobelsten in Kowloon – die Kulisse für großartiges Rogan Josh, Dhal und andere typisch indische Gerichte. Es gibt auch eine Menge vegetarischer Speisen. Das Essen in diesem Restaurant ist zwar teurer als das bei anderen Indern der Stadt, doch die gemütlichen Nischen und der aufmerksame Service machen das mehr als wett.

DONG LAI SHUN CHINESISCH $$
Karte S. 346 (東來順; ☎963 3733 2020; www.rghk.com.hk; B2, The Royal Garden, 69 Mody Rd, Tsim Sha Tsui; Gerichte 250–1500 HK$; ⊗11.30–14.30 & 18–22.30 Uhr; ; MEast Tsim Sha Tsui, Ausgang P2) Neben hervorragend zubereiteten nordchinesischen Gerichten finden sich auf der ellenlangen Speisekarte auch typische Gerichte aus Shangai und Sichuan sowie beliebte kantonesische Speisen. Am bekanntesten ist das Dong Lai Shun aber für seinen wunderbaren Lammeintopf, bei dem hauchdünne Lammfleischscheiben in kochendes Waser getaucht und dann mit Sesamsauce garniert gegessen werden. Die Atmosphäre mag hier ein wenig steif wirken, bedient werden Gäste aber sehr freundlich.

HING KEE RESTAURANT KANTONESISCH $$
Karte S. 344 (避風塘興記; ☎852 2722 0022; 1. Stock, Bowa House, 180 Nathan Rd, Tsim Sha Tsui; Gerichte 380–1200 HK$; ⊗18–5 Uhr; MJordan, Ausgang D) Diesen Promitreff führt die lebhafte Tochter eines Fischers. Sie ist für ihre großartigen Gerichte berühmt, die genauso wie auf den Sampans zubereitet werden. Die Krabben, Spezialität des Hauses, werden mit einem Berg gebratenem Knoblauch serviert und sind eine wahre Wonne. Die Bedienung ist gelegentlich etwas genervt. Vor der Bestellung sollte man sich genau über die Preise informieren.

AL MOLO ITALIENISCH $$
Karte S. 344 (☎852 2730 7900; www.diningconcepts.com.hk; Shop G63, Ocean Terminal, 7-23 Canton Rd, Harbour City, Tsim Sha Tsui; Gerichte 360–700 HK$; ⊗12–22.30 Uhr; ; Star Ferry, MEast Tsim Sha Tsui, Ausgang J) Das Hongkonger Restaurant des in New York ansässigen Kochs und Gastronoms Michael White punktet mit Ziegelwänden, Eisenelementen und einen Sitzbereich im Freien, wo man sich mit Blick auf das Ufer von Tsim Sha Tsui hausgemachte Pasta aus Hartweizengrieß mit Meeresfrüchten schmecken lassen kann. Mittagsmenüs ab 150 HK$.

FOOK LAM MOON KANTONESISCH, DIM SUM $$$
Karte S. 346 (福臨門; ☎852 2366 0286; www.fooklammoon-grp.com; Shop 8, 1. Stock, 53-59 Kimberley Rd, Tsim Sha Tsui; Gerichte 400–2000 HK$; ⊗11.30–14.30 & 18–22.30 Uhr; MTsim Sha Tsui, Ausgang B1) Bei den Einheimischen heißt das FLM „Promi-Kantine". Doch auch wer nicht reich und berühmt ist, wird hier behandelt, als ob er es wäre. Auf der ellenlangen Karte stehen teure Gerichte wie Seeohren, die mit mindestens 1000 HK$ pro Person zu Buche schlagen. Doch niemand verdreht die Augen, wenn man sich nur an die göttlichen Dim Sum (ab 60 HK$ pro Körbchen; nur mittags) hält.

GADDI'S FRANZÖSISCH $$$
Karte S. 344 (☎852 2696 6763; www.peninsula.com; 1. Stock, The Peninsula, 19–21 Salisbury Rd, Tsim Sha Tsui; Mittags-/Abendmenü 500/2000 HK$; ⊗12–14.30 & 19–22.30 Uhr; MTsim Sha Tsui, Ausgang E) Das Gaddi's, das gleich nach dem Zweiten Weltkrieg eröffnet wurde, war eines jener Restaurants, das wohlhabende Familien zu besonderen Gelegenheiten besuchten. Heute mag die klassische Einrichtung etwas altmodisch und die philippinische Liveband deplatziert wirken,

doch das Essen – traditionell französisch mit modernem Touch – gehört ohne Zweifel mit zum besten der Stadt.

T'ANG COURT
KANTONESISCH, DIM SUM $$$

Karte S. 344 (唐閣; ☏852 2375 1133; www.hongkong.langhamhotels.com; 1. Stock, Langham Hotel, 8 Peking Rd, Tsim Sha Tsui; Mittagessen 300–2000 HK$, Abendessen 500–2000 HK$; ⏰12–14.30 & 18.30–22.30 Uhr; 🍴; MTsim Sha Tsui, Ausgang L4) Das mit zwei Michelin-Sternen ausgezeichnete T'ang Court macht seinem Ruf alle Ehre, meistert es doch die Kunst der guten kantonesischen Küche mit Bravour. Dicke Teppiche, schwere Seidenvorhänge und aufmerksame Mitarbeiter tragen zum gediegenen Ambiente bei. Wem das zu förmlich ist, der kann ganz beruhigt sein – der geschliffene Service sorgt dafür, dass sich jeder Gast wie zu Hause fühlt, ja wie ein Kaiser in seinem Palast. Die Spezialität des Hauses, gebackene Austern mit Portwein, muss vorab bestellt werden.

SUN TUNG LOK
KANTONESISCH, DIM SUM $$$

Karte S. 344 (新同樂; ☏852 2152 1417; www.suntunglok.com.hk; 4. Stock, Miramar Shopping Centre, 132 Nathan Rd, Tsim Sha Tsui; Mittagessen 250–3000 HK$, Abendessen 500–5000 HK$; ⏰11.30–15 & 18–22.30 Uhr; MTsim Sha Tsui, Ausgang B2) Das elegante, 1969 eröffnete Tung Lok, das mit zwei Michelin-Sternen gekrönt ist, hält die feine Tradition der kantonesischen Küche in Ehren. Das beginnt beim Dim Sum (mittags erhältlich), das viele Restaurantkritiker als das beste der Stadt loben, und endet bei Gerichten wie den geschmorten Seeohren (Abalone), die quasi einen Lackmustest der Kochkunst darstellen. Das Essen ist recht teuer, etwas sparen kann man jedoch mit den Menüs, und das Dim Sum wird auch in „halben Körbchen" serviert.

STEAK HOUSE
INTERNATIONAL $$$

Karte S. 346 (☏852 2313 2323; https://hongkong-ic.intercontinental.com; InterContinental Hong Kong, 18 Salisbury Rd, Tsim Sha Tsui; Gerichte 700 HK$; ⏰Mo–Fr 18–23, Sa & So 12–14.30 & 18–23 Uhr; 🍴; MEast Tsim Sha Tsui, Ausgang J) Das importierte Rindfleisch in diesem erstklassigen Steakhaus betört die Sinne. Und das Drumherum – die acht exotischen Salze, die vielen Senfsorten, die schicken Steakmesser – verstärkt den Genuss noch. Die extravagante Salatbar (398 HK$/Pers.) würde schon für eine ganze Mahlzeit ausreichen. Auch die Desserts sind fantastisch, kommen aber selbst für amerikanische Verhältnisse in riesigen Portionen daher.

KIMBERLEY CHINESE RESTAURANT
CHINESISCH $$$

Karte S. 346 (君怡閣中菜廳; ☏852 2369 8212; Hochparterre, Kimberley Hotel, 28 Kimberley Rd, Tsim Sha Tsui; Gerichte 300–600 HK$; ⏰11–15 & 18–23 Uhr; MTsim Sha Tsui, Ausgang B1) Dieses Restaurant ist bekannt für sein Kimberley Pig – ein 30 Tage altes Spanferkel mit Klebreis, das mit Schalotten und Knoblauch gekocht und anschließend am Stück gebraten wird. Von einem Spanferkel (900 HK$) werden mindestens fünf hungrige Gäste satt. Es muss zwei Tage vorab bestellt werden, und am Vortag ist eine (verhandelbare) Anzahlung von 200 HK$ fällig. Wer danach noch nicht genug hat, sollte die Rinderrippchen probieren.

🍴 Yau Ma Tei

⭐SUN SIN
NUDELN $

Karte S. 348 (新仙清湯腩; ☏852 2332 6872; 37 Portland St, Yau Ma Tei; Gerichte 40–65 HK$; ⏰11–24 Uhr; MYau Ma Tei, Ausgang B2) Das von Michelin gelobte Restaurant Sun Sin hat sich auf Rinderbrust spezialisiert. Obwohl es in einem für seine Bordelle bekannten Viertel beheimatet ist, ist es ihm trotz seines Ruhmes gelungen, die Qualität hoch und die Preise niedrig zu halten. Die saftigen Fleischstücke werden in einer Brühe mit Rettich, in einer dicken Tomatensuppe oder als Curry serviert. Zu Stoßzeiten stehen oben selbst gezimmerte Tische für Gäste bereit, denen das Essen wichtiger ist als der Komfort.

NATHAN CONGEE AND NOODLE
NUDELN $

Karte S. 348 (彌敦粥麵家; ☏852 2771 4285; 11 Saigon St, Yau Ma Tei; Gerichte 60 HK$; ⏰7.30–23.30 Uhr; MJordan, Ausgang B2) In dem unauffälligen Restaurant werden schon seit mindestens einem halben Jahrhundert tolles Congees und Nudeln gekocht. Dazu empfehlen sich allerlei Frittiertes, das in das Congee getunkt und leicht durchweicht gegessen wird, die pyramidenförmigen Reisklöße oder der blanchierte Fisch mit Petersilie und Erdnüssen.

HING KEE RESTAURANT
KANTONESISCH $

Karte S. 348 (興記菜館; ☏852 2384 3647; 19 Temple St, Yau Mei Tei; ⏰18–1 Uhr; MYau Ma Tei, Ausgang C) Einst ein einfacher Straßenim-

OSAMA TONY
SHANGHAI, KLÖSSE $

Karte S. 348 (☏852 2755 5090; 122 Woo Sung St, Jordan; Gerichte 40–80 HK$; ⊙12–23 Uhr; Ⓜ Jordan, Ausgang A) Was auch immer die Besitzer dieses kleinen, gemütlichen Restaurants zu dessen seltsamem englischem Namen verführt hat… Auf die Tische kommen einige der besten und günstigsten *xiao long bao* (Suppenklöße) Kowloons sowie traumhaft leckerer, knuspriger Rettichkuchen und überlaufende Teller voll Nudeln und gebratenem Reis im Shanghai-Stil.

AUSTRALIA DAIRY COMPANY
CAFÉ $

Karte S. 348 (澳洲牛奶公司; ☏852 2730 1356; 47-49 Parkes St, Jordan; Gerichte 30–50 HK$; ⊙Mi-Mo 7.30–23 Uhr; Ⓜ Jordan Ausgang C2) Lange Warteschlangen und ein unhöflicher Service sind die Markenzeichen dieses beliebten Hongkonger *cha chaan teng* (Teehaus), das für seine Rührei-Sandwiches, Makkaroni-und-Schinken-Suppe sowie seinen Milchpudding bekannt ist. Ist die Erfahrung durchaus wert!

MIDO CAFÉ
CAFÉ $

Karte S. 348 (美都餐室; ☏852 2384 6402; 63 Temple St, Yau Ma Tei; Gerichte 40–90 HK$; ⊙9–22 Uhr; Ⓜ Yau Ma Tei, Ausgang B2) Das traditionell gestaltete, 1950 eröffnete *cha chaan tang* (Teehaus) ist mit Mosaikfliesen und Gitterwerk verziert und befindet sich an einer Straßenecke, die nach Sonnenuntergang zum Leben erwacht. Im oberen Stockwerk kann man durch die großzügigen Fenster den Blick auf den Tin-Hau-Tempel genießen. Das Essen und der Service sind zwar in Ordnung, doch was das berühmteste Teehaus und Café Kowloons ausmacht, ist die Atmosphäre.

BBQ LOBSTER
BARBECUE $

Karte S. 348 (龍蝦燒; ☏852 2374 9888; 7 Man Ying St, Ferry Point, Yau Ma Tei; Spieße 12–35 HK$; ⊙17–3 Uhr; 🍴; Ⓜ Jordan, Ausgang A) Dieses geschäftige Restaurant, das komfortabelste der drei Filialen in der Gegend, lockt die Bewohner Kowloons mit knusprig gegrillten Spießen, die 30 bis 50 % billiger sind als in Soho. Hier ist hemmungsloses Schlemmen angesagt, denn die frischen, fast 20 cm langen Garnelen kosten nur je 17 HK$; auch viele vegetarische Optionen sind vorhanden. Zwischen den Spießen kann man die Kehle mit einem Schluck Hoegaarden oder einem spritzigen Weißwein befeuchten.

✖ Mong Kok

TIM HO WAN, THE DIM SUM SPECIALISTS
DIM SUM $

(添好運點心專門店; 9-11 Fuk Wing St, Sham Shui Po; Gerichte 40–200 HK$; ⊙8–22 Uhr; Ⓜ Sham Shui Po, Ausgang B1) Ein ehemaliger Dim-Sum-Chefkoch aus dem Four Seasons schafft auch hier seine magischen Leckerbissen und hat dafür gesorgt, dass das Tim Ho Wan das erste preiswerte Dim-Sum-Restaurant war, das einen Michelin-Stern erhielt. Beim Betreten des Restaurants erhält man ein Ticket und sollte unter 30 Minuten auf einen Tisch warten müssen. Das Brötchen mit gegrilltem Schweinefleisch ist in ganz Asien berühmt. Eine weitere Filiale (S. 76) befindet sich in Central.

GOOD HOPE NOODLE
NUDELN $

Karte S. 348 (好旺角麵家; ☏852 2384 6898; Shop 5-6, 18 Fa Yuen St, Mong Kok; Gerichte 30–90 HK$; ⊙11–0.45 Uhr; Ⓜ Mong Kok, Ausgang D3) Das seit 40 Jahren bestehende Restaurant hat es geschafft, sich seine Michelin-Empfehlung und seine Fangemeinde zu bewahren. Die bissfesten Nudeln, Wan-Tan-Happen und das seidige Congee begeistern die Gäste bereits seit Jahrzehnten und werden immer noch ganz traditionell zubereitet, mittlerweile aber in einem gepflegten, modernen Ambiente serviert.

ONE DIM SUM
DIM SUM $

Karte S. 349 (一點心; ☏852 2789 2280; Shop 1 & 2, Kenwood Mansion, 15 Playing Field Rd, Mong Kok; Gerichte 35–60 HK$; ⊙11–1 Uhr; Ⓜ Prince Edward, Ausgang A) Das freundliche Lokal ist für sein günstiges Dim Sum bekannt, das den ganzen Tag lang erhältlich ist. Die Gäste bestellen, indem sie ihre Wahl in einer Liste mit 45 Variationen ankreuzen. Mit Wartezeiten muss man hier zu jeder Tageszeit rechnen, diese beträgt aber in der Regel unter 30 Minuten. Am ruhigsten ist es zwischen 15 und 17 Uhr und von 21 Uhr bis Mitternacht.

KUNG WO TOFU FACTORY
DESSERT $

(公和荳品廠; ☏852 2386 6871; 118 Pei Ho St, Sham Shui Po; Gerichte 8–30 HK$; ⊙9–21 Uhr;

Ⓜ Sham Shui Po, Ausgang B2) Der charmante, 50 Jahre alte Laden einer 1893 gegründeten Marke präsentiert seinen Namen stolz in großen roten Schriftzeichen. Die Stammgäste kommen wegen der frischen Sojamilch, des in der Pfanne gebratenen Tofus und des süßen Tofupuddings, die auf traditionelle Weise mit in der Handmühle gemahlenem Sojabohnenmehl zubereitet werden. Der Seidentofu schmeckt leicht nussig und ist weißlich, nicht schneeweiß – beruhigend unvollkommen, genau wie der Service.

✗ New Kowloon

CHI LIN VEGETARIAN
VEGETARISCH, CHINESISCH $

(志蓮素齋, 龍門樓; Long Men Lou; ☏852 3658 9388; 60 Fung Tak Rd, Nan Lian Garden; Gerichte ab 200 HK$; ⊙Mo-Fr 12–21, Sa & So 11.30–21 Uhr; ⌘; Ⓜ Diamond Hill, Ausgang C2) Mit dem leckeren vegetarischen Essen und der Lage hinter einem Wasserfall bildet eine Mahlzeit in diesem Restaurant den perfekten Auftakt oder Abschluss eines Besuchs der Chi Lin Nunnery und im Nan Lian Garden. Das nahe gelegene elegante Song Cha Xie (S. 161) ist auf die hohe Kunst des chinesischen Tees spezialisiert. Besonders am Wochenende sollte man unbedingt vorab reservieren.

CHEONG FAT
THAI, NUDELN $

(昌發泰國粉麵屋; ☏852 2382 599827 South Wall Rd, Kowloon City; Nudeln ab 30 HK$; ⊙12–23.30 Uhr) Plärrende Musikvideos geben den Rhythmus vor, wenn man in diesem Ladenlokal seine leckeren Chiang-Mai-Nudeln schlürft. In der offenen Küche sind fertige Gerichte wie Schweinshaxen mit eingelegtem Gemüse zu sehen. Zur Anreise nach Kowloon City den Minibus 25M von der Station Kowloon Tong (Ausgang B2) nehmen!

KOWLOON TANG
CHINESISCH, DIM SUM $$

(九龍廳; ☏852 2811 9398; www.kowloontang.com; 3. Stock, Dachterrasse, Einkaufszentrum Elements, 1 Austin Rd W, Tsim Sha Tsui; Gerichte 300–2000 HK$; ⊙12–22.30 Uhr; ⌘; Ⓜ Kowloon, Ausgang U3) Das niveauvolle Kowloon Tang serviert tadellose kantonesische Gerichte, darunter einige Klassiker aus Dongguan, eine gelungene Peking-Ente und eine beeindruckende Palette westlicher Desserts in einem vom Art déco inspirierten Interieur.

LUNG MUN SEAFOOD RESTAURANT
SEAFOOD $$$

(龍門海鮮酒家; ☏852 2717 9886; www.lungmun.com.hk; 20 Hoi Pong Rd W, Lei Yue Mun; Gerichte 800–2000 HK$; ⊙12–22.30 Uhr) Das 1967 gegründete Lung Mun ist eines der ältesten und elegantesten unter einer Vielzahl von Fischrestaurants des Örtchens Lei Yue Mun (S. 158). Spezialitäten des Hauses sind mit Käse überbackener Hummer und gebratener Fangschreckenkrebs mit Salz und Pfeffer.

LUNG YUE RESTAURANT
SEAFOOD $$$

(龍如海鮮酒樓; ☏852 2348 6332; 41 Hoi Pong Rd Central, Lei Yue Mun; Gerichte 800–2000 HK$; ⊙11.30–23 Uhr) Das Lung Yue im Fischerdörfchen Lei Yue Mun (S. 158) ist schon lange im Geschäft. Besonders berühmt ist es für seine gedämpften Fisch- und Seeohrengerichte.

SEA KING GARDEN RESTAURANT
SEAFOOD $$$

(海皇園林酒家; ☏852 2348 1408, 852 2348 1800; 39 Hoi Pong Rd Central, Lei Yue Mun; Gerichte 800–2000 HK$; ⊙12–22 Uhr; 🚌Lei Yue Mun) Dieses Restaurant im Fischerdörfchen Lei

---

INSIDERWISSEN

LEI YUE MUN

Das Dorf Lei Yue Mun ist eine der beliebtesten Anlaufstellen für Liebhaber von Seafood. Etwa zwei Dutzend Restaurants säumen eine kurvenreiche Straße mit Blick auf den Taifun-Schutzhafen. Nachdem man sich für eines entschieden hat, geht man nochmals hinaus und wählt an den Ständen mit noch lebenden Fischen und Meeresfrüchten das Gewünschte aus. Vor der Bestellung sollte man immer klären, wie viel exakt man für welche Leistung zahlt. Um alles andere kümmert sich das Restaurant. Für ein Gericht sollte man ab 800 HK$ pro Person einplanen.

Wenn man aus der MTR-Station Yau Tong (Ausgang A2) kommt, folgt man der Cha Kwo Ling Rd und der Shung Shun St für etwa eine Viertelstunde Richtung Süden oder steigt vor der MTR-Station in den grünen Minibus 24M.

Yue Mun (S. 158) wirkt mit seinem Indoor-Garten und einem Schildkrötenteich etwas altmodisch. Auf den Tisch kommen kantonesische Fischklassiker wie Zackenbarsch mit Knoblauch und Ingwer sowie gebratene Shrimps mit Salz und Pfeffer.

ROBATAYAKI JAPANISCH $$$
(爐端燒日本餐廳; 852 2996 8438; http://kowloon.harbourgrand.com; EG, Harbour Grand Kowloon Hotel, 2 Harbour Front, 22 Tak Fung St, Whampoa Gardens, Hung Hom; Mittag-/Abendessen ab 350/500 HK$; 12–14 & 18–22.30 Uhr; Minibus 5) Die Köche dieses Restaurants im Landhausstil sitzen auf einer Holzterrasse inmitten frischer Zutaten und grillen japanische Fleischspieße. Um zu bestellen, zeigt man einfach auf das Gewünschte. Der Koch lädt es dann auf einen Holzlöffel, bereitet es zu und serviert es auf diesem Löffel seinen Gästen. Endhaltestelle des Minibus 5 ab der Hankow Rd (Tsim Sha Tsui) ist der Whampoa Busbahnhof. Das Hotel liegt zu Fuß drei Minuten entfernt.

AUSGEHEN & NACHTLEBEN

Tsim Sha Tsui

★ INTERCONTINENTAL LOBBY LOUNGE BAR
Karte S. 346 (852 2721 1211; www.hongkong-ic.intercontinental.com; Hotel InterContinental Hong Kong, 18 Salisbury Rd, Tsim Sha Tsui; 7–0.30 Uhr; ; East Tsim Sha Tsui, Ausgang J) Mit ihren hohen Fenstern und der unschlagbaren Lage am Ufer ist diese Bar einer der besten Orte, um die Skyline von Hong Kong Island zu bewundern und das geschäftige Treiben im Hafen zu beobachten – gleichwohl hat dieses Privileg natürlich seinen Preis. Von hier kann man auch wunderbar die abendliche Lightshow um 20 Uhr anschauen.

★ AQUA SPIRIT BAR
Karte S. 344 (852 3427 2288; www.aqua.com.hk; 29 & 30. Stock, 1 Peking Rd, Tsim Sha Tsui; 16–2 Uhr, Happy Hour 16–18 Uhr; ; Tsim Sha Tsui, Ausgang L5) Wenn es draußen dunkelt, beginnt man zu verstehen, warum diese supermodische Bar schummrig beleuchtet und mit dunklen Möbeln eingerichtet ist: Durch die zwei Etagen hohen, bis zur Decke reichenden Fenster bietet sich eine Panoramaaussicht auf die Skyline von Hong Kong Island, die nach Sonnenuntergang zu strahlen beginnt. Am Wochenende legen DJs Hiphop und Loungejazz auf.

TAPAGRIA BAR
Karte S. 344 (852 2147 0111; www.tapagria.hk; 18. Stock, The One, 100 Nathan Rd, Tsim Sha Tsui; So–Do 12–24, Fr & Sa bis 1.30 Uhr; Tsim Sha Tsui, Ausgang A2) In dieser verführerischen, spanisch angehauchten Location ist weniger los als in den zahlreichen Bars mit „Traumblick" in Kowloon. Auf der Karte stehen um die drei Dutzend verschiedene Sangrias, von Litschi und Holunderblüte mit Sekt bis hin zu einem mit Schokoladen- und Bananenlikör und Erdbeeren. Um den Blick auf die Skyline aus dem 18. Stock gebührend genießen zu können, wählt man am besten einen Tisch auf der Terrasse.

BUTLER COCKTAILBAR
Karte S. 346 (852 2724 3828; 5. Stock, Mody House, 30 Mody Rd, Tsim Sha Tsui; Drinks etwa 200 HK$; Mo–Fr 18.30–3, Sa & So bis 2 Uhr; East Tsim Sha Tsui, Ausgang N2) In einer Wohngegend in Tsim Sha Tsui versteckt sich dieses Paradies für Cocktail- und Whiskyliebhaber, in dem man auch durch einige Zeitschriften zum Thema blättern kann. Das Flair und die Präzision, mit der die erfahrenen Barkeeper ihre magischen Drinks mischen, erinnert an Meister-„Mixologen" aus Ginza. Besonders lecker sind die Cocktails mit frischen Zitrusfrüchten. Das Butler ist ein unaufdringlicher und sehr willkommener Neuling in Tsim Sha Tsuis Ausgehszene.

FELIX BAR BAR
Karte S. 344 (852 2315 3188; 28. Stock, Peninsula Hong Kong, Salisbury Rd, Tsim Sha Tsui; 17.30–1.30 Uhr; Tsim Sha Tsui, Ausgang E) Hier, im nobelsten Hotel Honkongs, kann man von der von Philippe Starck entworfenen Bar aus den traumhaften Blick auf die Stadt genießen. Selbst die Toiletten bieten einen tollen Ausblick.

AMUSE BAR
Karte S. 346 (852 2317 1988; 4 Austin Ave, Tsim Sha Tsui; Mo–Fr 17–4, Sa 18–4, So 18–3 Uhr; ; Jordan, Ausgang D) Büroangestellte aus der Gegend und Studenten besuchen diese luftige, bistroartige Bar, um hier Bier vom Fass, gute Weine und coole Cocktails zu

trinken. Die schönsten Sitzplätze sind die Ledersofas an einer großen Fensterwand. Der lange Tisch ist ideal, um andere Leute kennenzulernen, die Bänke laden zu einem traulichen Rendevous ein.

TAPAS BAR BAR
Karte S. 346 (852 2733 8756; www.shangri-la.com; Lobby, Kowloon Shangri-La, 64 Mody Rd, Tsim Sha Tsui; Mo-Fr 15.40–1, Sa & So ab 12 Uhr; ; East Tsim Sha Tsui, Ausgang P1) Die trauliche Atmosphäre und die bistroartige Gestaltung machen diese Bar zu einem guten Ort, um die Betriebstemperatur nach einem langen Tag in Hongkong bei Champagner, Tapas und Sport im Fernsehen wieder herunterzufahren. Wer einen Tisch im Freien bekommt, kann rauchen und den Hafen hinter einem Strom von Autos betrachten.

VIBES LOUNGE
Karte S. 344 (852 2315 5999; www.themirahotel.com; 5. Stock, Mira Hong Kong, 118 Nathan Rd, Tsim Sha Tsui; So-Mi 17-24, Do-Sa 17–1 Uhr; ; Tsim Sha Tsui, Ausgang B1) Die Loungebar unter freiem Himmel wartet mit bequemen Sitzgelegenheiten, exotischen Hütten und viel Grün auf. Besucher können sich einen „Molekularcocktail" bestellen, der flüssigen Stickstoff und Schaum enthält, oder eine Wasserpfeife mit Fruchtgeschmack rauchen. Täglich (außer So) um 20 Uhr legt der Haus-DJ groovige Sounds auf.

UTOPIA BAR
Karte S. 344 (852 3188 0816; 26. Stock, Hon Kwok Jordon Centre, 7 Hillwood Rd, Tsim Sha Tsui; Mo-Do 17-2, Fr & Sa bis 3, So bis 1 Uhr; ; Jordan, Ausgang D) Das besonders bei jungen Angestellten beliebte Utopia bietet eine tolle Aussicht, ohne sich dies üppig honorieren zu lassen. Auf der Getränkekarte stehen 50 Flaschenweine aus der Alten und der Neuen Welt sowie Bier vom Fass, alles zu anständigen Preisen. Wer Lust hat, kann eine Partie Dart spielen. Happy Hour ist montags bis donnerstags von 17 bis 21 und von 24 Uhr bis zum Zapfenstreich sowie den lieben langen Sonntag.

NED KELLY'S LAST STAND PUB
Karte S. 344 (852 2376 0562; 11A Ashley Rd, Tsim Sha Tsui; 11.30–2 Uhr, Happy Hour 11.30–21 Uhr; Tsim Sha Tsui, Ausgang L5) Das nach einem bewaffneten australischen Buschräuber benannten Ned ist eines der ältesten Pubs Hongkongs. Viele der Stammgäste sind Expats, die die lockere Atmosphäre und die Dixieland-Jazzband mögen, die zwischen den Stücken ihre Witze reißt. Die Bar ist mit alten Postern, Rugby-Trikots und allerlei australischem Schnickschnack geschmückt.

KING LUDWIG BEER HALL BIERKNEIPE
Karte S. 346 (852 2369 8328; www.kingparrot.com; 32 Salisbury Rd, Tsim Sha Tsui; So-Do 12–1, Fr & Sa bis 2 Uhr; East Tsim Sha Tsui, Ausgang K) Diese viel besuchte Location mit Lampen aus Hirschgeweihen ist vor allem bei deutschen Besuchern und anderen Fans gebratener Schweinshaxen und deutschen Fassbiers, darunter Maisel's Weisse, beliebt. Sie liegt gleich unterhalb des Middle Road Children's Playground (S. 149).

Yau Ma Tei & Mong Kok

★ KUBRICK BOOKSHOP CAFÉ CAFÉ
Karte S. 348 (852 2384 8929; www.kubrick.com.hk; Shop H2, Prosperous Garden, 3 Public Square St, Yau Ma Tei; 11.30–21.30 Uhr; Yau Ma Tei, Ausgang C) In dem luftigen Café im Buchladen, der zur Broadway Cinematheque (S. 162) gehört, gibt's guten Kaffee und einfache Gerichte, was es bei einem vielseitigen, kunstaffinen Publikum beliebt macht. Während man auf den Kaffee wartet, kann man sich die sehr gute Auswahl an Kunst- und Filmbüchern sowie an kulturwissenschaftlichen Titeln im Laden anschauen.

BOO BAR
Karte S. 348 (852 2736 6168; 5. Stock, Pearl Oriental Tower, 225 Nathan Rd, Jordan; So-Do 19–2, Fr bis 4, Sa 21–4 Uhr, Happy Hour 19–21 Uhr; Jordan, Ausgang C1) Diese unauffällige Schwulenbar an der Nathan Rd mit einer Karaoke-Jukebox scheint die knuddeligen „Bären"-Typen der örtlichen Schwulenszene anzuziehen; jeden Samstag ab 21 Uhr legt ein DJ auf.

KNOCKBOX COFFEE COMPANY KAFFEE
Karte S. 349 (852 2781 0363; http://knockboxcoffee.hk; 21 Hak Po St, Mong Kok; Mo-Do 11–22, Fr-So bis 21 Uhr, letzte Runde 21 Uhr; ; Mong Kok, Ausgang E) In dem winzigen Café im hektischen Mong Kok gibt's guten Kaffee aus Espressobohnen; die Baristas geben dabei ihr umfangreiches Wissen zum Thema Kaffee gerne weiter. Wer hungrig ist,

bekommt hier auch Fish & Chips, Kuchen und andere Caféhaus-Leckereien.

 New Kowloon

OZONE BAR
(852 2263 2263; www.ritzcarlton.com; 118. Stock, ICC, 1 Austin Rd, Tsim Sha Tsui; Mo-Mi 17–1, Do bis 2, Fr bis 3, Sa 15–3, So 12–24 Uhr; Kowloon, Ausgang U3) Das Ozone ist die höchstgelegene Bar ganz Asiens. Zur einfallsreichen Inneneinrichtung, die Assoziationen an einen hypermodernen Garten Eden wecken soll, gehören Säulen, die an Schokoladenbrunnen bei Sturmwarnung erinnern, Unmengen Spiegelglas und eine Beleuchtung in wechselnden Farben. Auch die Weinkarte ist schwindelerregend; die teuerste Flasche kostet über 150 000 HK$! Die perfekte Bar, um etwas Einzigartiges zu erleben – in vielerlei Hinsicht.

Übrigens: Der verlockende leere Tisch in der Ecke kostet 10 000 HK$ schon wenn man nur Platz nehmen will!

SONG CHA XIE TEE
(松茶榭; Kiefern- & Teepavillon; 852 3658 9390; 60 Fung Tak Rd, Nan Lian Garden; Teeblätter ab 150 HK$; 12–18.30 Uhr; Diamond Hill, Ausgang C2) Der elegante Teepavillon hat lange, hölzerne Korridore und trauliche kleine Nischen, in denen man in angemessener Ruhe seinen guten chinesischen Tee genießen kann. Auf jedem Tisch steht eine Teekanne mit den angemessenen Trinkutensilien. Wer hungrig ist, kann dazu vegetarische Dim Sum ordern. Der Pavillon liegt im Nan Lian Garden (S. 145).

 UNTERHALTUNG

★CANTON SINGING HOUSE LIVEMUSIK
Karte S. 348 (艷陽天; 49-51 Temple St, Yau Ma Tei; 20 HK$; 15–19 & 20–5 Uhr; Yau Ma Tei, Ausgang C) Der älteste und stimmungsvollste Singalong Parlour ist mit Diskokugeln und leuchtenden Schreinen eingerichtet und erinnert an ein Filmset. Bei jeder Session sind 20 Sängerinnen dabei, die alle ihre Fans im Schlepptau haben. Die Gäste geben mindestens 20 HK$ Trinkgeld (pro Gast), wenn ihnen ein Song gefällt.

Aber auch sonst ist es nett, allein der Erfahrung wegen ab und zu ein Trinkgeld zu geben – das Geld schiebt man in eine Kiste auf der Bühne. Für 100 HK$ kann man selbst ein Lied singen.

★HIDDEN AGENDA LIVEMUSIK
(852 9170 6073; www.hiddenagenda.hk; 2A, Wing Fu Industrial Bldg, 15-17 Tai Yip St, Kwun Tong; Ngau Tau Kok, Ausgang B6) Die bekannteste Location für Livemusik in der Stadt hat alles zu bieten, wovon andere Bühnen träumen: die passende Räumlichkeit (ein altes Lagerhaus), die richtigen Bands (gute Indie-Acts) und eine gewisse Unerreichbarkeit (sie befindet sich etwas ab vom Schuss). Mit seiner Lage im schäbigen Industriegebiet Kwung Tong (zu Fuß etwa fünf Blocks von der MTR-Station entfernt) ist das Hidden Agenda zu einem Synonym für Undergroundmusik geworden. Am Eingang befindet sich ein kleines Metalltor, das bis zum Zapfenstreich geöffnet ist.

XXX LIVEMUSIK
Karte S. 348 (852 9156 2330; www.xxxgallery.hk; Unit A, Kin Luen Factory Bldg, 89-91 Larch St, Tai Kok Tsui, Kowloon; Sheung Wan, Ausgang A2) Die Bar im Untergeschoss wartet mit Betonwänden, Auftritten von Indie-Bands und Kunstausstellungen auf. Die Öffnungszeiten sind unregelmäßig. Auf der Webseite gibt's Infos zu bevorstehenden Veranstaltungen.

DADA LIVEMUSIK
Karte S. 346 (www.dadalounge.com.hk; 2. Stock, Luxe Manor, 39 Kimberley Rd, Tsim Sha Tsui; Mo-Sa 11–2, So bis 1 Uhr; Tsim Sha Tsui, Ausgang B1) Das Dada im 2. Stock eines originellen Hotels ist eine trauliche Cocktailbar, die mit blumigen Tapeten, vornehmen Samtstühlen und ein paar an Dalí erinnernden Bildern eingerichtet ist. Mehrmals im Monat spielen hier Jazz- und Bluesbands vor einem Publikum, das überwiegend aus Berufstätigen in den Dreißigern besteht.

JYUT WAN GO ZO LIVEMUSIK
Karte S. 348 (粵韻歌座; Yuèyùn Gēzuò; 53-57 Temple St, Yau Ma Tei; 20 HK$; 15.30–19.30 & 20–4 Uhr; Yau Ma Tei, Ausgang C) Dieser alteingesessene Singalong Parlour ist groß und ein bisschen schäbig, die Sängerinnen sind jedoch zuckersüß und haben eine hohe Überzeugungskraft. Für 50 HK$ kann man sich für jemanden ein Lied wünschen oder gleich selbst mit den Damen mitsingen.

TONGTHREE LIVEMUSIK
Karte S. 349 (妖物唐三; https://www.facebook.com/tongthree; 2. Stock, 716 Shanghai St, Mong

INSIDERWISSEN

DIE SINGALONG PARLOURS IN DER TEMPLE STREET

Eines der Highlights von Yau Ma Tei sind die altmodischen Singalong Parlours (歌廳). Sie entstanden vor 20 Jahren, um Straßensängern an Regentagen Schutz zu bieten.

Die meisten Salons sind schlicht eingerichtet: Tische, eine Bühne und ein paar bunte Lämpchen, die für gute Laune sorgen sollen. Alle haben einen eigenen Orgelspieler und eine Gruppe freiberuflicher Sängerinnen, die den Gästen Gesellschaft leisten und sie dazu auffordern, sich ein Lied zu wünschen oder gleich selbst mitzusingen (gegen eine Gebühr). Ihr Repertoire reicht von Auszügen aus chinesischen Opern bis zu englischen Oldies. Die Singalong Palours haben viele schräge Stammgäste, darunter viele alte Männer, die Whisky aus dem Flachmann trinken und alle Damen zu kennen scheinen…

Am lustigsten ist es ab 21 Uhr. Da es in den Salons nichts zu essen gibt, können die Gäste sich Essen liefern lassen. In einigen Etablissements gibt es Bier, man kann sich aber auch sein eigenes aus dem Minimarkt mitbringen.

Kok; Ⓜ Prince Edward, Ausgang C2) Dieses stimmungsvolle Atelier und Künstlerrefugium im 3. Stock eines chinesischen Mietshauses *(tong lau)* veranstaltet jeden Monat mehrere kulturelle Events. Ein charmantes Ambiente aus der Zeit um die Jahrhundertwende bildet die Kulisse für Konzerte, Lesungen, Tanzaufführungen und Filmvorführungen. Die aktuellen Termine lassen sich bei Facebook abrufen.

LEE SHAU KEI SCHOOL OF CREATIVITY ARTS CENTRE
LIVEPERFORMANCE

(香港兆基創意書院文化藝術中心; www.creativehk.edu.hk/artscentre; 135 Junction Rd, Kowloon City; 🚌11D, 11K, 75K, 85, 891, Ⓜ Lok Fu, Ausgang B) Diese etwas abseits gelegene Akademie für Performance-Kunst offeriert ein umfangreiches kulturelles Programm, das von Musik und Filmen bis zu Buchmessen reicht. Einige Events sind speziell auf Studenten zugeschnitten, andere hingegen sind sehr professionell und experimentell: so etwa Noise-Konzerte international renommierter Künstler. Die Veranstaltungstermine finden sich auf der Website im Veranstaltungskalender.

ON AND ON THEATRE WORKSHOP
THEATER

(前進進戲劇工作坊; ☎852 2503 1630; www.onandon.org.hk; Unit 7, Cattle Depot Artist Village, 63 Ma Tau Kok Rd, To Kwa Wan; 🚌106, 12A, 5C, 101, 111) Die unabhängige Theatergruppe im Cattle Depot Artist Village (S. 152) führt Stücke einheimischer und internationaler Dramatiker auf, die zum Nachdenken anregen, und veranstaltet Workshops für Profischauspieler. Weitere Infos stehen auf der Website.

HONG KONG CULTURAL CENTRE
THEATER, MUSIK

Karte S. 344 (香港文化中心; www.lcsd.gov.hk; 10 Salisbury Rd, Tsim Sha Tsui; ⏱9–23 Uhr; 📞; Ⓜ East Tsim Sha Tsui, Ausgang L6) Das Kulturzentrum von Weltrang ist Hongkongs beste Adresse für Aufführungen und verfügt über einen Konzertsaal mit 2085 Plätzen und einer beeindruckenden Rieger-Pfeifenorgel sowie über zwei Theater- und Probensäle.

BROADWAY CINEMATHEQUE
KINO

Karte S. 348 (百老匯電影中心; ☎852 2388 3188; EG, Prosperous Gardens, 3 Public Square St, Yau Ma Tei; Ⓜ Yau Ma Tei, Ausgang C) Das Programmkino für neue Arthausfilme und alte Klassiker. Im benachbarten Kubrick Bookshop Café (S. 160) gibt's guten Kaffee und einfache Speisen.

🛍 SHOPPEN

Tsim Sha Tsui

⭐ K11 SELECT
ACCESSOIRES, BEKLEIDUNG

Karte S. 346 (Shop 101, K11 Mall, 18 Hanoi Rd, Tsim Sha Tsui; ⏱10–22 Uhr) Dieses Geschäft im Einkaufszentrum K11 (S. 163) hat die besten Designer Hongkongs im Sortiment. Wie wäre es z. B. mit einem Teil von Daydream Nation? Die Marke wurde von einem Hongkonger Zwillingspaar gegründet. Dazu passen Unisex-Accessoires von Kapok.

⭐ RISE SHOPPING ARCADE
BEKLEIDUNG

Karte S. 346 (利時商場; 5-11 Granville Circuit Tsim Sha Tsui; ⏱15–21 Uhr; Ⓜ Tsim Sha Tsui, Ausgang B2) Das kleine Einkaufszentrum ist bis unters Dach vollgepackt mit billiger Streetwear aus Hongkong, Korea und Japan; darunter mischen sich ein paar Imitate – das gehört einfach dazu. Mit Geduld und gutem Auge kann man sich hier so ausstaffieren, dass einen die Vogue zum Fotoshooting einladen würde. Am besten kommt man zwischen 16 und 20.30 Uhr, weil dann die meisten Läden geöffnet haben.

K11 ART MALL — EINKAUFSZENTRUM
Karte S. 346 (18 Hanoi Rd, Tsim Sha Tsui; MEast Tsim Sha Tsui, Ausgang D2) Im K11 finden sich neben Bekleidung und Accessoires internationaler Hersteller und einigen unkonventionellen lokalen Marken auch Ausstellungsflächen für einheimische Künstler; daher auch das „Kunst" im Namen. Die Läden verschiedener internationaler Schokoladenmarken im Erdgeschoss sind ein wahres Paradies für Naschkatzen. Das K11 liegt direkt über der MTR-Station.

SWINDON BOOKS — BÜCHER
Karte S. 344 (852 2366 8001; www.swindonbooks.com/; 13-15 Lock Rd, Tsim Sha Tsui; Mo-Fr 9–18, Sa bis 13 Uhr; MTsim Sha Tsui, Ausgang A1) Einer der besten von Einheimischen geführten Buchläden der Stadt mit einem tollen Angebot und kundigen Angestellten. Besonders gut ist die Auswahl von Büchern zu Hongkong und seiner Geschichte.

HARBOUR CITY — EINKAUFSZENTRUM
Karte S. 344 (www.harbourcity.com.hk; 3-9 Canton Rd, Tsim Sha Tsui; 10–22 Uhr; MTsim Sha Tsui, Ausgang C1) In der riesigen Mall gibt es 700 Geschäfte, 50 Restaurants und Bars und fünf Kinos. Die Läden liegen in vier separaten Bereichen: Kinder, Sport, Mode sowie Kosmetik und Wellness. Hier ist so ziemlich jede namhafte Marke vertreten. Am Wochenende ist die Mall maßlos überfüllt.

CURIO ALLEY — GESCHENKE & SOUVENIRS
Karte S. 344 (zw. Lock Rd & Hankow Rd, Tsim Sha Tsui; 10–20 Uhr; MTsim Sha Tsui, Ausgang C1) In diesem tollen Laden findet man Namensstempel, Specksteinarbeiten, Fächer und anderen chinesischen Krimskrams. Er befindet sich in einer Gasse zwischen der Lock Rd und der Hankow Rd, gleich südlich der Haiphong Rd.

HEAVEN PLEASE — BEKLEIDUNG
Karte S. 346 (852 2311 9533; www.heavenplease.com; 7. Stock, Kolling Centre, 77-79 Granville Rd, Tsim Sha Tsui; Mo-Sa 13–21, So 14–20 Uhr; MTsim Sha Tsui, Ausgang B2) Hier trifft Lady Gaga auf Punk-Lolita. Die Designer in diesem tollen Laden verwenden großzügig Spitze und Glamourelemente der 1980er. Auch wer den Look im Ganzen nicht mag – die Einzelstücke verleihen selbst einer klassischen Garderobe eine besondere Note. Steife Kragen und förmliche Jacketts sucht man hier vergeblich – die braucht aber auch keiner. Der Eingang ins Gebäude befindet sich in der Chatham Rd South.

PREMIER JEWELLERY — SCHMUCK
Karte S. 344 (愛寶珠寶有限公司; 852 2368 0003; Shop G14-15, EG, Holiday Inn Golden Mile Shopping Mall, 50 Nathan Rd, Tsim Sha Tsui; Mo-Sa 10–19.30, So bis 16 Uhr; MTsim Sha Tsui, Ausgang G) Ein Edelsteinfachmann leitet diesen sehr angenehmen Familienbetrieb in der dritten Generation. Die Auswahl ist zwar nicht riesig, doch wer auf der Suche nach etwas Besonderem ist, sollte hier ruhig ein bisschen stöbern. Mit einem Vorlauf von einem Tag stellt der Laden für jeden Kunden eine Auswahl von Stücken zusammen. Die Mitarbeiter können auch dabei helfen, eigene Schmuckstücke zu entwerfen.

BIZET — SCHUHE
Karte S. 346 (852 3621 0878; www.bizetleather.com; Raum 1610, 16. Stock, Beverley Commercial Centre, 87-105 Chatham Rd S, Tsim Sha Tsui; Mo-Fr 11.30–19.45, Sa 12.30–19 Uhr; MTsim Sha Tsui, Ausgang B2) Von Gucci hat jeder schon gehört, in Italien werden aber auch schicke handgearbeitete Schuhe für das mittlere Marktsegment hergestellt, die im Ausland noch nicht so bekannt sind. Die Besitzerin des Bizet bestellt die Qualitätsschuhe ihrer kleinen, aber erlesenen Damenschuhkollektion direkt bei italienischen Designern. Von Ballerinas über Oxfords und Peek-a-boo-Sandalen bis zu Kampfstiefeln gibt's hier alles – und angesichts des Labels „100 % made in Italy" zu sehr moderaten Preisen.

BROWN'S TAILOR — BEKLEIDUNG
Karte S. 344 (852 3996 8654; www.brownstailor.com; Unit E, 2. Stock, Comfort Bldg., 88 Nathan Rd, Tsim Sha Tsui; Mo-Fr 11–19, Sa bis 18.30 Uhr; MTsim Sha Tsui, Ausgang B1) Das schicke Brown's Tailor gehört zu einer neuen Generation von Herrenschneidern. Es ist versiert darin, traditionelle Herrenbekleidung anzufertigen, aber auch, Modernes

mit einem klassischen Look zu vereinen. Je nach Stoff kann ein Anzug zwischen 4200 und 18 000 HK$ kosten.

Yau Ma Tei & Mong Kok

★SHANGHAI STREET
MARKT

Karte S. 348 (上海街; Yau Ma Tei; MYau Ma Tei, Ausgang C) In Kowloons Küchenviertel findet man alles, was irgendwie mit Essen zu tun hat. Tolle Souvenirs sind etwa Mondkuchenformen aus Holz, Essstäbchen, Woks und Teekannen aus Keramik.

★LADIES' MARKET
MARKT

Karte S. 349 (通菜街, 女人街; Tung Choi Street Market; Tung Choi St; 12–23.30 Uhr; MMong Kok, Ausgang D3) Auf dem vollgestopften Tung Choi Street Market gibt es günstige Klamotten und billigen Schmuck. Die Verkäufer bauen ihre Stände ab 12 Uhr auf, zwischen 13 und 18 Uhr ist das Angebot jedoch am größten. Die erhältlichen Größen orientierten sich allerdings oft an zierlichen asiatischen Personen. Ein toller Ort, um die authentische Hongkonger Atmosphäre aufzusaugen!

★YUE HWA CHINESE PRODUCTS EMPORIUM
KAUFHAUS

Karte S. 348 (裕華國貨; 852 3511 2222; www.yuehwa.com; 301-309 Nathan Rd, Jordan; 10–22 Uhr; MJordan, Ausgang A) Dieser fünfstöckige Koloss ist eines der wenigen herkömmlichen chinesischen Kaufhäuser, die es in der Stadt noch gibt. Shoppen kann man hier Seidenschals, traditionelle chinesische Babykleidung und bestickte Pantoffeln, Schmuck (sowohl billig als auch teuer), mit hübschen Mustern verzierte Essstäbchen sowie Keramik, Akupunkturmodelle aus Plastik und Kalligrafie-Sets – um nur ein paar Dinge zu nennen. Im oberen Stockwerk dreht sich alles um Tee, und es gibt verschiedene Geschäfte, in denen man diesen kostenlos probieren kann. Essen findet sich im Untergeschoss.

★CHAN WAH KEE CUTLERY STORE
HAUSHALTSWAREN

Karte S. 348 (陳華記刀莊; 852 2730 4091; 278D Temple St, Yau Ma Tei; 11–18 Uhr Thu–Tue; MJordan, Ausgang C2) Der 80-jährige Mr. Chan, einer der letzten Messerschleifmeister Asiens, greift in diesem einfachen Laden zu neun verschiedenen Schleifsteinen, um die Klingen zu wetzen. Das Feintuning erfolgt mit Wasser und Öl. Wer sein Messer zum Schleifen bringt, muss allerdings drei Monate warten und zahlt zwischen 100 und 600 HK$. Wenn man aber ein Messer aus seinem sehr guten Sortiment kauft, schleift er es sofort.

Die Preise reichen von 200 HK$ für ein kleines Schälmesser bis zu etwa 2000 HK$ für ein Shun-Messer. Zu seinen Kunden zählen Köche, Metzger, Schneider und Hausfrauen aus aller Welt. Dank seiner magischen Hand haben ihm einige Kunden sogar schon japanische Messer zum Schärfen geschickt. Hackmesser, Fleischerbeile, Hobel, Gemüsemesser, ja sogar Scheren – Mr. Chan macht sie alle scharf. Sein Geschäft liegt nicht weit von der Bowring St entfernt.

HONG KONG READER
BÜCHER

Karte S. 349 (序言書室; 852 2395 0031; www.hkreaders.com; 7. Stock, 68 Sai Yeung Choi St S, Mong Kok; 14–24 Uhr; MMong Kok, Ausgang D3) Der von ein paar jungen Leuten geführte bilinguale Buchladen mit Café hat einen intellektuellen Touch. Wer Werke von Derrida, Milosz und anderen Autoren sucht, ist hier richtig. Auf der Website stehen die aktuellen Termine der Lesungen, die allerdings meistens auf Kantonesisch abgehalten werden. Der Laden liegt über einem 1010-Telefongeschäft.

APLIU STREET FLEA MARKET
MARKT

(鴨寮街; Apliu St, zw. Nam Cheong St & Yen Chow St, Sham Shui Po; 12–24 Uhr; MSham Shui Po, Ausgang A1) Der Flohmarkt, der sich auf alles Digitale und Elektronik spezialisiert hat, ist ein Paradies für Computerfreaks. Er reicht sich bis auf die Pei Ho St.

JADE MARKET
MARKT

Karte S. 348 (玉器市場; Battery St & Kansu St, Yau Ma Tei; 10–18 Uhr; MYau Ma Tei, Ausgang C) Im überdachten Jademarkt, den die Battery St in zwei Hälften teilt, wird an Hunderten Ständen Jade in allen Formen und Qualitäten verkauft. Wer jedoch Nephrit nicht von Jadeit unterscheiden kann, sollte von teuren Stücken besser die Finger lassen. Es gibt hier aber nicht nur Jade, man findet auch hübsche, auf alt getrimmte Hals- und Armketten aus Keramikperlen und bunte Holzperlen mit Doppelglück-Zeichen.

TAK HING DRIED SEAFOOD
ESSEN

Karte S. 348 (德興海味; 852 2780 2129; 1 Woc Sung St, Yau Ma Tei; 9–19.30 Uhr; MYau Ma Tei,

Ausgang C) In dem wunderbaren Eckladen, einem der wenigen rechtschaffenen Geschäfte für getrocknete Meeresfrüchte, gibt's Gläser mit Muscheln, Krokodilfleisch und Austern; manch einer dürfte jedoch die Feigen, Cashewnüsse, kandierten Lotussamen und Ginsengwurzeln bevorzugen.

SINO CENTRE — EINKAUFSZENTRUM

Karte S. 348 (信和中心; 582-592 Nathan Rd, Mong Kok; 10–22 Uhr; MYau Ma Tei, Ausgang A2) Die leicht schäbige Anlaufstelle für alles, was mit asiatischen Animes und Comics zu tun hat, gibt einen Einblick in die hiesige Kultur. Die winzigen Läden verkaufen neue und alte Ausgaben japanischer Mangas, Actionfiguren, altmodische Videospiele und anderes Spielzeug für Kids und verspielte Erwachsene. Die Klientel ist vorwiegend männlich.

SIN TAT PLAZA — EINKAUFSZENTRUM

Karte S. 349 (83 Argyle St, Mong Kok; 11–22 Uhr; MMong Kok, Ausgang D2) Die bei den Einheimischen sehr beliebte Sin Tat Plaza in der belebten Argyle St verkauft Mobiltelefone aller Art, darunter ein Handy aus China, das gleichzeitig als Feuerzeug dient! Hier kann man auch sein Handy reparieren und entsperren lassen.

LANGHAM PLACE MALL — EINKAUFSZENTRUM

Karte S. 349 (朗豪坊; ☎852 3520 2800; www.langhamplace.com.hk/en/; 8 Argyle St, Mong Kok; 11–23 Uhr; MMong Kok, Ausgang C3) In diesem riesigen Einkaufszentrum mit 15 Stockwerken befinden sich etwa 300 Geschäfte, die teilweise bis 23 Uhr geöffnet haben, was es bei Teenagern sehr beliebt macht. In den oberen Etagen sind die kleineren, unkonventionelleren und einheimischen Marken untergebracht, die großen Namen sind unten zu finden. Herzstück der Mall ist der Digital Sky, ein High-Tech-Areal, in dem besondere Events stattfinden.

MONG KOK COMPUTER CENTRE — ELEKTRONIK

Karte S. 349 (旺角電腦中心; www.mongkokcc.com/; 8-8A Nelson St, Mong Kok; 13–22 Uhr; MMong Kok, Ausgang D3) Die Preise in diesem Einkaufszentrum für Computer sind günstig, doch die Verständigung könnte ein Problem sein. Es gibt mehr Fertiggeräte als Computerkomponenten.

PROTREK — SPORT & OUTDOOR

Karte S. 348 (保捷行; www.protrek.com.hk; 5 Tung Fong St, Yau Ma Tei; 11.30–21 Uhr; MYau Ma Tei, Ausgang C) Das beste Angebot für Outdoor-Ausrüstung, egal ob es ans Meer oder in die Berge geht, bietet dieser bewährte Laden mit Filialen in der ganzen Stadt. Er veranstaltet auch Kurse in Outdoor-Aktivitäten. Die hilfsbereiten Mitarbeiter sprechen Englisch.

🔒 New Kowloon

⭐ GOLDEN COMPUTER ARCADE & GOLDEN SHOPPING CENTER — ELEKTRONIK

(黃金電腦商場, 高登電腦中心; www.goldenarcade.org; 146-152 Fuk Wa St, Sham Shui Po; 11–21 Uhr; MSham Shui Po, Ausgang D2) Die beiden Einkaufszentren, die sich auf verschiedenen Stockwerken eines Gebäudes gegenüber der MTR-Station Sham Shui Po MTR befinden, sind *die* Quelle für günstige Computer und Zubehör. Die Golden Computer Arcade erstreckt sich über das Untergeschoss und Erdgeschoss, das Golden Shopping Centre nimmt den 1. Stock ein. Als die besten Läden gelten die drei Cs: Centralfield (Golden Shopping Centre), Capital (Golden Computer Arcade) und Comdex (in beiden vertreten).

CHEUNG SHA WAN ROAD — MARKT

(長沙灣道; Cheung Sha Wan Rd, Sham Shui Po; Mo–Fr 10–18.30, Sa bis 16 Uhr; MSham Shui Po, Ausgang C1) Diese lange Straße ist ein buntes Durcheinander von Geschäften, die Stoffe, Einfassungen, Knöpfe, Bänder und andere Rohmaterialien sowie Konfektionsmode anbieten. Auch der eine oder andere Modedesigner ist vertreten.

VIVIENNE TAM — MODE & ACCESSOIRES

(☎852 2265 8381; www.viviennetam.com; LG1 Shop 05, Festival Walk, Kowloon Tong; So–Do 11–20.30, Fr & Sa bis 21 Uhr; MKowloon Tong, Ausgang C2) Die schon länger bestehende Marke der in Hongkong ausgebildeten und in New York ansässigen Modeschöpferin Tam zeichnet sich durch bequeme, feminine, aber urbane Schnitte, hauchdünne Kleider und verführerische Tops aus; dazu werden auch allerlei Accessoires angeboten.

ELEMENTS — EINKAUFSZENTRUM

(圓方; www.elementshk.com; 1 Austin Rd W, West Kowloon; 11–21 Uhr; MKowloon, Ausgang U3) Kowloons nobelstes Einkaufszentrum befindet sich im ICC (S. 147) und besteht aus fünf Bereichen, von denen jeder nach einem der fünf Naturelemente gestaltet ist. Zum aufmerksamen Service gehören gute Kinderbetreuungseinrichtungen und hilfsbereites Personal. Die Austin Rd West wurde auf neu gewonnenem Land gebaut und schließt am östlichen Ende an die Austin Rd in Tsim Sha Tsui an.

SPORT & AKTIVITÄTEN

COUNTRY & MARINE PARKS AUTHORITY PARK
(852 2150 6868; www.afcd.gov.hk/english/country/cou_vis/cou_vis.html) Hält Infos über den Besuch der verschiedenen Stadt- und Meeresparks Hongkongs bereit.

HONG KONG DOLPHINWATCH WILDTIEREOBACHTUNG
Karte S. 344 (香港海豚觀察; 852 2984 1414; www.hkdolphinwatch.com; 15. Stock, Middle Block, 1528A Star House, 3 Salisbury Rd, Tsim Sha Tsui; Erw./Kind 420/210 HK$; Bootstouren Mi, Fr & So) Hong Kong Dolphinwatch wurde 1995 gegründet, um ein größeres Bewusstsein für Hongkongs rosa Delfine zu schaffen und einen verantwortungsbewussten, umweltfreundlichen Tourismus voranzutreiben. Das Unternehmen bietet zweieinhalbstündige Bootstouren an, auf denen man die wunderbaren Geschöpfe in ihrem natürlichen Lebensraum beobachten kann. In 97% der Fälle wird mindestens ein Delfin gesichtet; solle man doch mal keinen zu Gesicht bekommen, darf man ein zweites Mal kostenlos mitfahren.

WATER TOURS BOOTFAHREN
Karte S. 344 (852 2926 3868; www.watertours.com.hk; 6. Stock, Carnarvon Plaza, 20 Carnarvon Rd, Tsim Sha Tsui) Hat sechs verschiedene Hafentouren in dschunkenähnlichen Booten sowie Cocktail-und Dinnerfahrten im Angebot. Die Preise reichen von 260 HK$ (Kind 2–12 Jahre 170 HK$) für die Morning Harbour Cruise bis 350 HK$ (Kind 260 HK$) für die Symphony of Lights Cruise und 900 HK$ (Kind 700 HK$) für die Aberdeen Dinner Cruise.

BIG BUS COMPANY BUS
Karte S. 344 (852 3102 9021; www.bigbustours.com; Unit KP-38, 1. Stock, Star Ferry Pier, Tsim Sha Tsui; Erw./Kind ab 450/400 HK$; 9–18 Uhr) Die Hop-on-Hop-off-Doppeldeckerbusse sind eine tolle Möglichkeit, sich in Hongkong zurechtzufinden. Drei Touren sind im Angebot: Die Kowloon-Route umfasst einen großen Teil des Ufers von Tsim Sha Tsui und Hung Hom, die Hong-Kong-Island-Route erkundet Central, Admiralty, Wan Chai und Causeway Bay, und die „Green Tour" führt zum Stanley Market und nach Aberdeen.

PENINSULA ACADEMY KURS
Karte S. 344 (852 2696 6693; www.peninsula.com; The Peninsula, Salisbury Rd, Tsim Sha Tsui; Dim-Sum-Kurs 2000 HK$; Tsim Sha Tsui) Hat eine Reihe qualitativ hochwertiger Kurse im Angebot, von traditioneller chinesischer Kunst und Kunsthandwerk bis zu einem Kurs, der einem helfen soll, die Mode zu verstehen. Besonders beliebt sind die eineinhalbstündigen Dim-Sum-Kurse, bei denen das Mittagessen mitinbegriffen ist.

WING CHUN YIP MAN MARTIAL ARTS ATHLETIC ASSOCIATION KAMPFSPORT
Karte S. 344 (葉問國術總會; 852 2723 2306; www.yipmanwingchunasso.com; 54 3/F Mirador Mansion, 58 Nathan Rd, Tsim Sha Tsui; Tsim Sha Tsui, Ausgang E) Ein Monat Unterricht mit drei Unterrichtseinheiten pro Woche (à 2 od. 3 Std.) kostet 500 HK$. Ein sechsmonatiger Intensivkurs (6 Std. täglich an 6 Tagen/Woche) kostet abhängig vom Schüler um die 5000 HK$.

New Territories

Tsuen Wan S. 170
Hier gibt es einige der bedeutendsten Klöster Hongkongs.

Tuen Mun S. 172
Ideal für einen ruhigen Besuch der Tempel und Klöster in der Region.

Yuen Long S. 174
Hongkong Wetland Park, das lässige Pak Nai und ummauerte Dörfer.

Fanling & Sheung Shui S. 176
Ein Paradies für Geschichtsfans: befestigte Dörfer und Ruinen.

Tai Po S. 178
Lebhafte Märkte und Tempel sowie eine vielfältige Flora und Fauna.

Plover Cove S. 180
Wandern oder radeln – hier ist man richtig!

Sha Tin S. 182
Junger Stadtteil mit historischem Touch, Tempeln und tollem Museum.

Sai Kung Peninsula S. 185
Tolle Strände, einsame Buchten und die Hälfte des Hong Kong Global Geopark.

Clearwater Bay Peninsula S. 188
Der Name sagt alles: Strände mit kristallklarem Wasser.

HIGHLIGHTS
PING SHAN HERITAGE TRAIL

Dieser 1 km lange Weg schlängelt sich durch drei alte, aber belebte Dörfer im Nordwesten der New Territories. Er passiert zwölf restaurierte historische Gebäude und ein Museum in Ping Shan, das dem mächtigen Tang-Klan gewidmet ist. Dieser gründete das spektakuläre 500 Jahre alte Dorf und gilt als eine der ersten Immigrantengruppen, die sich in Hongkong niederließen.

Los geht's an der **Ping Shan Tang Clan Gallery** (屏山鄧族文物館; ☎852 2617 1959; Hang Tau Tsuen, Ping Shan, Yuen Long; ⊙Di–So 10–17 Uhr; ⓡPing Shan) GRATIS am Ostende des Wegs. Die Galerie ist in einer ehemaligen Polizeiwache untergebracht und zeigt die Geschichte der Tangs. Zu den Exponaten gehören eine traditionelle Sänfte, Ritualgegenstände und ein riesiges Holzbett. Das Gebäude selbst wurde 1899 erbaut und diente als kolonialer Außenposten, der die Aufgabe hatte, „unerwünschte" Dorfbewohner zu kontrollieren.

Wenn man die Tang Clan Gallery verlassen hat, geht man zurück zur Ping Ha Rd und biegt rechts ab. Der kleine **Hung Shing Temple** liegt von hier aus auf der rechten Seite, gefolgt von der **Ching Shu Hin Chamber** und der **Kun Ting Study Hall**, wo man noch einmal nach rechts abbiegt.

Nördlich des Hung Shing Temple liegen die Shu Hin Chamber und die Kun Ting Study Hall, oder auch Tang Clan Ancestral Hall (S. 175) bzw. **Yu Kiu Ancestral Hall**. Sie gehören sie zu den größten Ahnensälen Hongkongs. Berechtigterweise prahlt der Tang-Klan mit diesen Räumlichkeiten, vor allem mit dem Saal, der seinen Namen trägt; dieser weist eine Struktur aus drei Sälen und zwei Innenhöfen auf, die den prestigeträchtigen Status des Klans innerhalb des Kaiserhofs repräsentiert.

Geht man weiter, trifft man auf weitere Tempel und einen alten Brunnen. Am Endes des Weges liegt die kleine **Tsui Sing Lau Pagoda** (聚星樓; Ping Ha Rd, Ping Shan Heritage Trail; ⊙Mi–So 9–13, 14–17 Uhr; ⓡTin Shui Wai) GRATIS, die einzige erhaltene historische Pagode in Hongkong.

NICHT VERSÄUMEN!

➡ Ping Shan Tang Clan Gallery

➡ Tang Clan Ancestral Hall

➡ Yu Kiu Ancestral Hall

PRAKTISCH & KONKRET

➡ 屏山文物徑

➡ ☎852 2617 1959

➡ Hang Tau Tsuen, Ping Shan, Yuen Long

➡ ⊙Ancestral Halls & Tsui Sing Lau Pagoda Mi–Mo 9–13 & 14–17 Uhr

➡ ⓜTin Shui Wai, Ausgang E

HIGHLIGHTS
HONG KONG GLOBAL GEOPARK

Der atemberaubende, 50 km² große Hong Kong Global Geopark (S. 185) gehört zum UNESCO-Welterbe und erstreckt sich über die östlichen und nordöstlichen New Territories. Er umfasst zwei Regionen mit spektakulären Felsformationen aus Vulkan- (140 Mio. Jahre) und Sedimentgestein (400 Mio. Jahre). Die besten Einblicke in das Gebiet bieten organisierte Bootstouren. R2G, das Recommended Geopark Guide System (http://hkr2g.net), bietet weitere Informationen.

Die wunderschöne Sai Kung Volcanic Rock Region beherbergt ineinandergreifende sechseckige Säulen aus Vulkanstein mit wabenförmigem Profil, die nach oben ausgerichtet sind und wie Finger in den Himmel zeigen. Teils bedecken sie ganze Felswände wie die Pfeifen einer riesigen Orgel, andere ragen über einer abgeschiedenen Bucht in die Höhe wie eine Metapher für die Stadt.

Die Gebilde ähneln den Formationen des Giant's Causeway in Nordirland, die aus aus grauer Basaltlava bestehen, doch das säurehaltige, an Kieselerde reiche Gestein in Hongkong strahlt in leuchtendem Gelb. Es ist damit selten und wirkt vor der Kulisse des blauen Meeres und – an einem sonnigen Tag – des klaren Himmels sehr eindrucksvoll.

Die Säulen entstanden durch Lava und Vulkanasche, die abkühlten und sich nach starken Vulkaneruptionen in der Kreidezeit zusammenzogen. Mancherorts, beispielsweise im High Island Reservoir East Dam (S. 187) – dem einzigen Abschnitt, der begehbar ist – sind Felsen zu sehen, die zusammenbrachen, bevor sie komplett abkühlten.

Besucher können zudem alte Dörfer besichtigen, darunter das 400 Jahre alte ummauerte Hakka-Dorf **Lai Chi Wo** (荔枝窩; hakkahomelcw@gmail.com).

NICHT VERSÄUMEN!

➔ Brandungspfeiler und -tore
➔ Roter Schluffstein und abgeschiedene Inseln

PRAKTISCH & KONKRET

➔ 香港地質公園
➔ www.geopark.gov.hk

Tsuen Wan

Rundgang

Die Industrie- und Wohngegend New Town in Tsuen Wan ist an sich nicht sonderlich spektakulär, ein Ausflug in ihre Umgebung lohnt sich jedoch, ganz besonders für Frühaufsteher.

Es ist ein Erlebnis für sich, morgens in einem der Teehäuser in Chuen Lung Village Yum Cha zu frühstücken. Danach machen sich die meisten Wanderer auf den Weg zum Tai Mo Shan Country Park. Wer sich für pulsierende Tempel interessiert, sollte anschließend zurück ins Zentrum gehen und den Minibus in Richtung des ruhigen Western Monastery und des bunten Yuen Yuen Institute nehmen. In Letzterem gibt es alle Arten von Götterbildern zu bewundern. Zu empfehlen ist auch der Weg zum Chuk Lam Sim Monastery.

Nicht verpassen sollte man das Sam Tung Uk Museum im Hakka-Stil, bevor man zurück zur MTR-Station geht.

Highlights
→ **Sehenswertes** Western Monastery (S. 170)
→ **Schlafen** Campus Hong Kong (S. 248)
→ **Essen** Yue Kee Roasted Goose Restaurant (S. 172)

Top-Tipp

Der Tak Wah Park im Stadtzentrum mit seinen alten Bäumen, Stegen und Teichen lädt die Besucher dazu ein, ein paar ruhige Momente fern des Trubels von Tsuen Wan zu genießen.

An- & Weiterreise

→ **Bus** Viele Busse aus den New Territories kommen am **Tsuen Wan Bus Terminus** (unter der MTR-Station Tsuen Wan West; MTsuen Wan West, Ausgang A1) an, darunter der 60M aus Tuen Mun und der 68M aus Yuen Long. **Bus 51** (an der Überführung an der Tai Ho Rd, Tsuen Wan; MTsuen Wan, Ausgang A1) aus Tai Mo Shan und Kam Tin hält an der Tai Ho Rd. Der zentrale Busbahnhof befindet sich gegenüber der MTR-Station an der Castle Peak Rd (Ausgang A2), Busse und grüne Minibusse, darunter der **Minibus 80** (Chuen Lung St, Tsuen Wan; MTsuen Wan, Ausgang B1) sowie die **Minibusse 81 und 85** (Shiu Wo St, Tsuen Wan; MTsuen Wan, Ausgang B1), lassen aber überall in der New Town Fahrgäste ein- und aussteigen.

→ **MTR** Die MTR-Station Tsuen Wan liegt an der Tsuen Wan Line, d.h. an der Sai Lau Kok Rd mit dem Einkaufszentrum Luk Yeung Galleria darüber. Die Haltestelle Tsuen Wan West befindet sich an der West Rail Line.

Gut zu wissen
→ **Vorwahl** ☏852
→ **Lage** 11 km nordwestlich der Kowloon Peninsula
→ **Letzter Zug nach Kowloon** 2.30 Uhr ab der Station Tsuen Wan; 0.24 Uhr ab der Station Tsuen Wan West.

 SEHENSWERTES

WESTERN MONASTERY
BUDDHISTISCHES KLOSTER

(西方寺; ☏852 2411 5111; Lo Wai Rd, Sam Dip Tam, Tsuen Wan; ⊗8.30–17.30 Uhr; ⚑grüner Minibus 81) GRATIS Das in den 1970er-Jahren errichtete buddhistische Kloster ist ein friedlicher Ort, der zum Innehalten einlädt. Das Hauptgebäude, erbaut im Stil eines chinesischen Palasts, steht hinter einer Bodhisattva-Statue am Eingang. Noch weiter hinten befindet sich ein zweistöckiger Bau, in dem man – je nach Tageszeit – Gruppen von Mönchen beim Murmeln der Mantras beobachten kann. Überragt wird es von einer neunstöckigen Pagode, die wie die restliche Anlage an die Kulisse eines Historienfilms erinnert.

Zum Kloster gelangt man mit dem Minibus 81 ab der Shiu Wo St. Ein Taxi von der MTR-Station kostet etwa 50 HK$.

YUEN YUEN INSTITUTE
RELIGIONSZENTRUM

(圓玄學院; ☏2492 2220; Lo Wai Rd, Sam Dip Tam, Tsuen Wan; ⊗8.30–17 Uhr; ⚑grüner Minibus 81) GRATIS Das Yuen Yuen Institute ist voller eindringlicher Statuen von taoistischen und buddhistischen Gottheiten sowie konfuzianischen Heiligen und liegt in den Hügeln nordöstlich von Tsuen Wan. Das Institut bietet einen faszinierenden Einblick in die von drei Religionen geprägte Glaubenswelt Hongkongs. Das Hauptgebäude ist eine Nachbildung des Himmels-

Tsuen Wan

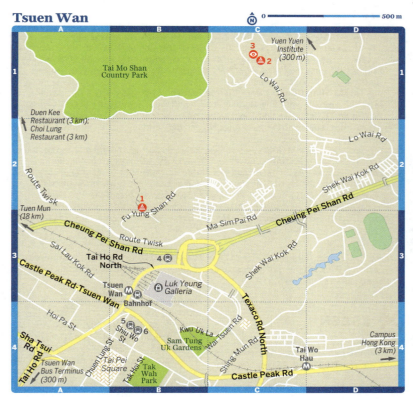

tempels von Peking. Im oberen Erdgeschoss sitzen drei Unsterbliche des Taoismus in einer stillen Halle, in der unteren Ebene dagegen kann man die Massen von Gläubigen beim Beten und Verbrennen von Opfergaben für die 60 Inkarnationen taoistischer Heiligen beobachten, die die Wände säumen.

Zum Institut fährt man mit dem Minibus 81 ab der Shiu Wo St, zwei Häuserblocks exakt südlich der MTR-Station Tsuen Wan (Ausgang B1). Ein Taxi von der MTR-Station kostet rund 50 HK$.

CHUK LAM SIM MONASTERY
BUDDHISTISCHES KLOSTER

(竹林禪苑; ☏852 2416 6557; Fu Yung Shan Rd, Tsuen Wan; ⊙9–17 Uhr; ◻grüner Minibus 85) Das große Kloster Chuk Lam Sim („Bambuswald") liegt inmitten einer beschaulichen Landschaft. Es wurde im Jahr 1932 fertiggestellt, nachdem (der Überlieferung nach) Tou Tei, der Erdgott, einen betagten Mönch mit dem Bau beauftragt hatte. Dieser schlug den Tempel mit sechs Schülern aus dem Berg heraus. Die zweite Halle beherbergt drei der größten goldenen Buddhas der Umgebung. Einheimische kommen hierher, um der vierarmigen Brahma-Statue (Phra Phrom) aus Thailand zu huldigen. Bei ihren Gebeten umrunden sie die Figur je nach Bitte im oder gegen den Uhrzeigersinn.

Tsuen Wan

◉ Sehenswertes
1 Chuk Lam Sim Monastery B2
2 Western Monastery C1
3 Yuen Yuen Institute C1

ⓘ Transport
4 Bus 51 .... B3
5 Minibus 80 .... B4
6 Minibuses 81 & 85 .... B4

ABSTECHER

TAI MO SHAN

Der Tai Mo Shan ist Hongkongs höchster Berg (957 m). Zahlreiche Wege führen auf ihn hinauf und um ihn herum; Wanderer müssen sich selbst mit Essen und Wasser versorgen. Die Karte *Northeast & Central New Territories* aus der Countryside-Serie ist für diese Gegend zu empfehlen.

Das **Tai Mo Shan Country Park Visitor Centre** (大帽山郊野公園遊客中心; 852 2498 9326; Ecke Route Twisk & Tai Mo Shan Rd; Mo, Mi–So 9.30–16.30 Uhr, Di geschl., ab Tsuen Wan West MTR Bus Terminus) liegt an der Kreuzung der Route Twisk (der Name leitet sich von „Tsuen Wan in Shek Kong" ab) und der Tai Mo Shan Rd, die vom MacLehose Trail gekreuzt wird.

Die nächstgelegene MTR-Station ist Tsue Wan. Von dort aus nimmt man am besten Bus 51 auf der Tai Ho Rd North und steigt in Tsuen Kam Au an der Kreuzung der Route Twisk und der Tai Mo Shand Rd aus. Der Tai Mo Shan Rd östlich des Gipfels folgen die, einen Teil des Abschnitts Nr. 9 des MacLehose Trails darstellt. Etwa 45 Minuten von der Bushaltestelle entfernt gabelt sich die Straße auf der rechten Seite. Von dort aus führt ein Asphaltweg zum Sze Lok Yuen Hostel. Bus 64 verbindet außerdem Tai Mo Shan mit Yuen Long sowie dem Tai Po Market, Bus 25K verkehrt zwischen dem Tai Po Market und Tai Mo Shan.

Das Kloster liegt nordöstlich der MTR-Station Tsuen Wan. Hierher fährt der grüne Minibus 85 ab der Shiu Wo St.

ESSEN

CHOI LUNG RESTAURANT KANTONESISCH, CHA CHAAN TANG $
(彩龍茶樓; 852 2415 5041; 2 Chuen Lung Village, Route Twisk; Dim Sum ab 12 HK$; 5.30–15 Uhr; Minibus 80 von Tsuen Wan) Das 40 Jahre alte Restaurant nahe dem Dorfeingang stellt sein Tofudessert mit Quellwasser her. Hier herrscht Selbstbedienung: Man holt sich seine Dim Sum aus der Küche ab, bereitet seinen eigenen Tee zu und macht es sich in einem Plastikstuhl gemütlich. Am besten kommt man zwischen 8 und 10 Uhr, dann ist die Auswahl am größten, zudem sorgt die betriebsame Atmosphäre für einen guten Start in den Tag.

DUEN KEE RESTAURANT KANTONESISCH, CHA CHAAN TANG $
(端記茶樓; 852 2490 5246; 57–58 Chuen Lung Village, Route Twisk; Dim Sum ab 12 HK$; 6–14 Uhr; Minibus 80 von Tsuen Wan) Nicht weit vom Choi Lung Restaurant (S. 172) entfernt, jedoch näher an den Feldern, liegt dieser beliebte, einfache Yum-Cha-Laden. Dim Sum kann man unter den Sonnenschirmen im Erdgeschoss genießen, doch die wahre Attraktion ist das obere Stockwerk, wo die alten Dorfbewohner beim Teetrinken ihre Käfigvögel präsentieren. Die Spezialität des Hauses ist eigens angebaute Brunnenkresse, die blanchiert mit Austernsauce serviert wird.

★ YUE KEE ROASTED GOOSE RESTAURANT KANTONESISCH $$
(裕記大飯店; 852 2491 0105; www.yuekee.com.hk/en; 9 Sham Hong Rd, Sham Tseng; Gerichte 150–500 HK$; 11–23 Uhr; Minibus 302 von der MTR-Station Tai Wo Hau) In einer Gasse, in der sich mehrere Restaurants auf Gänsebraten spezialisiert haben, ist der 54-jährige Yue Kee der Größte. Die Wahl der Stunde ist auf Kohlegrill gebratene, kupferfarbene Gans (eine halbe Gans reicht für 4 Pers.), zudem lohnen sich hauseigene Spezialitäten wie in Soja geschmorte Gänseschwimmhäute (Füße), in Wein gekochte Gänseleber und gebratene Gänsedärme. Wem das nicht zusagt, der kann aus vielen kantonesischen Klassikern wählen. Im Voraus reservieren.

Tuen Mun

Rundgang

Das industriell geprägte Tuen Mun ist kein besonders schöner Teil Hongkongs, obwohl einige historische Tempel einen Abstecher hierher lohnen. Wer sich die Beine vertreten möchte, sollte zum Tsing Shan Monastery hinaufsteigen und von dort die überwältigende Aussicht auf das Tuen Mun Valley genießen. Für Faulpelze empfiehlt sich ein

Besuch im Miu Fat Monastery und im Ching Chung Temple, die man beide sehr praktisch per Light Rail erreichen kann.

Wenn's ums Essen geht, sollte man hier im Viertel Shem Tseng die lokale Spezialität, Gänsebraten, oder entlang der Küste die Meeresfrüchte probieren.

Highlights

➔**Sehenswertes** Tsing Shan Monastery (S. 173)

➔**Essen** Sam Shing Hui Seafood Market (S. 174)

Top-Tipp

Wer den Bus von Tsuen Wan, Kowloon oder Hong Kong Island nach Tuen Mun nimmt, sollte auf dem Oberdeck auf der linken Seite sitzen – dort hat man den besten Blick auf die Tsing Ma Bridge.

An- & Weiterreise

➔**Bus** Bus 60M von der MTR-Station Tsuen Wan (Ausgang A3) fährt die Küste entlang nach Tuen Mun.

➔**Fähre** Fähren zum Tuen-Mun-Fähranleger legen in Tung Chung, Sha Lo Wan und Tai O (alle auf Lantau) ab. Fähren zum Flughafen sowie nach Tung Chung und Tai O auf Lantau fahren vom Fähranleger südwestlich vom Stadtzentrum.

➔**Light Rail** Tuen Mun liegt am südlichen Ende des praktischen Light-Rail-Netzwerks. Weitere wichtige Haltestellen sind Tin Shui Wai, Yuen Long und Siu Hong. Der Bahnhof ist mit der MTR-Station verbunden.

➔**MTR** Tuen Mun liegt an der West Rail Line.

Gut zu wissen

➔**Vorwahl** ☏852

➔**Lage** 30 km nordwestlich der Kowloon Peninsula

➔**Letzter Zug nach Kowloon** 0.15 Uhr ab der West-Rail-Station Tuen Mun.

 **SEHENSWERTES**

TSING SHAN MONASTERY
BUDDHISTISCHES KLOSTER

(青山禪院; ☏852 2441 6666; www.tsingshanmonastery.org.hk; Tsing Shan Monastery Path; ⊙24 Std.; ☒ 610, 615, 615P) Der Tempelkomplex, der auch als Castle Peak Monastery bekannt ist, liegt auf dem Castle Peak und ist der älteste in Hongkong. Gegründet wurde er vor 1500 Jahren von Reverend Pui To (wortwörtlich: „in einer Schale reisen"); das heutige Gebäude wurde allerdings 1926 neu aufgebaut. Man findet hier Schreine und Tempel für verschiedene Götter und Bodhisattvas vor, u.a. einen für Pui To in einer Grotte – sofern man den Hügel besteigt. Einige von ihnen sind inzwischen ziemlich verwahrlost und umso mehr von einem gruseligen Zauber erfüllt.

In diesem Tempel wurde übrigens der Bruce-Lee-Klassiker *Der Mann mit der Todeskralle*, der letzte vollständige Film Lees, gedreht. Für die Anreise die Light-Rail-Linien 610, 615 oder 615P nehmen und bei der Haltestelle Tsing Shan Tsuen aussteigen. Von dort aus weisen Schilder zum Tsing Shan Monastery Path, der genau westlich vom Bahnhof liegt. Für den steilen Pfad zum Eingang des Klosters braucht man zu Fuß etwa 30 Minuten.

MIU FAT MONASTERY
BUDDHISTISCHES KLOSTER

(妙法寺; ☏852 2461 8567; 18 Castle Peak Rd, Tuen Mun; ⊙9–17 Uhr; ☒Linie 751) Das Kloster Miu Fat in Lam Tei liegt nördlich vom Zentrum von Tuen Mun und ist nach dem 10 000 Buddhas Monastery (S. 182) in Sha Tin die wohl ausgefallenste buddhistische Anlage Hongkongs. Die Haupthalle im extravaganten Stil der 1970er-Jahre zieren Säulen, um die sich Drachen winden, und riesige Steinelefanten. Im Inneren finden sich ein goldenes Abbild Buddhas und drei größere Statuen des Siddhartha Gautama. Nicht zu übersehen ist der neue Anbau, ein 45 m hoher Turm, der an eine riesige Lotusblüte erinnert und bei Nacht leuchtet.

In dem aktiven Kloster begegnet man Scharen von Nonnen in braunen Gewändern. Um hierher zu gelangen, nimmt man die Light-Rail-Linie 751 ab den Haltestellen Tuen Mun oder Town Centre und fährt bis zur Station Lam Tei. Die Anlage befindet sich gegenüber der Castle Peak Rd; man überquert den Fußweg und geht 150 m Richtung Norden. Der Bus 63X von der MTR-Station Mong Kok hält ebenfalls vor dem Kloster.

CHING CHUNG TEMPLE
TAOISTISCHER TEMPEL

(青松觀, Ching Chung Koon; ☏852 2462 1507; www.daoist.org; Tsing Chung Path, Tsing Chung

Koon Rd, Tuen Mun; ⏱7–18 Uhr; 🚇Linie 505) Der „Grüne-Kiefer-Tempel" von 1950 ist ein taoistischer Tempelkomplex nordwestlich des Zentrums von Tuen Mun. Die bunte Farbpalette, gewundene Bonsaibäume, florale Wandgemälde und ein Felsziergarten sorgen für recht unruhige Ästhetik, drinnen geht es jedoch erstaunlich friedlich zu. Der Haupttempel ist Lu Dongbin gewidmet, einem taoistischen Unsterblichen, der einen rechtschaffenen Mann mit der widerstandsfähigen, bescheidenen Kiefer verglich. Ihn zieren Laternen des Kaiserpalasts in Peking. Im April oder Mai findet hier ein **Bonsai Festival** statt.

Der Ching Chung Temple steht direkt gegenüber der Light-Rail-Station Ching Chung. Hierher kommt man mit der Linie 505 ab den Stationen Tuen Mun oder Town Centre.

ESSEN

SAM SHING HUI
SEAFOOD MARKET   SEAFOOD $$
(三聖墟海鮮市場; Sam Shing St, Castle Peak Bay, Tuen Mun; Gerichte 250–500 HK$; ⏱10–22 Uhr; 🚇Minibus 140M von Tsing Yi) Entlang des geschäftigen Fischmarkts am Castle Peak Beach warten zahlreiche *dai pai dong* (Imbissstände) und schickere Lokale darauf, das vom Gast ausgesuchte Gericht zuzubereiten. Hier gibt's Köstlichkeiten aus dem Meer wie im Sai Kung, jedoch ohne die Touristen. Englisch wird zwar nicht gesprochen, aber mit einem Lächeln und durch Gestikulieren kommt man ans Ziel; allerdings sollte man immer zuerst den Preis in Erfahrung bringen.

Yuen Long

Rundgang

Yuen Long ist ein wichtiges Verkehrsdrehkreuz und das Tor zu den Mai Po Marshes und den nahen ummauerten Dörfern.

Man sollte ein Fernglas einpacken und früh aufstehen, denn in den Morgenstunden lassen sich die Vögel in dem Sumpfgebiet am besten beobachten. Wer es nicht geschafft hat, eine geführte Tour nach Mai Po zu ergattern, für den ist der Hong Kong Wetland Park eine lohnenswerte Alternative. Zum Mittagessen geht es dann zurück in die Stadt ins Dai Wing Wah. Hier gibt's Gerichte, die für die ummauerten Dörfer typisch sind. Danach bietet sich mit Kat Hing Wai und Shui Tau Tsuen ein Besuch von einem oder zwei dieser befestigten Dörfchen an.

Am Nachmittag sollte man ein bis zwei Stunden für den beliebten Ping Shan Heritage Trail reservieren. Der Sonnenuntergang in Pak Nai am westlichen Ende von Hongkong ist ein unvergessliches Erlebnis. Danach kann man bei einem Abendessen mit Meeresfrüchten in Lau Fau Shan den Tag ausklingen lassen.

Highlights
➜**Sehenswertes** Hong Kong Wetland Park (S. 175)
➜**Sonnenuntergang** Pak Nai (S. 175)
➜**Süßes** Hang Heung (S. 176)

Top-Tipp
Im Hong Kong Wetland Park gibt es einige Vogelbeobachtungsstationen. Der Beobach-

---

ABSTECHER

MAI PO NATURE RESERVE

Im eindrucksvollen 270 ha großen **Mai Po Nature Reserve** (米埔自然保護區; ☎852 2526 1011; www.wwf.org.hk; Mai Po, Sin Tin, Yuen Long; ⏱9–17 Uhr; 🚇76K ab der East-Rail-Station Sheung Shui oder der West-Rail-Station Yuen Long) führen schwimmende Bohlenwege und Pfade durch Mangroven und Wattlandschaften. Von einem Dutzend Beobachtungsständen (Türmen und Hütten) können Besucher bekannte und seltene Zugvögel sichten, ohne bemerkt zu werden.

Der **World Wide Fund for Nature Hong Kong** (WWF; www.wwf.org.hk) verwaltet das Reservat und bietet verschiedene geführte Touren an, die man online buchen kann. Dreistündige Exkursionen (120 HK$ bzw. 100 HK$ für Senioren über 65 Jahren und Schüler unter 18 Jahren) starten samstags, sonntags und feiertags um 9.30, 10, 10.30, 13.30, 14 und 14.30 Uhr am Besucherzentrum. Gibt es Englisch sprechende Teilnehmer, sind entsprechende Guides im Einsatz.

tungspunkt im Watt am Ende des Mangrovenpfads ist perfekt für alle Besucher geeignet, die so viele verschiedene Vögel wie möglich sehen möchten.

An- & Weiterreise

➔ **Bus** Vom Busbahnhof Yuen Long West an der Kik Yeung Rd fährt Bus 968 nach Tin Hau auf Hong Kong Island; Bus 76K hält an Mai Po, der Pak Wo Rd in Fanling und der Choi Yun Rd in Sheung Shui.

➔ **Grüner Minibus** Die Busse 35 und 33 ab der Tai Fung St fahren nach Lau Fau Shan bzw. Pak Nai via Ping Shan.

➔ **MTR** Die Stationen Yuen Long, Long Ping und Tin Shui Wai liegen an der West Rail Line, die Station Ping Shan an der Light Rail Line.

Gut zu wissen

➔ **Vorwahl** 852

➔ **Lage** 30 km nordwestlich der Kowloon Peninsula

➔ **Letzter Zug nach Kowloon** 0.26 Uhr ab der West-Rail-Station Yuen Long.

👁 SEHENSWERTES

PING SHAN HERITAGE TRAIL   DORF
Siehe S. 168.

★ HONG KONG WETLAND PARK   PARK
(香港濕地公園; 852 3152 2666; www.wetlandpark.gov.hk; Wetland Park Rd, Tin Shui Wai; Erw./Erm. 30/15 HK$; Mi–Mo 10–17 Uhr; ; 967, 705, 706) Das 60 ha große Gebiet bietet den Besuchern die Möglichkeit, einen Blick in das Ökosystem der Sümpfe und Feuchtgebiete in den nordwestlichen New Territories zu werfen. Entlang der Pfade, in Vogelbeobachtungsstationen und auf Aussichtsplattformen kann man sehr gut Wildvögel beobachten.

Die futuristisch mit Gras bewachsene Hauptverwaltung beherbergt interessante Galerien (beispielsweise zum Thema tropische Sumpfgebiete), ein Kino, ein Café und eine Aussichtsgalerie. Wer ein Fernglas hat, sollte es mitbringen, ansonsten muss man darauf warten, einen Blick durch die vorhandenen Gucklöcher in den Aussichtsgalerien und Beobachtungspunkten erhaschen zu können.

TANG CLAN ANCESTRAL HALL   HISTORISCHES GEBÄUDE
(鄧氏宗祠; Hang Tau Tsuen, Ping Shan, Yuen Long; Mi–So 9–13 & 14–17 Uhr; Tin Shui Wai, Ausgang E) GRATIS Hongkongs eindrucksvollste Ahnenhalle (1273) atmet aus jeder Pore würdevolle Größe. Die Räumlichkeiten und Ornamente sind riesig, jedoch in dezenten Farben gehalten. Bekannt sind die Festessen der Tangs in den Höfen, bei denen das Essen in Becken aufgetürmt wird, sowie Modeschauen von William Tang, einem der berühmtesten Familienmitglieder. Der Modedesigner entwarf Uniformen für Dragon Air, die MTR und den HK International Airport.

PAK NAI   STRAND
(白泥; 33 Minibus von Tin Shui Wai MTR) In Pak Nai (wörtlich „weißer Matsch") gibt es mit den schönsten Sonnenuntergang in Hongkong zu sehen. An der 6 km langen Küstenlinie reihen sich Mangroven, Fischteiche, Farmen, kleine Hütten und schlickige, mit Austernschalen übersäte Strände aneinander. Das Abendrot bestaunt man am besten von einigen Punkten entlang der Deep Bay Rd (die hinter Upper Pak Nai Nim Wan Rd heißt), der einzigen Straße, die an der Küste entlang verläuft.

Der grüne Minibus 33 fährt von Yuen Long über Lau Fau Shan. Beim Hong Kong Observatory (www.hko.gov.hk) erfährt man die genauen Sonnenuntergangszeiten.

KAT HING WAI   DORF
(吉慶圍; 64K) Das winzige, 500 Jahre alte Dorf wurde während der Ming-Dynastie (1368–1644) mit einer Mauer umgeben. Mehrere düstere und schmale Gassen zweigen von der einzigen Hauptstraße ab, an deren Ende ein kleiner Tempel steht. Neben alten Häusern mit frisch gedeckten Dächern stehen in dem Dorf auch diverse neue Gebäude.

Beim Betreten des Dorfes wird man um eine Spende gebeten – einfach das Geld in den Münzschlitz neben dem Eingang werfen! Die Hakka-Frauen tragen traditionelle schwarze Hosen, Umhänge und charakteristische Bambushüte mit schwarzen Stoffborten. Gegen einen kleinen Geldbetrag (rund 10 HK$) darf man ein Foto von ihnen machen.

Wer von Yuen Long aus mit dem Bus ankommt, steigt aus Bus 64k an der ersten Haltestelle in der Kam Tin Rd aus, überquert die Straße und geht etwa zehn Minuten lang ostwärts. Taxis von der West-Rail-Station Kam Sheung Rd aus kosten etwa 28 HK$.

 ESSEN

HO TO TAI NOODLE SHOP NUDELN $
(好到底麵家; ☏852 2476 2495; 67 Fau Tsoi St, Yuen Long; Wan Tans 30 HK$; ⏰8–20 Uhr; 🚉Tai Tong Rd) Die 60 Jahre alte Institution in Yuen Long ist eines der günstigsten im Guide Michelin genannten Restaurants der Welt. Bekannt ist der Ho to Tai Noodle Shop für seine frischen kantonesischen Eier- und Garnelenrogen-Nudeln, die hier täglich hergestellt werden. Feinschmecker pilgern aus allen Ecken Hongkongs in dieses Lokal, um die köstlichen Wan Tans zu probieren. An der Theke gibt es eine Karte auf Englisch. Der Gourmetreff liegt drei Gehminuten südlich der Light-Rail-Station Tai Tong Rd.

HANG HEUNG BÄCKEREI $
(恆香老餅家; ☏852 2479 2141; www.hangheung.com.hk; 64 Castle Peak Rd, Yuen Long; ⏰10–22 Uhr; ⓂYuen Long, Ausgang B) Jeder Einwohner Hongkongs kennt die goldene Schrift auf den roten Pappschachteln mit Fettflecken von dem warmen, krümeligen chinesischen Gebäck im Inneren. Meist handelt es sich dabei um „Wife Cakes", runde Blätterteigkuchen mit gesüßter Wintermelone und weißer Lotussamenpaste, außerdem gehören Dattelpastenkuchen und Eierrollen zum Angebot. Der alte Laden in Rot und Gold ist die beste Hang-Heung-Filiale.

DAI WING WAH HAKKA $
(大榮華; ☏852 2476 9888; 2. OG, Koon Wong Mansion, 2–6 On Ning Rd; Gerichte 80–400 HK$; ⏰6–23.30 Uhr; 🚉Tai Tong Rd) Das Dai Wing Wah, eine Schöpfung des berühmten Kochs Leung Man-to, ist vor allem für seine Hakka-Küche bekannt. Wann immer es geht, bezieht Leung seine Zutaten aus kleinen Bauernhöfen und Erzeugern aus der Umgebung und setzt diese mit seiner innovativen Küche perfekt in Szene. Sehr zu empfehlen sind die in Zitrone gedünstete Meeräsche, geräucherte Austern und gedämpfte Biskuittorte mit Demerara-Zucker.

Von der Light-Rail-Station Tai Tong Rd läuft man Richtung Norden die Kuk Ting St entlang und biegt links in die Sai Tai St ein. Nach 30 m erreicht man das Restaurant.

Fanling & Sheung Shui

Rundgang
Mit dem Besuch des Fung Ying Sin Temple sollte man beginnen. Er liegt nicht mal einen Steinwurf von der East-Rail-Station Fanling entfernt. Nach einem vegetarischen Mittagessen im Tempel geht es weiter zum Lung Yeuk Tau Heritage Trail, um in das dörfliche Leben einzutauchen.

Für Abenteuerlustige, die gern abseits ausgetretener Pfade unterwegs sind, bietet sich ein Abstecher nach Ping Kong oder das Dorf Sha Tau Tok an, zwei selten besuchte ummauerte Dörfern, in denen japanische Bunker aus dem zweiten Weltkrieg unter der (noch) unberührten Landschaft liegen.

Highlights
➡ **Sehenswertes** Fung Ying Sin Temple (S. 177)
➡ **Essen** Sun Hon Kee (S. 177)
➡ **Aktivität** Lung Yeuk Tau Heritage Trail (S. 177)

Top-Tipp
Einige der ummauerten Dörfer am Lung Yeuk Tau Heritage Trail sind in Privatbesitz. Bei einem Besuch hier sollte man sich deshalb diskret und angemessen verhalten.

An- & Weiterreise
➡ **Bus** Die Verbindungen ins Umland starten meist an den Stationen der East Rail Line. Bus 76K nach Yuen Long und zu den Mai Po Marshes startet an der Pak Wo Rd in Fanling und an der Choi Yun Rd in Sheung Shui. Bus 77K nach Ping Kong hält an der Yuen Long Jockey Club Rd in Fanling und an der Po Shek Wu Rd in Sheung Shui.
➡ **Grüner Minibus** Bus 58K fährt von der San Wan Rd in Sheung Shui nach Ping Kong.
➡ **MTR** Die East Rail Line der MTR hält an den Stationen Fanling und Sheung Shui.

Gut zu wissen
➡ **Vorwahl** ☏852
➡ **Lage** Fanling und Sheung Shui liegen im nördlichen Zentrum der New Territories,

sehr viel näher am Festland (5 km) als an Tsim Sha Tsui (20 km).

➡ **Letzter Zug nach Kowloon** 0.26 Uhr ab der West-Rail-Station Yuen Long.

SEHENSWERTES

TAI FU TAI MANSION HISTORISCHES GEBÄUDE
(大夫第; San Tin, Yuen Long; ⊙Mi–Mo 9–13 & 14–17 Uhr; 🚌76K) Zwischen Yuen Long und Sheung Shui liegt dieser prächtige Gebäudekomplex im Mandarin-Stil, der 1865 erbaut und raffiniert mit westlichem Design verwoben wurde. Angehörige des Man-Klans, einer weiteren einflussreichen Familie der New Territories, lebten hier über ein Jahrhundert lang, bis sie 1980 auszogen. Der Hof ist von Steinwänden umgeben und hat einen bewachten Kontrollpunkt. Im Inneren findet man chinesische Symbole in den Holzschnitzereien und Jugendstilglasscheiben, außerdem gibt's einen europäischen Brunnen.

Mit Bus 76K von Sheung Shui bis zur Haltestelle San Tin fahren.

FUNG YING SIN TEMPLE TAOISTISCHER TEMPEL
(逢瀛仙館; ☏852 2669 9186; www.fysk.org; 66 Pak Wo Rd, Fanling; ⊙8–18 Uhr MFanling) Der farbenfrohe taoistische Tempel thront auf einem Hügel gegenüber der MTR-Station Fanling und gehört zu den bedeutendsten seiner Art in Hongkong. Er stammt von 1926 und wurde über die Jahre kunstvoll renoviert. Die Außenwände zieren wunderschöne Wandgemälde mit taoistischen Unsterblichen, zudem gibt es eine Obstgartenterrasse, eine Wand mit Inschriften aus Laotses *Daodejing* (Buch über das Dao und das De) und ein **vegetarisches Restaurant** (⊙11–17 Uhr; EG & 1. OG, Bldg A7). Hinter dem Tempel befindet sich eine Urnenhalle.

ESSEN

KWAN KEE BEEF BALLS & PORK KNUCKLES NUDELN $
(群記牛肉丸豬手; ☏852 2675 6382; 5 Luen Cheong St, Luen Wo Hui, Fanling; Gerichte 50 HK$; ⊙11–17.45 Uhr) In dem einfachen Laden stehen immer Kunden Schlange für die saftigen Rindfleischbällchen und die wabbeligweichen Schweinshaxen, die in hellblauen Plastikschüsseln und (auf Wunsch) mit aromatischer hausgemachter Chilisauce serviert werden. Sie sind schnell ausverkauft und manchmal werden Kunden darum gebeten, eine Stunde später wiederzukommen, wenn die nächste Ladung fertig ist.

SUN HON KEE HAKKA, KANTONESISCH $$
(新漢記; ☏852 2683 0000; 5 Luen Wo Rd, Fanling; Hauptgerichte 88–288 HK$; MFanling, Ausgang C) Gut zubereitete Hakka-Küche, bekannt für eingemachte Zutaten, Eintöpfe und Schmorgerichte, ist die Spezialität dieses betriebsamen zweistöckigen Restaurants. Das Essen ist meist intensiv gewürzt, da es mit Reis serviert wird. Lecker sind in gelbem Wein gekochtes Hühnchen (黃酒煮雞), geschmorter Schweinebauch (客家炆豬肉) und in der Pfanne gebratener Tintenfisch mit Schalotten (紅蔥爆吊桶). Dazu passt Reis – oder auch Bier.

SPORT & AKTIVITÄTEN

LUNG YEUK TAU HERITAGE TRAIL HISTORISCHER RUNDGANG
(龍躍頭文物徑; 🚌54K) Der 4,5 km lange Weg nordöstlich von Fanling windet sich durch fünf relativ gut erhaltene ummauerte Dörfer, die Heimat des Tang-Klans sind. Das älteste (800 Jahre), schönste und auch am besten erhaltene Dorf ist **Lo Wai**, erkennbar an seiner 1 m dicken Befestigungsmauer. Leider ist es für die Öffentlichkeit nicht zugänglich. Besucher können es nur von außen bestaunen und sich den anderen, gastfreundlicheren Dörfern **Tung Kok Wai** im Nordosten und **Sun Wai** am nördlichen Ende des Wegs zuwenden.

Zu den weiteren lokalen Attraktionen gehören die **Tang Chung Ling Ancestral Hall** und unweit von hier ein **Tin-Hau-Tempel**. Der Ahnensaal wurde zur Zeit der Ming-Dynastie erbaut; das Drachenmotiv, das man auf einigen der Gedenktafeln im Inneren des Gebäudes sieht, war ein Symbol für den königlichen Status des Klans. Der Tempel beherbergt zwei Bronzeglocken, die aus den Jahren 1695 und 1700 stammen. Das 1925 erbaut **Shek Lo** (wörtlich „Steinhütte") ist ein bunter Mix aus kolonialen und traditionellen chinesischen Baustilen. Das Häuschen scheint niemals geöffnet zu sein, man kann es jedoch gut von der Ostseite der Kirche **Tsung Kyam** sehen, die am Anfang des Weges steht.

Anfahrt: Man nimmt von der Station Fanling (Ausgang C) den grünen Minibus 54K und bittet den Fahrer, an der Kirche Tsung Kyam (kantonesisch: Shun Him Tong) anzuhalten.

Tai Po

Rundgang

Tai Po ist aus zwei ehemaligen Märkten zu beiden Seiten des Lam Tsuen River hervorgegangen und hat heute eine belebte Uferfront im Zentrum, die von Wohnsiedlungen und dahinter von sanften Hügeln begrenzt wird. Neben eigenwilligen Tempeln gibt es hier auch noch ein charmantes Eisenbahnmuseum und verschiedene naturbelassene Areale. Das Beste an der sich stets wandelnden Region ist jedoch das Treiben auf der Straße. Auf den überfüllten Märkten kann man um Litschis feilschen, an winzigen Imbissständen für Tofu oder Nudeln Schlange stehen oder stolzen Eltern dabei zugucken, wie sie Fotos von ihrem Nachwuchs schießen, der auf der Fußgängerbrücke über den Fluss tapst. Authentischere Einblicke in den traditionellen Hongkonger Alltag kann man wohl kaum bekommen.

Highlights

➡ **Sehenswertes** Tai Po Market (S. 178)

➡ **Essen** Yat Lok Barbecue Restaurant (S. 180)

➡ **Aktivität** Fahrradtour von Tai Po zum Plover Cove Reservoir

Top-Tipp

In Tai Po gibt es zahlreiche Märkte und Naturschutzgebiete, die man unbedingt besuchen sollte – also früh aufstehen!

An- & Weiterreise

➡ **Bus** Bus 71K verkehrt zwischen Tai Wo und dem **Tai Po Market Transport Interchange** (Nga Wan Rd, vor der MTR-Station Tai Po Market, Ausgang A3). **Bus 72** (Po Heung St, Tai Po) hält in Tai Wo und Tai Po.

➡ **Grüner Minibus** Zur Weiterfahrt startet man an der East-Rail-Station Tai Po Market oder fährt von der Heung Sze Wui St mit dem Bus 20K Richtung San Mun Tsai. Von der Tsing Yuen St nimmt man den Bus 25K nach Tai Mo Shan, um nach Ng Tung Chai zu gelangen.

➡ **MTR** Mit der MTR fährt man zu den East-Rail-Stationen Tai Po Market und Tai Wo.

Gut zu wissen

➡ **Vorwahl** 852

➡ **Lage** 13 km bis zur Grenze zwischen Hongkong und China bei Lo Wu; 18 km nördlich der Kowloon Peninsula

➡ **Letzter Zug nach Kowloon** 0.42 Uhr von der East-Rail-Station Tai Wo, 0.45 Uhr von der East-Rail-Station Tai Po Market.

SEHENSWERTES

TAI PO MARKET MARKT
(大埔街市, Fu Shin St, Tai Po; 6–20 Uhr; Tai Wo) Der Lebensmittelmarkt unter freiem Himmel – nicht zu verwechseln mit der

---

ABSTECHER

TAI PO KAU NATURE RESERVE

Das dicht bewaldete, 460 ha große **Tai Po Kau Nature Reserve** (大埔滘自然護理區; Tai Po Rd; 70, 72) ist Hongkongs größtes Waldgebiet. Es bietet zahlreichen Arten von Schmetterlingen, Amphibien, Vögeln, Libellen und Bäumen einen Lebensraum und eignet sich hervorragend für geruhsame Spaziergänge. Das Reservat wird von vier Hauptwegen durchkreuzt, die zwischen 3 und 10 km lang sind. Außerdem gibt es einen weniger als 1 km langen Naturlehrpfad. Wenn möglich, sollte man nicht sonn- oder feiertags kommen, denn an diesen Tagen zieht das Reservat jede Menge Besucher an.

Das Schutzgebiet ist gut an das Busnetz angebunden. Bus 70 fährt über Jordan und Mong Kok hierher. Bus 72 kann man von den nahen East-Rail-Stationen Sha Tin und Tai Po Market nehmen. Ein Taxi von der East-Rail-Station Tai Po Market kostet rund 30 HK$, von der East-Rail-Station University etwa 45 HK$.

Tai Po

gleichnamigen MTR-Station – ist einer der interessantesten der New Territories. Zu sehen gibt's farbenfrohes Obst und Gemüse, Tische mit getrockneten Meeresfrüchten, betagte Frauen, die klebrige Reiskuchen feilbieten, und Stände, die frischen Aloe- und Zuckerrohrsaft verkaufen.

TAI PO WATERFRONT PARK PARK

(大埔海濱公園; ⊙Insektenhaus 8–19 Uhr, Turm ab 7 Uhr, Park 24 Std.; 🚌72A, 73, 73X, 75X, 271, 275R, 275S, 275, 74K) Hongkongs größter und wohl schönster öffentlicher Park hat von Bäumen gesäumte Rasenflächen, die zum Picknicken und Drachenfliegen einladen, ein Amphitheater mit weißen Segeldächern, einen Radweg am Tolo Harbour, der während des Dragon Boat Festival Blicke auf die Drachenbootrennen bietet, und ein **Insektenhaus**. Highlight ist ein sonderbarer Aussichtsturm, der einer Rakete in einem Reifrock ähnelt. Durch die Teleskope sieht man den Hafen, Hochhäuser in der Ferne und die dystopische Industrielandschaft **Tai Po Industrial Estate** aus den 1970er-Jahren.

**KADOORIE FARM &
BOTANIC GARDEN** WASSERFALL, GARTEN

(梧桐寨瀑布、嘉道理農場暨植物園; ☎852 2483 7200; www.kfbg.org.hk; Lam Kam Rd; 12–

Tai Po

⊙ Sehenswertes
1 Hong Kong Railway Museum A2
2 Tai Po Market B1

⊗ Essen
3 Ah Po Tofu C2
4 Kwan Kee C2
5 Yat Lok Barbecue Restaurant C2

⊜ Schlafen
6 Green Hub C2

ⓘ Transport
7 Haltestelle Bus 72 .... B2

59/5–11 J. 30/15 HK$, unter 5 & über 60 J. Eintritt frei; ⊙9.30–17 Uhr; 🚌64K) Die südwestlich von NG Tung Chai gelegene Kadoorie Farm & Botanic Garden ist in erster Linie ein Naturschutz- und Lehrzentrum; besonders hübsch sind jedoch die Gärten mit zahlreichen einheimischen Vögeln, Tieren, Insekten und Pflanzen. Den Garten erreicht man am einfachsten mit dem Bus 64K.

HONG KONG RAILWAY MUSEUM MUSEUM

(香港鐵路博物館; ☎852 2653 3455; www.heritagemuseum.gov.hk/eng/museums/railway.aspx; 13 Shung Tak St; ⊙Mi–Mo 10–18 Uhr; 🚻; MTai

Wo) GRATIS Das kleine Museum ist im ehemaligen Bahnhof Tai Po Market untergebracht, der 1913 im traditionellen chinesischen Stil erbaut wurde, und erfreut die Herzen aller großen und kleinen Eisenbahnfreaks. Es gibt einige Exponate zur Geschichte der Eisenbahn in Hongkong zu sehen, das wahre Highlight sind aber die für Besucher zugänglichen historischen Zugwagen.

ESSEN

★YAT LOK BARBECUE RESTAURANT
KANTONESISCH $

(一樂燒臘飯店; ☎852 2656 4732; 5 Tai Ming Lane; Gerichte 50–180 HK$; ◉11–23 Uhr; ⓂTai Po Market, Ausgang A2) Glänzende, gebratene Gans mit herrlich knuspriger Haut und einer stattlichen Fettschicht ist die Spezialität des mit einem Michelin-Stern ausgezeichneten Familienbetriebs. Zu seinen Fans gehört der Starkoch Anthony Bourdain. *Char siu* (Schweinebraten) ist etwas trocken, also lieber Geflügel nehmen. Es gibt keine Speisekarte auf Englisch, aber die freundlichen Kellner helfen bei der Bestellung.

KWAN KEE
NUDELN $

(群記清湯腩; ☎852 2638 3071; 26 Tai Ming Lane, Tai Po Market, Tai Po; Gerichte ab 45 HK$; ◉Mo–Sa 13–20 Uhr; ⓂTai Po Market, Ausgang A2) Die Rinderbrust in klarer Brühe in diesem kleinen Lokal ist so gut wie die in den berühmten Restaurants. Außerdem kann man hier auch Fleischstücke bestellen, die man anderswo nicht bekommt, darunter zarte, wabbelige Rinderbacke und weiche Rinderzunge. Wer sich für die Brust entscheidet, trifft mit weichem *song lahm* (爽腩), einem Stück nahe der Flanke, eine klassische Wahl. Für einen Sitzplatz muss man meist Schlange stehen.

AH PO TOFU
DESSERTS $

(亞婆豆腐花; Shop 2A, Tai Kwong Lane, Tai Po; Tofu Pudding 8 HK$; ◉10–20 Uhr; ⓂTai Po Market, Ausgang A2) Diesen Laden mit dem beliebten *dau fu fa*, einem süßen Pudding aus Seidentofu, erkennt man an der Warteschlange, die sich bis auf den Gehweg der geschäftigen Fußgängerstraße hinunterzieht. Um den Pudding zu kosten, streut man Palmzucker darüber und isst dann im Stehen, während man darauf wartet, die Schale an der Theke zurückzugeben.

# SPORT & AKTIVITÄTEN

NG TUNG CHAI WATERFALL
WANDERN & TREKKEN

(梧桐寨瀑布; 🚌64 MTR vom Tai Po Market) Die reizvolle Gegend um den Ng Tung Chai Waterfall ist ein Rückzugsgebiet von der Hektik des Zentrums von Tai Po. Zu den zahlreichen Bächen und Wasserfällen gelangt man mit dem Bus 64K von der East-Rail-Station Tai Po Market; bei der Haltestelle Ng Tung Chai aussteigen. Man betritt das gleichnamige Dorf, wandert durch Bambushaine und erreicht nach 30 Minuten das **Man Tak Monastery** (萬德苑). Vom Kloster geht's zu Fuß 20 Minuten den Berg hinauf, von wo man die Wasserfälle zu Tal stürzen sieht.

Plover Cove

Rundgang

In Plover Cove kann man „nur" zwei Dinge tun: wandern und radeln. Große Teile der Gegend sind Geopark-Gebiete, sodass man vor allem um das Plover Cove Reservoir zerklüftete Felsen und mineralische Kleinode vorfindet. Einen Tagesausflug einplanen!

Wer das Areal ohne allzu große Anstrengung erkunden möchte, kann den 4,4 km langen Pat Sin Leng Nature Trail entlangspazieren.

Highlights
➜**Essen** Chung Shing Thai Restaurant (S. 181)
➜**Aktivität** Radtour rund um das Plover Cove Reservoir (S. 181)

An- & Weiterreise
➜**Bus** Von der East-Rail-Station Tai Po Market in Tai Po Take fährt der Bus 75K (So & Feiertag zusätzlich 74K oder 275R).
➜**Grüner Minibus** Auf dem Weg zur Plover Cove hält der Bus 20C an der East-Rail-Station Tai Po Market und in der Heung Sze Wui St in Tai Po.

Gut zu wissen
➜**Vorwahl** ☎852
➜**Lage** 12 km nordöstlich von Tai Po

➜ **Plover Cove Country Park Management Centre** (船灣郊野公園管理中心; ☏852 2665 3413; Tai Mei Tuk; ◷9.30–16.30 Uhr)

➜ **Letzter Zug nach Kowloon** 0.45 Uhr ab der East-Rail-Station Tai Po Market.

SEHENSWERTES

TSZ SHAN MONASTERY KLOSTER
(慈山寺; ☏852 2123 8666; www.tszshan.org; 88 Universal Gate Rd, Tai Po; ◷9.30–17 Uhr; MTai Po Market, Tai Wo) Für die Errichtung des 46 000 m² großen Klosters waren zwölf Jahre und 1,5 Mrd. HK$ nötig. Es verbindet topmoderne Architektur mit dem historischen Stil der Tang-Dynastie. Hinter einer Hülle aus Indischem Sandelholz verbirgt sich eine Stahlstruktur, die die Säulen und Traufenträger, die für die Tang-Ästhetik typisch sind, überflüssig macht und für einen klareren Gesamteindruck sorgt. Spontanbesucher sind nicht willkommen. Interessierte können online reservieren, am besten schon einen Monat im Voraus. Nach der Freigabe sind die Plätze schnell ausgebucht.

ESSEN

CHUNG SHING THAI RESTAURANT THAI $
(忠誠茶座泰國菜; ☏852 2664 5218; 69 Tai Mei Tuk Village, Ting Kok Rd, Tai Po; Gerichte ab 150 HK$; ◷12–15 & 18–22.30 Uhr) Hier gibt's das wohl beste Essen in Plover Cove und Tai Mei Tuk, auch wenn die Atmosphäre etwas zu wünschen übrig lässt. Im lauten, geschäftigen Chung Shing kommen herzhafte Satays, Grillfleisch, Currys und thailändische Salate auf den Tisch. Die „Freilufttische" verbergen sich hinter Plastikplanen und sind klimatisiert. Man muss reservieren oder früh kommen, denn zu den Hauptessenszeiten ist hier die Hölle los.

SPORT & AKTIVITÄTEN

PLOVER COVE RESERVOIR OUTDOORAKTIVITÄTEN
(船灣淡水湖; ☐75K) Der Stausee ist Teil des Hong Kong Geopark und wurde 1968 auf völlig unübliche Weise fertiggestellt. Anstatt einen der wenigen Flüsse Hongkongs durch einen Damm aufzustauen, wurde eine Sperre an der Mündung einer großen Bucht errichtet. Danach wurde das Meerwasser abgepumpt und durch Süßwasser ersetzt. Die Gegend rund um den Stausee ist ein tolles Revier für Wanderer und Radfahrer, man kann hier also problemlos einen ganzen Tag verbringen.

Das Dorf **Tai Mei Tuk**, rund 6 km nordöstlich der MTR-Station Tai Po Market, ist der Ausgangspunkt für die meisten Aktivitäten in der Umgebung der Plover Cove. Dort gibt es verschiedene Fahrradverleihe, darunter Lung Kee Bikes. Von Tai Mei Tuk führt ein Radweg entlang der Küste zur Chinese University (S. 184) bei Ma Liu Shui. In der Ting Kok Rd im **Lung Mei Village** gibt's einige Restaurants.

Wer möchte, kann einen Spaziergang entlang des Stauseedamms mit Blick auf Radfahrer und in den Himmel steigende Drachen unternehmen. Die Route ist über einen Pfad neben dem **Bradbury Jockey Club Youth Hostel** (☏852 2662 5123; 66 Tai Mei Tuk Rd; ☐75K) zugänglich. Bei Sonnenuntergang ist es hier wunderschön. Der Damm ist außerdem ein beliebter Ort, um Kometenschauer zu beobachten. Das Plover Cove Reservoir war der weltweit erste See, der direkt am Meer entstand. Die Idee soll dem damaligen Gouverneur bei einer Bootsfahrt durch die wunderschöne Gegend gekommen sein.

Am Plover Cove Country Park Management Centre, das ein wenig östlich vom Parkplatz an der Ting Kok Rd liegt, beginnt der Pat Sin Leng Nature Trail zum Bride's Pool.

PAT SIN LENG NATURE TRAIL WANDERN & TREKKEN
(八仙嶺自然教育徑; ☐75K) Für diesen wunderbaren 4,4 km langen Weg benötigt man zwei bis zweieinhalb Stunden. Er beginnt am Plover Cove Country Park Management Centre bei Tai Mei Tuk und führt 4 km Richtung Nordosten bis zum **Bride's Pool**. Schilder, von 1 bis 22 durchnummeriert, weisen einem den Weg – es ist fast unmöglich, sich zu verlaufen. In der herrlichen Landschaft bezaubern nicht zuletzt zwei Wasserfälle am Bride's Pool. Die Schönheit hat ihren Preis: Am Wochenende ist der Weg ziemlich überlaufen.

Für den Rückweg nach Tai Mei Tuk nimmt man entweder die Bride's Pool Rd zu Fuß oder den grünen Minibus 20C, der in Tai Mei Tuk hält und dann zur MTR Station Tai Po Market weiterfährt.

Wer sich etwas mehr zutraut, sollte den neunten Abschnitt des **Wilson Trail** bei Tai Mei Tuk im Plover Cove Reservoir ausprobieren. Von dort aus geht's nach Westen durch die steile Pat Sin Leng Range bis nach **Wong Leng Shan** (639 m). Der Weg führt von dort aus weiter zum **Hok Tau Reservoir** und nach **Hok Tau Wai** (12 km, 4 Std.).

LUNG KEE BIKES RADFAHREN
(龍記單車; 852 2662 5266; Tai Mei Tuk Village, Ting Kok Rd, Tai Po; Fahrradleihgebühr 10–40 HK$/Std., 40–100 HK$/Tag; 9.30–19.30 Uhr; 75K) Verschiedene Anbieter in Tai Mei Tuk verleihen Fahrräder, darunter auch Lung Kee Bikes. Entlang der Küste führt ein Weg von Tai Mei Tuk zur Chinese University in Ma Liu Shui.

Sha Tin

Rundgang
Wer diesen geschäftigen Teil der New Territories besucht, kommt meist am New Town Plaza an, einem beengten Einkaufszentrum an der MTR-Station Sha Tin. In der Gegend gibt es drei bedeutendere religiöse Einrichtungen, das 10 000 Buddhas Monastery, die Urnenhalle auf dem Po Fook Hill und den Che Kung Temple. Die andere Hauptattraktion der Stadt ist das Heritage Museum, das Hongkongs Vergangenheit mittels wohlüberlegt zusammengestellter Ausstellungen wiederaufleben lässt.

Wer eher etwas im Freien unternehmen möchte, sollte seinen Besuch auf einen der faszinierenden Renntage am Wochenende im wunderschön gelegenen Sha Tin Racecourse legen.

Highlights
➜ **Sehenswertes** Hong Kong Heritage Museum (S. 182)
➜ **Wettfreuden** Sha Tin Racecourse (S. 184)
➜ **Essen** Sha Tin 18 (S. 184)

Top-Tipp
An Renntagen ist der Eintritt zum Sha Tin Racecourse ab ca. 15 Uhr frei. Zu diesem Zeitpunkt ist das Nachmittagsprogramm der Veranstaltungen zur Hälfte vorbei.

An- & Weiterreise
➜ **Bus** Busse fahren am **New Town Plaza Bus Terminus** (新城市中心巴士總站) ab/nach Sha Tin. Bus 182 verbindet Sha Tin mit Wan Chai, Admiralty und Central. Bus 170 fährt vom East-Rail-Busbahnhof Sha Tin nach Causeway Bay und Aberdeen, Bus 299 nach Sai Kung.

➜ **MTR** Die Stationen Sha Tin, Tai Wai und Racecourse gehören zur East Rail Line, die Station Che Kung Temple zur Ma On Shan Line.

Gut zu wissen
➜ **Vorwahl** 852
➜ **Lage** 12 km nördlich der Kowloon Peninsula
➜ **Letzter Zug nach Kowloon** 0.57 Uhr ab der East-Rail-Station Sha Tin

⊙ SEHENSWERTES

HONG KONG HERITAGE MUSEUM MUSEUM
(香港文化博物館; 852 2180 8188; www.heritagemuseum.gov.hk; 1 Man Lam Rd; Erw./erm. 10/5 HK$, Mi Eintritt frei; Mo & Mi–Sa 10–18, So bis 19 Uhr; ; Che Kung Temple, Ausgang A) Südwestlich vom Zentrum von Sha Tin gibt dieses großzügig konzipierte, hochwertige Museum in einem wenig ansehnlichen Gebäude Einblicke in die lokale Geschichte und Kultur. Zu den Highlights gehören der **Kinderbereich** mit interaktiven Spielanlagen, die **New Territories Heritage Hall** mit Nachbildungen traditioneller Dörfer ethnischer Minderheiten, die **Cantonese Opera Heritage Hall**, in der man alte Opern mit englischen Untertiteln sehen kann, sowie eine elegante **Galerie** mit chinesischer Kunst. Zudem gibt es eine **Bruce-Lee-Ausstellung** mit rund 600 Memorabilien des Kung-Fu-Stars, die bis Juli 2018 läuft.

10 000 BUDDHAS MONASTERY TEMPEL
(萬佛寺; 852 2691 1067; 10–17 Uhr; Sha Tin, Ausgang B) GRATIS Der skurrile Tempel aus den 1950er-Jahren beherbergt sogar mehr als 10 000 Buddhas. Rund 12 800 Miniaturstatuen zieren die Wände des Haupttempels und Dutzende lebensgroße, vergoldete Statuen von Buddha-Schülern flankieren die steilen Treppen, die zu dem Komplex

Sha Tin

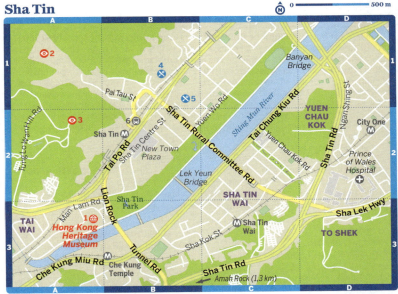

hinaufführen. Neben mehreren Hallen und Pavillons gibt es eine neunstöckige Pagode. Die Anlage ist kitschig, jedoch mit keinem anderen Tempel in Hongkong zu vergleichen und lohnt deshalb den Aufstieg.

Der Tempel liegt rund 500 m nordwestlich der MTR-Station Sha Tin. Um hierher zu gelangen, verlässt man die Station durch Ausgang B und geht die Rampe hinunter. Zur Linken kommt man an einer Reihe traditioneller Häuser des Dorfs Pai Tau vorbei. Nun biegt man links in die Pai Tau St und rechts in die Sheung Wo Che St ein. Am Ende der Straße führen eine Reihe englischsprachiger Schilder nach links auf einen betonierten Weg und durch Bambushaine zum Beginn der rund 400 Stufen, die zum Kloster hinaufführen.

AMAH ROCK AREAL

(望夫石; Lion Rock Country Park; M Tai Wai) An diesen seltsam geformten Felsen südwestlich von Sha Tin knüpft sich, wie bei vielen lokalen Wahrzeichen in Hongkong, eine Legende: Viele Jahre lang soll eine Frau mit ihrem Baby auf dem Rücken immer wieder von dieser Stelle in den Hügeln über dem **Lion Rock Country Park** nach ihrem Mann Ausschau gehalten haben – eines Tages aber kehrte er nicht von der See zurück und sie wartete umsonst. Offenkundig hatten

Sha Tin

◎ Highlights
1 Hong Kong Heritage Museum A3

◎ Sehenswertes
2 10 000 Buddhas Monastery A1
3 Tao Fong Shan Christian
   Centre A2

✪ Essen
4 Lung Wah Hotel Restaurant B1
5 Shing Kee B1

⌂ Schlafen
Tao Fong Shan Pilgrim's
   Hall .... (siehe 3)

ⓘ Transport
6 New Town Plaza Bus Terminus B2

die Götter Mitleid mit ihr: Sie holten sie auf einem Blitz in den Himmel und hinterließen nur ihr Abbild aus Stein. Heute ist der Fels Ziel einer tollen Tageswanderung.

Nimmt man die MTR von Sha Tin südwärts nach Kowloon, sieht man den Amah Rock gleich nach der East-Rail-Station Tai Wai, noch vor der Einfahrt in den Tunnel beim Blick nach Osten (links) oben auf dem Hügel.

ABSTECHER

SEHENSWERTES AN DER UNIVERSITÄT

Der Hauptcampus der **Chinese University of Hong Kong** (香港中文大學; ☎852 2609 7000; www.cuhk.edu.hk; MUniversity, Ausgang A) liegt in Sha Tin. Wer gerade zufällig in der Nähe ist, sollte sich Zeit nehmen, das **Kunstmuseum** (香港中文大學文物館; ☎852 3943 7416; www.cuhk.edu.hk/ics/amm; Institute of Chinese Studies, Central Campus, ⊙10–17 Uhr, Feiertag geschl.; MUniversity, Ausgang A) GRATIS der Universität zu besichtigen. Die vierstöckigen East Wing Galleries beherbergen eine Dauerausstellung chinesischer Malereien und Kaligrafien, vielmehr aber sind die Keramiken und Exponate aus Jade die Highlights des Museums – darunter 2000 Jahre alte Bronzesiegel und eine große Sammlung von Blumenschnitzereien aus Jade. In den West Wing Galleries gibt's jedes Jahr fünf bis sechs verschiedene Ausstellungen zu sehen.

Auch der **Lotosteich** auf dem Chung Chi Campus – er ist bereits vom Bahnhof aus zu sehen – ist einen Besuch wert. Die fotogene Sehenswürdigkeit ist besonders im Frühjahr zur Lotosblüte wunderschön. Hübsch ist auch der **Pavilion of Harmony** (合一亭) auf dem hügeligen New Asia Campus mit Blick über Tolo Harbour.

Vom Bahnhof University aus fährt ein Shuttlebus täglich alle 20 bis 30 Minuten durch die verschiedenen Teile des Campus; seine Benutzung ist kostenlos.

TAO FONG SHAN CHRISTIAN CENTRE ARCHITEKTUR
(道風山基督教叢林; ☎852 2694 4038; 33 Tao Fong Shan Rd, Sha Tin) GRATIS Das protestantische Rückzugszentrum, Seminar und Hostel mit chinesischen Architekturelementen ist wie die St. Mary's Church (S. 112) ein Beispiel für den chinesischen Renaissance-Stil. 1929 erwarb Karl Ludwig Reichelt, ein lutherischer Missionar aus Norwegen, der sich für den Buddhismus begeisterte, Land auf einem Hügel in Sha Tin und beauftragte den dänischen Architekten Johannes Prip-Möller mit dem Entwurf des Komplexes.

SHA TIN RACECOURSE RENNBAHN
(沙田賽馬場; www.hkjc.com; Penfold Park; Renntag Zuschauertribüne 10 HK$; MRacecourse) Nordöstlich des Zentrums von Sha Tin befindet sich Hongkongs zweite Rennbahn, die bis zu 80000 Zuschauern Platz bietet. Rennen finden normalerweise an Sonntagnachmittagen zwischen September und Anfang Juli statt (manchmal auch Sa oder an Feiertagen). Auf der Website gibt's eine Liste der Rennen.

Die East Rail Line bedient die Haltestelle Racecourse, westlich der Hauptstrecke, nur an Renntagen.

ESSEN

FOODY TAIWANESISCH, INTERNATIONAL $
(伙食工業; ☎852 3586 0863; Shop 3, EG, Leader Industrial Centre, 57–59 Au Pui Wan St, Fo Tan; Gerichte 80–180 HK$; ⊙Mo 12–18, Di–So bis 22.30 Uhr) In dem weitläufigen Café im schäbigen Schick mit Retro-Möbeln und Vintage-Dekor kommen Nudeln nach taiwanesischer Art und Brathähnchen sowie Pasta und Burger auf den Tisch. Das Essen ist in Ordnung, wenn auch nichts Außergewöhnliches, dafür sorgen gemütliche Stühle und freundlicher Service für einladendes Ambiente. Tagsüber wird taiwanesischer R&B gespielt, während abends gelegentlich Liedermacher auftreten. Der Eingang befindet sich an der Fo Tan Rd.

SHING KEE DAI PAI DONG, KANTONESISCH €
(盛記; ☎852 2692 6611; Shop 5, Lek Yuen Estate Market; Gerichte ab 80 HK$; ⊙6–16 & 19–23 Uhr; ☐83K ab Sha Tin New Town Plaza, MSha Tin) Der 30 Jahre alte Betrieb in einem der ältesten Viertel von Sha Tin ist kein herkömmlicher *dai pai dong* (Imbissstand). Mit seinen Schwarz-Weiß-Fotos an der Wand, CDs, Spielzeug und Topfblumen in den Ecken ähnelt er mehr einer Galerie. Die Accessoirs (wie auch die Stühle) wurden alle vom Besitzer vor dem Spermüll gerettet.

Tagsüber werden Nudeln serviert, abends verwandelt sich der Laden in einen beliebten Treffpunkt mit einem riesigen Angebot an Hotpots. Das Restaurant erreicht man mit Bus 83K oder zu Fuß von der Station Sha Tin nordostwärts in ca. 15 Minuten.

LUNG WAH HOTEL RESTAURANT KANTONESISCH $
(龍華酒店; ☎852 2691 1828; www.lungwahhotel.hk; 22 Ha Wo Che; Taube 98 HK$; ⊙11–23 Uhr;

MSha Tin, Ausgang B) In diesem ehemaligen Hotel, dem ersten, das nach dem Krieg eröffnet wurde (1951), soll Bruce Lee während der Dreharbeiten zu *Die Todesfaust des Cheng Li* genächtigt haben. Das Hotel schloss 1985, geblieben ist dieses in die Jahre gekommene Restaurant, das von nostalgischen Einwohnern Hongkongs besucht wird. Seit 1971 scheint sich nichts geändert zu haben: Es gibt Käfige mit Pfauen und alte Herren, die Mah-Jongg spielen. Die gebratene Taube ist köstlich, der Service ist allerdings durchwachsen.

Um hierher zu gelangen, folgt man nach Verlassen der MTR-Station Sha Tin etwa zehn Minuten lang den Gleisen in nördliche Richtung.

★**SHA TIN 18** KANTONESISCH, CHINESISCH $$
(沙田18; ☎852 3723 7932; www.hongkong.shatin.hyatt.com; 18 Chak Cheung St, Hyatt Regency Hong Kong; Gerichte 300–700 HK$; ⊘11.30–15 & 17.30–22.30 Uhr; MUniversity) Der Pekingente (ganze/halbe Ente 785/500 HK$) verdankt dieses Hotelrestaurant neben der Chinese University seinen gastronomischen Ruhm. Die Spezialität sollte 24 Stunden im Voraus bestellt werden, ansonsten werden die Geschmacksknospen mit Pfannkuchen mit knuspriger Entenhaut, Fleisch und Lauch, Entensuppe und Entenhack aus dem Wok verwöhnt. Bekannt sind außerdem die asiatischen Fusion-Desserts.

Sai Kung Peninsula

Rundgang

Die zerklüftete und massive Sai Kung Peninsula ist ein echtes Paradies für Unternehmungen im Freien. Man kann ausgezeichnet wandern – der MacLehose Trail führt quer über die Halbinsel. Sai Kung Town ist ein geeigneter Ausgangspunkt für Entdeckungstouren durch die leicht zugängliche Landschaft. Die vielseitige Stadt am Wasser bietet einige Restaurants und dient als Sprungbrett für Ausflüge in die Umgebung. Empfehlenswert ist eine Tour mit dem *kaido* (kleines, offenes Fährboot fürs offene Meer) zu einer oder mehreren der kleinen Inseln vor der Küste mit ihren einsamen Stränden.

Highlights
➜**Sehenswertes** Hong Kong Global Geopark (S. 169)
➜**Essen** Loaf On (S. 186)
➜**Ausgehen** Classifieds (S. 187)

Top-Tipp
Neben dem Pier von Sai Kung Town befindet sich einer der lebhaftesten Fischmärkte von Hongkong. Fischer verkaufen ihren Fang direkt von den Booten aus.

An- & Weiterreise
➜**Bus** Bus 299 ab/nach Sai Kung Town stellt die Verbindung zur East-Rail-Station Sha Tin her, Bus 92 fährt nach Diamond Hill und Choi Hung, Bus 96R (So & Feiertage) nach Wong Shek, Hebe Haven und zu den MTR-Stationen Choi Hung und Diamond Hill. Bus 792M hält an den MTR-Stationen Tseung Kwan O und Tiu Keng Leng. Bus 94 fährt nach Wong Shek. Dorfbus 29R verkehrt von der Chan Man St in Sai Kung Town zum Sai Wan Pavilion. Der **Bus Terminus** (Sai Kung Waterfront Park) liegt am Ufer.
➜**Grüner Minibus** Die Busse 1A, 1M und 1S (0.30–6.10 Uhr) nach/ab Sai Kung Town fahren zum Hebe Haven und zur MTR-Station Choi Hung. Der **Minibus Terminus** (小巴總站; Sai Kung Waterfront Park) befindet sich am Ufer.

Gut zu wissen
➜**Vorwahl** ☎852
➜**Lage** 21 km nordöstlich von Kowloon
➜**Sai Kung Country Park Visitor Centre** (西貢郊野公園遊客中心; ☎852 2792 7365; Tai Mong Tsai Rd, Sai Kung Peninsula; ⊘Mi–Mo 9.30–16.30 Uhr; ☐94) In Pak Tam Chung an der Straße aus Sai Kung Town.
➜**Letzter Zug nach Kowloon** 0.20 Uhr ab der Station Tseung Kwan O, 0.22 Uhr ab der MTR-Station Tiu Keng Leng.

⊙ SEHENSWERTES

HONG KONG GLOBAL GEOPARK PARK
Siehe S. 169.

SAI KUNG TOWN NAHERHOLUNGSGEBIET
(西貢市中心; ☐92, MChoi Hung, Minibus 1A, 1M, ☐299, MSha Tin East Rail) Die Sai Kung Penin-

Sai Kung Town

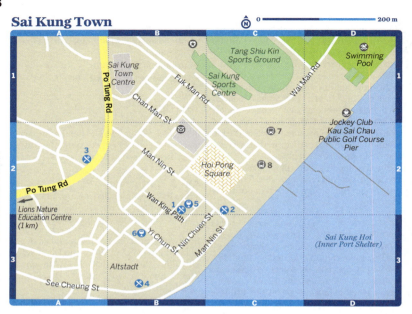

Sai Kung Town

⊗ Essen
- 1 Ali Oli Bakery Cafe B2
- 2 Chuen Kee Seafood Restaurant C2
- 3 Honeymoon Dessert A2
- 4 Loaf On B3

⊗ Ausgehen & Nachtleben
- 5 Classified B2
- 6 Steamers B3

ⓘ Transport
- 7 Bus Terminus C2
- 8 Minibus Terminus C2

sula ist einer der letzten Rückzugsorte in Hongkong für Wanderer, Schwimmer und Bootsfahrer. Ein Großteil der Fläche macht ein schönes 7500 ha großes Naherholungsgebiet aus. Die Strandinseln vor Sai Kung Town sind nur eine kurze Fahrt entfernt und lohnen alle einen Besuch. Kleine Fähren legen am Ufer ab, zudem verkaufen dort vertäute Boote Meeresfrüchte. Die Preise sind meist nicht günstiger als auf den Märkten, dafür ist die Atmosphäre unschlagbar.

Der **MacLehose Trail**, ein 100 km langer Weg durch die New Territories, beginnt in Pak Tam Chung auf der Sai Kung Peninsula. Darüber hinaus wartet Sai Kung Town mit tollen chinesischen Fischrestaurants auf, vor allem in der hübschen Ufergegend.

LIONS NATURE
EDUCATION CENTRE   OUTDOORAKTIVITÄTEN

(獅子會自然教育中心; ☏852 2792 2234; www.lnec.gov.hk; Pak Kong; ⊙Mi–Mo 9–17 Uhr; ♿; 📖92) GRATIS Ein Ziel, das besonders bei Kindern beliebt ist. Das 34 ha große Areal, 2 km nordwestlich vom Hebe Haven gelegen, ist Hongkongs erstes Naturlehrzentrum. Es umfasst eine Baumschule, einen Heilpflanzengarten, ein Insektarium, Mineralien- und Fossilenschaukästen und ein Muschelhaus. Das Highlight ist jedoch der Dragonfly Pond, wo rund ein Viertel der mehr als 100 in Hongkong heimischen Libellenarten zu bestaunen ist.

ESSEN

HONEYMOON DESSERT   DESSERTS $

(滿記甜品; ☏852 2792 4991; Units B&C, 10A Po Tung Rd, Sai Kung; Desserts ab 20 HK$; ⊙13–2.45 Uhr; 📖1) Der Laden ist auf chinesische Nachspeisen mit Nüssen, Hülsenfrüchten und Wurzelgemüse bzw. mit Früchten, Kokosmilch und Sago spezialisiert. Bekannt ist er außerdem für seine Crêpes und Puddings mit Durian. Wer den kräftigen Geschmack der Frucht nicht mag, kann Varianten mit Mango und Banane bestellen.

ALI OLI BAKERY CAFE EUROPÄISCH, BÄCKEREI $
(852 2792 2655; 11 Sha Tsui Path, Sai Kung; Gebäck ab 20 HK$, ganztägiges Frühstück 90 HK$; 8–19.30 Uhr; 1) Die Bäckerei ist bei Wanderern beliebt, dafür sorgen einfache Sandwiches aus hausgemachtem Brot nach europäischer Machart, Pasteten und Eingemachtes. Zur Wahl stehen auch Frühstück und Mittagsmenüs, die man am besten an den Straßentischen genießt. Der Service ist durchwachsen.

★**LOAF ON** KANTONESISCH, SEAFOOD $$
(六福菜館; 852 2792 9966; 49 See Cheung St, Sai Kung; Gerichte ab 100 HK$; 11–23 Uhr; 1) Das Motto lautet hier: Gegessen wird, was gefangen wird. In dem dreistöckigen, mit einem Michelin-Stern ausgezeichneten Restaurant kommt der am Morgen in den Gewässern von Sai Kung gefangene Fisch mittags schon auf den Teller des Gastes. Fischsuppe und gedünsteter Fisch sind die Spezialitäten des Hauses und schnell ausverkauft. Es gibt keine Ausschilderung in lateinischen Buchstaben, das Restaurant erkennt man aber an einem einsamen Esstisch vor der Tür und an dem glänzenden Messingschild. Reservierung ist empfehlenswert.

CHUEN KEE SEAFOOD RESTAURANT SEAFOOD $$$
(全記海鮮菜館; 852 2792 6938; 87–89 Man Nin St, Sai Kung; Meeresfrüchtegerichte ab 350 HK$; 7–23 Uhr; 1) Jedes Fischrestaurant in Hongkong, das etwas auf sich hält, arbeitet mit frischen Zutaten. Das Chuen Kee unterscheidet sich von den einfacheren Läden durch die riesige Auswahl an Fisch, Krustentieren und Meeresfrüchten, die hier geboten wird. Alles ist in lebender Form am Eingang zu bewundern. Die Zubereitung ist überall ähnlich, dafür gibt's hier Kreaturen, die man sonst nicht bekommt, wie handtellergroße Fangschreckenkrebse, Königskrabben und fußlange Messermuscheln.

AUSGEHEN & NACHTLEBEN

CLASSIFIED WEINBAR
(852 2529 3454; 5 Sha Tsui Path, Sai Kung; 8–24 Uhr) Das stilvolle Classified ist die richtige Adresse für guten Wein und Käse. Zudem bietet die Bar mit ihren Gemeinschaftstischen aus Holz und der offenen Front tolle Möglichkeiten, um Leute zu beobachten.

STEAMERS BAR
(852 2792 6991; www.steamerssaikung.com; 66 Yi Chun St, Sai Kung; 9–2 Uhr, Happy Hour Mo–Fr 14–20 Uhr; 1) Das Steamers punktet mit einem wunderbaren Barbereich unter freiem Himmel, wo man sich bestens bei exzellent gemischten Cocktails und Barkost entspannen kann.

SPORT & AKTIVITÄTEN

★**HIGH ISLAND RESERVOIR EAST DAM** WANDERN
(萬宜水庫東霸) Ein Stausee aus den 1970er-Jahren, das Südchinesische Meer und 14 Mio. Jahre altes Vulkangestein machen den High Island East Dam zu einem der eindrucksvollsten Gebiete Hongkongs. Er ist der einzige Teil des Hong Kong Global Geopark, der zu Fuß zu erreichen ist. Nirgendwo sonst kann man zudem die sechseckigen Steinsäulen berühren. Die Surrealität der Szenerie wird durch Tausende riesige Dolosse (imposante, geometrisch geformte Betonblöcke), die als Wellenbrecher an der Küste platziert wurden, noch verstärkt.

Hongkongs zweiter Stausee, der durch den Bau von Dämmen an der Küste entstand (Plover Cove war der erste), wurde angelegt, um das Gebiet mit Süßwasser zu versorgen, als das chinesische Festland während der Unruhen 1967 die Versorgung unterbrach. Für den Entwurf sind Binnie & Partners aus London und für den Bau die italienische Firma Vianini Lavori verantwortlich. Am Südende des East Dam thront ein riesiger himmelblauer Dolos von Vianini Lavori, der an diejenigen erinnert, die beim Bau gestorben sind. In der Nähe gedenkt eine Betonplatte auf Chinesisch und Englisch der Fertigstellung des Stausees 1978. Dieser hatte übrigens eine damals nicht vorhersehbare Folge: Ein Teil des Hong Kong Global Geopark, der 30 Jahre später entstand, ist dank ihm zu Fuß zugänglich. Vor der Küste am Südende des Dams liegt Po Pin Chau („Insel mit abgebrochener Seite"), ein massiver Brandungspfeiler mit Steinsäulen, die einer riesigen Orgel ähneln.

★**TAI LONG WAN HIKING TRAIL** WANDERN
(大浪灣遠足郊遊徑; Dorf-Bus 29R) Am Nordende der Sai Kung Peninsula gibt es mehrere Wanderwege durch einige der ursprünglichsten Landschaften Hongkongs. Der atemberaubende 12 km lange Tai Long Wan Hiking Trail beginnt am Ende der Sai Wan Rd und passiert schöne Buchten wie Sai Wan, Tai Long Wan und Chek Keng. Die Route ist ein beliebter Klassiker, werktags hat man sie jedoch meist für sich. Für die Strecke braucht man fünf bis sechs Stunden.

An der Chan Man Rd nimmt man den Dorfbus 29R (die Haltestelle befindet sich vor dem McDonald's) und steigt am letzten Halt – Sai Wan Ting (西灣亭), „West Bay Pagoda" – aus. Dort beginnt die Wanderung. Sonntags und feiertags gibt es mehr Verbindungen. Eine Taxifahrt kostet weniger als 160 HK$. Der Weg endet in Pak Tam Au, wo Minibusse zurück nach Sai Kung Town verkehren.

**CHONG HING WATER
SPORTS CENTRE** WASSERSPORT
(創興水上活動中心; 852 2792 6810; www.lcsd.gov.hk/en/watersport/hiring/hiring_craft/hiri_book1.html; West Sea Cofferdam, High Island Reservoir, Sai Kung; Leihgebühr Kanu, Dingi & Brett 20–30 HK$/Std.) Ein staatlich verwaltetes Wassersportzentrum mit riesigem künstlichem See, Campingplatz und **Astropark** (天文公園; 852 2792 6810; http://astropark.hk.space.museum; 24 Std.). Hier kann man Segelboote, Kanus und Windsurfausrüstung ausleihen sowie Zelte für 7 bis 24 HK$ am Tag. Zum Angebot gehören außerdem Kanutouren zu Meereshöhlen.

Reisepass mitbringen. Hierher fahren die Buslinien 94, 96R und 698R Richtung Wong Shek Pier, der grüne Minibus 7 von Sai Kung nach Hoi Ha sowie Nummer 9 von Sai Kung zum Lady MacLehose Holiday Village in Pak Tam Chung. Beide liegen eine 15-minütige Taxifahrt vom Zentrum entfernt.

**HOI HA WAN
MARINE PARK** OUTDOORAKTIVITÄTEN
(海下灣海岸公園; 1823; Hoi Ha; grüner Minibus 7) Ein lohnender 6 km langer Weg beginnt im Dorf Hoi Ha. Dieses gehört zum Hoi Ha Wan Marine Park, einem 260 ha großen Schutzgebiet, das durch Betonbarrieren vom Tolo Channel abgetrennt und für Fischerboote gesperrt ist. An der Küste wachsen Mangroven, während es unter Wasser jede Menge Korallen, Seesterne und Fische gibt.

Schnorchel, Tauchmasken und Kajaks vermietet der **Wan Hoi Store** (852 2328 2169) am Strand. Der grüne Minibus 7 verkehrt täglich von Sai Kung Town hierher. Die erste Abfahrt erfolgt um 8.25 Uhr, die letzte um 18.45 Uhr. Ein Taxi kostet von dort rund 130 HK$.

Clearwater Bay Peninsula

Rundgang

Tseung Kwan O, das Sprungbrett zur Clearwater Bay Peninsula, erreicht man über die gleichnamige MTR-Station. Es gibt mehrere Strände, an denen man herrlich relaxte Stunden verbringen kann. Besonders schön sind der Clearwater Bay First Beach und der Clearwater Bay Second Beach. In den warmen Monaten sind sie an den Wochenenden meist mit Einheimischen überfüllt.

Im Clearwater Bay Country Park gibt's einige einfache, aber außergewöhnliche Wanderwege mit atemberaubenden Blicken auf die Bucht. Den abgelegenen Tai Miu Temple, der der Göttin des Himmels geweiht ist, besichtigt man am besten im April oder Mai zum Festival anlässlich Tin Haus Geburtstags. Wer gern Meeresfrüchte isst, kommt am Po Toi O Village nicht vorbei. Hier gibt's üppige Fisch- und Hausmannskost.

Highlights

➜ **Sehenswertes** Joss House Bay Tin Hau Temple (S. 189)
➜ **Strand** Clearwater Bay Second Beach (S. 189)
➜ **Essen** Seafood Island (S. 189)

Top-Tipp

Frühaufsteher sollten auf keinen Fall den atemberaubenden Sonnenaufgang verpassen, den man vom Clearwater Bay Second Beach aus beobachten kann. Der erste Minibus fährt um 6 Uhr.

An- & Weiterreise

➜ **Bus** Bus 91 fährt von den MTR-Stationen Diamond Hill und Choi Hung nach Tai Au Mun.

➡**Grüner Minibus** Bus 103M verkehrt zwischen der MTR-Station Tseung Kwan O und Clearwater Bay. Bus 103 fährt zum Kwun-Tong-Fähranleger und Bus 16 zur MTR-Station Po Lam.

Gut zu wissen
➡**Vorwahl** ☎852

➡**Lage** 15 km östlich von Tsim Sha Tsui, Kowloon. Junk Bay (Tseung Kwan O) liegt westlich, Clearwater Bay (Tsing Sui Wan) östlich und Joss House Bay (Tai Miu Wan) südlich der Halbinsel

➡**Clearwater Bay Country Park Visitor Centre** (清水灣郊野公園遊客中心; ☎852 2719 0032; ⓒ9.30–16.30 Uhr, Di geschl.; 🚌91 von Choi Hung nach Tai Au Mun)

➡**Letzter Zug nach Kowloon** 0.16 Uhr ab der MTR-Station Po Lam.

SEHENSWERTES

JOSS HOUSE BAY
TIN HAU TEMPLE
TEMPEL

(糧船灣天后古廟; ☎852 2519 9155; ⓒ8–17 Uhr; Minibus 16) Der entlegene Tempel an der Tai Au Mun Rd ist der größte und älteste Tin-Hau-Tempel der Region. Er gehört zu den bedeutendsten seiner Art, deswegen der Spitzname „Großer Tempel" (大廟, „Tai Miu"). Die Anlage hat hervorstehende Dachtraufen, zwei Miniboote und einen großen Hof, in dem Fischer oft Silberköder trocknen. Erbaut wurde der Tempel 1266 von Salzhändlern aus Fujian, die damit der Gottheit für ihre Rettung während eines Sturms danken wollten. Seitdem wurde er viermal erneuert.

CLEARWATER BAY BEACHES
STRAND

(清水灣一灘和二灘; 🚌91) **GRATIS** Von Tai Au Mun führt die Tai Au Mun Rd südwärts zu zwei hübschen Sandstränden, dem **Clearwater Bay First Beach** (清水灣一灘) und, etwas weiter südlich, dem **Clearwater Bay Second Beach** (清水灣二灘). Im Sommer empfiehlt es sich, unter der Woche zu kommen, da am Wochenende beide Strände ziemlich überlaufen sind.

ESSEN

SEAFOOD ISLAND
KANTONESISCH, SEAFOOD $$

(海鮮島海鮮酒家; ☎852 2719 5730; Shop B, 7 Po Toi O Chuen Rd; Gerichte ab 180 HK$; ⓒ11–23 Uhr) Krustentiere aller Art werden schon vor der Tür dieses Restaurants ausgestellt, das im unaufdringlichen Po Toi O Village versteckt liegt. Die Kulisse ist alles andere als luxuriös, doch das Seafood Island punktet ohnehin mit seinem Tintenfisch-Sashimi, den Muscheln und den fairen Preisen. Hier speist es sich am besten in einer großen Gruppe. Also: Freunde mitbringen und die Köstlichkeiten des Lokals genießen.

 SPORT & AKTIVITÄTEN

CLEARWATER BAY
COUNTRY PARK
OUTDOORAKTIVITÄTEN

(清水灣郊野公園; 🚌103) Das Herz des Parks ist **Tai Au Mun**, von wo aus Wege in unterschiedliche Richtungen nach Südosten über das Clearwater Bay Country Park Visitor Centre (S. 189) in Tai Hang Tun führen. Wer an den Strand von **Lung Ha Wan** (Hummerbucht) möchte, nimmt von Tai Au Mun die Lung Ha Wan Rd nach Norden und kehrt über den 2,3 km langen **Lung Ha Wan Country Trail** zurück.

CLEARWATER BAY GOLF &
COUNTRY CLUB
GOLF

(清水灣高爾夫球鄉村俱樂部; ☎852 2335 3700; www.cwbgolf.org; 139 Tau Au Mun Rd, Clearwater Bay; Golfplatzgebühr 1600–2200 HK$; 🚌91) Ein 27-Loch-Platz an der Spitze von Clearwater Bay in den New Territories. Wer nicht Mitglied ist, kann hier unter der Woche morgens (außer am Mi und an Feiertagen) spielen. Abschlagszeit ist von 9.30 bis 11.30 Uhr.

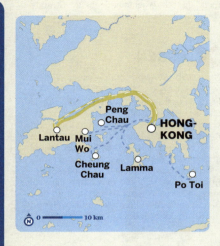

Outlying Islands

Lamma S. 192
Wer sich nach dem turbulenten Zentrum Hongkongs ein wenig ausruhen möchte, erreicht am schnellsten das entspannte Lamma. Mit seinem Bohème-Flair bietet es jenen zahlreichen Pendlern ein Zuhause, die auf mehr Platz und Grün stehen.

Lantau S. 196
Die größte der Outlying Islands lockt mit viel Sehenswertem und allerlei Erholungsmöglichkeiten: Landschaftsgärten, Wanderwegen, Fischerdörfchen, Stränden, Klöstern und dem „Big Buddha", den man nicht verpassen darf.

Cheung Chau S. 205
Meeresfrüchte und Seefahrerkultur, großartige Surfstrände und Wassergottheiten gewidmete Tempel – all das und mehr bietet diese lebendige Insel. Ein Highlight ist das alljährliche Brötchenfest.

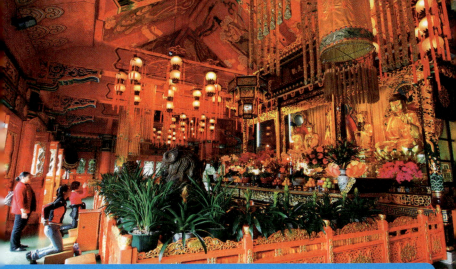

HIGHLIGHTS
PO LIN MONASTERY & BIG BUDDHA

Keine Reise nach Hongkong ist komplett ohne einen Besuch des Ngong Ping Plateaus und der Statue des sitzenden Tian Tan Buddhas – die größte ihrer Art weltweit. Man kann sie schon beim Landeanflug auf Hongkong aus der Luft sehen und an einem klaren Tag sogar aus Macao. Aber nichts ist besser, als diese spirituelle Ikone, die sich in über 500 m Höhe auf den westlichen Hügeln von Lantau erhebt, aus der Nähe zu bestaunen.

NICHT VERSÄUMEN!
➔ Tian Tan Buddha
➔ Ngong Ping 360

PRAKTISCH & KONKRET
➔ 寶蓮禪寺
➔ Karte S. 198, C3
➔ 852 2985 5248
➔ Lantau Island
➔ 9–18 Uhr

Der Tian Tan Buddha wird meist nur „Big Buddha" genannt und stellt Siddhartha Gautama dar. Er ist rund 23 m hoch (26,4 m mit Lotus) oder knapp 34 m, wenn man den Sockel mitrechnet. Die Statue wurde 1993 enthüllt und ist der größte sitzende Bronze-Buddha der Welt. Es lohnt sich, die 268 Stufen zu erklimmen und die Statue und den Ausblick aus der Nähe zu bestaunen. Buddhas Geburtstag (April oder Mai), ist ein besonders lebendiger Zeitpunkt für einen Besuch – dann pilgern Tausende hierher. Besucher werden gebeten, sich respektvoll zu kleiden und zu verhalten. Es ist verboten, Fleisch oder Alkohol auf das Gelände mitzubringen. Auf der zweiten Ebene des Podiums befindet sich ein kleines **Museum** mit Ölgemälden und Keramiktafeln zu Buddhas Leben und Lehren.

Das **Po Lin Monastery**, eine riesige Anlage von 1924, ist eher eine Touristenattraktion als ein religiöser Zufluchtsort. Es zieht alljährlich Tausende Besucher an und wird immer noch erweitert. Die meisten Gebäude, die man bei der Ankunft sieht, sind neu – die älteren, schlichteren sind dahinter versteckt. Das Po Lin Vegetarian Restaurant (S. 202) im Kloster ist für seine preiswerten, aber sättigenden vegetarischen Gerichte berühmt.

Die spektakulärste Möglichkeit, das Plateau zu erreichen, ist die 5,7 km lange **Ngong Ping 360** (昂平360纜車; Karte S. 198; Erw./Kind/ermäßigt einfache Strecke 130/65/90 HK$, hin & zurück 185/95/130 HK$; Mo–Fr 10–18, Sa, So & Feiertage 9–18.30 Uhr), eine Seilbahn, die Ngong Ping mit dem Zentrum von Tung Chung verbindet. Die Fahrt über die Bucht und die Berge dauert 25 Minuten. Jede der verglasten Gondeln bietet Platz für 17 Passagiere. Die Bergstation liegt im (uninteressanten) Vergnügungspark Ngong Ping Village westlich des Klosters.

Lamma

Rundgang

Lamma, Hongkongs entspannte „Hippie-Insel", ist schon von fern an den drei Kohleschloten, die die hügelige Skyline krönen, erkennbar. Die Schlote stechen deshalb so hervor, weil Lamma mit seinen ca. 6000 Einwohnern sonst keine Hochhäuser hat. Hier gibt's nur Wälder, versteckte Strände und entspannte Dörfer, die durch Fußwege verbunden sind. Autos wird man hier nicht sehen, aber vielleicht mal eine Schlange.

Die meisten Besucher kommen in der Hauptstadt Yung Shue Wan an, ein Gegenkultur-Paradies, das besonders bei Expats sehr beliebt ist.

Highlights
➡ **Sehenswertes** Lo So Shing Beach (S. 194)
➡ **Essen** Rainbow Seafood Restaurant (S. 195)
➡ **Ausgehen** Island Bar (S. 196)

Top-Tipp

Wer die Insel (fast) für sich allein haben möchte, sollte seinen Besuch auf einen Wochentag legen, um dem Ansturm am Wochenende zu entgehen.

An- & Weiterreise
➡ **Fähre** Fähren starten vom **Yung Shue Wan Pier** zum Pier 4 am Outlying Islands Ferry Terminal in Central, nach **Pak Kok Tsuen** und nach Aberdeen. Zudem gibt's Fähren vom Pier in **Sok Kwu Wan** zum Pier 4 am Outlying Islands Ferry Terminalin Central, nach **Mo Tat Wan** und Aberdeen.

Gut zu wissen
➡ **Vorwahl** 852

➜**Lage** 3 km von Aberdeen auf der anderen Seite des East Lamma Channel. Es gibt zwei Hauptorte auf der Insel: Yung Shue Wan im Nordwesten und Sok Kwu Wan an der Ostküste.

➜**Letzte Fähre nach Central** 23.30 Uhr von Yung Shue Wan; 22.40 Uhr von Sok Kwu Wan.

SEHENSWERTES

HERBOLAND
BAUERNHOF

(852 9094 6206; abseits Hung Shing Yeh Beach; 10–17 Uhr; Yung Shue Wan) In den grünen Ausläufern des Hung Shing Yeh Beach versteckt sich Herboland, der erste Bio-Kräuterbauernhof der Sonderverwaltungszone. Man kann an duftenden Rosmarin- und Verbenen-Büschen vorbeispazieren oder im schönen Teegarten einen aus 40 Kräutertees auswählen.

YUNG SHUE WAN
DORF

(榕樹灣; Yung Shue Wan) Yung Shue Wan (Banyanbaum-Bucht) mag vielleicht der größte Ort auf der Insel sein, aber es ist und bleibt ein kleines Dorf, das nicht viel mehr bietet als eine autofreie Hauptstraße, die dem gebogenen Verlauf der Bucht folgt. Trotz der Gentrifizierung ist es dem Dorf irgendwie gelungen, einen großen Teil seines rustikalen Charmes zu behalten. Die Hauptstraße ist von Cafés, Bars, vegetarischen Imbissläden und New Age-Shops gesäumt, die bei Einheimischen und Touristen gleichermaßen beliebt sind.

Am südlichen Ende der Bucht steht ein kleiner Tin Hau geweihter **Tempel** (S. 193) aus dem späten 19. Jh., dessen Eingang von einem Paar exzentrischer, westlicher Löwenstatuen bewacht wird.

HUNG SHING YEH
STRAND

(Yung Shue Wan) Der Hung Shing Yeh Beach liegt etwa 25 Gehminuten südöstlich des Fähranlegers von Yung Shue Wan und ist der beliebteste Strand auf Lamma. Wer frühmorgens oder an einem Werktag kommt, wird ihn höchstwahrscheinlich verlassen vorfinden – an den Blick auf das Kraftwerk auf der anderen Seite der Bucht muss man sich aber erst einmal gewöhnen. Der Strand wird von einem Hainetz geschützt und bietet Toiletten, Duschen und Umkleidekabinen. In der Nähe gibt's ein paar Restaurants und Getränkestände, die zur Hauptsaison geöffnet sind.

TIN HAU TEMPLE
TEMPEL

(天后廟; Yung Shue Wan) Der komplett renovierte Tempel stammt aus dem Jahr 1826.

SHAM WAN
STRAND

(Deep Bay; Juni–Okt. geschl.; Sok Kwu Wan) Sham Wan ist eine wunderschöne Bucht im Süden der Insel, die man von Tung O Wan aus auf einer Wanderung über die Hügel erreicht. 200 m bergauf von Tung O Wan führt links ein Weg nach Süden zu dem kleinen Sandstrand. Zwischen Juni und Oktober darf man nicht hierher kommen, weil dann Hongkongs bedrohte Grüne Meeresschildkröten hier nisten und der Strand für die Öffentlichkeit geschlossen ist.

LAMMA FISHERFOLK'S VILLAGE
MUSEUM, DORF

(漁民文化村; 852 2982 8585; http://lammafisherfolks.com.hk; 2. Stock, 20 Sok Kwu Wan First St, Sok Kwu Wan; Erw./Kind 80/60 HK$; 10–18 Uhr;) Dieses 2000 m² große Museum mit Themenpark schwimmt auf einem Floß und zeigt die Fischereikultur und die Ge-

---

Lamma

◉ Sehenswertes
1. Herboland B2
2. Hung Shing Yeh B2
3. Kamikaze Caves B3
4. Lamma Fisherfolk's Village C3
5. Lamma Winds B2
6. Lo So Shing B3
7. Mo Tat Wan C3
8. Sham Wan C4
9. Sok Kwu Wan C3
10. Tin Hau Temple D2
11. Tung O Wan C4
12. Yung Shue Wan D2

◉ Essen
13. Best Kebab & Pizza D1
14. Bookworm Café D2
15. Rainbow Seafood Restaurant C3
16. Tai Hing Seafood Restaurant D1
17. Waterfront D1

◉ Ausgehen & Nachtleben
7th Avenue .... (siehe 18)
18. Island Bar D1

◉ Schlafen
19. Concerto Inn B2

schichte der traditionellen Fischerei-Industrie in Hongkong. Zu sehen sind Fischereiausrüstung und Modellboote, darunter auch eine 60 Jahre alte echte Dschunke. Außerdem kann man sich im Angeln und Seilweben versuchen.

TUNG O WAN — STRAND

(⊡Sok Kwu Wan) Obwohl er bei Städteplanern schon lang als gute Gegend für neue Wohnhäuser und einen Jachthafen begehrt ist, behauptet sich der unberührte Tung O Wan dank des gemeinsamen Widerstands der örtlichen Einwohner und Umweltschützer von nah und fern weiterhin wacker gegen das große Geld der Immobilienbranche. Die kleine, abgeschiedene Bucht wird von einem langen Sandstrand begrenzt und ist allemal einen Abstecher wert, wenn man von Yung Shue Wan nach Sok Kwu Wan wandert – oder man kommt einfach direkt von Sok Kwu Wan hierher.

Kurz vor dem Tin Hau Temple am Ortseingang von Sok Kwu Wan dem ausgeschilderten Pfad rechts nach Süden folgen, dann über den Hügel zum winzigen Dörfchen Tung O weitergehen. Die Wanderung dauert etwa 30 Minuten und führt durch raue Landschaft – die erste Hälfte des Wegs besteht aus einem ziemlich anstrengenden Anstieg über Stufen und einen Pfad.

MO TAT WAN — STRAND

(⊡Sok Kwu Wan) Der saubere und relativ menschenleere Strand von Mo Tat Wan ist über den Küstenpfad östlich von Sok Kwu Wan in nur 20 Gehminuten erreichbar. Am Mo Tat Wan kann man ganz gut baden, es gibt aber keine Rettungsschwimmer. Von Aberdeen aus ist er auch mit dem *kaido* (kleine Hochseefähre) zu erreichen, das nach Sok Kwu Wan weiterfährt.

LO SO SHING — STRAND

(⊡Yung Shue Wan) Der Strand in Lo So Shing ist der schönste Sandstreifen auf Lamma – ein kleiner goldener Halbmond, gesäumt von dicht bewaldeten Hügeln. Da man ihn nur nach einem längeren Spaziergang erreicht, ist er oft praktisch menschenleer, sogar am Wochenende.

Vom Hung Shing Yeh Beach nach Süden gehen. Der Pfad führt steil bergauf, bis er einen Pavillon im chinesischen Stil erreicht. Anschließend kommt man an einem zweiten Pavillon vorbei, der einen tollen Blick aufs Meer bietet. Von hier führt ein Weg vom Family Trail bergab nach Lo So Shing.

SOK KWU WAN — DORF

(索罟灣; ⊡Sok Kwu Wan) Auch wenn der Ort noch immer recht klein ist (500 Ew.), halten sich in Lammas zweitem Dorf Sok Kwu Wan entlang des Wassers mindestens ein Dutzend Fischrestaurants, die vor allem bei Besuchern beliebt sind, die mit einem Boot hierher kommen. In dem kleinen Hafen wimmelt es von Flößen, an denen Käfige hängen, die zur Fischzucht genutzt werden. Hier kann man seine Wanderung auf dem Family Trail mit Seafood und Bier beenden.

Mit der Ruhe in Sok Kwu Wan könnte es bald vorbei sein, da es Pläne für neue Wohnblöcke im verlassenen Steinbruch des Dorfes gibt. In den Hochhäusern sollen 5000 Menschen unterkommen, was die Bevölkerung von Lamma fast verdoppeln würde.

KAMIKAZE CAVES — HÖHLE

(神風洞; ⊡Sok Kwu Wan) Die drei sogenannten Kamikaze-Höhlen sind 10 m breit und 30 m tief. Sie wurden im Zweiten Weltkrieg von den japanischen Besatzungstruppen errichtet, um Motorboote mit Sprengstoff unterzubringen, die die Schiffe der Alliierten zerstören sollten. Sie wurden aber nie genutzt. Man kommt an den Höhlen vorbei, wenn man von Süden nach Sok Kwu Wan kommt (d. h. vom Family Trail aus, der das Dorf mit Yung Shue Wan verbindet).

LAMMA WINDS — WAHRZEICHEN

(南丫風采發電站; ◷7–18 Uhr; ⊡Yung Shue Wan) Lammas gigantische Windturbine bildet einen eleganten Gegensatz zum CO_2-ausstoßenden Kohlekraftwerk. Die Turbine thront dramatisch auf dem Hügelkamm, gleich südöstlich des alten Dorfes Tai Peng. So beeindruckend sie auch sein mag, diese riesige Anlage erzeugt weit weniger Strom als erhofft. Hier gibt's auch noch eine kleine **Ausstellung** über Windenergie, aber ansonsten kann man nur den Anblick der Rotorblätter bewundern, die den Wind zerschneiden.

Die Turbine ist über die Wege zu erreichen, die von Yung Shue Wan hinauf zum alten Dorf Tai Peng führen. Dann nach rechts die Betonpiste nehmen, die das Kraftwerk mit Pak Kok verbindet.

ESSEN

BOOKWORM CAFE — CAFÉ $

(南島書蟲; ☏852 2982 4838; 79 Main St, Yung Shue Wan; Gerichte ab 80 HK$; ◷Fr–Mi 9–21 Uhr;

ABSTECHER

PENG CHAU

Die abgelegene Insel Peng Chau bietet keinen großen Aha-Effekt, ist aber die vielleicht traditionellste Insel der Outlying Islands: enge Gassen, überfüllte Häuser, ein überdachter **Markt** (坪洲街市) in der Nähe des Fähranlegers, ein paar kleine, aber bedeutende Tempel, interessante Läden, in denen von Haushaltswaren bis hin zu religiösem Krimskrams alles verkauft wird. Hier kann man an jedem Tag das Geklapper von Mah-Jongg-Ziegeln und kantonesische Operngesänge hören, die aus alten Transistor-Radios kommen und die Hintergrundmusik für diesen verschlafenen Ort bilden.

Wer die Stufen zum höchsten Punkt der Insel, dem Finger Hill (95 m), erklimmt, wird für die leichte sportliche Anstrengung mit einer tollen Aussicht belohnt. Vom Fähranleger die Lo Peng St hinauflaufen, am Tin Hau Temple (天后廟) mit einem Jahrhunderte alten, 2,5 m langen Walknochen, der vom Rauch der Räucherstäbchen schon ganz schwarz geworden ist, rechts abbiegen, und weiter entlang der Wing On St nach Süden gehen. Diese Straße führt auf die Shing Ka Rd, und dann führt die Nam Shan Rd in östliche Richtung hinauf zum Finger Hill. Eine leichte, 30-minütige Wanderung.

Peng Chau Heritage Trail (www.greenpengchau.org.hk) Mehrere Schilder in Peng Chau weisen den Weg zu den geisterhaften Überresten aus der Zeit, als die Insel noch ein industrielles Zentrum war. Kaum zu glauben, aber das einstige Hauptindustriezentrum Hongkongs besaß einmal eine riesige Streichholzfabrik und einen Kalkbrennofen. Heute sind davon nur noch malerische Ruinen übrig. Auf keinen Fall den coolen, achteckigen Brunnenschacht verpassen, der neben dem Dorfplatz liegt.

Les Copains d'Abord (852 9432 5070; Lo Peng St; Käse- & Fleischplatten ab 80 HK$; 11–21 Uhr) Man sollte Peng Chau nicht verlassen, ohne vorher unter den Sonnenschirmen des Les Copains d'Abord ein Glas *vin rouge* zu den Produkten der hiesigen *charcuterie* getrunken zu haben. Die Lage dieser Weinbar mit Café ist allerdings nicht besonders passend. Die Öffnungszeiten sind sehr unregelmäßig. Man darf nicht überrascht sein, wenn das Lokal wegen einer Nachbarschaftsparty geschlossen ist – so ist das nun mal. Es liegt am Hauptplatz der Insel vom Fähranleger geradeaus.

@ ; Yung Shue Wan) Vegetarier fühlen sich im Bookworm, dem Großvater der gesunden, umweltbewussten Restaurantszene Hongkongs, wie im Himmel. Zu den köstlichen Gerichten gehören auch Dhal- und Salatkombinationen, Ziegenkäsesandwiches und Shepherd's Pie, was alles perfekt zu den sorgfältig ausgewählten Bioweinen passt. Das Café ist gleichzeitig ein Secondhand-Buchladen.

BEST KEBAB & PIZZA
TÜRKISCH $

(852 2982 0902; 4 Yung Shue Wan Back St, Yung Shue Wan; Gerichte ab 40 HK$; Mo-Fr 14-22, Sa 12-22 Uhr; Yung Shue Wan) Dieses kleine, unprätentiöse Lokal in türkischer Hand serviert genau das, was sein Name verspricht. Die Einheimischen schwärmen von der Pizza, den Lammkoteletts und den brutzelnden Schaschliks. Man kann sie prima mit einem frisch gebrühten türkischen Kaffee oder einem Früchtetee genießen.

WATERFRONT
INTERNATIONAL $

(852 2982 1168; 58 Main St, Yung Shue Wan; Gerichte ab 90 HK$; 9-2 Uhr; Yung Shue Wan) Die Wellen plätschern nur wenige Schritte entfernt ans Ufer und die Aussicht ist großartig. Dieses Restaurant ist zum Frühstück und für ein Gläschen am Abend sehr beliebt. Man kann hier aus traditionellen britischen und italienischen Gerichten und geradlinigem indischem Essen wählen.

★RAINBOW SEAFOOD RESTAURANT
CHINESISCH, SEAFOOD $$

(天虹海鮮酒家; 852 2982 8100; www.rainbowrest.com.hk; Shops 1A-1B, EG, 23-25 First St, Sok Kwu Wan; Gerichte ab 180 HK$; 10-22.30 Uhr; Sok Kwu Wan) Das gigantische Rainbow verfügt zwar über 800 Plätze, aber man muss in Spitzenzeiten trotzdem im Voraus reservieren. Gedünsteter Zackenbarsch, Hummer und Meeresschnecken sind die Spezialitäten dieses Restaurants, das direkt am Wasser liegt. Man kann sich am Pier 9 in Central oder am Tsim Sha Tsui Public Pier von den hauseigenen Fähren abholen lassen. Weitere Informationen dazu erhält man telefonisch oder im Internet.

TAI HING SEAFOOD RESTAURANT
KANTONESISCH, SEAFOOD $$

(大興海鮮酒家; ☏852 2982 0339; 53 Main St, Yung Shue Wan; Gerichte ab 250 HK$; ⊙Mittag- & Abendessen) Das unscheinbare Tai Hing erfreut sich dank seiner Hausmannskost eines regen Kundenstroms. Der aus Lamma stammende Cheong Gor ist Herz und Seele dieses halbprivaten Lokals. Man kann ihm sagen, wie viel man ausgeben will und er wählt entsprechend die besten saisonalen Meeresfrüchte aus. Für 100 HK$ (pro Kopf) bekommt man ein wahres Meeresfrüchte-Festmahl. Reservierungen empfohlen.

AUSGEHEN & NACHTLEBEN

ISLAND BAR
BAR

(⊙Mo–Fr 17 Uhr–open end, Sa & So 12 Uhr–open end, Happy Hour 17–20 Uhr; ⛴Yung Shue Wan) Diese Bar liegt am nächsten am Fähranleger von Yung Shue Wan, ist besonders bei älteren Expats beliebt und veranstaltet die besten Jamsessions der Insel.

7TH AVENUE
BAR

(7 Main St, Yung Shue Wan; ⊙12 Uhr–open end; ⛴Yung Shue Wan) Auch wenn der städtisch klingende Name nicht so ganz zum ländlichen Ambiente von Lamma passt will, lockt dieser Neuling dank seines jungen Chefs mit einladender Atmosphäre, Wasserpfeifen und Tischen im Freien. Essen und Getränke werden zu vernünftigen Preisen angeboten.

Lantau

Rundgang

Hongkongs größte Insel, Lantau, eignet sich allein wegen ihrer Größe für mehrtägige Ausflüge. Die Nordspitze der Insel, auf der sich der Flughafen, Disneyland und das Hochhaus des Tung Chung Wohn- und Shoppingkomplexes befinden, ist dicht besiedelt. Der Rest von Lantau ist jedoch noch größtenteils ländlich. Dort findet man traditionelle Fischerdörfer, verlassene Strände und ein bergiges, von Wanderwegen durchzogenes Binnenland. Auf den Wegen sind aber auch viele Quads unterwegs.

Die meisten Besucher von Lantau wollen Mickey oder die verdientermaßen berühmte Statue des „Big Buddha" sehen. Aber man sollte auch über die Nordseite hinaus kommen und den entspannten Teil der Insel besuchen, wo Kühe auf der Straße weiden, Schulkinder in den seichten Buchten mit ihren Großeltern Algen sammeln und hin und wieder eines der seltsamen Schuppentiere durch die bewaldeten Hügel streift.

Highlights
➡ **Sehenswertes** Po Lin Monastery & Big Buddha (S. 191)
➡ **Essen** Mavericks (S. 202)
➡ **Übernachten** Tai O Heritage Hotel (S. 202)

Top-Tipp
Es gibt auf der ganzen Insel nur 50 Taxis. Man sollte immer die Nummer der Taxizentrale bereithalten, vor allem zu späterer Stunde.

An- & Weiterreise
➡ **Bus** Bus S1 verbindet Tung Chung in Lantau mit dem Flughafen. Bus N11 verkehrt zwischen Tung Chung und Central und Bus N21 verbindet Tung Chung mit Kowloon.
➡ **Fähre** Die wichtigsten Verbindungen von Central (www.nwff.com.hk) legen von Pier 6 am Outlying Islands Ferry Terminal nach Mui Wo ab. Außerdem fahren Fähren von Chi Ma Wan (auch auf Lantau), Cheung Chau und Peng Chau nach Mui Wo. Eine Fähre zwischen den Inseln verbindet Chi Ma Wan mit Mui Wo, Cheung Chau und Peng Chau. Außerdem verkehren Fähren zwischen Tung Chung und Tuen Mun in den New Territories und zwischen Discovery Bay und Central.
➡ **MTR** Die MTR-Linie Tung Chung verbindet Central mit Lantau. Auf diesem Weg kommen (neben der Fähre von Mui Wo) die meisten Besucher von Hong Kong Island nach Lantau.

Gut zu wissen
➡ **Vorwahl** ☏852
➡ **Lage** 8 km westlich von Hong Kong Island. Die einwohnerstärkste Stadt Tung Chung liegt an der Nordküste, während sich der zweitgrößte Ort Mui Wo an der

Ostküste befindet. Der Flughafen liegt gleich nördlich von Tung Chung.
➜**Letzte Fähre nach Central** 11.30 Uhr von Mui Wo.

👁 SEHENSWERTES

👁 Nord-Lantau

PO LIN MONASTERY & BIG BUDDHA BUDDHISTISCHES KLOSTER
S. S. 191.

HONG KONG DISNEYLAND THEMENPARK
Karte S. 198 (香港迪士"涵 Æ; ☎852 183 0830; http://park.hongkongdisneyland.com; Erw./Kind Tagesticket 539/385 HK$; ⊙Mo–Fr 10–20, Sa & So bis 21 Uhr; 👶; MDisney Resort Station) Seit dieser Themenpark Hongkong 2005 im Sturm eroberte, ist dessen Besuch zu einer Art Initiationsritus für Scharen asiatischer Touristen geworden, die täglich hierher kommen, um einen Blick auf Amerikas bekanntesten Kulturexport zu erhaschen. Der Park ist in sieben Bereiche unterteilt: Main Street USA, Tomorrowland, Fantasyland, Adventureland, Toy Story Land, Mystic Point und Grizzly Gulch. Trotzdem ist er – verglichen mit der US-Version – winzig, und die meisten Attraktionen sind auf Familien mit kleinen Kindern ausgelegt.

Die meisten Rides sind nur für die ganz Kleinen ungeeignet. Zu den Highlights gehören die albern-schaurige Tour durch Mystic Manor und Klassiker wie It's a Small World und die Mad-Hatter-Teetassen. Für Adrenalinjunkies gibt es nur wenige Attraktionen: die Achterbahn Space Mountain in Tomorrowland, mit der man durch komplette Dunkelheit rast, die Big Grizzly Mountain-Achterbahn in Grizzly Gulch und den halsbrecherischen RC Racer in Toy Story Land. Der 3D-Simulator The Iron Man Experience eröffnete Anfang 2017.

Obwohl der Großteil von Hong Kong Disneyland eine abgespeckte Version des amerikanischen Disneylands ist, gibt es auch ein paar Zugeständnisse an die chinesische Kultur. Bei der Errichtung des Parks wurde ein Feng Shui-Meister zu Rate gezogen, und am Ende musste der Eingang um 12° verschoben werden, damit kein Chi ins Meer entwischt. Die Glückszahl acht taucht immer wieder auf (die Westernstadt Grizzly Gulch soll am 8. August 1888 gegründet worden sein), und der Cantopop-Sänger Jacky Cheung ist der offizielle Sprecher des Parks.

Wer hungrig ist, muss hier nicht lange nach einem Snack oder einem Restaurant suchen, egal ob östlich (getrockneter Tintenfisch, Fischbällchen am Spieß, Dim Sum) oder westlich (Burger, Zuckerwatte, Muffins). Und mit Sicherheit ist immer ein Souvenirshop in der Nähe.

Jeden Tag um 15.30 Uhr zieht eine Parade durch die Main Street, und um 20 Uhr gibt es beim Dornröschen-Schloss eine Lichtershow mit Musik und Feuerwerk. Wie in jedem Disneyland laufen auch hier viele Disney-Figuren herum und freuen sich darauf, von aufgeregten Kindern begrüßt zu werden.

Disneyland ist ans MTR-Netz angebunden und über die Station Sunny Bay der Tung-Chung-Linie zu erreichen. Man muss einfach nur auf der anderen Seite des Gleises in den Zug zum Disneyland Resort und zum Themenpark steigen. Eine Fahrt von den Stationen Central/Kowloon/Tsing Yi dauert 24/21/10 Minuten.

TRAPPISTENKLOSTER CHRISTLICHES KLOSTER
Karte S. 198 (神樂院; ☎852 2987 6292; Tai Shui Hang; ⛴*kaido* von Peng Chau oder Discovery Bay) Nordöstlich von Mui Wo und südlich von Discovery Bay befindet sich die römisch-katholische Lady of Joy Abbey („Abtei Unserer Lieben Frau von der Freude") – besser bekannt als Trappistenkloster. Die Trappisten haben den Ruf, eine der strengsten, religiösen Gemeinschaften der römisch-katholischen Kirche zu sein. Die Ordensgemeinschaft Lantau wurde im 19. Jh. in Peking gegründet. Heute stammen alle Mönche hier aus Hongkong. Die mittelalterliche Steinkapelle ist ein friedlicher Ort für die innere Einkehr.

Das Kloster ist in ganz Hongkong für seine sahnige Milch bekannt, die überall in kleinen Flaschen verkauft wird. Die Kühe sind inzwischen allerdings in die New Territories umgezogen, und die Trappist Dairy Milk wird heute in Yuen Long hergestellt.

Eine der schönsten Arten, zum Kloster zu gelangen, ist die dreistündige Wanderung von Mui Wo zur Discovery Bay – einfach dem gut ausgeschilderten Küstenpfad am Nordende der Tung Wan Tau Rd folgen. Das Kloster eignet sich gut als Zwischenstopp. Nach einem Abendessen in der Dis-

Lantau

OUTLYING ISLANDS — LANTAU

Lantau

◎ Highlights
1 Po Lin Monastery & Big Buddha C3
2 Tai O...B3

◎ Sehenswertes
3 Cheung Sha D3
4 Discovery Bay E2
5 Fan Lau B4
6 Hau Wong Temple D2
7 Hong Kong Disneyland.............................. F1
  Kwan Tai Temple ....(siehe 2)
  Alte Polizeistation von Tai O........(siehe 2)
8 Pui O..E3
9 Silvermine Waterfall E2
  Pfahlbauten ....(siehe 2)
10 Tong Fuk D4
11 Trappistenkloster.......................................F2
12 Tung Chung D2
13 Tung Chung Fort & Battery D2

◎ Essen
14 Gallery D4
15 Mavericks E3
  Po Lin Vegetarian
    Restaurant .... (siehe 1)
  Solo...(siehe 2)
16 Stoep Restaurant....................................... D3

17 Tai O Lookout..B3

◎ Ausgehen & Nachtleben
  Hemingway's................................. (siehe 4)

◎ Sport & Aktivitäten
  Boat Tours....................................(siehe 2)
18 Discovery Bay Golf Club E2
  Hong Kong Shaolin
    Wushu Culture Centre ....(siehe 2)
19 Lantau Peak C3
20 Long Coast Seasports D3
21 Sunset Peak D3

◎ Schlafen
  Espace Elastique ....(siehe 2)
  Hong Kong Disneyland
  Hotel..(siehe 7)
22 Hong Kong Hotels Association............ D2
23 Ngong Ping SG Davis Hostel................C3
  Tai O Heritage Hotel...................(siehe 2)

◎ Transport
24 Hong Kong International
  Airport...C2
25 Ngong Ping 360..C3

covery Bay kann man dann mit der Fähre zurück nach Central fahren.

DISCOVERY BAY
GEGEND

Karte S. 198 (◉Discovery Bay) „DB" ist ein verschlafener Vorort an der Nordostküste Lantaus, aus dem viele Berufstätige nach Central pendeln. Er wartet mit einem schönen, von Luxuswohnungen umgebenen Sandstrand auf. Ein Besuch lohnt sich höchstens dann, wenn man die Einwohner in ihren umgebauten Golfmobilen für 200 000 HK$ beäugen, zu Abend essen oder das nächtliche Feuerwerk in Disneyland bestaunen will, das auf der anderen Seite des Wassers zu sehen ist.

Auf der **Discovery Bay Plaza** (愉景灣廣場), geradeaus vom Fähranleger und dem zentralen Platz, gibt's ein paar anständige Restaurants. Der 27-Loch-Platz des Discovery Bay Golf Club (S. 205) liegt in den Hügeln im Südwesten.

Es gibt Busverbindungen durch den Discovery Bay Tunnel und über den North Lantau Hwy nach Tung Chung und zum Flughafen Chek Lap Kok. Ein Wanderweg führt in ein paar Stunden vom Golfplatz hinunter zur Silvermine Bay und durch das restliche Lantau.

TUNG CHUNG FORT & BATTERY
HISTORISCHES GEBÄUDE

Karte S. 198 Die ersten Aufzeichnungen über eine Siedlung in Tung Chung reichen bis in die Ming-Dynastie zurück. An den oberen Hängen des Tals befinden sich mehrere buddhistische Bauten, aber die Hauptattraktion ist das Tung Chung Fort aus dem Jahr 1832, als chinesische Truppen auf Lantau stationiert waren. Während des Zweiten Weltkriegs hielten die Japaner das Fort für kurze Zeit besetzt. Es ist 70 m auf 80 m groß und von Granitmauern umgeben, und sechs seiner Vorderladerkanonen sind noch immer erhalten und aufs Meer gerichtet.

1 km nördlich davon befinden sich die Ruinen der Tung Chung Battery, einer kleineren, 1817 erbauten Festung. Alles, was von ihr noch übrig geblieben ist, ist eine L-förmige Mauer an der Meeresseite mit Geschützstellung in der Ecke. Die Ruine wurde erst 1980 entdeckt – sie war ein Jahrhundert lang komplett von wucherndem Gebüsch verborgen.

HAU WONG TEMPLE
TEMPEL

Karte S. 198 (侯王廟) Dieser Tempel mit zwei Dächern blickt auf die Tung Chung Bay. Er wurde in der späten Song-Dynastie gegründet und beherbergt eine aus dem Jahr 1765 stammende Glocke mit einer Inschrift des Kaisers Qian Long aus der Qing-Dynastie.

TUNG CHUNG
GEGEND

Karte S. 198 (🚌3M aus Mui Wo, 11 aus Tai O, 23 aus Ngong Ping, Ⓜ️Tung Chung) Vor 1994 war Tung Chung an der Nordküste Lantaus ein unzugängliches Bauerndorf. Nur vier Jahre später hatte es sich in eine Stadt verwandelt, während das nahe Chek Lap Kok einen neuen Flughafen bekam. Heute verfügt Tung Chung mit einem 760 ha großen Wohngebiet über die größte Bevölkerung der Insel und ist ans MTR-Netz angeschlossen. Die meisten Besucher kommen hierher, um in den Citygate Outlets zu shoppen, aber in der Gegend warten auch ein paar interessante historische Stätten.

◉ Mui Wo

MUI WO
DORF

(🚢Mui Wo) Mui Wo (Pflaumennest) war Lantaus größte Stadt, bevor Tung Chung geboren wurde. Heute dient der verschlafene Ort als Einkaufs-, kulinarisches und Transportzentrum auf der Südseite der Insel. Die größte Attraktion ist der **Silvermine Bay Beach** (銀礦灣), ein ansehnlicher Sandstrand mit Toiletten und Umkleiden gleich östlich der Stadt. Außerdem gibt's einen Wet Market mit frisch zubereiteten Meeresfrüchten und ein paar örtliche Bars und Lokale.

In Mui Wo gibt's einige ziemlich gute Unterkünfte und Restaurants. Der freundliche Bicycle Shop (S. 204) in der Nähe des Supermarkts Park 'n' Shop verleiht Fahrräder.

SILVERMINE BAY BEACH
STRAND

Karte S. 200 (銀礦灣; 🚻; 🚢Mui Wo) Der Silvermine Bay Beach liegt gleich östlich von Mui Wo und ist bei Tagesausflüglern beliebt. Der lange weiße Strand ist von Häusern und ein paar kleinen Hotels gesäumt. Man kann ihn nicht gerade als unberührt bezeichnen, aber für einen Nachmittag mit Sonne und Surfen ist er prima geeignet. Es gibt Umkleiden und Bademeister, aber nur während der Hochsaison (April–Okt.).

SILVERMINE WATERFALL
WASSERFALL

Karte S. 181 (🚢Mui Wo) Wer ausreichend Zeit hat, sollte von Mui Wo zum Silvermine Waterfall (銀礦瀑布) wandern, der sich in der Nähe der alten Silvermine Cave nordwest-

Mui Wo

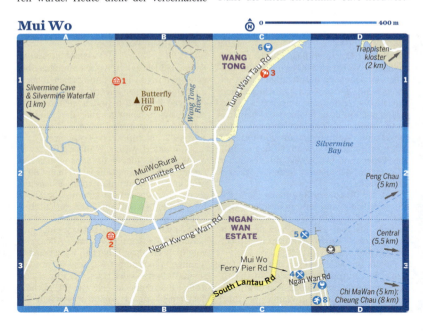

lich der Stadt befindet (in der Höhle wurde im 19. Jh. Silber abgebaut, aber inzwischen ist sie versiegelt). Der Wasserfall ist recht spektakulär, wenn es in der Regenzeit reichlich schüttet, normalerweise von Mai bis Oktober. Von Mui Wo bis zum Wasserfall sind es rund 3 km: einfach der Mui Wo Rural Committee Rd nach Westen und dann dem ausgeschilderten Pfad nach Norden folgen.

BUTTERFLY HILL WATCHTOWER
HISTORISCHES GEBÄUDE

Karte S. 200 (蝴蝶山更樓) Dieser Wachturm aus Granit wurde im späten 19. Jh. zur Verteidigung gegen Piraten erbaut und ist heute eine malerische Ruine.

LUK TEI TONG WATCHTOWER
HISTORISCHES GEBÄUDE

Karte S. 200 (鹿地塘更樓) Der Turm aus dem 19. Jh. diente einst als Festung gegen Piraten und ist heute eine fotogene Ruine, aus deren Fenstern Kletterpflanzen sprießen.

⊙ South Lantau Road

FAN LAU
GEBIET

Karte S. 198 Fan Lau (Geteilter Fluss), eine kleine Halbinsel an der Südwestspitze Lantaus, ist nur zu Fuß erreichbar. Hier gibt's ein paar gute Strände und die Überreste des **Fan Lau Forts**, das 1729 erbaut wurde, um den Kanal zwischen Lantau und dem Mündungsgebiet des Pearl River vor Piraten zu schützen. 1985 wurde es restauriert und der Blick aufs Meer ist einfach traumhaft.

Im Südosten der Festung befindet sich ein **antiker Steinkreis**. Sein Ursprung und Alter sind ungewiss, aber vermutlich stammt er aus der Jungsteinzeit oder der frühen Bronzezeit und wurde bei Ritualen benutzt.

Von Tao O geht's von der Bushaltestelle 250 m weit nach Süden zum Abschnitt 7 des Lantau Trail (S. 204), der für rund 8 km an der Küste entlangführt. Der Weg setzt sich über weitere 12 km Richtung Nordosten nach Shek Pik fort, von wo man mit Bus 1 nach Mui Wo zurückfahren kann.

CHEUNG SHA
STRAND

Karte S. 198 (🚌3M von Mui Wo) Cheung Sha (Langer Sand) ist Hongkongs längster Strand, der sich an der Südküste von Lantau über mehr als 3 km erstreckt. Er ist in einen oberen und einen unteren Bereich unterteilt; ein Pfad über einen Hügel verbindet die beiden Teile. Der Upper Cheung Sha mit ganz guten Wellen zum Surfen ist der hübschere und längere Strand. Hier gibt's Umkleidekabinen und eine Snackbar. Am Lower Cheung Sha befindet sich ein Restaurant sowie ein Wassersportzentrum. Angeblich ist dies hier der beste Strand zum Surfen in Hongkong, besonders in der Zeit von November bis März.

PUI O
STRAND

Karte S. 198 (🚌3M aus Mui Wo) Entlang der South Lantau Rd reihen sich mehrere Strände aneinander, die Surfer, Strandratten und Rentner gleichermaßen anziehen. 5 km südwestlich von Mui Wo liegt der schöne Pui O Beach, der aufgrund seiner Nähe aber auch ziemlich voll sein kann. Im Dorf gibt's ein paar Restaurants, jede Menge Ferienwohnungen und in der Hochsaison mehrere Fahrradverleihe.

TONG FUK
STRAND

Karte S. 198 (🚌3M von Mui Wo) Der Strand bei Tong Fuk ist nicht gerade Lantaus schönster, aber in dem Dorf gibt es Ferienwohnungen, mehrere Läden und Restaurants – und weil er etwas weiter von Mui Wo entfernt ist, ist er normalerweise auch eher ruhig. Im Nordwesten sieht man die nicht so schönen Anlage des Ma-Po-Ping-Gefängnisses.

⊙ Tai O

★ TAI O
DORF

Karte S. 198 (1 von Mui Wo, 11 von Tung Chung, 21 von Ngong Ping) Am Wochenende kommen Scharen von Besuchern an die weitläufige

Mui Wo

⊙ Sehenswertes
1 Butterfly Hill Watchtower B1
2 Luk Tei Tong Watchtower A3
3 Silvermine Bay Beach C1

✴ Essen
4 Bahçe C3
5 Mui Wo Cooked Food Centre C3

⊙ Ausgehen & Nachtleben
6 China Beach Club C1
7 China Bear D3

⊕ Sport & Aktivitäten
8 Friendly Bicycle Shop D3

Westküste von Lantau, um Einblick in einen faszinierenden Lebensstil zu bekommen. Hier in Tai O, historische Heimat der Tanka-Seeleute, dreht sich alles ums Meer. Die Häuser wurden auf Stelzen über dem Ozean gebaut, Sampans gleiten durch die dunkelgrünen Kanäle und die älteren Bewohner trocknen immer noch Meeresfrüchte auf traditionellen Strohmatten und stellen die Garnelenpaste her, für die das Dorf bekannt ist.

Tai O wurde teilweise auf Lantau und teilweise auf einer winzigen Insel, etwa 15 m von der Küste entfernt, errichtet. Bis in die Mitte der 1990er-Jahre war die einzige Möglichkeit hinüberzukommen eine kleine Fähre, die von älteren Hakka-Frauen an einem Seil gezogen wurde. Das und die große Zahl an Sampans in dem kleinen Hafen verhalfen Tai O zu dem Spitznamen „Venedig Hongkongs". Obwohl mittlerweile die schmale, eiserne Tai Chung-Fußgängerbrücke den Kanal überspannt, wird an einigen Wochenenden und Feiertagen immer noch die Seilfähre aktiviert: beim Aussteigen einfach 1 HK$ in die Box werfen.

Im Zentrum stehen immer noch einige der winzigen Dorfhäuser im traditionellen Stil, darunter auch ein paar von Tai Os berühmten Pfahlbauten (S. 202) am Wasser. Einige Häuser und ein paar Baracken haben im Jahr 2000 ein Feuer überlebt, aber ihre Wellblechwände werden nur noch von Seilen zusammengehalten. Außerdem gibt's einige Hausboote, die seit Jahren nicht mehr in See gestochen sind.

Die Hauptaktivitäten für Besucher in Tai O sind ein Spaziergang durch die Seitenstraßen und auf dem Damm entlang, das Fotografieren der Pfahlbauten und das Kaufen von Seafood auf den überfüllten Straßenmärkten.

Man sollte beachten, dass es außerhalb von Tai O kaum Taxis gibt und am Wochenende nachmittags lange Schlangen vor den Bussen entstehen, die zurück nach Mui Wo und Tung Chung fahren.

PFAHLBAUTEN
HISTORISCHES GEBÄUDE

Karte S. 198 (🚌1 von Mui Wo, 11 von Tung Chung, 21 von Ngong Ping) Die verbliebenen Pfahlbauten von Tai O und den örtlichen **Kwan Tai Temple** (關帝廟; Karte S. 198;⊙8–18 Uhr), der dem Gott des Krieges gewidmet ist, findet man in der Kat Hing St. Wer diese Sehenswürdigkeiten besuchen möchte, muss vom Festland aus die Brücke zur Insel überqueren, der Tai O Market St folgen und am Restaurant Fook Moon Lam schließlich rechts abbiegen.

Hier gibt's auch noch ein paar andere Tempel, darunter einen aus dem 18. Jh., der zu Ehren von Hung Shing errichtet wurde, dem Schutzheiligen aller Fischer. Er steht in der Shek Tsai Po St, 600 m westlich vom Restaurant Fook Moon Lam.

ALTE POLIZEISTATION VON TAI O
HISTORISCHES GEBÄUDE

Karte S. 198 (舊大澳警署; Tai O Heritage Hotel; ☏852 2985 8383; www.taioheritagehotel.com; Shek Tsai Po St; ⊙geführte Touren 15 & 16 Uhr; 🚌1 von Mui Wo, 11 von Tung Chung, 21 von Ngong Ping) GRATIS Am Ende der Shek Tsai Po St befindet sich die schön restaurierte alte Polizeistation von Tai O im Kolonialstil. Die ehemalige Wache der Küstenpolizei wurde 1902 erbaut und diente ursprünglich dem Schutz der umliegenden Gewässer vor Piraten. 2012 wurde das restaurierte Gebäude als das charmante Tai O Heritage Hotel wiedereröffnet. Selbst, wenn man hier nicht übernachtet, lohnt es sich, eine der kostenlosen geführten Touren mitzumachen. Vorher unbedingt online reservieren.

ESSEN

★ MAVERICKS
BURGER, INTERNATIONAL $

Karte S. 198 (☏852 5402 4154; Pui O Beach; Gerichte ab 100 HK$; ⊙Fr 17.30–23.30, Sa & So 11.30–23.30 Uhr; 🚌1 von Mui Wo) 🍃 In diesem angesagten Surferlokal direkt am Strand von Pui O treffen sich Strandurlauber, um hausgemachte Würste und Burger auf selbstgebackenen Brötchen zu essen. Das meiste hier verwendete Gemüse wurde auf dem eigenen Bauernhof des Restaurants angebaut, das Fleisch und die Milchprodukte sind hormonfrei, und die Speisekarte ist auf recyceltem Bambuspapier gedruckt. Das Essen kann mit einem Young Master Ale einer örtlichen Brauerei runtergespült werden.

PO LIN VEGETARIAN RESTAURANT
VEGETARISCH $

Karte S. 198 (寶蓮禪寺齋堂; ☏852 2985 5248; Ngong Ping; Menüs regulär/Deluxe 60/100 HK$; ⊙11.30–16.30 Uhr; 🍃) Das berühmte Po Lin Monastery (S. 191) ist auch für seine günstigen, aber sättigenden vegetarischen Gerichte bekannt. Das Restaurant befindet sich in

DIE ROSAFARBENEN DELFINE DES PEARL RIVER

Zwischen 100 und 200 falsch benannte Chinesische Weiße Delfine *(Sousa chinensis)* – denn eigentlich sind sie kaugummirosa – leben in den Küstengewässern rund um Hongkong und haben im Brackwasser des Mündungsgebiets des Pearl River ihren perfekten Lebensraum gefunden. Leider sind diese wunderschönen Säugetiere, die auch Indopazifische Buckeldelfine genannt werden, durch die Umweltverschmutzung bedroht, und ihre Zahl wird stetig kleiner. **Hong Kong Dolphinwatch** (S. 166) wurde 1995 gegründet, um ein größeres Bewusstsein für diese wunderbaren Geschöpfe zu schaffen und einen verantwortungsbewussten, umweltfreundlichen Tourismus voranzutreiben. Das Unternehmen bietet ganzjährig 2½-stündige Bootstouren dreimal pro Woche an, auf denen man die rosa Delfine in ihrem natürlichen Lebensraum beobachten kann. Die Führer sammeln ihre Gruppe um 9 Uhr in der Lobby des **Kowloon Hotel Hong Kong** (www.harbour-plaza.com/kowloon) in Tsim Sha Tsui ein, um den Bus über die Tsing Ma Bridge nach Tung Chung zu erwischen, wo die Boote ablegen. Rückkehr ist um 13 Uhr.

einer überdachten Arkade links neben dem Hauptgebäude des Klosters. Man kann sich dort oder am Ticketbüro unter der Statue des Tian Tan Buddhas ein Ticket kaufen. Die Gäste werden jede halbe Stunde eingelassen.

GALLERY INTERNATIONAL, PIZZERIA $

Karte S. 198 (852 2980 2582; 26 Tong Fuk Village; Gerichte ab 80 HK$; Mo-Sa 18–1, Sa 12–1 Uhr; 3M aus Mui Wo) Dieses entspannte Open-Air-Lokal im eher unattraktiven Dörfchen Tong Fuk serviert mit die besten Steaks in Hongkong zu sehr viel besseren Preisen als in Central. Es eignet sich perfekt für ein kleines Festmahl nach der Wanderung. Die Pizza wird auch sehr gelobt.

MUI WO COOKED FOOD CENTRE KANTONESISCH, SEAFOOD $

Karte S. 200 (neben dem Fähranleger, Mui Wo; Gerichte ab 50 HK$; 6–2 Uhr, Öffnungszeiten variieren; Mui Wo) Dieses recht kleine Zentrum neben dem Fähranleger in Mui Wo bietet eine Handvoll Meeresfrüchte-Restaurants mit Blick aufs Wasser. Das Wah Kee bereitet die Leckereien im kantonesischen Stil zu.

SOLO CAFÉ $

Karte S. 198 (852 9153 7453; 86 Kat Hing St, Tai O; Gerichte ab 40 HK$; Mo-Sa 11–18 Uhr; 1 von Mui Wo) Umrahmt von einer Kulisse aus Pfahlbauten und herrlich grünen Bergen, lädt diese sonnige Terrasse direkt am Wasser zu einer entspannten Tasse Kaffee am Nachmittag ein. Das Tiramisu und der Apfelstreuselkuchen mit Eiscreme sind mindestens genauso verlockend wie der frisch geröstete Kaffee.

BAHÇE TÜRKISCH $

Karte S. 200 (852 2984 0222; Shop 19, EG, Mui Wo Centre, 3 Ngan Wan Rd, Mui Wo; Hauptgerichte ab 95 HK$; Mo-Fr 11–22.30, Sa & So 9.30–22.30 Uhr; Mui Wo) In der Nähe des Fähranlegers befindet sich dieses kleine Lokal, in dem Einheimische und hier lebende Ausländer in den wärmeren Monaten gern an den Tischen draußen essen. Man kann sich großzügige Portionen mit köstlichem Lamm, Falafel, Hummus, *fattoush* (Salat mit Pitabrot und Gemüse) und vieles mehr schmecken lassen, bevor man den Strand ansteuert oder die Fähre zurück nach Central nimmt.

STOEP RESTAURANT SÜDAFRIKANISCH $$

Karte S. 198 (852 2980 2699; 50 Lower Cheung Sha Wan Rd; Gerichte ab 85 HK$; Di-So 11–22 Uhr; 1 aus Mui Wo) Dieses mediterran angehauchte Restaurant liegt abseits des Cheung Sha Beach und serviert gute Fleisch- und Meeresfrüchtegerichte sowie südafrikanisches *braai* (Barbecue). Am Wochenende unbedingt vorab buchen.

TAI O LOOKOUT FUSIONSKÜCHE $$

Karte S. 198 (852 2985 8383; www.taioheritagehotel.com; Tai O Heritage Hotel, Shek Tsai Po St, Tai O; Gerichte ab 100 HK$; 7.30–22 Uhr; 1 von Mui Wo, 11 von Tung Chung, 21 von Ngong Ping) Die Deckenventilatoren, die Sitzecken aus Holz und die gekachelten Böden dieses gläsernen Dachrestaurants versprühen Alte-Welt-Charme, und keiner würde es einem übel nehmen, wenn man hier nur einen Kaffee bestellt und in Ruhe genießt. Aber auch das Essen – gebratener Reis mit Tai Os berühmter Garnelenpaste, Käsekuchen mit einheimischer Bergbegonie – ist lecker.

AUSGEHEN & NACHTLEBEN

CHINA BEACH CLUB — BAR
Karte S. 200 (852 2983 8931; 18 Tung Wan Tau Rd, Silvermine Bay Beach; Fr-So 12-23 Uhr; Mui Wo) Dieses fröhliche Lokal lockt mit luftiger Dachterrasse und Balkon mit Blick auf den Silvermine Bay Beach. Man kann sich eine typisch griechische Moussaka schmecken lassen oder bei einem Cocktail oder Bier entspannen. Die „Happy Hour" – zwei Cocktails für den Preis von einem – dauert bis zum späten Abend.

HEMINGWAY'S — BAR
Karte S. 198 (852 2987 8855; Shop G9, D'Deck, Discovery Bay; Mo-Fr 12-1, Sa bis 2 Uhr;) In dieser edlen karibischen Restaurant-Bar mit eher nüchterner Atmosphäre wimmelt es immer von hier lebenden Ausländern aus Disco Bay, die Rum-Cocktails schlürfen und sich das Jerk Chicken schmecken lassen. Von den Terrassentischen mit Sonnenschirmen kann man prima aufs Wasser hinaus gucken.

CHINA BEAR — PUB
Karte S. 200 (852 2984 9720; EG, Mui Wo Centre, Ngan Wan Rd, Mui Wo; 10-2 Uhr, Happy Hour Mo-Fr 17-21, Sa & So 17-20 Uhr; Mui Wo) Das China Bear ist das beliebteste Pub-Restaurant bei den Expats in Mui Wo. Die wunderbare offene Bar blickt direkt aufs Wasser. Da es gleich neben dem Fähranleger liegt, bietet es sich an, hier das erste und das letzte Bier in Mui Wo zu trinken.

SPORT & AKTIVITÄTEN

LANTAU PEAK — WANDERN
Karte S. 198 (Fung Wong Shan) Der 934 m hohe Berg mit dem kantonesischen Namen Fung Wong Shan (Phönix-Berg) ist nach dem Tai Mo Shan (957 m) in den New Territories der zweithöchste in Hongkong. Der Blick vom Gipfel ist atemberaubend, und an klaren Tagen kann man bis nach Macao, 65 km westlich, blicken. Bei hartgesottenen Wanderern ist es sehr beliebt, den Sonnenaufgang vom Gipfel aus zu beobachten. Einige von ihnen übernachten im Ngong Ping SG Davis Hostel (S. 249) und brechen um 4 Uhr zu der zweistündigen Wanderung auf den Gipfel auf.

Wer den Lantau Peak in einem Tagesausflug bewältigen möchte, der nimmt die MTR nach Tung Chung und dann den Bus 3M nach Pak Kung Au (dem Fahrer vorher sagen, wo man aussteigen will). Von hier aus folgt man den Schildern zum Abschnitt 3 des Lantau Trail (S. 204), erklimmt den Gipfel und steigt dann die Stufen wieder hinab nach Ngong Ping. Diese 4,5 km lange Tour dauert ungefähr drei Stunden.

SUNSET PEAK — WANDERN
Karte S. 198 (Tai Tung Shan) Der schweißtreibende Aufstieg auf Hongkongs dritthöchsten Gipfel (869 m) wird mit einem tollen Panoramablick auf die umliegenden Berge belohnt. Man sollte dafür drei Stunden einplanen. Wer sehr ambitioniert ist, kann die Wanderung auch mit dem Lantau Peak verbinden (bekannt als Two-Peak-Challenge – Zwei-Gipfel-Herausforderung). In der Nähe des Gipfels stehen ein paar unheimliche „Geisterhäuser" – Ruinen britischer Ferienbungalows aus der Kolonialzeit.

Um zum Beginn der Wanderung zu gelangen, nimmt man die Fähre nach Mui Wo und Bus 1 Richtung Pui O. Kurz vor der Spitze des Hügels aussteigen: Hier ist der eingezäunte Startpunkt des Weges und eine Infotafel mit einer Karte des Lantau Trail. Dieser Abschnitt endet bei Pak Kung Au, wo der Abschnitt „Lantau Peak" beginnt. Von hier aus geht's mit dem Bus zurück nach Mui Wo, oder weiter nach Tung Chung und der MTR.

LANTAU TRAIL — WANDERN
Der Lantau Trail ist ein 70 km langer Rundwanderweg, der in Mui Wo beginnt und endet. Er ist in zwölf Abschnitte unterteilt, die von 2,5 km bis 10,5 km reichen. Teilweise können sie separat erwandert werden, teilweise nur in Verbindung. Während einige Abschnitte relativ flach sind, gehören andere zu den hügeligeren (und spektakulärsten) Wanderungen in Hongkong.

FRIENDLY BICYCLE SHOP — RADFAHREN
Karte S. 200 (; 852 2984 2278; 18A Mui Wo Ferry Pier Rd, Mui Wo; Fahrradverleih 30 HK$/Std.; Mi-Mo 10-18 Uhr) In diesem Laden in Mui Wo kann man Fahrräder ausleihen. Am Fähranleger links abbiegen und der Straße am Meer folgen.

VOM SHEK PIK RESERVOIR NACH TAI O — WANDERN
Die Abschnitte 8 und 7 (in dieser Reihenfolge) des Lantau Trail (S. 204) bilden eine lan-

ABSTECHER

PO TOI

Po Toi ist seit langem einer der Favoriten der Wochenendurlauber, die mit einem eigenen seefähigen Transportmittel ausgestattet sind. Es ist die größte einer Gruppe von fünf Inseln, von denen eine nicht viel mehr ist als ein riesiger Felsen. Hongkongs Territorialgrenze verläuft nur 2 km südlich.

Auf Po Toi gibt's ein paar recht gute Wanderwege, einen winzigen **Tin-Hau-Tempel**, der vom Pier aus auf der anderen Seite der Bucht liegt, Felsformationen an der Südküste, die (angeblich) wie eine Palme, eine Schildkröte und ein Mönch aussehen, sowie einige geheimnisvolle **Felsritzungen**, die an stilisierte Tiere und Fische erinnern. Man kann alles innerhalb einer Stunde besichtigen.

Das **Ming Kee Seafood Restaurant** (明記海鮮酒家; 852 2849 7038, 852 2472 1408; 11–23 Uhr) gehört zu einer Handvoll Restaurants im Hauptdorf und ist mit Abstand das beliebteste bei Tagesausflüglern. Am Wochenende unbedingt vorab reservieren.

---

ge, aber relative flache Wanderung entlang der Südwestküste von Lantau hinunter ins Fischerdorf Tai O. Unterwegs kommt man an einem malerischen Strand vorbei, und mit einem kleinen, 30-minütigen Umweg gelangt man zu den Ruinen des Fan Lau Fort und einem Hin-Hau-Tempel. Wer die Tour zeitlich richtig plant, kann in Tai O zum Sonnenuntergang Seafood essen, bevor es mit dem Bus zurück nach Tung Chung geht. Fünf Stunden einplanen.

Um zum Ausgangspunkt zu gelangen, nimmt man die Fähre nach Mui Wo und einen Bus, der in Richtung Tai O fährt. Gleich nach dem Shek Pik Reservoir (rechts) aussteigen.

BOOTSTOUREN BOOTSTOUR
Karte S. 198 (Tai O; 1 aus Mui Wo, 11 aus Tung Chung, 21 aus Ngong Ping) Sobald man in Tai O aus dem Bus steigt, wird man mit Angeboten für eine „Delfintour" begrüßt. Auch wenn es unwahrscheinlich ist, dass man die immer seltener werdenden Chinesischen Weißen Delfine (S. 203) sieht, ist die Tour eine gute Möglichkeit, die Wasserstraßen des Dorfs zu erkunden. Man sollte den Preis immer vorab aushandeln und mit rund 20 HK$ pro Person für eine 20 Minuten lange Fahrt rechnen.

HONG KONG SHAOLIN WUSHU CULTURE CENTRE KAMPFSPORT
Karte S. 198 (香港少林武術文化中心; 852 2985 8898; http://shaolincc.org.hk; Shek Tsai Po St, Tai O; Kurse ab 650 HK$) Diese unauffällige Kampfsportschule liegt abseits des Geschehens in Tai O und ist eine der wenigen in Hongkong, die auch kurze Intensivkurse für neugierige Anfänger anbieten. Am besten vorher auf die Website schauen. Unterkunft vor Ort ist möglich. Die Schule liegt neben dem Hung Shing Temple.

DISCOVERY BAY GOLF CLUB GOLF
Karte S. 198 (愉景灣高爾夫球會; 852 2987 7273; www.dbgc.hk; Valley Rd, Discovery Bay; Nichtmitglieder Platzgebühr wochentags/Wochenende 2300/4500 HK$; Discovery Bay) Dieser Golfplatz mit 27 Löchern liegt versteckt auf einem Hügel und bietet einen beeindruckenden Blick auf die Outlying Islands.

LONG COAST SEASPORTS WINDSURFEN, KAJAKFAHREN
Karte S. 198 (852 8104 6222; www.longcoast.hk; 29 Lower Cheung Sha Village; Mo-Fr 10 Uhr–Sonnenuntergang, Sa & So 9 Uhr–Sonnenuntergang) In diesem Wassersportzentrum mit eigener Lodge und Campingplatz kann man windsurfen, Kajak fahren und wakeboarden. Ein eintägiger Surfkurs kostet 1500 HK$, während man sich für 70/210 HK$ pro Stunde/halber Tag ein Einerkajak leihen kann.

Cheung Chau

Rundgang

Diese kleine hantelförmige Insel ist dank ihrer Strände und der niedlichen Innenstadt mit Snack-Shops und nach Weihrauch duftenden Tempeln ein beliebtes Reiseziel. Hier kann man einen netten Nachmittag mit Tempelbesuchen, Futtern von Fisch-

Cheung Chau

bällchen und dem Erkunden der felsigen Küste verbringen. Oder man bleibt übers Wochenende in einer der vielen Ferienunterkünfte und gönnt sich selbst einen Tag mit Windsurfkurs und anschließendem Seafood-Abendessen in einem der vielen Hafenrestaurants.

Highlights

➡ **Essen** Kam Wing Tai Fish Ball Shop (S. 208)
➡ **Ausgehen** Hing Kee Beach Bar (S. 209)
➡ **Aktivitäten** Cheung Chau Windsurfing Centre (S. 209)

Top-Tipp

Während des Brötchenfests empfiehlt es sich, mit der Fähre nach Mui Wo zu fahren und dann auf eine Fähre nach Cheung Chau umzusteigen, um die lange Wartezeit am Fähranleger in Central zu umgehen.

An- & Weiterreise

➡ **Fähre** Die Fähren legen in Central am Pier 5 des Outlying Islands Ferry Terminal ab (normal 1 Std., schnelle Fähre 45 Min.). Man kann außerdem von Mui Wo und Chi Ma Wan auf Lantau sowie von Peng Chau

Cheung Chau

⦿ Sehenswertes
- 1 Friedhof..B4
- 2 Cheung Chau Village D4
- 3 Cheung Po Tsai Cave A4
- 4 Kwan Kung Pavilion C3
- 5 Kwun Yam Temple...............................C3
- 6 Kwun Yam Wan.....................................C3
- 7 Markt..C5
- 8 Pak Tai Temple.....................................B2
- 9 Pak Tso Wan..A4
- 10 Sai Wan Tin Hau Temple......................A4
- 11 Tung Wan..D4

⊗ Essen
- 12 Hometown Teahouse D5

- 13 Kam Wing Tai Fish Ball Shop C5
- 14 Kwok Kam Kee Cake Shop C2

⦿ Ausgehen & Nachtleben
- 15 Hing Kee Beach Bar D3

⦿ Shoppen
- 16 Myarts D4

⦿ Sport & Aktivitäten
- 17 Cheung Chau Windsurfing Centre C3

⦿ Schlafen
- 18 Cheung Chau B&B B2

mit der Fähre fahren. Darüber hinaus verkehren regelmäßig *kaido* zwischen dem Dorf Cheung Chau (Sampan-Pier) und Sai Wan (☏852 2560 9929) im Süden der Insel.

Gut zu wissen
➡ **Vorwahl** ☏852
➡ **Lage** Direkt vor der Südostküste von Lantau Island.
➡ **Letzte Fähre nach Central** Mo–Sa 23.45 Uhr, So und Feiertage 23.30 Uhr.

⦿ SEHENSWERTES

PAK TAI TEMPLE TAOISTISCHER TEMPEL
(北帝廟; ☏852 2981 0663; ⊙7–17 Uhr; 🚢Cheung Chau) Dieser farbenfroh restaurierte Tempel von 1783 ist das Epizentrum des alljährlichen Brötchenfests von Cheung Chau Ende April oder Anfang Mai. Er ist der wichtigste und älteste Tempel der Insel und der taoistischen Gottheit Pak Tai gewidmet, dem „Obersten Herrscher des Dunklen Himmels", militärischer Beschützer des Staates, Wächter des Friedens und der Ordnung sowie Schutzheiliger der Fischer.

Die Legende besagt, frühe Siedler aus der Provinz Kanton hätten eine Darstellung von Pak Tai mit nach Cheung Chau gebracht, und als sie die Statue durch das Dorf trugen, wurde Cheung Chau von der Pest verschont, die die Bevölkerung der Nachbarinseln stark dezimierte. Sechs Jahre später wurde ein Tempel erbaut und dem Retter gewidmet.

CHEUNG CHAU VILLAGE DORF
(🚢Cheung Chau) Die größte Siedlung der Insel liegt auf der schmalen Landenge, die den Nord- mit dem Südteil verbindet. Am Ufer wimmelt das Leben. Im Gewirr der Straßen und Gassen stehen Häuser im alten chinesischen Stil und schäbige Läden, in denen von Plastikeimern bis zu Totengeld und anderen Totenspenden zum Verbrennen alles zu finden ist. In den Straßen in Ufernähe riecht es stechend nach Weihrauch und den Fischen, die dort in der Sonne zum Trocknen aufgehängt sind.

TUNG WAN STRAND
Der Tung Wan Beach östlich des Fähranlegers ist nicht der schönste Strand auf Cheung Chau, aber der längste und beliebteste. An seinem Südende kann man prima windsurfen. Außerdem sind die Einrichtungen hier gut, und Bademeister wachen über den mit Seilen abgetrennten Schwimmbereich.

PAK TSO WAN STRAND
(Italienischer Strand) Wenn man den nahen Friedhof besucht, lohnt sich ein Abstecher runter zum Pak Tso Wan (bei den Expats aus dem Westen auch als „italienischer Strand" bekannt), einem abgeschiedenen Sandstrand, an dem man gut schwimmen kann.

KWUN YAM WAN STRAND
Der Kwun Yam Wan Beach liegt östlich des Fähranlegers und gleich südlich des Tung Wan Beach. Er ist recht ruhig und bei Windsurfern beliebt. Einfach dem Fußweg folgen und nach dem Schild zum Fa Peng Knoll Ausschau halten. Vom Gipfel des Hü-

gels geht's bergab zur ausgeschilderten Don Bosco Rd, die nach Süden zum felsigen Nam Tam Wan (alias „Morgenstrand") führt, an dem man schwimmen kann.

KWAN KUNG PAVILLON
TAOISTISCHER TEMPEL

(關公忠義亭前面; Kwun Yan Wan Rd) Dieser kleine Tempel beherbergt eine 2,50 m hohe Statue des Gottes Kwan Kung, eines Generals aus der Han-Dynastie, die aus einem einzigen Kampferbaum gefertigt wurde.

SAI WAN TIN HAU TEMPLE
TAOISTISCHER TEMPEL

Dieser kleine, 200 Jahre alte Tempel ist der Meeresgöttin Tin Hau gewidmet – einer sehr wichtigen Gottheit für eine Insel wie Cheung Chau, für die das Meer eine so zentrale Rolle spielt.

KWUN YAM TEMPLE
TAOISTISCHER TEMPEL

Dieser kleine Tempel wurde zu Ehren von Kwun Yam erbaut, der Göttin der Barmherzigkeit. Vom Südostende von Kwun Yam Wan führt ein Fußweg bergauf hierher.

CHEUNG PO TSAI CAVE
HÖHLE

(張保仔洞; 🚌Cheung Chau) Diese „Höhle" – in Wahrheit nicht viel mehr als ein Loch im Felsen – auf der südwestlichen Halbinsel von Cheung Chau war angeblich das Lieblingsversteck des berüchtigten Piraten Cheung Po Tsai, der einst eine Flotte von 600 Dschunken und eine Privatarmee von 4000 Mann kommandierte. 1810 unterwarf er sich der Qing-Regierung und wurde sogar Beamter, aber sein Schatz liegt angeblich noch immer hier versteckt.

INSIDERWISSEN

SAMPAN-FAHRTEN

Wer die Fischerdorf-Atmosphäre hautnah erleben und den Hafen sehen möchte, kann sich für eine halbe Stunde ein Sampan chartern (70 HK$ bis 120 HK$, abhängig von Tag, Jahreszeit und Nachfrage). Die meisten Sampans tummeln sich am Frachtpier im Dorf Cheung Chau, aber man kann praktisch jedes Boot, das man im Hafen sieht, als Wassertaxi anheuern. Einfach winken, dann fahren ganz sicher zwei oder drei vor. Den Preis vorab aushandeln.

Vom Dorf Cheung Chau sind es entlang der Sai Wan Rd 2 km zu Fuß – aber man kann auch ein *kaido* (Erw./Kind 3/2 HK$) vom Frachtpier zum Anleger in Sai Wan nehmen. Von hier sind es nur noch 200 m zu Fuß (allerdings bergauf).

FRIEDHOF
FRIEDHOF

Die Peak Rd ist die beste Route zum Friedhof im Südwesten der Insel. Man kommt unterwegs an mehreren Pavillons vorbei, die für Sargträger errichtet wurde, die den Aufstieg auf den Hügel meistern mussten.

MARKT
MARKT

(◉6–20 Uhr) Auf diesem traditionellen Lebensmittelmarkt findet man große Mengen von getrockneten Meeresfrüchten, Gemüse, Reis und Fleisch.

🍴 ESSEN & AUSGEHEN

KAM WING TAI FISH BALL SHOP
CHINESISCH $

(甘永泰魚蛋; ☎852 2981 3050; 106 San Hing St; Bällchen 10–15 HK$; ◉10–20 Uhr; 🚌Chueng Chau) Die lange Schlange, die sich durch die Gasse zieht, sagt schon alles über dieses gefeierte Lokal. Die Snack-Bällchen im Hakka-Stil bestehen aus Fisch und Hackfleisch und werden kochend heiß serviert. Wir empfehlen dringend, einen Spieß mit gemischten Bällchen zu kosten.

KWOK KAM KEE CAKE SHOP
BÄCKEREI $

(郭錦記餅店; ☎852 2986 9717; 46 Pak She St; Brötchen ab 4 HK$; ◉6–19 Uhr; 🚌Cheung Chau) Diese 40 Jahre alte Bäckerei versorgt die Menschen beim Bun Festival (Brötchenfest) mit *ping on bao* (Friedens- und Wohlstandsbrötchen): runden, weißen Brötchen mit rotem Glückssymbol. Täglich um 14 Uhr kann man die mit Sesampaste, Lotussamen-Paste oder Rote-Bohnen-Paste gefüllten Brötchen ganz frisch genießen. Kein englischsprachiges Schild – einfach nach der Schlange Ausschau halten.

HOMETOWN TEAHOUSE
JAPANISCH $

(故鄉茶寮; ☎852 2981 5038; 12 Tung Wan Rd; Sushi ab 16 HK$; ◉11.30–21 Uhr; 🚌Cheung Chau) Dieses winzige Lokal in einer Nebenstraße wird von einem freundlichen japanischen Paar geführt und zieht Einheimische wie Touristen mit leckerem Sushi und Brötchen mit Roten Bohnen an, die durch ein Fenster serviert werden.

DAS BRÖTCHENFEST VON CHEUNG CHAU

Das **Cheung Chau Bun Festival** (www.cheungchau.org), das „Brötchenfest", wird Ende April oder Anfang Mai vier Tage lang gefeiert und gehört zu den einzigartigen kulturellen Erfahrungen, die Hongkong zu bieten hat. Es ehrt den taoistischen Gott Pak Tai und bietet Paraden, Musik und süße Brötchen in Hülle und Fülle. Das Hauptevent ist der Kletterwettbewerb auf den „Brötchentürmen" – wer sich das oberste Brötchen zuerst schnappt, gewinnt.

Die Brötchentürme bestehen aus bis zu 20 m hohen Bambusgerüsten, die mit geweihten Brötchen bedeckt sind. Wer Cheung Chau eine Woche vorher besucht, sieht, wie die Türme vor dem Pak Tai Temple (S. 207) errichtet werden. Um Mitternacht des auserkorenen Tages klettern Hunderte Teilnehmer an den Türmen hinauf und schnappen sich die glücksverheißenden Brötchen. Je höher das Brötchen, desto mehr Glück. 1978 brach einer der Türme unter dem Gewicht der Kletterer zusammen, zwei Dutzend Menschen wurden verletzt. Der Wettbewerb wird erst seit 2005 – mit neuen strengen Sicherheitsvorkehrungen – wieder durchgeführt.

Am dritten Tag des Festes findet eine Prozession mit Umzugswagen, Stelzenläufern und als Figuren aus chinesischen Legenden und Opern kostümierten Menschen statt. Am interessantesten sind die bunt gekleideten „schwebenden Kinder", die auf langen Pfählen durch die Straßen getragen werden. Die metallenen Tragevorrichtungen sind geschickt unter ihrer Kleidung versteckt und bestehen aus Fußstützen und einem gepolsterten Sitz.

Den Geistern werden Opfer für all die Fische und anderen Tiere dargebracht, die im vergangenen Jahr getötet und verzehrt wurden. Während des Festes ist die ganze Insel vegetarisch.

HING KEE BEACH BAR
BAR

(興記士多; 852 2981 3478; Kwun Yam Wan Beach; 10–20 Uhr; Cheung Chau) Diese kleine Bar am ruhigen Kwun Yam Wan Beach mit angeschlossenem Laden ist bei Dorfbewohnern und anderen Eingeweihten beliebt. Auntie Hing (die Inhaberin) bereitet tolles Essen mit selbst angebauten Kräutern zu.

SHOPPEN

MYARTS
ACCESSOIRES, KUNSTHANDWERK

(852 2332 9985; 3 Tung Wan Rd; 11–18 Uhr; Cheung Chau) Dieser hippe kleine Laden fällt durch seinen ungewöhnlichen Schmuck und Accessoires Made in Hongkong auf. Hier gibt's Ohrringe in Form der Hongkonger Eier-Törtchen, handgefertigte, mit Drachen und Kois bemalte Ukulelen eines eingewanderten Künstlers und kunstvolle, handgezeichnete Postkarten.

CHEUNG CHAU WINDSURFING CENTRE
WINDSURFEN

(852 2981 8316; http://ccwindc.com.hk; Kwun Yam Wan Beach; 10–18 Uhr) Ein eintägiger Anfängerkurs kostet 1500 HK$ (eine Woche vorab buchen). Man kann Surfbretter, Kajaks und Stehpaddel-Bretter ausleihen.

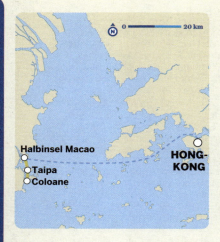

Macao

Halbinsel Macao S. 212

Macao liegt 65 km westlich von Hongkong und ist eine Stadt der Widersprüche. Die Festungen, Kirchen und kulinarischen Traditionen seiner früheren portugiesischen Kolonialherren geben diesem Stück chinesischer Küste einen einzigartigen mediterranen Touch und mischen sich mit den Bräuchen, Gassen, Tempeln und Schreinen des chinesischen Erbes. Andererseits ist die Sonderverwaltungszone (SVZ) Macao aber auch als das „Vegas des Ostens" bekannt und der einzige Ort in ganz China, in dem Glücksspiel legal ist.

Die Inseln: Taipa, Coloane & Cotai S. 229

Taipa bestand einstmals aus zwei Inseln, die durch den Schlick aus dem Pearl River allmählich miteinander verschmolzen. Auf ähnliche Weise zusammengewachsen sind auch Taipa und Coloane, als Neuland aus dem Meer gewonnen wurde. Der neue Landstreifen, der die beiden Inseln miteinander verbindet, ist als Cotai (von Co-loane und Taipa) bekannt. Taipa hat sich rapide urbanisiert und man kann sich nur schwer vorstellen, dass es noch vor wenigen Jahrzehnten eine Insel mit Entenfarmen und Bootswerften war. Die kleine Insel Coloane war gar noch bis 1910 ein Mekka für Piraten. Bis heute ist die alte Lebensweise Macaos dort erhalten geblieben, obwohl immer mehr Luxusvillen auf der Insel errichtet werden.

HIGHLIGHTS
RUINE VON SÃO PAULO

Die auch als „Tor ins Nirgendwo" bekannte Ruine der Pauluskirche gehört zu den beliebtesten Sehenswürdigkeiten Macaos. Von der Jesuitenkirche sind nur noch die Fassade und die Treppe übrig. Mit ihren Statuen, Portalen und Verzierungen gehört sie zu den großartigsten christlichen Denkmälern in Asien.

Die Kirche wurde von einem italienischen Jesuiten entworfen und 1602 von christlichen Exiljapanern und chinesischen Handwerkern erbaut. Nach der Vertreibung der Jesuiten war hier ein Militärbataillon stationiert. 1835 brach in der Küche der Kaserne ein Feuer aus, das fast alles zerstörte und lediglich die heute noch sichtbaren Überreste verschonte.

Die Fassade besteht aus fünf Ebenen. Ganz oben thront eine Taube, die den Heiligen Geist symbolisiert und von Sonne, Mond und Sternen umgeben ist. Darunter befindet sich eine Statue des Jesuskindes neben den Kreuzigungsutensilien. In der Mitte der dritten Ebene ist die Himmelfahrt der Jungfrau Maria abgebildet, begleitet von Engeln und zwei Blumen (siehe Bild oben): Die Pfingstrose symbolisiert China, die Chrysantheme steht für Japan. Direkt unter dem Giebel, auf der rechten Seite der Fassade, sieht man einen Drachen, der von der Heiligen Jungfrau überwältigt wird.

Rechts neben der Jungfrau befinden sich Gravuren des Lebensbaums und der apokalyptischen Frau (Maria), die eine siebenköpfige Hydra erschlägt. Die japanischen *kanji* neben ihr bedeuten: „Die heilige Mutter zertrampelt die Köpfe des Drachen".

Man erreicht die erhöht stehende Fassade über sechs Treppen mit je elf Stufen, an deren beiden Seiten ein hübsches Geländer verläuft.

Das **Museum für sakrale Kunst & Krypta** (S. 218) beherbergt Holzstatuen, Silberkelche und Ölgemälde sowie die Überreste vietnamesischer und japanischer Christen, die im 17. Jh. den Märtyrertod starben.

NICHT VERSÄUMEN!
➜ Fassadendetails
➜ Treppe
➜ Museum für sakrale Kunst
➜ Krypta & Beinhaus

PRAKTISCH & KONKRET
➜ 大三巴牌坊, Ruinas de Igreja de São Paulo
➜ Karte S. 218, D1
➜ Travessa de São Paulo
➜ Eintritt frei
➜ 🚌 8A, 17, 26, Haltestelle am Park Jardim Luís de Camões

Halbinsel Macao

Erkunden

Während viele Besucher Macao automatisch mit Glücksspiel assoziieren, hat die geschichtsträchtige Halbinsel Macao weitaus mehr zu bieten, als nur Blackjack. Die Halbinsel ist das pulsierende Herz der Stadt, mit dicht besiedelten Arbeitervierteln, bezaubernden Kolonialbauten – und ja, auch mit einigen Kasinos, vor allem den kleineren und älteren Ausgaben. Hier finden sich die wichtigsten historischen Attraktionen der Stadt, Relikte, die an die Zeit Macaos als portugiesische Kolonie erinnern. Zudem ist es das Zentrum Macaos aufstrebender Kunstszene mit einer stetig wachsenden Zahl an coolen Cafés und Galerien, die erkundet werden wollen.

Highlights

➜ **Sehenswertes** Ruinen der Kirche São Paulo (S. 211)
➜ **Essen** Clube Militar de Macau (S. 225)
➜ **Ausgehen** Macau Soul (S. 226)

Top-Tipp

Alle großen Kasinos bieten kostenlose Shuttlebusse, die die Fährterminals, das Grenztor und den Flughafen bedienen. Jeder kann diese Busse benutzen – niemand stellt Fragen. Man sieht sie vor den Fährterminals und Kasinos stehen. In den Kasinos kann man auch nach dem Fahrplan fragen.

Gut zu wissen

➜ **Ortsvorwahl** ⌕853
➜ **Lage** 60 km südwestlich von Hongkong.
➜ **Touristeninformation** (⌕853 8397 1120, Tourismus-Hotline 853 2833 3000; www.macautourism.gov.mo; Edificio Ritz, Largo de Senado; ⌚Mo–Fr 9–13 & 14.30–17.35 Uhr)

> **AN- &WEITERREISE**
>
> Informationen zur An- und Weiterreise sowie den Verkehrsmitteln auf der Halbinsel Macao gibt es auf S. 290. Zu den Verkehrsmittel auf den Inseln erfährt man mehr auf S. 230.

SEHENSWERTES

Zentrum der Halbinsel Macao

RUINE VON SÃO PAULO RUINEN
Siehe S. 211.

ST.-JOSEF-SEMINAR & KAPELLE KIRCHE
Karte S. 218 (聖若瑟修院及聖堂, Capela do Seminario Sao Jose; Rua do Seminario; ⌚Kirche 10–17 Uhr; ⎕9, 16, 18, 28B) Die Josefskapelle liegt nicht auf der üblichen Touristenroute, ist aber eines der schönsten Beispiele für tropikalisierte Barockarchitektur in Macao. Die Kirche wurde 1758 als Teil des Jesuitenseminars (nicht für die Öffentlichkeit zugänglich) geweiht und verfügt über eine weiß-gelbe Fassade, ein gewölbtes Vordach am Eingang (europäisch) und die älteste – wenn auch recht flache – Kuppel in ganz China. Das interessanteste Detail ist jedoch das Dach, das chinesische Baumaterialien und -stile zieren.

LAZARUSVIERTEL STADTTEIL
Karte S. 218 (瘋堂斜巷, Calcada da Igreja de Sao Lazaro; www.cipa.org.mo; ⎕7, 8) Ein hübscher Stadtteil mit Häusern im Kolonialstil und Pflasterstraßen, der zu Macaos schönsten Fotomotiven zählt. Designer und kreative Geister versammeln sich hier gerne, eröffnen Läden und organisieren Kunstveranstaltungen.

MANDARIN-HAUS HISTORISCHES GEBÄUDE
Karte S. 214 (鄭家大屋, Caso do Mandarim; ⌕853 2896 8820; www.wh.mo/mandarinhouse; 10 Travessa de Antonio da Silva; ⌚Do–Di 10–17.30 Uhr; ⎕28B, 18) GRATIS Das Mandarin-Haus mit seinen über 60 Zimmern wurde um 1869 erbaut und war der Ahnensitz von Zheng Guanying, einem einflussreichen Schriftsteller und Kaufmann, zu dessen Lesern auch diverse Kaiser, Dr. Sun Yat-sen und Mao Zedong zählten. Die Anlage umfasst auch ein Mondtor sowie ruhige Innenhöfe, exquisite Zimmer und eine mit französischen Fenstern versehene Haupthalle, angeordnet in dem labyrinthartigen Stil vieler alter chinesischer Gebäude. Am Wochenende werden nachmittags Führungen auf Kantonesisch angeboten.

BIBLIOTHEK SIR ROBERT HO TUNG BIBLIOTHEK
Karte S. 218 (何東圖書館; 3 Largo de St Agostinho; ⌚Mo–Sa 10–19, So 11–19 Uhr; ⎕9, 16, 18) Die-

ses bezaubernde Gebäude aus dem 19. Jh. war der Landsitz des Industriemagnaten Robert Ho Tung, der es 1918 kaufte. Der Kolonialbau verfügt über eine Kuppel, eine Arkadenfassade, ionische Säulen und Gärten im chinesischen Stil. Vor nicht allzu langer Zeit hat ihm die Architektin Joy Choi Tin Tin einen modernen Anbau verpasst. Das neue, vierstöckige Gebäude aus Glas und Stahl ist durch von Piranesi inspirierte Brücken mit dem alten Haus verbunden; der Zwischenraum ist mit einem Glasdach versehen.

LEAL SENADO
HISTORISCHES GEBÄUDE

Karte S. 218 (民政總署大樓; ☏853 2857 2233; 163 Avenida de Almeida Ribeiro; ⏰Di–So 9–21 Uhr; 🚌3, 6, 26A, 18A, 33, an der Almeida Ribeiro aussteigen) Am Largo do Senado steht Macaos wichtigstes historisches Gebäude, der „Loyale Senat" aus dem 18. Jh., in dem das Instituto para os Assuntos Cívicos e Municipais (IACM) Büro für Städtische Angelegenheiten) untergebracht ist. Das Gebäude heißt so, weil sich das hier ansässige Gremium während der 60 Jahre, in denen Spanien Portugal besetzt hat, weigerte, Spaniens Souveränität anzuerkennen. 1654, zwölf Jahre nachdem die portugiesische Souveränität wiederhergestellt wurde, befahl König Johann IV., eine heraldische Inschrift in der Eingangshalle anzubringen, die noch heute zu sehen ist.

In der Eingangshalle befindet sich auch die **IACM Temporary Exhibition Gallery** (民政總署臨時展覽廳; Karte S. 218; ☏853 8988 4100) GRATIS. Im ersten Stock ist die Senatsbibliothek untergebracht.

SENATSBIBLIOTHEK
BIBLIOTHEK

Karte S. 218 (民政總署圖書館; ☏853 2857 2233; Leal Senado, 163 Avenida de Almeida Ribeiro; ⏰Di–Sa 13–19 Uhr; 🚌3, 6, 26A, 18A, 33, an der Almeida Ribeiro aussteigen) GRATIS Macaos älteste und prunkvollste Bibliothek ist im Leal Senado untergebracht und eine wunderschöne Nachahmung der Bibliothek des Convento de Mafra, der sich nahe Lissabon befindet. Das portugiesische Original wurde zwischen 1717 und 1730 vom deutschen Architekten Johann Friedrich Ludwig gebaut. Die Senatsbibliothek ist mit ihren zwei Räumen zwar sehr viel kleiner, aber ebenfalls im Barockstil gestaltet, inklusive vieler Schnörkel und aufwendig gearbeiteter Bücherregale aus dunklem Holz. Die 19 000 Bücher zählende Sammlung der Bibliothek umfasst alte Publikationen auf Portugiesisch, Französisch und Englisch.

> ### ℹ BUMMELN IN DER ALTSTADT
>
> Ein Schaufensterbummel im alten Teil der Stadt, etwa auf der Rua dos Ervanários und der Rua de Nossa Senhora do Amparo unweit der Ruine von São Paulo, verspricht ein tolles Erlebnis. Oder man stöbert in den Läden auf und rund um die Rua de São Paulo, die Rua das Estalagens und die Rua de São António nach Antiquitäten und Repliken. Und in der Rua de Madeira und der Rua dos Mercadores, die zur Rua da Tercena und deren Flohmarkt hinaufführen, warten Geschäfte, die Mah-Jongg-Ziegel und Vogelkäfige verkaufen.

FORT MONTE
FESTUNG

Karte S. 218 (大炮台, Fortaleza do Monte; ⏰7–19 Uhr; 🚌7, 8, am Sozialamt aussteigen) Gleich östlich der Ruinen steht das Fort Monte, das zwischen 1617 und 1626 von Jesuiten als Teil des Marienkollegs erbaut wurde. Die Kasernen und Lagerhäuser wurden so geplant, dass das Fort eine zweijährige Belagerung überstehen konnte. Die Kanonen mussten aber nur ein einziges Mal abgefeuert werden: während des vorzeitig beendeten Versuchs der Niederländer, 1622 in Macao einzufallen. Heute zeigen die Kanonen auf der Südseite wie ein anklagender Finger auf das grelle Grand Lisboa Casino.

An der Außenseite der Südwestmauer befindet sich etwa sechs Meter über dem Boden und unter einer Kanone ein versiegelter rechteckiger Eingang. Diese Tür wurde von Soldaten benutzt, die auf der alten Stadtmauer patrouillierten, die in einem rechten Winkel mit dem Fort verbunden war.

DOMINIKUSKIRCHE
KIRCHE

Karte S. 218 (玫瑰堂, Igreja de São Domingos; Largo de São Domingos; ⏰10–18 Uhr; 🚌3, 6, 26A) Mitten im Herzen von Macaos historischem Zentrum steht diese Barockkirche mit ihrem sonnengelben Anstrich, einem wunderschönen Altar und einem Holzdach. Sie wurde im 16. Jh. von drei spanischen Dominikanerpriestern aus Acapulco in Mexiko gegründet, der aktuelle Bau stammt jedoch aus dem 17. Jh. Hier wurde 1822 die erste portugiesische Zeitung auf chinesischem Boden veröffentlicht. Der ehemalige Glockenturm beherbergt heute die **Schatz-**

Halbinsel Macao

MACAO HALBINSEL MACAO

Map labels:
- Av Norte da Amizade
- Rotunda da Amizade
- Av Norte do Hipódromo
- Av do Nordeste
- Rua de Maio
- RuaDoCanal Novo
- Av Leste do Hipódromo
- Rua dos Pescadores
- Friedhof
- Reservoir
- Montanha Russa Garden
- Estrada de Ferreira do Amaral
- Travessa de Praia
- AFA (Art for All Society)
- Rua de Silva Mendes
- Travessa do Túnel
- Guia-Hügel
- Flora-Park
- Kee Kwan Motor Co (200 m)
- Rua Um (Bairro Iao Hon)
- Rua Dois
- E do Arco
- Av de Artur Tamagnini Barbosa
- Av do Conselheiro
- Av do Coronel Mesquita
- Rua de Francisco Xavier Pereira
- Av do Conselheiro Ferreira de Almeida
- Costa Cabral
- Rua de Almirante Costa Cabral
- Av de Sidónio Pais
- Tap-Seac-Platz
- Sun Yat Sen Memorial Park
- Av do Conselheiro Borja
- Av de Almirante Lacerda
- Av Horta e Costa
- Rua de Brás da Rosa
- Travessa da Corda
- Rua de Entre Campos
- Estrada de Coelho do Amaral
- Rua de Tomás Vieira
- Rua da Ribeira do Patane
- Santo António
- s. Karte Halbinsel Macao Zentrum (S. 218)
- CHINA
- Canal dos Patos
- Ilha Verde
- Innerer Hafen

500 m

Halbinsel Macao

◎ Highlights
1 AFA (Art for All Society) E2
2 Festung Guia & Guia-Kapelle................E5
3 Museu de Arte de Macau F6
4 Mandarin-Haus B6

◎ Sehenswertes
5 A-Ma Temple A7
6 Avenida da República............................B7
7 Bischofspalast..B7
8 Casa Garden C4
9 Friedhof des hl. Erzengels
  Michael D4
  Kapelle u. l. Frau von Penha........(siehe 25)
  Michaelskapelle............................(siehe 9)
10 Antoniuskirche......................................C4
  Creative Macau ....(siehe 3)
11 Fisherman's Wharf F6
12 Flora-Park..E4
13 Grand-Prix-Museum...............................E5
14 Kun Iam Temple.....................................E3
15 Lin Fung Temple D2
16 Lou-Lim-Ieoc-Park.................................D4
  Pavillon im Lou-Lim-Ieoc-Park.. (siehe 16)
17 Luís-de-Camões-Park & -Grotte............C4
18 Wissenschaftscenter Macao.................F7
  Haus der Teekultur Macao........ (siehe 16)
  Kulturzentrum Macao ....(siehe 3)
19 Torre de Macau......................................B8
20 Weinmuseum Macao..............................E5
21 Schifffahrtsmuseum..............................A7
22 Maurische Kaserne................................A7
23 Alter prostestantischer Friedhof..........C4
24 Ox Warehouse..D2
25 Penha-Hügel...B7
26 Roter Markt..D3
27 Residenz des portugiesischen
  Generalkonsuls B7
28 Rotunda de Carlos da Maia D3
  Bibliothek Sr. Wong Ieng Kuan.. (siehe 17)
29 Sun-Yat-Sen-Gedenkstätte....................D4
30 Tap-Seac-Galerie...................................D4
31 Tap-Seac-Platz......................................D4

⊗ Essen
32 A Lorcha A7
33 Guincho a Galera...................................D6
  La Paloma....................................(siehe 49)
34 Lung Wah Tea House D3
35 Nga Heong..D3
36 O Porto...E2
37 Tim's Kitchen...D6

⊙ Ausgehen & Nachtleben
  Cinnebar ....(siehe 43)
  Lion's Bar....................................(siehe 41)
38 Single Origin..D5
39 Sky 21 Lounge..C6

⊙ Unterhaltung
40 Live Music Association D3
41 MGM Grand Macau D7
42 Sands Casino...F6
43 Wynn Macau Casino D6

🔒 Shoppen
44 Macau Design Centre E2
45 Worker Playground................................D4

⊙ Sport & Aktivitäten
  AJ Hackett....................................(siehe 19)
46 Gray Line F5
47 Guia Hill Hiking Circuit E4

⊙ Schlafen
48 Pousada de Mong Há.............................D2
49 Pousada de São Tiago A8

ⓘ Praktisches
50 China Travel Service.............................D6
51 Macau Ticket...D5

ⓘ Transport
52 Macau Maritime Ferry Terminal...........F5
53 TurboJet...F5

---

kammer sakraler Kunst (聖物寶庫, Tresouro de Arte Sacra; Karte S. 218; Largo de São Domingos; ◐10–18 Uhr) GRATIS, eine Sammlung mit Kirchenkunst und liturgischen Objekten auf drei Etagen.

LOU-KAU-HAUS HISTORISCHES GEBÄUDE
Karte S. 218 (盧家大屋, Casa de Lou Kau; ☏853 8399 6699; 7 Travessa da Sé; ◐Di–So 9–19 Uhr; 🚌3, 4, 6A, 8A, 19, 33) GRATIS Dieses Haus im kantonesischen Stil mit südeuropäischen Elementen wurde um 1889 erbaut und gehörte dem Kaufmann Lou Wa Sio (auch bekannt als Lou Kau), der auch den Lou-Lim-Ieoc-Park (S. 222) in Auftrag gab. Hinter der grauen Fassade wartet ein faszinierendes Labyrinth aus offenen und halb geschlossenen Räumen, in dem die Grenzen zwischen Drinnen und Draußen fließend sind. Das Blumen- und Vogelmotiv auf dem Dach findet man auch im Mandarin-Haus und im A-Ma Temple. Unter der Woche sieht man

hier oft traditionelle Kunsthandwerker ihre Fertigkeiten demonstrieren. Kostenlose geführte Touren, allerdings nur auf Chinesisch, finden am Wochenende statt.

STRASSE DES GLÜCKS   STRASSE

Karte S. 218 (福隆新街; Rua da Felicidade; 🚌3, 6, 26A) Nicht weit westlich des Largo do Senado liegt die Rua da Felicidade (Straße des Glücks). Die Gebäude mit den verschlossenen Fensterläden bildeten einst den größten Rotlichtbezirk Macaos. Mehrere Szenen aus *Indiana Jones und der Tempel des Todes* wurden hier gedreht. Die Regierung plant, die berühmten roten Fensterläden wieder in der Originalfarbe streichen zu lassen – in Grün. Ob es allerdings allzu clever ist, das Erkennungsmerkmal eines so legendären Wahrzeichens zu verändern, bleibt abzuwarten.

WEINMUSEUM MACAO   MUSEUM

Karte S. 214 (Museu do Vinho de Macau; ☎853 8798 4188; Basement, CAT, 431 Rua de Luís Gonzaga Gomes; Weinprobe 15 MOP; ⏱Mi-Mo 10–20 Uhr; 🚌1A, 3, 10, 10B, 10X, 23, 28A) GRATIS Im einzigen Museum Macaos, in dem Getränke erlaubt sind, werden über 1100 Weinsorten präsentiert. Rund 90 % davon sind portugiesischen Ursprungs, darunter auch die älteste Flasche: ein Porto von 1815. Für 15 MOP kann man ausgewählte Tropfen probieren. Außerdem gibt's einen Überblick über Portugals diverse Weinregionen und eine – ziemlich langweilige – Ausstellung von Weinregalen, Fässern, Pressen und Werkzeug.

WAISENHAUSMUSEUM   MUSEUM

Karte S. 218 (仁慈堂博物館, Núcleo Museológico da Santa Casa da Misericórdia; ☎853 2857 3938; www.scmm.mo; 2 Travessa da Misericórdia; Erw./Kind 5 MOP/frei; ⏱Di–So 10–12 & 14.30–17 Uhr; 🚌3, 6, 26A) Im Herzen des Largo do Senado befindet sich Macaos älteste soziale Einrichtung (ca. 1569). Das Haus gab im 17. und 18. Jh. Waisen und Prostituierten ein Obdach. Heute ist hier ein Museum mit einer vielfältigen Sammlung beheimatet, zu der auch religiöse Skulpturen, antikes Porzellan und der Schädel seines Gründers und erstes Bischofs von Macao, Dom Belchior Carneiro, gehören.

MUSEU DE MACAU   MUSEUM

Karte S. 218 (澳門博物館, ☎853 2835 7911; www.macaumuseum.gov.mo; 112 Praceta do Museu de Macau; Eintritt 15 MOP, am 15. jedes Monats frei; ⏱Di–So 10–17.30 Uhr; 🚌7, 8, am Sozialamt aussteigen) Dieses interessante Museum im Fort Monte gibt einen Einblick in Macaos Geschichte. Im ersten Stock wird die frühe Geschichte des Territoriums vorgestellt, einschließlich einer aufwendigen Ausstellung zu den Religionen in Macao. Zu den Highlights im zweiten Stock gehören eine nachgebaute Feuerwerksfabrik und eine im lokalen Dialekt aufgezeichnete Lesung des aus Macao stammenden Dichters José dos Santos Ferreira (1919–1993). Die oberste Etage konzentriert sich auf neue Architektur und Stadtentwicklungspläne.

LAURENTIUSKIRCHE   KIRCHE

Karte S. 218 (聖老楞佐教堂, Igreja de São Lourenço; Rua de São Lourenço; ⏱Di–So 10–17, Mo 13–14 Uhr; 🚌9, 16, 18, 28B) Die Kirche ist eine der drei ältesten Macaos. Sie wurde in den 1560er-Jahren ursprünglich aus Holz errichtet und im frühen 19. Jh. als Stein neu aufgebaut. Die neoklassizistische Kirche verfügt über eine grandiose bemalte Decke. Und einer der Türme diente einst als Kirchengefängnis. Der Eingang ist in der Rua da Imprensa Nacional.

AUGUSTINUSKIRCHE   KIRCHE

Karte S. 218 (聖奧斯定教堂, Igreja de Santo Agostinho; 2 Largo de St Agostinho; ⏱10–18 Uhr; 🚌3, 4, 6, 26A) Das Fundament dieser Kirche stammt von 1586, als sie von spanischen Augustinern gegründet wurde, der heutige Bau wurde jedoch 1814 errichtet. Auf dem Hochaltar steht eine Statue von Christus, der das Kreuz trägt. Dieses wird auch bei der Passions-Prozession am ersten Samstag der Fastenzeit durch die Straßen getragen – und Tausende Gläubige folgen ihm.

HONG KUNG TEMPLE   TEMPEL

Karte S. 218 (康公廟; Ecke Rua das Estalagens & Rua de Cinco de Outubro; ⏱8–18 Uhr; 🚌3, 6, 26A) Dieser friedliche, 200 Jahre alte Tempel ist Li Lie gewidmet, einem General der Han-Dynastie. Die bootsförmige Skulptur in der Haupthalle wird während religiöser Feierlichkeiten genutzt, um den Gottheiten Wein darzubringen.

ALBERGUE SCM   HISTORISCHES GEBÄUDE

Karte S. 218 (仁慈堂婆仔屋, Albergue da Santa Casa da Misericórdia oder Old Ladies' House; ☎853 2852 2550; 8 Calcada da Igreja de Sao Lazaro; ⏱Mi–Mo 12–19 Uhr; 🚌7, 8) Das einst als „Haus der alten Frauen" bekannte Gebäude war im Zweiten Weltkrieg ein Zufluchtsort

Halbinsel Macao Zentrum

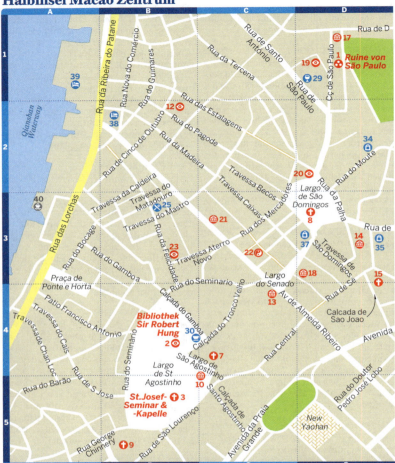

für portugiesische Flüchtlinge aus Shanghai und später ein Heim für ältere Damen. Heute wird es von der Kunstorganisation Albergue SCM geführt, die hier Kulturveranstaltungen und Ausstellungen organisiert. Die beiden gelben Kolonialgebäude stehen in einem poetischen Innenhof mit wunderschönen alten Kampferbäumen.

MUSEUM FÜR SAKRALE KUNST & KRYPTA
MUSEUM
Karte S. 218 (天主教藝術博物館和墓室, Museu de Arte Sacra e Cripta; Travessa de São Paulo; 9–18 Uhr; 8A, 17, 26, am Luís-de-Camões-Park aussteigen) GRATIS Das kleine Museum hinter den Ruinen der Kirche São Paulo (S. 211) beherbergt mehrfarbige geschnitzte Holzstatuen, Silberkelche, Monstranzen und Ölgemälde, darunter die Kopie eines Gemäldes aus dem 17. Jh., das den Märtyrertod von 26 japanischen Christen am Kreuz in Nagasaki im Jahr 1597 zeigt. Die angrenzende Krypta enthält die Überreste christlicher Märtyrer aus Asien. Hier befindet sich auch das Grab von Alessandro Valignano, ein Jesuit, der u. a. das Kolleg der Muttergottes und diverse Kirchen gründete. Ihm wird die Einführung des Christentums in Japan zugeschrieben.

nen die Waren gelagert wurden und Finanzunterlagen.

TAP-SEAC-GALERIE GALERIE
Karte S. 214 (塔石藝文舘, Galeria Tap Seac; www.macauart.net/ts; 95 Avenida Conselheiro Ferreira de Almeida; ⏱10–21 Uhr; 🚌) Die Fassade dieses Gebäudes ist im europäischen Stil mit maurischen Türbogen erbaut. Die Galerie im Inneren zeigt ausgezeichnete zeitgenössische Kunst. Der originale Innenhof in der Mitte des Hauses wurde erhalten, wodurch eine lichterfüllte, entspannte Kulisse entsteht.

TAP-SEAC-PLATZ PLATZ
Karte S. 214 (塔石廣場, Praca do Tap Seac; 🚌7, 8) Dieser wunderschöne Platz ist von bedeutenden historischen Gebäuden aus den 1920er-Jahren umgeben. Entworfen hat ihn der aus Macao stammende Architekten Carlos Marreiros. Marreiros schuf außerdem das Tap-Seac-Gesundheitszentrum, eine zeitgenössische Interpretation von Macaos neoklassizistischen Gebäuden.

KATHEDRALE VON MACAO KIRCHE
Karte S. 218 (大堂(主教座堂), A Sé Catedral; Largo da Sé; ⏱8–18 Uhr; 🚌3, 6, 26A, 18A) Macaos Kathedrale östlich des Largo de Senado ist kein besonders attraktiver Bau: Sie wurde 1850 geweiht und 1937 aus Beton wiederaufgebaut. Beachtung verdienen allerdings einige sehenswerte Buntglasfenster. Während wichtiger christlicher Fest- und Feiertage in Macao ist das Gotteshaus sehr aktiv.

SAM KAI VUI KUN TEMPLE TAOISTISCHER TEMPEL
Karte S. 218 (三街會館; 10 Rua Sui do Mercado de São Domingos; ⏱8–18 Uhr; 🚌3, 4, 6A, 26A) Wörtlich übersetzt bedeutet der Tempelname „Gemeindehalle für drei Straßen". Er diente als Treffpunkt für Kaufleute und als Gerichtshof, bevor 1912 die Chinesische Handelskammer gegründet wurde. Der Tempel ist Kwan Yu gewidmet, dem Gott des Krieges und der Gerechtigkeit. Im Mai, Juni und Juli ist hier besonders viel los, dann feiern die Einheimischen drei Feste zu Ehren des Gottes.

NA TCHA TEMPLE TEMPEL
Karte S. 218 (哪吒廟; 6 Calçada de Sao Paulo; ⏱8–17 Uhr; 🚌3, 4, 6A, 8A, 18A, 19) Es gibt kein besseres Wahrzeichen für Macaos kulturelle Vielfalt als diesen Tempel, der bescheiden neben einem wichtigen christlichen Bau-

PFANDHAUSMUSEUM HISTORISCHES GEBÄUDE
Karte S. 218 (典當業展示館, Espaço Patrimonial-Uma Casa de Penhores Tradicional; 📞853 2892 1811; 396 Avenida de Almeida Ribeiro; ⏱10.30–19 Uhr, 1. Mo im Monat geschl.; 🚌2, 3, 7, 26A) GRATIS Dieses Museum ist im ehemaligen Pfandhaus Tak Seng On („Wert und Erfolg") untergebracht und bietet einen stimmungsvollen Einblick in die Pfandhausgeschäfte von Macao, die bis in die Qing-Dynastie zurückreichen. Es wurde 1917 erbaut und umfasst ein Büro, eine Lobby und einen achtstöckigen, festungsartigen Turm. Die Ausstellung zeigt Utensilien aus der ursprünglichen Einrichtung, Tresore, in de-

Halbinsel Macao Zentrum

◎ Highlights
1. Ruine von São Paulo D1
2. Bibliothek Sir Robert Ho Tung B4
3. St.-Josef-Seminar & -Kirche B5
4. Lazarusviertel F1

◎ Sehenswertes
5. Albergue SCM F1
6. Chinesischer Lesesaal F4
7. Augustinuskirche C4
8. Dominikuskirche D3
9. Laurentiuskirche B5
10. Theater Dom Pedro V. C5
11. G32 .... F1
12. Hong Kung Temple B2
    IACM Temporary Exhibition
    Gallery .... (siehe 13)
13. Leal Senado C4
14. Lou-Kau-Haus D3
15. Kathedrale von Macao D3
    Museu de Macau .... (siehe 16)
16. Fort Monte E1
17. Museum für sakrale Kunst &
    Krypta D1
18. Waisenhausmuseum D3
19. Na Tcha Temple D1
20. Nu Wa Temple D2
21. Pfandhausmuseum C3
22. Sam Kai Vui Kun Temple C3
    Senatsbibliothek .... (siehe 13)
23. Straße des Glücks B3
24. Kunstzentrum Tai Fung Tong F1
    Schatzkammer sakraler Kunst ... (siehe 8)

⊗ Essen
25. Cheong Kei B3
26. Clube Militar de Macau F5
27. Eight E5
28. Robuchon Au Dôme E5

◎ Ausgehen & Nachtleben
29. Macau Soul D1
30. Terra Coffee House B4

◎ Unterhaltung
31. Grand Lisboa Casino E5
32. Rui Cunha Foundation E4
33. Sun Never Left – Public Art
    Performance F2

◎ Shoppen
34. Futura Classica D2
    Lines Lab .... (siehe 5)
35. Livraria Portuguesa D3
36. Macao Fashion Gallery F1
    Mercearia Portuguesa .... (siehe 5)
37. Pinto Livros D3

◎ Schlafen
38. 5Footway Inn B2
39. Sofitel Macau at Ponte 16 .... A1

◎ Transport
40. Yuet Tung Shipping Co A3

---

werk steht – der Ruine von São Paulo. Er wurde um 1888 erbaut und war dem kindlichen Gott des Krieges gewidmet, der die damals um sich greifenden Seuchen aufhalten sollte. Die äußere Mauer, von der oft behauptet wird, sie sei ein Teil der alten Stadtmauer Macaos, gehörte tatsächlich zum ehemaligen Paulus-Kolleg, das bei der Ruine stand.

G32
HISTORISCHES GEBÄUDE

Karte S. 218 (☏853 2834 6626; 32 Rua de Sao Miguel; ⊙kostenlose geführte Touren Sa & So 14.30–17 Uhr; 🚌7, 8) Dieses dreistöckige Mietshaus wurde als Mittelklasse-Wohnhaus der 1960er- und 1970er-Jahre mit Holzdielen, Blumentapeten und Retro-Möbeln renoviert. Eine schmale Treppe führt aufs Dach, von wo aus man die einzigartige Skyline sieht, die sich aus chinesischen Gebäuden, von der UNESCO geschützten Denkmälern und Kasino-Kitsch zusammensetzt.

KUNSTZENTRUM TAI FUNG TONG
HISTORISCHES GEBÄUDE

Karte S. 218 (大瘋堂藝舍; ☏853 2835 3537; 7 Calçada de São Lazaro; ⊙Di–So 14–18 Uhr; 🚌7, 8) **GRATIS** Dieses ungewöhnliche, vor fast einem Jahrhundert von einem Philanthropen erbaute Gebäude verbindet chinesische und europäische Architekturstile miteinander. Heute beherbergt es eine Non-Profit-Organisation, die das chinesische Erbe der Gegend fördert. Das Haus enthält eine Sammlung traditioneller chinesischer Artefakte und manchmal präsentiert ein Kalligraf mit Tinte und Pinsel sein Kunsthandwerk.

CHINESISCHER LESESAAL
GEBÄUDE

Karte S. 218 (八角亭圖書館; Rua de Santa Clara; ⊙9–12 & 19–24 Uhr; 🚌2A, 6A, 7A, 8) Dieser ehemalige Getränkestand (ca. 1926) wird auf Chinesisch auch „Achteckiger Pavillon" genannt und beherbergt heute eine Bibliothek mit roten Fenstern und einer schmalen Treppe, die die beiden Etagen miteinander verbindet. Es ist ein friedlicher Ort, den viele Einheimische gern aufsuchen, um kostenlos Zeitung zu lesen.

NU WA TEMPLE
TEMPEL

Karte S. 218 (女媧廟; Ecke Rua das Estalagens & Travessa dos Algibebes; ◎9–17 Uhr; ⓠ3, 6, 26A) Dieser winzige Tempel in einem verblassten gelben Gebäude wurde 1888 erbaut und war der schlangenähnlichen Nu Wa geweiht – der chinesischen Entsprechung von Gaia, der griechisch-römischen Schöpfungsgöttin. Im Gegensatz zu den meisten anderen Gottheiten, denen in Macao gehuldigt wird, hat Nu Wa keinen Bezug zum Meer. Stattdessen gibt sie göttlichen Beistand bei Ehe- und Fruchtbarkeitsfragen. Ihr Bildnis sitzt zwischen denen anderer Gottheiten im überfüllten, rauchigen Tempel.

THEATER DOM PEDRO V.
HISTORISCHES GEBÄUDE

Karte S. 218 (崗頂劇院, Teatro Dom Pedro V; ⌇853 2893 9646; Calçada do Teatro, Largo de St Agostinho; ◎Mi–Mo 10–18 Uhr; ⓠ3, 4, 6A, 8A, 19) Der grün-weiße, neoklassizistische Säulenbau ist das älteste Theater (1858) im westlichen Stil in China und noch immer ein wichtiger kultureller Veranstaltungsort für die Einwohner Macaos.

⊙ Nördliche Halbinsel Macao

FESTUNG GUIA & GUIA-KAPELLE
FESTUNG, KIRCHE

Karte S. 214 (東望洋炮台及聖母雪地殿聖堂, Fortaleza da Guia e Capela de Guia; ◎Festung 6–18 Uhr, Kapelle 10–17.30 Uhr; ⓠ2, 2A, 6A, 12, 17, 18, Haltestelle Flora-Park) GRATIS Als höchster Punkt der Halbinsel bietet das Fort einen grandiosen Panoramablick auf die Stadt – und wenn die Luft klar ist, reicht die Sicht bis zu den Inseln und nach China. Ganz oben steht die atemberaubende, 1622 erbaute Kapelle Unserer Lieben Frau von Guia. Fast 100 % des Originalbaus sind erhalten geblieben, darunter auch einige der bedeutendsten Fresken Asiens. Daneben steht der älteste moderne Leuchtturm (1865) an Chinas Küste – ein schönes, 15 m hohes Bauwerk, das jedoch für die Öffentlichkeit nicht zugänglich ist.

Man kann hinaufwandern, bequemer geht's aber mit der Guia-Seilbahn nach oben; sie startet am Eingang des Flora-Parks (S. 221), des größten öffentlichen Parks von Macao.

AFA (ART FOR ALL SOCIETY)
GALERIE

Karte S. 214 (全藝社; ⌇853 2836 6064; www.afamacau.com; 3. St., Edificio da Fabrica de Baterias N E National, 52 Estrada da Areia Preta; ◎Mo-Sa 12–19 Uhr; ⓠ8, 8A, 18A, 7) Die beste zeitgenössische Kunst in Macao ist in dieser Non-Profit-Galerie zu sehen, die Kunst aus Macao in aller Welt bekannt gemacht hat und jeden Monat Einzelausstellungen der besten Künstler Macaos zeigt. Die AFA befindet sich in der Nähe des Mong-Há-Sportpavillons. In der Rua da Barca oder Rua de Francisco Xavier Pereira aus dem Bus steigen. Alternativ ist sie zu Fuß 20 Minuten vom Largo do Senado entfernt.

CASA GARDEN
HISTORISCHES GEBÄUDE

Karte S. 214 (東方基金會會址; 13 Praça de Luís de Camões; ◎Garten tgl. 9.30–18 Uhr, Galerie nur während Ausstellungen geöffnet, Mo–Fr 9.30–18 Uhr; ⓠ8A, 17, 26) Diese wunderschöne Kolonialvilla wurde 1770 erbaut und zählt zu den ältesten Gebäuden der Stadt. Sie war Hauptsitz der Britischen Ostindien-Kompanie, als diese im frühen 19. Jh. noch in Macao ansässig war. Heute beherbergt sie eine kleine Galerie, die interessante Kunstausstellungen zeigt. Besucher haben auch Zutritt zu den etwas tristen Gartenanlagen.

FLORA-PARK
GÄRTEN

Karte S. 214 (Jardim da Flora; Travessa do Túnel; ◎8–18 Uhr, Seilbahn Mo geschl.) Dieser nach europäischem Vorbild angelegte Park gehörte einst zum Anwesen eines portugiesischen Herrenhauses. Bekannt ist er für seine Seilbahn, die die kurze Distanz hinauf zum Guia-Hügel überbrückt, dem höchsten Punkt der Stadt mit der Festung Guia und der Guia-Kapelle. Im Park gibt's auch einen kleinen Zoo, der nach internationalen Standards aber eher traurig ist.

FRIEDHOF DES ERZENGELS MICHAEL
FRIEDHOF

Karte S. 214 (西洋墳場, Cemitério de São Miguel Arcanjo; 2a Estrada do Cemitério; ◎8–18 Uhr; ⓠ7, 7A, 8) Auf dem Friedhof nordöstlich vom Fort Monte befinden sich Grabmäler, die man nur als barocke Kirchenkunst bezeichnen kann. Nahe dem Haupteingang steht die Michaelskapelle (聖彌額爾小堂, Capela de São Miguel; Karte S. 214; ◎10–18 Uhr), eine winzige, minzgrüne Kirche mit einem kleinen Chorbalkon und hübschen Säulengängen.

LOU-LIM-IEOC-PARK GÄRTEN
Karte S. 214 (盧廉若公園, Jardim Lou Lim Ieoc; 10 Estrada de Adolfo de Loureiro; ◎6–21 Uhr; ◻2, 2A, 5, 9, 9A, 12) Die Einheimischen praktizieren in diesem reizenden Park im Suzhou-Stil Tai-Chi, spielen chinesische Musik oder entspannen zwischen Lotusteichen und Bambushainen. Im **Lou-Lim-Ieoc-Park-Pavillon** (Karte S. 222; 盧廉若公園, Pavilhão do Jardim de Lou Lim Ieoc; ◎Di–So 9–19 Uhr) im viktorianischen Stil empfing die Familie Lou früher ihre Gäste, darunter auch Dr. Sun Yat-sen. Heute wird er für Kunstausstellungen und – während Macaos internationalen Musikfestivals Ende Oktober/Anfang November – für Konzerte genutzt.

HAUS DER TEEKULTUR MACAU MUSEUM
Karte S. 214 (澳門茶文化館, Caultura do Chá em Macau; ☎853 2882 7103; Lou-Lim-Ieoc-Park, Avenida do Conselheiro Ferreira de Almeida; ◎Di–So 9–19 Uhr; ◻2, 2A, 5, 9, 9A, 12, 16) GRATIS Neben dem malerischen Lou-Lim-Ieoc-Park (S. 222) steht dieses Museum, das eine Einführung in die Kultur des Teetrinkens gibt und Teekannen und Gemälde zeigt, die in Zusammenhang mit dem begehrten Getränk stehen. Diese wurden von ausländischen und einheimischen Malern (manchmal auch in Gemeinschaftsarbeit) angefertigt, um sie in den chinesischen Handelshäfen an Westler zu verkaufen. Das Museum ist in einem kolonialen Herrenhaus im südeuropäischen Stil untergebracht, das ein chinesisches Ziegeldach aufweist. Am Wochenende (Sa & So 15–16 Uhr) gibt's eine kostenlose Teeprobe.

LUÍS-DE-CAMÕES-PARK & -GROTTE GÄRTEN
Karte S. 214 (白鴿巢公園, Jardim e Gruta de Luís de Camões; Praça de Luís de Camões; ◎6–22 Uhr; ◻8A, 17, 26) Durch diesen spannenden Garten schlängeln sich zahlreiche Pfade. Er ist dem einäugigen Dichter Luís de Camões (1524–1580) gewidmet, der angeblich einen Teil seines Epos *Os Lusíadas* in Macao schrieb, obwohl es kaum Beweise gibt, dass er sich jemals in der Stadt aufhielt. Dennoch ist hier auch eine Bronzebüste des Mannes zu sehen (ca. 1886). Der bewaldete Garten zieht eine recht große Anzahl an Schachspielern, Vogelbesitzern und Federfußballspielern an. Die **Bibliothek Sr. Wong Ieng Kuan** (白鴿巢公園黃營均圖書館; Karte S. 214; ☎853 2895 3075; ◎Di–So 8–20 Uhr) ist ebenfalls hier.

SUN-YAT-SEN-GEDENKSTÄTTE MUSEUM
Karte S. 214 (國父紀念館, Casa Memorativa de Doutor Sun Yat Sen; ☎853 2857 4064; 1 Rua de Silva Mendes; ◎Mi–Mo 10–17 Uhr; ◻2, 2A, 5, 9, 9A, 12) GRATIS Dieses nachgebaute maurische Haus (ca. 1910) erinnert an Dr. Sun Yat-sens (1866–1925) kurzen Aufenthalt in Macao, wo er Unterstützer für seinen Sturz der Qing-Dynastie rekrutierte. Es sind Dokumente und persönliche Gegenstände des „Vaters der Chinesischen Republik" zu sehen. Interessanterweise lebte Sun selbst nie in dem Haus, obwohl es von seinem Sohn erbaut wurde und seine erste Frau, Lu Muzhen, bis zu ihrem Tod 1952 hier wohnte.

OX WAREHOUSE KUNSTZENTRUM
Karte S. 214 (牛房倉庫, Armazem de Boi; ☎853 2853 0026; http://oxwarehouse.blogspot.com; Ecke Avenida do Coronel Mesquita & Avenida do Almirante Lacerda; ◎Mi–Mo 12–19 Uhr; ◻4, 5, 25, 26A, 33) GRATIS Dieses atmosphärische ehemalige Schlachthaus wird von einer Non-Profit-Organisation geleitet, die Ausstellungen, Workshops und Performances lokaler und internationaler zeitgenössischer Künstler veranstaltet. Ein Großteil der Arbeiten ist mitreißend experimentell. Selbst wenn gerade nichts auf dem Programm steht, lohnt allein die Architektur des alten Gebäudes einen Abstecher.

ANTONIUSKIRCHE KIRCHE
Karte S. 214 (聖安多尼教堂, Igreja de Santo António; Ecke Rua de Santo António & Rua do Tarrafeiro; ◎7.30–17.30 Uhr; ◻8A, 17, 26) Die nüchtern wirkende graue Steinkirche ist eine der ältesten Kirchen Macaos und der erste Hauptsitz der Jesuiten. Sie wurde 1558 bis 1608 erbaut und 1930 renoviert. Portugiesen hielten hier Hochzeitszeremonien ab, daher auch der kantonesische Name der Kirche: Fa Vong Tong (Blumenkirche).

ALTER PROTESTANTISCHER FRIEDHOF FRIEDHOF
Karte S. 214 (基督教墳場, Antigo Cemitério Protestante; 15 Praça de Luís de Camões; ◎8.30–17.30 Uhr; ◻8A, 17, 26) Da das Kirchenrecht die Beerdigung von Nicht-Katholiken auf geweihtem Boden untersagte, wurde 1821 dieser Friedhof für (vor allem britische und amerikanische) Protestanten angelegt. Hier wurden u.a. der irische Künstler George Chinnery (1774–1852) und Robert Morrison (1782–1834), der erste protestantische Missionar in China und Verfasser des ersten chinesisch-englischen Wörterbuchs, begraben.

LIN FUNG TEMPLE
BUDDHISTISCHER TEMPEL

Karte S. 214 (蓮峰廟; Lin Fung Miu; Avenida do Almirante Lacerda; ⊙7–17 Uhr; 🚌1A, 8, 8A, 10, 28B) Dieser Tempel des Lotus ist Kwan Yin gewidmet, der Göttin der Barmherzigkeit. Er wurde ursprünglich 1592 errichtet, seit dem 17. Jh. jedoch des Öfteren neu aufgebaut. Früher beherbergte er Mandarine aus der Provinz Guangdong während ihres Aufenthalts in Macao; zu den berühmtesten dieser kaiserlichen Besucher gehörte Kommissar Lin Zexu, der damit beauftragt war, den Opiumhandel auszumerzen.

ROTER MARKT
MARKT

Karte S. 214 (紅街市大樓, Mercado Almirante Lacerda; Ecke Avenida do Almirante Lacerda & Avenida Horta e Costa; ⊙7.30–19.30 Uhr; 🚌23, 32) Das vom aus Macao stammenden Architekten Júlio Alberto Basto entworfene, dreistöckige Art-déco-Gebäude hat einen Uhrenturm und beherbergt einen geschäftigen Frischmarkt. Sein Name rührt von den roten Ziegelsteinen her, aus denen er erbaut wurde.

KUN IAM TEMPLE
BUDDHISTISCHER TEMPEL

Karte S. 214 (觀音廟, Templo de Kun Iam; 2 Avenida do Coronel Mesquita; ⊙7–17.30 Uhr; 🚌1A, 10, 18A, Haltestelle Travessa de Venceslau de Morais) Macaos ältester Tempel wurde im 13. Jh. gegründet, der heutige Bau stammt jedoch von 1627. Seine Dächer sind mit Porzellanfiguren verziert, die Hallen aufwendig dekoriert. In der Haupthalle befindet sich eine Abbildung von Kwan Yin, der Göttin der Barmherzigkeit. Links neben dem Altar steht eine bärtige Arhat-Statue, die angeblich Marco Polo darstellt. Der erste sino-amerikanische Vertrag wurde 1844 an einem runden Steintisch im Terrassengarten des Tempels unterzeichnet.

ROTUNDA DE CARLOS DA MAIA
PLATZ

Karte S. 214 Das lebhafte „Dreilampenviertel", das für seine birmanische Einwanderergemeinde bekannt ist, umfasst einige Blocks voller fliegender Händler und Straßenstände. Das Herz des Distrikts ist der Platz Rotunda de Carlos da Maia.

⊙ Südliche Halbinsel Macao

MUSEU DE ARTE DE MACAU
MUSEUM

Karte S. 214 (澳門藝術博物館; ☎853 8791 9814; www.mam.gov.mo; Macau Cultural Centre, Avenida Xian Xing Hai; Erw./Kind 5/2 MOP, So frei; ⊙Di–So 10–18.30 Uhr; 🚌1A, 8, 12, 23) Dieses ausgezeichnete fünfstöckige Museum zeigt gut zusammengestellte Ausstellungen mit Kunst aus Macao und China, darunter auch Gemälde westlicher Künstler wie George Chinnery, der in der Enklave lebte. Weitere Highlights sind die Keramik- und Steinzeug-Artefakte, die in Macao ausgegraben wurden, Kalligrafien aus Guangdong aus der Ming- und Qing-Dynastie, Keramikstatuen aus Shiwan (Guangdong) und Siegelgravuren. Das Museum zeigt zudem westliche Gemälde aus dem 19. Jh. aus ganz Asien und zeitgenössische Kunst aus Macao.

PENHA-HÜGEL
GEBIET

Karte S. 214 (西望洋山, Colina da Penha; 🚌6, 9, 16) Über den Kolonialvillen entlang der Avenida da República erhebt sich der Penha-Hügel, die friedlichste und am wenigsten besuchte Gegend der Halbinsel. Von hier bietet sich ein ausgezeichneter Blick auf das Zentrum Macaos. Oben auf dem Hügel stehen der **Bischofspalast** (主教府; Karte S. 214), der 1837 als Residenz der Bischöfe erbaut wurde (nicht für die Öffentlichkeit zugänglich) und die **Kapelle Unserer Jungfrau von Penha** (主教山小堂, Ermida de Nossa Senhora da Penha; Karte S. 214; ⊙9–17.30 Uhr; 🚌6B, 9, 16, 28B), früher ein Pilgerort für Seeleute.

AVENIDA DA REPÚBLICA
GEBIET

Karte S. 214 (🚌6, 9, 16) Die Avenida da República entlang des Nordwestufers des Sai-Van-Sees markiert Macaos ältestes portugiesisches Viertel. Hier stehen mehrere grandiose Kolonialvillen, die für die Öffentlichkeit allerdings nicht zugänglich sind. Das ehemalige Bela Vista Hotel, eines der sagenumwobensten Hotels Asiens, ist heute die **Residenz des portugiesischen Generalkonsuls in Macao** (葡國駐澳門領事官邸; Consulado-Geral de Portugal em Macau; Karte S. 214; Rua do Boa Vista). Ganz in der Nähe steht auch der Santa-Sancha-Palast, die frühere Residenz der portugiesischen Gouverneure in Macao, in dem heute Staatsgäste untergebracht werden. Nicht allzu weit davon entfernt stehen mehrere schöne, verlassene Art-déco-inspirierte Gebäude.

TORRE DE MACAU
WAHRZEICHEN

Karte S. 214 (澳門旅遊塔; ☎853 2893 3339; www.macautower.com.mo; Largo da Torre de Macau; Aussichtsplattform Erw./Kind 135/70 MOP; ⊙Mo–Fr 10–21, Sa & So 9–21 Uhr; 🚌9A, 18, 23,

26, 32) Der 338 m hohe Turm thront über der schmalen Landenge südöstlich der Avenida da República. Man kann die Aussicht von den Plattformen im 58. und 61. Stock genießen oder seine Grenzen ausloten: Auf dem Turm gibt's eine Kletterwand, eine Bungee-Plattform (angeblich der höchste kommerzielle Bungee-Sprung der Welt), einen Sky Walk und mehr.

WISSENSCHAFTSCENTER MACAO   MUSEUM
Karte S. 214 (澳門科學館; www.msc.org.mo; Avenida Dr Sun Yat Sen; Erw./Kind 25/15 MOP, Planetarium 60 MOP; ⊙Fr-Mi 10–18 Uhr; 🚼; 🚌3A, 8, 10A, 12) Das von I. M. Pei entworfene Gebäude am Ufer sieht aus wie eine silberne Spirale und beherbergt ein modernes Wissenschaftsmuseum. Es ist eines der besten Ausflugsziele Macaos für Familien mit Kindern. In 14 Bereichen werden tolle, interaktive Exponate zu Themen wie Musik oder Robotik ausgestellt. Das 3D-Planetarium kommt auch immer gut an.

SCHIFFFAHRTSMUSEUM   MUSEUM
Karte S. 214 (海事博物館, Museu Marítimo; ✆853 2859 5481; www.museumaritimo.gov.mo; 1 Largo do Pagode da Barra; Erw. 3–10 MOP, Kind frei; ⊙Mi–Mo 10–17.30 Uhr; 🚌1, 2, 5, 6B, 7, 10) Zu den Highlights hier gehören die interaktiven Ausstellungen, die die maritime Geschichte Portugals und Chinas nacherzählen, ferner die Artefakte aus Macaos Seefahrtsvergangenheit, die Bootsmodelle – darunter auch das lange, schmale Drachenboot, das beim Drachenbootfest zum Einsatz kommt – und ein Hakka-Fischerdorf.

GRAND-PRIX-MUSEUM   MUSEUM
Karte S. 214 (大賽車博物館, Museu do Grande Prémio; ✆853 8798 4108; UG, CAT, 431 Rua de Luís Gonzaga Gomes; ⊙Mi–Mo 10–20 Uhr; 🚌1A, 3, 10) GRATIS Die Ausstellung zeigt Autos aus dem Formel-3-Grand-Prix von Macao, darunter auch den knallroten Triumph TR2, der von Eduardo de Carvalho gefahren wurde, der 1954 den ersten Grand Prix gewann. An den Simulatoren kann man seine eigenen Rennfahrerkünste testen.

PREISSPANNEN ESSEN

$	weniger als 200 MOP
$$	200–400 MOP
$$$	mehr als 400 MOP

Anfang 2017 gab es Pläne, das Museum für umfassende Renovierungsarbeiten für zwei bis drei Jahre zu schließen.

MAURISCHE KASERNE   HISTORISCHES GEBÄUDE
Karte S. 214 (Calcada da Barra, Barra Hill; 🚌18, 28) Diese ehemalige Kaserne (ca. 1874) wurde von maurischer Architektur inspiriert und von einem Italiener im neoklassizistischen Stil entworfen, um muslimische indische Polizisten aus Goa unterzubringen. Die Verwechslung von Muslimen und Mauren kam daher, dass das Wort für „Inder" in altem Kantonesisch „moh-loh cha" heißt und „moh-loh" eine Transliteration von „Maurisch" ist. Man kann das Gebäude, in dem nun die Hafenverwaltung untergebracht ist, nicht betreten.

KULTURZENTRUM MACAO   GEBÄUDE
Karte S. 214 (澳門文化中心, Centro Cultural de Macau; ✆853 2870 0699; www.ccm.gov.mo; Avenida Xian Xing Hai; ⊙Di–So 9–19 Uhr; 🚌1A, 8, 12, 23) Das 100 Mio. US$ teure und 45 000 m² Fläche umfassende, zeitgenössische Betongebäude ist der wichtigste Ort des Territoriums für kulturelle Darbietungen von Tanz über Theater bis hin zu Multimediashows. Im Creative Macau (S. 224), einem Kunstraum im Erdgeschoss, finden Ausstellungen und Lesungen statt.

CREATIVE MACAU   GALERIE
Karte S. 214 (創意空間; ✆853 2875 3282; www.creativemacau.org.mo; EG, Kulturzentrum Macao, Avenida Xian Xing Hai; ⊙Mo–Sa 14–19 Uhr; 🚌1A, 8, 12, 23) Dieser Kunstraum wird von einer gemeinnützigen Organisation verwaltet, deren Ziel es ist, das Potenzial der Kreativbranchen Macaos zu fördern. Hier sind Werke unterschiedlichster Bereiche ausgestellt, von Werbung und Architektur bis hin zu Verlagswesen und Modedesign.

A-MA TEMPLE   TAOISTISCHER TEMPEL
Karte S. 214 (媽閣廟, Templo de A-Ma; Rua de São Tiago da Barra; ⊙7–18 Uhr; 🚌1, 2, 5, 6B, 7) Dieser Tempel stand wahrscheinlich schon, als die Portugiesen hier eintrafen, der heutige Bau stammt aber wohl aus dem 16. Jh. Einst kamen die Fischer hierher, um ihre Vorräte wieder aufzufüllen und für gutes Wetter zu beten. A-Ma, auch Tin Hau genannt, ist die Göttin des Meeres; auf sie geht auch der Name Macao zurück. Man glaubt, die Einheimischen hätten den Portugiesen „A-Ma Gau" (A-Ma-Bucht) geantwortet, als sie nach dem Namen des Ortes

fragten. In modernem Kantonesisch bedeutet „Macao" (Ou-Mun) „Tor der Bucht".

FISHERMAN'S WHARF   GELÄNDE
Karte S. 214 GRATIS Ist das etwa ein Vulkan, den man da beim Einlaufen in den Fährhafen von Macao aus dem Fenster sieht? Oh ja ... Dabei handelt es sich um Fisherman's Wharf, der über die Maßen kitschige Mischkomplex aus Freizeitpark, Restaurants und Einkaufszentrum direkt am Wasser. Die Gebäude auf dem Gelände erinnern an verschiedene Wahrzeichen aus Geschichte und Mythologie: Da gibt es ein Kolosseum, ein Casino mit Babylonien-Motto oder eine halb aus Holz errichtete Einkaufsmeile, bei deren Anblick sich so manch einer an Bayern erinnert fühlt. Hier ist fast nie was los und so lohnt sich ein Besuch nur für Kitschfans, die sich ein Erinnerungsfoto der anderen Art wünschen.

ESSEN

★LUNG WAH TEA HOUSE   KANTONESISCH $
Karte S. 214 (龍華茶樓; 853 2857 4456; 3 Rua Norte do Mercado Aim-Lacerda; Dim Sum ab 14 MOP, Tee 10 MOP, Gerichte 50–180 MOP; 7–14 Uhr; 23, 32) Die Retro-Möbel und die lässig zusammengestellte Einrichtung dieses luftigen Teehauses (ca. 1963) haben Stil. Man kann sich in eine Nische an den Fenstern mit Blick auf den Roten Markt setzen, in dem das Teehaus seine Zutaten täglich frisch einkauft. Es gibt keine englische Karte: einfach zeigen und mitnehmen. Das Lung Wah verkauft auch eine feine Auswahl chinesischer Tees.

O PORTO   MACAO-KÜCHE $
Karte S. 214 (853 2859 4643; 17 Travessa da Praia; Gerichte 160 MOP; Do-Di 12–14 & 18–22 Uhr; 2, 10, 12) Nicht zu verwechseln mit dem O Porto Interior in der Rua do Almirante Sérgio! Dieses bescheidene Lokal serviert anständige, erschwingliche Gerichte der Macao-Küche mit einem kleinen bisschen Luxus: karierte Tischdecken, Fußball-Memorabilia und freundlicher Service. Es liegt in der Nähe der Stufen, die zum Hügel Mong Há hinaufführen.

CHEONG KEI   KANTONESISCH $
Karte S. 218 (祥記麵家; 853 2857 4310; 68 Rua da Felicidade; Nudeln 20–55 MOP; 11.30–23.30 Uhr; 3, 6, 26A) Die Warteschlangen,

MACAOS KÜCHE

Die verführerische Küche Macaos ist von chinesischen und südasiatischen Einflüssen geprägt, aber auch von den ehemaligen portugiesischen Kolonien in Afrika, Indien und Lateinamerika. Die Köche benutzen viel Kokosnuss, Tamarinden, Chili, Palmzucker und Shrimpspaste.

Eine typische Spezialität ist *galinha africana* (Hähnchen auf afrikanische Art), das mit Kokos, Knoblauch und Chili zubereitet wird. Andere beliebte Gerichte sind *casquinha* (gefüllter Krebs), *minchi* (Hackfleisch mit Kartoffeln und Zwiebeln) und *serradura* (eine Art Milchpudding). Außerdem kommen viele portugiesische Gerichte wie *arroz de pato* (Reis mit Entenconfit) und *leitão assado no forno* (gebratenes Spanferkel) auf den Tisch.

die sich schon vor der Michelin-Empfehlung zu Stoßzeiten hier bildeten, deuten darauf hin, dass sich dieses alteingesessene Nudellokal einer treuen Anhängerschaft erfreut. Die Nudeln mit Krabbenrogen sollte man unbedingt probieren. Es gibt nur ein paar Gemeinschaftstische, es kann also gut sein, dass man Ellbogen an Ellbogen mit den Einheimischen isst.

NGA HEONG   BIRMANISCH $
Karte S. 214 (雅馨緬甸餐廳; 853 2855 2711; 27 Rua De Fernao Mendes Pinto; Hauptgerichte 25–45 MOP; 7.30–18.30 Uhr; 23, 32) In Macaos „Dreilampenviertel", das für seinen hohen Anteil an birmanischen Einwanderern bekannt ist, serviert dieses beliebte zweistöckige Schnellrestaurant traditionelle birmanische Gerichte wie Huhn-Kokosnuss-Nudeln, Salat mit geschmorten Schweinsohren oder Gemüse mit Garnelenpaste. Es gibt eine englische bebilderte Speisekarte.

★CLUBE MILITAR DE MACAU   PORTUGIESISCH $$
Karte S. 218 (澳門陸軍俱樂部; 2871 4000; 975 Avenida da Praia Grande; Gerichte 150–400 MOP; Mo–Fr 13.45–14.30 & 19–22.30, Sa & So 12–14.30 & 19–22 Uhr; 6, 28C) Der Militär-Club ist in einem distinguierten Kolonialgebäude untergebracht. Über den Köpfen surren faul die Ventilatoren, während die Gäste in ein langsameres, ruhigeres Macao

zurückreisen. Das einfache, aber köstliche portugiesische Essen wird von einer ausgezeichneten Wein- und Käseauswahl aus Portugal komplettiert. Das Buffet für 153 MOP bietet ein tolles Preis-Leistungs-Verhältnis. Zum Abend- und Mittagessen am Wochenende sind Reservierungen erforderlich.

A LORCHA
MACAO-KÜCHE, PORTUGIESISCH $$

Karte S. 214 (船屋葡國餐廳; ☎853 2831 3193; www.alorcha.com; 289 Rua do Almirante Sérgio; Gerichte 300–500 MOP; ⊙Mi–Mo 12.30–14.30 & 18.30–22.30 Uhr; ✈; ☐1, 5, 10) „Das Segelboot" ist in jedem Reiseführer zu finden. Einer der Gründe für seine Beliebtheit ist, dass es in fußläufiger Entfernung zum A Ma Temple liegt. Wenn man keine außergewöhnliche Kreativität erwartet, wird man die soliden Gerichte aus Portugal und Macao sicher genießen. Die Portionen sind großzügig.

★GUINCHO A GALERA
PORTUGIESISCH $$$

Karte S. 214 (葡国餐廳; ☎853 8803 7676; www.hotelisboa.com; 3. Stock, Hotel Lisboa, 2-4 Avenida de Lisboa; Gerichte 550–1800 MOP; ⊙12–14.30 & 18.30–22.30 Uhr; ☐3, 10) Dieses luxuriöse Restaurant ist die internationale Filiale von Portugals berühmtem Fortaleza do Guincho und bringt portugiesische Haute Cuisine nach Macao. Auf der Speisekarte stehen gut zubereitete Klassiker mit einigen Ergänzungen aus Macao. Sowohl zum Mittagessen (ab 310 MOP) als auch zum Abendessen (630 MOP) sind feststehende Menüs erhältlich.

ROBUCHON AU DÔME
FRANZÖSISCH $$$

Karte S. 218 (☎853 8803 7878; www.grandlisboahotel.com; 43. Stock, Grand Lisboa Hotel, Avenida de Lisboa; Mittags-/Abendmenü ab 598/ 1688 MOP; ⊙12–14.30 & 18.30–22.30 Uhr; ☐3, 10) Dieses Kasino-Restaurant befindet sich unter einer Glaskuppel und ist das wohl am geschmackvollsten eingerichtete Restaurant seiner Art. Zudem ist es eines von nur zwei Restaurants in Macao, die mit drei Michelin-Sternen ausgezeichnet wurden. Es hat alles, was man mit dem gefeierten Namen Robuchon verbindet: edles Dekor, ausgezeichnete französische Kreationen und makellosen Service. Der Weinkeller mit 8000 Flaschen ist einer der besten in Asien.

TIM'S KITCHEN
CHINESISCH $$$

Karte S. 214 (桃花源小廚; ☎853 8803 3682; www.hotelisboa.com; Shop F25, East Wing, Hotel Lisboa, 2–4 Avenida de Lisboa; Gerichte 300–1500 MOP; ⊙12–14.30 & 18.30–22.30 Uhr; ☐3, 6, 26A) Das Tim's hat sich mit frischen Zutaten, die so zubereitet werden, dass ihr ursprünglicher Geschmack erhalten oder noch hervorgehoben wird, einen Michelin-Stern erkocht. Da teilt sich eine riesige „gläserne" Garnele einen Teller mit einer Scheibe chinesischem Schinken oder es ruht eine Krebszange auf einem Wintermelonen-Bett und ist von klarer Brühe umgeben – die Gerichte mögen einfach aussehen, schmecken aber göttlich.

EIGHT
KANTONESISCH $$$

Karte S. 218 (8餐廳; ☎853 8803 7788; www.grandlisboahotel.com; 2. Stock, Grand Lisboa Hotel, Avenida de Lisboa; Gerichte 160–1500 MOP; ⊙Mittagessen Mo–Sa 11.30–14, Brunch 10–15 Uhr, Abendessen 18.30–22.30 Uhr; ☐3, 10, 28B) Im Eight fließt ein Wasserfall (ein Symbol für Geld) an einer Wand hinab, die Kronleuchter sind schwer mit Kristall behangen und der Name ist eine Zahl – es kann also nur zu einem Kasino gehören. Zugegeben, das hervorragende Restaurant hebt sich dank seiner guten Dim Sum, der Kreativität des Küchenchefs und der drei Michelin-Sterne von ähnlichen Restaurants ab. Ohne Reservierung ist es daher fast unmöglich, einen Tisch zu ergattern.

LA PALOMA
SPANISCH, MEDITERRAN $$$

Karte S. 214 (芭朗瑪餐廳; ☎853 2837 8111; www.saotiago.com.mo; 2. Stock, Pousada de São Tiago, Avenida da República; Gerichte 250–800 MOP; ⊙7–23 Uhr; ☐9) „Die Taube" sitzt auf dem Fundament einer Festung aus dem 17. Jh. – eines der romantischsten Restaurants Macaos und eine willkommene Abwechslung von den Kasino-Restaurants. Daher sollte ein gutes Essen oder Getränk hier – sei es ein ausführliches spanisches Mahl unter modernen Kronleuchtern oder ein Glas *vinho do porto* (Portwein) auf der Terrasse – durch einen Spaziergang über das Gelände ergänzt werden.

AUSGEHEN & NACHTLEBEN

★MACAU SOUL
BAR

Karte S. 218 (澳感廊; ☎853 2836 5182; www.macausoul.com; 31a Rua de São Paulo; ⊙Mi & Do 15–22, Fr–So bis 24 Uhr; ☐8A, 17, 26) In diesem eleganten Laden aus Holz und Buntglas spielt zweimal im Monat eine Jazzband vor einem dicht gedrängten Publikum. An den meisten Abenden erfüllt jedoch Thelonious Monk die Luft, während die Gäste mit den Besitzern plaudern und über die 430 portugiesischen Weine sinnieren. Öffnungszeiten variieren; vorher anrufen.

★SINGLE ORIGIN   KAFFEE
Karte S. 214 (單品; ☎853 6698 7475; 19 Rua de Abreu Nunes; Kaffee 35 MOP; ◷Mo–Sa 11.30–20, So 14–19 Uhr; 🛜; 🚌2, 4, 7, 7A, 8) Das lebhafte Eckcafé wurde von dem Kaffeeexperten Keith Fong eröffnet und serviert sensationellen Espresso. Täglich stehen zehn Bohnensorten aus verschiedenen Regionen zur Wahl. Wer sich nicht entscheiden kann: Die gut ausgebildeten Baristas helfen gern.

LION'S BAR   CLUB
Karte S. 214 (☎853 8802 2375; www.mgmmacau.com/lion-bar; MGM Grand, Avenida Dr Sun Yat Sen; ◷Do–Di 19–5 Uhr) In diesem Club im MGM Grand tanzt die adrett gekleidete Partymeute bis 5 Uhr morgens zur Musik des Haus-DJs und der hauseigenen Band. Nirgendwo in Macao kann man einen so ausschweifenden Abend à la Las Vegas erleben wie hier.

TERRA COFFEE HOUSE   CAFÉ
Karte S. 218 (☎853 2893 7943; 1 Largo de St Agostinho; ◷11–20 Uhr; 🛜; 🚌9, 16) Diese winzige Oase mit Blick auf den Augustinusplatz lässt einen vergessen, dass man nur fünf Minuten vom geschäftigen Largo do Senado entfernt ist. Hier kann man nach einem Besuch in der Bibliothek Sir Robert Ho Tung einen starken, sorgfältig zubereiteten Kaffee genießen (S. 212).

SKY 21 LOUNGE   LOUNGE
Karte S. 214 (☎853 2822 2122; www.sky21macau.com; 21. Stock, AIA Tower, 215a-301 Avenida Comercial de Macau; ◷So–Do 18.30–2, Fr & Sa bis 3 Uhr, Happy Hour 17–21 Uhr; 🛜; 🚌18, 23, 32) In dieser schicken Lounge-Bar, die auch Tische im Freien und ein tolles Panorama bietet, gehen Zen und Cyberspace eine Liaison ein. Mehrmals pro Woche gibt's DJs und Livejazz und samstags spezielle Partys.

CINNEBAR   BAR
Karte S. 214 (霞酒廊; ☎853 8986 3663; EG, Wynn Macau, Rua Cidade de Sintra, Novos Aterros do Porto Exterior; ◷So–Do 15–1, Fr & Sa bis 2 Uhr; 🛜; 🚌8, 10A, 23) Das Cinnebar bietet eine tolle Mischung aus schick und leger: Innen herrscht klassisches Ambiente, draußen an den Tischen um den Pool geht es hingegen entspannt zu. In dieser Lobby-Bar werden auch ein paar exotische Cocktails serviert.

⭐ UNTERHALTUNG

★LIVE MUSIC ASSOCIATION   LIVEMUSIK
Karte S. 214 (LMA; 現場音樂協會; www.facebook.com/LMA.Macau; 11b San Mei Industrial Bldg, 50 Avenida do Coronel Mesquita; 🚌3, 9, 32, 12, 25) Der Name ist Programm! Der Ort für Indie-Musik in Macao: In diesem ausgezeichneten Laden in einem Industriegebäude sind schon viele lokale und internationale Acts aufgetreten, darunter auch Cold Cave, Buddhistson, Mio Myo und Pet Conspiracy. Auf der Website steht, was in nächster Zeit zu hören sein wird. Zu den Indie-Bands aus Macao, die man im Auge behalten sollte, gehören WhyOceans (www.whyoceans.com) und Turtle Giant (www.turtlegiant.com).

WYNN MACAU CASINO   KASINO
Karte S. 214 (永利娛樂場; ☎853 2888 9966; www.wynnmacau.com; Wynn Macau, Rua Cidade de Sintra, Novos Aterros do Porto Exterior; 🚌8, 10A) Trotz des „Performance Lake" vor dem Eingang, der alle 15 Minuten zum Klang von *Money Makes the World Go Round* oder chinesischer Melodien für eine Fontänenshow herhalten muss, gehört das Wynn zu den unscheinbareren Kasinokomplexen Macaos. Die Spielsalons ebenso wie die kleine, edle Einkaufsmeile sind relativ zurückhaltend. Weniger ruhig geht's dafür während der Show *Dragon of Fortune* zu, die jede halbe Stunde im Atrium der Rotunda stattfindet. Dabei taucht ein ferngesteuerter rauchspeiender Drache aus dem Boden auf. Weitere Attraktionen für alle, die nicht dem Glücksspiel frönen wollen, sind der 24-Karat-Goldbaum, der immer zur halben Stunde aus dem Boden sprießt, oder das Aquarium voller Ohrenquallen.

MGM GRAND MACAU   KASINO
Karte S. 214 (澳門美高梅; www.mgm.mo; Grande Praça, Avenida Dr Sun Yat Sen; 🚌8, 3A, 12) Mit dem unaufdringlich beleuchteten Kasinoboden und dem unscheinbaren Einkaufszentrum, das ausschließlich hochwertige Waren verkauft, scheint das MGM etwas weniger schrill zu sein als andere Kasinos –

lediglich die Grande Praça fällt aus der Reihe: ein weitläufiger, von einer Kuppel überdachter Platz im Innern, der an das alte Lissabon erinnert und in dessen Mitte sich ein haushohes röhrenförmiges Aquarium mit tropischen Fischen befindet.

SANDS CASINO KASINO
Karte S. 214 (☎853 2888 3330; www.sandsmacao.com; Largo de Monte Carlo 203; ▣8, 3A, 12) Als eines der ältesten internationalen Kasinos der Halbinsel versprühen die Spielsalons des Sands die Atmosphäre einer etwas in die Jahre gekommenen Lobby eines Mittelklassehotels. Es liegt in fußläufiger Entfernung zum Fähranleger und bietet weniger Unterhaltungsangebote und Restaurants als die Kasinos auf Cotai.

RUI CUNHA FOUNDATION KULTURZENTRUM
Karte S. 218 (官樂怡基金會, Fundacao Rui Cunha; ☎853 2892 3288; http://ruicunha.org; 749 Avenida da Praia Grande; ⊙Galerie 10–19 Uhr; ▣2A, 6A, 7A, 8) Diese Stiftung fördert von ihrem schönen Sitz im Herzen der Halbinsel aus die Identität Macaos durch eine Reihe durchdacht zusammengestellter Kunstausstellungen, Literaturlesungen und Vorträge. Parallel dazu werden anregende Seminare zu Macaos Rechts- und Sozialwesen veranstaltet.

SUN NEVER LEFT – PUBLIC ART PERFORMANCE LIVEMUSIK
Karte S. 218 (黃昏小叙-街頭藝術表演; www.cipa.org.mo; Rua de Sao Roque; ⊙Sa & So 15–18 Uhr; ▣; ▣7, 8) Jedes Wochenende bauen Künstler in der malerischen Rua de Sao Roque im Lazarusviertel ihre Stände auf und verkaufen Kunst und Kunsthandwerk. In einem der Cafés rundum kann man sich einen Kaffee schnappen und ihn schlürfen, während man bummelt und die Livemusik genießt.

GRAND LISBOA CASINO KASINO
Karte S. 218 (新葡京; ☎853 2838 2828; www.grandlisboa.com; Avenida de Lisboa, Macau Peninsula; ▣3, 10) Mit seinem Turm in Form einer Lotusblüte hat sich das herrlich kitschige Grand Lisboa zu einem Wahrzeichen entwickelt, mit dessen Hilfe die Besucher durch die Straßen der Halbinsel navigieren. Die vier Glücksspielebenen sind immer proppenvoll mit Spielern, die das Ganze todernst nehmen. Weniger los ist bei der täglich in der Bar aufgeführten Kabarett-Tanz-Show „Crazy Paris".

SHOPPEN

MACAU DESIGN CENTRE GESCHENKE & SOUVENIRS
Karte S. 214 (☎853 2852 0335; www.dcmacau.com/en; Travessa da Fabrica 5; ⊙11–19 Uhr; ▣1A, 2, 6A, 8, 8A, 10, 12, 19, 22, 28B, 28BX, 28C, 34) In einem düstern Arbeiterviertel sind in dieser Mischung aus Laden, Galerie und Ausstellungsfläche Kreationen von Designern aus Macao zu sehen. Besonders gut bekommt man hier handgemachte Keramiken, qualitativ hochwertige Lederhandtaschen, angesagte Kleidung, eingerahmte Grafiken u. v. m.

LIVRARIA PORTUGUESA BÜCHER, GESCHENKE
Karte S. 218 (Portugiesischer Buchladen; ☎853 2851 5915; Rua do São Domingos 18; ⊙11–19 Uhr; ▣3, 4, 6A, 8A, 19, 33) Mitten im Herzen von Macaos historischem Bezirk verkauft dieser Buchladen sowohl portugiesische als auch englische Titel, darunter einige schwer aufzutreibende Kochbücher der Macao-Küche. Im Angebot sind auch Geschenkartikel wie importierte portugiesische Seifen und Parfüms. Die Livraria besteht seit nunmehr über 30 Jahren und ist einer der wenigen Orte in Macao, an denen man mit an Sicherheit grenzender Wahrscheinlichkeit Portugiesisch hören wird.

MERCEARIA PORTUGUESA ESSEN
Karte S. 218 (☎853 2856 2708; www.merceariaportuguesa.com; 8 Calçada da Igreja de São Lazaro; ⊙Mo–Fr 13–21, Sa & So 12–21 Uhr; ▣7, 8) Dieser charmante portugiesische Eckladen wurde von einem Filmregisseur und einer Schauspielerin eröffnet und bietet ein kleines, aber gut zusammengestelltes Sortiment, darunter Honig, Porzellan, Holzspielzeug und Schmuck aus Portugal, alles hübsch verpackt und zu anständigen Preisen.

PINTO LIVROS BÜCHER
Karte S. 218 (邊度有書; http://blog.roodo.com/pintolivros; 1a Veng Heng Bldg, 31 Largo do Senado; ⊙11.30–23 Uhr; ▣3, 6, 26A) Der Leseraum im ersten Stock eines Gebäudes am Largo do Senado hat eine gute Auswahl an Büchern über Kunst und Kultur sowie ein paar esoterische CDs und ist zugleich die Residenz zweier Katzen.

FUTURA CLASSICA KOSMETIK
Karte S. 218 (☎2835 8378; 1A Calçada da Rocha; ⊙12–20 Uhr; ▣3, 6, 26 A, 18A, 33) In diesem Laden riecht es so süßlich, dass einem

schwindelig wird. Er ist der asiatische Vertriebspartner von Claus Porto, einer portugiesischen Luxusmarke für Seifen und Kosmetikprodukte – eine klasse Adresse für Souvenirs. Die Preise starten bei ca. 50 MOP und schrauben sich hinauf bis 1000 MOP.

WORKER PLAYGROUND — KLEIDUNG
Karte S. 214 (☎853 2875 7511; EG, Edificio Cheung Seng, 83a Avenida do Conselheiro Ferreira de Almeida; ⏰15–22 Uhr; 🚇) Worker Playground produziert Baseballjacken, Bikerhosen und modisch-androgyne Herren- und Damenbekleidung in guter Qualität. Der Name würdigt das alte Workers' Stadium, ein ehemaliges Wahrzeichen, das abgerissen wurde, um Platz für das Grand Lisboa Casino zu schaffen.

MACAO FASHION GALLERY — BEKLEIDUNG
Karte S. 218 (澳門時尚廊; ☎853 2835 3341; www.macaofashiongallery.com; 47 Rua de São Roque; ⏰Di–So 10–20 Uhr; 🚇7, 8) Eine Boutique im Erdgeschoss zeigt die Kreationen verschiedener Designer aus Macao, in der (wenig überzeugenden) Galerie in den oberen Etagen sind Modeausstellungen zu sehen, die alle drei Monate wechseln.

LINES LAB — BEKLEIDUNG
Karte S. 218 (www.lineslab.com; Shop A3, 8 Calçada da Igreja de São Lazaro; ⏰Di–So 13–20 Uhr; 🚇7, 8) Zwei in Lissabon ausgebildete Designer haben diese Boutique in den Kunsträumen im „Haus der alten Frauen" eröffnet und verkaufen trendige und von Macao inspirierte Klamotten und Taschen, die sie selbst kreiert haben.

SPORT & AKTIVITÄTEN

RUNDWEG AUF DEM GUIA HÜGEL — WANDERN
Karte S. 214 Es gibt zwei Wege auf dem Guia-Hügel im Zentrum der Halbinsel Macao, die sich gut zum Spazierengehen oder Joggen eignen. Der **Weg der 33 Kurven** (1,7 km) umrundet den Hügel. Er schließt einen **Fitnessparcours** mit 20 Übungsplätzen ein. Beide Wege sind mit der Guia-Seilbahn erreichbar.

A. J. HACKETT — ABENTEUERSPORT
Karte S. 214 (☎853 988 8656; http://macau.ajhackett.com; Largo da Torre de Macau; ⏰11–19.30 Uhr, Fr & Sa und im Sommer länger) Das Team des in Neuseeland ansässigen Unternehmens A.J. Hackett organisiert am und auf dem Torre de Macau alle Arten von Abenteuersport (Klettern, Bungeespringen etc.).

GRAY LINE — GEFÜHRTE TOUREN
Karte S. 214 (☎853 2833 6611; www.grayline.com.hk; Room 1015, EG, Macau Ferry Terminal; 10-stünd. Tour Erw./Kind 3–11 1275/1200 MOP inkl. Fähre nach Hongkong) Die hochwertigen Touren werden vom Fremdenverkehrsbüro der Regierung von Macao organisiert und über verschiedene Reisebüros angeboten. Sie dauern etwa zehn Stunden.

Die Inseln: Taipa, Coloane & Cotai

Erkunden

Die einstigen Inselchen Taipa, Cotai und Coloane sind längst als Folge der Landgewinnung zu einer großen Insel zusammengewachsen. Die engen Gassen im Dorf Taipa warten mit tollen Restaurants und Läden auf. Das neue Cotai (entstanden durch das Auffüllen eines Sumpfgebiets zwischen Taipa und Coloane) ist ein Paradies für Spieler und Neugierige und beherbergt die größten Kasinos der Welt. Und in Coloane im Süden finden sich abgelegene Strände und Restaurants, die ausgedehnte portugiesische Mittagstische im Angebot haben.

Highlights

➜**Sehenswertes** Museumshäuser Taipa (S. 230)
➜**Essen** António (S. 234)
➜**Ausgehen** Macallan Whisky Bar & Lounge (S. 235)

Top-Tipp

Taipa und Coloane kann man wunderbar mit dem Fahrrad erkunden. In Taipa gibt's bei 有記士多 in der 11 Rua dos Negotiantes in der Nähe des Pak Tai Temple Leihfahrräder. In Coloane kann man sich bei Dang Rang (東榮單車行) in der Rua do Meio ein Fahrrad ausleihen.

An- & Weiterreise

→**Shuttle** Kostenlose Shuttlebusse fahren von den Fährterminals und den Grenzübergängen direkt zu den Kasinos auf Cotai. Mitfahren darf jeder, auch Nicht-Hotelgäste.

→**Bus** Der Linienbus 25 fährt vom Grenzübergang im Norden der Halbinsel über Taipa und Cotai bis nach Coloane; der Bus 26A folgt einer ähnlichen Route.

→**Taxi** Rund um die Kasinos auf Cotai warten zahlreiche Taxis auf Fahrgäste. Die Warteschlangen können aber recht lang sein und es kommt vor, dass die Fahrer Fahrten zu weiter entfernten Zielen (z. B. Coloane) ablehnen.

Gut zu wissen

→**Ortsvorwahl** 853

→**Lage** Taipa liegt 2,5 km von der Halbinsel Macao und 39,3 von Hongkong entfernt. Cotai liegt 3 km von der Halbinsel Macao und 39,3 km von Hongkong entfernt. Coloane liegt 5,6 km von der Halbinsel Macao und 39,3 km von Hongkong entfernt.

→**Touristeninformation** (澳門旅遊局; Fremdenverkehrsbüro der Regierung von Macao; 853 2886 1418; www.macautourism.gov.mo; Macau International Airport; 10–22 Uhr) Im Taipa Temporary Ferry Terminal gibt's einen Infoschalter.

SEHENSWERTES

Taipa

DORF TAIPA DORF

(22, 26, 33) Nirgendwo ist das historische Taipa so gut erhalten wie in diesem Dorf im Süden der Insel. In den kleinen Gassen bietet es eine nette Ansammlung traditioneller chinesischer Läden sowie ein paar ausgezeichnete Restaurants, die breiteren Hauptstraßen säumen mehrere Villen aus der Kolonialzeit, Kirchen und Tempel. In der Fußgängerzone Rua do Cunha reihen sich Straßenverkäufer aneinander, die Gratiskostproben von Mandelkeksen und Trockenfleisch anbieten, während winzige Cafés Pastéis de Nata und Serradura-Pudding im Angebot haben. Die Avenida da Praia ist eine von Bäumen gesäumte Flaniermeile mit gusseisernen Bänken und der perfekte Ort für einen entspannten Spaziergang.

MUSEUMSHÄUSER TAIPA MUSEUM

(龍環葡韻住宅博物館, Casa Museum da Taipa; 853 2882 7103; Avenida da Praia, Carmo Zone, Dorf Taipa; Erw./Student 5/2 MOP, Kinder & Senioren frei, So Eintritt frei; Di–So 10–17.30 Uhr; 11, 15, 22, 28A, 30, 33, 34) Diese pastellfarbenen Villen (um 1921) waren die Sommerresidenzen wohlhabender Einwohner Macaos. Im „Haus der Regionen Portugals" ist portugiesische Kleidung ausgestellt. Das „Haus der Inseln" beschäftigt sich mit der Geschichte Taipas und Coloanes und zeigt Ausstellungen zu traditionellen Industrien, etwa zur Fischerei und der Herstellung von Feuerwerkskörpern. Das „Haus Macaos" schließlich bietet einen Einblick in das Leben im frühen 20. Jh.

HISTORISCHES MUSEUM TAIPA & COLOANE MUSEUM

(路氹歷史館, Museu da História da Taipa e Coloane; 853 2882 5361; Rua Correia da Silva, Taipa; Erw./Student 5/2 MOP, Kinder & Senioren frei, Di Eintritt frei; Di–So 10–17.30 Uhr; 11, 15, 22, 28A, 30, 33, 34) Dieses Museum zeigt im 1. Stock eine Ausstellung mit Grabungsfunden und anderen Artefakten, während im 2. Stock religiöse Objekte, Kunsthandwerk und architektonische Modelle zu sehen sind.

PAK TAI TEMPLE TAOISTISCHER TEMPEL

(Rua do Regedor; 22, 28A, 26) Der Pak Tai Temple sitzt, von alten Bäumen eingerahmt, wunderbar friedlich auf einem luftigen Platz. Er ist einer kriegerischen Gottheit gewidmet – dem taoistischen Gott (Tai) des Nordens (Pak). Dieser Gott hat den Dämonenkönig besiegt, der das Universum terrorisierte. Zwei chinesische Löwen bewachen den Eingang des Tempels. Jedes Jahr wird hier am dritten Tag des dritten Mondmonats eine kantonesische Oper aufgeführt.

KIRCHE UNSERER LIEBEN FRAU VON KARMEL KIRCHE

(Igreja de Nossa Senhora de Carmo; Rue da Restauração, Taipa; 22, 28A, 26) Diese reizende, gelbe Kirche wurde 1885 im neoklassischen Stil erbaut. Sie steht auf einem Hügel mit Blick auf den Hafen, das malerische Dörfchen Taipa und die pastellfarbenen Museumshäuser. Wer am Wochenende vorbeischaut, wird Dutzende Paare sehen, die hier ihre Hochzeitsfotos schießen lassen.

Taipa

POU TAI TEMPLE BUDDHISTISCHER TEMPEL
(菩提禪院, Pou Tai Un; 5 Estrada Lou Lim Ieok; ⊙9–18 Uhr; 🚌21A, 22, 25, 25X, 26A, 28A) Der hübsche Pou Tai Temple wurde im 19. Jh. von buddhistischen Mönchen gegründet. In seiner Haupthalle steht eine mächtige Gautama-Bronzestatue, über die gesamte Anlage sind Gebetspavillons und Orchideen-Treibhäuser verstreut. Die Mönche betreiben ein vegetarisches Restaurant (S. 233).

◉ Coloane

PAVILLON DES RIESENPANDAS VON MACAO ZOO
(大熊貓館, Pavihao do Panda Gigante de Macau; ☎853 2833 7676; www.macaupanda.org.mo; Seac Pai Van Park, Coloane; Eintritt 10 MOP; ⊙Di–So 10–13 & 14–17 Uhr; 🅿; 🚌15, 21A, 25, 26, 26A, 50) Coloane bietet eine praktische und günstige Gelegenheit, Pandas aus nächster Nähe zu beobachten. Die knuddeligen Bären werden in einem speziell erbauten Pavillon im Seac-Pai-Van-Park (S. 233) gehalten, der jeden Tag von 10 Uhr bis 16 Uhr für Besucher geöffnet ist. Es leben aber auch andere Tiere hier, beispielsweise Pfauen, Affen und ein Tukan. Vor Kurzem kamen Panda-Zwillinge auf die Welt, die seither natürlich ein Besuchermagnet sind.

Taipa

◉ Highlights
1 Dorf Taipa B2

◉ Sehenswertes
2 Kirche u. l. Frau von Karmel C2
3 Historisches Museum
   Taipa & Coloane A3
4 Pak Tai Temple A3
5 Museumshäuser Taipa D2

◉ Essen
6 A Petisqueira A2
7 António B3
8 O Santos B2
9 Tai Lei Loi B2

◉ Ausgehen & Nachtleben
10 Old Taipa Tavern A2

◉ Shoppen
11 Cunha Bazaar B1

STRAND HÁC SÁ STRAND
(黑沙海灘, 🚌21A, 25, 26A) Der Hác Sá (Schwarzer Sand) ist der beliebteste Strand in Macao. Der Sand ist tatsächlich schwärzlich, weshalb das Wasser immer ein bisschen schmutzig wirkt (keine Sorge, das ist alles natürlich). Von Mai bis Oktober sind

Coloane

Coloane

⊙ Sehenswertes
1 Kapelle des hl. Franz Xaver A1
2 Strand Cheoc Van C2
3 Bibliothek Coloane A1
4 Tam Kung Temple A2

⊗ Essen
5 Café Nga Tim A1
6 Espaco Lisboa A1
7 Lord Stow's Bakery A1

🛌 Schlafen
8 Pousada de Coloane D2
9 Pousada de Juventude de
   Cheoc Van D3

ℹ Transport
10 Bushaltestelle B1

Rettungsschwimmer im Einsatz. An den Ständen gleich neben dem Strand kann man sich für 60 MOP pro Tag und ein Pfand von 100 MOP einen Sonnenschirm ausleihen (der natürlich selbst wieder zurückgebracht werden muss).

KAPELLE DES HL. FRANZ XAVER KIRCHE
(聖方濟各教堂; Capela de São Francisco Xavier; Rua do Caetano, Largo Eduardo Marques, Coloane; ⊙10–20 Uhr; 🚌15, 21A, 25, 26A) Diese Kapelle wurde 1928 erbaut und enthält Gemälde des Jesuskindes mit einer chinesischen Madonna sowie weitere Erinnerungsstücke an das Christentum und den Kolonialismus in Asien. Das etwas skurrile Gebäude ist gelb angestrichen und mit roten Laternen geschmückt. Vor der Kapelle stehen ein Denkmal und ein Brunnen, umgeben von vier Kanonenkugeln, die an die erfolgreiche (und endgültige) Vertreibung der Piraten im Jahr 1910 erinnern.

STRAND CHEOC VAN STRAND
(竹灣海灘; Estrada de Cheoc Van; 🚌21A, 25, 26A) Nach etwa 1,5 km entlang der Estrada de Cheoc Van, die vom Dorf Coloane zuerst Richtung Osten und dann nach Südosten verläuft, erreicht man den Strand Cheoc Van (Bambusstrand), der kleiner, aber auch etwas sauberer ist als der Strand Hác Sá. Er bietet Umkleidekabinen und Toiletten und während der Saison (Mai–Okt. Mo–Sa 10–18, So 9–18 Uhr) sind auch Rettungsschwimmer im Einsatz. Es gibt auch einen großen öffentlichen Pool im Freien.

TAM KUNG TEMPLE TAOISTISCHER TEMPEL
(譚公廟; Avenida de Cinco de Outubro, Coloane; ⊙8.30–17.30 Uhr; 🚌15, 21A, 25, 26A) Dieser Tempel ist dem taoistischen Gott der See-

fahrer gewidmet. Im Hauptaltar ist ein großer Walknochen zu sehen, aus dem das Modell eines Drachenbootes geschnitzt wurde. Links vom Hauptaltar führt ein Weg zum Dach, von dem aus man über das Dorf und das Ufer blicken kann.

A-MA-STATUE & -TEMPEL   DENKMAL
(媽祖像及媽閣廟, Estátua da Deusa A-Ma; Estrada do Alto de Coloane; ⏱Tempel 8–19.30 Uhr) Diese 20 m hohe, weiße Jade-Statue wurde 1998 erbaut, steht auf dem Alto de Coloane (176 m) und stellt jene Göttin dar, die Macao ihren Namen gab. Sie ist das Highlight eines touristischen „Kulturdorfs", das auch den **Tian Hou Temple** beherbergt. Vom verzierten A-Ma-Eingangstor (媽祖文化村石牌坊) in der Estrada de Seac Pai Van (Bus 21A, 25, 50) fährt halbstündlich zwischen 8 und 18 Uhr ein kostenloser Shuttlebus. Alternativ folgt man vom Seac-Pai-Van-Park dem Coloane-Weg (S. 237; Trilho de Coloane).

BIBLIOTHEK COLOANE   BIBLIOTHEK
(路環圖書館; Rua de Cinco de Outubro, Coloane; ⏱Mo–Sa 13–19 Uhr; 🚌21A, 25, 26A) Dieser winzige griechische Tempel in kräftigem Gelb wurde 1917 erbaut und dient heute noch als öffentliche Bibliothek.

SEAC-PAI-VAN-PARK   PARK
(石排灣郊野公園; Estrada de Seac Pai Van; ⏱Di–So 8–18 Uhr, Vogelhaus Di–So 9–17 Uhr; 🚌21A, 26A, 50) GRATIS Dieser 20 ha große Park am Ende von Cotai wurde in den waldigen Hügeln an der Westseite der Insel angelegt und bietet etwas ungepflegte Gärten, den Pavillon des Riesenpandas von Macao (S. 264), einen See mit Schwänen und anderen Wasservögeln und ein begehbares Vogelhaus.

🍴 ESSEN

🍴 Taipa

⭐ TAI LEI LOI   CHINESISCH $
(大利來; ☎853 2882 7150; www.taileiloi.com.mo; 42 Rua dos Clérigos, Taipa; Brötchen 40 MOP; ⏱8–18 Uhr; 🍴; 🚌22, 26) Hier wird Südchinas berühmtestes Schweinefleisch-Brötchen zubereitet. Der Laden wurde 1960 als Straßenstand von der Mutter des heutigen Besitzers eröffnet. Die saftigen Schweinefleischstreifen (alternativ Fischfilets) werden mit den warmen, weichen Brötchen serviert, die täglich pünktlich um 14 Uhr aus dem Ofen geholt werden.

POU TAI TEMPLE RESTAURANT   CHINESISCH $
(5 Estrada Lou Lim Ieok, Taipa; Gerichte 40–120 MOP; ⏱Mo–Sa 11–20, So 9–21 Uhr; 🍴🌱) Eine tolle Entdeckung! Die beiden vegetarischen Restaurants (eines ist formeller, das andere eher leger) befinden sich im Pou Tai Temple (S. 231) im Norden Taipas.

A PETISQUEIRA   PORTUGIESISCH $$
(葡國美食天地; ☎853 2882 5354; 15 Rua de São João, Taipa; Gerichte 150–500 MOP; ⏱Di–So 12.30–14.15 & 18.45–22 Uhr; 🍴; 🚌22, 28A) „Die Snackbude" ist ein freundlicher Laden in einer etwas düsteren Gasse, der eine riesige Auswahl portugiesischer Leckereien verkauft. Er serviert seinen eigenen *queijo fresca da casa* (hausgemachten Käse). Der *bacalao* (Stockfisch) – auf fünf Arten zubereitet – und die gebackenen Meeresfrüchte mit Reis sind ebenfalls sehr lecker.

BANZA   PORTUGIESISCH $$
(百姓餐廳; ☎853 2882 1519; 154a & b, G & H, Block 5, Edificio Nam San Garden, Avenida de Kwong Tung, Taipa; Gerichte 200–500 MOP;

> **INSIDERWISSEN**
>
> ## COLOANES PFAHLHÄUSER
>
> Macao war Fischerdorf, bevor das Glücksspiel Mitte des 19. Jhs. legalisiert wurde. Heute finden sich die einzigen Überreste dieser idyllischen Vergangenheit in Coloane.
>
> Auf der Rua dos Navegantes in Coloanes altem Fischerdorf säumen noch immer ein paar Pfahlhäuser und Bootswerften die Küste. Diese Hütten aus farbenfrohem Wellblech ragen wie dicke Essstäbchen in den Hafen hinein, einst waren sie Anlegestellen für Hausboote. Einige wurden in Läden umgewandelt, die getrocknete Meeresfrüchte verkaufen; der Loja de Peixe Tong Kei (棠記魚舖) beispielsweise befindet sich am Largo do Cais, dem Platz direkt neben dem charmanten alten Pier von Coloane.
>
> Vom Platz aus kann man den Hang rechts neben dem Servicos-de-Alfangega-Gebäude hinaufsteigen. Nach zwei Minuten erblickt man die Überreste einer Bootswerft, ebenfalls auf Pfählen.

Di–So 12–15 & 18.30–23 Uhr; 11, 16, 28A) Das einladende Lokal liegt etwas abseits der üblichen Touristenpfade. Es wird von einem ehemaligen portugiesischen Anwalt geführt und ist für seine leckeren Fischgerichte und portugiesischen Klassiker bekannt. Auf Wunsch empfiehlt das Banza auch gern eine Flasche aus seiner interessanten Auswahl portugiesischer Weine.

O SANTOS PORTUGIESISCH $$

(853 2882 7508; www.osantoscomidaportuguesa.com; 20 Rua da Cunha, Taipa; Gerichte 200–350 MOP; Mi–Mo 12–15 & 18–22 Uhr; 22, 26) Trotz seiner Lage an der touristischen Rua da Cunha hält das charmante O Santos seinen Standard. Die Stammgäste kommen wegen des Hühnchens in Essig-Blutreis und der freundlichen Plaudereien mit dem Besitzer (einem ehemaligen Marinekoch) seit 20 Jahren immer wieder gerne hierher.

★ ANTÓNIO PORTUGIESISCH $$$

(安東尼奧; 853 2888 8668; www.antoniomacau.com; 7 Rua dos Clérigos, Taipa; Gerichte 350–1200 MOP; 12–24 Uhr; 22, 26) Der gemütliche, von Mahagoni umrahmte Speisesaal, die penibel durchdachte Karte und der unterhaltsame Koch António Coelho machen dieses Restaurant zur ersten Wahl für traditionelles portugiesisches Essen. Wenn man nur ein portugiesisches Lokal in Macao besuchen kann, dann sollte es dieses sein. Der Tintenfischsalat, die hausgemachten Würste (die beim Servieren wortwörtlich von der Flamme geküsst werden) und das afrikanische Hühnchen sind ausgezeichnet.

✖ Coloane

★ CAFÉ NGA TIM MACAO-KÜCHE $

(雅憩花園餐廳; Rua do Caetano, Coloane village; Hauptgerichte 70–200 MOP; 12–1 Uhr; 21A, 25, 26A) Wir lieben das chinesisch-portugiesische Essen, die Kleinstadtatmosphäre, den Blick auf die Kapelle des hl. Franz Xaver, die Preise und den Besitzer – einen Gitarre und *erhu* spielenden Ex-Polizisten namens Feeling Wong.

HON KEE COFFEE CAFÉ $

(Estrada de Lai Chi Vun; Hauptgerichte 15–30 MOP; 7.30–18 Uhr) Das eigenwillige *cha chaan teng* (Schnellrestaurant im südchinesischen Stil, das auf Kaffee, Tee und Frühstück spezialisiert ist) liegt mitten in einer verlassenen und stimmungsvollen Schiffswerft gleich nördlich von Coloane und ist ein angesagter Treffpunkt für die jungen Leute aus Macao. In dem viel besuchten Schuppen mit seinen hohen Decken lässt sich prima ein starker Kaffee schlürfen oder ein fluffiger weißer und mit Kondensmilch beträufelter Toast verdrücken.

LORD STOW'S BAKERY BÄCKEREI $

(澳門安德魯餅店; 1 Rua da Tassara; Puddingtörtchen 9 MOP; Do–Di 7.30–22, Mi bis 19 Uhr) Obwohl der berühmte englische Bäcker Andrew Stow bereits verstorben ist, halten sein Café (9 Largo do Matadouro) und die Lord Stow's Bakery die Erinnerung an ihn lebendig. Noch immer gibt es hier seine beliebten *pastéis de nata* (ein warmes Puddingtörtchen, 9 MOP) und Käsekuchen (14 MOP) in ungewöhnlichen Geschmacksrichtungen, etwa mit schwarzem Sesam oder grünem Tee.

BARBECUE-STÄNDE AM STRAND HÁC SÁ BARBECUE $

(Rua de Hác Sá Long Chao Kok, Coloane; Spieße 15–45 MOP; 11–15 Uhr; 21A, 25, 26A) Gleich neben dem Strand Hác Sá befindet sich eine Reihe von Barbecue-Ständen – einige auch mit Tischen. Sie verbreiten einen Duft von gegrilltem Fleisch und Fisch, bei dem einem das Wasser im Munde zusammenläuft.

★ RESTAURANTE FERNANDO PORTUGIESISCH $$

(法蘭度餐廳; 853 2888 2264; Strand Hác Sá 9; Gerichte 150–270 MOP; 12–21.30 Uhr; 21A, 25, 26A) Das weitläufige Fernando ist vielleicht das berühmteste Restaurant von Coloane. Es hat zwei getrennte Speiseräume und einen Hof mit großem Barbereich. Die treuen Stammgäste belagern die Tische mit den karierten Tischdecken und lassen sich Venusmuscheln mit Knoblauch, golden gebratenes Spanferkel und Unmengen an Reis mit Stockfisch schmecken. Vor allem am Wochenende muss man sowohl mittags als auch abends mit einer Warteschlange rechnen. Nur Barzahlung möglich.

ESPACO LISBOA PORTUGIESISCH, MACAO-KÜCHE $$$

(里斯本地帶; 853 2888 2226; 8 Rua das Gaivotas, Dorf Coloane; Gerichte 250–800 MOP; 12–22.30 Uhr; 21A, 25, 26A) Die Hausmannskost ist sehr solide. Einzigartig ist dieses zweistöckige Restaurant im Dorf Co-

Ioana aber wegen des Mix aus portugiesisch inspiriertem Dekor und chinesischem Dorfhaus. Mit anderen Worten: Der Raum (*espaço*) ist großartig.

 AUSGEHEN & NACHTLEBEN

OLD TAIPA TAVERN PUB

(好客鄉村餐廳; 21 Rua dos Negociantes, Taipa; ☏; 🚌22, 28A, 26) Die Lage in der Nähe des Pak Tai Temple macht das entspannte OTT zu einem hervorragenden Ort, um bei einem Bier das Kommen und Gehen im Zentrum des Dörfchens Taipa zu beobachten.

★MACALLAN WHISKY BAR & LOUNGE BAR

(☏853 8883 2221; www.galaxymacau.com; 203, 2. Stock Galaxy Hotel, Cotai; ⓢMo–Do 17–1, Fr & Sa bis 2 Uhr; 🚌25, 25X) Macaos beste Whisky-Bar ist eine traditionelle Angelegenheit aus Eichenvertäfelungen, jakobitischen Teppichen und einem echten Kamin. Zu den über 400 Whiskysorten gehören auch Vertreter aus Irland, Frankreich, Schweden und Indien sowie ein Glenmorangie von 1963. Happy Hour ist bis 21 Uhr. Bis dahin bekommt man sein Alter in Prozent vom Preis seines Getränks abgezogen – wer 30 Jahre auf dem Buckel hat, bekommt also 30 % Rabatt.

CLUB CUBIC CLUB

(☏853 6638 4999; www.cubic-cod.com; 2105-02, Level 2, City of Dreams, Estrada do Istmo, Cotai; ⓢMo–Sa 23.30–6 Uhr; 🚌50, 35) Der glitzernde Club Cubic im Hard Rock Hotel bietet Motto-Räume und eine große Discokugel. DJs legen eine bunte Mischung auf, darunter Hip-Hop, Techno und koreanischer Pop, die aus dem modernen Soundsystem dröhnen.

⭐ UNTERHALTUNG

★VENETIAN KASINO

(澳門威尼斯人度假村酒店; ☏853 2882 8877; www.venetianmacao.com; 🚌25, 26A) Das Venetian, das stets bis obenhin mit Busladungen an staunenden Touristen gefüllt ist, soll mit seinen 980 000 m² zu den zehn größten Gebäuden der Welt zählen. Der Baustil kann am treffendsten als „Kasino-Gotik" beschrieben werden. Im Innern beherbergt

> ### ℹ️ EVENTS & TICKETS
>
> Auf der Website www.macau.com gibt's Veranstaltungskalender und einen Buchungsservice für Tickets. Man kann die Karten für die meisten Veranstaltungen außerdem über **Macau Ticket** (Karte S. 214; ☏853 2855 5555; www.macauticket.com; 71b Avenida Conselheiro Ferreira de Almeida) und **Cotai Ticketing** (www.cotaiticketing.com) buchen.
>
> Der monatliche Veranstaltungskalender für gehobenere Unterhaltung heißt *Destination Macau*, erhältlich in den Filialen des Macau Government Tourist Office und in größeren Hotels.

es um die 3000 Hotelsuiten, eine komplette Arena, eine Klinik für medizinische und plastische Chirurgie und einen über 500 000 m² großen Glücksspielbereich von. Herzstück des Venetian ist das Grand Canal Shoppes: Das Einkaufszentrum säumt drei riesige gewundene Kanäle, auf denen Opernlieder schmetternde Gondoliere Boote mit Touristen über das tiefblaue Wasser schippern. Die Decke ist so gestaltet und illuminiert, dass sie dem Himmel in der Abenddämmerung gleicht, die Läden verstecken sich hinter venezianischen Fassaden und überall sind Magier unterwegs, die mit ihren Karnevalskostümen die Besucher begeistern. Surreal!

★HOUSE OF DANCING WATER THEATER

(水舞間; ☏853 8868 6688; http://thehouseofdancingwater.com; City of Dreams, Estrada do Istmo, Cotai; Tickets 580–1480 MOP; 🚌50, 35) Das „Haus des Tanzenden Wassers", Macaos am teuersten produzierte Show, ist eine atemberaubende Mischung aus Stunts, Akrobatik und Theater. Inszeniert hat sie Franco Dragone, der ehemalige Regisseur des Cirque du Soleil. Die Magie findet rund um einen kobaltblauen Pool von der Größe mehrerer olympischer Schwimmbecken statt. Darüber, darunter, darin und rund herum vollbringt ein grandios kostümiertes Ensemble aus 80 Künstlern haarsträubende Stunts.

GALAXY MACAU KASINO

(澳門銀河綜合渡假城; ☏853 2888 0888; www.galaxymacau.com; Avenida Marginal Flor de Lotus, Cotai; 🚌25, 26A) Das gigantische, in Gold und Weiß gehaltene Galaxy ragt über

DIE GRELLEN LICHTER DER SÜNDIGEN STADT

Macao ist bereits seit dem 19. Jh. ein Mekka für Glücksspieler, neuerdings sprießen jedoch die schillernden Megakasinos wie Pilze aus dem Boden. Der Startschuss für den rasanten Wandel fiel, als das Monopol des Kasino-Moguls Stanley Ho im Jahr 2002 fiel und die Konkurrenz aus Las Vegas hier ihre Zelte aufschlug. Heute gibt es in Macao über 30 Kasinos – ihre Gesamteinnahmen durch das Glücksspiel übersteigen die aller anderen großen Spielerparadiese der Welt zusammen. Auf der Halbinsel Macao finden sich vor allem ältere, kleinere Kasinos, während das vor Kurzem erst durch Landgewinnung hinzugekommene Gebiet von Cotai die neuen Kolosse beherbergt, die Glücksspiel, Hotel, Einkaufszentrum und Amüsement an einem Ort vereinen.

In den Kasinos hier wird hauptsächlich an Tischen gespielt – meist Baccara, gefolgt von Roulette und einem Würfelspiel namens Dai Sai („Klein und Groß"). Man wird kaum ein Kreischen oder Klimpern hören – Spielautomaten machen nur 5 % der Gesamtgewinne der Kasinos aus (gegenüber 60 % in Las Vegas). Betrunkene sind auch eher selten zu sehen, da chinesische Spieler glauben, Alkohol beeinträchtige ihr Geschick. Über 80 % der Spieler und 95 % der High Roller kommen vom chinesischen Festland. Letztere spielen in exklusiven Zimmern, in denen die eingesetzten Summe an manchen Tagen das Bruttoinlandsprodukt eines kleineren Landes toppen.

Freizeitspieler sollten sich vor den lästigen Trinkgeldjägern in Acht nehmen – Trickbetrüger, die sich an den Tischen herumtreiben und sich aufführen, als seien sie dein bester Freund. Sie klauen Chips, nerven Spieler, sie am Gewinn zu beteiligen, oder versuchen, Gäste in ein anderes Kasino zu lotsen, das ihnen dafür eine Provision bezahlt.

Die Kasinos sind rund um die Uhr geöffnet. Wer sie besuchen will, muss mindestens 21 Jahre alt und anständig gekleidet sein.

Cotai empor wie ein Palast von Außerirdischen in *Star Wars*. als eines der extravagantesten Megakasinos der Stadt (und das will etwas heißen) beherbergt es sechs Hotels, über 100 Restaurants, kilometerweise hochwertige Geschäfte sowie ein Kino, eine chinesische Fußmassage und auf dem Dach ein atemberaubendes Wellenbecken und einen künstlich angelegten Fluss, in dem man sich treiben lassen kann (nur für Hotelgäste). Im hell erleuchteten Glücksspielbereich ist die ganze Nacht das Geräusch von Würfeln und Spielautomaten zu hören. Wer nur als Zaungast vorbeischauen möchte, darf sich in der Lobby auf Violinisten, Tanzensembles und einen Brunnen freuen, der einmal pro Stunde mit Licht und Gesang zum Leben erwacht.

STUDIO CITY KASINO
(☎853 8865 8888; www.studiocity-macau.com; Estrada Flor de Lotus, Cotai; ♿; 🚌25, 26A) Dieses neue Kasino ist schon von Weitem an der goldenen Filmspule in Form einer Acht in seiner Mitte zu erkennen. Dabei handelt es sich um ein doppeltes Riesenrad, von dem aus man den gesamten Cotai Strip im Blick hat. Das Studio City hat sich voll und ganz dem Thema Hollywood verschrieben und ist einer der familienfreundlicheren Kasinokomplexe Macaos. Für Spaß sorgen der Kinder Freizeitpark Warner Bros. Fun Zone (drinnen) und ein sehr spaßiger Batman-Flugsimulator (150 MOP). Zum Komplex gehören außerdem ein voll ausgestattetes Kasino, ein Hotel mit 1600 Zimmern, ein Einkaufszentrum, eine eigene Zaubershow und ein Food Court, der im Look des alten Macaos gestaltet ist.

CITY OF DREAMS KASINO
(新濠天地; ☎853 8868 6688; www.cityofdreamsmacau.com; Estrada do Istmo, Cotai; 🚌25, 26A) Das 2009 eröffnete Megakasino umfasst drei Hotels, mehrere Dutzend Restaurants, ein Einkaufszentrum, mehrere Theater und einen über 45 000 m² großen Glücksspielbereich. Nicht verpassen sollte man die 3D-Shows im Bubble Dome Theatre (50 MOP) sowie die digitalen Meerjungfrauen, die an Wänden des virtuellen Aquariums entlangschwimmen.

SHOPPEN

★CUNHA BAZAAR GESCHENKE & SOUVENIRS
(www.cunhabazaar.com; Rua do Cunha 33–35, Taipa; ⏱9.30–22 Uhr) Das vierstöckige Kaufhaus an der Ecke der Fußgängerzone Rua

do Cunha in Taipa ist die erste Adresse für in Macao hergestellte Geschenke, T-Shirts, Süßigkeiten u. v. m. Im Erdgeschoss gibt es traditionelle Lebensmittel wie Mandelkekse und Trockenfleisch, der erste Stock ist allen möglichen Waren mit dem Abbild des Soda Panda gewidmet. Dieser ständig griesgrämige Cartoon-Panda mag alles, was typisch für Macao ist, so z. B. Puddingtorten oder Roulette. Auf den übrigen beiden Etagen finden sich Lederwaren, Keramikartikel, Notebooks und Kreationen lokaler Designer.

SPORT & AKTIVITÄTEN

WANDERN AUF DEM TAIPA-WEG WANDERN

Der **Kleine Taipa-Weg** (Trilho de Taipa Pequena) ist ein 2 km langer Rundweg um einen 111 m hohen Hügel im Nordwesten von Taipa, der über die Estrada Lou Lim Ieok erreichbar ist. Der 2,2 km lange **Große Taipa-Weg** (Trilho de Taipa Grande) führt um den Taipa Grande, einen 160 m hohen Hügel am Ostende der Insel. Man erreicht den Weg über eine kurze asphaltierte Straße abseits der Estrada Colonel Nicolau de Mesquita.

COLOANE-WEG WANDERN & TREKKEN

Der längste Wanderweg in Coloane (und Macao) ist der 8,1 km lange Trilho de Coloane, der im mittleren Abschnitt der Estrada do Alto de Coloane beginnt und sich um die Insel schlängelt (man kommt mit Bus 21A hierher; an der Haltestelle Estrata do Campo aussteigen, auf die andere Straßenseite zur Estrata Militar wechseln und nach 600 m rechts abbiegen). Es ist auch ein Umweg über den Alto de Coloane (170 m) zur A-Ma-Statue (S. 233) möglich.

Der kürzere **Nordöstliche Coloane-Weg** (Trilho Nordeste de Coloane) nahe Ká Hó ist 3 km lang. Weitere gute Wanderwege sind der 1,5 km lange **Altinho-de-Ká-Hó-Weg** und der **Circuito da Barragem de Hác Sá**, die beide um das Reservoir herum und zur Nordwestseite des Strands Hác Sá führen.

MACAU GOLF & COUNTRY CLUB GOLF
(澳門高爾夫球鄉村俱樂部; ☎853 2887 1188; www.macaugolfandcountryclub.com; 1918 Estrada de Hác Sá, Coloane; 🚌15) Der malerische 18-Loch-Platz mit Par 71 ist einer von drei Turnier-Golfplätzen in China. Er ist an das Westin Resort angeschlossen und bietet an Werktagen spezielle Tee-Times für Nicht-Mitglieder. Von der Driving Range aus können die Spieler ihre Bälle ins Südchinesische Meer schlagen.

Schlafen

Hongkongs Unterkünfte reichen von Hostels mit winzigen Zimmern bis zu opulenten Suiten. In einer Stadt, in der der Immobilienpreis dem Goldpreis entspricht, ist der Geldbeutel entscheidend. Bei Luxushotels hat man die Qual der Wahl. Die Mittelklasseoptionen sind weniger überwältigend, aber annehmbar. Im Budgetsegment dünnt das Angebot merklich aus.

Ausstattung

Alle Zimmer haben Klimaanlage. Zudem verfügen alle (mit Ausnahme der allerbilligsten) über Privatbäder, WLAN auf dem Zimmer und Kabel-TV auf Englisch. Die meisten Unterkünfte bieten Computer, die Gäste nutzen können. In allen Innenbereichen von Hostels und Hotels ist das Rauchen untersagt.

Spitzenklassehotels

Hongkongs Spitzenklassehotels buhlen um das Geld reicher Besucher. Ihre Argumente sind Sternerestaurants, Wellnesskomplexe und ein guter Service. Spitzenklassezimmer gibt's ab etwa 2000 HK$ aufwärts. Mitunter sind Komfort, Extras und Service denen der weltbesten Hotels ebenbürtig oder überlegen.

Mittelklassehotels

Noch immer bereichern erschwingliche Neuzugänge in cooler Optik den Markt. Die Preise liegen zwischen 1000 und 2000 HK$, in der Nebensaison zahlt man sogar nur Budgettarife. Die Zimmer sind meist recht klein und haben WLAN, begrenztes Kabel-TV und Zimmerservice.

Pensionen

Pensionen dominieren das untere Preissegment. Meist handelt es sich um eine Reihe winziger Zimmer, die sich in eine umgebaute Wohnung zwängen. Oft beherbergt ein Gebäude mehrere Pensionen. Manche vermieten preisgünstige Schlafsäle.

Die Zimmer sind klein, dafür sind viele Pensionen sauber. Stiltechnisch dominieren fröhliche Schäbigkeit oder gepflegte Nüchternheit. Alle haben Klimaanlage und die meisten TV und Telefon. Preise unter 900 HK$ zählen zum Budgetsegment.

Je nach Saison kann man eventuell einen besseren Preis aushandeln, da viele Unterkünfte darauf erpicht sind, leere Zimmer zu vermieten. Die meisten Pensionen bieten kostenloses WLAN.

Hostels & Camping

Zur Hong Kong Youth Hostels Association (S. 294) gehören insgesamt sieben Hostels von HI (Hostelling International). Die HKYHA verkauft neben ihren eigenen Ausweisen auch Internationale Jugendherbergsausweise (HI Cards). Wer nicht bereits HI-Mitglied ist, kann dies direkt im HKYHA-Büro oder hiesigen Hostels werden. Dazu braucht man ein Passfoto und einen gültigen Lichtbildausweis.

Alle HKYHA-Hostels haben Gemeinschaftsküchen und getrennte Duschen bzw. Toiletten für Frauen und Männer. Zudem stellen sie Kissen, Bettdecken und -wäsche. In den meisten Hostels gibt's auch abschließbare Spinde.

Je nach Hostel kosten Schlafsaalbetten 75 bis 250 HK$ pro Übernachtung.

In den New Territories und auf den Outlying Islands unterhält die Country & Marine Parks Authority (S. 166) insgesamt 41 einfache Campingplätze.

Top-Tipps

Peninsula Hong Kong (S. 247) Weltklasse-Luxus und koloniale Eleganz am Hafen am Rand von Tsim Sha Tsui.

TUVE (S. 243) Kleines Paradies für Designliebhaber in einem hübschen Viertel mit zahlreichen Restaurants.

Hotel Indigo (S. 244) Große farbenfrohe Zimmer, aufmerksames Personal und eine großartige Bar in einem lebendigen Teil von Wan Chai.

Campus Hong Kong (S. 248) Brandneues Studentenhostel mit Traumblicken und den Annehmlichkeiten eines Luxushotels.

Upper House (S. 244) Zen-artige Atmosphäre, Yoga auf dem Rasen, herzlicher Service und Blick auf die Hügel in Admiralty.

Hyatt Regency Tsim Sha Tsui (S. 247) Selbstbewusster Veteran mit Komfort, dezentem Luxus und Top-Lage.

Preiskategorien

$

Campus Hong Kong (S. 248) In diesem Studentenhostel in Tsuen Wan nächtigt man königlich – falls man tatsächlich ein Zimmer ergattern sollte.

YesInn (S. 242) Unkonventionelles, sehr freundliches, internationales Hostel.

$$

TUVE (S. 243) Schicke Zimmer im Industrieschick, ein Rezeptionsbereich mit Kunstdetails und hilfsbereites Personal in Tin Hau.

Twenty One Whitfield (S. 243) Saubere, helle Zimmer für tages- und monatsweise Aufenthalte in Tin Hau.

$$$

Peninsula Hong Kong (S. 247) Eines der elegantesten und geschichtsträchtigsten Hotels in Asien.

Hotel Indigo (S. 244) Chinesisch inspiriertes Design, topmoderne Ausstattung und herausragender Service sind hier das Erfolgsrezept.

Design

TUVE (S. 243) Hier dreht sich alles um Design, von den Betten bis zu den Softdrink-Flaschen im Minikühlschrank.

Madera Hong Kong (S. 247) Die frechen Farben und das bunt zusammengewürfelte Dekor erinnern an eine Filmkulisse von Pedro Almodóvar.

Mira Moon (S. 243) Neue, kreative Interpretation eines berühmten chinesischen Märchens.

Landmark Mandarin Oriental (S. 241) Die subtile Eleganz, für die das Mandarin Oriental steht, ist überall zu spüren.

GUT ZU WISSEN

Preise: Hongkong

DZ pro Nacht:

$ bis 900 HK$

$$ 900–1900 HK$

$$$ über 1900 HK$

Monatsmiete für ein Einzimmerapartment:

$ bis 15 000 HK$

$$ 15 000–25 000 HK$

$$$ über 25 000 HK$

Preise: Macao

Bei Hotels der Kategorien $$ und $$$ ist das Frühstück meist inbegriffen.

$ bis 700 MOP$

$$ 700–2000 MOP$

$$$ über 2000 MOP$

Steuern

Die meisten Mittel- und Spitzenklassehotels sowie ein paar wenige Budgetunterkünfte erheben zusätzlich 10 % Servicegebühr und 3 % staatliche Steuer auf den Rechnungsbetrag.

Infos im Internet

Lonely Planet (lonelyplanet.com/china/hong-kong/hotels) Hostel-, B&B- und Hotel-Verzeichnisse sowie Online-Buchungsservice.

Hong Kong Hotels Association (www.hkha.org)

Discover Hong Kong (www.discoverhongkong.com)

Asia Travel (www.hongkonghotels.com)

Traveller Services (香港旅遊; www.traveller.com.hk)

Hong Kong Tourism Board (www.discoverhongkong.com)

Viertel für Viertel

STADTVIERTEL	PRO	CONTRA
HONG KONG ISLAND: CENTRAL	Nähe zum Star Ferry Pier, zu berühmten Wolkenkratzern, Luxus-Malls; Laufentfernung zu Bars und Restaurants; gute Verkehrsanbindung	Nächstgelegene Restaurants, Unterkünfte, Bars und Läden recht teuer; ruhig nach Büroschluss
HONG KONG ISLAND: THE PEAK & DER NORDWESTEN	Im Herzen des Nachtlebens und der Restaurantszene; Nähe zum Peak und zu den historischen Stätten von Sheung Wan	Mehr Bergauf und Bergab durch hügeliges Terrain; weiter westlich gelegene Bezirke ruhig und abseits des Trubels
HONG KONG ISLAND: WAN CHAI & DER NORDOSTEN	Nähe zu Hong Kong Park, Happy Valley Racecourse und Shoppingoptionen; viele Bars und Restaurants; sehr gute Verkehrsanbindung	Verkehrsstau plus Menschenmassen in Wan Chai und Causeway Bay; weiter östlich gelegene Bezirke sind abgeschieden und etwas schäbig
HONG KONG ISLAND: ABERDEEN & DER SÜDEN	Toll für Touren zu Aberdeen Typhoon Shelter, Stanley Market und Horizon Plaza; Nähe zu Repulse Bay und Shek O (baden & schwimmen)	Dezentrale Lage; oft Stau am Aberdeen Tunnel; nur wenige Hotels, Restaurants, Bars und Läden
KOWLOON	Nähe zum Museum of Art bzw. Museum of History; bester Hafenblick; sehr gut zum Shoppen, Essen oder sogar zur „Slum-Besichtigung"; cooler Mix aus alt, neu, abgehoben und bescheiden; sehr gute Verkehrsanbindung	Verkehrsstau plus Menschenmassen im Bereich der Nathan Rd; mancherorts teilweise touristisch und/oder etwas schäbig
NEW TERRITORIES	Weniger Menschen, frischere Luft; praktisch für Outdoor-Aktivitäten, Naturtouren, Ausflüge zu Wehrdörfern; generell niedrigere Preise	Weitab der Action; weniger Hotels, Restaurants, Bars und Läden; abends wenig los
OUTLYING ISLANDS: LAMMA, LANTAU & CHEUNG CHAU	Entspannte Atmosphäre, schöne Landschaft, leckere Meeresfrüchte (Lamma), prima zum Windsurfen (Cheung Chau) und Wandern (Lantau Trail); zahlreiche Strände	Längere Anfahrtswege; weniger Hotels, Restaurants, Bars und Läden; Aktivitäten wetterabhängig
MACAU	Nähe zum historischen Zentrum und Kasino; Luxushotels oft sehr viel günstiger als in Hongkong	Nur wenige anständige Budgetoptionen mit Ausnahme von zwei staatlichen Hostels; weit vom Zentrum entfernt

🛏 Hong Kong Island: Central

⭐ HELENA MAY · HOTEL $

Karte S. 328 (梅夫人婦女會主樓; ☎852 2522 6766; www.helenamay.com; 35 Garden Rd, Central; EZ/DZ 580/760 HK$, Studios 16 300–21 240 HK$/Monat; 💻23) Wem die koloniale Kulisse der Halbinsel gefällt, nicht aber die Preise, für den könnte diese Grande Dame genau das Richtige sein. Gegründet wurde sie 1916 als sozialer Club für alleinstehende europäische Frauen und ist heute ein privater Club für Frauen aller Nationalitäten und ein Hotel mit 43 knarrenden, aber charmanten Zimmern. Die Zimmer sind Frauen vorbehalten, die Studios werden auch an Männer vermietet.

Die Zimmer befinden sich im Hauptgebäude und haben Gemeinschaftsbäder, während die monatlich zu mietenden Studios im angrenzenden Gebäude untergebracht sind. Gäste müssen über 18 Jahre alt sein. Der Bau ist nur einen Katzensprung vom Peak Tram Terminus und den Zoological & Botanical Gardens entfernt.

Alle Gäste zahlen 180 HK$ Mitgliedsgebühr und einen Monatsbeitrag von 120 HK$.

⭐ MANDARIN ORIENTAL · LUXUSHOTEL $$$

Karte S. 328 (文華東方酒店; ☎852 2522 0111; www.mandarinoriental.com/hongkong; 5 Connaught Rd, Central; Zi. 3655–7400 HK$, Suite 6120–65 000 HK$; @🌐🏊; MCentral, Ausgang J3) Das ehrwürdige Mandarin hat einst den Standard in Asien gesetzt und gilt trotz Konkurrenten wie dem Four Seasons immer noch als Top-Adresse. Gestaltung, Service, Essen und Flair sind rundum vom Feinsten, hinzu kommt ein Hauch würdevoller, altmodischer Charme. Das geschniegelte **Landmark Oriental** (Karte S. 328; ☎852 2132 0088; www.mandarinoriental.com/landmark; 15 Queen's Rd, Central; Zi. 5470–9000 HK$, Suite 9300–45 000 HK$; @🌐🏊; MCentral, Ausgang D1) gleich gegenüber bietet modernen Luxus – allerdings mit starkem Business-Vibe.

FOUR SEASONS · LUXUSHOTEL $$$

Karte S. 328 (四季酒店; ☎852 3196 8888; www.fourseasons.com/hongkong; 8 Finance St, Central; Zi. 4800–8100 HK$, Suite 9800–65 000 HK$; @🌐🏊; MHong Kong, Ausgang F) Traumblicke, tadelloser Service und die Nähe zum Star Ferry Pier, dem Bahnhof und zu Sheung Wan machen das Four Seasons zu einer der besten Optionen der Insel. Zum Programm gehören außerdem opulente Zimmer, ein großartiger Spa-Komplex mit Pool und die preisgekrönten Restaurants Caprice (S. 79) und Lung King Heen (S. 79).

🛏 Hong Kong Island: The Peak & der Nordwesten

⭐ BISHOP LEI INTERNATIONAL HOUSE · HOTEL $

Karte S. 334 (宏基國際賓館; ☎852 2868 0828; www.bishopleihtl.com.hk; 4 Robinson Rd, Mid-Levels; EZ/DZ/Suite ab 550/700/1250 HK$; @🌐; 💻23 oder 40) Das Hotel im Wohnbezirk Mid-Levels ist zwar etwas abgelegen, bietet zum Ausgleich aber ein tolles Preis-Leistungs-Verhältnis. Dafür sorgen guter Service, ein Pool, ein Fitnessbereich und die Nähe zu den Zoological & Botanical Gardens. Die normalen Einzel- und Doppelzimmer sind klein und daher lohnt sich der Aufpreis für die größeren Quartiere auf der Hafenseite mit hübschen Blicken auf die Stadt und die Kathedrale. Busse nach Central und Wan Chai halten vor dem Hotel.

⭐ 99 BONHAM · BOUTIQUEHOTEL $$

Karte S. 334 (☎852 3940 1111; www.99bonham.com; 99 Bonham Strand, Sheung Wan; Zi. ab 1300 HK$; @🌐; MSheung Wan, Ausgang A2) Das Hotel beherbergt 84 für Hongkong ungewöhnlich große Zimmer im edlen, minimalistischen Stil in Weiß, Schwarz und Grau. Zudem gibt es einen kleinen Fitnessbereich, ein Geschäftszentrum und eine Dachterrasse mit traumhaften Ausblicken. Ein Hotelrestaurant gehört nicht zum Angebot, direkt vor der Tür warten jedoch jede Menge Lokale.

OVOLO NOHO · HOTEL $$

Karte S. 332 (香港奧華·時尚精品酒店－蘇豪; ☎852 3423 3286; www.ovolohotels.com/en/; 286 Queen's Rd Central, Sheung Wan; Zi. ab 1300 HK$; @🌐; MSheung Wan, Ausgang D1) Im hippen Viertel „NoHo" (nördlich der Hollywood Rd) verwöhnt dieses freundliche, kleine Hotel Gäste mit kostenlosen Extras, darunter Frühstück, Minibar, ein kleiner Fitnessbereich, Waschmaschinennutzung und allabendliche alkoholische Getränke in der rund um die Uhr geöffneten Lounge. Die 60 rauchfreien Zimmer sind sauber und kompakt (14–18 m²) und haben niedrige Betten, minimalistisches, japanisch geprägtes Design sowie teils Verbindungstüren.

LAN KWAI FONG HOTEL BOUTIQUEHOTEL $$
Karte S. 332 (蘭桂坊酒店@九如坊; ☏852 3650 0000; www.lankwaifonghotel.com.hk; 3 Kau U Fong, Central; Zi./Suite ab 1500/5000 HK$; @ 🛜; MSheung Wan, Ausgang E2) Das praktisch gelegene Hotel (nicht zu verwechseln mit dem Hotel LKF) liegt näher am Soho als an Lan Kwai Fong. Das chinesische Dekor mit modernem Touch gibt den recht geräumigen Zimmern das gewisse Etwas. Der Service ist erstklassig.

★ POTTINGER BOUTIQUEHOTEL $$$
Karte S. 332 (☏852 2308 3188; www.thepottinger.com; 74 Queen's Rd Central, Eingang an der Stanley St, Central; Zi. ab 2700 HK$, Suite ab 4200 HK$; MCentral, Ausgang D2) Das dezente, neue Boutiquehotel mitten in Central bietet 86 luftige Zimmer in Weiß und Beige mit subtilen asiatischen Elementen: holzgeschnitzte Paravents, Kalligrafie und Schwarz-Weiß-Fotos der alten Hongkong. Das Envoy, die exzellente Hotelbar im Kolonialstil mit dunkler Wanderverkleidung und Nachmittagstee, ist Sir Henry Pottinger gewidmet, dem Namensgeber und erstem Gouverneur der Stadt.

PUTMAN APARTMENT $$$
Karte S. 332 (☏852 2233 2233; www.theputman.com; 202–206 Queen's Rd Central; Suite ab 3000 HK$; @ 🛜 ♿; MSheung Wan, Ausgang A od. E) Hinter seiner Art-déco-mäßigen Glasfassade vermietet diese perfekt durchgestylte Designeroption u. a. drei Kurzzeitgast-Wohnstudios (30–40 m²) in kühlen Farbtönen. Für längere Aufenthalte gibt's 25 Mietwohnungen (120 m²) mit jeweils einem Schlafzimmer, die immer ein ganzes Stockwerk einnehmen. So genießt man viel Platz plus jede Menge Tageslicht dank Fenstern vom Boden bis zur Decke. Die Küchen sind mit Designer-Kochutensilien, -Geschirr, -Stielgläsern und einer Waschmaschine ausgerüstet. Der Preis beinhaltet die Mitgliedschaft in einem nahen Fitnessstudio.

MERCER BOUTIQUEHOTEL $$$
Karte S. 332 (尚圜; ☏582 2922 9988; 29 Jervois St, Sheung Wan; Zi./Suite ab 2000/2800 HK$; @ 🛜 ♿; MSheung Wan, Ausgang A2) Das moderne, praktisch gelegene Hotel beherbergt 55 Zimmer in Beige mit vielen verspiegelten Oberflächen und zahlreichen kostenlosen Extras: WLAN, Minibar, Ortstelefonate und Frühstück. In den Suiten stehen außerdem Kaffeemaschinen. Es gibt einen kleinen Fitnessraum, einen großen Pool für sportliche Gäste und Dutzende Restaurants in den umliegenden Blocks.

HOTEL LKF HOTEL $$$
Karte S. 332 (隆堡蘭桂坊酒店; ☏852 3518 9688; www.hotel-lkf.com.hk; 33 Wyndham St, Central; Zi. 2100–3200 HK$, Suite ab 3500 HK$; @ 🛜; MCentral, Ausgang D2) Das Hotel LKF am flacheren oberen Teil der Wyndham St bietet den wohl besten Zugang zum Trubel in Lan Kwai Fong, bekommt aber, weil es weit genug weg ist, nicht allzu viel Lärm ab. Die Hightech-Zimmer in gedeckten Farben bieten alle erdenklichen Extras: flauschige Bademäntel, Espressomaschinen sowie Kekse und Milch als Betthupferl. Das Hotel hat einen kleinen Fitnessraum und im Gebäude gibt es mehrere Luxusrestaurants.

🛏 Hong Kong Island: Wan Chai & der Nordosten

★ YESINN HOSTEL $
Karte S. 340 (☏852 2213 4567; www.yesinn.com; 2. OG, Nan Yip Bldg, 472 Hennessy Rd, Causeway Bay; B 159–469 HK$, Zi. 199–459 HK$; MCauseway Bay, Ausgang F2) Das originelle, lebhafte Hostel zieht Backpacker aus der ganzen Welt an – davon zeugen ihre Unterschriften an der mit Kreidetafeln verzierten Decke. Es gibt gleichgeschlechtliche und gemischte Schlafsäle sowie Privatzimmer. Alle sind in hellen Farben gestrichen. Der kleine Rezeptionsbereich wird durch die schöne Dachterrasse, auf der manchmal vom Hostel gesponserte Barbecues stattfinden, wieder wettgemacht.

Der Eingang des Hostels befindet sich um die Ecke an der Seite des Gebäudes. Die Privatzimmer sind in einem Gebäude auf der anderen Straßenseite untergebracht. Der Trubel, die Geschäfte und die Sushi-Restaurants für den späten Abend in Causeway Bay sind nur zwei Gehminuten entfernt. Das YesInn hat auch noch Schwesterhostels in Fortress Hill und Kowloon.

CHECK INN HOSTEL $
Karte S. 338 (卓軒旅舍; ☏852 2955 0175; www.checkinnhk.com; Raum A, 3. OG, Kwong Wah Mansion, 269–273 Hennessy Rd, Wan Chai; B 160–

200 HK$, Zi. 450–600 HK$; ⓕ; Ⓜ Wan Chai, Ausgang A2) Zwölf einfache Schlafsäle (für Frauen und gemischt) und vier einfache Zimmer mit eigenen Bädern in einem alten, zentral gelegenen Gebäude. Der gemütliche, große Rezeptions- und Loungebereich (2. OG) bietet Bücher, Kaffee und eine Fensterwand. Das sachkundige Personal veranstaltet pro Woche zwei bis drei kostenlose Touren für Gäste; kostenpflichtig sind nur Essen und Transport.

In manchen Schlafsälen sind die oberen Etagenbetten zu nahe an der Decke, um gemütlich zu sein. Am besten versucht man deshalb, ein mittleres Bett zu buchen.

★ TUVE   BOUTIQUEHOTEL $$

Karte S. 340 (🕻 852 3995 8800; www.tuve.hk; 16 Tsing Fung St, Tin Hau; ab 980 HK$; @ⓕ; Ⓜ Tin Hau, Ausgang A1) Vom verließähnlichen Eingang bis zum dunkel gehaltenen Rezeptionsbereich mit schwarzem Metallgittern und einer Platte aus Messing und Beton, die als Empfang dient: Design wird hier großgeschrieben. Industriechick prägt auch die Zimmer mit Betonwänden samt dezenten Blattgolddetails, grauweißem Marmor, Eichenholz, Drahtglas und makellos weißer Bettwäsche. Der Service ist hervorragend!

Das Design ist von einer Reihe wunderschöner Fotos des Tuve-Sees in Schweden inspiriert. Sogar die Getränke in der Minibar wurden vom Besitzer, einem Produktdesigner, nach ästhetischen Gesichtspunkten ausgewählt. Designbegeisterte sind hier also genau richtig, wer aber bunte Farben, weiche Linien und verspieltes Dekor mag, wird sich hier kaum wohlfühlen.

TWENTY ONE
WHITFIELD   HOTEL, APARTMENT $$

Karte S. 340 (第二十一威菲路酒店; 🕻 852 3994 8585; 21 Whitfield Rd, Causeway Bay; Zi. tgl. 800–3000 HK$, mtl. 27000–31000 HK$; @ⓕ; Ⓜ Tin Hau, Ausgang A2) Die 54 einladenden, kompakten Zimmer mit täglichem Reinigungsservice können tag- und monatsweise gemietet werden. Für Langzeitgäste gibt's außerdem einen Elektroherd und einfaches Geschirr, zudem bekommen sie zweimal pro Woche die Bettwäsche gewechselt und dürfen den Wäscheraum kostenlos nutzen. Jede Etage beherbergt zwei ähnliche Zimmer, das Apartment B hat allerdings mehr Platz im Schrank. Der Ausblick vom 29. Stock ist eindrucksvoll.

Das Hotel liegt etwas näher an der MTR-Station Fortress Hill als an der Station Tin Hau, ist aber von Letzterer etwas leichter zu finden. Beim Verlassen des MTR-Ausgangs Tin Hau hält man nach dem HSBC-Schild die Straße hinunter Ausschau. Die Straße neben dem HSBC ist die Whitfield Rd.

MIRA MOON   BOUTIQUEHOTEL $$

Karte S. 338 (問月酒店; 🕻 852 2643 8888; www.miramoonhotel.com; 388 Jaffe Rd, Wan Chai; Zi. 1500–3000 HK$; ⓕ; Ⓜ Wan Chai, Ausgang A1) 🌿 Das Dekor in diesem Boutiquehotel mit 91 Zimmern ist an das chinesische Märchen der Mondgöttin und des Jade-Hasen angelehnt: stilisierte Hasengemälde an den Wänden, übergroße chinesische Laternen und grafische Pfingstrosen-Mosaike auf dem Boden. Trotz der ganzen Hippness ist das Hotelpersonal herzlich und hilfsbereit, und die Architektur ist obendrein noch umweltfreundlich. Es gibt spezielle Angebote, z. B. für Flitterwochen.

Hier dreht sich alles um Details. Die freistehenden Badewannen in den „Halbmond"- und „Vollmond"-Zimmern sind großartig, während die preiswerteren „Neumond"-Zimmer begehbare Duschen bieten. In allen Unterkünften gibt es Handys, die die Gäste mitnehmen können, um damit kostenlose internationale und lokale Gespräche zu führen. Im Minikühlschrank stehen kostenlose Sojamilch und Soda, und das iPad im Zimmer ist mit dem TV verbunden. Weitere Annehmlichkeiten sind ein durchgehend geöffnetes Fitnessstudio, ein Tapas-Restaurant mit spanisch-chinesischer Fusionsküche und ein Haus-DJ.

DORSETT WANCHAI   HOTEL $$

Karte S. 338 (灣仔帝盛酒店; 🕻 852 3552 1111; www.dorsett.com; 387–397 Queen's Rd E, Wan Chai; Zi./Suite ab 1000/3200 HK$; @ⓕ🐾; Ⓜ Causeway Bay, Ausgang A) Das einstige Cosmopolitan Hotel wurde umfassend renoviert und in Dorsett Wanchai umbenannt. Zum Programm gehören 54 helle, modernisierte Zimmer, herzlicher Service und durchdachte Extras wie Smartphones für Gäste. Kinder werden die Themenzimmer für Familien mögen. Die Ausblicke sind ungewöhnlich: im Süden auf einen Friedhof und im Osten auf eine Rennbahn.

Das Dorsett Wanchai liegt näher an der Queen's Rd East in Wan Chai als an Causeway Bay, allerdings verkehrt dorthin und zu 15 weiteren Orten ein Shuttle. Online gibt es Rabatte von bis zu 35 %. Den Block hinunter befindet sich das Schwesterhotel **Cosmo** (Karte S. 338; 🕻 852 3552 8388; www.

cosmohotel.com.hk; 375–377 Queen's Rd E, Wan Chai; Zi./Suite ab 900/3400 HK$; ❂🛜; ⓂCauseway Bay, Ausgang A).

CITY GARDEN HOTEL
HONG KONG
HOTEL $$

(城市花園酒店; ☏852 2887 2888; www.citygarden.com.hk; 9 City Garden Rd, North Point; Zi. 800–2800 HK$; @🛜; ⓂFortress Hill, Ausgang A) Dieses außergewöhnlich gut gelungene Businesshotel liegt zu Fuß nur fünf Minuten von der MTR-Station Fortress Hill entfernt und bietet große Zimmer (für den örtlichen Standard), guten Service, kostenlosen und schnellen WLAN-Zugang und eine großzügige Preispolitik. Zugang über die Ecke Electric Rd und Power St.

★ HOTEL INDIGO
BUSINESSHOTEL $$$

Karte S. 338 (☏852 3926 3888; www.ihg.com; 246 Queen's Rd E, Wan Chai; B 2000–3800 HK$, Suite 4500–6000 HK$; @🛜🏊; ⓂWan Chai, Ausgang A3) Das Indigo bietet eine aufregende Lage in der Nähe von Märkten und Hipster-Treffpunkten, etwas überladenes, modernes chinesisches Dekor und 138 größere, komfortable Zimmer mit moderner Technik. Die Fassade überzieht ein hitzeabsorbierendes, drachenförmiges Gitter, das die Ausblicke durch die bodentiefen Fenster perfekt in Szene setzt. Der Dachpool bietet Ausblick auf die Hügel und (daran erinnert einen das aufmerksame Personal) die Straße unten – nur etwas für Schwindelfreie!

Die „Deluxe"-Zimmer in den oberen Etagen bieten die beste Aussicht und mehr natürliches Licht. Das Indigo beherbergt außerdem einen kleinen, rund um die Uhr geöffneten Fitnessraum, einen Tagungsraum für acht Personen, ein charmantes Café mit hübschem Dekor in der namensgebenden Farbe und die Skybar (S. 122) mit umwerfender Aussicht.

★ UPPER HOUSE
BOUTIQUEHOTEL $$$

Karte S. 336 (☏852 2918 1838; www.upperhouse.com; 88 Queensway, Pacific Pl, Admiralty; Zi./Suite ab 5000/17 000 HK$; @🛜; ⓂAdmiralty, Ausgang F) Mit einer dezenten Lobby, schicken Ökozimmern, eleganten Skulpturen, warmem, diskretem Service und kostenlosen Yogakursen auf gepflegtem Rasen versprüht das Hotel rundum zenartige Gelassenheit. Weitere Pluspunkte sind die Gratis-Minibar mit „Endlosnachschub", ein rund um die Uhr geöffneter Fitnessraum und die Nähe zur MTR-Station Admiralty. Das Café ist für seinen Nachmittagstee bekannt.

Gegen eine Gebühr dürfen Gäste des Upper House die Swimmingpool-Bereiche benachbarter Hotels nutzen. Eine tolle Alternative zu Luxushäusern in Central und Admiralty, wenn man mit weniger Extras auskommt.

ISLAND SHANGRI-LA
HONG KONG
LUXUSHOTEL $$$

Karte S. 336 (港島香格里拉大酒店; ☏852 2877 3838; www.shangri-la.com; Supreme Court Rd, Pacific Pl, Admiralty; Zi./Suite ab 3200/7200 HK$; @🛜🏊; ⓂAdmiralty, Ausgang F, via Pacific) Das gigantische Hotel bietet exklusive Zimmer mit der Atmosphäre der frühen 1990er-Jahre. Die komfortablen (wenn auch nicht sonderlich schicken) Zimmer werden durch ein gutes Fitnessstudio, einen Pool und exzellenten Service ergänzt. Wenn man die kurze Fahrt mit dem Glasaufzug, der den 39. und den 56. Stock miteinander verbindet, auf sich nimmt, kann man einen Teil des 60 m hohen Wahrzeichens des Hotels sehen: das Gemälde einer bergigen chinesischen Landschaft, das recht beeindruckend ist.

EAST HONG KONG
BUSINESSHOTEL $$$

(香港東隅; ☏852 3968 3808; www.east-hongkong.com; 29 Taikoo Shing Rd, Taikoo Shing, Quarry Bay; Zi./Suite ab 1750/5100 HK$; @🛜🏊; ⓂTai Koo, Ausgang D1) Das glatte, schicke Businesshotel, beliebt bei Vertretern der Medien und der schreibenden Zunft, bietet über 345 saubere, helle Zimmer mit zeitgenössischer Kunst und minimalistischer Einrichtung. Die Eckzimmer zum Hafen hin mit hübscher Aussicht kosten mehr als die Unterkünfte in den unteren Etagen, die die umliegenden Gebäude überblicken. Die Bar im 32. Stock namens Sugar (S. 124) bietet eine spektakuläre Kulisse für Cocktails bei Sonnenuntergang.

J PLUS BY YOO
BOUTIQUEHOTEL $$$

Karte S. 340 (香港J Plus精品酒店; ☏852 3196 9000; www.jplushongkong.com/en; 1–5 Irving St, Causeway Bay; Zi. 1300–2500 HK$; @🛜; ⓂCauseway Bay, Ausgang F) Dieses stilvolle Boutiquehotel wartet mit einer erstklassigen Lage in Causeway Bay auf. Bus-, Straßenbahn- und MTR-Station sind zu Fuß erreichbar. Die kleinen, aber sauberen und modernen Zimmer haben Designermöbel (oder sind diesen zumindest nachempfunden). Manche Taxifahrer kennen das Hotel nicht, dann lässt man sich einfach zum Regal Hotel auf der anderen Straßenseite fahren.

🛏 Hong Kong Island: Aberdeen & der Süden

⭐ T HOTEL
HOTEL $$

(T酒店; ☎852 3717 7388; www.vtc.edu.hk/thotel; VTC Pokfulam Complex, 145 Pok Fu Lam Rd, Pok Fu Lam; Zi./Suite ab 1040/2760 HK$; @ 🛜 ⛱; 🚌 7, 91 von Central, 973 von Tsim Sha Tsui) Eigentlich wollten wir diesen Geheimtipp für uns behalten… Das T mit seinen 30 Zimmern in dem ruhigen Viertel Po Fu Lam wird komplett von Studenten der Hotelakademie geleitet. Diese sind jung, aufmerksam, fröhlich und sehr darauf bedacht, ihre Fähigkeiten zu verbessern. Die makellos sauberen, geräumigen Zimmer befinden sich im 6. Stock und überblicken das Meer und die Berge.

Die Suiten sind größer als viele Ferienwohnungen und haben sogar Gästetoiletten und eine Küchenzeile. In den Lebensmittelläden der berühmten, zur Anlage gehörenden kulinarischen Schule gibt es ausgezeichnetes chinesisches und westliches Essen.

OVOLO SOUTHSIDE
BOUTIQUEHOTEL $$

Karte S. 342 (Ovolo 南區; ☎852 2165 1000; www.ovolohotels.com; 64 Wong Chuk Hang Rd, Wong Chuk Hang; Zi. 800–1400 HK$; 🚌 73, 973, 42, 171, 99) In dem umgebauten Lagerhaus trifft Industriekulisse auf schickes Dekor. Der Ausblick auf die Berge von den oberen Etagen, größtenteils aufmerksamer Service, Happy-Hour-Extras und eine kostenlose Minibar machen die kleinen Zimmer und Bäder mehr als wett.

L'HOTEL ISLAND SOUTH
HOTEL $$

Karte S. 342 (如心南灣海景酒店; ☎852 3968 8888; www.lhotelislandsouth.com; 55 Wong Chuk Hang Rd, Aberdeen; Zi./Suite ab 1900/3500 HK$; @ 🛜 ⛱; 🚌 73, 973, 42, 171, 99) Das Hotel, 2 km vom Ocean Park (S. 132) entfernt, ergänzt die Blicke auf den Aberdeen Harbour und die Berge mit einer gewellten Fassade und einem Dekor, das von Meer und Natur inspiriert ist. Die komfortablen Zimmer haben verschiedene Kissen, die günstigeren Holzböden. Das Personal ist sehr zuvorkommend. Standardzimmer sind teilweise für weit weniger als 1000 HK$ zu haben.

Langzeitgäste können verschiedene Angebote in Anspruch nehmen: 14 aufeinanderfolgende Übernachtungen gibt's ab 10 000 HK$, 30 ab 18 000 HK$.

🛏 Kowloon

⭐ SALISBURY
HOTEL $

Karte S. 344 (香港基督教青年會; ☎852 2268 7888; www.ymcahk.org.hk; 41 Salisbury Rd, Tsim Sha Tsui; B 360 HK$, EZ/DZ/Suite ab 1200/1360/2200 HK$; ⛱ @ 🛜 ⛱; Ⓜ Tsim Sha Tsui, Ausgang E) Wer es schafft, in diesem großartig gelegenen YMCA-Hotel ein Zimmer zu buchen, wird mit professionellem Service und tollen Fitnesseinrichtungen belohnt. Die frisch renovierten Zimmer und Suiten sind gemütlich, aber einfach, daher liegt das Hauptaugenmerk auf dem Hafen: Die Aussicht würde auf der Halbinsel nebenan das Fünffache kosten. Die Schlafsäle sind ein Bonus, unterliegen aber gewissen Regeln.

Die Schlafsäle mit vier Betten sind für Kurzurlauber bestimmt, d.h. in einem Zeitraum von 30 Tagen darf man hier maximal zehn Nächte bleiben. Auch Spontangäste, die sich schon länger als sieben Tage in der Stadt aufhalten, können hier nicht wohnen. Check-In ist um 14 Uhr. Diese Regeln gelten nicht für die anderen Zimmer des Salisbury. Sportliebhaber werden sich hier wohlfühlen: Das Hotel hat einen Pool mit 25 m-Bahn, ein Fitnesscenter und eine Kletterwand.

⭐ URBAN PACK
HOSTEL $

Karte S. 344 (休閒小窩; ☎852 2732 2271; www.urban-pack.com; Unit 1410, 14. OG, Haiphong Mansion, 99–101 Nathan Rd, Tsim Sha Tsui; B 200–500 HK$, Zi. ab 500 HK$, Apt. ab 700 HK$; 🛜; Ⓜ Tsim Sha Tsui, Ausgang A1) Wer von einem tollen Hostel entspanntes Ambiente, viel Interaktion mit Mitreisenden und Bar-Hopping mit den Besitzern erwartet, der ist hier richtig. Das Urban Pack wird von den beiden freundlichen Kanada-Chinesen Albert und Jensen betrieben und bietet anständige Schlafzimmer (gemischt und für Frauen) sowie neue Privatzimmer und Suiten.

Weitere Extras sind raffinierte Duschen (Lust auf Regenduschen?), Gratis-Kaffee und sogar ein Massagestuhl.

⭐ MARINER'S CLUB
HOTEL $

Karte S. 346 (海員之家; ☎852 2368 8261; www.themarinersclubhk.org; 11 Middle Rd, Tsim Sha Tsui; EZ/DZ ohne Bad ab 370/520 HK$, mit Bad ab 550/750 HK$, Suite ab 1140 HK$; @ 🛜 ⛱; Ⓜ East Tsim Sha Tsui, Ausgang K) Das Hotel überblickt den Middle Road Children's Playground und bietet gemütlichen, altmodischen Charme sowie einen tollen Pool. Zur Wahl stehen 100 Zimmer, 30 neue mit WLAN im 4. & 5. Stock und 70 alte, schmucklose mit alten Möbeln. Die tolle Budgetunterkunft kann zwar jeder buchen, aber beim Einchecken muss man (eigentlich) einen Seemannsausweis vorlegen oder nachweisen, dass man bei einer Reederei arbeitet.

Anscheinend wird das Ganze aber nicht so genau genommen, und die Preise für Reedereien liegen in jeder Kategorie bei rund 80 HK$ mehr.

INNSIGHT PENSION $

Karte S. 344 (悠悠客舍; ☏852 2369 1151; www.innsight.hk; 3. OG, 9 Lock Rd, Tsim Sha Tsui; EZ 380–570 HK$, DZ 490–780 HK$; @☏; MTsim Sha Tsui, Ausgang H) Eine traumhafte Lage, liebevoll eingerichtete, wenn auch winzige Zimmer und eine gemütliche Anrichte sind die Stärken dieser Pension. Besitzerin Carmen tut alles für ihre Gäste – es gibt sogar kostenloses Shampoo und Duschgel, was einen darüber hinwegsehen lässt, dass die Duschen keine Kabinen haben. Wer ein breiteres Bett möchte, sollte nach einem Komfort-Doppelzimmer fragen.

CARITAS BIANCHI LODGE PENSION $$

Karte S. 348 (明愛白英奇賓館; ☏852 2388 1111; www.caritas-chs.org.hk/eng/bianchi_lodge.asp; 4 Cliff Rd, Yau Ma Tei; EZ 750–1350 HK$, DZ & 2BZ 960–1600 HK$, FZ 1600–2100 HK$; ☏; MYau Ma Tei, Ausgang D) Diese Pension mit 90 Zimmern wird von einer katholischen Nichtregierungs-Organisation betrieben und liegt gleich abseits der Nathan Rd (und nur einen Steinwurf von der MTR-Station Yau Ma Tei entfernt). Die hinteren Zimmer sind ruhig und manche bieten Blick auf den King's Park. Alle Zimmer sind sauber und haben ein eigenes Bad. Die Wartezeit für den Aufzug kann vor allem abends lang sein. Das Frühstück ist im Preis enthalten.

KNUTSFORD HOTEL HOTEL $$

Karte S. 346 (樂仕酒店; ☏852 2377 1180; www.acesitehotel.com; 8 Observatory Ct, Tsim Sha Tsui; EZ 1000 HK$, DZ 1200–1800 HK$; ☏; MTsim Sha

---

CHUNGKING MANSIONS

Bei Hongkonger Budgetunterkünften denkt man sofort an die 1961 erbauten Chungking Mansions – ein Labyrinth aus Häusern, Pensionen, indischen Restaurants, Souvenirständen und Wechselstuben, das sich über fünf 17-stöckige Blocks im Herzen von Tsim Sha Tsui erstreckt. Dem Anthropologen Gordon Mathews zufolge tummeln sich hier ca. 4000 ständige Bewohner und 10 000 Tagesgäste. Über 120 Nationalitäten – vor allem aus Südasien und Afrika – durchschreiten jährlich die Eingangstüren.

Trotz stark variierender Standards sind die meisten CKM-Pensionen sauber und recht komfortabel. Man sollte aber wissen, dass die Zimmer in der Regel winzig sind und ihre Duschen direkt neben den Toiletten haben. Meist sind sie mit Klimaanlage und TV, teils auch mit Telefon ausgestattet. Viele Pensionen können Visa für China besorgen. Oft ist ein Internetzugang vorhanden, teilweise auch WLAN und Wäscheservice.

Preisverhandlungen sind immer möglich, in der Hauptsaison aber wohl kaum von Erfolg gekrönt. Bei längeren Aufenthalten (z. B. ab einer Woche) lässt sich oft ein günstigerer Tarif herausholen. Aber bitte nie gleich am ersten Tag für einen längeren Zeitraum bezahlen: Besser zunächst nur einmal übernachten und dabei den Wohlfühlfaktor prüfen, denn normalerweise gibt's keine Rückerstattung.

Die Unterkunftsszene in den Chungking Mansions ändert sich ständig, es gibt jedoch ein paar verlässliche Adressen wie das **New China Guesthouse** (新欣欣賓館; Karte S. 344; ☏852 9489 3891; http://newchinaguesthouse.com; Flat D7, 9. OG, D Block; Zi. ab 230 HK$; ☏; MTsim Sha Tsui, Ausgang D1), das **Park Guesthouse** (百樂賓館; Karte S. 344; ☏852 2368 1689; Fax 2367 7889; Flat A1, 15. OG, A Block; EZ ab 250 HK$, DZ ab 450 HK$, ohne Bad 200 HK$; ☏; MTsim Sha Tsui, Ausgang D1), das **Holiday Guesthouse** (Karte S. 344; ☏852 2316 7152, 852 9121 8072; Fax 2316 7181; Flat E1, 6. OG, E Block; EZ 250–600 HK$, DZ 350–700 HK$; @☏; MTsim Sha Tsui, Ausgang D1) und das **Dragon Inn** (龍滙賓館; Karte S. 344; ☏852 2368 2007; www.dragoninn.info; Flat B5, 3. OG, B Block; EZ 180–400 HK$, DZ 360–680 HK$, Flitterwochenzi. 660 HK$, 3BZ 480 HK$, 4BZ 520 HK$; ☏; MTsim Sha Tsui, Ausgang D1).

Fußnote für Cineasten: Wong Kar-wai drehte die meisten Szenen von *Chungking Express* (1994) in der nahen Mirador Mansion, nicht in den Chungking Mansions.

Tsui, Ausgang B1) Dank des cleveren Einsatzes von Glas und Weißtönen wirken die 28 winzigen Zimmer relativ hell. Der Service ist hingegen manchmal wenig engagiert. Das Hotel befindet sich in einer ruhigen Ecke von Tsim Sha Tsuis altem Wohnbezirk, die Bars der Knutsford Tce sind dennoch nicht weit entfernt. Für große Menschen sind die Betten etwas klein.

CITYVIEW
HOTEL $$

Karte S. 348 (城景國際; 852 2771 9111; www.thecityview.com.hk; 23 Waterloo Rd, Yau Ma Tei; Zi./3BZ/Suite ab 880/1560/1400 HK$; @ 🛜 ≋; M Yau Ma Tei, Ausgang A2) Alle 422 Zimmer in diesem zur YMCA gehörenden Hotel sind sauber und schick mit sanften Farbtönen und modischen Stoffen. Auch der Service ist tadellos. Das Cityview liegt an einer ruhigen Ecke zwischen Yau Ma Tei und Mong Kok, nur einen kurzen Fußmarsch vom Yau Ma Tei Theatre (S. 54) und dem Yau Ma Tei Wholesale Fruit Market (S. 150) entfernt.

★ PENINSULA HONG KONG
HOTEL $$$

Karte S. 344 (香港半島酒店; 852 2920 2888; www.peninsula.com; Salisbury Rd, Tsim Sha Tsui; Zi./Suite ab 4000/6000 HK$; @ 🛜 ≋; M Tsim Sha Tsui, Ausgang E) Hongkongs schönstes Hotel thront über dem Südzipfel von Kowloon und verströmt koloniale Eleganz. Das einzige Dilemma wird sein, wie man hierher kommt: Landet man mit dem Hubschrauber auf dem Dach, oder kommt man in einem der 14 Rolls Royce Phantoms angefahren? In den etwa 300 eleganten Zimmern im europäischen Stil gibt es WLAN, CD- und DVD-Player sowie Marmorbäder.

Viele Zimmer in dem 20-stöckigen Nebengebäude bieten einen spektakulären Blick auf den Hafen. Im Hauptgebäude muss man mit dem prächtigen Inneren des Hotels auskommen. Es gibt einen erstklassigen Wellness-Bereich und einen ebensolchen Swimmingpool, und das Gaddi's (S. 155) ist eines der besten französischen Restaurants der Stadt.

★ HYATT REGENCY TSIM SHA TSUI
HOTEL $$$

Karte S. 346 (尖沙咀凱悅酒店; 852 2311 1234; http://hongkong.tsimshatsui.hyatt.com; 18 Hanoi Rd, Tsim Sha Tsui; Zi./Suite ab 2150/ 3600 HK$; @ 🛜 ≋; M Tsim Sha Tsui, Ausgang D2) Für diesen Hotelklassiker, der dezente Eleganz und Contenance ausstrahlt, gibt's die Bestnote. Die Zimmer sind vornehm und relativ geräumig, die oberen bieten weite Blicke auf die Stadt. Schwarz-Weiß-Fotos von Tsim Sha Tsui sorgen für einen nachdenklichen Touch. Die Lobby kann manchmal ziemlich überfüllt sein, aber das hilfsbereite, einfallsreiche Personal tut sein Bestes für die Gäste.

INTERCONTINENTAL HONG KONG
HOTEL $$$

Karte S. 346 (香港洲際酒店; 852 2721 1211; www.intercontinental.com; 18 Salisbury Rd, Tsim Sha Tsui; Zi. ab 6000–9000 HK$, Suite ab 11 000 HK$; @ 🛜 ≋; M Tsim Sha Tsui, Ausgang F) Das InterContinental hat zweifellos die beste Uferlage im Territorium. Mit Traditionen aus der Kolonialzeit (dunkelblaue Rolls Royces, weiß gekleidete Portiers und überall Messingpolitur) kämpft es gegen die Modernität an. Weil auf den Service hier so viel Wert gelegt wird, kommen viele Gäste immer wieder hierher zurück, darunter auch Rockstars und wichtige Geschäftsleute. Von der Lounge-Bar (S. 159) hat man die beste Aussicht in Hongkong.

RITZ-CARLTON HONG KONG
HOTEL $$$

(麗思卡爾頓酒店; 852 2263 2263; www.ritzcarlton.com; 1 Austin Rd W, Tsim Sha Tsui; Zi. 5000–9900 HK$, Suite ab 9000 HK$; 🛜 ≋; M Kowloon, Ausgang C1 oder D1) Das entlegene Luxushotel an der Station Kowloon ist das höchste der Welt – die Lobby befindet sich im 103. Stock. Unter dem Motto der Übertreibung steht auch das dekadente Dekor mit imposanten Möbeln und einem Überfluss an glänzenden Oberflächen. Der Service ist erstklassig, das **Tin Lung Heen** (天龍軒; 852 2263 2270; Gerichte 400–1700 HK$; ⊙12–14.30 & 18–22.30 Uhr; M Kowloon, Ausgang U3) kredenzt exzellente chinesische Küche und die Aussicht ist an klaren Tagen atemberaubend.

MADERA HONG KONG
BOUTIQUEHOTEL $$$

Karte S. 348 (木的地酒店; 852 2121 9888; www.hotelmadera.com.hk; 1–9 Cheong Lok St, Yau Ma Tei; Zi. 1700–4000 HK$, Suite 4200–9000 HK$; M Jordan, Ausgang B1) Das Madera ist eine temperamentvolle Bereicherung der Unterkunftsszene Kowloons und liegt in der Nähe des Temple Street Night Market und der MTR-Station Jordan. Die recht geräumigen Zimmer sind in neutralen Farben gehalten und weisen gewagte, lebhafte Farbakzente spanischer Ästhetik auf. Im Madera („Holz") gibt es außerdem eine winzige Kunstgalerie mit Retro-Exponaten zu Hongkong, eine hypoallergene Etage und einen kleinen, aber angemessenen Fitnessraum.

New Territories

★ CAMPUS HONG KONG HOSTEL $
(852 2945 1111; www.campushk.com; 123 Castle Peak Rd, Yau Kom Tau, Tsuen Wan; B 190–260 HK$, Zi. 700–1000 HK$; ❄; MTsuen Wan) Das großartige Hostel für Universitätsstudenten nimmt, wenn Unterkünfte frei sind, auch Backpacker auf, was vor allem in den Sommermonaten der Fall ist. Die 48 Zimmer mit jeweils vier Betten haben clevere Gemeinschafts- und Studierbereiche, eine Küchenzeile und eine Dusche. Das Hostel gehört zu einer Ferienwohnungsanlage (Bay Bridge Hong Kong) und Hostelgäste kommen ebenfalls in den Genuss der Meerblicke, des Fitnessraums und des Pools.

Die Wochentarife betragen 1200 bis 1500 HK$ pro Zimmer, für einen Monat werden 5000 (über 6 Monate) bzw. 5500 HK$ (unter 6 Monate) fällig. Ein kostenloser Shuttlebus fährt zur MTR-Station Tsuen Wan. An Ausgang B geht man nach rechts und dann die Treppen zur Tai Ho Road North hinauf. Dort sieht man schon die Shuttlebus-Station nach Bay Bridge Hong Kong.

★ GREEN HUB HOSTEL $
Karte S. 179 (綠匯學苑; 852 2996 2800; www.greenhub.hk; 11 Wan Tau Kok Lane, Tai Po; EZ/2BZ/3BZ ab 400/650/900 HK$; ❄; MTai Po Market, Ausgang A2) ✦ Das großartige Hostel gehört zum umfunktionierten Komplex der Old Tai Po Police Station, der nun von der Kadoorie Farm betrieben wird. Die Gästezimmer haben hohe Decken und doppelt gedeckte Dächer. Nur vier davon bieten Klimaanlagen, in den restlichen muss man sich mit Ventilatoren und natürlicher Belüftung begnügen. Die Kantine ist von 10 bis 15.30 Uhr geöffnet und serviert vegetarische Gerichte aus regionalen Fair-Trade-Zutaten. Einmal im Monat finden Tauschpartys statt. Reservierung erforderlich.

Das Hostel ist zehn Gehminuten vom Metroausgang entfernt.

TAO FONG SHAN PILGRIM'S HALL HOSTEL $
Karte S. 183 (道風山雲水堂; 852 2691 2739; www.tfssu.org/pilgrim.html; 33 Tao Fong Shan Rd; Zi. mit Gemeinschaftsbad 300–460 HK$; Sha Tin, Ausgang B) Das zur evangelischen Kirche gehörende Hostel ist Teil des Tao-Fong-Shan-Komplexes (S. 184) und befindet sich auf einem idyllischen Hügel über Sha Tin. Die Zimmer sind sauber und ruhig. Die Kantine serviert einfache, gesunde Mahlzeiten, allerdings muss man im Voraus reservieren.

An Ausgang B der MTR-Station Sha Tin läuft man die Rampe hinunter und passiert einige alte Dorfhäuser linker Hand. Links davon gibt es Treppen mit der Beschilderung „To Fung Shan"; einfach dem Pfad bis ganz nach oben folgen. Für den Weg braucht man rund 20 Minuten. Ein Taxi von der nächstgelegenen MTR-Station in Sha Tin kostet rund 38 HK$, von der MTR-Station Tai Wai weniger als 30 HK$.

BRADBURY HALL YOUTH HOSTEL HOSTEL $
(852 2328 2458; www.yha.org.hk; Chek Keng, Sai Kung; B 85–115 HK$, Stellplatz 20–30 HK$; 94, 96R, 698R) Das Hostel liegt in der wunderschönen Bucht von Chek Keng und unberührte Strände sind nur einen Steinwurf entfernt. Die Schlafsäle sind etwas in die Jahre gekommen, aber sauber, zudem gibt es einen Campingplatz. Wer kein eigenes Zelt hat, kann für 55 HK$ (40 HK$ für Mitglieder) eines ausleihen. Um hierher zu gelangen, steigt man am Busbahnhof Sai Kung in den Bus 94 nach Pak Tam Au und folgt Abschnitt 2 des MacLehose Trail Richtung Chek Keng Village. Für den Weg braucht man rund 40 Minuten. Schneller geht's mit Bus 96R oder 698R zum Wong Shek Pier; von dort nimmt man die Fähre zum Chek Keng Pier. Die Überfahrt dauert rund zehn Minuten.

GOLD COAST HOTEL RESORT $$
(黃金海岸酒店; 852 2452 8888; www.goldcoast.com.hk; 1 Castle Peak Rd, Castle Peak Bay, Gold Coast, Tuen Mun; Zi. 700–1700 HK$; ❄) Das große, familienfreundliche Hotel gehört zum Gold-Coast-Komplex mit Wohnungen, einer Mall, einem künstlichen Strand und einer von Kokospalmen gesäumten Promenade. Das Ambiente erinnert an die 1990er-Jahre, dafür ist der Service herzlich und die Anlagen sind modernisiert. Die beste Wahl sind die renovierten Zimmer und die mit Balkonen und Blick auf den Jachthafen. Lieber nicht im Hotel essen.

Das Gold Coast Hotel hat spezielle Pakete im Angebot. Hierher fahren Bus K51 ab der MTR-Station Siu Hong und Bus K53 ab der MTR-Station Tuen Mun.

HYATT REGENCY SHA TIN   HOTEL $$$
(沙田凱悅酒店; ☎852 3723 1234; www.hong kong.shatin.hyatt.com; 18 Chak Cheung St, Sha Tin; Zi. 2500–3000 HK$, Suite 3500–12 500 HK$; ⓡUniversity) Eine exzellente Option, wenn es einen nicht stört, dass man ein paar MTR-Stationen von der Action entfernt ist. Das machen die Aussicht auf den Tolo Harbour oder die Hügel von Sha Tin und ein hervorragendes chinesisches Restaurant wieder wett. Die Preise für ein Standardzimmer sinken in der Nebensaison teils in den Hunderter-Bereich, zudem gibt es Angebote für Langzeitgäste.

🛏 Outlying Islands

CHEUNG CHAU B&B   B&B $
Karte S. 206 (☎852 2986 9990; www.bbcheungchau.com.hk; 12–14 Tung Wan Rd; Zi. So–Do ab 650 HK$, Fr & Sa ab 780 HK$; 🛜; ⛴Cheung Chau) Das B&B ist eher ein kleines Hotel, hat zwei Standorte im Dorf und ist eine Alternative zum einzigen Hotel der Insel und den Zimmern, die Kioske vermieten. Die hell gestrichenen Quartiere sind teils recht kompakt, deswegen sollte man sich vor der Buchung welche zeigen lassen. Zur Auswahl stehen auch größere Deluxe- und Familiensuiten.

CONCERTO INN   HOTEL $$
Karte S. 192 (☎852 2982 1668; www.concerto inn.com.hk; 28 Hung Shing Yeh Beach, Hung Shing Yeh; Zi. So–Fr ab 920 HK$, Sa ab 1068 HK$; 🛜; ⛴Yung Shue Wan) Das fröhliche Strandhotel südöstlich von Yung Shue Wan liegt recht weit vom Trubel entfernt, deswegen sollte man hier nur übernachten, wenn man Ruhe sucht. Die Zimmer für drei oder vier Personen sind eigentlich Doppelzimmer mit einem Sofa oder Ausziehbett.

NGONG PING SG DAVIS HOSTEL   HOSTEL $
Karte S. 198 (☎852 2985 5610; www.yha.org.hk; Ngong Ping; B ab 110 HK$, Zi. ab 400 HK$; 🚌2 von Mui Wo oder 21, 23 von Tung Chung) Das Hostel in der Nähe des Tian Tan Buddha ist die ideale Unterkunft, um den Sonnenaufgang über dem Lantau Peak zu bestaunen. Das Hostel ist nur für Inhaber der HKYHA/HI-Karte oder für deren Gäste geöffnet.

Vom Busbahnhof in Ngong Ping nimmt man den geteerten Weg auf der linken Seite mit Blick auf den Tian Tan Buddha, vorbei an den öffentlichen Toiletten auf der rechten Seite; dann folgt man den Schildern.

ESPACE ELASTIQUE   B&B $$
Karte S. 198 (歸田園居; ☎852 2985 7002; www.espaceelastique.com.hk; 57 Kat Hing St, Tai O; Zi. So–Do 680–1450 HK$, Fr & Sa 880–1750 HK$; @🛜❄; 🚌1 von Mui Wo, 11 von Tung Chung, 21 von Ngong Ping) Das gemütliche B&B mit vier Zimmern ist eines der besten von Lantau. Alle Zimmer sind geschmackvoll eingerichtet. Das Doppelzimmer im zweiten Stock hat einen Balkon mit Blick auf den Hauptwasserweg von Tai O und ist deshalb schnell ausgebucht. Die freundliche Besitzerin Veronica bietet mehrsprachige Reisetipps und ein herzhaftes Frühstück im Café. Toll ist der Whirlpool auf dem Dach.

HONG KONG DISNEYLAND HOTEL   RESORT $$
Karte S. 198 (☎852 3510 6000; www.hongkongdisneyland.com; Hong Kong Disneyland, Lantau; Zi. ab 2500 HK$; 🍴) Kinder wird dieses feudale Disney-Resort begeistern. Neben einem Heckenlabyrinth in Mickey-Form gibt es einen riesigen Pool mit kurvenreicher Wasserrutsche und andere Attraktionen für die Kleinen: eine Lesestunde mit Disney-Figuren, eine Prinzessinnen-Boutique und einen Spieleraum. Die recht geräumigen Zimmer im viktorianischen Stil dürften auch Erwachsene ansprechen.

⭐ TAI O HERITAGE HOTEL   BOUTIQUEHOTEL $$$
Karte S. 198 (大澳文物酒店; www.taioheritagehotel.com; Shek Tsai Po St, Tai O; Zi. 2000–2500 HK$; @🛜❄; 🚌1 von Mui Wo, 11 von Tung Chung, 21 von Ngong Ping) Lantaus schickstes Hotel ist in einer 100 Jahre alten ehemaligen Polizeistation untergebracht. Alle neun Zimmer sind hübsch und modern eingerichtet und bieten erstklassigen Komfort. Besonders zu empfehlen ist das Büro des Inspektors, das in den Sea Tiger Room umgewandelt wurde. Es ist zwar der kleinste Raum (24 m²), hat aber Panoramafenster, durch die die Meeresluft hereinströmt.

🛏 Macao

POUSADA DE JUVENTUDE DE CHEOC VAN   HOSTEL $
Karte S. 232 (☎853 2888 2024; Rua de António Francisco, Coloane; B/2BZ ab 100/160 MOP$; ❄🛜; 🚌21A, 25, 26A) Das staatlich geführte Hostel am Strand hat ein exzellentes Preis-Leistungs-Verhältnis, aber es gibt gewisse Bedingungen. Man muss mindestens eine

Woche im Voraus buchen und einen DJH-Ausweis, eine International Youth Hostel Card oder etwas Ähnliches haben. Im Juli und August ist es für Touristen geschlossen. Geselliges Flair sollte man nicht erwarten – bei den meisten Gästen handelt es sich um einheimische oder chinesische Schulklassen.

★POUSADA DE MONG HÁ   PENSION $$
Karte S. 214 (澳門望廈迎賓館; ☎853 2851 5222; www.ift.edu.mo; Colina de Mong Há; Zi. 700–1300 MOP$, Suite 1300–1800 MOP$; ●※@☎♿; ☐5, 22, 25) Die Pension im portugiesischen Stil auf dem Hügel des Mong Há in der Nähe der Ruinen des Forts, das 1849 erbaut wurde, wird von den Studenten des Institute for Tourism Studies geführt. Die Zimmer sind gut ausgestattet, einige mit Computern, und der Service ist aufmerksam. Frühstück ist im Preis inbegriffen. In der Wochenmitte und in der Nebensaison gibt's Ermäßigungen von 25 bis 40%.

★5FOOTWAY INN   PENSION $$
Karte S. 218 (五步廊旅舍; ☎853 2892 3118; www.5footwayinn.com; 8 Rua de Constantino Brito; DZ/3BZ ab 1400/2200 MOP$; ●※☎; ☐1, 2, 10, 5, 7) Die Unterkunft mit Betreibern aus Singapur war einst ein Love-Motel und bietet heute 23 kleine, saubere Zimmer, Gemeinschaftsbereiche mit lebhaften Bildern und exzellentes englischsprachiges Personal. Im Preis inbegriffen ist ein Frühstück zur Selbstbedienung. Die Pension befindet sich gegenüber dem Sofitel Macau at Ponte 16, was bedeutet, dass man zum und vom Fährterminal den kostenlosen Shuttlebus des Sofitels benutzen kann.

OKURA   HOTEL $$
(☎853 8883 8883; www.hotelokuramacau.com; Avenida Marginal Flor de Lotus, Cotai; Zi. 1000–5600 MOP$, Suite 3000–20000 MOP$; ☐25, 26A) Das japanische Hotel im Galaxy Macau bietet aufmerksamen Service und dezenten Luxus für einen Preis, der für diese Gegend sehr fair ist. Die Zimmer sind groß, die Bäder mit beheizten japanischen Toilettensitzen und freistehenden Badewannen mit TVs jedoch noch größer.

POUSADA DE COLOANE   HOTEL $$
Karte S. 232 (☎853 2882 2143; www.hotelpcoloane.com.mo; Estrada de Cheoc Van, Coloane; Zi. ab 750 MOP$; @※; ☐21A, 25) Das Hotel mit 30 Zimmern im portugiesischen Stil, die über Balkone und Meerblicke verfügen, bietet ein tolles Preis-Leistungs-Verhältnis, allerdings sind die Quartiere unterschiedlich gut in Schuss. Die Lage über dem Strand von Cheoc Van ist wunderbar ruhig und in der Wochenmitte sinken die Preise beträchtlich. In der Nebensaison gibt es Ermäßigungen von 20 bis 40%.

SOFITEL MACAU AT PONTE 16   KASINOHOTEL $$
Karte S. 218 (澳門十六浦索菲特大酒店; ☎853 8861 0016; www.sofitelmacau.com; Rua do Visconde Paço de Arcos; Zi. 980–2220 MOP$, Suite ab 4500 MOP$; ●※@☎♿; ☐1, 2, 10, 5, 7) Das Luxushotel mit vernünftigen Preisen punktet mit stimmungsvollen Ausblicken auf den verschlafenen Inner Harbour und die Ruinen von São Paulo auf der anderen Seite. Die großen Zimmer haben zeitgenössisches Dekor und weiche, einladende Betten.

POUSADA DE SÃO TIAGO   HISTORISCHES HOTEL $$$
Karte S. 214 (聖地牙哥古堡; ☎853 2837 8111; www.saotiago.com.mo; Fortaleza de São Tiago da Barra, Avenida da República; Suite 2800–5400 MOP$; ●※@☎♿; ☐6, 9, 28B) Das unvergleichliche São Tiago wurde in den Ruinen des Forts Barra aus dem 17. Jh. erbaut und ist die romantischste Unterkunft in Macao. Kein anderes Hotel kann auf eine derart reiche Geschichte zurückblicken. Alle zwölf Zimmer sind elegant eingerichtete Suiten. In der Nebensaison lassen sich bis zu 35% sparen. Das Restaurant La Paloma serviert elegant angerichtete, moderne spanische Küche.

BANYAN TREE   LUXUSHOTEL $$$
(☎853 8883 8833; www.banyantree.com/en/macau; Galaxy, Avenida Marginal Flor de Lotus, Cotai; Suite 2880–63800 MOP$, Villen 23600–35100 MOP$; ☐25, 25X) Das extravagante Banyan Tree ist eines von drei Hotels im Galaxy Macau und wartet mit Luxus im tropischen Stil auf. Alle zehn Villen haben eigene Gärten und Pools, während die Suiten über riesige Bäder mit Fenster verfügen. Das ultimative Verwöhnprogramm gibt's im topmodernen Spa.

Hongkong verstehen

HONGKONG AKTUELL.................... 252
Steigende Preise und die wachsende Zahl von Einkaufslustigen vom Festland mögen Unbehagen schüren, aber die Stadt ist noch immer eine der gastfreundlichsten in Asien.

GESCHICHTE 254
Einst war dieser Ort nur die Grablege der Herrscher aus der Song-Dynastie, später wuchs er zu einer der reichsten Städte der Welt heran.

KUNST 265
So viel ist sicher: Hongkong war noch nie eine kulturelle Wüste. Allerdings gedeiht die Kunstszene der Stadt heutzutage besser denn je.

KINO.................................. 273
Ob Arthouse oder Slapstick: Hongkongs Filmindustrie bereichert und unterhält die Welt.

ARCHITEKTUR 277
Abseits der glitzernden Fassaden der Wolkenkratzer lockt Hongkong mit einem charmanten Mix aus Stilen, Epochen und Einflüssen.

RELIGION & GLAUBE..................... 281
Hongkongs Bewohner bewegen sich in einem Kosmos voller unterschiedlicher Glaubensrichtungen, auch wenn viele von ihnen sich nie zu einer bestimmten Religion bekennen.

Hongkong aktuell

Vor nicht mal einem Jahrzehnt hätten die meisten Einwohner Hongkongs noch behauptet, die Rückkehr unter chinesische Führung 1997 habe keine großen Veränderungen mit sich gebracht. Seither ging es für viele jedoch bergab. Das immer angespanntere Verhältnis zu Peking dominiert die Politik und allgemeine Gefühlslage Hongkongs und bringt das „Ein Land, zwei Systeme"-Experiment in Gefahr. Peking hat eine Stadt politisiert, die in den 150 Jahren britischer Herrschaft für ihre anti-politische Haltung bekannt war.

Top-Filme

Infernal Affairs (2002) Thriller, der Scorsese zu *Departed – Unter Feinden* inspiriert hat.
Election I und II (2005 und 2006) Komplexer, zweiteiliger Film Noir über Wahlen in einer Triaden-Gesellschaft.
Night and Fog (2010) Dunkles, realistisches Drama von Filmemacherin Ann Hui über häusliche Gewalt und das Leben von Einwandererfrauen.
The Grandmaster (2013) Wong Kar-Wais stilvolles Martial-Arts-Drama über den Wing-Chun-Großmeister Ip Man.
Comrades: Almost a Love Story (1996) Zwei Einwanderer vom Festland werden mit der Realität der nervenaufreibenden Stadt konfrontiert.
Trivisia (2016) Fesselnder, nachdenklicher Action-Thriller, produziert von Johnnie To und Yau Nai-Ho, unter der Leitung von drei neuen Regisseuren.

Top-Bücher

City at the End of Time: Poems by Leung Ping-Kwan (Ed Esther Cheung; 2012) Leung Ping-Kwan alias Yesi war Hongkongs inoffizieller Poet Laureate.
The Hungry Ghosts (Anne Berry; 2009) Rastlose Geister bevölkern diese grandiose Geschichte.
Hong Kong: A Cultural History (Michael Ingham; 2007) Das Standardwerk zu dieser Stadt.

Der Stand der Dinge

Hongkong ist seit Beginn des neuen Jahrzehnts politisch gespalten. Regierungskritiker haben eine lange Liste mit kaum lösbaren Problemen zusammengetragen: von schleppenden demokratischen Reformen über vermeintliche geheime Absprachen zwischen der Regierung und Unternehmen bis hin zu erdrückenden Immobilienpreisen und dem Absorbieren öffentlicher Gelder durch Einwanderer vom Festland. Der von Pekings Stellvertretern lancierte Aufstieg Leung Chungyings zum Chef der Sonderverwaltungszone Hongkong im Jahr 2012 stellt eine Verschiebung in der politischen Landschaft dar – ist er ein bedenkliches Vorzeichen für noch größere politische Turbulenzen?

Kontroverse Parteipolitik und das Fehlen eines demokratischen Mandats haben dazu geführt, dass viele die Regierung als schwach betrachten, wenn es darum geht, Lobbys wie der der Bauunternehmer die Stirn zu bieten.

Wirtschaftliche Grundlagen

Die Inflation hat 2011 ihren Höchststand seit 16 Jahren erreicht. Auch wenn sie seither abgebremst wurde, können viele Hongkonger sich das Leben hier schlichtweg kaum noch leisten. Die Stadt beherbergt mehr Milliardäre als die meisten anderen Länder, doch der Großteil der Einheimischen muss hart kämpfen, um über die Runden zu kommen. Trotz des recht guten Wirtschaftswachstums in den vergangenen Jahren ist Hongkongs Wirtschaft zunehmend abhängig vom Finanzsektor und der Kaufkraft der Touristen vom Festland.

Eine neue Ära

Die Hongkonger, clever und selbstbewusst, machen sich Sorgen, weil sie ein von Peking ausgehendes Homogenisierungsstreben wahrnehmen. Festlandbesucher haben viel Unzufriedenheit ausgelöst: Diese Touristen dominieren die Einkaufsmeilen und die steigenden Mietpreise zwingen traditionelle Läden zur Aufgabe. Kulturelle Unterschiede zwischen Hongkongern und Festlandchinesen sowie der Zustrom von Händlern in Grenzstädte sind weitere Konfliktquellen. Doch trotz der sorgenvollen Stimmung ist nicht alles finster. Denn diese Veränderungen führen bei vielen auch zu großer Entschlossenheit, ihre Werte zu verteidigen (etwa das Rechtsstaatsprinzip und die Bürgerrechte).

Neue Impulse

Hongkongs Jugend engagiert sich immer mehr politisch, da viele das Gefühl haben, die Machthabenden würden ihre Interessen nicht vertreten. Auch sonst tun sie sich hervor: Im September 2014 gingen Demonstranten – darunter viele Studenten – auf die Straße, um gegen Reformen des Wahlsystems zu protestieren, da sie der Ansicht waren, diese gefährdeten das Wahlrecht. Die Proteste wuchsen sich zu einer Pro-Demokratie-Bewegung mit Tausenden Unterstützern aus, die als Occupy Central oder Umbrella Movement bekannt wurde. Sie dauerten drei Monate, in denen Zeltdörfer mehrere Hauptschlagadern Hongkongs bevölkerten. Hin und wieder kam es auch zu Zusammenstößen mit der Polizei. Inzwischen haben mehrere Studentenführer eine politische Partei gegründet.

An Mond-Neujahr 2016 ging die Regierung gegen illegale Straßenhändler vor. Es kam zu gewalttätigen Ausschreitungen zwischen Polizei und Demonstranten. Der Vorfall wurde als „Fischbällchen-Aufstand" bekannt. In der Vergangenheit hatten die Behörden bei den Verkäufern und ihren Essensständen während des wichtigsten Feiertags der Sonderverwaltungszone immer ein Auge zugedrückt.

Hongkong ist noch immer der einzige Ort in China, an dem offen an die Niederschlagung des prodemokratischen Aufstands auf dem Platz des Himmlischen Friedens 1989 erinnert werden kann. Peking versucht, sich international als sanfte Macht darzustellen – und die Lösung für dieses Dilemma könnte im Umgang mit den rebellischen Tendenzen der halbautonomen Sonderverwaltungszone liegen.

Die Stadt versucht, ihre Identität zu festigen, indem sie ihr Erbe bewahrt. Viele Hongkonger sind empört, wenn sie die Benutzung kantonesischer oder traditioneller chinesischer Schriftzeichen sowie den Erhalt von Parks oder alten Vierteln bedroht sehen. Es bilden sich immer mehr Gruppen, deren Ziel es ist, die soziale Geschichte der berühmten Stadtviertel zu dokumentieren, die von der Woge der urbanen Entwicklung überspült wurden. Der ständige Kampf um mehr Platz hat auch zur Entstehung alternativer Kulturzentren und Anbaumethoden geführt. In dieser pulsierenden Metropole steckt eben mehr dahinter, als man auf den ersten Blick erkennt: Sie hat ihre außergewöhnliche Fähigkeit, sich wieder aufzurappeln, sich anzupassen und zu verändern schon oft unter Beweis gestellt.

Einwohner pro km²

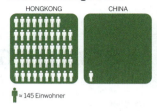

≈ 145 Einwohner

Muttersprache
(% der Bevölkerung)

88 Kantonesisch
5 Putonghua
4 andere Sprachen
3 andere chinesische Dialekte

Gäbe es nur 100 Hongkonger, wären…

50 Angehörige einer chines. Volksreligion
20 Buddhisten
14 Taoisten
7 Protestanten
5 Katholiken
3 Muslime
1 Hindu oder Sikh

Geschichte

Der Name Hongkong kommt vom Kantonesischen *heung gawng* („duftender Hafen") und geht auf die Stapel von Sandelholz zurück, die sich da auftürmten, wo heute Aberdeen ist. Das Hongkong, das wir heute kennen, ist in dessen langer Geschichte nur ein winziger Augenblick. In der Region war auch schon vor jenem Morgen im Jahr 1841 einiges los, an dem die britische Marine an Land stürmte und den Union Jack auf der Westseite von Hong Kong Island hisste.

Frühe Einwohner

Hongkong ist bereits seit mindestens Mitte der Jungsteinzeit (ca. 4000–2500 v.Chr.) von Menschen bewohnt. An knapp 100 archäologischen Stätten in der Sonderverwaltungszone ausgegrabene Artefakte deuten darauf hin, dass die Bewohner dieser Siedlungen kulturelle Eigenschaften mit den Menschen teilten, die im Delta des Perlflusses lebten. Die Überbleibsel von Siedlungen aus der Bronzezeit (ca. 1500–220 v.Chr.), die u.a. auf Lamma und Lantau Island freigelegt wurden, sowie die acht noch vorhandenen Felsenreliefs an Hongkongs Küste sprechen ebenfalls dafür, dass diese frühen Siedler eine Art Volksreligion mit Tieranbetung praktizierten.

> Archäologen gehen davon aus, dass sich die steinzeitlichen Bewohner Hongkongs relativ gut ernährten. Auf dem Speiseplan standen eisenreiches Gemüse, kleine Säugetiere und Meeresfrüchte. Die ersten Einwohner Hongkongs gehörten vielleicht zu den Seevölkern (Hundert-Yue-Stämme) im Südosten Chinas, von denen frühe Quellen berichten.

Die fünf großen Klans

Chinesen siedelten sich zur Zeit der Östlichen Han-Dynastie (25–220 n.Chr.) in der Region rund um Hongkong an. Zunächst spärlich bewohnt, war die Gegend vor allem ein bedeutender Handelsposten. Erst um das 11. Jh. begannen nacheinander die mächtigen „Fünf Klans" Hongkongs – Han-Chinesen, deren Nachkommen die politische und wirtschaftliche Macht bis heute innehaben –, die Gegend stärker zu bevölkern. Die ersten und mächtigsten Neuankömmlinge waren die Tang, die sich zu Beginn um Yuen Long niederließen (das Dorf Kat Hing Wai bildete einen Teil dieser Siedlung). Ihnen folgten die Hau und die Pang, die sich um das heutige Sheung Shui und Fanling ausbreiteten. Im 14. Jh. erschienen die Liu auf der Bildfläche, 100 Jahre später die Man.

ZEITLEISTE

4000–1500 v.Chr.
Kleine Gruppen jungsteinzeitlicher Jäger, Sammler und Fischer siedeln sich an der Küste an; eine Handvoll Werkzeuge, Tonwaren und andere Artefakte sind alles, was diese Nomaden hinterlassen.

214 v.Chr.
Kaiser Qin Shi Huang bringt nach langen Kriegen die Region Nan Yue (heute Guangxi, Guangdong & Fujian) an sich. Hongkong gerät unter den kulturellen Einfluss aus dem Norden.

1000–1400
Hongkongs „Fünf Klans" – Tang, Hau, Pang, Liu und Man – lassen sich dort nieder, wo jetzt die New Territories sind, und bauen in den fruchtbaren Ebenen und Tälern ummauerte Dörfer.

Die kantonesisch sprechenden Neulinge nannten sich *bun-day* (Punti), was „einheimisch" bedeutet – aber das waren sie definitiv nicht. Sie sahen auf die ursprünglichen Einwohner, die Tanka, herab. Viele Tanka wurden vertrieben und wichen aufs Meer aus, wo sie auf Booten lebten.

Ein imperialer Außenposten

Am südlichen Rand der Provinz Kanton (heute Guangdong) gelegen, galten die Halbinsel und Inseln, die später zu Hongkong gehören würden, als unbedeutender Fleck in einer Ecke des chinesischen Reiches. Die Punti-Gesellschaft blühte bis zu jenem Kampf, der die Ming-Dynastie (1368–1644) zu Fall brachte. Den siegreichen Qing (1644–1911) war der Widerstand der Südländer, die der alten Ordnung treu blieben, ein Dorn im Auge. So befahlen die Qing in den 1660ern die Zwangsumsiedlung der Küstenbewohner ins Landesinnere.

Es sollte vier Generationen dauern, bis dort wieder so viele Menschen lebten wie Mitte des 17. Jhs. Viele Einwohner waren Hakka (kantones. „Gastleute"), die zwischen dem 18. und der Mitte des 19. Jhs. einwanderten. Elemente ihrer Sprache, Kultur und Küche blieben erhalten – am deutlichsten erkennbar sind sie an den breitkrempigen, schwarz gesäumten Bambushüten, die Hakka-Frauen in den New Territories tragen.

Ankunft der Barbaren

Seit Jahrhunderten war die Mündung des Perlflusses eine wichtige Handelsstraße; deren Zentrum war der Hafen der Provinz Kanton. Einige der ersten ausländischen Händler („Barbaren") waren Araber, welche schon im 8. Jh. v. Chr. den Fuß in die Ansiedlung setzten – und sie plünderten. Die Ming-Kaiser betrachteten ihre Untertanen im Süden als einen entsetzlich unzivilisierten Haufen. Sollten diese Kantonesen doch mit den „Barbaren" Handel treiben!

Der regelmäßige Handel zwischen China und Europa begann 1557, als portugiesische Seefahrer einen Posten in Macao, 65 km westlich von Hongkong, errichteten. Holländische Händler schipperten im Kielwasser der Portugiesen heran, ihrerseits gefolgt von den Franzosen. Und die ersten britischen Schiffe kamen 1683 von den Niederlassungen der britischen Ostindienkompanie an der indischen Küste. 1711 gründete die Kompanie Büros und Lager in Guangzhou und handelte mit Tee, Seide und Porzellan.

Erster Opiumkrieg & Kolonie Hongkong

China jedoch erwiderte Europas unersättliche Nachfrage nach chinesischen Produkten nicht, sondern mied ausländische Produkte fast ganz.

Der Fund von Münzen und Keramiken aus der Zeit der östlichen Han-Dynastie (25–220 n. Chr.) auf Lantau und bei weiteren wichtigen Ausgrabungsstätten, darunter auch ein Grab bei Lei Cheng Uk in Kowloon, bestätigen den wachsenden Han-Einfluss auf Hongkong zu Beginn des 1. Jts.

1276 waren der minderjährige Kaiser Duan Zong und sein jüngerer Bruder Bing gezwungen, aus Hongkong zu fliehen, als die Mongolen die Reste der Armee der Song-Dynastie (960–1279 n. Chr.) besiegten. Nachdem mongolische Schiffe die kümmerlichen Überbleibsel der kaiserlichen Flotte geschlagen hatten, war das Ende der Song-Dynastie besiegelt.

1557	1644	1683	1757
Portugiesische Seefahrer errichten einen Posten in Macao. Niederländische und dann französische Händler treten auf den Plan. Der Handel zwischen China und Europa beginnt.	Die Ming-Dynastie (1368–1644) wird von der Qing-Dynastie abgelöst, die bis 1911 regiert.	Schiffe der britischen Ostindienkompanie kommen an. Bis 1711 hat die Kompanie Büros und Lager in Guangzhou eingerichtet und handelt mit Tee, Seide und Porzellan.	Laut einer Verordnung dürfen die Europäer nur noch über die *cohong* (Gilden) in Guangzhou Handel treiben. Die wachsende Unzufriedenheit darüber ebnet den Weg für den ersten Opiumkrieg.

> Noch heute schwören die Triaden den Ming ihre Treue, aber ihre Loyalität gilt inzwischen eher dem Dollar als dem besiegten Sohn des Himmels.

Das zunächst entstehende Handelsdefizit der Ausländer kehrte sich aber bald ins Gegenteil, denn die Briten entdeckten, welche Ware die Chinesen unbedingt wollten: Opium.

Die Briten mit ihrem Opiumvorrat von den Mohnfeldern Indiens trieben den Handel aggressiv voran. Infolgedessen breitete sich die Sucht schnell aus, und die Silberreserven Chinas schwanden deutlich.

Gegen Ende des Jahres 1838 ermächtigte Kaiser Dao Guang (1820–1850) Lin Zexu, Gouverneur von Hunnan und Hubei und Mann von großer Integrität, den Opiumhandel auszumerzen. Dessen erfolgreiches Vorgehen – er ließ alle Opiumvorräte in Guangzhou verbrennen – führte schließlich zum Ersten Opiumkrieg (1839–1842).

Im Januar 1841 hisste ein Landetrupp der Marine die britische Flagge am Possession Point (heute Possession St) auf Hong Kong Island. Der anschließend vereinbarte Vertrag von Nanking besiegelte die Niederlage Chinas, schaffte das Handelsmonopol ab, öffnete fünf „Vertragshäfen" für britische Staatsbürger und den ausländischen Handel und befreite die Briten von allen chinesischen Gesetzen. Großbritannien wurde das „ewige Besitzrecht" an Hong Kong Island übertragen.

Am 26. Juni 1843 wurde Hongkong, mit seinem tiefen und gut geschützten Hafen, britisch, und sein erster Gouverneur, Sir Henry Pottinger, übernahm das Ruder. Schon bald entstand eine primitive Siedlung ohne Gesetze.

Die Probleme wachsen

Der Zweite Opiumkrieg brach im Oktober 1856 aus. Die siegreichen Briten zwangen den Chinesen 1860 die Pekinger Konvention auf, die den Vertrag von Tientsien bestätigte und Kowloon sowie Stonecutters Island unter britische Herrschaft stellte. Damit kontrollierte Großbritannien nun den gesamten Victoria Harbour und seine Zufahrtswege.

Als die Qing-Dynastie gegen Ende des 19. Jhs. ins Wanken geriet, beantragte die britische Regierung in China, die Kolonie bis zu den New Territories auszudehnen. Mit der Pekinger Konvention vom Juni 1898 übergaben die Chinesen Großbritannien einen unerwartet großen Teil des Gebiets, zu dem 235 Inseln gehören und das im Norden bis zum Fluss Sham Chun reicht, was die Kolonie um 90 % vergrößerte.

Ein verschlafenes Kaff

Zwar wuchsen Hongkongs wichtigste Handelshäuser, darunter Jardine Matheson und Swire, dank des Handels mit China, doch die Kolonie überstand die ersten Jahrzehnte gerade so eben. Fieber, Beulenpest und Taifune bedrohten Leben und Besitz; in dieser ersten Zeit zog Hongkong zahlreiche zudem Kriminelle und zwielichtige Händler an.

> Alarmiert durch die sich ausbreitende Sucht und die Unmengen von Silber, die aus seinem Land flossen, um für Opium zu bezahlen, verbot der Qing-Kaiser 1799 den Opiumhandel. Das Verbot zeigte jedoch kaum Wirkung, und der lukrative Handel ging munter weiter.

1773 — Nachdem die britische Ostindienkompanie die Produktion und den Export von indischem Opium an sich gerissen hat, explodiert der Opiumhandel mit China.

1799 — Wegen der Verbreitung der Opiumsucht und des Schwunds von Silber, mit dem die Droge zu bezahlen ist, erlässt der Qing-Kaiser eine Verordnung, die den Opiumhandel in China verbietet.

1841 — Britische Marineinfanteristen pflanzen den Union Jack auf dem Westteil der Insel von Hongkong und beanspruchen das Land für die britische Krone.

1842 — Mit der Ratifizierung des Vertrag von Nanking tritt China die Insel Hongkong an Großbritannien ab.

Zwar begann sich Hongkong nach und nach in eine bodenständige Gemeinde zu verwandeln, doch fristete es vom späten 19. Jh. bis zum Zweiten Weltkrieg ein Dasein im Schatten des Handelshafens Shanghai, der zu Asiens wichtigstem Handels- und Finanzzentrum avancierte. Gleichwohl wuchs die Bevölkerung Hongkongs kontinuierlich; insbesondere während der Xinhai-Revolution von 1911, die der Qing-Dynastie den Todesstoß versetzte, flohen viele Chinesen in die Kronkolonie. Es begann eine Phase von mehreren Jahrzehnten, in denen Fehden, randalierende Banden und Hunger in der Kolonie dominierten. Mit dem Einmarsch Japans in China 1937 wurde aus dem Einwandererstrom dann eine wahre Flut.

Hongkongs Status als britische Kolonie gewährte den Flüchtlingen aber nur zeitweise eine Zuflucht. Nachdem Japan am 7. Dezember 1941 den US-Marinestützpunkt Pearl Harbor angegriffen hatte, wandte sich das japanische Militär einen Tag später Guangzhou und Hongkong zu.

Die Bedingungen unter der japanischen Herrschaft waren hart. Viele chinesische Zivilisten wurden massakriert, westliche Zivilisten im Stanley Prison auf Hong Kong Island interniert. Viele Hongkong-Chinesen flohen nach Macao, das vom neutralen Portugal verwaltet wurde.

> „Albert belustigt es sehr, dass ich Hong Kong Island bekommen habe", schrieb Königin Viktoria 1841 an König Leopold von Belgien. Zu dieser Zeit war Hongkong ein verschlafenes Nest mit rund 20 Dörfern und Weilern.

Der Weg zur Boomtown

Nach Japans Rückzug aus Hongkong und der anschließenden Kapitulation im August 1945 schien es, als würde die Kolonie ihren Winterschlaf fortsetzen. Aber die Ereignisse in Hongkong wie auch auf dem Festland zwangen sie, eine neue Richtung einzuschlagen.

Der Sieg der Kommunisten im Chinesischen Bürgerkrieg (1945–1949) produzierte eine neue Flut von Flüchtlingen – reiche und arme – nach Hongkong. Mit ihrem Kapital und ihrer Arbeitskraft kurbelten die Neuankömmlinge die Wirtschaft Hongkongs an. Aus einem armseligen, vom Krieg zerrütteten Handelsposten machten einheimische und fremde Geschäftsleute ein riesiges Produktions- und Finanzzentrum auf: In Hongkong ereignete sich eines der größten Wirtschaftswunder der Nachkriegswelt.

1967, auf dem Höhepunkt der Kulturrevolution, geriet Hongkongs Stabilität wieder stark ins Wanken. Die prokommunistischen Gruppen in Hongkong verwandelten einen Arbeitsstreit in eine „antikoloniale Bewegung". Bombenattentate und Brandstiftungen waren die Folge. Hongkongs Wirtschaft war monatelang wie gelähmt. Erst im Dezember 1967 flauten die Aufstände ab, nachdem der chinesische Ministerpräsident Zhou Enlai die prokommunistischen Gruppen aufgefordert hatte, ihren Kampf einzustellen.

> Opiumhöhlen, Spielclubs und Bordelle florierten. Nur ein Jahr nachdem Großbritannien die Herrschaft übernommen hatte, arbeiteten schätzungsweise 450 Prostituierte in zwei Dutzend Bordellen, darunter eine stattliche Anzahl ausländischer Freudenmädchen, die sich in der Lyndhurst Tce sammelten – wo heute einige der angesagtesten Bars Hongkongs zu finden sind.

1860	1894	1895	1898
China überlässt Großbritannien, das fortan die vollständige Kontrolle über den Victoria Harbour hat, auch die Halbinsel Kowloon und Stonecutters Island.	Die Beulenpest bricht in Hongkong aus und tötet 2500, hauptsächlich einheimische, Chinesen. Der Handel leidet schwer.	Der zukünftige Nationalheld Sun Yatsen benutzt Hongkong als Basis für einen Aufstand im südlichen China. Er scheitert und wird von den Briten aus ihrem Gebiet verbannt.	China verpachtet die New Territories für 99 Jahre an die Briten: vom 1. Juli 1898 bis Mitternacht am 30. Juni 1997.

Eine Gesellschaft im Umbruch

Nach der Krise von 1967 begann die Regierung der Kolonie Reformen, die die soziale Unzufriedenheit eindämmen und eine Art nationale Identität erzeugen sollten. Im folgenden Jahrzehnt verabschiedete die Regierung mehrere Sozialgesetze und investierte in den Wohnungsbau, die medizinische Versorgung und in Bildung und Freizeitangebote.

In der Folge setzte die Wirtschaft ihren Aufwärtstrend fort, auch der Zusammenbruch der Hongkonger Börse 1973 konnte dem nichts anhaben. 1976 übernahm Deng Xiaoping nach Mao Zedongs Tod die Kontrolle über die chaotischen Zustände in China. Seine „Politik der offenen Tür" belebte Hongkongs Rolle als Tor nach China im doppelten Sinne – die Stadt boomte. Ende der 1980er-Jahre war Hongkong einer der reichsten Orte Asiens und musste sich in puncto Pro-Kopf-Bruttoinlandsprodukt nur Japan geschlagen geben.

Die 1997-Frage

Lange hatte kaum jemand an die Zukunft Hongkongs gedacht. Erst 1979 erörterte der Gouverneur von Hongkong, Murray MacLehose, das Thema bei seinem ersten offiziellen Besuch in Peking mit Deng Xiaoping. Vertraglich hatte sich Großbritannien lediglich dazu verpflichtet, die New Territories zurückzugeben, nicht aber Hong Kong Island und Kwoloon. Allerdings machte die Tatsache, dass fast die Hälfte der Einwohner Hongkongs in den New Territories lebten, eine Teilung praktisch unmöglich.

Deng Xiaoping entschied schließlich, dass es an der Zeit war, Hongkong zurückzuholen, und zwang die Briten an den Verhandlungstisch. Die Meinung der Bevölkerung Hongkongs interessierte dabei nicht. Der gefasste Beschluss schaffte die politischen Streitigkeiten und wirtschaftlichen Bedenken aus der Welt, die 1983 zum Verfall des Hong-Kong-Dollars und dessen Kopplung an den US-Dollar geführt hatten. Obwohl die chinesische, die britische und die Hongkonger Regierung alles daran setzten, die Bevölkerung zu besänftigen, machte sich diese während der nächsten 13 Jahre Sorgen über die möglichen politischen und wirtschaftlichen Konsequenzen der Übergabe – bis 1997.

Ein Land, zwei Systeme

Nach der *Sino-British Joint Declaration on the Question of Hong Kong of December 1984* sollte Hongkong als Special Administrative Region of the People's Republic of China (SAR; Sonderverwaltungszone Hongkong der Volksrepublik China) fortbestehen. So könnte Hongkong das kapitalistische System beibehalten, während auf der anderen Seite der

> In den frühen 1970er-Jahren begann Hongkong den Bau der ersten drei „New Towns" – Sha Tin, Tsuen Wan und Tuen Mun. Es war der Start eines großen, bisher nie dagewesenen sozialen Wohnungsbauprogramms, durch das ‚Millionen Menschen Unterkunft fanden und noch finden.

1911	1925/26	1937	1941
Große Gruppen von Einwanderern, die vor der Xinhai-Revolution auf dem Festland fliehen, lassen die Bevölkerung der Kolonie weiter wachsen.	Während des fast 16-monatigen Kanton-Hongkong-Streiks verlassen fast 250 000 Arbeiter die Kolonie, um gegen die Ermordung von Demonstranten in Shanghai zu protestieren.	Japan überfällt ein bürgerkriegsgeschwächtes China. Auf der Flucht vor den Invasoren suchen im Lauf der nächsten drei Jahre 750 000 Festlandchinesen Schutz in Hongkong.	Die Briten ergeben sich den Japanern am 1. Weihnachtsfeiertag. Die Bevölkerung Hongkongs schrumpft während der fast vierjährigen japanischen Besatzungszeit um mehr als die Hälfte.

Grenze Chinas Version des Sozialismus herrschen würde. Der chinesische Slogan dafür war „ein Land, zwei Systeme".

Im *Basic Law for Hong Kong*, der Verfassung der SAR, wurde Hongkongs englisches Rechtssystem verankert, das das Recht auf Grund und Boden, das Streikrecht, die Versammlungs-, Meinungs- und Religionsfreiheit sowie die Freizügigkeit der Bürger garantierte. Die SAR würde mit Ausnahme außen- und verteidigungspolitischer Fragen Autonomie genießen. Dennoch verließen Zehntausende Ende der 1980er-Jahre die Kolonie in Richtung Vereinigte Staaten, Kanada, Australien und Neuseeland.

Das Tian'anmen-Massaker & die Folgen

Als chinesische Truppen am 4. Juni 1989 prodemokratische Demonstranten auf Pekings Platz des Himmlischen Friedens niederschlugen, wurde aus den Sorgen der Einwohner Hongkongs Angst. Das Massaker markierte eine Zäsur: Die chinesisch-britischen Beziehungen verschlechterten sich, der Aktienmarkt brach ein, und ein großer Teil des Kapitals wurde Richtung Übersee abgezogen.

Hongkongs Regierung versuchte, das Vertrauen wieder aufzubauen, indem sie Pläne für einen neuen Flughafen und einen Containerhafen ankündigte. Mit Kosten von 160 Mrd. HK$ war es das teuerste Infrastrukturprojekt weltweit.

Die Proteste auf dem Platz des Himmlischen Friedens untermauerten die Entschlossenheit der Menschen, die Hongkong nicht verlassen konnten oder wollten und die nun die ersten offiziellen Parteien des Territoriums gründeten. Um ihre Glaubwürdigkeit wieder herzustellen, verabschiedete die Regierung 1990 eine *Bill of Rights* und erlaubte den Einwohnern Hongkongs im folgenden Jahr, 18 der 60 Mitglieder des LegCo zu wählen. Bis dahin war das Gremium hauptsächlich ein Werkzeug der Regierung und einiger Interessenvertretungen.

Demokratie & der letzte Gouverneur

Eine der ersten Parteien, die United Democrats of Hong Kong, wurden von Martin Lee und Szeto Wah geführt. Beide waren einst von China wegen ihrer antikolonialen Position gefördert und in das Komitee für das Grundgesetz berufen worden. Sie brachten Peking aber gegen sich auf, als sie aus Protest gegen das Tian'anmen-Massaker Kopien der Proto-Verfassung verbrannten, und wurden als Umstürzler gebrandmarkt.

Chris Patten, Hongkongs 28. und letzter britischer Gouverneur, kam 1992 mit dem Versprechen an, die Demokratie wieder auf den richtigen Weg zu bringen – sehr zum Missfallen Chinas. Zunächst attackierte es den Gouverneur verbal und bedrohte die Karrieren aller prodemokra-

---

Hongkong ist der einzige Ort unter chinesischer Herrschaft, an dem noch immer die Toten von 1989 betrauert werden. Jedes Jahr am 4. Juni versammeln sich Zehntausende im Victoria Park zu einer Mahnwache mit Kerzen, um an diejenigen zu erinnern, die ihr Leben ließen.

In Folge der Proteste auf dem Platz des Himmlischen Friedens 1989 entstand in Hongkong eine geheime Schmugglerorganisation unter dem Codenamen Yellow Bird, die zahlreiche Aktivisten nach Übersee in Sicherheit brachte. Währenddessen wurden in Hongkong ansässige chinesische Offizielle, die die Tötungen kritisiert hatten, entweder von ihren Posten entfernt oder baten im Westen um Asyl.

1949	1962	1967	1971
Nach der Ausrufung der Volksrepublik China durch die siegreichen Kommunisten fliehen Hunderttausende Konterrevolutionäre nach Hongkong.	Die durch den „Großen Sprung nach vorn" ausgelöste Hungersnot lässt in weniger als drei Monaten 70 000 Menschen nach Hongkong fliehen.	Aufstände prokommunistischer Gruppen erschüttern Hongkong; chinesische Milizen töten fünf Polizisten und dringen 3 km in die New Territories vor, bevor sie sich zurückziehen.	Ein ehemaliger Kinderdarsteller spielt seine erste Hauptrolle in dem Kung-Fu-Film *Bruce Lee – Die Todesfaust des Cheng Li*, der ein weltweiter Hit wird.

CHINAS PLAN ZUR INVASION HONGKONGS

Die friedliche Übereinkunft, mit der der heutige Status Hongkongs besiegelt wurde, war in den vorangegangenen Jahrzehnten nicht abzusehen. Die Verhandlungsführer bestätigten nachträglich, wie empfindlich China beim Thema Hongkong reagierte und wie nahe die Volksrepublik davor stand, das Territorium gewaltsam einzunehmen.

Die britische Premierministerin Margaret Thatcher, die die Verhandlungen führte, berichtete später, Deng Xiaoping, damals Staatsführer Chinas, habe behauptet, er „könnte einmarschieren und das Ganze innerhalb eines Nachmittags einnehmen". Sie antwortete, China verlöre alles, wenn es dies täte: „Ich kann Sie nicht aufhalten, aber die Welt würde merken, wie China wirklich ist."

Lu Ping, der Verhandlungsführer Chinas, bestätigte, dass Deng nicht gebluffthatte. Deng hatte seinerseits wohl befürchtet, dass die Ankündigung der Übergabe 1997 zu schweren Unruhen führen würde und China zwingen könnte, Hongkong gewaltsam einzunehmen.

Lu zufolge stand China bereits 1967 kurz vor einer Invasion. Auf dem Höhepunkt der Kulturrevolution bereitete sich ein radikaler Flügel der Volksbefreiungsarmee während der prokommunistischen Unruhen auf den Einmarsch in die britische Kolonie vor. Die Invasion wurde nur durch einen in letzter Sekunde erteilten Befehl des Premiers Zhou Enlai an den Armeekommandanten Huang Yongsheng verhindert, einen radikalen Maoisten, der darauf brannte, in Hongkong einzumarschieren.

---

tischen Politiker und Offiziellen. Als das nicht fruchtete, nahm China Hongkongs Wirtschaft ins Visier. Verhandlungen über Handelsverträge und Infrastrukturprogramme über 1997 hinaus, darunter auch der Bau des neuen Flughafens, wurden plötzlich auf Eis gelegt. Erst als der Pekinger Regierung dämmerte, dass man so sogar die Hongkonger vergrätzt hatte, die China eigentlich unterstützten, gab China 1994 seinen Segen zum neuen Flughafen in Chek Lap Kok. Direkte Wahlen eines Hongkonger Parlaments waren aber weiterhin unmöglich. Stattdessen setzte China einen provisorischen Legislativrat ein, der bis zum Juni 1998 meist abnickte, was Peking wünschte.

Die „Wahlen" der Exekutive wurden im Dezember 1996 von China organisiert: Hongkongs erster postkolonialer Verwaltungschef, der in 1937 in Shanghai geborene Schiffsmagnat Tung Chee Hwa, gewann jedoch an Zustimmung, als er Pattens rechte Hand, Anson Chan, als Staatssekretärin und Donald Tsang als Wirtschaftssekretär behielt.

In der Nacht des 30. Juni 1997 wurden die Übergabefeierlichkeiten in einer eigens hierfür errichteten Erweiterung des Hongkong Conventions & Exhibition Centre in Wan Chai begangen – verfolgt von Millionen Menschen weltweit. Chris Patten weinte, der chinesische Präsident

---

1976 — Deng Xiaoping, der nach dem Tod von Mao Zedong die Kontrolle in China übernahm, belebt Hongkongs Rolle als Tor zum Festland wieder.

1982 — Die britische Premierministerin Margaret Thatcher besucht Peking, um Gespräche über die Zukunft Hongkongs aufzunehmen; die Verhandlungen werden zwei Jahre dauern.

1984 — Die *Sino-British Joint Declaration on the Question of Hong Kong* besiegelt Hongkongs Zukunft; das kapitalistische System bleibt der Stadt demnach auch nach 1997 erhalten.

1989 — Massaker auf dem Platz des Himmlischen Friedens: Mehr als 1 Mio. Hongkonger gehen zur Unterstützung der Demokratiebewegung in Peking auf die Straße.

Jiang Zemin strahlte, und Prinz Charles gab sich stoisch (Jahre später bezeichnete er den chinesischen Regierungschef gegenüber der britischen Presse abschätzig als „erbärmliche, alte Wachsfigur").

So fiel nach über 150 Jahren britischer Herrschaft der Vorhang. Der neue Verwaltungschef Tung fasste die Emotionen der Chinesen mit den Worten zusammen: „Jetzt sind wir die Herren im eigenen Haus".

Hongkong nach 1997

Sobald die Begeisterung über die Übergabe nachließ, lief in Hongkong einiges schief. Die Finanzkrise, die auch andere Teile Asiens erschüttert hatte, wurde Ende 1997 auch in Hongkong spürbar. Und infolge der Vogelgrippe mussten in Hongkong mehr als 1 Mio. Hühner notgeschlachtet werden.

Die Glaubwürdigkeit der SAR-Regierung wurde 1999 stark ramponiert, als sie eine richterliche Entscheidung anfocht, mit der in China geborenen Kindern von Eltern, die nach 1997 Bürger Hongkongs geworden waren, ein Aufenthaltsrecht bewilligt wurde. Die Entscheidung basierte auf bestimmten Einzelheiten des Basic Law – Hongkongs Miniverfassung –, nach denen 1,67 Mio. Menschen vom Festland ein Bleiberecht in Hongkong haben würden. Die SAR-Regierung wandte sich an das Ständige Komitee des Nationalen Volkskongresses, wo diese Bestimmungen „neu interpretiert" werden sollten. Dieser willigte ein und entschied, dass zum Zeitpunkt der Geburt mindestens ein Elternteil ein Daueraufenthaltsrecht haben musste.

Das Festland mischte sich also erkennbar in Hongkongs Angelegenheiten ein, indem es sich um das Rechtssystem der Stadt kümmerte und damit den Hongkongern das universelle Wahlrecht vorenthielt. Natürlich hatte die Festland-Regierung großen Einfluss, aber in den meisten Fällen hielt sie sich in den ersten Jahren eher zurück und erkannte die Vereinbarungen der Übergabeerklärung an. Dies sollte sich erst ändern, als am 1. Juli 2003 500 000 Hongkonger gegen die Regierung protestierten...

> Nach den Protesten auf dem Platz des Himmlischen Friedens wollten viele gut ausgebildete Hongkonger mit Geld nur noch weg – in irgendein Land, das bereit war, sie aufzunehmen. In der Hochphase reisten wöchentlich über 1000 Menschen aus, vor allem nach Kanada und Australien.

Der Schrei nach Demokratie

Tung Chee Hwas erste Amtsperiode ist wegen seiner verwirrenden Wohnungspolitik, die viele für eine nachhaltigen Rückgang der Immobilienpreise verantwortlich machten, ebenso in Erinnerung wie für nichtssagende Einfälle für die Infrastruktur (z. B. den Hafen für chinesische Heilkräuter). Trotz schlechter Umfragewerte trat Tung im März 2002 eine zweite fünfjährige Amtszeit an.

Kontroversen prägten seine Amtszeit weiterhin: Am offensichtlichsten war dies im März 2003, als es die Regierung versäumte, die

1990	1992	1997	2001
Ein Gesetz zu Bürger- und Menschenrechten wird verabschiedet. Seit 1991 haben die Bürger Hongkongs das Recht, 18 der 60 Mitglieder des Gesetzgebenden Rats (LegCo) zu wählen.	Mit Chris Patten wird erstmals ein Politprofi Gouverneur Hongkongs. Er ist zugleich der letzte, der diesen Posten bekleidet.	Hongkong steht wieder unter chinesischer Herrschaft. Die Vogelgrippe bricht aus und fordert sechs Menschenleben. Tung Chee Hwa wird als Hongkongs erster Executive Chief vereidigt.	Tung Chee Hwa folgt seinen Pekinger Herren, bezeichnet Falun Gong als einen „bösartigen Kult" und beschränkt die Tätigkeiten der Gruppe in Hongkong.

SARS-Epidemie rechtzeitig einzudämmen, und dafür ins Kreuzfeuer der Kritik geriet. Der Krankheit fielen 299 Menschen zum Opfer, 1755 erkrankten, und Hongkong war wochenlang nahezu lahmgelegt.

Im Juli 2003 geriet die Regierung aufgrund eines äußerst unpopulären Beschlusses erneut unter Druck. Artikel 23 des Basic Law sollte Gesetz werden. Der Entwurf betraf Aktivitäten „die die öffentliche Sicherheit gefährden", z. B. Hochverrat, Umsturz und Volksverhetzung. Das schürte in Hongkong die Angst, dass in Kürze auch die Pressefreiheit und die Bürgerrechte unterwandert würden. Erst nach massiven Protesten legte die Regierung den Entwurf auf Eis. Im März 2005 trat Tung von seinem Amt als Verwaltungschef zurück. Sein Nachfolger war Chefsekretär Sir Donald Tsang, der von 1995 bis 2001 als Finanzsekretär tätig gewesen war.

Verglichen mit Tung verkörperte Tsang für viele einen willkommenen Neuanfang. Wegen seines guten Verhältnisses zu den Machthabern in Peking erfreute er sich sehr hoher öffentlicher Zustimmung, auch nach der üblichen politischen Eingewöhnungszeit. 2007 stand Tsang wieder zur Wahl und gewann mit Pekings Segen problemlos. Trotzdem schwand Tsangs Akzeptanz in der Öffentlichkeit, als er eine ganze Reihe von Versprechen zurücknehmen musste – z. B. schob er die lange erwarteten Beratungen zu einer Wahlrechtsreform auf, die den Wahlen des Chief Executive und des Legislativrats ab 2012 ein demokratischeres Verfahren geben sollten.

2010 wurde der Ruf nach Demokratie unüberhörbar. Binnen zweier Monate fanden zwei wegweisende politische Ereignisse statt: Im Mai wurden fünf Politiker der prodemokratischen Bewegung in den LegCo (Legislativrat) wiedergewählt, nachdem sie vier Monate zuvor gemeinsam zurückgetreten waren – in der Hoffnung, die daraus resultierende Nachwahl würde de facto als Referendum zum allgemeinen Wahlrecht dienen. Allerdings boykottierten die pekingfreundlichen Parteien die Wahl, und das Vorhaben des Quintetts scheiterte – auch wenn die Politiker behaupten konnten, mit respektablen Wahlergebnissen wieder in die Kammer gewählt worden zu sein.

Die diversen Lager der Demokratiebewegung konnten sich auf keine gemeinsame Strategie in der Frage der erzwungenen Nachwahlen einigen. Die seit Langem schwelenden Differenzen der bedeutenden politischen Akteure traten schließlich kurz darauf offen zutage, als sich die größte der Parteien, die Democratic Party, bei einem Reformpaket auf die Seite der Regierung stellte – und das, obwohl die Reform lediglich eine geringe Erhöhung der Anzahl der vom Volk frei wählbaren Sitze des LegCo vorsah und zudem die Einführung des allgemeinen Stimmrechts für die Wahl der Legislative und des Verwaltungschefs erneut verschob.

> Einen Eindruck davon, wie gelungen trotz allem die Übergabe war, erhielt man 2007 durch ein BBC-Interview mit Margaret Thatcher. Zur Feier des 10. Jahrestags der Übergabe Hongkongs von Großbritannien an China erklärte Thatcher, dass zu ihrer eigenen Überraschung die grundsätzliche Leistung Chinas ein großer Erfolg war.

2003	2009	2010	2011
Die Infektionskrankheit SARS legt Hongkong für Wochen lahm. Der mit China vereinbarte Wirtschaftsgesellschaftsvertrag (CEPA) sorgt für vorteilhafte Geschäfte.	Während Hongkongs Bevölkerungszahl 7 Mio. übersteigt, klettert die Arbeitslosenrate angesichts der größten Rezension seit der Weltwirtschaftskrise von 1932 auf fast 5 %.	Der Legislativrat genehmigt nach 25 Stunden hitziger Debatte 66,9 Mrd. HK$ für den Hongkong-Teil der Hochgeschwindigkeitsbahnverbindung zwischen Guangzhou und Hongkong.	Ein Mindeststundenlohn von 28 HK$ wird eingeführt; die Inflation erreicht ihren Höchststand seit 16 Jahren.

Die Rufe nach Demokratie sind seitdem nicht verstummt. Das zeigte sich insbesondere im März 2012 bei den Wahlen des vierten SAR-Verwaltungschefs, die durch ein 1200-köpfiges Gremium von überwiegend pekingnahen Honoratioren durchgeführt wurden. Leung Chun-Ying, ein unerschütterlicher Bestandteil der Hongkonger Politik mit tadellos engen Verbindungen nach Peking, besiegte in der Wahlurne Henry Tang, den ehemaligen Leiter des öffentlichen Dienstes, dem lange Zeit die meisten Chancen eingeräumt worden waren.

Im Juni 2014 stimmten über 787000 Einwohner Hongkongs in einem inoffiziellen Referendum dafür, die Wahl des Verwaltungschefs demokratischer zu gestalten – das sind mehr als 22% der 3,5 Mio. registrierten Wähler der Stadt. Daraufhin nahmen am 1. Juli 2014, dem Jahrestag der Übergabe, geschätzte 510000 Demonstranten an einem prodemokratischen Protestmarsch teil – laut Angaben der Polizei waren es nur 98600.

Eine andere Stadt?

Touristen wird kaum ein Unterschied zwischen dem kolonialen und dem heutigen Hongkong auffallen – abgesehen vielleicht davon, dass inzwischen fast 70% aller Besucher vom Festland stammen.

In vielerlei Hinsicht hat Hongkong von den engeren Beziehungen zu China profitiert. Das Wachstum der Tourismusbranche wäre ohne den Zustrom von Besuchern vom Festland nicht möglich gewesen, das 2003 unterzeichnete *Closer Economic Partnership Agreement* mit der Regierung in Peking bescherte Hongkongs Investoren und Industriellen viele Vergünstigungen.

Dass man sich gierig auf chinesische Touristen-Dollars stürzte, führte zur Ausbreitung von Luxus-Boutiquen in Gegenden wie Causeway Bay und der Canton Road in Tsim Sha Tsui. Das wiederum trieb die Ladenmieten in die Höhe und heizte die Inflation ordentlich an. Viele kleine Händler sind inzwischen aus dem Straßenbild Hongkongs verschwunden. Der Immobilienmarkt, mit dem Geld von Festlandsspekulanten gnadenlos überhitzt, ist durchschnittlichen Bürgern inzwischen verschlossen, Wohneigentum für sie unerschwinglich. Am meisten beunruhigen die Einwohner Hongkongs allerdings die Migranten, die in den letzten zehn Jahren vom Festland zu Zehntausenden in die Stadt geströmt sind. Groß sind die Befürchtungen, dass der Zustrom zu einer immer größeren Belastung für die öffentlichen Einrichtungen in Hongkong wird. Die Unterschiede zwischen Einheimischen und Festlandchinesen – in kultureller wie auch in materieller Hinsicht – werden sicherlich noch für manche Schlagzeile sorgen, für reißerische, aber auch für ernüchternde.

Hongkongs jüngster Politstar ist der 20-jährige Joshua Wong, Mitbegründer von Scholarism, einer Aktivistengruppe, die durch die Organisation der anti-nationalen Bildungsproteste 2012 berühmt wurde. Wong kämpft nun um einen Platz auf der Liste zur Wahl des Chief Executive (Verwaltungschef) von Hongkong 2017.

2011	2012	2012	2014
Öffentliche Krankenhäuser nehmen keine Anmeldungen von Schwangeren vom Festland mehr an. Grenzbeamte verweigern 1930 hochschwangeren Frauen den Grenzübertritt.	Der Immobiliensachverständige Leung Chun-Ying beginnt seine fünfjährige Amtszeit als vierter Chief Executive von Hongkong, nachdem er Henry Tang in einer skandalumwitterten Wahl geschlagen hat.	Zehntausende gehen auf die Straße, um gegen einen neuen nationalen Lehrplan zu demonstrieren, weil sie eine kommunistische „Gehirnwäsche" fürchten.	Archäologische Funde in East Kowloon belegen, dass Hongkongs Geschichte während der Sung-Dynastie weitaus bedeutender gewesen sein könnte, als allgemein angenommen.

Zwar rufen die stetig enger werdenden Beziehungen mit dem Festland bei vielen Bürgern Hongkongs unangenehme Gefühle hervor. Doch vielleicht stellen eines Tages Historiker auch fest, dass Hongkong vielmehr das restliche China prägte oder gar veränderte? Hongkongs erstaunlicher Erfolg und seine Grundwerte haben durchaus Einfluss auf das Denken auf dem Festland, einen Einfluss, der wohl nur schwer messbar sein dürfte. Angesichts bedeutender Bewegungen (Sun Yatsen und Zhou Enlai) auf dem Festland, die von der kleinen Enklave einst inspiriert und unterstützt wurden, ist dieser Gedanke aber nicht gänzlich von der Hand zu weisen.

Sicher ist, dass die Menschen in Hongkong zwei Jahrzehnte nach der Übergabe der Frage nach ihrer Identität stärker nachgehen denn je. Ob nun im Guten oder im Schlechten – die Verflechtung Hongkongs mit Festlandchina schreitet unaufhaltsam fort.

2014	2014	2015	2016
Zehntausende prodemokratische Demonstranten gehen auf die Straße. Die Kampagne des zivilen Ungehorsams kämpft gegen Reformen, die das allgemeine Wahlrecht einschränken sollen.	180 000 Menschen (laut Organisatoren; 99 500 laut Polizei) versammeln sich am 4. Juni zu einer Mahnwache bei Kerzenlicht, um des 25. Jahrestags der Proteste auf dem Platz des Himmlischen Friedens zu gedenken.	Fünf Buchhändler, die mit einem Verleger in Verbindung stehen, dessen Bücher in China verboten sind, verschwinden. Einer taucht in Hongkong wieder auf und bittet, die Ermittlungen in seinem Fall einzustellen.	An Mond-Neujahr endet das Vorgehen der Regierung gegen illegale Straßenhändler mit Gewalt, als die Polizei in Mong Kok mit Demonstranten zusammenstößt.

Kunst

Hongkongs Kunstszene ist lebendiger, als man zunächst vielleicht vermuten würde. Es gibt Musik- und Tanzensembles aller Art, Gruppen für chinesischen und modernen Tanz und zahlreiche Kunstorganisationen. Der West Kowloon Cultural District ist eines der anspruchsvollsten Kulturprojekte Asiens. Dank finanzieller Unterstützung durch die Regierung können die Organisatoren erstklassige internationale Künstler engagieren. Und Jahr für Jahr scheint die Anzahl der hiesigen Kunstfestivals weiter zu wachsen.

Bildende Kunst

Hongkong gehört neben New York und London zu den drei wichtigsten Kunstauktionszentren der Welt. Und theoretisch kann es nur weiter bergauf gehen, wenn man bedenkt, dass China die USA als weltgrößter Markt für Kunst und Antiquitäten schon überholt hat. Obwohl sich die Industrie darum sorgt, ob der chinesische Markt auf lange Sicht ein beständiges Wachstum vorantreiben kann, wird Hongkong auch weiterhin seine Chancen nutzen, solange es der gehypte Markt hergibt. Art Basel (S. 30), die weltweit führende Kunstmesse, ist seit 2013 in Hongkong vertreten; zu ihrem Rahmenprogramm gehört der jährliche **Hong Kong Art Walk** (www.hongkongartwalk.com; ☉März), an dem dutzende Galerien in der Stadt beteiligt sind.

Die zeitgenössische Kunst aus Hongkong hält sich nicht mit bombastischen Geschichten über nationale Identität und Religion auf. Sie zieht einen introvertierten Blick auf die Welt, das Thema chinesische Visionen und eine zunehmende Fokussierung auf Hongkong unabhängig eines nationalen Rahmens vor.

Die Eröffnung des M+, die für 2019 angesetzt ist, stellt definitiv ein Highlight in Hongkongs künftiger Kulturszene dar. Das M+, ein Museum für Bildwissenschaft des 20. und 21. Jhs., ist Teil des West Kowloon Cultural District (WKCD), dem bis dato ambitioniertesten Kunstförderungsprojekt der Stadt. Allerdings litten sowohl das Museum als auch der WKCD unter einer Reihe von Rücktritten in der Führungsriege. Aktuellstes Beispiel ist Lars Nittve, Geschäftsführer des M+, der seinen im Januar 2016 auslaufenden Vertrag nicht mehr erneuerte.

Die besten Informationsquellen über Kunst aus Hongkong und Asien sind die *Asian Art News* (www.asianartnews.com), das kostenlose Monatsmagazin *Art Map* (www.artmap.com.hk), das **Asia Art Archive** (Karte S. 334; ☏852 2815 1112; www.aaa.org.hk; 11. OG, Hollywood Centre, 233 Hollywood Rd, Sheung Wan; ☉Mo–Sa 10–18 Uhr) und die Hong Kong International Association of Art Critics (www.aicahk.org).

> **Top-Museen für Kunst aus Hongkong**
>
> Hong Kong Museum of Art (Tsim Sha Tsui)
>
> Hong Kong Arts Centre (Wan Chai)
>
> Asia Society Hong Kong (Admiralty)

Traditionelle Kunst

Die chinesischen Maler der Vergangenheit interessierten sich für traditionelle Formen und Maltechniken und weniger für Komposition und Farbe. Pinselstriche und die Utensilien, die dafür benötigt werden, waren das Wichtigste. Der traditionellen chinesischen Kunst ging es nie um Veränderung nur um der Veränderung willen. Die chinesischen

Künstler verglichen ihre Werke mit denen der Meister und beurteilten sie danach.

Die einflussreiche Lingnan School of Painting, die in den 1930er-Jahren vom Aquarellmaler Chao Shao-an (1905–1998) gegründet und 1948 nach Hongkong versetzt wurde, versuchte, von dieser Tradition abzuweichen. Sie verband die traditionellen chinesischen, japanischen und westlichen Methoden, um einen eher dekorativen Stil zu erschaffen, und dominierte den Kunstmarkt Hongkongs für die nächsten zwei Jahrzehnte.

Die individuellste Gruppe von Malern und Bildhauern in Hongkong bildeten die Anhänger der New-Ink-Painting-Bewegung, die Ende der 1960er-Jahre Berühmtheit erlangten. Die meisten waren stark mit China oder seinem kulturellen Erbe verbunden. Ziel der Bewegung war es, chinesische und westliche Ideen unter einen Hut zu bringen, indem sie die traditionelle chinesische Tuschemalerei in Richtung des abstrakten Expressionismus lenkte. Lui Shou-kwan (1919–1975), der 1948 nach Hongkong kam, war der erste und bekannteste Künstler der New-Ink-Painting-Bewegung. Lui arbeitete bei der Yau-Ma-Tei-Fähre als Pieraufseher und unterrichtete in seiner Freizeit. Er sprach kein Englisch und die einzigen Erfahrungen mit dem Westen machte er durch Bilder und Bücher, die er sich von der British-Council-Bibliothek auslieh. Viele Künstler, die später mit der Bewegung verbunden wurden, waren seine Schüler.

Der einzige große Künstler, der sich dem vorherrschenden Stil dieser Zeit entzogen hatte, war Luis Chan (1905–1995). Der in Panama geborene Chan kam im Alter von fünf Jahren nach Hongkong, wo er von Kunstmagazinen und in einem Korrespondenzkurs das Malen lernte. Stilistisch gesehen war Chan ein Einzelgänger ohne Zugehörigkeit zu irgendeiner malerischen Tradition. Und er war ein Genie, das Hongkong besonders in seinen Werken nach 1960 in ein fantastisches Reich der Träume und Halluzinationen verwandelte. Sein Gemälde *Ping Chau* von 1976 ist eine bizarre Interpretation der schlaftrunkenen, entlegenen Insel, die verwirrend und liebenswert zugleich ist.

Die Avantgarde

In den 1980er- und 1990er-Jahren wurden jene Künstler berühmt, die nach dem Zweiten Weltkrieg geboren wurden. Viele von ihnen hatten Studien im Ausland betrieben. Da sie nicht mehr unbedingt Ost und West vereinigen mussten, konnten sie ihre Bemühungen darauf verwenden, die Avantgarde-Kunst abzustecken – oft mithilfe westlicher Medien. Auch waren sie politisch sehr engagiert. Wong Yan-kwai, ein Maler, der in Frankreich gelernt hatte, war der wohl einflussreichste Künstler dieser Zeit und zählt auch heute noch zu den besten. Seine kraftvollen Gemälde in lebhaften Farben sind frei von jedem sozialen oder historischen Zusammenhang. Wongs Wandgemälde verziert den Club 71 in Central.

Hongkongs berühmtester moderner Bildhauer, der in London ausgebildete Antonio Mak (1951–1994), ist bekannt für seine allegorischen Stücke in Bronzeguss. Sein Augenmerk liegt sowohl auf Menschen als auch auf Tieren, die in chinesischen Legenden und der Mythologie eine große Rolle spielen (z.B. Pferde, Tiger). Er wurde von Rodin beeinflusst.

Die Salisbury Gardens, die zum Eingang des Hong Kong Museum of Art in Tsim Sha Tsui führen, sind mit modernen Skulpturen von Bildhauern aus Hongkong gesäumt. Zwischen dem Grün des Kowloon Park befindet sich der Sculpture Walk mit 30 von einheimischen wie ausländischen Künstlern geschaffenen Arbeiten aus Marmor, Bronze und anderen wetterbeständigen Materialien – z.B. die Bronzefigur *Torso* von

---

In Antonio Maks Arbeiten stecken viele bildliche Wortspiele. Sein Werk *Bible from Happy Valley* (1992) stellt ein Rennpferd dar, das ein flügellähmliches Buch aus Blei auf seinem Rücken hat. Das Wort „Buch" hat im Kantonesischen die gleiche Bedeutung wie „verlieren" (beim Glücksspiel).

Mak und die Skulptur *Concept of Newton* des Engländers Sir Eduardo Paolozzi (1924–2005).

Zeitgenössische Kunst

Verglichen mit ihren Vorgängern haben die jungen Künstler aus Hongkong, die in den 1970er- und 1980er-Jahren geboren wurden, einen eher verinnerlichten Blick auf die Welt. Die orthodoxe chinesische Kultur und die Versuche der älteren Generationen, Ost und West zu vereinigen, berühren sie erstaunlich wenig. Stattdessen halten sie oft Ausschau nach etwas, das einzigartig für Hongkong ist (vielleicht versuchen sie auch, es wiederzufinden). Nichtsdestotrotz strahlen ihre Werke durch die Verwendung unterschiedlicher Medien Eloquenz aus, von Wilson Shiehs frechen, urbanen Gemälden aus chinesischen *gōngbǐ*- (Feiner-Pinsel-)Techniken bis hin zu Jaffa Lams Skulptureninstallationen.

Chow Chun-fais Werdegang führte ihn über ein breites Spektrum von Medien zum Arbeiten mit verschiedenen Kunstformen, z.B. Fotografien von klassischen Gemälden oder Gemälde von Filmen. Adrian Wongs verspielte Werke beziehen seine Familienbande zur Prominenz der einheimischen Unterhaltungsindustrie sowie den Aberglauben der Bevölkerung mit ein. Kacey Wongs Aufbauten sind normalerweise mobil und immer mit hongkongaffinen Themen oder mit alltäglichen Haushaltsgegenständen verknüpft, die in etwas Spielerisches umgewandelt wurden. Seine seltsame Konstruktion *Sleepwalker* (2011) haucht dem Stockbett – einer unabkömmlichen Vorrichtung in den beengten Wohnungen Hongkongs – Leben ein und spricht die Sehnsucht (oder die hoffnungslose Verzweiflung) vieler an, die sich einen menschenwürdigeren Lebensraum wünschen.

Fotografie

Hongkong ist voller international wetteifernder Fotografen. Einige ihrer Arbeiten sind im Hong Kong Heritage Museum (S. 182), in der Blindspot Gallery (S. 41), im AO Vertical Art Space (S. 115) und während des exzellenten, zweimal im Jahr stattfindenden **Hong Kong Photo Festival** (香港國際攝影節; www.hkphotofest.org) ausgestellt.

Der Dokumentarfotograf Yau Leung (1941–1997) arbeitete mit Schwarz-Weiß-Fotografie und schoss in den 1960er-Jahren einige der erstaunlichsten und kultigsten Bilder von Hongkong. Der Kunstfotograf So Hing-keung konzentriert sich in Kreationen, die für ihre psychologische Tiefe bekannt sind, auf die Schatten der Stadt – bildlich und wörtlich. Der in Hongkong geborene, mittlerweile in London lebende bildende Künstler Kurt Tong erkundet seine vielschichtige Identität, seine Familiengeschichte und seine Erinnerungen mithilfe nachdenklicher Dokumentarfotografie. *In Case it Rains in Heaven* (2010) ist sein bekanntestes Projekt und wird wie ein Luxuskatalog mit stilisierten Bildern von Papierobjekten präsentiert, die als Opfergaben für Verstorbene verbrannt wurden. Die Objekte zeigen die ganze Bandbreite moderner menschlicher Wünsche in der chinesischen Gesellschaft.

Straßenkunst & mehr

Straßengraffitis waren in Hongkong so gut wie nicht existent oder jedenfalls größtenteils unbeachtet, bis im Jahr 2007 der selbsternannte „König von Kowloon" verstarb. Tsang Tsou-choi, so sein eigentlicher Name, hatte die Stadt jahrzehntelang mit seinen charakteristischen, großen, eher kindlich wirkenden Graffiti bedeckt, welche die Königin von England schmähten, weil sie sein rechtmäßiges Land „an sich gerissen" habe. Seine unkontrollierbaren Tagträumereien und der unnachahmliche Stil inspirierten bereits viele Künstler und Designer

---

Heute gibt es in den Straßen von Hongkong nur noch vier Arbeiten von Tsang Tsou-choi, wovon drei den Naturgewalten ausgesetzt sind. Nicht zu übersehen ist die Betonsäule am Star Ferry Pier in Tsim Sha Tsui, auf der seine kaiserliche Abhandlung verewigt ist.

und brachten ihm sowohl in der Heimat als auch im Ausland mehrere Preise ein.

Seitdem ist die Straßenkunst in Hongkong präsenter, vielleicht durch den Segen des „Königs". Dieser Trend rührt teilweise aber auch von dem neu gefundenen Selbstvertrauen der jüngeren Künstlergeneration her, die auf offenerem und aggressiverem Weg ihre Unzufriedenheit mit den sozialen Problemen des Alltags ausdrückt. Die Website Hong Kong Street Art (http://hkstreetart.com) informiert darüber, wo man Beispiele des Genres sehen kann.

HKWalls (http://hkwalls.org) ist ein jährlich im März stattfindendes Straßenkunstfestival. Dabei werden Werke nationaler und internationaler Künstler auf den Straßen der Stadt gezeigt. Die Organisatoren von HKWalls holen die Erlaubnis der Geschäftsbetreiber ein, bevor ihre Wände mit Kunst bedeckt werden; das unterscheidet sie von den meisten anderen Graffitikünstlern Hongkongs. 2015 und 2016 fanden Veranstaltungen in Sheung Wan und Sham Shui Po statt.

Als im April 2011 auf dem chinesischen Festland der berühmte Künstler und Aktivist Ai Weiwei festgenommen wurde, kamen viele Künstler in Hongkong mit kreativen Überraschungen an, um die öffentliche Aufmerksamkeit auf seinen Fall zu lenken und um für seine Freilassung zu demonstrieren. Am meisten wird dabei in Erinnerung bleiben, dass fünf Nächte lang Graffitis zum Thema Ai auf Gehwegen, Überführungen und Wänden in der ganzen Stadt erschienen. Das war das Werk eines einzelnen Künstlers, den man nur unter dem Namen „Tangerine" kennt.

Street Art Movement ist eine Gruppe, die scheinbar aus dem Nichts Galerieausstellungen an gewöhnlichen Orten des Alltags veranstaltet. 2012 organisierte sie eine Kunstfahrt mit dem MTR auf der Tsuen-Wan-Linie, wobei sie ihre fertigen Bilder an Wäscheleinen in die Zugwaggons hängte – und an jeder Haltestelle neues Publikum hatte.

Keramik ist ein weiteres Feld, auf dem sich Künstler aus Hongkong einen Ruf über die Stadt hinaus erworben haben. Fiona Wong, eine der bekanntesten Keramikkünstlerinnen der Stadt, stellt lebensgroße Skulpturen von Kleidung, Schuhen und anderen Alltagsgegenständen her.

> Das Leisure and Cultural Services Department (www.lcsd.gov.hk) veranstaltet regelmäßig kostenlose Kunst- und Unterhaltungsveranstaltungen an verschiedenen Orten im ganzen Territorium.

Musik

Hongkonger werden zwar nicht gleich aufstehen und im Takt wippen, wenn sie Musik hören, dennoch wissen sie sie zu schätzen – zu Hause, in komfortablen, klimatisierten Konzerthallen, in legeren Bars oder in einer Karaoke-Lounge. Dank des facettenreichen Erbes der Stadt gibt es eine ordentliche musikalische Bandbreite, die von östlicher bis westlicher und von klassischer bis zeitgenössischer Musik reicht.

Westliche Klassik

Westliche Klassik ist in Hongkong sehr beliebt. In der Stadt sind das Philharmonieorchester von Hongkong, die Hong Kong Sinfonietta sowie das städtische Kammerorchester ansässig. Gelegenheiten, berühmte Solokünstler und große Orchester zu sehen, bieten sich das ganze Jahr über, vor allem jedoch während des Hong Kong Arts Festival (S. 54). Die **Hong Kong International Piano Competition** (http://chshk.brinkster.net) mit ihrer prominenten Jury findet alle drei Jahre im Oktober/November statt. Die Hong Kong Academy for Performing Arts (www.hkapa.edu) veranstaltet fast täglich Gratis-Konzerte.

Jazz

Die besten Zeiten, um Weltklasse-Jazz in der Stadt zu erleben, sind während des **Hong Kong International Jazz Festival** (S. 55) und während des Kunstfestivals. Hongkong hat auch einen kleinen, aber erlesenen Kreis einheimischer Musiker zu bieten, darunter das 17-köpfige **Saturday Night Jazz Orchestra** (www.saturdaynight-jazz.com), das jeden Monat Big-Band-Musik spielt. Weitere bekannte Stars sind der Gitarrist Eugene Pao, der erste Hongkonger Jazzkünstler, der bei einem internationalen Label unterschrieben hat, und der Pianist Ted Lo, der schon mit Astrud Gilberto und Herbie Hancock gespielt hat.

Traditionelle chinesische Musik

Auf den Straßen Hongkongs hört man nicht besonders viel traditionelle chinesische Musik, außer vielleicht die Klänge der melancholischen *dī-daa*, eines klarinettenähnlichen Instruments, das bei Beerdigungszeremonien gespielt wird, der hohl klingenden *gú* (Trommel) sowie der krachenden *luó* (Gong) und *bat* (Zimbel) bei Löwentänzen. Auch die wegen ihres traurigen Klanges bei Bettlern sehr beliebte *èrhú*, eine zweisaitige Fiedel, ist zu hören, ebenso vielleicht die Melodien einer kantonesischen Oper, die aus dem Radio eines Minibusfahrers erklingen. Die beschriebenen Instrumente kann man in Form eines Sinfonieorchesters bei Konzerten des Hong Kong Chinese Orchestra (www.hkco.org) auch auf einmal hören. Wer es gern authentisch mag, der sollte sich eine chinesische Oper ansehen oder den Temple Street Night Market ansteuern, wo Straßenkünstler opernartige Vorstellungen zum Besten geben.

Cantopop

Hongkongs einheimische Popmusikszene wird vom „Cantopop" dominiert, einer Mischung aus westlichem Rock, Pop und R & B mit chinesischen Melodien und Texten. Die Lieder sind selten radikal und handeln ausnahmslos von typischen Teenagerproblemen wie unerwiderter Liebe und Einsamkeit. Für viele hören sie sich an wie die amerikanischen Popsongs aus den 1950er-Jahren. Die Musik ist gut hörbar und besonders gut mitzusingen – daher auch die Karaokebars, die in der ganzen Gegend aus dem Boden schießen. Wer ein Cantopop-Konzert besucht, sieht die Stadt von ihrer kitschigsten Seite – meistens wird ziemlich dick aufgetragen: mit Geschrei, komischem Getanze, neonfarbenen Perücken und genug Blumen, um einen ganzen Blumenmarkt zu beliefern.

Der Cantopop nahm von Mitte der 1980er-Jahre bis Mitte der 1990er-Jahre ungeahnte Ausmaße an und verwandelte Sänger wie Anita Mui, Leslie Cheung, Alan Tam, Priscilla Chan und Danny Chan in Berühmtheiten, die in jedem Haushalt Hongkongs und in chinesischen Gemeinden auf der ganzen Welt bekannt waren. Der Zenit dieses goldenen Zeitalters des Cantopop war mit den sogenannten „Four Kings" erreicht: Schauspieler/Sänger Andy Lau, Mr. Nice Guy Jacky Cheung, Tänzer und Sänger Aaron Kwok und Teenieschwarm Leon Lai.

So einen Erfolg hatte der Cantopop nie wieder. Nachfolgende Künstler wie Faye Wong aus Peking, Sammi Cheung, Kelly Chen und Protopunk Nicholas Tse erklommen nur für kurze Zeit den Thron. Heute kommen die meisten Stars woanders her. Interpreten vom Festland und aus Taiwan – Singer/Songwriter Jay Chou ist so ein Beispiel – konkurrieren mit einheimischen Stars und gewinnen immer neue Fans hinzu. Der stärkste Einfluss auf die hiesige Musik kommt jetzt aus Japan und Korea. Es gibt auch Künstler, die sich am Rand des Mainstream bewegen, beispielsweise Ellen Lo und Eman Lam, zwei „urbane" Volkssänger und Liedermacher, sowie My Little Airport, eine adrette Gruppe, deren respektlose, mehrsprachige Texte oft mit knuffigem „Chinglish" durchsetzt sind.

Theater

Das Theater in Hongkong ist formal, wenn auch nicht unbedingt inhaltlich, meistens westlich geprägt. Es gibt zwar noch das traditionelle chinesische Theater, aber das westliche Theater war und ist sehr einflussreich. Die meisten Produktionen werden in kantonesischer Sprache aufgeführt, und bei vielen handelt es sich um neue Stücke von Drehbuchautoren aus Hongkong. Die durch und durch professionellen Gruppen Hong Kong Repertory Theatre (www.hkrep.com) und Chung Ying Theatre Company (www.chungying.com) führen kantonesische Produktionen, oft mit englischen Obertiteln, auf. Das Theatre du Pif (www.thtdupif.com), das von einem schottisch-chinesischen Paar gegründet wurde, zeigt innovative Stücke und lässt Text, Bewegung und Visuelles auf Englisch und/oder Kantonesisch einfließen. Das Laientheater Hong Kong Players (www.hongkongplayers.com) setzt sich aus Expats zusammen und stellt klassische und moderne Stücke auf Englisch auf die Beine. Zuni Icosahedron (www.zuni.org.hk) kreieren konzeptionelle Multimediastücke, die für ihr experimentelles Format bekannt sind.

Zu den beliebteren Aufführungsorten zählen die Fringe-Club-Theater in Central. Das Hong Kong Cultural Centre, die Hong Kong Academy for the Performing Arts, die Hong Kong City Hall und das Hong Kong Arts Centre zeigen ausländische Produktionen, von im großen Stil inszenierten westlichen Musicals bis hin zu minimalistischen japanischem Theater.

Chinesische Oper

Die chinesische Oper *(hei kuk)* ist eine der drei ältesten dramatischen Kunstformen der Welt und ein buntes, kakofones Spektakel mit Musik, Gesang, Kampfkunst, Akrobatik und Schauspielerei. Daran muss man sich erstmal gewöhnen. Weibliche Charaktere, egal ob von Männern oder Frauen gespielt, singen im Falsett. Die instrumentale Begleitung wird oft von Trommeln, Gongs und anderen unmelodischen Klängen gebildet. Und das Ganze kann vier bis sechs Stunden dauern! Die Kostüme allerdings sind herrlich und die Inhalte basieren auf Legenden und historischen Erzählungen mit universellen Themen. Wer die Gelegenheit hat, sich eine Vorführung einer führenden kantonesischen Operntruppe wie Chor Fung Ming anzusehen, wird ein Highlight der chinesischen Oper erleben.

Die kantonesische Oper *(yuet-kek)* ist eine regionale Abwandlung der chinesischen, die besonders in den 1950er-Jahren in Hongkong florierte, als die Opernvirtuosen aus China flohen und eine Reihe von originellen Stücken im Territorium komponierten und aufführten. Doch dann verlagerte sich die allgemeine Aufmerksamkeit auf den schicken, lederüberzogenen Neuling (das Kino) und seitdem geht es mit der kantonesischen Oper bergab, zumal die Aufführungsorte rar geworden sind. Zurzeit gibt es nur zwei Orte, an denen man sich um die Förderung und Entwicklung der chinesischen Oper kümmert: das Sunbeam Theatre in North Point und das kürzlich restaurierte Yau Ma Tei Theatre.

Am besten erlebt man die kantonesische Oper bei einer „Vorführung der Götter" *(sun kung hei)* in einem provisorischen Theater. Bei größeren chinesischen Festen wie dem Chinesischen Neujahrsfest, dem Mondfest und dem Tin-Hau-Festival laden ländliche Gemeinden Operngruppen zu Vorführungen ein. Die Aufführungen finden normalerweise auf behelfsmäßigen Bühnen in einem Tempel oder einer Bambushütte statt. Es ist ein fröhliches, lockeres Ereignis für die ganze Familie, das mehrere Tage dauert.

Wer es offizieller mag, kann das Hong Kong Arts Festival (S. 54) besuchen. Auch im Ko Shan Theatre (www.lcsd.gov.hk/CE/CulturalSer

---

Alle paar Jahre, wenn der Pachtvertrag ausläuft, steht das Sunbeam Theatre kurz vor der Schließung. Im Februar 2012 konnte diese erst in letzter Minute abgewendet werden, als sich eine Gruppe privater Investoren einschaltete.

vice/KST) werden kantonesische Opern aufgeführt. Der das ganze Jahr über verlässlichste Ort für Opern ist allerdings das Sunbeam Theatre. Vom Yau Ma Tei Theatre auf der anderen Hafenseite ist ebenfalls ein voller Spielplan zu erwarten. Hin und wieder kann man auch auf dem Temple Street Night Market in den Genuss von Opernaufführungen kommen.

Im Hong Kong Heritage Museum (S. 182) gibt es eine aufschlussreiche Ausstellung über die kantonesische Oper, in deren Rahmen das Hong Kong Tourist Board (HKTB) jeden Samstag von 14.30 bis 15.45 Uhr einen Kurs zur chinesischen Oper anbietet.

Weitere Abwandlungen der chinesischen Oper, die in Hongkong von einheimischen und/oder auswärtigen Truppen aufgeführt werden, sind z. B. die Peking-Oper, eine sehr verfeinerte Form, die fast keine Kulisse, sondern nur verschiedene traditionelle Requisiten benutzt, und die Kun-Oper, die älteste Form der Oper. Sie wurde einst von der UNESCO zum immateriellen Kulturerbe der Menschheit erklärt.

Das Xiqu Centre, ein Zentrum für die Vorführung, Produktion, Weiterbildung und Erforschung der chinesischen Oper öffnet 2018 im West Kowloon Cultural District.

Liu Yichang (geb. 1918), Hongkongs angesehenster und „dienstältester" Schriftsteller, ist der Autor des Stream-of-Consciousness-Romans Tête-bêche, *der Wong Kar-wai zu* In the Mood for Love *inspirierte.*

Literatur

Hongkong hat lange unter der falschen Vorstellung gelitten, dass es keine eigene Literatur besäße. Aber tatsächlich hat sich die Stadt in der großen Weite der chinesischen Literatur ein Mikroklima geschaffen,

---

ERZÄHLUNGEN UND ROMANE AUS HONGKONG

The Cockroach and Other Stories (1995) von Liu Yichang Liu Yichang (geb. 1918), Hongkongs angesehenster und „dienstältester" Schriftsteller, soll den ersten Roman in der Technik des „Stream of Consciousness" in der chinesischen Literatur geschrieben haben. *The Cockroach* ist eine kafkaeske Erforschung der Psychologie und Philosophie. In *Indecision* steht eine Frau vor der Entscheidung, in Hongkong zu bleiben oder zu ihrem verrückten Ehemann nach Shanghai zurückzukehren.

Islands and Continents: Short Stories (2007) von Leung Ping-kwan Mit dem historischen Hongkong als Kulisse treten Antihelden ins Rampenlicht. In *Postcolonial Affairs of Food and the Heart* stürzt sich ein Mann in die kulinarischen und erotischen Genüsse anderer Kulturen, um seine Identität zu finden. Leung hat auch das zweisprachige Werk *Travelling with a Bitter Melon: Selected Poems (1973–98)* veröffentlicht.

Love in a Fallen City (Eine Liebe in Hongkong) von Eileen Chang Chang (1920–1995) wird von einigen als beste moderne Schriftstellerin Chinas bezeichnet. In der während des Zweiten Weltkriegs spielenden Story führt eine geschiedene Frau ihre Shanghaier Affäre mit einem Playboy in Hongkong fort. Die Regisseurin Ann Hui machte daraus einen Film mit Chow Yun-fat. Chang schrieb auch *Gefahr und Begierde*, eine Story über Liebe und Spionage, die als Vorlage für einen Film von Ang Lee diente.

My City: A Hong Kong Story (1993) von Xi Xi Dieser Roman bietet über das Leben eines Telefontechnikers, seiner Familie, seiner Freunde und – wenn man es genau nimmt – über Ananas und Schreibwaren einen persönlichen Einblick in das Hongkong der 1960er- und 1970er-Jahre. In der *Asia Weekly* kam das Werk unter die Top 100 der besten chinesischen Romane des 20. Jhs.

Renditions Nos 47 & 48: Hong Kong Nineties (1997) Zwei Schriftsteller, auf die in dieser Sammlung von Belletristik aus Hongkong der 1990er-Jahre besonderes Augenmerk gelegt werden sollte, sind Wong Bik-wan (geb. 1961) und Dung Kai-cheung (geb. 1969). Der Flamencotänzer Wong schreibt mit einer Art brutaler Leidenschaft. *Plenty and Sorrow* ist eine Erzählung über Shanghai, die mit ein bisschen Kannibalismus gewürzt ist. In *The Young Shen Nong* greift Dung die Legende des „Vaters der chinesischen Landwirtschaft" wieder auf.

wo dieselbe Sonne, die auch in anderen Teilen Chinas scheint, individuelle Auswüchse bei Noten, Strukturen und Stimmen hervorgebracht hat.

Von den 1920er- bis zu den 1940er-Jahren war Hongkong ein Paradies für chinesische Schriftsteller auf der Flucht. Diese Emigranten führten ihr Schreiben hier fort und ihr Einfluss wirkte bis in die 1970er-Jahre nach. Anschließend kam die erste Generation von Schriftstellern zum Zug, die hier geboren und/oder aufgewachsen sind. Die vergleichsweise große kreative Freiheit, die von der Stadt geboten wurde, hat zu Arbeiten verschiedener Genres und Themen geführt, von Prosagedichten bis hin zu experimentellen Romanen und von der Schwertkampfromantik bis hin zum Leben als Maskenbildner für die Toten.

Hong Kong Collage: Contemporary Stories and Writing (Hrsg. Martha P.Y. Cheung; 1998) ist eine wichtige Sammlung von Belletristik und Essays von 15 zeitgenössischen einheimischen Schriftstellern. *To Pierce the Material Screen: an Anthology of Twentieth Century Hong Kong Literature* (Hrsg. Eva Hung; *Renditions*; 2008) ist eine zweiteilige Anthologie von alteingesessenen Autoren, neueren Namen und aufstrebenden Schriftstellern, die 75 Jahre überbrückt. In *From the Bluest Part of the Harbour: Poems from Hong Kong* (Hrsg. Andrew Parkin; 1996) enthüllen zwölf moderne Dichter die Emotionen der Menschen Hongkongs vor 1997. Kritische Artikel über Literatur aus Hongkong stehen in der Sonderausgabe „Hongkong" (Winter 2008) des *Journal of Modern Literature in Chinese* (Lingnan University of Hong Kong).

Das größte Literaturfestival der Stadt ist das **Hong Kong Literary Festival** (S. 31), das oft im November, aber manchmal auch in einem anderen Monat stattfindet. **Cha** (http://www.asiancha.com), eine Literaturzeitschrift aus Hongkong, beinhaltet Poesie, Prosa und Fotografie über Asien.

Auf der Website www.renditions.org gibt es ausgezeichnete Infos zu chinesischer Literatur, die auf Englisch erschienen ist. Die Hong Kong University Press (www.hkupress.org) veröffentlicht ebenfalls Arbeiten von hiesigen chinesischen Autoren.

Kino

Früher als „Hollywood des Fernen Ostens" bekannt, war Hongkongs Filmindustrie jahrzehntelang die drittgrößte der Welt (nach Mumbai und Hollywood) und der zweitgrößte Exporteur. Derzeit werden hier im Jahr ein paar Dutzend Filme produziert – in den 1990er-Jahren waren es noch über 200. Trotzdem spielen Filme aus Hongkong auch heute noch eine wichtige Rolle in der weltweiten Kinoszene, während sie auf dem großen chinesischen Markt nach einer neuen Identität suchen.

Martial Arts

Kino aus Hongkong wurde einem breiteren westlichen Publikum bekannt, als ein ehemaliger Kinderstar als Held in einem Kung-Fu-Film auftrat. Aber schon bevor Bruce Lee in *Die Todesfaust des Cheng Li* (1971) seinen Kampfschrei ausstieß, war das Kung-Fu-Genre populär. Die *Wong Fei-hung*-Reihe, die von den Abenteuern eines Volkshelden erzählt, steht als längste Filmreihe, die sich einer einzigen Person widmet, im Guinness-Buch der Rekorde: Zwischen 1949 und 1970 wurden an die 100 Episoden produziert. Die Werke der wichtigsten Regisseure jener Zeit – Chang Cheh, dessen Macho-Ästhetik auch Quentin Tarantino begeisterte, und King Hu, der einen etwas feineren Kampfstil bevorzugte – beeinflussen Filmemacher bis heute.

Jackie Chan & Jet Li

Nach Lees Tod wurden zwei andere Martial-Arts-Künstler zu Superstars: Jackie Chan und Jet Li. Sofort den Publikumsgeschmack traf Chans Mischung aus Slapstick und Action, z. B. in *Die Schlange im Schatten des Adlers* (1978) – eine Zusammenarbeit mit dem Action-Choreografen Yuen Wo-ping (der auch die Kampfszenen in *Tiger and Dragon* und *Matrix* choreografierte). Später ergänzte er seine Erfolgsformel durch Stunts, zu sehen in Hits wie *Police Story* und der *Rush Hour*-Reihe. Li erntete internationales Lob, als er sich für *Die schwarzen Tiger von Hongkong* (1991) mit Regisseur Tsui Hark zusammentat. Trotz seines Rufs, noch kurz vor der Premiere Änderungen an seinen Filmen vorzunehmen, führte Tsui aufwendige visuelle Effekte und rhythmische Schnitte in das Genre ein, vor allem bei Hongkongs erstem großen Special-Effects-Spektakel *Zu Warriors – Die Legende der Schwertkrieger* (1983). Als Produzent half er John Woo, seinen Gangster-Klassiker *City Wolf* (1986) zu realisieren.

Zeitgenössische Martial-Arts-Filme

Spulen wir ins 21. Jh. vor: Zu seinem 35. Todestag lebte der Hype um Bruce Lee für kurze Zeit noch einmal auf, als *Ip Man* (2008) in die Kinos kam, eine schmeichelnde, teilweise spekulative Filmografie über Lees Mentor. Die Fortsetzung, *Ip Man 2* (2011), war etwas schlagkräftiger und weniger getragen, obwohl sich das Thema „Nationalheld" auch durch dieses Werk zog und es einen sinophoben britischen Boxer zeigte, der im Nachkriegs-Hongkong die japanischen Soldaten als Feindbild

---

Das goldene Schwert des Königstigers (1967) unter der Regie von Chang Cheh war einer der ersten Martial-Arts-Filme eines neuen Stils, die sich durch männliche Helden und jede Menge Blutvergießen auszeichneten.

Avenue of Stars (S. 147)

ersetzte. Auch *Bruce Lee – Die Legende des Drachen* (2010) versuchte, aus Lees wiederbelebter Legende Gewinn zu schlagen: Die Komödie um das Erwachsenwerden basiert auf einer veröffentlichten Sammlung von Kindheitserinnerungen, die die Geschwister des Meisters mit ihrem berühmten Bruder teilten. Ähnlich nostalgisch ist *Tiger and Dragon Reloaded* (2010), eine Retro-Komödie, in der diverse ehemalige Kung-Fu-Stars streitlustig wie eh und je einem alten Genre huldigen. Der Low-Budget-Film gewann 2001 die Auszeichnung als bester Film bei den Hong Kong Film Awards. *Ashes of Time: Redux* (2008) ist eine kürzere Schnittfassung von Wong Kar-wais gleichnamigem fesselndem „Actionfilm ohne Action" von 1994.

New Wave

Tsui Hark gehörte der New Wave an, einer Gruppe von Filmemachern Ende der 1970er- und 1980er-Jahre, die in Hongkong aufwuchsen und an Filmhochschulen in Übersee sowie beim heimischen TV ausgebildet wurden. Ihre Arbeiten zeichneten sich, im Gegensatz zu denen ihrer ausgewanderten Vorgänger, durch ein sensibleres Gespür für den Zeitgeist aus und waren in künstlerischer Hinsicht deutlich abenteuerlustiger.

Ann Hui, die wichtigste Regisseurin Asiens, gehört ebenfalls zur New Wave und konnte sich über viele Auszeichnungen daheim und im Ausland freuen. *Das Lied vom Exil* (1990) erzählt die Geschichte der Ehe zwischen einer Japanerin und einem Chinesen kurz nach dem Japanisch-Chinesischen Krieg. Das Werk gewann den Preis als bester Film beim Asian Pacific Film Festival und bei den Filmfestspielen in Rimini.

Internationale Anerkennung

In den 1990er-Jahren erlangte Hongkong im weltweiten Festivalzirkus bisher ungekannten Respekt. Nicht nur Ann Hui erhielt diverse Auszeichnungen, auch Wong Kar-wai gewann für *Glücklich vereint* bei den

---

In den 1970er-Jahren nahm ein weiterer Trend seinen Anfang, dessen Vorreiter Schauspieler, Regisseur und Drehbuchautor Michael Hui war, der Komödien produzierte, die die Realität und die Träume von Hongkongs Einwohnern auf's Korn nahmen. *Games Gamblers Play* (1974) was der umsatzstärkste Film seiner Zeit und überholte sogar die Bruce-Lee-Filme.

Filmfestspielen in Cannes 1997 den Preis für die Beste Regie. Wong, Autor des Kult-Hits *Chungking Express* (1994), ist für seine elliptischen Charakterstudien fast so berühmt wie für seine Missachtung von Deadlines bei Filmdrehs. Im selben Jahr heimste Fruit Chan beim Internationalen Filmfestival von Locarno mit *Made in Hong Kong* den Sonderpreis der Jury ein. Dieses Werk entstand aus Filmmaterial, das Chan zusammengetragen hatte, während er an anderen Projekten arbeitete.

Harte Zeiten & Neue Richtungen

Aufgrund von Veränderungen des Marktes versank Hongkongs Filmindustrie in den 1990er-Jahren in eine Lethargie, die bis heute spürbar ist. Mit der Wendung nach China kam es auch zu Problemen mit Zensur und Selbstzensur. Aber es gab auch Lichtblicke: *Infernal Affairs* (2002) unter der Regie von Andrew Lau und Alan Mak schlug kräftig ein, auch wenn in Martin Scorseses Neuverfilmung *Departed: Unter Feinden* einiges verloren ging. Auch *Election* (2005) und *Election 2* (2006) von Hongkongs Film-noir-Meister Johnnie To waren bei Kritikern und an der Kinokasse erfolgreich.

Echoes of the Rainbow (2010), eine rührselige Geschichte über den Kampfgeist der Einwohner Hongkongs in den turbulenten 1960er-Jahren, gewann bei der Berlinale einen Gläsernen Bären. Deanie Ip, die schon viele Jahre Schauspielerfahrung mit sich brachte, konnte sich bei den Filmfestspielen in Venedig für ihre Rolle als traditionelles Hausmädchen in Ann Huis *A Simple Life* (2011), einem stilvollen Drama über das Älterwerden und die Einsamkeit, über die Auszeichnung als Beste Schauspielerin freuen.

In den vergangenen Jahren arbeiteten Hongkong und China außerdem bei einer Reihe teurerer Filmproduktionen zusammen. Am bekanntesten sind die *Ip Man*-Reihe sowie *Bodyguards and Assassins* (2009), die Geschichte einer Anti-Qing-Intrige in Hongkong des Jahres 1905. Der Trend zu Gemeinschaftsproduktionen mit dem potenten – und lukrativen – chinesischen Markt scheint sich fortzusetzen, da die Hongkonger Filmemacher stets nach neuen Wegen suchen müssen, um ihre Zelluloid- (oder digitalen) Fantasien zu finanzieren.

Trotz alledem und auch wenn es gewisse Budgetzwänge gibt, erhalten Filme von einheimischen jungen Regisseuren, etwa *Wong Ka-yan* (2015), *Weeds on Fire* (2016) oder *Trivisa* (2016), viel Zustimmung von den Kritikern und lassen auf eine bessere Zukunft für Hongkongs Filmbranche hoffen. Eine wesentliche Rolle spielt dabei die Ankündigung von Hongkongs Finanzsekretär John Tsang, dass zur Verbreitung und Förderung vor Ort produzierter kantonesischer Filme eine zusätzliche Unterstützung von 20 Mio HK$ in den Film Development Fund fließen soll.

Bei den Hong Kong Film Awards wurde *Ten Years* zum Besten Film gekürt. Es handelt sich um eine dystopische Indie-Produktion, in der eine Vision vom Hongkong in zehn Jahren präsentiert wird, in dem die öffentlichen Behörden des chinesischen Festlandes immer mehr an Einfluss gewinnen. Da der Film in Festlandchina verboten ist, kann davon ausgegangen werden, dass der Erfolg weniger dem künstlerischen Wert als dem Statement zu verdanken ist, dass sich Hongkongs Kino nicht der Angst beugt.

Filmfestivals & Auszeichnungen

Das Hong Kong International Film Festival (S. 55) hat inzwischen sein drittes Jahrzehnt erreicht. Es ist das beste Filmfest in Asien und kann sich einer löblichen, wenn auch heiklen Balance aus Arthouse-Titeln und Blockbustern rühmen, für die man durchaus einen roten Teppich ausrollen kann. Auch die Hong Kong Film Awards gehören zu den an-

---

Die schwarzen Tiger von Hongkong (1991) ist der erste Teil von Tsui Harks fünfteiligem Epos. Der Streifen folgt dem Volkshelden Wong Fei (Jet Li), der im 19. Jh. in China gegen Regierungsbeamte, Gangster und ausländische Unternehmer kämpft, um seine Kampfsportschule zu erhalten.

The Warlords (2007) von Regisseur Peter Chan ist ein epischer Kriegsfilm über drei Blutsbrüder, die durch die Realität des Krieges gezwungen sind, einander zu verraten – und zeigt, dass es möglich ist, das Publikum in Hongkong und auf dem Festland gleichermaßen zu begeistern.

Die Biografie des Rowdys Afei (1990), ein starbesetztes Werk unter der Regie von Wong Kar-wai, lässt seine Charaktere von scheinbar banalen Ereignissen berichten. Es gewann 1991 bei den Hong Kong Film Awards die Auszeichnung als Bester Film.

gesehensten Preisen in diesem Teil der Welt. Das Hong Kong Film Archive ist eine wahre Schatztruhe mit Filmen aus Hongkong und den entsprechenden Hintergrundinformationen.

Hongkong im Film

Hongkong diente vielen im Westen produzierten Filmen als Kulisse. *Alle Herrlichkeit auf Erden* (1955) mit William Holden und Jennifer Jones als eurasische Ärztin und Geliebte, bietet einige tolle Einstellungen rund um den Victoria Peak. *Die Welt der Suzie Wong* (1960) mit Holden und Nancy Kwan als Barmädchen aus Wan Chai, wurde ebenso hier gedreht wie *Der Mann mit dem goldenen Colt* (1974) mit Roger Moore als James Bond – der Film entstand u. a. in einer Strip-Bar in Tsim Sha Tsui. In jüngerer Vergangenheit gelang Christian Bales Batman in *The Dark Knight* (2008) eine spektakuläre Flucht aus dem Two International Finance Centre (auch wenn ein Stunt, bei dem der Superheld in den Hafen stürzen sollte, gestrichen wurde, nachdem man die Wasserqualität als Gesundheitsrisiko eingestuft hatte). Wer diese und weitere Schauplätze aufspüren möchte, findet im zweiteiligen *Hong Kong Movie Odyssey Guide*, der beim Hong Kong Tourist Board (HKTB) kostenlos erhältlich ist, Unterstützung.

Architektur

Willkommen vor der schwindelerregendsten Skyline der Welt. Wer nicht vor Ehrfurcht erstarrt, wenn er in Tsim Sha Tsui zum ersten Mal am Hafenrand steht und sieht, wie das majestätische Panorama von Hongkongs Wolkenkratzern die steilen, von Urwald bewachsenen Hügel hinaufklettert, dem ist nicht mehr zu helfen. Dieses Spektakel ist Hongkongs rasanter Bauweise geschuldet – hier werden ständig Gebäude eingerissen und scheinbar sofort durch größere, glänzendere Versionen ersetzt, wenn man ihnen nur mal kurz den Rücken zugedreht hat. Bauland ist rar, die Bevölkerung wächst immer weiter und die Raffgier der Städteplaner ist groß – ebenso wie der Opportunismus der meisten Spekulanten –, und so setzt sich der endlose Kreislauf aus Zerstörung und Erneuerung gnadenlos fort.

Denkmalschutz

Bis vor Kurzem gab es kaum jemanden, der das große Desinteresse der Regierung öffentlich bedauerte, wenn es um die Erhaltung architektonisch wichtiger Gebäude geht. Durch die Zerstörung des Star Ferry Terminal in Central – so etwas wie eine Ikone des Hongkonger Bauwesens – veränderte sich das apathische Verhalten der Bevölkerung jedoch ebenso überraschend wie grundlegend. Ende 2006 wurden die Abrissbirnen von flammenden Protesten empfangen – allerdings ohne Erfolg.

Als Folge der Proteste verkündete die Regierung, sie werde den Wan Chai Market im Stil der Streamline-Moderne teilweise erhalten (trotzdem ragt jetzt ein Turm mit Luxusapartments über dem Markt).

Unterdessen erweist sich das ganz in der Nähe gelegene Pawn, eine schicke Kneipe, die aus vier alten Mietwohnungen und einem hundert Jahre alten Pfandhaus entstand, als eine Art Eitergeschwür für alle Denkmalschützer: Sie sind der Ansicht, die Städtebaubehörde habe die Öffentlichkeit hintergangen, weil sie es ablehnte, die Dachterrasse des Gebäudes als öffentlich zugänglichen Raum auszuweisen. Ähnliches gilt für das ehemalige Hauptrevier der Küstenpolizei in Tsim Sha Tsui, an dessen Stelle heute ein weiteres Hotel mit Einkaufszentrum existiert, das nach der Umgestaltung viele enttäuschte Gesichter zurückließ.

Es gab jedoch auch einige Lichtblicke, vor allem, als die Regierung der Zerstörung des wunderschönen King Yin Lei Einhalt gebot, eines privaten Herrenhauses im chinesischen Renaissance-Stil in der Stubbs Rd in Happy Valley. Noch bedeutender war jedoch der Regierungsbeschluss zur „Revitalisierung" historischer Denkmäler im Jahr 2008, der es auch gemeinnützigen Organisationen erlaubt, sich für die Nutzung dieser Gebäude zu bewerben. Dank dieses noch jungen Programms wurden bereits die Alte Polizeistation von Tai O und das charakteristische Shophouse Lui Seng Chun aus der Zeit vor dem Zweiten Weltkrieg restauriert.

Trotz dieser durchaus positiven Beispiele für gelungenen Denkmalschutz sieht die Realität weiterhin anders aus als wir vor so, dass die Gesetze des Immobilienmarkts – im Namen der urbanen Neuentwicklung – die Zukunft der Stadt und ihre Verbindung zur Geschichte bestimmen. Ein Fall aus jüngster Vergangenheit ist der Westflügel des ehemaligen Regierungssekretariats in Central, jenes schöne Beispiel

Neo-klassizistische Gebäude

Former Legislative Council Building (Central)

Hung Hing Ying Building, University of Hong Kong (Mid-Levels)

Modernismus

Bank of China Buildings (Central)

Lippo Centre (Admiralty)

International Finance Centre (Central)

Hong Kong & Shanghai Banking Corporation Building (Central)

Hong Kong International Airport (Lantau)

für unaufdringliche Eleganz und zugleich einst eine wichtige Kontaktstelle zwischen Kolonialregierung und den Bürgern. Dass dessen Schicksal nach wie vor ungeklärt ist, belegt, dass kein Gebäude in Hongkong, ganz gleich, wie hoch sein architektonischer und historischer Stellenwert auch sein mag, wirklich sicher vor den Bulldozern ist.

Präkoloniale Gebäude

Tsui-Sing-Lau-Pagode (Yuen Long)

Tang Ancestral Hall (Yuen Long)

Yu Kiu Ancestral Hall (Yuen Long)

Sam Tung Uk Museum (Tsuen Wan)

Traditionelle chinesische Architektur

Die mehr oder weniger letzten Beispiele für die chinesische Architektur des 19. Jhs., die im Stadtgebiet von Hongkong noch erhalten geblieben sind, sind die beliebten Tin-Hau-Tempel, darunter auch jene nahe Causeway Bay, in Aberdeen, Stanley und Yau Ma Tei. Auch in einigen Museen in Chai Wan und Tsuen Wan sind ein paar Bauten aus Hakka-Dörfern aus dem 18. Jh. zu sehen. Etwas greifbarere Relikte aus vergangenen Zeiten finden sich in den New Territories und auf den Outlying Islands, wo ummauerte Dörfer, Festungen und sogar eine Pagode aus dem 15. Jh. erhalten sind.

Ost trifft West

Fusion-Architektur, vorwiegend eine Domäne der Reichen und der Religiösen, tauchte in Hongkong in den 1920er-Jahren zum ersten Mal auf.

Das verlassene Herrenhaus Shek Lo in Fanling (1925) erinnert an einen Kaipinger *diāolóu* (einen Festungsturm, der Elemente chinesischer und westlicher Architektur vereint) auf der anderen Seite der Grenze in Guǎngdōng. Die anglikanische St. Mary's Church ist eine etwas komisch anmutende orientalische Übung aus dem Jahr 1937, während das christliche Zentrum Tao Fung Shan das buddhistisch inspirierte Design eines Dänen zeigt.

Der Ling Fa Kung in Tai Hang ist ein kleiner Kwun-Yum-Tempel mit einzigartiger achteckiger Bauweise und Seiteneingängen, die an eine mittelalterliche katholische Kapelle erinnern.

Tin Hau Temple, Sai Kung, New Territories

Kolonialarchitektur

Der Großteil der kolonialen Architektur, die in der Stadt erhalten geblieben ist, befindet sich auf Hong Kong Island, vorwiegend in Central. Dort sind etwa das ehemalige Legislative Council Building (1912) und das Government House zu bewundern, der Wohnsitz sämtlicher britischer Gouverneure von 1855 bis 1997. In Sheung Wan hat der Western Market (1906) überdauert, in den Mid-Levels das ehemalige Pathologische Institut im edwardianischen Stil, in dem heute das Hong Kong Museum of Medical Sciences (1905) untergebracht ist. Die Old Stanley Police Station (1859) und das nahe gelegene Murray House (1848) sind weitere bedeutende Kolonialbauten im Süden von Hong Kong Island.

Das interessante **Hong Kong Antiquities & Monuments Office** (Karte S. 344; ✆852 2721 2326; www.amo.gov.hk; 136 Nathan Rd, Tsim Sha Tsui; ☉Mo–Sa 9–17 Uhr; ⓂTsim Sha Tsui, Ausgang A2) befindet sich in einem britischen Schulhaus aus dem Jahr 1902 und bietet Informationen und Ausstellungen zu aktuellen Denkmalschutzprojekten.

Zeitgenössische Architektur

Hongkongs Stadtbild der Vertikalen entstand aus purer Notwendigkeit – aufgrund der Landknappheit und des abschüssigen Terrains hatten Grundstücke in diesem dicht bevölkerten Gebiet schon immer ihren Preis. Einige Gebäude, etwa das Central Plaza und das International Commercial Centre, strebten in immer größere Höhen – Kosten spielten dabei keine Rolle. Nur wenige privilegierte Bauwerke, darunter das Hong Kong Convention & Exhibition Centre und das fensterlose Hong Kong Cultural Centre, haben sich hingegen ganz dreist in der Horizontalen ausgebreitet.

Zu den international gefeierten Beispielen moderner Architektur in der Stadt gehören auch das Gebäude der Hong Kong & Shanghai Banking Corporation in Central, der Hong Kong International Airport in Chep Lap Kok (eröffnet 1998) – beide stammen vom englischen Architekten Norman Foster und sind im Stil der Spätmodernen bzw. High-Tech-Architektur erbaut – sowie I.M. Peis hoch aufragende Symphonie dreieckiger Geometrie, auch bekannt als Bank of China Tower.

Noch mehr zu Hongkongs zeitgenössischer Architektur findet sich im illustrierten Taschenführer *Skylines Hong Kong* von Peter Moss (2006) oder dem etwas spezielleren *Hong Kong: A Guide to Recent Architecture* (1998) von Andrew Yeoh und Juanita Cheung.

Urbane Ausblicke

Wer Nervenkitzel sucht: Schon bei einer scheinbar gewöhnlichen Fahrt mit der Straßenbahn an der Nordküste von Hong Kong Island kommt man sich vor, als würde man durch einen endlosen Canyon aus Hochhäusern rumpeln. Eine ganz ähnliche Psychogeografie erlebt man im Großteil des urbanen Hongkong. Auch wenn die meisten Gebäude hier uninspirierte Büro- und Apartmenttürme sind, die sich in der Sonderverwaltungszone dicht an dicht drängen, ist auch immer wieder Außergewöhnliches und Spektakuläres zu bestaunen: Das unkonventionelle zu bebauende Gelände stellt die Planer bei der Umsetzung ihrer altbewährten Konzepte in Sachen Maßstab und Proportionen immer wieder vor Herausforderungen.

Ein klassisches Beispiel ist das baufällige Oceanic Mansion (1010–30 King's Rd), ein furchteinflößendes Betonungetüm mit bröckelnden Wohnungen, das sich über einer engen Biegung im Schatten eines Landschaftsparks in Quarry Bay erhebt. In der Nähe des Westendes der Straßenbahnlinie in Kennedy Town ragt der Hill Rd Flyover auf, eine

---

„Wiederbelebte" Baudenkmäler

Lui Seng Chun (Sham Shui Po)

Béthanie (Pok Fu Lam)

Explosives Magazine (Admiralty)

Mei Ho House Youth Hostel (Sham Shui Po)

Viktorianische & Edwardianische Gebäude

Central Police Station (Soho)

Nam Koo Terrace (Wan Chai)

Kam Tong Hall (The Mid-Levels)

Western Market (Sheung Wan)

urbane Rennstrecke, die den Verkehr mit ihrem Sirenengesang aus dem ruhigeren Pok Fu Lam nach Central lockt – eine Szene wie aus Blade Runner.

Ein Gefühl von Weite und Freiheit können die vielen Luxusimmobilienprojekte in Honkong leider nur selten erschaffen, auch wenn sie mit romantisch klingenden Namen wie Sorrento, Leguna Verde oder Cullinan bedacht wurden. Winzige Wohnräume sind in der Stadt nach wie vor die Norm.

Wer sich für die Zukunft der urbanen Landschaft der Stadt interessiert, kann die **City Gallery** (展城館; Karte S. 328; ✆852 3102 1242; www.infrastructuregallery.gov.hk; 3 Edinburgh Pl, Central; ◉Mi–Mo 10–18 Uhr; Ⓜ Central, Ausgang K) besuchen.

Religion & Glaube

Hongkong dürfte wohl die einzige Stadt Chinas sein, in der die Glaubensfreiheit gesetzlich garantiert und auch eingehalten wird. Fast alle Hongkonger sind geprägt von einem Glauben aufgewachsen, auch wenn sie kein Bekenntnis ablegen. Und meist gibt es da auch nichts zu bekennen – denn die Hongkonger sind nicht sonderlich fromm.

Frühe Einflüsse

Die ersten Einwohner der Stadt waren Fischer und Bauern, die unterschiedlichste Götter – teils Volksgottheiten, teils taoistische Götter wie den Küchengott, den Erdengott oder die Meeresgöttin (Tin Hau) – verehrten. Viele suchten Schutz, indem sie symbolisch ihre Kinder den Gottheiten zur Adoption darboten. In jedem Dorf gibt es Schreine. Alte Praktiken sind in Hongkong noch lebendig: farbenprächtig und mit Elementen fremder Religionen wie Buddhismus und Christentum durchsetzt.

Konfuzianismus

2000 Jahre lang prägten die Lehre von Konfuzius (551–479 v.Chr.) und das Denkmodell des Konfuzianismus das Familiensystem und die sozialen Beziehungen im kaiserlichen China. Dennoch wurde diese Weltanschauung, das Fundament der chinesischen Zivilisation, im Zuge des revolutionären Rauschs des 20. Jhs. als Quell allen Übels – vom Feudalismus über Frauenfeindlichkeit bis hin zur Rückständigkeit – angeprangert.

Familienethos

Traditionell dienten die Lehren des Konfuzianismus den chinesischen Herrschern bei der Aufrechterhaltung der innerstaatlichen Ordnung als Stütze. Kaiser hatten ein „himmlisches Mandat" inne und Regierungsämter wurden mit Kandidaten besetzt, die bei Prüfungen zu den konfuzianischen Schriften am besten abschnitten. In Hongkong hat es diesen institutionalisierten Konfuzianismus nie gegeben, dennoch sind die konfuzianischen Werte in der ehemaligen britischen Kolonie das Herzstück aller Beziehungen. Zwei Grundpfeiler des Konfuzianismus sind der Respekt vor dem Wissen und der der Kinder gegenüber den Eltern. In Hongkong schenken Eltern der schulischen Ausbildung ihrer Kinder besonders große Aufmerksamkeit; die Sprösslinge werden angehalten, fleißig zu lernen und Eltern und Lehrern mit viel Respekt zu begegnen. Viele Erwachsene leben mit ihren Eltern zusammen (was auch eine Folge der horrenden Mietpreise der Stadt ist). Auch wird erwartet, dass alle für ihre Eltern sorgen; ob sie es aber tatsächlich tun, ist eine andere Frage.

Buddhismus

Der Buddhismus ist die wichtigste Religion in Hongkong. Er wurde hier etwa im 5. Jh. eingeführt, als der Mönch Pui To im Westen der New Territories eine Einsiedelei gründete. Diese Gegend war eine Station auf der antiken Handelsroute, die Persien, Arabien und Indien mit Guangzhou verband, und gilt als Geburtsstätte des Buddhismus in Hongkong.

Rund 80 % der Begräbnisfeiern werden in Hongkong von taoistischen Priestern zelebriert. Dabei handelt es sich um recht laute Zeremonien, begleitet von den Klängen von Becken und suona, einem chinesischen Rohrblattinstrument. Zu manchen gehören komplexe Riten mit allerlei Requisiten, darunter Münzen und brennende Schwerter, die sicherstellen sollen, dass sich die Seele von ihren irdischen Beziehungen loslöst.

Obwohl nur ein Bruchteil der Bevölkerung zu den bekennenden Buddhisten zählt, praktizieren fast eine Million Einwohner buddhistische Riten, etwa bei Bestattungen oder zur Geistervertreibung. Im Allgemeinen wird das Ritual der Zufluchtnahme zu den Drei Juwelen (Buddha, Dharma, Sangha) als buddhistischer Initiationsritus betrachtet. Einige Anhänger lehnen auch den Verzehr von Fleisch an bestimmten Tagen oder auch über längere Zeit ab, einige wenige sind strenge Vegetarier.

Leben und Jenseits

Buddhistische Organisationen spielen, im Gegensatz zu ihren Pendants in Südostasien, in Hongkongs Politik keine aktive Rolle. Sie wirken stattdessen vor allem im Bereich der palliativen Fürsorge und Spiritualität. Alljährlich organisieren sie am Remembrance Day (11. November) eine Zeremonie für die Seelen der Opfer der Weltkriege und der japanischen Invasion. Buddhistische Begräbnisfeiern sind würdevolle, oft überaus aufwendige Zeremonien, die sich über bis zu 49 Tage erstrecken können – diese Zeit braucht eine Seele von ihrem Tod bis zur Wiedergeburt. Alle sieben Tage werden Gebete angestimmt, die zur Wiedergeburt der Seele auf einer höheren Ebene (z. B. „glücklicher Mensch" versus „Küchenschabe") verhelfen sollen. Dem buddhistischen Glauben nach besuchen die Seelen am siebten Tag nach ihrem Tod ihr einstiges Zuhause. An diesem Tag verweilen alle Familienmitglieder in ihrem Zimmer, um zu vermeiden, dass sich ihre Schritte mit denen der geliebten Toten kreuzen.

Taoismus

Der Taoismus ist eine über 2000 Jahre alte chinesische Religion. Obwohl er nie den Status einer Staatsreligion hatte, beeinflusst er fast alle Bereiche des Alltags. Im Unterschied zu den evangelikalen Religionen, wo es um Missionierung und persönliche Bekehrung geht, bietet der Taoismus allen in seinem Einflussbereich lediglich praktische Hilfestellung im Alltag, sei es für die Heilung von Krankheiten oder den Schutz vor Geistern.

Liturgische Funktion

Der Eröffnung der Hongkonger Pferderennsaison sowie Bauvorhaben oder Filmprojekten gehen taoistische Rituale voraus, die die Naturgottheiten milde stimmen und für gutes Feng Shui sorgen sollen. Die Totenbeschwörung, die nach dem Einklang zwischen Menschheit und Natur strebt, ist eine Praxis, die vom Taoismus beeinflusst ist. In den ersten Wochen des neuen Mondjahres erweisen Menschen aller Glaubensrichtungen in den taoistischen Tempeln den Göttern Ehrfurcht. Die meisten Totenfeiern in Hongkong werden von taoistischen Priestern abgehalten.

Christentum

In Hongkong leben über 800 000 Christen; der Großteil gehört zur protestantischen Kirche, die auch mehr junge Gläubige zählt. Etwa ein Drittel aller Katholiken sind philippinische Hausangestellte. Die meisten Gottesdienste sind auf Kantonesisch und Englisch, einige auch auf Tagalog.

Das Christentum fasste Mitte des 19. Jhs. Fuß in Hongkong. In ihren Anfängen unterstützte die Hongkonger katholische Kirche die Missionare, die aus und nach China reisten, und betreute die katholischen Militärangehörigen aus den Reihen der britischen Armee sowie die portugiesischen Kaufleute und deren Familien aus Macao. In den nachfolgenden Jahrzehnten begannen Katholiken ebenso wie Protestanten ihr Wirken in den Dienst der Hongkonger Gemeinde zu stellen und gründeten Schulen, Krankenhäuser und Wohlfahrtsorganisationen. Diese Institutionen standen – und stehen nach wie vor – nicht nur Gemeindegliedern offen.

In Hongkong leben etwa 30 000 Muslime verschiedener Nationalitäten. Die ersten Muslime der Stadt waren Seeleute, die sich in der Region rund um die Lower Lascar Row in Central niederließen. Die später ankommenden muslimischen Wanderarbeiter aus Südasien nahmen typischerweise Anstellungen in den sogenannten disziplinaren Truppen der britischen Kolonie an.

Zu Beginn der Kolonialzeit wanderte eine kleine parsische Gemeinde aus Mumbai nach Hongkong ein. Obwohl zahlenmäßig klein, hatten sie einen nachhaltigen Einfluss auf die Stadt. Eine Zeit lang gab es unter den 13 Vorstandsmitgliedern der HSBC drei Parsen. Und auch der Gründer der Star Ferry war ein Parse.

Praktische Informationen

VERKEHRSMITTEL & -WEGE............284

AN- & WEITERREISE...284
Auto & Motorrad.......284
Busse aufs chinesische Festland...............285
Flugzeug..............285
Schiff/Fähre...........286
Zug..................286

UNTERWEGS VOR ORT.286
Auto & Motorrad.......286
Bus...................287
Fahrrad...............287
Minibus...............287
MTR..................287
Schiff/Fähre...........288
Straßenbahn..........289
Taxi..................289
Tickets & Pässe........291

GEFÜHRTE TOUREN...292
Hafen-Touren..........292
Natur-Touren..........292
Stadt- & Kulturtouren............293

ALLGEMEINE INFORMATIONEN...294
Botschaften & Konsulate 294
Ermäßigungen.........294
Feiertage & Ferien......294
Geld..................295
Gepäckaufbewahrung...296
Gesundheit............296
Internetzugang.........297
Karten & Stadtpläne....298
Notfall................298
Öffnungszeiten.........298
Post..................298
Rechtsfragen..........298
Reisebüros............299
Reisen mit Behinderung.299
Strom................299
Telefon...............299
Toiletten..............300
Touristeninformation....300
Visa..................300
Zeit..................300

SPRACHE..........301

Verkehrsmittel & -wege

AN- & WEITERREISE

Die meisten Traveller aus dem Ausland reisen über den Hong Kong International Airport (Flughafen Chek Lap Kok) ein und aus. Zur Einreise nach Festlandchina bzw. zur Anreise von dort stehen Travellern Fähr-, Straßen- und Zugverbindungen nach Guangdong und ins weitere Umland zur Verfügung. Von Macao aus ist Hongkong auch per Fähre oder Helikopter zu erreichen.

Mehr als 100 Fluglinien verbinden den Hong International Airport mit rund 190 Zielen weltweit, z. B. Beijing (3½ Std.). Regelmäßig fahren Busse von Hongkong zu den größeren Städten in der benachbarten Provinz Guangdong. Zwischen Hongkong und Guangzhou fahren täglich zwölf Züge (2 Std.), alle zwei Tage fahren Züge nach Beijing (24 Std.) und Shanghai (19 Std.). Zur Einreise aus der Sonderverwaltungszone in die VR China ist ein Visum erforderlich. Regelmäßig verkehrende Fähren schippern vom China Ferry Terminal in Kowloon und/oder dem Hong-Kong-Macau Ferry Terminal auf Hong Kong Island zu einer Reihe von Ortschaften und Städten im Delta des Perlflusses, darunter Macao. Die Fahrten dauern zwei bis drei Stunden.

Flüge, Autos und Touren können online unter lonelyplanet.com gebucht werden.

Auto & Motorrad

Hongkongs Verkehrsnetz ist so weitreichend und effizient, dass man kein eigenes Auto braucht, es sei denn man steckt gern im Stau.

REISEN & KLIMAWANDEL

Der Klimawandel stellt eine ernste Bedrohung für unsere Ökosysteme dar. Zu diesem Problem tragen Flugreisen immer stärker bei. Lonely Planet sieht im Reisen grundsätzlich einen Gewinn, ist sich aber der Tatsache bewusst, dass jeder seinen Teil dazu beitragen muss, die globale Erwärmung zu verringern.

Fast jede Art der motorisierten Fortbewegung erzeugt CO_2 (die Hauptursache für die globale Erwärmung), doch Flugzeuge sind mit Abstand die schlimmsten Klimakiller – nicht nur wegen der großen Entfernungen und der entsprechend großen CO_2-Mengen, sondern auch, weil sie diese Treibhausgase direkt in hohen Schichten der Atmosphäre freisetzen. Die Zahlen sind erschreckend: Zwei Personen, die von Europa in die USA und wieder zurück fliegen, erhöhen den Treibhauseffekt in demselben Maße wie ein durchschnittlicher Haushalt in einem ganzen Jahr.

Die englische Website www.climatecare.org und die deutsche Internetseite www.atmosfair.de bieten sogenannte CO_2-Rechner. Damit kann jeder ermitteln, wie viele Treibhausgase seine Reise produziert. Das Programm errechnet den zum Ausgleich erforderlichen Betrag, mit dem der Reisende nachhaltige Projekte zur Reduzierung der globalen Erwärmung unterstützen kann, beispielsweise Projekte in Indien, Honduras, Kasachstan und Uganda.

Lonely Planet unterstützt gemeinsam mit Rough Guides und anderen Partnern aus der Reisebranche das CO_2-Ausgleichs-Programm von climatecare.org. Alle Reisen von Mitarbeitern und Autoren von Lonely Planet werden ausgeglichen. Weitere Informationen gibt's auf www.lonelyplanet.com.

Busse aufs chinesische Festland

CTS Express Coach (Karte S. 328; ☎852 2764 9803; http://ctsbus.hkcts.com)

Eternal East Cross-Border Coach (Karte S. 344; ☎852 3760 0888, 852 3412 6677; www.eebus.com; 13. Stock, Kai Seng Commercial Centre, 4-6 Hankow Rd, Tsim Sha Tsui; ⏲7–20 Uhr) Von Hongkong gibt's mehrere Verbindungen aufs chinesische Festland, u. a. nach Dongguan, Foshan, Guangzhou, Huizhou, Kaping, zum Shenzhen International Airport und nach Zhongshan.

Flugzeug

Von Hongkong gehen Flüge in rund 50 Städte auf dem chinesischen Festland, darunter Peking, Chengdu, Kunming und Shanghai. Einfache Tickets kosten etwas mehr als die Hälfte eines Hin- und Rückflugs. Die nationale Fluglinie ist **Air China** (☎852 3970 9000; www.airchina.hk).

Weitere Fluglinien:

Cathay Pacific (Karte S. 344; www.cathaypacific.com; 7. Stock, The Cameron, 33 Cameron Rd, Tsim Sha Tsui; MTsim Sha Tsui, Ausgang A2) Nach Kapstadt, Port Elizabeth und Durban.

Dragonair (www.dragonair.com) Dragonair gehört zu Cathay Pacific und ist auf Regionalflüge spezialisiert; Verbindungen in 20 Städte auf dem chinesischen Festland.

Hong Kong Airlines (☎852 3151 1888; www.hongkongairlines.com) Billigflieger, auf Regionalflüge spezialisiert. Fliegt auch in 22 Städte auf dem chinesischen Festland.

Hong Kong International Airport

Der **Hong Kong International Airport** (HKG; Karte S. 198; ☎852 2181 8888; www.hkairport.com) wurde vom britischen Architekten Sir Norman Foster entworfen und befindet sich auf Chek Lap Kok, einer größtenteils wiedergewonnenen Landfläche vor der Nordküste Lantaus. Highways, Brücken (darunter die 2,2 km lange Tsing Ma Bridge, eine der längsten Hängebrücken der Welt) und ein Schnellzug schließen den Flughafen an Kowloon und Hong Kong Island an.

In den beiden Terminals gibt's zahlreiche Läden, Restaurants, Cafés, Geldautomaten und Wechselstuben.

Hong Kong Hotels Association (香港酒店業協會; HKHA; Karte S. 198; ☎852 2769 9822, 852 2383 8380; www.hkha.org; Hong Kong International Airport; ⏲7–24 Uhr) Die Schalter befinden sich in den Gepäckhallen. Die HKHA vermittelt nur Mittelklasse- und Luxushotels, keine Hostels oder andere Budgetunterkünfte.

China Travel Service (中國旅行社, CTS; ☎Kundenservice 852 2998 7333, Tour-Hotline 852 2998 7888; www.ctshk.com; ⏲7–22 Uhr) Hat vier Schalter in den Terminals, u. a. einen in der Ankunftshalle A, der Visa für **China** (Karte S. 344; ☎852 2315 7171; www.ctshk.com; 1/F Alpha House, 27-33 Nathan Rd, Tsim Sha Tsui; ⏲Mo-Fr 9-19, Sa & So 9-17 Uhr; MTsim Sha Tsui, Ausgang D1) ausstellt (normalerweise innerhalb eines Werktags).

Vom/Zum Flughafen
AIRPORT EXPRESS
Airport Express (☎2852 881 8888; www.mtr.com.hk; einfache Strecke Central/Kowloon/Tsing Yi 100/90/60 HK$; ⏲alle 10 Min.) Der schnellste (und abgesehen von Taxis teuerste) Weg zum/vom Flughafen.

Abfahrten
Zwischen 5.54 Uhr und 0.48 Uhr kommt man nach Central mit Halt am Bahnhof Kowloon in Jordan auf Tsing Yi Island. Die komplette Fahrt dauert 24 Minuten. Tickets gibt's an Automaten im Flughafen und an Bahnhöfen.

Preise
Hin- und Rückfahrtickets für Central/Kowloon/Tsing Yi sind einen Monat gültig und kosten 180/160/110 HK$. Kinder zwischen drei und elf Jahren zahlen die Hälfte. Mit dem Airport Express Travel Pass kann man drei Tage das komplette Netz der MTR und Light Rail nutzen; er berechtigt außerdem zur einfachen/Hin- & Rückfahrt mit dem Airport Express (250/350 HK$).

Shuttle-Busse
Airport Express unterhält zwei Shuttle-Busse auf Hong Kong Island (H1 & H2) und fünf auf Kowloon (K1–K5), die Passagiere kostenlos zwischen den Bahnhöfen in Central und Kowloon sowie zu größeren Hotels transportieren. Die Busse fahren zwischen 6.12 Uhr und 23.12 Uhr alle 12 bis 20 Minuten. Fahrpläne und Routen gibt's an Airport-Express- und MTR-Stationen und auf der Airport-Express-Website.

BUS
Es gibt gute Busverbindungen vom/zum Flughafen. Die Busse haben viel Platz für Gepäck, und in der Regel wird während der Fahrt auf Englisch, Kantonesisch und Mandarin angesagt, welche Hotels sich an der Nähe der nächsten Haltestelle befinden. Genaueres zu den Fahrtrouten steht im Bereich „Transport" auf der Website www.hkairport.com.

Abfahrten
Die Busse fahren zwischen ca. 6 und 0 bis 1 Uhr alle zehn bis 30 Minuten. Es gibt auch einige Nachtbusse; sie sind mit einem „N" gekennzeichnet.

Preise
Zu den großen Hotels und den Gegenden mit vielen Pensionen auf Hong Kong

Island fahren die Busse A11 (40 HK$) und A12 (45 HK$); der A21 (33 HK$) steuert die entsprechenden Gegenden in Kowloon an. Die Busfahrer in Hongkong geben kein Wechselgeld heraus, man bekommt aber welches im Ground Transport Centre am Flughafen, das auch die Octopus Card verkauft. Die Hin- und Rückfahrt ist normalerweise doppelt so teuer wie die einfache Fahrt. Wenn nicht anders angegeben, zahlen Kinder zwischen drei und elf Jahren und Senioren über 65 Jahren den halben Fahrpreis.

Tickets
Die Tickets kauft man einem Schalter in der Nähe der Bushaltestelle des Flughafens.

LIMOUSINE
In der Ankunftshalle sowie im Ground Transportation Centre gibt es Schalter von Limousinendiensten wie **Parklane Limousine Service** (852 2730 0662; www.hongkonglimo.com) und **Intercontinental Hire Cars** (852 3193 9332; www.trans-island.com.hk). Die Fahrt in einem Auto, in dem bis zu vier Personen Platz finden, kostet zu Zielen auf Hong Kong Island und in städtischen Gebieten Kowloons zwischen 650 und 850 HK$ und zu Zielen in den New Territories zwischen 600 und 1500 HK$.

Schiff/Fähre

Die **Chu Kong Passenger Transport Company** (852 2858 3876; www.cksp.com.hk) lässt regelmäßig Fähren vom **China Ferry Terminal** (中港碼頭; Karte S. 344; China Hong Kong City, 33 Canton Rd, Tsim Sha Tsui) in Kowloon und/oder vom **Hong Kong–Macau Ferry Terminal** (Shun Tak Centre; Karte S. 334; Shun Tak Centre, 200 Connaught Rd, Sheung Wan) auf Hong Kong Island zu einer Reihe von Städten und Ortschaften im Perlfluss-Delta fahren.

Zu den Festlandverbindungen aus Hongkong gehören:

Shekou 1 Std.
Shunde 2 Std.
Zhaoqing 4 Std.
Zhongshan 1½ Std.
Zhuhai 70 Min.

Eine Expressfähre namens **SkyPier** (852 2215 3232) verbindet den Hongkonger Flughafen mit neun Zielen im Perlfluss-Delta: Shenzhen, Shekou, Shenzhen Fuyong, Dongguan, Zhongshan, Zhuhai, Guangzhou Nansha, Guangzhou Lianhuashan, dem Macao Maritime Ferry Terminal und Macao (Taipa). Traveller können direkt an Bord der Fähren gehen, ohne vorher durch den Hongkonger Zoll oder die Passkontrolle zu müssen. Am besten kauft man das Ticket vorab am Ticketschalter im Transferbereich E2 und mindestens 60 Minuten vor Abfahrt der Fähre. Zum Fährterminal geht's mit dem Automated People Move.

Zug

Einfache und Rückfahrkarten nach Peking und Shanghai können 30 bis 60 Tage vorab an MTR-Stationen in Hung Mong Kok East, Kowloon Tong und Sha Tin sowie an der Touristeninformation im Bahnhof Admiralty gekauft werden.

Es gibt direkte Verbindungen zwischen Hung Hom und Shanghai und Peking. Züge zum Bahnhof Peking West (Hard/Soft/Deluxe Sleeper ab 601/934/1191 HK$) fahren jeden zweiten Tag um 15.15 Uhr ab und kommen am folgenden Tag um 15.13 Uhr an. Züge nach Shanghai (Hard/Soft/Deluxe Sleeper ab 530/825/1039 HK$) fahren ebenfalls jeden zweiten Tag um 15.15 Uhr ab und sind am Tag darauf um 10.22 Uhr da.

UNTERWEGS VOR ORT

Hongkong ist klein und überfüllt, und der öffentliche Nahverkehr ist die einzig praktische Art, sich fortzubewegen. Die ultramoderne Mass Transit Railway (MTR) ist der schnellste Weg zu den meisten städtischen Zielen. Das Busnetz ist umfassend ausgebaut und so effizient, wie der Verkehr es zulässt, aber für Kurzurlauber kann es etwas verwirrend sein. Fähren sind schnell und wirtschaftlich und bieten ohne Aufpreis einen spektakulären Blick auf den Hafen. Straßenbahnen erfüllen ihren Zweck, wenn man es nicht eilig hat.

Mehr zu Octopus-Cards gibt's auf S. 291.

Auto & Motorrad

Hongkongs Labyrinth aus Einbahnstraßen und schwindelerregenden Schnellstraßen ist nichts für schwache Nerven. Der Verkehr ist sehr dicht und die Parkplatzsuche schwierig und sehr teuer. Aber wer Hongkong unbedingt mit dem eigenen fahrbaren Untersatz erkunden will, sollte sich selbst einen Gefallen tun und einen Wagen mit Chauffeur mieten.

Führerschein

In Hongkong dürfen die meisten Ausländer über 18 mit gültigem Führerschein aus dem Heimatland bis zu zwölf Monate lang Auto fahren. Es kann trotzdem nicht schaden, einen internationalen Führerschein mitzubringen. Mietwagenfirmen akzeptieren internationale oder nationale Führerscheine. Der Fahrer muss allerdings in der Regel 25 Jahre oder älter sein.

Mietwagen

Ace Hire Car (852 2572 7663, 24 Std. 852 6108 7399; www.acehirecar.com.hk; Flat F, 1. Stock, Nam Wing Bldg,

49-51A Sing Woo Rd, Happy Valley; 🚇1 aus Des Voeux Rd Central) Vermietet Mercedes Benz mit Chauffeur für 250 HK$ pro Stunde (min. 2–5 Std., je nach Ort).

Avis (Karte S. 338; ✆852 2511 9338; www.avis.com.hk; Shop 2 & 3, EG, Centre Point, 181-185 Gloucester Rd, Wan Chai; ⊙10–19 Uhr; Ⓜ Causeway Bay, Ausgang C) Vermietet Autos pro Tag/Wochenende/Woche ab 930/1200/1500 HK$ (am Wochenende fast doppelt so teuer). Ein Toyota mit Chauffeur kostet 600 HK$ pro Stunde.

Verkehrsregeln

In Hongkong herrscht Linksverkehr, genau wie in Großbritannien, Australien und Macao, aber nicht auf dem chinesischen Festland. Für den Fahrer und alle Mitfahrer, hinten und vorn, herrscht Anschnallpflicht. Die Polizei ist sehr strikt und verteilt sofort Strafzettel.

Bus

Dank Hongkongs gut ausgebautem Busnetz erreichen Passagiere alle Ecken der Sonderverwaltungszone. Da Kowloon und die Nordseite von Hong Kong Island mit der MTR bestens angebunden sind, nutzen die meisten Besucher die Busse hauptsächlich, um die Südseite von Hong Kong Island, die New Territories und Lantau Island zu erkunden.

Abfahrten

Die meisten Busse verkehren von 5.30 Uhr oder 6 Uhr bis Mitternacht oder 0.30 Uhr. Zwischen 0.45 Uhr und 5 Uhr, teilweise auch später, fahren einige Nachtbusse.

Bushaltestellen

Die wichtigsten Busbahnhöfe auf Hong Kong Island sind **Central** (Karte S. 328; Exchange Sq; Ⓜ Hong Kong, Ausgang A1 od. A2) und **Admiralty** (Karte S. 336; Erdgeschoss, United Centre, 95 Queensway, Admiralty; Ⓜ Admiralty, Ausgang D). Von dort fahren Busse nach Aberdeen, Repulse Bay, Stanley und zu anderen Zielen auf der Südseite von Hong Kong Island.

In Kowloon fahren vom **Star Ferry Busterminal** (Karte S. 344) Busse die Nathan Rd hinauf und zum Bahnhof Hung Hom.

Die meisten Ziele auf Lantau Island sind mit dem **New Lantau Bus** (✆852 2984 9848; www.newlantaobus.com) zu erreichen. Die größeren Busbahnhöfe liegen am Fährterminal Mui Wo und an der MTR-Station Tung Chung.

Preise

Ein Busticket kostet 4 bis 46 HK$, je nach Ziel. Nachtbusfahrten kosten zwischen 7 und 32 HK$. Man braucht den abgezählten Fahrpreis oder eine Octopus-Card.

Streckeninformationen

Es kann eine echte Herausforderung sein, herauszufinden, in welchen Bus man steigen muss. **City Bus** (✆852 2873 0818; www.nwstbus.com.hk) und **New World First Bus** (✆852 2136 8888; www.nwstbus.com.hk) – beide gehören demselben Unternehmen – und **Kowloon Motor Bus** (KMB; ✆852 2745 4466; www.kmb.hk) bieten eine benutzerfreundliche Streckensuche auf ihren Websites. Von KBM gibt's außerdem eine Routen-App für Smartphones.

Fahrrad

Radfahren im urbanen Kowloon oder Hong Kong Island wäre Selbstmord, aber in den ruhigeren Ecken der Inseln (etwa im Süden von Hong Kong Island) und in den New Territories ist das Fahrrad eine gute Wahl, wenn auch eher eine schöne Freizeitbeschäftigung als ein effektives Verkehrsmittel – das hügelige Terrain bremst einen immer wieder aus (es sei denn, man hat ein Mountainbike). Läden und Kioske, die Fahrräder verleihen, stehen am Wochenende bei gutem Wetter allerdings schon früh ohne Räder da.

Wong Kei (旺單車; ✆852 2662 5200; Ting Kok Rd, Tai Mei Tuk) bietet einen Fahrradverleih.

Minibus

Minibusse haben nicht mehr als 16 Sitzplätze. Es gibt zwei verschieden Arten: rote und grüne.

Rote Minibusse (7–40 HK$) Diese Busse sind cremefarben mit rotem Dach oder Streifen. Sie lassen Passagiere auf Wunsch entlang der festgelegten Strecke überall ein- oder aussteigen – einfach ranwinken! Ziele und Preise stehen auf einem Schild auf der Windschutzscheibe, aber oft nur auf Chinesisch. Man bezahlt die Fahrer für gewöhnlich, wenn man aussteigt, und sie können auch wechseln. Auf bestimmten Strecken kann man die Octopus-Card nutzen.

Grüne Minibusse (3–24 HK$) Sie sind cremefarben mit grünem Dach oder Streifen und halten an ausgewiesenen Haltestellen. Man muss beim Einsteigen den exakten Fahrpreis in die Kasse werfen, kann aber auch die Octopus-Card benutzen. Zwei beliebte Routen sind die 6 (6,40 HK$) von der Hankow Rd in Tsim Sha Tsui nach Tsim Sha Tsui East und zur Station Hung Hom in Kowloon sowie die 1 (10 HK$) von der Haltestelle an der Station Hong Kong zum Victoria Peak.

MTR

Mass Transit Railway (MTR; ✆852 2881 8888; www.

mtr.com.hk) ist die Bezeichnung für das Bahnnetz Hongkongs, das aus U-Bahn, Vorortbahnen und der Light Rail (langsameren, straßenbahnähnlichen Zügen) besteht. Die Züge der MTR sind sauber, schnell und sicher; sie transportieren täglich rund 4 Mio. Fahrgäste.

Die Fahrt mit der MTR kostet zwar etwas mehr als die mit dem Bus, die meisten Ziele in Hongkong erreicht man aber mit ihr auch am schnellsten.

Light Rail

Das Light-Rail-System der MTR gleicht einer modernen, klimatisierten Version von Hongkongs Straßenbahnen, ist aber viel schneller. Die Bahnen verkehren im Nordwesten der New Territories.

ABFAHRTEN

Die Bahnen verkehren von ca. 5.30 Uhr bis zwischen 0.15 Uhr und 1 Uhr. Straßenbahnen fahren alle vier bis zwölf Minuten, je nach Linie und Tageszeit.

PREISE

5,50 bis 8 HK$, je nach Anzahl der Zonen (1–5). Kinder und Senioren über 65 zahlen 3 bis 4 HK$.

TICKETS

Einzeltickets kann man an den Automaten auf den Gleisen kaufen. Es gibt weder Schranken noch Drehkreuze; es wird darauf vertraut, dass die Fahrgäste ihre Tickets entwerten oder eine Octopus-Card haben, wenn sie ein- oder aussteigen.

Zug

Das Netz umfasst ca. 90 Bahnhöfe an neun unter- und oberirdisch fahrenden Linien, hinzu kommt das Light-Rail-Netz, das die nordwestlichen New Territories anbindet. Rauchen sowie der Verzehr von Speisen und Getränken sind in den Bahnhöfen und Zügen der MTR verboten; Übertretungen dieses Verbots werden mit einer Strafe von 5000 HK$ geahndet.

ABFAHRTEN

Die Züge fahren alle zwei bis 14 Minuten von etwa 6 Uhr bis irgendwann zwischen Mitternacht und 1 Uhr.

AUSGÄNGE

Die MTR-Ausgänge sind nach einem alphanumerischen System ausgeschildert und manchmal stehen ein Dutzend verschiedene zur Auswahl – es ist ganz normal, dass man sich hin und wieder nur noch am Kopf kratzt, wenn man vor einem der Ausgangspläne steht. An jedem Ausgang hängt außerdem ein lokaler Stadtplan aus.

PREISE

Die Fahrkarten kosten zwischen 8 und 35 HK$, für Fahrten bis zu Bahnhöfen an der Grenze zur VR China (Lo Wu & Lok Ma Chau) aber bis zu 60 HK$. Kinder zwischen drei und elf Jahren sowie Senioren über 65 Jahre fahren zum halben Preis. Die Fahrscheinautomaten nehmen Banknoten und Münzen an und geben Wechselgeld heraus.

STOSSZEITEN

Wenn möglich, sollte man die Rushhour meiden (werktags 7.30–9.30 & 17–19 Uhr).

TICKETS

Nach dem Passieren der Sperre ist der Fahrschein 90 Minuten lang gültig. Wer (z. B. aus Versehen) einen nicht ausreichenden Fahrschein gelöst hat, kann den Differenzbetrag an einem MTR-Serviceschalter neben dem Drehkreuz nachzahlen.

Schiff/Fähre

Trotz Hongkongs umfassendem Nahverkehrsnetz auf Straßen und Schienen verlässt man sich in der Sonderverwaltungszone nach wie vor sehr auf Fähren, um den Hafen zu durchqueren und die Outlying Islands zu erreichen. Auf einer Fahrt mit der Hafenfähre Star Ferry ist man schneller und billiger unterwegs als mit Bussen oder der MTR. Außerdem macht sie Spaß und ermöglicht tolle Ausblicke. Lantau ist auch per MTR oder Bus erreichbar, für die anderen Outlying Islands sind die Fähren aber nach wie vor der einzige Weg in die und aus der Stadt.

Fähren zu den Outlying Island

Regelmäßig verkehrende Fähren verbinden die wichtigsten Outlying Islands mit Hongkong. Die Preise sind angemessen, die Fähren recht komfortabel und für gewöhnlich klimatisiert. Es gibt Toiletten und teilweise eine kleine Bar, in der Snacks und kalte Getränke serviert werden. Die Fähren können samstagnachmittags und an Sonntagen ziemlich überfüllt sein, vor allem in den wärmeren Monaten.

Fährunternehmen

Drei Fährunternehmen bieten vom Fährterminal in Central Verbindungen zu den Outlying Islands an. Eine weitere vom Tsui Wah Ferry Service fährt zu seltener besuchten, aber sehr malerischen Zielen.

Discovery Bay Transportation Services (www.dbcommunity. hk) Regelmäßige Expressfähren zwischen Central (Pier 3) und Discovery Bay auf Lantau Island.

Hong Kong & Kowloon Ferry (HKKF; ☏ 852 2815 6063; www. hkkf.com.hk) Fährt Ziele auf Lamma Island und Peng Chau an.

New World First Ferry (NWFF; Karte S. 328; ☏ 852 2131 8181; www.nwff.com.hk; Ⓜ Hong Kong, Ausgang A1 od. A2) Es fahren Boote nach/aus Cheung Chau, Peng Chau und Lantau Island, die auch alle drei miteinander verbinden (Regular/Deluxe Class/Fast Ferry 13,20/20,70/25,80 HK$); sie verkehren zwischen 6 Uhr und 22.50 Uhr alle 1¾ Stunden.

Tsui Wah Ferry Service (翠華旅遊有限公司; ☎852 2527 2513, 852 2272 2022; www.traway.com.hk) Langsamere Fähren von Ma Liu Shui (15 Min. zu Fuß ab der MTR-Station University) nach Tap Mun und zur Sai-Kung-Halbinsel (2-mal tgl.), von Ma Liu Shui nach Tung Ping Chau (nur Sa, So & Feiertage) und von Aberdeen nach Po Toi Island (Di, Do, Sa & So).

Star Ferry

Man kann nicht behaupten, in Hongkong alles gesehen zu haben, bevor man eine Fahrt mit der **Star Ferry** (天星小輪; Karte S. 328; ☎852 2367 7065; www.starferry.com.hk; Erw. 2,50–3,40 HK$, Kind 1,50–2,10 HK$; ⊙alle 6–12 Min., 6.30–23.30 Uhr; ⓂHongkong, Ausgang A2) gemacht hat. Die Schiffe dieser wundervollen Flotte hören auf so hübsche Namen wie *Morning Star*, *Celestial Star* oder *Twinkling Star*.

Es gibt zwei Star-Ferry-Routen, aber die mit Abstand beliebteste ist die zwischen Central (Pier 7) und Tsim Sha Tsui. Eigentlich gibt es auf der ganzen Welt keine zweite Fahrt wie diese. Die Star Ferry verbindet außerdem Wan Chai mit Tsim Sha Tsui.

Die Drehkreuze funktionieren per Münzeinwurf, Wechselgeld gibt es aber nicht. Am Ticketschalter bekommt man Wechselgeld; mit der Octopus-Card fahren geht auch.

Straßenbahn

Hongkongs ehrwürdige alte Straßenbahnen von **Hong Kong Tramways** (☎852 2548 7102; www.hktramways.com; Preise 2,30 HK$; ⊙6–24 Uhr) sind große, schmale Doppeldecker. Sie sind langsam, aber billig und eine tolle Art, die Stadt zu erkunden. Am besten versucht man, oben am vorderen Fenster zu sitzen, dann kann man einen erstklassigen Ausblick genießen, während man durch die überfüllten Straßen rumpelt.

Für einen Einheitspreis (neben dem Fahrer beim Aussteigen in die Kasse werfen oder die Octopus-Card nutzen) kann man auf der 16 km langen Strecke fahren, so weit man will, sogar bis 3 km weit ins Happy Valley. Es gibt sechs Routen, aber sie rumpeln alle über dieselben Schienen entlang der Nordküste von Hong Kong Island. Die längste Fahrt (Kennedy Town–Shau Kei Wan, umsteigen am Western Market) dauert rund eineinhalb Stunden.

Hong Kong Tramways bietet außerdem die einstündige TramOramic Tour, auf der man die Stadt in einer nachgebauten Retro-Bahn mit offenem Dach erkundet. Audioguides sind erhältlich, an Bord werden Souvenirs verkauft, und es sind alte Tickets und Modellstraßenbahnen ausgestellt. Drei Abfahrten gibt's täglich; Näheres steht auf der Website.

Peak Tram

Die **Peak Tram** (Karte S. 328; ☎852 2522 0922; www.thepeak.com.hk; Lower Terminus 33 Garden Rd, Central; einfache Strecke/hin & zurück Erw. 28/40 HK$, Kind 3–11 Jahre & Sen. über 65 Jahre 11/18 HK$; ⊙7–24 Uhr; ⓂCentral Ausgang J2) ist keine Straßenbahn, sondern eine Standseilbahn, die seit 1888 die 396 m lange Steigung zum höchsten Punkt auf Hong Kong Island bewältigt. Sie ist damit das älteste öffentliche Verkehrsmittel im Territorium. Die Strecke ist so steil, dass der Fußboden der Bahn geneigt konstruiert ist, damit Fahrgäste besser aufrecht stehen können.

Die Peak Tram fährt von 7 bis 24 Uhr alle 10 bis 15 Minuten. Die Talstation befindet sich hinter dem St. John's Building, die Bergstation in dem **Peak Tower** (128 Peak Rd, Victoria Peak). Besser nicht an Sonn- und Feiertagen fahren, denn dann bilden sich meist lange Schlangen! Zum Bezahlen kann die Octopus Card (S. 291) genutzt werden.

Von 10 bis 23.40 Uhr verkehrt der offene (oder klimatisierte) Bus 15C (4,20 HK$, alle 15–20 Min.) zwischen dem Busbahnhof nahe dem Central Ferry Pier 7 und der Talstation.

Taxi

Taxifahrten in Hongkong sind verglichen mit denen in den meisten anderen Weltstädten ein Schnäppchen. Über 18 000 Taxis verkehren auf den Straßen der Sonderverwaltungszone, und es ist nie ein Problem, eines ranzuwinken – außer während der Stoßzeiten, wenn es regnet oder während des Schichtwechsels (tgl. gegen 16 Uhr).

Die Taxis haben Farbcodes:

Rot mit silbernem Dach Stadttaxis in Kowloon und

TAXIPREISE

TAXITYP	ERSTE 2 KM (HK$)	JE WEITERE 200 M & WARTEMINUTE
Stadttaxi (rot)	22	1,60 HK$ (1 HK$, falls der Preis 78 HK$ übersteigt)
New-Territories-Taxi (grün)	18,50	1,40 HK$ (1 HK$, falls der Preis 60,50 HK$ übersteigt)
Lantau-Taxi (blau)	17	1,40 HK$ (1,20 HK$, falls der Preis 143 HK$ übersteigt)

MACAO: VERKEHRSMITTEL & -WEGE

Die meisten Traveller treffen per Fähre aus Hongkong in Macao ein. Wer vom chinesischen Festland anreist, kann mit der Fähre oder dem Bus ab Guangdong fahren oder aus einigen Städten direkt mit dem Flugzeug anreisen.

Der Macau International Airport bietet eine begrenzte Anzahl von Verbindungen in asiatische Ziele. Wer von außerhalb Asiens anreist und nach Macao möchte, kann zum Hong Kong International Airport fliegen und mit der Fähre weiter nach Macao fahren, ohne in Hongkong durch den Zoll zu müssen.

EU-Bürger und Schweizer können ihr Visum für China an der Grenze in Zhuhai erwerben, aber man spart Zeit, wenn man sich vorab darum kümmert. In Hongkong oder Macao bekommt man es beim **China Travel Service** (中國旅行社; Zhōngguó Lǚxíngshè; CTS; Karte S. 214; ☏853 2870 0888; www.cts.com.mo; Nam Kwong Bldg, 207 Avenida do Dr Rodrigo Rodrigues; ◷9–18 Uhr), für gewöhnlich innerhalb eines Tages.

Bus

Busse und Minibusse von TCM (www.tcm.com.mo) und **Transmac** (☏853 2827 1122; www.transmac.com.mo) verkehren von 6 bis kurz nach 0 Uhr. Der Fahrpreis – 3,20 MOP auf der Halbinsel, 4,20 MOP nach Taipa Village, 5 MOP nach Coloane Village und 6,40 MOP zum Strand Hac Sa – wird beim Einsteigen (abgezählt) in die Kasse geworfen, aber man kann auch mit dem Macau Pass bezahlen, der in verschiedenen Supermärkten und Lebensmittelläden erhältlich ist. Er kostet beim Kauf 130 MOP inklusive 30 MOP Kaution. Der Mindestaufladebetrag beträgt 50 MOP. Die Busse sind immer sehr voll.

Die *Macau Tourist Map* umfasst eine vollständige Streckenliste aller Busunternehmen. Sie ist wirklich nützlich; man bekommt sie in den Filialen des Macau Government Tourist Office (MGTO), man kann sich die Routen aber auch online anschauen. Die nützlichsten Busse auf der Halbinsel sind Bus 3 und 3A zwischen dem Fährterminal und dem Stadtzentrum (in der Nähe der Post). Beide fahren weiter zum Grenzübergang zum Festland, ebenso wie Bus 5, in den man entlang der Avenida Almeida Ribeiro einsteigen kann. Bus 12 fährt vom Fährterminal am Lisboa Hotel vorbei zum Lou Lim Ioc Garden und Kun-Iam-Tempel. Die besten Verbindungen nach Taipa und Coloane sind die Busse 21A, 25 und 26A. Zum Flughafen fahren die Busse AP1, 26, MT1 und MT2.

Fähre

Macaos **Macau Maritime Ferry Terminal** (外港客運碼頭; Terminal Maritimo de Passageiros do Porto Exterior; Karte S. 214; Outer Harbour, Macau) liegt im äußeren Hafen.

TurboJet (Karte S. 214; ☏Reservierungen 852 2921 6688, in Hongkong 852 790 7039, Auskunft 852 2859 3333; www.turbojet.com.hk; Economy/Superclass Mo–Fr 153/315 HK$, Sa & So 166/337 HK$, Nachtfahrt 189/358 HK$) bietet die meisten Fahrten nach Hongkong. Die Fahrt dauert eine Stunde und beginnt am Hong Kong–Macau Ferry Terminal bzw. Macau Maritime Ferry Terminal. Auf der Website von Turbojet gibt's Näheres zu Verbindungen zum Hong Kong International Airport.

CotaiJet (☏853 2885 0595; www.cotaijet.com.mo; werktags Preise nach Hongkong regulär/ 1. Klasse 154/267 MOP) fährt von 7.30 Uhr bis Mitternacht alle 30 Minuten ab und verkehrt zwischen dem Taipa Temporary Ferry Terminal und dem Hong Kong–Macau Ferry Terminal. Ein Shuttle-Bus setzt Passagiere an Zielen entlang des Cotai Strip ab. Auf der Website von CotaiJet gibt's Näheres zu Verbindungen zum Hong Kong International Airport.

Sampans & Fähren Es fahren Boote (12,50 MOP, 8–16 Uhr stündl.) von einem kleineren Pier nahe der Kreuzung Rua das Lorchas und Rua do Dr. Lourenço Pereira Marques nach Wanzai. Es fällt eine Ausreisesteuer von 20 MOP an.

Yuet Tung Shipping Co (粵通船務有限公司; Karte S. 218; ☏853 2893 9944, 853 2877 4478; www.ytmacau.com; Point 11A Inner Harbour, Inner Harbour Ferry Terminal) hat Fähren, die Macaos temporären Fährterminal auf Taipa mit Shekou in Shenzhen auf dem chinesischen Festland und dem Flughafen Shenzhen verbinden (238 MOP, 1½ Std., 7-mal tgl.). Außerdem fahren Fähren vom Macau Maritime Ferry Terminal nach Wanzai in Zhuhai (30 MOP, 8–16.15 Uhr alle 30 Min.).

Hong Kong Island. Können überall hinfahren, außer nach Lantau.

Grüne Taxis mit weißem Dach Taxis der New Territories.

Blau Lantau-Taxis.

Rot Wer aus den New Territories nach Hongkong, Kowloon oder ins Zentrum der neuen Städte in den New Territories will, muss in eines dieser Taxis steigen.

Beschwerden

Die meisten Fahrer sind ehrlich und anständig, aber wenn man trotzdem das Gefühl hat, man wäre übers Ohr gehauen worden, sollte man sich die Lizenznummer des Taxis und/oder Führerscheins (normalerweise vorn auf der Sonnenblende) notieren und sich mit der Hotline der Transport Complaints Unit (www.info.gov.hk/tcu/complaint) oder der Hotline des **Transport Department** (852 2804 2600; www.td.gov.hk/en/contact_us/index.html) in Verbindung setzen, um offiziell Beschwerde einzureichen. Man muss alle Einzelheiten parat haben: wann, wo und wie viel.

Bezahlen

Man sollte eher kleinere Scheine und Münzen dabeihaben; die meisten Fahrer geben nur ungern auf 500 HK$ raus.

Fundsachen

Wer etwas in einem Taxi vergisst, kann sich bei der **Road Co-op Lost & Found Hotline** (852 187 2920; www.yp.com.hk/taxi/) melden. Die meisten Fahrer geben Fundsachen ab.

Gebühren

Es fällt eine Gepäckgebühr von 5 HK$ pro Gepäckstück an, aber die Fahrer bestehen nicht immer auf die Bezahlung (größenabhängig). Es kostet 5 HK$ extra, wenn man telefonisch ein Taxi bestellt. Für Nachtfahrten oder weitere Passagiere fallen keine Zusatzkosten an. Die Fahrgäste zahlen die Gebühr, falls das Taxi durch einen der vielen Hafen- oder Bergtunnel in Hongkong fährt oder den Lantau Link nach Tung Chung oder zum Flughafen benutzt. Auch wenn die Fahrt durch den Cross Harbour Tunnel nur 10 HK$ kostet, muss man 20 HK$ bezahlen, wenn man beispielsweise mit einem Hongkong-Taxi von Hong Kong Island nach Kowloon fährt. Wenn es einem hingegen gelingt, ein Kowloon-Taxi auf dem „Nachhauseweg" zu erwischen, zahlt man nur 10 HK$ (in die andere Richtung gilt natürlich dasselbe).

Sicherheitsgurte

Es ist gesetzlich vorgeschrieben, dass alle im Fahrzeug den Sicherheitsgurt angelegt haben müssen. Sowohl der Fahrer als auch der/die Mitfahrer werden zur Kasse gebeten, wenn sie von der Polizei angehalten werden und nicht angeschnallt sind. Die meisten Fahrer erinnern ihre Passagiere vor der Abfahrt freundlich daran.

Sprache

Einige Taxifahrer sprechen gut Englisch, andere kein einziges Wort. Es kann nie schaden, das Fahrziel auf Chinesisch zu notieren.

EIN CROSS-HARBOUR-TAXI ANHALTEN

Ein Cross-Harbour-Taxi anzuhalten, kann eine frustrierende Angelegenheit sein. Um eines zu erwischen, gibt es drei bewährte Methoden:

➡ Nach einem Taxi Ausschau halten, das beleuchtet ist, aber das Schild „Out of Service" zeigt. Das bedeutet meist, dass der Fahrer auf eine Cross-Harbour-Fahrt aus ist.

➡ Einen der (wenigen) Taxistände für Cross-Harbour-Taxis finden.

➡ Ein Taxi mit einer orientalisch anmutenden Armbewegung heranwinken – der Arm wird schlangenartig bewegt, als ob man winken will. Taxis, die grundsätzlich an einer Cross-Harbour-Fahrt interessiert sind, werden anhalten, um den Preis zu verhandeln.

Trinkgeld

Man kann bis zu 10 % Trinkgeld geben, auch wenn die meisten Hongkonger nur die kleinen braunen Münzen und 1 oder 2 HK$ dalassen.

Verfügbarkeit

Wenn ein Taxi verfügbar ist, sollte ein rotes Schild mit der Aufschrift „For Hire" auf dem Taxameter aufleuchten, das durch die Windschutzscheibe zu erkennen ist. Bei Nacht leuchtet außerdem das „Taxi"-Schild auf dem Dach. Taxis halten nicht an Bushaltestellen oder in eingeschränkten Haltezonen mit gelber Linie neben dem Bordstein.

Tickets & Pässe

Octopus Card (www.octopuscards.com) Eine wiederaufladbare Smartcard, die in der MTR und den meisten öffentlichen Verkehrsmitteln gilt. Man kann damit auch in der ganzen Sonderverwaltungszone in Geschäften einkaufen (etwa in kleinen Lebensmittelläden oder Supermärkten). Die Karte kostet 150 HK$ (Kind & Sen. 70 HK$). Darin eingeschlossen sind 50 HK$ Kaution und 100 HK$ für Fahrten. Octopus-Preise sind rund 5 % günstiger als die normalen Tickets der

MTR. Man kann sie an allen MTR-Stationen kaufen und aufladen.

Airport Express Travel Pass (einfache Strecke/hin & zurück 250/350 HK$) Berechtigt zur Fahrt vom/zum Flughafen und zur Nutzung der MTR an drei aufeinanderfolgenden Tagen.

MTR Tourist Day Pass (Erw./Kind 3–11 Jahre 65/35 HK$) Gilt nach der ersten Fahrt 24 Stunden lang in der MTR.

Tourist Cross-Boundary Travel Pass (1/2 aufeinanderfolgende Tage 85/120 HK$) Unbegrenzte Fahrten in der MTR und zwei einfache Fahrten zu/von den Stationen Lo Wu oder Lok Ma Chau.

GEFÜHRTE TOUREN

In Hongkong wird eine Vielzahl organisierter Touren angeboten. Es gibt Touren in sämtliche Ecken der Sonderverwaltungszone, und sie sind eine gute Option, wenn man nicht viel Zeit hat, in der kurzen Zeit ein bisschen mehr erfahren oder sich nicht mit öffentlichen Verkehrsmitteln auseinandersetzen will. Einige sind nur standardmäßige Ausflüge zu den wichtigsten Sehenswürdigkeiten, während andere einen tieferen Einblick in bestimmte Viertel gewähren. Es gibt auch spezielle Touren, z. B. zum Thema Essen, Zweiter Weltkrieg oder Architektur.

Hong Kong Tourism Board (香港旅遊發展局; Karte S. 344; Star Ferry Concourse, Tsim Sha Tsui; ⊗8–20 Uhr; ⊟Star Ferry) Gibt Tipps und Empfehlungen; Touren individueller Anbieter können für gewöhnlich in den HKTB-Filialen gebucht werden.

Hafen-Touren

Am besten sieht man den Victoria Harbour vom Wasser aus auf der **Star Ferry Harbour Tour** (天星小輪; Karte S. 328; ☏852 2367 7065; www.starferry.com.hk; ⊗alle 6–12 Min., 6.30–23.30 Uhr; MHongkong, Ausgang A2). Es gibt verschiedene Optionen. Die meisten Touren starten am Star Ferry Pier in Tsim Sha Tsui, aber es gibt auch Abfahrten an den Pieren in Central und Wan Chai; Näheres auf der Website.

Tagesrundfahrt Abfahrt 11.55–17.55 Uhr stündl.; Erw./erm. (Kind 3–12 Jahre, Sen. über 65 Jahre) 95/86 HK$.

Nachtrundfahrt Abfahrt 17.55 & 20.55 Uhr; Erw./erm. 175/158 HK$.

Symphony of Lights Harbour Cruise Abfahrt 19.15 od. 19.55 Uhr (je nach Saison, pünktlich zur Sound-&-Light-Show über dem Victoria Harbour), Erw./erm. 200/180 HK$.

Einige Anbieter haben Touren mit Getränken, Essen und sogar einem Büfett im Programm.

Hong Kong Ferry Group (☏852 2802 2886; www.cruise.com.hk; Erw./Kind ab 350/250 HK$) Bietet zwei Hafenrundfahrten auf einem großen Schiff mit Büfett zum Abendessen und Liveband an.

Jaspa's Party Junk (☏852 2869 0733; http://www.casteloconcepts.com; Erw. 700 HK$, Kind 150–500 HK$) Ein Boot für bis zu 40 Personen, Mindestanzahl 14. Die Preise gelten pro Person und sind inklusive aller Getränke und Essen.

Water Tours (Karte S. 344; ☏852 2926 3868; www.watertours.com.hk; 6. Stock, Carnarvon Plaza, 20 Carnarvon Rd, Tsim Sha Tsui) Sechs verschiedene Touren durch den Hafen, auch Rundfahrten mit Abendessen und Cocktails. Die Preise reichen von 260 HK$ (Kind 2–12 Jahre 170 HK$) für den Morning Harbour & Noon Day Gun Firing Cruise über 350 HK$ (Kind 260 HK$) für den Harbour Lights Cruise bis zu 900 HK$ (Kind 700 HK$) für den Aberdeen Dinner Cruise.

Natur-Touren

Eco Travel (綠恆生態旅遊; ☏852 3105 0767; www.ecotravel.hk) Dieses umweltbewusste Reiseunternehmen bietet Erkundungstouren zu Hongkongs Fischerei- und Meereskultur, Touren durch Feuchtgebiete, eine Fahrradtour durch die Natur und einen Ausflug zum Geopark im Norden der New Territories an. Einige gibt's nur auf Kantonesisch – am besten vorab nach englischsprachigen Touren fragen!

Hong Kong Dolphinwatch (香港海豚觀察; Karte S. 344; ☏852 2984 1414; www.hkdolphinwatch.com; 15. Stock, Middle Block, 1528A Star House, 3 Salisbury Rd, Tsim Sha Tsui; Erw./Kind 420/210 HK$; ⊗Bootsfahrten Mi, Fr & So) ✈ Bietet das ganze Jahr über mittwochs, freitags und sonntags zweieinhalbstündige Bootsfahrten an, auf denen man Delfine in ihrem natürlichen Lebensraum sehen kann. Bei ca. 97 % der Touren sieht man mindestens einen Delfin – taucht doch keiner auf, wird den Teilnehmern eine Freifahrt angeboten. Die Guides versammeln sich um 9 Uhr in der Lobby des Kowloon Hotel in Tsim Sha Tsui. Von dort geht's mit dem Bus über die Tsing Ma Bridge nach Tung Chung, wo das Boot ablegt. Die Tour endet um 13 Uhr.

Kayak & Hike (☏852 9300 5197; www.kayak-and-hike.com) Die siebenstündige Kajaktour durch den Sai Kung Geopark ist eine aufregende Möglichkeit, um Sai Kung in all seiner Schönheit zu erleben. Man fährt mit dem Schnellboot zur Kajak-Basis auf dem nahen

Bluff Island und paddelt von dort an einen Strand, an dem man schwimmen und schnorcheln kann. Abfahrt ist um 8.45 Uhr am alten Pier in Sai Kung (800 HK$/Pers.). Mittagessen selbst mitbringen!

Recommended Geopark Guide System (http://www.hkr2g.net/en_index.htm) Auf der R2G-Website gibt's Näheres zu ausgebildeten Guides und Agenturempfehlungen zu Touren im Hong Kong Global Geopark.

Walk Hong Kong (852 9187 8641; www.walkhongkong.com) Bietet eine Reihe von Wandertouren zu einigen der interessantesten Ecken in Hongkong an, etwa zu verlassenen Stränden in Sai Kung (800 HK$/Pers., 8½ Std.), zum Dragon's Back in Shek O (500 HK$, 4 Std.) und zu Schlachtfeldern des Zweiten Weltkriegs (500 HK$, halber Tag) sowie einen halbtägigen Bummel über einen lokalen Markt (450 HK$).

Stadt- & Kulturtouren

Big Bus Company (Karte S. 344; 852 3102 9021; www.bigbustours.com; Unit KP-38, 1. Stock, Star Ferry Pier, Tsim Sha Tsui; Erw./Kind ab 450/400 HK$; 9–18 Uhr) Eine gute Möglichkeit für eine erste Orientierung in der Stadt ist eine Hop-on-hop-off-Tour in diesen offenen Doppeldeckerbussen. Drei Touren stehen zur Auswahl: Die Kowloon-Route führt in Tsim Sha Tsui und Hung Hom hauptsächlich am Wasser vorbei; die Tour durch Hong Kong Island erkundet Central, Admiralty, Wan Chai und Causeway, und die Green Tour führt zum Stanley Market und nach Abderdeen.

Big Foot Tours (852 6075 2727; www.bigfoottour.com) Diese Touren in kleinen Gruppen richten sich nach den Interessen der Teilnehmer und führen hinter die Kulissen des Hongkonger Alltags. Sie können sich auf Essen, Architektur, Natur oder andere Themen konzentrieren, je nach Wunsch. Sie dauern vier Stunden und kosten rund 700 HK$ pro Nase, je nach Gruppengröße.

Gray Line (852 2368 7111; www.grayline.com.hk; Erw./Kind 3–11 Jahre ab 530/430 HK$) Bietet eine Tagestour zum Man-Mo-Tempel, Victoria Peak, nach Aberdeen und zum Stanley Market.

Heliservices (852 2802 0200; www.heliservices.com.hk; 9 Uhr–bevor Sonnenuntergang) Wer Hongkong gern von hoch oben betrachten möchte (und das nötige Kleingeld hat), kann bei Heliservices einen Helikopter für bis zu fünf Passagiere chartern. Eine 15-minütige Tour über die Skyline von Hongkong kostet 1999 HK$ pro Platz.

Splendid Tours & Travel (852 2316 2151; www.splendid.hk; Erw./Kind ab 490/390 HK$) Bietet mehrere Halbtages- und Ganztagestouren nach Lantau Island, Sai Kung und zu verschiedenen Buchten auf Hong Kong Island an. Sie kosten ab 490 HK$ pro Nase.

Sky Bird Tours (852 2736 2282; www.skybird.com.hk) Hier lernt man mehr über den traditionellen Lebensstil. Die vierstündigen Touren (460 HK$/Pers.) widmen sich Tai Chi, Feng Shui und chinesischem Tee. Sie beginnen montags, mittwochs und freitags um 7.30 Uhr am Excelsior Hotel in Causeway Bay und um 7.45 Uhr am Salisbury YMCA in Tsim Sha Tsui.

Allgemeine Informationen

Botschaften & Konsulate

Etwa 120 Länder haben Vertretungen in Hongkong, darunter 60 Generalkonsulate, 60 Konsulate und sechs „staatlich anerkannte Stellen".

Deutsches Konsulat (Karte S. 336; ☎852 2105 8788; www.hongkong.diplo.de; 21. Stock, United Centre, 95 Queensway, Admiralty; ⓂAdmiralty, Ausgang C2)

Österreichisches Generalkonsulat (☎852 2522 8086; 2201, Chinachem Tower, 34-37, Connaught Road Central, Hongkong)

Schweizer Generalkonsulat (☎852 3509 5000; Suite 6206-07, Central Plaza, 18 Harbour Road, Wanchai)

Ermäßigungen

Hong Kong Museums Pass

Mit diesem Kombipass (30 HK$) lassen sich sieben Hongkonger Museen an sieben aufeinanderfolgenden Tagen beliebig oft besuchen. Erhältlich ist das Ticket bei den Filialen des **Hong Kong Tourism Board** (香港旅遊發展局; Karte S. 344; Star Ferry Concourse, Tsim Sha Tsui; ⓧ8–20 Uhr; ⛴Star Ferry) sowie in den teilnehmenden Museen.

Jugendherbergsausweis

Wer bei seiner Ankunft noch keinen HI-Ausweis besitzt, kann diesen bei der **Hong Kong Youth Hostels Association** (香港青年旅舍協會; HKYHA; ☎852 2788 1638; www.yha.org.hk; Shop 118, 1. Stock, Fu Cheong Shopping Centre, Shum Mong Rd, Sham Shui Po; HI-Ausweis unter/über 18-Jährige 70/150 HK$; ⓧMo-Fr 9–19, Sa 10–17 Uhr; ⓂNam Cheong, Ausgang A) oder direkt beim jeweiligen HI-Hostel beantragen. Die sieben Hongkonger HI-Hostels liegen größtenteils außerhalb in den New Territories.

Schüler, Studenten, Jugendliche und & Lehrer

Das Hong Kong Student Travel im Büro von **Sincerity Travel** (永安旅遊; Karte S. 344; ☎852 2730 2800; www.hkst.com.hk/; Zi. 833-8343, Star House, Salisbury Rd, Tsim Sha Tsui; ⓧMo–Sa 9.30–20, So 12–18 Uhr; ⛴Star Ferry) stellt für 100 HK$ sofort die unten genannten Ausweise aus. Dafür muss man seinen Studentenausweis oder sonstige Bescheinigungen vorlegen.

Internationaler Studentenausweis (ISIC, www.wysetc.org) Ermäßigungen bei einigen Transportmitteln und Vergünstigungen auf Eintritte in Museen und zu anderen Sehenswürdigkeiten.

International Youth Travel Card (IYTC) Ähnlich wie die ISIC-Karte; für alle Nicht-Studenten unter 26 Jahren.

Internationaler Lehrerausweis (ITIC) Inhaber erhalten in manchen Buchläden Rabatte.

Senioren

Der Eintritt in die meisten Museen kostet für Senioren über 60 Jahre nur die Hälfte oder ist frei. In vielen Verkehrsmitteln fährt man ab 65 Jahren zum halben Preis. Als Nachweis reicht der Reisepass oder Personalausweis.

Feiertage & Ferien

Der chinesisch-westliche Schmelztiegel Hongkongs sorgt für eine interessante Mischung – und Anzahl – von Feiertagen. Da es zwei Kalender gibt (den gregorianischen bzw. westlichen Sonnenkalender und den chinesischen Mondkalender) ist es etwas schwierig, genaue Termine zu bestimmen.

Neujahr 1. Januar

Chinesisches Neujahr 16.–19. Februar 2018

Ostern 30. März–2. April 2018

Ching Ming 5. April 2018

Tag der Arbeit 1. Mai

Buddhas Geburtstag 22. Mai 2018

Drachenbootfestival (Tuen Ng) 18. Juni 2018

PRAKTISCH & KONKRET

Maße & Gewichte
Obwohl in Hongkong offiziell das internationale metrische System gilt, sind die traditionellen Maße und Gewichte Chinas nach wie vor gebräuchlich. So werden Fleisch, Fisch oder Gemüse auf örtlichen Märkten pro *gàn* (ca. 600 g) verkauft, das 16 *léung* (37,8 g) entspricht. Bei Gold und Silber gilt die Gewichtseinheit *tael* (entspricht exakt dem *léung*).

Medien
➜ Als Hongkongs größte englischsprachige Tageszeitung hat sich die *South China Morning Post* (www.scmp.com) vor wie nach der Übergabe an China stets regierungskonform gezeigt. Sie ist am weitesten verbreitet und wird von mehr Hongkong-Chinesen als Expats gelesen.

➜ Weitere Optionen sind der *Hong Kong Standard* (www.thestandard.com.hk) und das *Hong Kong Economic Journal* (www.ejinsight.com).

➜ Das Pekinger Sprachrohr *China Daily* (www.chinadaily.com.cn) ist hier auch auf Englisch zu haben.

➜ Unter den diversen englischsprachigen Magazinen sind viele lokale Businessblätter mit einem Schwerpunkt auf asiatischen Angelegenheiten. Zudem bekommt man in Hongkong auch die aktuellen Ausgaben von *Time*, *Newsweek* und dem *Economist*.

Rauchen
Im Innenbereich von Restaurants darf nicht geraucht werden. In offenen Außenbereichen gilt dieses Rauchverbot nicht.

Gründungstag der Sonderverwaltungszone Hongkong 1. Juli

Mittherbstfest 4. Oktober 2017, 24. September 2018

Chinesischer Nationalfeiertag 1. Oktober

Chung Yeung 28. Oktober 2017, 17. Oktober 2018

1. Weihnachtsfeiertag 25. Dezember

2. Weihnachtsfeiertag 26. Dezember

Geld

Geldautomaten sind weit verbreitet. Kreditkarten werden in den meisten Hotels und Restaurants akzeptiert. Manche Budgetunterkünfte nehmen nur Bargeld.

Geldautomaten

➜ Die meisten Geldautomaten sind an das internationale Buchungsnetz angeschlossen und akzeptieren übliche Karten wie Cirrus, Maestro, Plus und Visa Electron.

➜ An einigen „Electronic Money"-Automaten der HSBC können Inhaber von Visa- und MasterCard-Karten Geld abheben.

➜ Mit einer American Express Karte kann man die Jetco-Geldautomaten nutzen und an den Express-Cash-Automaten in der Stadt Hongkong-Dollar abheben und Reiseschecks einlösen.

Geldwechsel

Hongkong hat keine Devisenkontrollen: Einheimische und Ausländer können so viel Fremdwährung ein- oder ausführen, wie sie wollen. In Hongkong gibt's auch keinen Schwarzmarkt für ausländische Devisen. Wenn einen also jemand anspricht und Devisen tauschen will, kann man sicher sein, dass es sich um einen Betrug handelt.

BANKEN
Die Banken bieten in Hongkong meist die besten Kurse, auch wenn zwei der größten, die Standard Chartered Bank und die Hang Seng Bank, eine Bearbeitungsgebühr von 50 HK$ pro Transaktion erheben, sofern man kein Konto bei der jeweiligen Bank besitzt. Bei der HSBC beträgt die Bearbeitungsgebühr sogar 100 HK$. Ab mehreren hundert Euro wird der Wechselkurs günstiger, was in aller Regel die Bearbeitungsgebühr wettmacht.

WECHSELSTUBEN
Lizenzierte Wechselstuben wie Chequepoint gibt's in touristischen Gegenden (auch in Tsim Sha Tsui) in Hülle und Fülle. Sie sind praktisch (da in der Regel auch sonntags, an Feiertagen und spätabends geöffnet) und erheben keine offiziellen Bearbeitungsgebühren; der schlechte Wechselkurs entspricht jedoch einer Gebühr von 5 %. Die angebotenen Kurse hängen aus, aber bei größeren Summen ab mehreren hundert Euro lässt sich vielleicht ein

besserer Kurs aushandeln. Bevor das Geld ausgehändigt wird, ist die Geldwechsler verpflichtet, dem Kunden ein Formular zur Unterschrift vorzulegen, in dem der Auszahlungsbetrag, der Wechselkurs und eventuelle Gebühren genau aufgeführt sind. Tipp: Möglichst die Wechselschalter am Flughafen oder in den Hotels meiden – deren Wechselkurse gehören zu den schlechtesten in ganz Hongkong.

Kreditkarten

Plastikgeld von Visa, MasterCard, Amex, Diners Club und JCB wird in Hongkong am häufigsten akzeptiert (in dieser Reihenfolge). Für den Fall der Fälle sollte man zwei Kreditkarten dabeihaben.

Einige Geschäfte erheben einen Zuschlag, um die Provisionsgebühr der jeweiligen Kreditkartenfirma (2,5–7%) auszugleichen. Da die Kreditkartengesellschaften diese Praxis untersagen, bieten viele Läden einen Rabatt (5%) bei Barzahlung an.

Der Diebstahl oder Verlust einer Karte muss so schnell wie möglich sowohl der **Polizei** (852 2527 7177; www.police.gov.hk) als auch dem Kreditinstitut gemeldet werden. Anderenfalls muss man unter Umständen für Einkäufe bezahlen, die ein anderer mit der Karte getätigt hat.

American Express (Notfall 852 2811 6122, allg. Karteninfo 852 2277 1010; www.americanexpress.com/hk/)

Diners Club (852 2860 1888; www.dinersclub.com)

MasterCard (800 966 677; www.mastercard.com)

Visa (800 900 782; www.visa.com.hk) Kann vielleicht bei Verlust einer Visa-Karte helfen, meist muss man in einem Notfall aber das jeweilige Kreditinstitut kontaktieren.

Nennwerte

Lokale Währung ist der Hongkong-Dollar (HK$). 1 HK$ besteht aus 100 Cent. Scheine sind im Wert von 10, 20, 50, 100, 500 oder 1000 HK$ im Umlauf. Münzen gibt es im Wert von 10, 20 oder 50 Cent (klein und kupferfarben), zu 1, 2 oder 5 HK$ (silberfarben) sowie zu 10 HK$ (nickel- und bronzefarben).

Geldscheine werden von drei Banken ausgegeben: der HSBC (früher Hongkong & Shanghai Banking Corporation), der Standard Chartered Bank und der Bank of China (alle außer dem 10 HK$-Schein).

Gepäckaufbewahrung

FLUGHAFEN
Am Hong Kong International Airport steht Travellern auch eine **Gepäckaufbewahrung** (852 2261 0110; www.hongkongairport.com/eng/passenger/arrival/t1/baggage/left-baggage.html; Level 3, Terminal 2, Hong Kong International Airport; pro Std./Tag 12/140 HK$; 5.30–1.30 Uhr) zur Verfügung.

MTR-STATIONEN & FÄHRTERMINALS
Gepäckschließfächer oder Abgabestellen finden sich in großen MTR-Stationen (z.B. Hung Hom, Kowloon und Hongkong), im West Tower des Shun Tak Centre (Sheung Wan; Fährterminal für Fähren nach Macao) und am Fährhafen in Richtung China (Tsim Sha Tsui). Je nach Schließfachgröße kostet die Stunde 20 bis 30 HK$.

UNTERKÜNFTE
Die meisten Hotels und sogar manche Pensionen oder Hostels bewahren Gepäckstücke in dafür vorgesehenen Räumen auf – selbst wenn man schon ausgecheckt hat und auch nicht mehr im jeweiligen Etablissement übernachtet. Dieser Service kostet normalerweise extra. Vorher also besser nachfragen!

Gesundheit

Verglichen mit dem Großteil Asiens besteht hier nur ein geringes Risiko, an einer Infektionskrankheit zu erkranken; die medizinische Versorgung ist generell hervorragend. In jüngerer Vergangenheit kam es jedoch zu Vogel- oder Schweinegrippeinfektionen beim Menschen (ein Infoblatt des Auswärtigen Amtes gibt es online unter www.diplo.de/reisemedizin). Sehr angeraten ist eine sorgfältige Körper- und Nahrungsmittelhygiene sowie ein wirksamer Moskitoschutz, um Infektionskrankheiten wie dem Denguefieber vorzubeugen. Wichtig: Der Versicherungsschutz gesetzlicher Krankenversicherung im außereuropäischen Ausland ist eingeschränkt. Es ist daher sehr empfehlenswert, eine spezielle Auslandskrankenversicherung abzuschließen.

Gesundheitsrisiken
SCHLANGEN
In Hongkong gibt's viele Schlangenarten, auch einige giftige. Die Wahrscheinlichkeit, auf eine von ihnen zu treffen, ist jedoch recht gering. Vorsicht ist dennoch geboten, vor allem wenn man auf Lamma und Lantau durchs Gestrüpp wandert. Sollte dennoch einmal eine Schlange zugebissen haben, sofort ein öffentliches Krankenhaus aufsuchen! Arztpraxen haben kein Schlangenserum.

STECHMÜCKEN
Stechmücken gibt's in ganz Hongkong. Zur Vorbeugung gegen Stiche an warmen und heißen Tagen Insektenschutzmittel benutzen! Stiche sollten mit einer entsprechenden Salbe (z.B. mit Hydrokortison) behandelt werden, um Schwellungen so gering wie möglich zu halten.

TAUSENDFÜSSLER
Auf Lamma lebt der Große Rote Tausendfüßler, dessen giftiger Biss Schwellungen

und Unwohlsein verursacht. Für kleine Kinder kann dies recht gefährlich werden (und in äußerst seltenen Fällen angeblich sogar tödlich enden).

WILDSCHWEINE & HUNDE
Wildschweine und angriffslustige Hunde stellen in einigen abgelegeneren Gegenden der New Territories ein Risiko dar, wenn auch ein geringes. Wildschweine sind scheu und leben meist zurückgezogen. Wenn sie sich aber bedroht fühlen, können sie ganz schön ungemütlich werden – also am besten einen großen Bogen um diese Tierchen machen! Wer durch dichtes Gestrüpp wandert, sollte die Augen offen halten und sie keinesfalls aufschrecken.

Krankenversicherung

Besucher ohne Hongkonger Ausweis können sich in öffentlichen Krankenhäusern behandeln lassen und bezahlen dafür den im privaten Sektor geltenden Satz, der um ein Vielfaches höher ist als der normale. Diese Kosten werden jedoch gegen Vorlage der entsprechenden Dokumente von den meisten Krankenversicherungen erstattet.

Eine Krankenversicherung mit Auslandsschutz übernimmt unter Umständen eine stationäre Behandlung sowie verschiedene chirurgische Eingriffe in Hongkong, am besten fragt man bei seiner Versicherung aber noch einmal nach der Abdeckung von ambulanten Leistungen, d. h. Behandlungen, bei denen man nicht über Nacht im Krankenhaus bleiben muss.

Leitungswasser

Hongkongs Leitungswasser erfüllt die Standards der Weltgesundheitsorganisation und kann daher ohne Bedenken getrunken werden. Aus Geschmacks- und Prestigegründen trinken viele Einheimische jedoch lieber Mineralwasser aus Flaschen.

Medizinische Versorgung

Der medizinische Versorgungsstandard in Hongkong ist im Allgemeinen hervorragend, aber teuer. Man sollte deshalb immer eine Reiseversicherung abschließen. Das Gesundheitswesen ist in einen öffentlichen und privaten Sektor unterteilt, und es gibt keine Berührungspunkte zwischen den beiden.

APOTHEKEN
→ Apotheken gibt's in Hongkong zuhauf. Ein Schild mit rot-weißem Kreuz weist darauf hin, dass der jeweilige Betreiber eine offizielle Zulassung hat.

→ Viele Medikamente werden hier rezeptfrei angeboten. Allerdings sollte man auf bekannte Marken und die Einhaltung des Verfallsdatums achten.

→ Apotheken und Ladenketten wie Watson's oder Mannings verkaufen auch rezeptfrei Antibabypillen, Monatsbinden, Tampons und Kondome.

ARZTPRAXEN
In der Stadt gibt es viele Englisch sprechende Allgemein-, Fach- und Zahnärzte, die man über die eigene Botschaft, Privatkliniken oder die Gelben Seiten (Yellow Pages) ausfindig machen kann. Bei kleinem Geldbeutel empfiehlt sich die Notaufnahme des nächsten öffentlichen Krankenhauses. Dort muss man jedoch oft lange warten.

Die allgemeine Krankenhausauskunft hat die Nummer ☎2300 6555.

KRANKENHÄUSER & NOTAUFNAHMEN
In einem Notfall bringt der Krankenwagen (☎999) Traveller grundsätzlich in ein öffentliches Krankenhaus, wo man als Ausländer für diesen Service eine hohe Gebühr bezahlen muss. Behandelt wird man aber auf jeden Fall – wer nicht gleich zahlen kann, bekommt später eine Rechnung. Die Notfallversorgung ist hervorragend. Bei wieder stabilem Gesundheitszustand sollte man jedoch eventuell erwägen, sich in eine Privatklinik verlegen zu lassen.

HONG KONG ISLAND
Queen Mary Hospital (瑪麗醫院; ☎852 2255 3838; www3.ha.org.hk/qmh; 102 Pok Fu Lam Rd, Pok Fu Lam; 🚌30x, 55, 90B, 91) Öffentlich.

Ruttonjee Hospital (律敦治醫院; Karte S. 338; ☎852 2291 2000; www.ha.org.hk; 266 Queen's Rd E, Wan Chai; Ⓜ Wan Chai, Ausgang A3) Öffentlich.

KOWLOON
Hong Kong Baptist Hospital (瑪嘉烈醫院; ☎852 2339 8888; 222 Waterloo Rd, Kowloon Tong) Privat.

Princess Margaret Hospital (瑪嘉烈醫院; ☎852 2990 1111; www.ha.org.hk; 2-10 Princess Margaret Hospital Rd, Lai Chi Kok) Öffentlich.

Queen Elizabeth Hospital (伊利沙伯醫院; Karte S. 348; ☎852 2958 8888; 30 Gascoigne Rd, Yau Ma Tei; 🚌112, Ⓜ Jordan, Ausgang C1) Öffentlich.

NEW TERRITORIES
Prince of Wales Hospital (威爾斯親王醫院; Karte S. 183; ☎852 2632 2211; 30-32 Ngan Shing St, Sha Tin) Öffentlich.

Vorgeschriebene Impfungen

Sofern nicht das chinesische Festland bzw. andere Teile der Region auf dem Reiseplan stehen, erfordert die Einreise nach Hongkong keine speziellen Impfungen.

Internetzugang

In Hongkong im Internet zu surfen ist ein Kinderspiel.

Internetzugang gibt es immer öfter in Hotels und in öffentlichen Bereichen; dazu zählen der Flughafen, kommunale Bibliotheken, bedeutende Kultur- bzw. Freizeitzentren, große Parks, wichtige MTR-Stationen, Einkaufszentren sowie nahezu alle Cafés und Bars der Stadt. Bei den HKTB-Touristeninformationen gibt's einen kostenlosen PCCW Wi-Fi Pass (60 Min. Internet gratis).

Alternativ kann man im Internet, in einem Lebensmittelladen oder PCCW Store auch ein PCCW-Konto erwerben. Damit kann man sich in Hongkong an über 7000 WLAN-Hotspots von PCCW verbinden.

Wer keinen Computer hat, kann sich hier einloggen:

Central Library (香港中央圖書館; Karte S. 340; ✆852 3150 1234; www.hkpl.gov.hk; 66 Causeway Rd, Causeway Bay; ⓢDo-Di 10-21, Mi 13-21 Uhr; ⓜTin Hau, Ausgang A1) Kostenloser Internetzgang.

Pacific Coffee Company (Karte S. 344; ✆852 2735 0112; www.pacificcoffee.com; Shop L121, The One, 100 Nathan Rd, Tsim Sha Tsui; ⓢMo-Do 7-24, Fr & Sa 7-1, So 8-24 Uhr) Kostenloser Internetzgang für Gäste; eine von Dutzenden Filialen.

Karten & Stadtpläne

Die beliebtesten Wanderwege rund um Hongkong sind zweisprachig beschildert; am Anfang hängt jeweils eine große Übersichtskarte. Für Hongkongs vier Hauptrouten empfiehlt sich die entsprechende Gesamtkarte der Country & Marine Parks Authority, die bei folgenden Kartenshops erhältlich ist:

Notfall

Polizeilicher Notfall	✆999
Polizei	✆852 2527 7177

Öffnungszeiten

Sofern nicht anderweitig vermerkt, nennen die Kapitel dieses Buchs nur Öffnungs- und Geschäftszeiten, die von diesen Standards abweichen:

Banken Mo-Fr 9-16.30 od. 17.30, Sa 9-12.30 Uhr

Büros Mo-Fr 9-17.30 od. 18 Uhr (Mittagspause 13-14 Uhr)

Geschäfte Meist 10-20 Uhr

Museen 10 bis zw. 17 & 21 Uhr (Mo, Di od. Do geschl.)

Restaurants 11-15 & 18-23 Uhr

Post

Die allgemein hervorragende **Hong Kong Post** (www.hongkongpost.com) stellt Briefe innerhalb der Stadt oft noch am selben Tag und auch an Samstagen zu. Die meisten Filialangestellten sprechen Englisch. Die grünen Briefkästen der Stadt sind deutlich auf Englisch beschriftet.

Kurierdienste

DHL-Filialen gibt's in vielen MTR-Bahnhöfen, z.B. **Central** (Karte S. 328; ✆852 2877 2848; www.dhl.com.hk/en.html; MTR Central) neben dem Ausgang H oder **Admiralty** (Karte S. 338; ✆852 2400 3388; www.dhl.com.hk; Shop G2, Great Eagle Centre, 23 Harbour Rd, Wan Chai; ⓢ24 Std., Sa geschl.; ⓜWan Chai, Ausgang C) neben dem Ausgang E.

Porto

Sendungen innerhalb Hongkongs bis 30 g Gewicht kosten 1,70 HK$.

Luftpostbriefe und Postkarten nach Europa mit einem Gewicht von 20 bzw. 30 g sind mit 3,70 bzw. 6,50 HK$ zu frankieren (größere Sendungen 160 HK$/kg). Für ein Aerogramm in die Heimat bezahlt man 3,70 HK$.

Post empfangen

Briefe mit dem Adresszusatz „c/o Poste Restante, GPO Hong Kong" gehen an die Hauptpost (General Post Office; GPO) auf Hong Kong Island und können dort an Schalter 29 abgeholt werden (Mo-Sa 8-18 Uhr). Kowloon als gewünschter Abholort erfordert die Adressangabe „c/o Poste Restante, Tsim Sha Tsui Post Office, 10 Middle Rd, Tsim Sha Tsui, Kowloon". Auslandspost wird normalerweise zwei Monate lang aufbewahrt (lokale Sendungen zwei Wochen).

Post versenden

Das **General Post Office** (Hauptpost; 中央郵政局; Karte S. 328; 2 Connaught Pl, Central; ⓢMo-Sa 8-18, So 9-17 Uhr; ⓜHong Kong Station, Ausgang A1 oder A2) auf Hong Kong Island liegt gleich östlich des Hauptbahnhofs. Die Filiale in **Tsim Sha Tsui** (尖沙咀郵政局; Karte S. 344; EG & 1. Stock, Hermes House, 10 Middle Rd, Tsim Sha Tsui; ⓢMo-Sa 9-18, So 9-14 Uhr, ⓜEast Tsim Sha Tsui, Ausgang L1) findet man östlich der Nathan Rd (Südende). Alle anderen Postfilialen haben kürzer und sonntags meist nicht geöffnet.

Postkarten, Briefe und Aerogramme erreichen Europa nach ca. fünf bis sechs Tagen.

Speedpost

Per **Speedpost** (www.hongkongpost.com/speedpost) verschickte Briefe und Päckchen werden innerhalb von zwei Tagen in 210 Destinationen in aller Welt zugestellt – automatisch registriert und je nach Bestimmungsort zu stark variierenden Tarifen. Gebührentabellen und Zeitpläne gibt's in allen Postfilialen.

Rechtsfragen

➡ Traveller sollten ihren Reisepass stets mitführen, da dieser bei polizeilichen Personenkontrollen vorzuzeigen ist.

→ Ob Heroin, Opium, „Ice", Ecstasy oder Marihuana: Jegliche Drogen sind in Hongkong strengstens verboten; das hiesige Gesetz macht da keinerlei Unterschiede. Wer von Polizei bzw. Zoll mit Drogen und/oder „Konsumzubehör" erwischt wird, wird sofort verhaftet.

→ Bei Problemen mit dem Gesetz wendet man sich am besten an das **Legal Aid Department** (Hotline 24 Std. 852 2537 7677; www.lad.gov.hk). Nach einer Fallbewertung (inkl. Überprüfung der finanziellen Verhältnisse) erhalten Traveller wie Einheimische dort Rechtsbeistand.

Reisebüros

Folgende Optionen zählen zu den verlässlichsten Adressen und verkaufen die günstigsten Flugtickets:

Concorde Travel (Karte S. 332; 852 2526 3391; www.concorde-travel.com; 7. Stock, Galuxe Bldg, 8-10 On Lan St, Central; Mo–Fr 9–17.30, Sa bis 13 Uhr)

Forever Bright Trading Limited (Karte S. 346; 852-2369 3188; www.fbt-chinavisa.com.hk; Rm 916-917, Tower B, New Mandarin Plaza, 14 Science Museum Rd, Tsim Sha Tsui East, Kowloon; Mo–Fr 8.30–18.30, Sa bis 13.30 Uhr; East Tsim Sha Tsui, Ausgang P2)

Traveller Services (852 2375 2222; www.traveller.com.hk; 18E, Tower B, Billion Centre, 1 Wang Kwong Rd, Kowloon Bay; Mo–Fr 9–18, Sa bis 13 Uhr)

Reisen mit Behinderung

Reisende mit körperlicher Behinderung müssen in Hongkong erhebliche Hindernisse meistern – darunter die Treppen vieler MTR-Stationen, Fußgängerbrücken, schmale und überfüllte Bürgersteige und steile Hügel. Andererseits sind Taxis niemals weit und einige Busse rollstuhlgerecht. Die meisten Gebäude haben Fahrstühle, deren Bedienelemente oft mit Braille-Schrift markiert sind. Letzteres gilt auch für die Streckenkarten von MTR-Stationen (zusätzlich unterstützt durch Audio-Informationen). Die meisten Fähren besitzen barrierefreie Unterdecks.

Easy Access Travel (香港社會服務聯會; 852 2855 9360; www.rehabsociety.org.hk; EG, HKSR Lam Tin Complex, 7 Rehab Path, Lam Tin; Lam Tin, Ausgang D1) Die Agentur bietet geführte Touren und behindertengerechte Fahrservices an.

Verkehrsbehörde (Transport Department; www.td.gov.hk) Gibt behindertenspezifische Guides zu öffentlichen Verkehrsmitteln, Parkplätzen und Fußgängerüberwegen heraus.

Strom

220 V/50 Hz

Telefon

Wie überall sonst auf der Welt werden öffentliche Telefone auch hier immer seltener.

Auslandsgespräche & -tarife

Für Telefongespräche nach Hongkong wählt man die Vorwahl 852. Für Auslandsgespräche aus Hongkong wählt man nacheinander 001, die Landes- und die Ortsvorwahl (ohne anfängliche „0") und die Nummer des Anschlusses.

Von 21 bis 8 Uhr an Werktagen sowie das ganze Wochenende über sind die Gesprächstarife niedriger. Falls das jeweilige Gerät für den IDD 0060 Service angemeldet ist, immer 0060 vorwählen: Dann telefoniert sich's ganztägig und rund um die Uhr günstiger.

Handys

In Hongkong funktionieren alle GSM-kompatiblen Mobiltelefone.

Mobilen Empfang hat man überall, sogar in MTR und in den Hafentunnels.

Mobilfunkanbieter wie etwa **PCCW** (Karte S. 328; EG, 113 Des Voeux Rd, Central; Mo–Sa 10–20.30, So 11–20 Uhr; Hong Kong Station, Ausgang A1 od. A2) verkaufen Handys und Zubehör mit Prepaid-SIM-Karten ab 98 HK$. Ortsgespräche kosten 0,06–0,12 HK$ pro Minute (nach Festlandchina ca. 1,80 HK$/Min.).

Ortsgespräche & -tarife

Alle Ortsgespräche in Hongkong sind kostenlos. Hotels rechnen solche Telefonate jedoch mit 3–5 HK$ ab.

Telefonkarten

Auslandsgespräche (International Direct Dial; IDD) sind in fast alle Nationen der Welt möglich, dazu wird jedoch eine spezielle Telefonkarte

VISA FÜR DIE VOLKSREPUBLIK CHINA

Mit Ausnahme der Einwohner von Hongkong benötigt jeder, der nach China einreisen will, ein Visum. Dieses kann man bei der Agentur **China Travel Service** (中國旅行社, CTS; ✆ Kundenservice 852 2998 7333, Hotline geführte Touren 852 2998 7888; www.ctshk.com; ⊙7-22 Uhr) beantragen, die der VR China angegliedert ist, sowie bei vielen Hostels und Pensionen und in den meisten Reisebüros in Hongkong.

Zum Zeitpunkt der Recherche konnten EU-Bürger und Schweizer Staatsbürger am Grenzübergang Lo Wu, der letzten Station der MTR East Rail, ein Sofortvisum für etwa 150 HK$ bekommen. Mit diesem speziellen Visum ist der Aufenthalt von maximal fünf Tagen innerhalb der Grenzen der Sonderwirtschaftszone Shenzhen (SEZ; Shenzhen Special Economic Zone) gestattet. Die Schlange für dieses Visum kann schier endlos sein, darum ist es sehr empfehlenswert, etwas mehr Geld auszugeben und sich schon vor der Reise ein reguläres Visum für China zu besorgen – selbst wenn man nur nach Shenzhen möchte. Wer mindestens eine Woche Zeit hat, um sich das Visum zu besorgen, kann zum **Visabüro der Volksrepublik China** (Karte S. 338; ✆852 3413 2424 Mo-Fr 10-11 & 15-16 Uhr, Info vom Band ✆852 3413 2300; www.fmcoprc.gov.hk; 7. Stock, Lower Block, China Resources Centre, 26 Harbour Rd, Wan Chai; ⊙Mo-Fr 9-12 & 14-17 Uhr; MWan Chai, Ausgang A3) gehen. Weitere Einzelheiten finden sich auf www.fmprc.gov.cn.

benötigt. Diese bekommt man bei allen PCCW-, 7-Eleven- und Circle-K-Filialen, in Mannings-Apotheken oder Vango-Supermärkten.

Toiletten

In Hongkong gibt es eine Vielzahl öffentlicher Toiletten. Man findet sie auch in jeder MTR-Station, oft muss man aber erst danach fragen. Auch Märkte, Dörfer und Parks haben ein stilles Örtchen. Allerdings ist Toilettenpapier vielerorts Mangelware; man sollte daher immer Taschentücher dabeihaben.

Fast alle öffentlichen Toiletten sind behindertengerecht gestaltet. Wickeltische für Babys gibt's sowohl bei den Damen als auch bei den Herren.

Touristeninformation

Das **Hong Kong Tourism Board** (香港旅遊發展局; Karte S. 344; www.discoverhongkong.com; Star Ferry Concourse, Tsim Sha Tsui; ⊙8-20 Uhr; ⚓Star Ferry) hat hilfsbereite und freundliche Angestellte sowie Unmengen Infos – die meisten davon kostenlos. Einige hilfreiche Publikationen werden aber auch verkauft.

Neben dem Büro im Star Ferry Visitor Concourse, betreibt das HKTB auch Besucherinformationszentren am **Flughafen** (Karte S. 198; Chek Lap Kok; ⊙7-23 Uhr) in Halle A und B im Ankunftsbereich von Terminal 2 sowie im E2 Transferbereich; am **The Peak** (港島旅客諮詢及服務中心; Karte S. 340; www.discoverhongkong.com; Peak Piazza, The Peak; ⊙11-20 Uhr; Peak Tram) zwischen dem Peak Tower und der Peak Galleria; sowie an der Grenze zu **Festlandchina** (羅湖旅客諮詢及服務中心; 2. Stock, Ankunftshalle, Lo Wu Terminal Bldg.; ⊙8-18 Uhr).

China Travel Service hat vier Schalter am **Flughafen** (中國旅行社, CTS; ✆Kundenservice 852 2998 7333, Hotline geführte Touren 852 2998 7888; www.ctshk.com; ⊙7-22 Uhr).

Vor diesen Zentren und an mehreren anderen Orten in der Sonderverwaltungszone stehen iCyberlink-Monitore, über die man rund um die Uhr Zugang zur Website und zur Datenbank des HKTB hat.

Visa

EU-Bürger und Schweizer Staatsbürger können sich 90 Tage lang ohne Visum in der Sonderverwaltungszone Hongkong aufhalten.

Wer länger als 90 Tage in Hongkong bleiben möchte, muss vor Reiseantritt ein entsprechendes Visum beantragen. Dieses muss bei einer Auslandsvertretung Chinas in der Heimat beantragt werden (siehe www.fmprc.gov.cn/eng/wjb/zwjg).

Visumverlängerungen sind persönlich und spätestens sieben Tage vor Visumsablauf beim **Hong Kong Immigration Department** (Karte S. 338; ✆852 2824 6111; www.immd.gov.hk; 2. Stock, Immigration Tower, 7 Gloucester Rd, Wan Chai; ⊙Mo-Fr 8.45-16.30, Sa 9-11.30 Uhr; MWan Chai, Ausgang C) zu beantragen.

Abstecher aufs chinesische Festland erfordern stets ein Visum.

Weitere Infos zum Thema Visum gibt's auf www.immd.gov.hk/en/services/hk-visas/visit-transit/visit-visa-entry-permit.html.

Zeit

➔ Die Differenz zur MEZ beträgt sechs Stunden im Sommer und sieben im Winter.

➔ Hongkong hat keine Sommerzeit.

Sprache

KANTONESISCH

Die meisten Bewohner Hongkongs und aus der Umgebung sprechen Kantonesisch (Yue), eine chinesische Sprache bzw. einen chinesischen Dialekt. Kantonesisch wird mit denselben Schriftzeichen geschrieben wie Mandarin, beide Sprachen werden aber verschieden ausgesprochen.

Zur Umsetzung des Kantonesischen in lateinische Buchstaben gibt es mehrere Systeme. In diesem Kapitel verwenden wir aber eine vereinfachte, leicht verständliche Umschrift.

Aussprache

Vokale

a	wie das *a* in „Blatt"
ai	wie das *ei* in „Beil" (kurz)
au	wie das *au* in „aus"
ei	wie Englisch „pay"
i	wie das *i* in „tief"
iu	wie Englisch „you" (mit *i* am Anfang)
o	wie das *o* in „holen"
oi	wie das *eu* in „heulen"
ö	wie in „Örtchen" (kurzes, offenes ö)
öi	wie Französisch „feuille" (ö + *i*)
u	wie das *u* in „Mutter"
ui	wie Französisch „oui" (*u* + *i*)
uw	wie Englisch „blew" (kurzes, ungerundetes *u*)

Konsonanten

Im Kantonesischen kann der ng-Laut am Wortanfang auftreten. Man kann das üben, indem man beispielsweise „singen" sagt und das „si" weglässt.

Bei Wörtern, die auf p, t, und k enden, werden diese Laute „abgeschnitten" und nicht behaucht – ähnlich wie es manchmal im Englischen zu hören ist. Beim Hören kommen sie einem hinten kürzer und weniger artikuliert vor als am Wortanfang.

Viele Kantonesisch-Sprecher, vor allem jüngere, ersetzen ein „n" am Wortanfang durch ein „l" – so hört man häufig lái statt nái („du"). Wenn das bei Wörtern und Sätzen in diesem Sprachführer vorkommt, wird darauf hingewiesen.

Töne

Kantonesisch ist eine Tonsprache. Viele Wörter unterscheiden sich einzig durch die Tonhöhe, in der die Silben artikuliert werden, z. B. gwàt („ausgraben") und gwàt („Knochen"). Die Töne fallen auf die Vokale (a, e, i, o, u) und den Konsonanten n.

In unserer vereinfachten Ausspracheanleitung sind die sechs Töne, gegliedert in Hoch- und Tieftöne, angegeben. Bei Hochtönen wird die Muskulatur des Vokaltrakts angespannt, um einen höheren Ton zu erzielen, bei Tieftönen werden die Stimmbänder entspannt, um einen tieferen Ton hervorzubringen. Die Töne werden hier mit den folgenden Akzenten dargestellt:

à	hoch
á	hoch-steigend
a	mittel
à̱	tief-fallend
á̱	tief-steigend
a̱	tief

Konversation & Nützliches

Hallo.	哈佬。	hàa·ló
Auf Wiedersehen.	再見。	dschoi·gin
Wie geht es Ihnen?	你幾好啊嗎 ?	lái gái hó à maa
Danke, gut.	幾好。	gái hó
Entschuldigung. (beim Ansprechen)	對唔住。	döi·ṇg·dschuw
Entschuldigung. (wenn man vorbeigelassen werden möchte)	唔該借借。	ṇg·gòi dsche·dsche
Tut mir leid.	對唔住。	döi·ṇg·dschuw

Ja.	係 。	h<u>a</u>i
Nein.	不係 。	ǹg·h<u>a</u>i
Bitte ...	唔該...	ǹg·g<u>o</u>i...
Danke.	多謝 。	d<u>a</u>w·dsch<u>e</u>
Keine Ursache.	唔駛客氣 。	ǹg·sái haak·h<u>a</u>i

Wie heißen Sie?
你叫乜嘢名？ lái giu màt·jé méng aa

Ich heiße ...
我叫... ngáw giu ...

Sprechen Sie Englisch?
你識唔識講 lái sik·ǹg·sìk gáong
英文啊？ jing·mán aa

Ich habe Sie nicht verstanden.
我唔明 。 ngáo ǹg mìng

Essen & Ausgehen

Was empfehlen Sie?
有乜嘢好介紹 jáu màt·jé hó gaai·si<u>u</u>

Was ist in dem Gericht drin?
呢道菜有啲乜嘢？ lài d<u>o</u> tschoi jáu dì màt·jé

Das war köstlich.
真好味 。 dschàn hó·m<u>a</u>i

Zum Wohl!
乾杯！ gàon·bui

Ich hätte gern die Rechnung.
唔該我要埋單 。 ǹg·g<u>o</u>i ngáo jiu m<u>a</u>ai·d<u>a</u>an

Ich möchte gern einen Tisch für ... reservieren.	我想訂張檯，嘅 。	ngáo sòng deng dschöng tói ... ge
(acht)	(八)	(bàat)
Uhr	點鐘	dím·dschùng
(zwei) Personen	(兩)位	(lőng) wái
Ich esse kein/e/n ...	我唔吃	ngáo ǹg sik ...
Fisch	魚	júw
Nüsse	果仁	gwáo·j<u>a</u>n
Geflügel	雞鴨鵝	gài ngaap ngào
rotes Fleisch	牛羊肉	ng<u>a</u>u j<u>ö</u>ng juk

Wichtige Begriffe

Abendessen	晚飯	máan·f<u>a</u>an
Babynahrung	嬰兒食品	jìng·j<u>i</u> sik·bán
Bar	酒吧	dscháu·bàa
Café	咖啡屋	gaa·fè·ngùk
Essen	食物	sik·m<u>a</u>t
Flasche	樽	dschön
Frühstück	早餐	dschó·tschàan
Gabel	叉	tschàa

WICHTIGE SATZMUSTER

Um mit Kantonesisch durchzukommen, kann man diese Satzmuster mit den gewünschten Wörtern verbinden:

Wann findet (die nächste Tour) statt?
(下個旅遊團 (haa·gao lói·j<u>a</u>u·tùn
係)幾時？ h<u>a</u>i) gái·sì

Wo befindet sich (der Bahnhof)?
(車站)喺邊度？ (tschè·dsch<u>a</u>am) hái·bìn·d<u>o</u>

Wo kann ich (ein Vorhängeschloss kaufen)?
邊度可以 bìn·d<u>o</u> háo·jí
(買倒鎖)？ (máai dó sáo)

Haben Sie (einen Stadtplan)?
有冇(地圖)？ jáu·mó (d<u>a</u>i·tò)

Ich brauche (einen Mechaniker).
我要(個整車 ngáo jiu (gao dsching·
師傅)。 tschè sì·fú)

Ich hätte gern (ein Taxi).
我想(坐的士) 。 ngáo s`öng (tschágo dìk·sí)

Kann ich (ein Standby-Ticket bekommen)?
可唔可以(買 háo·ǹg·háo·yí (máai
張後補飛)呀？ dschòng h<u>a</u>u·bó fài) aa

Können Sie mir (das aufschreiben), bitte?
唔該你(寫落嚟)? ng·g<u>o</u>i lái (sé l<u>a</u>ok l<u>a</u>i)

Muss ich (reservieren)?
駛唔駛(定飛 sái·ǹg·sái (d<u>e</u>ng·fài
先)呀？ sìn) aa

Ich habe (eine Reservierung).
我(預定)咗 。 ngáo (juw·d<u>e</u>ng) jáo

Glas	杯	bùi
halal	清真	tsching·dschàn
Hauptgänge	主菜	dschúw·tschoi
heiß	熱	jit
Hochstuhl	高凳	gò·dang
(zu) kalt	(太)凍	(taai) dung
Kinderkarte	個小童菜單	gao siú·t<u>u</u>ng tschoi·d<u>a</u>an
koscher	猶太	j<u>a</u>u·tàai
Löffel	羮	gàng
Lokales Essen	地方小食	d<u>a</u>i·f<u>a</u>ong siú·sik
Markt	街市	gàai·sí
Messer	刀	dò
Mittagessen	午餐	ǹg·tschàan
Restaurant	酒樓	dscháu·l<u>a</u>u
Schale	碗	wún
(zu) scharf	(太)辣	(taai) l<u>a</u>at
Speisekarte (auf Englisch)	(英文)菜單	(jìng·m<u>a</u>n) tschoi·d<u>a</u>an
Supermarkt	超市	tschiù·sí

Teller	碟	díp
Vegetarisches	齋食品	dschàai si̱k·bán
Vorspeisen	涼盤	lo̱ng·pún

Fleisch & Fisch

Ente	鴨	ngaap
Fisch	魚	júw
Hühnchen	雞肉	gài·ju̱k
Lamm	羊肉	yi̱òng·ju̱k
Meeresfrüchte	海鮮	hói·sin
Rindfleisch	牛肉	nga̱u·ju̱k
Schweinefleisch	豬肉	dschùw·ju̱k

Obst & Gemüse

Ananas	菠蘿	bào·la̱o
Apfel	蘋果	pi̱ng·gwáo
Banane	香蕉	ho̱ng·dschiù
Birne	梨	lái
Gemüse	蔬菜	sào·tschoi
grüne Bohnen	扁荳	bín·da̱u
grüner Salat	生菜	sàang·tschoi
Gurke	青瓜	tschèng·gwàa
Kartoffeln	薯仔	su̱w·dschái
Kohl	白菜	ba̱ak·tschoi
Mohrrübe	紅蘿蔔	hu̱ng·la̱o·ba̱ak
Obst	水果	sói·gwáo
Orange	橙	tscháang
Pfirsich	桃	tó
Pflaume	梅	mui̱
Pilz	蘑菇	mào·gù
Sellerie	芹菜	kàn·tschoi
Spinat	菠菜	bào·tschoi
Tomate	番茄	fàan·ké
Weintrauben	葡提子	po̱·ta̱i·dschí
Zitrone	檸檬	ling·mu̱ng
Zwiebeln	洋蔥	yo̱ng·tschùng

Weitere Lebensmittel

Brot	麵包	mi̱n·bàau
Ei	蛋	dáan
Essig	醋	tscho
Kräuter/Gewürze	香料	hò̱ng·liú
Pfeffer	胡椒粉	wu̱·dschiù·fán
Pflanzenöl	菜油	tschoi·ja̱u
Reis	白飯	ba̱ak·fa̱an
Salz	鹽	ji̱m
Sojasauce	豉油	si̱·ja̱u
Zucker	砂糖	sàa·ta̱ong

Getränke

Bier	啤酒	bè·dscháu
Kaffee	咖啡	gaa·fè
Milch	牛奶	nga̱u·láai
Mineralwasser	礦泉水	kaong·tschön·sôi
Rotwein	紅葡萄酒	hu̱ng·po̱·to̱·dscháu
Saft	果汁	gwáo·dschàp
Tee	茶	tschàa
Weißwein	白葡萄酒	ba̱ak·po̱·to̱·dscháu

Notfall

Zu Hilfe!	救命！	gau·me̱ng
Gehen Sie weg!	走開！	dscháu·hòi
Ich habe mich verlaufen.	我蕩失路。	ngáo daong·sa̱k·lo̱
Ich bin krank.	我病咗。	ngáo be̱ng·dscháo

Rufen Sie einen Arzt!
快啲叫醫生！　　　　faai·dì giu jì·sàng

Rufen Sie die Polizei!
快啲叫警察！　　　　faai·dì giu gíng·tschaat

Wo sind die Toiletten?
廁所喺邊度？　　　　tschi·sáo hái bìn·do̱

Ich bin allergisch gegen…
我對…過敏。　　　　ngáo döi … gao·má̱n

Shoppen & Service

Ich hätte gern…
我想買…　　　　　　ngáo s'öng má̱ai …

Ich schaue mich nur um.
睇下。　　　　　　　tái ha̱a

Kann ich mir das ansehen?
我可唔可以睇下？　　ngáo háo·ṉg·háo·jí tái ha̱a

Wie viel kostet das?
幾多錢？　　　　　　gái·dào tschín

Das ist zu teuer.
太貴啦。　　　　　　taai gwai laa

SCHILDER

入口	Eingang
出口	Ausgang
廁所	Toiletten
男	Männer
女	Frauen

Können Sie mit dem Preis heruntergehen?		
可唔可以平啲呀？		háo·ṅg·háo·jí pèng dì aa
In der Rechnung ist ein Fehler.		
帳單錯咗。		dschöng·dàan tschao dscháo
Geldautomat	自動提款機	dschj·dụng tài·fún·gài
Kreditkarte	信用卡	sön·jụng·kàat
Internetcafé	網吧	máong·bàa
Post	郵局	jàu·gúk
Touristeninformation	旅行社	lői·hàng·sé

Uhrzeit & Datum

Wie spät ist es?	而家幾點鐘？	ji·gàa gái·dím·dschüng
Es ist (10) Uhr.	(十)點鐘。	(sạp)·dím·dschüng
Halb (11).	(十)點半。	(sạp)·dím bun
Morgen	朝早	dschiù·dschó
Nachmittag	下晝	hạa·dschau
Abend	夜晚	je·máan
gestern	寢日	kạm·jat
heute	今日	gàm·jat
morgen	听日	tịng·jat
Montag	星期一	sìng·kại·jàt
Dienstag	星期二	sìng·kại·ji
Mittwoch	星期三	sìng·kại·sàam
Donnerstag	星期四	sìng·kại·sai
Freitag	星期五	sìng·kại· ṅg
Samstag	星期 六	sìng·kại·lụk
Sonntag	星期日	sìng·kại·jat
Januar	一月	jàt·jụt
Februar	二月	ji·jụt
März	三月	sàam·jụt

FRAGEWÖRTER

Wann?	幾時？	gái·sì
Warum?	點解？	dim·gáai
Was?	乜嘢？	màt·jé
Wer?	邊個？	bìns·gao
Wie?	點樣？	dím·jŏng
Wo?	邊度？	bìn·dọ

April	四月	sai·jụt
Mai	五月	ńg·jụt
Juni	六月	lụk·jụt
Juli	七月	tschàt·jụt
August	八月	baat·jụt
September	九月	gáu·jụt
Oktober	十月	sạp·jụt
November	十一月	sạp·jàt·jụt
Dezember	十二月	sạp·ji·jụt

Unterkunft

Campingplatz	營地	jìng·dại
Pension	賓館	bàn·gún
Hostel	招待所	dschiù·dọi·sáo
Hotel	酒店	dscháu·dịm
Haben Sie ein ... Zimmer?	有冇 ... 房？	jáu·mó ... fáong
Einzel-	單人	dàan·jàn
Doppel-	雙人	sòng·jàn
Wie viel kostet es pro ...?	一...幾多錢？	jàt ... gái·dào tschín
Nacht	晚	máan
Person	個人	gao jàn
Badezimmer	沖涼房	tschüng·lòng·fáong
Bett	床	tschàong
Fenster	窗	tschöng
Klimaanlage	空調	hùng·tiụ
Liege	BB床	bị·bì tschàong

Verkehrsmittel & -wege

Öffentliche Verkehrsmittel

Boot	船	sùn
Bus	巴士	bàa·sí
Flugzeug	飛機	fài·gài
Straßenbahn	電車	dịn·tschè
Taxi	的士	dìk·sí
Zug	火車	fáo·tschè
Wann fährt der ... (Bus)?	...(巴士)幾點開？	...(bàa·sí) gái dím hòi
erste	頭班	tạu·bàan
letzte	尾班	mái·bàan
nächste	下一班	hạa·jàt·bàan

Eine ... Fahrkarte nach (Panyu), bitte.	一張去（番禺）嘅 ...飛 。	jàt dschòhng höi (pùn·jù) ge ... fài
1. Klasse	頭等	tàu·dáng
2. Klasse	二等	ji·dáng
einfache	單程	dàan·tsching
Hin- & Rück-	雙程	sòng·tsching

Wann ist Abfahrt?
幾點鐘出發？ gái·dím dschùng tschöt·faa

Hält er in/an ...?
會唔會喺 ...停呀？ wui̱·ṉg·wui̱ hái ... ti̱ng aa

Wann kommt er in ... an?
幾點鐘到...？ gái·dím dschùng do ...

Was ist die nächste Haltestelle?
下個站 叫乜名？ haa·gao dschaam giu màt méng

Ich möchte gerne in/an ... aussteigen
我要喺... 落車 。 ngáo jiu hái ... la̱ok·tschè

Bitte sagen sie mir Bescheid, wenn wir in/an ... sind
到...嘅時候， 唔該叫聲我 do ... ge si̱·ha̱u ṉg·gòi giu sèng ngáo

Bitte halten Sie hier.
唔該落車 。 ṉg·gòi la̱ok·tschè

abgesagt	取消	tschói·siù
Bahnhof	火車站	fó·tschè·dschaam
Bahnsteig	月台	yút·tòi
Fahrplan	時間表	si̱·gaan·biú
Fenster	窗口	tschöng·háu
Gang	路邊	lo·bin
Ticketschalter	售票處	sa̱u·piu·tschu
verspätet	押後	ngaat·ha̱u

Auto & Motorrad

Ich würde gerne ein/einen ... mieten.	我想租架...	ngáo sóng dschò gaa ...
Auto	車	tschè
Fahrrad	單車	dàan·tschè
Geländewagen	4WD	fào·wiù·dschàai·fù
Motorrad	電單車	di̱n·dàan·tschè

Babysitz	BB座	bi̱·bì dscha̱o
Benzin	汽油	hai·jàu
Diesel	柴油	tschàai·jàu
Mechaniker	修車師傅	sa̱u·tschè si̱·fú
Sturzhelm	頭盔	tá̱u·kwài
Tankstelle	加油站	gàa·jàu·dschàam

ZAHLEN

1	一	jà
2	二	ji̱
3	三	sàam
4	四	sai
5	五	ṉg
6	六	lu̱k
7	七	tschàt
8	八	baat
9	九	gáu
10	十	sa̱p
20	二十	ji̱·sa̱p
30	三十	sàam·sa̱p
40	四十	sai·sa̱p
50	五十	ṉg·sa̱p
60	六十	lu̱k·sa̱p
70	七十	tschàt·sa̱p
80	八十	baat·sa̱p
90	九十	gáu·sa̱p
100	一百	jàt·baak
1000	一千	jàt·tschìn

Ist das die Straße nach ...?
呢條路係唔係去 ...喋？ lài tiu̱ lo̱ hai̱· ṉg·hai̱ höi ... gaa

Kann ich hier parken?
呢度泊唔得 車喋？ lài·do̱ paak·ṉg·paak·dàk tschè gaa

Wie lange kann ich hier parken?
我喺呢度可以 停幾耐？ ngáo hái lài·do̱ háo·jí ti̱ng gái·loi̱

Wo ist der Fahrradparkplatz?
喺邊度停單車？ hái·bìn·do̱ ting dàan·tschè

Das Auto/Motorrad hat eine Panne bei ...
架車/電單車 係...壞咗 。 gaa tschè/di̱n·dàan·tschè hái ... wa̱i dscháo

Der Reifen ist geplatzt.
我爆咗肽 。 ngáo baau·dscháo tàai

Der Tank ist leer.
我冇晒油 。 ngáo mó saai jáu

Ich will mein Fahrrad reparieren lassen.
我想修呢架車 。 ngáo sóng sa̱u lài gaa tschè

Wegbeschreibungen

Wo befindet sich ...?
...喺邊 度？ ... hái bìn·do̱

Wie ist die Adresse?
地址係？ da̱i·dschí hai̱

hinter	後面	hau·min
links	左邊	jáo·bìn
nahe ...	...附近	...fu·gan
neben ...	...旁邊	...pàong·bìn
an der Ecke	十字路口	sap·dschi·lo·háu
gegenüber	對面	döi·min
rechts	右邊	yau·bìn
geradeaus	前面	tschìn·min
Ampel	紅綠燈	hùng·luk·dàng

ENGLISCH

In Hongkong ist Englisch neben dem Kantonesischen Amtssprache, sodass man mit ein wenig Kenntnis der Sprache weit kommt. Englisch ist ohnehin die am weitesten verbreitete Sprache der Welt (wenn's auch nur den zweiten Platz für die am meisten gesprochene Muttersprache gibt – Chinesisch ist die Nr. 1).

Und selbst die, die nie Englisch gelernt haben, kennen durch Musik oder Anglizismen in Technik und Werbung auch ein paar Wörter. Ein paar Brocken mehr zu lernen, um beim Smalltalk zu glänzen, ist nicht schwer. Hier sind die wichtigsten Wörter und Wendungen für die fast perfekte Konversation in fast allen Lebenslagen aufgelistet:

Konversation & Nützliches

Wer einen Fremden nach etwas fragt, sollte die Frage oder Bitte mit einer höflichen Entschuldigung einleiten („Excuse me, ...").

Hallo.	Hello.
Guten ...	Good ...
Tag	day
Tag (nachmittags)	afternoon
Morgen	morning
Abend	evening
Auf Wiedersehen.	Goodbye.
Bis später.	See you later.
Tschüss.	Bye.
Wie geht es Ihnen/dir?	How are you?
Danke, gut.	Fine. And you?
Und Ihnen/dir?	... and you?

NOCH MEHR GEFÄLLIG?

Noch besser kommt man mit dem *Sprachführer Englisch* von Lonely Planet durch Hongkong. Man findet den Titel unter **http://shop.lonelyplanet.de** und im Buchhandel.

Wie ist Ihr Name?/ Wie heißt du?	What's your name?
Mein Name ist ...	My name is ...
Wo kommen Sie her?/ Wo kommst du her?	Where do you come from?
Ich komme aus ...	I'm from ...
Wie lange bleiben Sie/ bleibst du hier?	How long do you stay here?
Ja.	Yes.
Nein.	No.
Bitte.	Please.
Danke/Vielen Dank.	Thank you (very much).
Bitte (sehr).	You're welcome.
Entschuldigen Sie, ...	Excuse me, ...
Entschuldigung.	Sorry.
Es tut mir leid.	I'm sorry.
Verstehen Sie (mich)?	Do you understand (me)?
Ich verstehe (nicht).	I (don't) understand.
Könnten Sie ...?	Could you please ...?
bitte langsamer sprechen	speak more slowly
das wiederholen	repeat that
das aufschreiben	write it down

Fragewörter

Wer?	Who?
Was?	What?
Wo?	Where?
Wann?	When?
Wie?	How?
Warum?	Why?
Welcher?	Which?
Wie viel/viele?	How much/many?

Gesundheit

Wo ist der/die/das nächste ...?
Where's the nearest ...?

Apotheke	chemist
Arzt	doctor
Krankenhaus	hospital
Zahnarzt	dentist

Ich brauche einen Arzt.
I need a doctor.

Gibt es in der Nähe eine (Nacht-)Apotheke?
Is there a (night) chemist nearby?

Ich bin krank.	I'm sick.
Es tut hier weh.	It hurts here.
Ich habe mich übergeben.	I've been vomiting.
Ich habe ...	I have ...
Durchfall	diarrhoea
Fieber	fever
Kopfschmerzen	headache
(Ich glaube,) Ich bin schwanger.	(I think) I'm pregnant.
Ich bin allergisch gegen ...	I'm allergic to ...
Antibiotika	antibiotics
Aspirin	aspirin
Penizillin	penicillin

Mit Kindern reisen

Ich brauche ...	I need a/an ...
Gibt es ...?	Is there a/an ...?
einen Babysitter	babysitter
eine Kinderkarte	children's menu
einen Kindersitz	booster seat
einen Kinderstuhl	highchair
einen Kinderwagen	stroller
einen Wickelraum	baby change room
ein Töpfchen	potty
(Einweg-)Windeln	(disposable) nappies

Stört es Sie, wenn ich mein Baby hier stille?
Do you mind if I breastfeed here?

Sind Kinder zugelassen?
Are children allowed?

Notfall

Hilfe!	Help!
Es ist ein Notfall!	It's an emergency!
Rufen Sie die Polizei!	Call the police!
Rufen Sie einen Arzt!	Call a doctor!
Rufen Sie einen Krankenwagen!	Call an ambulance!
Lassen Sie mich in Ruhe!	Leave me alone!
Gehen Sie weg!	Go away!

Papierkram

Name	name
Staatsangehörigkeit	nationality
Geburtsdatum/-ort	date/place of birth
Geschlecht	sex/gender
(Reise-)Pass	passport
Visum	visa

Shoppen & Service

Ich suche ...
I'm looking for ...

Wo ist der/die/das (nächste) ...?
Where's the (nearest) ...?

Wo kann ich ... kaufen?
Where can I buy ...?

Ich möchte ... kaufen.
I'd like to buy ...

Wie viel (kostet das)?
How much (is this)?

Das ist zu viel/zu teuer.
That's too much/too expensive.

Können Sie mit dem Preis heruntergehen?
Can you lower the price?

Ich schaue mich nur um.
I'm just looking.

Haben Sie noch andere?
Do you have any others?

Können Sie ihn/sie/es mir zeigen?
Can I look at it?

mehr	more
weniger	less
kleiner	smaller
größer	bigger
Nehmen Sie ...?	Do you accept ...?
Kreditkarten	credit cards
Reiseschecks	traveller's cheques
Ich möchte ...	I'd like to ...
Geld umtauschen	change money
Reiseschecks einlösen	change traveller's cheques
Ich suche ...	I'm looking for ...
einen Arzt	a doctor
eine Bank	a bank
die ... Botschaft	the ... embassy
einen Geldautomaten	an ATM
das Krankenhaus	the hospital
den Markt	the market
ein öffentliches Telefon	a public phone
eine öffentliche Toilette	a public toilet

die Polizei	*the police*
das Postamt	*the post office*
die Touristeninformation	*the tourist information*
eine Wechselstube	*an exchange office*

Wann macht er/sie/es auf/zu?
What time does it open/close?

Ich möchte eine Telefonkarte kaufen.
I want to buy a phone card.

Wo ist hier ein Internetcafé?
Where's the local Internet cafe?

Ich möchte ...	*I'd like to ...*
ins Internet	*get Internet access*
meine E-Mails checken	*check my email*

Uhrzeit & Datum

Wie spät ist es?	*What time is it?*
Es ist (ein) Uhr.	*It's (one) o'clock.*
Zwanzig nach eins	*Twenty past one*
Halb zwei	*Half past one*
Viertel vor eins	*Quarter to one*
morgens/vormittags	*am*
nachmittags/abends	*pm*

jetzt	*now*
heute	*today*
heute Abend	*tonight*
morgen	*tomorrow*
gestern	*yesterday*
Morgen	*morning*
Nachmittag	*afternoon*
Abend	*evening*

Montag	*Monday*
Dienstag	*Tuesday*
Mittwoch	*Wednesday*
Donnerstag	*Thursday*
Freitag	*Friday*
Samstag	*Saturday*
Sonntag	*Sunday*

Januar	*January*
Februar	*February*
März	*March*
April	*April*
Mai	*May*
Juni	*June*
Juli	*July*
August	*August*
September	*September*
Oktober	*October*
November	*November*
Dezember	*December*

Unterkunft

Wo ist ...?	*Where's a ...?*
eine Pension	*bed and breakfast guesthouse*
ein Campingplatz	*camping ground*
ein Hotel/Gasthof	*hotel*
ein Privatzimmer	*room in a private home*
eine Jugendherberge	*youth hostel*

Wie ist die Adresse?
What's the address?

Ich möchte bitte ein Zimmer reservieren.
I'd like to book a room, please.

Für (drei) Nächte/Wochen.
For (three) nights/weeks.

Haben Sie ein ...?	*Do you have a ... room?*
Einzelzimmer	*single*
Doppelzimmer	*double*
Zweibettzimmer	*twin*

Wieviel kostet es pro Nacht/Person?
How much is it per night/person?

Kann ich es sehen?
May I see it?

Kann ich ein anderes Zimmer bekommen?
Can I get another room?

Es ist gut, ich nehme es.
It's fine. I'll take it.

Ich reise jetzt ab.
I'm leaving now.

Verkehrsmittel & -Wege

Wann fährt ... ab?
What time does the ... leave?

das Boot/Schiff	*boat/ship*
die Fähre	*ferry*
der Bus	*bus*
der Zug	*train*

Wann fährt der ... Bus?
What time's the ... bus?

erste	first
letzte	last
nächste	next

Wo ist der nächste U-Bahnhof?
Where's the nearest metro station?

Welcher Bus fährt nach ...?
Which bus goes to ...?

Straßenbahn	tram
Straßenbahnhaltestelle	tram stop
S-Bahn	suburban (train) line
U-Bahn	metro
(U-)Bahnhof	(metro) station

Eine ... nach (Kowloon).
A ... to (Kowloon).

einfache Fahrkarte	one-way ticket
Rückfahrkarte	return ticket
Fahrkarte 1. Klasse	1st-class ticket
Fahrkarte 2. Klasse	2nd-class ticket

Der Zug wurde gestrichen.
The train is cancelled.

Der Zug hat Verspätung.
The train is delayed.

Ist dieser Platz frei?
Is this seat free?

Muss ich umsteigen?
Do I need to change trains?

Sind Sie frei?
Are you free?

Was kostet es bis ...?
How much is it to ...?

Bitte bringen Sie mich zu (dieser Adresse).
Please take me to (this address).

Wo kann ich ein ... mieten?
Where can I hire a/an ...?

Ich möchte ein ... mieten.
I'd like to hire a/an ...

Auto	car
Fahrrad	bicycle
Fahrzeug mit Automatik	automatic
Fahrzeug mit Schaltung	manual
Geländewagen	4WD
Motorrad	motorbike

Wieviel kostet es pro Tag/Woche?
How much is it per day/week?

Wo ist eine Tankstelle?
Where's a petrol station?

Benzin	petrol
Diesel	diesel
Bleifreies Benzin	unleaded

Führt diese Straße nach ...?
Does this road go to ...?

Wo muss ich bezahlen?
Where do I pay?

Ich brauche einen Mechaniker.
I need a mechanic.

Das Auto hat eine Panne.
The car has broken down.

Ich habe einen Platten.
I have a flat tyre.

Das Auto/Motorrad springt nicht an.
The car/motorbike won't start.

Ich habe kein Benzin mehr.
I've run out of petrol.

Wegweiser

Können Sie mir bitte helfen?
Could you help me, please?

Ich habe mich verirrt.
I'm lost.

Wo ist (eine Bank)?
Where's (a bank)?

In welcher Richtung ist (eine öffentliche Toilette)?
Which way's (a public toilet)?

Wie kann ich da hinkommen?
How can I get there?

Wie weit ist es?
How far is it?

Können Sie es mir (auf der Karte) zeigen?
Can you show me (on the map)?

links	left
rechts	right
nahe	near
weit weg	far away
hier	here
dort	there
an der Ecke	on the corner
geradeaus	straight ahead
gegenüber ...	opposite ...
neben ...	next to ...

hinter ...	*behind ...*	11	*eleven*
vor ...	*in front of ...*	12	*twelve*
		13	*thirteen*
Norden	*north*	14	*fourteen*
Süden	*south*	15	*fifteen*
Osten	*east*	16	*sixteen*
Westen	*west*	17	*seventeen*
		18	*eighteen*
Biegen Sie ... ab.	*Turn ...*	19	*nineteen*
links/rechts	*left/right*	20	*twenty*
an der nächsten Ecke	*at the next corner*	21	*twentyone*
bei der Ampel	*at the traffic lights*	22	*twentytwo*

Zahlen

0	*zero*	23	*twentythree*
1	*one*	24	*twentyfour*
2	*two*	25	*twentyfive*
3	*three*	30	*thirty*
4	*four*	40	*fourty*
5	*five*	50	*fifty*
6	*six*	60	*sixty*
7	*seven*	70	*seventy*
8	*eight*	80	*eigthy*
9	*nine*	90	*ninety*
10	*ten*	100	*hundred*
		1000	*thousand*
		2000	*two thousand*
		100 000	*hundred thousand*

GLOSSAR

Arhat – Buddhistischer Heiliger, der sich aus dem Kreislauf von Tod und Wiedergeburt befreit hat

Bodhisattva – Buddhistisches Streben nach Erleuchtung

cha chaan tang – lokale Teestuben, in denen westliche Getränke und Snacks und/oder chinesische Gerichte angeboten werden

cheongsam – modisches, eng sitzendes chinesisches Kleid mit einem Schlitz an der Seite (*qípáo* auf Mandarin)

dai pai dong – Imbissstand unter freiem Himmel. Sie sind vor allem abends gut besucht, verschwinden aber immer mehr aus dem Stadtbild Hongkongs.

dim sum – wörtlich „das Herz anrühren"; ein kantonesisches Mahl aus Häppchen, die zum Frühstück, Brunch oder Mittagessen gegessen werden. In Restaurants kommen sie auf Servierwagen mit Warmhaltevorrichtung; s. auch *yum cha*

Drachenboot – langes, schmales Ruderboot in Form eines Drachens; kommt während der Rennen beim Drachenbootfest zum Einsatz

Dschunke – ursprünglich chinesische Fischer- oder Kriegsboote mit quadratischem Segel; heute hölzerne Freizeitjachten mit Dieselmotor, zu sehen im Victoria Harbour

feng shui – Die Mandarin-Schreibung für Kantonesisch *fung sui*, was „Wind Wasser" bedeutet; die chinesische Kunst der Geomantie, die darauf abzielt, die Umwelt nach Glück verheißenden Anzeichen zu analysieren oder solche in ihr künstlich zu schaffen

Hakka – eine chinesische Ethnie mit einer eigenen, sich vom Kantonesischen unterscheidenden chinesischen Sprache. Manche Hakka leben in den New Territories immer noch ein traditionelles, bäuerliches Leben.

hell money – „Höllengeld"; falsche Geldscheine, die als Opfergaben für die Seelen der Verstorbenen verbrannt werden

HKTB – Hong Kong Tourism Board, die Tourismusbehörde der Sonderverwaltungszone Hongkong

kaido – kleines bis mittelgroßes Fährboot, das kurze Fahrten ins offene Meer unternimmt und normalerweise für außerplanmäßige Fahrten zwischen kleinen Inseln und Fischerdörfern eingesetzt wird; manchmal auch *kaito* geschrieben

Kung Fu – die Grundlage verschiedener asiatischer Kampfkunstformen

Mah-Jongg – beliebtes chinesisches Gesellschaftsspiel für vier Personen, benutzt werden Spielsteine mit chinesischen Schriftzeichen

MTR – Mass Transit Railway, die Hongkonger Schnellbahnen

nullah – nur in Hongkong gebräuchliches Wort für einen Rinnstein oder ein Abflussrohr, kommt gelegentlich in Ortsnamen vor

Punti – die ersten kantonesischsprachigen Siedler in Hongkong

sampan – motorisierte Barkasse, die nur wenigen Passagieren Platz bietet und für Fahrten in die offene See zu klein ist; wird meist für Transporte innerhalb des Hafens verwendet

SAR – „Special Administrative Region of China"; Sonderverwaltungszone der Volksrepublik China; sowohl Hongkong als auch Macao sind heute Sonderverwaltungszonen mit weitgehender Autonomie

SARS – Severe Acute Respiratory Syndrome; offizielle Bezeichnung der Vogelgrippe

si yau sai chaan – „Soy Sauce Western"; ein in den 1950er-Jahren entstandener Kochstil, bei dem westliche Gerichte unterschiedlicher Herkunft auf chinesische Art zubereitet werden

Tai Chi – die chinesische Kunst des langsamen Schattenboxens

tai tai – jede verheiratete Frau, insbesondere aber die nicht berufstätige Frau eines Geschäftsmannes

Tanka – chinesische Volksgruppe, deren Angehörige traditionellerweise auf Booten leben

Triaden – chinesische Geheimgesellschaften, die ursprünglich als patriotische Vereinigungen zum Schutz der chinesischen Kultur angesichts der Usurpation der Mandschu gegründet wurden; heute das Hongkonger Äquivalent für die Mafia

wan – Bucht

wet market – Nassmarkt; ein Freiluftmarkt, auf dem Obst, Gemüse, Fisch und Fleisch – also allgemein Frisches, Verderbliches – verkauft werden

yum cha – wörtlich „Tee trinken"; gebräuchlicher kantonesischer Ausdruck für *dim sum*

KÜCHENGLOSSAR

Fisch & Meeresfrüchte

baau·ju	鮑魚	Seeohr
daai·haa	大蝦	Garnele
haa	蝦	Shrimp
ho	蠔	Auster
jau·ju	魷魚	Tintenfisch
ju	魚	Fisch
ju daan	魚蛋	Fischbällchen, normalerweise aus Hecht
ju tschi	魚翅	Haifischflosse
lung haa	龍蝦	Steinhummer

Fleisch & Geflügel

dschu sau	豬手	Schweinehaxe
dschu·juk	豬肉	Schweinefleisch
gai	雞	Hühnchen
ju dschu	乳豬	Spanferkel
ngaap	鴨	Ente
ngao	鵝	Gans
ngau juk	牛肉	Rindfleisch
paai guat	排骨	Schweinerippchen

Gebäck

bo lo baau	菠蘿包	Ananasbrötchen
gai mei baau	雞尾包	Cocktailbrötchen

Reis- & Nudelgerichte

baak·faan	白飯	gedämpfter weißer Reis
dschuk	粥	Congee
faan	飯	Reis
fan·si	粉絲	Glasnudeln
hao·fan	河粉	weiße breite Reisnudeln, meist gebraten
jau·dschaa·gwai	油炸鬼	„Teufelsschwänze": gerollter, in Öl frittierter Teig
min	麵	Nudeln
sin·haa haa wan·tan	鮮蝦餛飩	Wan Tan mit Garnelen
tschau faan	炒飯	gebratener Reis
tschaau·min	炒麵	gebratene Nudeln
wan·tan min	餛飩麵	Wan-Tan-Nudelsuppe

Saucen

gaai laat	芥辣	scharfer Senf
ho jau	蠔油	Austernsauce
laat dschiu dschöng	辣椒醬	Chilisauce
si jau	豉油	Sojasauce

Suppen

aai juk suk mai gang	蟹肉粟米羹	Krabben-Mais-Suppe
baak·tschoi taong	白菜湯	chinesische Kohlsuppe
daan faa taong	蛋花湯	„Eierblumensuppe": leichte Brühe mit hineingegebenem rohem Ei
dung·gwaa taong	冬瓜湯	Wintermelonensuppe
jin wao gang	燕窩羹	Schwalbennestsuppe
juw·tschi taong	魚翅湯	Haifischflossensuppe
wan·tan taong	餛飩湯	Wan-Tan-Suppe

Vegetarische Gerichte

gai lo mai	雞滷味	Gericht, das wie Hühnchen, gegrilltes Schweinefleisch oder gebratene Ente schmecken soll
gam gu sun dschim	金菇筍尖	geschmorte Bambussprossen und Shiitake-Pilze
lao hon dschaai	羅漢齋	geschmortes gemischtes Gemüse
lao hon dschaai ji min	羅漢齋伊麵	gebratene Nudeln mit geschmortem Gemüse

| tschun guwn | 春卷 | vegetarische Frühlingsrollen |

Kantonesische Gerichte

baak tschök haa	白灼蝦	gedünstete Garnelen mit Dips
dschaa dschi gai	炸子雞	knusprig gebratenes Huhn
dschiu jim jau·juw	椒鹽魷魚	ohne Flüssigkeit angebratener Tintenfisch mit Salz und Pfeffer
göng tschung tschaau haai	薑蔥炒蟹	gedünsteter Krebs mit Ingwer und Frühlingszwiebeln
haai juk paa dau miu	蟹肉扒豆苗	sautierte Erbsensprossen mit Krabben
ho jau tschoi sam	蠔油菜心	*choisum* mit Austernsauce
ho jau ngau juk	蠔油牛肉	frittierte Rippchen mit grobem Salz und Pfeffer
jìm guk gai	鹽焗雞	Huhn, in Salz gebacken auf Hakka-Art
mui tschoi kau juk	霉菜扣肉	zweimal gegartes Schweinefleisch mit Kohl
sai laan faa daai dschi	西蘭花帶子	kurz gebratener Brokkoli mit Jakobsmuscheln
siu juw dschu	燒乳豬	gebratenes Ferkel
siu juw gaap	燒乳鴿	gebratene Taube
siu ngaap	燒鴨	gebratene Ente
tschaa siu	叉燒	Schweinebraten
tsching dsching ju	清蒸魚	gedämpfter Fisch mit Frühlingszwiebeln, Ingwer und Sojasauce
tsching tschaau gaai laan	清炒芥蘭	kurz gebratener Kai-lan (chinesischer Brokkoli)

Dim Sum

fan gwao	粉果	gedämpfte Klöße mit Shrimps und Bambussprossen
fu pai guwn	腐皮卷	knusprige Tofu-Rollen
fung dschaau	鳳爪	gebratene Hühnerfüße
haa gaau	蝦餃	gedämpfte Shrimps-Klöße
lao mai gai	糯米雞	Duftreis im Lotusblatt
paai gwat	排骨	kleine geschmorte Rippchen mit schwarzen Bohnen
saan dschuk ngau juk	山竹牛肉	gedünstete Bällchen aus Rinderhackfleisch
siu maai	燒賣	gedünstete Klöße aus Schweinefleisch und Shrimps
tschaa siu baau	叉燒包	gegrillte Brötchen mit gedünstetem Schweinefleisch
tsching tschaau si tschoi	清炒時菜	gebratenes grünes Gemüse der Saison
tschiu dschau fan gwao	潮州粉果	gedämpfte Klöße Klöße mit Schweinefleisch, Erdnüssen und Koriander
tschöng fan	腸粉	gedämpfte Reismehltaschen, gefüllt mit Shrimps, Rind- oder Schweinefleisch
tschun guwn	春卷	gebratene Frühlingsrollen

Chaozhou-Gerichte

bing faa gwun jin	冰花官燕	kalte, süße Schwalbennestsuppe (Dessert)
dschin ho beng	煎蠔餅	Austernomelette
dung dsching haai	凍蒸蟹	kalt servierter gedünsteter Krebs
sek lau gai	石榴雞	gedämpfte Eiweißtaschen mit Hühnchenfleischfüllung
tim·suwn hung·siu haa/haai kau	甜酸紅燒蝦蟹球	Garnelen-/Krabbenbällchen mit süßem Dip

tschiu dschau ju tong	潮州魚湯	würzige Fischsuppe
tschiu dschau ji min	潮州伊麵	pfannengebratene Eiernudeln mit Schnittlauch
tschiu dshau lo söi ngao	潮州滷水鵝	geschmorte Gans auf Chaozhou-Art

Nordchinesische Gerichte

bak-ging tin ngaap	北京填鴨	Pekingente
gaau-dschi	餃子	Klöße
gon tschaau ngau juk si	乾炒牛肉絲	getrocknetes Rinderhack mit Chilisauce
haau jöng-juk	烤羊肉	gebratenes Lammfleisch
suwn laat tong	酸辣湯	Sauer-scharfe Suppe mit Schweinehackfleisch (manchmal auch mit geronnenem Schweineblut)
tschong baau jöng juk	蔥爆羊肉	Lammstreifen mit Zwiebeln auf heißer Platte

Gerichte aus Shanghai

baat bo faan	八寶飯	gedämpfter oder kurz gebratener Klebreis mit „acht Kostbarkeiten" (Dessert)
daai dschaap haai	大閘蟹	Wollhandkrabbe (Gericht für Herbst und Winter)
dschöi gai	醉雞	„betrunkenes Hühnchen"
fu gwai gai/ hat ji gai	富貴雞/ 乞丐雞	„Bettlerhuhn": teilweise entbeintes Huhn, gefüllt mit Schweinefleisch, eingelegtem Chinakohl, Zwiebeln, Pilzen, Ingwer und Gewürzen, eingewickelt in Lotusblätter und unter feuchtem Lehm oder Teig in heißer Asche gegart
gon dschin sai gwai dau	乾煎四季豆	kurz gebratene Stangenbohnen
hung-siu si-dschi-tau	紅燒獅子頭	geschmorte „Löwenkopf"-Bällchen: übergroße Bällchen aus Schweinefleisch
lung dscheng haa jan	龍井蝦仁	Shrimps mit „Drachenbrunnen"- Teeblättern
siu lung baau	小籠包	gedünstete Schweinehackbällchen
söng-hoi tscho tschaau	上海粗炒	gebratene Nudeln auf Shanghai-Art mit Schweinefleisch und Kohl
tschong jau beng	蔥油餅	pfannengebratener Frühlingszwiebelkuchen
tschung-dschi wong juw	松子黃魚	gelber Umberfisch, süßsauer, mit Pinienkernen

Gerichte aus Sichuan

daam daam min	擔擔麵	Nudeln in würziger Sauce
dschöng tschaa haau ngaap	樟茶烤鴨	über Kampferholz geräucherte Ente
gong baau gai ding	宮爆雞丁	sautierte Hühnchenteile mit Erdnuss in süßer Chilisauce
juw höng ke dschi	魚香茄子	sautierte Aubergine, pikant
maa ngai söng suw	螞蟻上樹	„Ameisen, die den Baum hinaufklettern": geschmorte Glasnudeln mit Schweinehack
maa paw dau fu	麻婆豆腐	geschmorter Tofu mit Schweiehackfleisch und Chili
sai-tschuwn ming haa	四川明蝦	Garnelen mit Chili auf Sichuan-Art
tsching dschiu ngau jok si	青椒牛肉絲	sautiertes Rinderhackfleisch mit grünem Pfeffer
wui gwao juk	回鍋肉	geschmorte Schweinefleischstreifen mit Chili

Hinter den Kulissen

WIR FREUEN UNS ÜBER EIN FEEDBACK

Post von Travellern zu bekommen, ist für uns ungemein hilfreich – Kritik und Anregungen halten uns auf dem Laufenden und helfen, unsere Bücher zu verbessern. Unser reiseerfahrenes Team liest alle Zuschriften ganz genau durch, um zu erfahren, was an unseren Reiseführern gut und was schlecht ist. Wir können solche Post zwar nicht individuell beantworten, aber jedes Feedback wird garantiert schnurstracks an die jeweiligen Autoren weitergeleitet, rechtzeitig vor der nächsten Auflage.

Wer Ideen, Erfahrungen und Korrekturhinweise zum Reiseführer mitteilen möchte, hat die Möglichkeit dazu auf **www.lonelyplanet.com/contact/guidebook_feedback/new**. Anmerkungen speziell zur deutschen Ausgabe erreichen uns über **www.lonelyplanet.de/kontakt**.

Hinweis: Da wir Beiträge möglicherweise in Lonely Planet Produkten (z. B. Reiseführer, Websites, digitale Medien) veröffentlichen, gegebenenfalls auch in gekürzter Form, bitten wir um Mitteilung, falls ein Kommentar nicht veröffentlicht oder ein Name nicht genannt werden soll. Wer Näheres über unsere Datenschutzpolitik wissen will, erfährt das unter www.lonelyplanet.com/privacy.

DANK VON LONELY PLANET

Vielen Dank den Reisenden, die uns nach der letzten Auflage des Reiseführers hilfreiche Hinweise, nützliche Ratschläge und interessante Anekdoten schickten: Carl Möller, Dan Nelson, Dan Stevens, Daniëlle Wolbers, David Moffett, Graeme Swaddle, James Cowcher, Kathryn Rosie, Kirsten Hansen, Kiwi Wong, Peter Allen

DANK DER AUTOREN
Emily Matchar

Ich danke Megan Eaves und dem restlichen Team von Lonely Planet für die tolle Arbeit. Dank für die Unterstützung geht auch an das Hong Kong Tourism Board sowie das Macau Government Tourism Office. Danke auch an Marie Kobler für ihre hilfreichen Vorschläge zu Lamma und an Michael Johnson für seine fundierten Restauranttipps. Ich danke natürlich auch meinem Ehemann, Jamin Asay, der mich in so viele Restaurants, Bars und Hotels begleitet hat.

Piera Chen

Ich danke dem Team von Lonely Planet und meinen Freunden Janine Cheung und Yuen Ching-sum für ihre großzügige Hilfe. Dank auch an meinen Ehemann Sze Pang-cheung und meine Tochter Clio für ihre Geduld und ihre wunderbare Unterstützung.

QUELLENNACHWEIS

Titelfoto: Traditionelle chinesische Dschunke im Victoria Harbour, Hongkong, Comezora/Getty ©

ÜBER DIESES BUCH

Dies ist die 5. deutschsprachige Auflage von *Hongkong*, basierend auf der mittlerweile 17. englischsprachigen Auflage von *Hong Kong*, recherchiert und geschrieben von Emily Matchar und Piera Chen, die auch die vorherige Ausgabe schrieben. Die 15. Ausgabe wurde von Piera Chen und Chung Wah Chow verfasst. Dieser Reiseführer wurde von folgendem Team betreut:

Reisezielredakteurin
Megan Eaves

Projektredakteurinnen
Kate Mathews, Susan Paterson

Leitung der Kartografie
Julie Sheridan

Layoutgestaltung
Virginia Moreno, Wendy Wright

Redaktionsassistenz Judith Bamber, Kate Chapman, Pete Cruttenden, Grace Dobell, Samantha Forge, Helen Koehne, Lauren O'Connell, Simon Williamson

Umschlagrecherche
Naomi Parker

Dank an Cheree Broughton, Jennifer Carey, Neill Coen, Daniel Corbett, Jane Grisman, Liz Heynes, Andi Jones, Lauren Keith, Claire Naylor, Karyn Noble, Ellie Simpson, Maureen Wheeler

# Register

Siehe auch die gesonderten Register für:

- **AUSGEHEN & NACHTLEBEN S. 321**
- **ESSEN S. 322**
- **SHOPPEN S. 323**
- **SPORT & AKTIVITÄTEN S. 324**
- **UNTERHALTUNG S. 324**
- **UNTERKUNFT S. 325**

10 000 Buddhas Monastery 182

A
Aberdeen 69, **342**
  An- & Weiterreise 131
  Ausgehen & Nachtleben 131
  Essen 131, 134
  Highlights 130, **130**
  Sehenswertes 132
  Shoppen 131
  Unterkunft 240, 245
Aberdeen Promenade 132
Aberdeen Wholesale Fish Market 132
Aberglaube 113
Admiralty 69, **336**
  Ausgehen & Nachtleben 122
  Essen 116
  Sehenswertes 109, 110
  Shoppen 125
AFA (Art for All Society) (Macao) 221
Aktivitäten 29; siehe auch gesondertes Register Sport & Aktivitäten, einzelne Stadtviertel, einzelne Aktivitäten
Albergue SCM (Macao) 217
Alte Polizeistation von Tai O 202
Alter protestantischer Friedhof (Macao) 222
Amah Rock 183
A-Ma-Statue & -Tempel (Macao) 233
A-Ma Temple (Macao) 224
Anreise 19
Antiquitäten 57, 60
Antoniuskirche (Macao) 222

Sehenswertes
Kartenverweise **000**
Fotoverweise **000**

An- & Weiterreise 19, 284
AO Vertical Art Space 115
Ap Lei Chau 38, 69, 137
Architektur 277
  Chinesisch 28
  Kolonial 28, 279
  Traditionell chinesisch 278
  Zeitgenössisch 279
Art Basel 30
Artify 116
Asia Society Hong Kong Centre 110
Astropark 188
Augustinuskirche (Macao) 217
Ausblicke 52
Ausgehen & Nachtleben 50; siehe auch gesondertes Register Ausgehen & Nachtleben, einzelne Stadtviertel
  Bier 17
  Happy Hours 51
  Öffnungszeiten 51
  Preise 51
  Sprache 303
  Tee 38
  Weinbars 50, 53
  Whiskybars 50, 53
Aussichtspunkte 26
Auto, Reisen mit dem 284, 286
Avenida da República (Macao) 223
Avenue of Stars 55, 147, **274**

B
Bank of China Tower 75
Behinderung, Reisen mit 299
Bestattungsrituale 281
Béthanie 132
Bevölkerung 253
Bibliothek Coloane (Macao) 233
Bibliothek Sir Robert Ho Tung (Macao) 212

Bier 17
Big Buddha 12, **12**, 191
Big Wave Bay 134
Blue House 110
Bootsfahrten 286, 288
  Macao 290
  Star Ferry 7, **7**, 35, 73, **73**, 292
  Touren 138, 166, 205, 292
Botschaften & Konsulate 294
Britische Kolonialzeit 255
Bücher 252, 271
Buchläden 61
Buddhismus 281
Bungeespringen 229
Bus, Reisen mit dem 22, 166, 285
  Geführte Touren 293
  Macao 290
  Tickets & Pässe 291
Butterfly Hill Watchtower 201

C
Cafés 50
Casa Garden (Macao) 221
Cat Street 89
Causeway Bay 69, **340**
  Ausgehen & Nachtleben 123
  Essen 119
  Sehenswertes 112
  Shoppen 126
Causeway Bay Typhoon Shelter 113
Central 69, 70, **70**, **328**
  An- & Weiterreise 71
  Ausgehen & Nachtleben 71, 81
  Essen 71, 76, 78
  Highlights 7, 70, **70**, 72, 73
  Sehenswertes 73, 74
  Shoppen 71
  Sport & Aktivitäten 83
  Stadtspaziergang 77, **77**

Unterhaltung 82
Unterkunft 240, 241
Central–Mid-Levels Escalator 91
Central Plaza 111
C&G Artpartment 152
Chan, Jackie 273
Cheoc Van, Strand (Macao) 232
Cheung Chau 205, **206**
Cheung Chau Bun Festival 30, 209
Cheung Chau Village 207
Cheung Po Tsai Cave 208
Cheung Sha 201
Chi Lin Nunnery 145, **145**
Chinesischer Lesesaal (Macao) 220
Chinesisches Neujahrsfest 29, **31**, 142
Ching Chung Temple 173
Ching Shu Hin Chamber 168
Chin Woo Athletic Association 150
Christentum 282
Chuk Lam Sim Monastery 171
Chun Yeung Street Market 115
Clearwater Bay Beaches 189
Clearwater Bay Peninsula 188
Clockenflap Outdoor Music Festival 31, 55
Coloane 229, 231, **232**, 235
Comix Home Base 111
Creative Macau (Macao) 224

D
dai pai dongs 45, 48
Darstellende Künste 54
Deep Water Bay 133
Delfine 36, 203
Demokratiebewegung 259
Dim Sum 43, **46**, 47
Discovery Bay 199

Dominikuskirche (Macao) 213
Dragon Boat Festival 30, 142
Drachenbootrennen 63
Dragon's Back 64
Dr. Sun Yat-Sen Museum 91

E
Edward Youde Aviary 109
Ein Land, zwei Systeme 258
Englisch 306
Essen 17, 38, **44**; *siehe auch gesondertes Register* Essen, *einzelne Stadtviertel*
 Barbecue 135
 Cafés 50
 Dessert-Lokale 17
 Dim Sum **37**, 38, 43, **46**, 47
 Etikette 37
 Geld 43
 Geschäfte 61
 Infos im Internet 47
 Kochkurse 46, 129
 Kosten 43
 Macao 225
 Öffnungszeiten 43
 Selbstversorger 47
 Sprache 312
 Ungewöhnliche Leckereien 27
 Vegetarier 46, 48

F
F11 Photographic Museum 115
Fahrradfahren *siehe* Radfahren
Fähren *siehe* Bootsfahrten
Fan Lau 201
Fanling 176
Farbenuhr (Clock of Colours) 111
Feiertage 294
Ferien 294
Fest der Hungrigen Geister 30
Feste & Events 29
 Cheung Chau Bun Festival 30, 209
 Chinesisches Neujahrsfest 29

Sehenswertes
Kartenverweise **000**
Fotoverweise **000**

 Clockenflap Outdoor Music Festival 31, 55
 Dragon Boat Festival 30
 Fest der Hungrigen Geister 30
 Film 29, 55
 Hong Kong Photo Festival 267
 Le French May 30
 Musik 31, 55, 125
 Street Music Concert Series 125
Film 55
 Feste & Events 29, 55
 Kinos 56
Filme 252, 273
Fisherman's Wharf (Macao) 225
Fitnessstudios 84, 129
Flagstaff House Museum of Tea Ware 109
Flora-Park (Macao) 221
Flughäfen 285
 Gepäckaufbewahrung 296
 Touristeninformation 300
Flugzeug, Reisen mit dem 285
Fook Tak Ancient Temple 149
Former French Mission Building 76
Former KCR Clock Tower 148
Former Kowloon British School 148
Former Marine Police Headquarters 146
Forsgate Conservatory 109
Fort Guia & Guia-Kapelle (Macao) 221
Fort Monte (Macao) 213
Fotografie 267
Friedhof 208
Friedhof des Erzengels Michael (Macao) 221
Führerschein 286
Fung Ying Sin Temple 177
Fußball 63, 129

G
G32 (Macao) 220
Geburtstag von Tin Hau 30
Geführte Touren 129, 292
 Boot 166, 205
 Bootsfahrten 292
 Bus 166, 229
 Bustouren 293
 Kneipentouren 106
 Naturtouren 292

Geld 18, 43, 51, 239, 294, 295
Glücksspiel 39
Investments 39
Geldautomaten 295
Geldwechsel 295
Geschichte
 Fünf Klans 254
 Opiumkriege 255
 Tian'anmen-Massaker 259
 Übergabe Hongkongs 258
Gesundheit 296
Ghost House 114
Glücksspiel 236
Golden Bauhinia Square 112
Goldfish Market 151
Golf 64, 189, 205, 237
Government House 75
Graham Street Market 89
Grand Prix Museum (Macao) 224

H
Hác Sá, Strand (Macao) 231
Handeln 57
Handys 18, 20
Happy Valley 113, 121
Happy Valley Racecourse 12, **12**, 113
Haus der Teekultur Macau (Macao) 222
Hau Wong Temple 200
Helena May 76
Herboland 193
Heritage of Mei Ho House Museum 152
High West 91
Historisches Museum Taipa & Coloane (Macao) 230
Höhlen 194
Hong Kong Antiquities & Monuments Office 279
Hong Kong Cathedral of the Immaculate Conception 93
Hong Kong Cemetery 113
Hong Kong City Hall 76
Hong Kong Coliseum 142
Hong Kong Cultural Centre 148
Hong Kong Disneyland 34, 35, 197
Hong Kong Film Archive 115
Hong Kong Flower Show 29, **31**
Hong Kong Global Geopark 17, 169, **169**, 292

Hong Kong Heritage Museum 33, 40, **40**, 182
Hong Kong Island 69
Hongkong-Marathon 29
Hong Kong Maritime Museum 33, 74
Hong Kong Museum of Art 146
Hong Kong Museum of Coastal Defence 116
Hong Kong Museum of History 33, 141, **141**
Hong Kong Museum of Medical Sciences 91
Hong Kong Observation Wheel 75
Hong Kong Observatory 148
Hong Kong Park 34, 109, **109**
Hong Kong Railway Museum 33, 179
Hong Kong Science Museum 33
Hong Kong Sevens 64
Hong Kong Space Museum & Theatre 33, 147
Hong Kong Trail 14, **15**, 62, 64, 129
Hong Kong Wetland Park 10, **10**, 34, 175
Hong Kong Winterfest 32
Hong Kung Temple (Macao) 217
House of Stories 114
Hui, Ann 274
Hung Hom **346**
Hung Shing Temple 110, 114, 168
Hung Shing Yeh 193

I
Identität 252, 253
Infos im Internet 18, 47, 239
Insektenstiche 296
International Commerce Centre 147
Internetzugang 297
Island East
 Ausgehen & Nachtleben 124
 Essen 121
 Sehenswertes 115
 Shoppen 128
Island East Market 116

J
Jade Market 151
Jamia Mosque 90
Jardine House 76
Jazz 55

Joss House Bay Tin Hau Temple 189

K
Kadoorie Farm & Botanic Garden 179
Kamikaze Caves 194
Kampfsport 62, 83, 106, 166, 205
Kantonesisch 301
Kanu- & Kajakfahren 64, 188, 205
Kapelle des hl. Franz Xaver (Macao) 232
Karaoke 50
Karten & Stadtpläne 63, 298
Kasinos 236
Kathedrale von Macao (Macao) 219
Kat Hing Wai 175
Khalsa Diwan Sikh Temple 111
Kindern, Reisen mit 33
King Yin Lei 110
Kino 55, 273
Kirche unserer Lieben Frau von Carmel (Macao) 230
Klettern 64
Klima 19, 29
Konfuzianismus 281
Kosten 43
Kostenlose Attraktionen 40
Kowloon 69, 139, **139**
An- & Weiterreise 140
Ausgehen & Nachtleben 140
Essen 140, 152
Highlights 9, 10, **10**, 11, **11**, 14, 139, **139**, 141, 144, 145
Sehenswertes 146
Shoppen 9, 10, **10**, 11, **11**, 140, 162
Sport & Aktivitäten 166
Stadtspaziergang 151, **151**
Unterhaltung 161
Unterkunft 240, 245, 246
Kowloon Mosque & Islamic Centre 146
Kowloon Park 146
Kowloon Union Church 149
Kowloon Walled City Park 152
Kreditkarten 296
KS Lo Gallery 109
Kultur 27, 252
Kulturzentrum Macao (Macao) 224
Kun Iam Temple (Macao) 223
Kunst 265
Festivals 29, 30
Kunstzentrum Tai Fung Tong (Macao) 220
Kun Ting Study Hall 168
Kurse 166
Bildende Kunst 106
Kochen 46, 129
Kwan Kung Pavillon 208
Kwun Yam Shrine 133
Kwun Yam Temple 208
Kwun Yam Wan 207
Kwun Yum Temple 90

L
Lai Chi Wo 17, 169
Lamma 14, **15**, 192, **192**
Lamma Fisherfolk's Village 193
Lamma Winds 194
Lan Kwai Fong **85**, **332**
Ausgehen & Nachtleben 99
Essen 94
Sehenswertes 89
Shoppen 103
Lantau 196, **198**
Ausgehen & Nachtleben 204
Essen 202
Highlights 191, **191**
Sehenswertes 197
Sport & Aktivitäten 204
Largo do Senado (Macao) **25**
Laufen 63
Laurentiuskirche (Macao) 217
Lazarusviertel (Macao) 212
Leal Senado (Macao) 213
Lee, Bruce 273
Le French May 30
Lei Cheng Uk Han Tomb Museum 152
Leihausmuseum (Macao) 219
Lei Yue Mun 158
Lesbische Reisende 51
Leung Chun Woon Kee 90
Leung Chun-Ying 263
Li, Jet 273
Lin Fa Temple 112
Lin Fung Temple (Macao) 223
Lingnan School of Painting 266
Lions Nature Education Centre 186
Literatur 271
Feste & Events 31
Lo So Shing 194
Lou-Kau-Haus (Macao) 216
Lou-Lim-Ieoc-Park (Macao) 222
Lover's Rock 111
Lo Wai 177
Luís-de-Camões-Park & -Grotte (Macao) 222
Lui Seng Chun 150
Luk Tei Tong Watchtower 201
Lung Ha Wan 189
Lung Mei Village 181

M
Macao 210, **214**, **218**
Altstadt 213
An- & Weiterreise 290
Ausgehen & Nachtleben 226, 235
Casinos 236
Essen 225, 233
Highlights 16, 211, **211**
Sehenswertes 211, **211**, 212
Shoppen 228, 236
Sport & Aktivitäten 229, 237
Unterhaltung 235, 236
Unterkunft 239, 240, 249
Madame Tussauds 93
Mai Po Nature Reserve 174
Mak, Antonio 266
Mandarin-Haus (Macao) 212
Man Mo Temple 9, 88, **88**
Man Wa Lane 90
Markt (Cheung Chau) 208
Märkte **8**, 9, **10**, 10, 59, 60, 89, 115, 116, 120, 126, 151, 178
Martial Arts 273
Maße & Gewichte 295
Maurische Kaserne (Macao) 224
Medien 295
Middle Road Children's Playground 34, 149
Mid-Levels 90, 98
Minibus, Reisen mit dem 22, 287
Mittherbstfest siehe Mondfest
Mobiltelefone siehe Handys
Mönche 148
Mondfest 30
Mong Kok 69, **349**
Ausgehen & Nachtleben 160
Essen 157
Sehenswertes 150
Shoppen **8**, 9, 164
Unterhaltung 161
Mo Tat Wan 194
Motorrad, Reisen mit dem 284, 286
MTR 22, 287
Etikette 23
Gepäckaufbewahrung 296
Tickets & Pässe 291
Mui Wo 200, **200**
Murray House 134
Museen & Galerien 33, 40, 265
Pässe 294
Museu de Arte de Macau (Macao) 223
Museu de Macau (Macao) 217
Museum für sakrale Kunst & Krypta (Macao) 218
Museumshäuser Taipa 230
Musik 268
Feste & Events 31, 55, 125
Jazz 55
Live 55, 56

N
Na Tcha Temple (Macao) 219
Nathan Road 146
New Kowloon 69
Ausgehen & Nachtleben 161
Essen 158
Sehenswertes 152
Shoppen 165
New Territories 167, **167**, **168**, **169**
Highlights 10, 168, **168**, 169, **169**
Unterkunft 240, 248
Ngong Ping 360 191
Noonday Gun 113
Notfälle 298
Nu Wa Temple (Macao) 221

O
Ocean Park **33**, 34, 35, 132
Ocean Terminal Building 148
Octopus Card 22, 23, 291
Öffnungszeiten 43, 51, 58, 298
Ohel Leah Synagogue 91

Old Bank of China Building 75
Old Wan Chai Post Office 114
Oper, Chinesische 54, **54**, 270
Opiumkrieg, Erster 255
Opiumkrieg, Zweiter 256
Orange House 110
Outlying Islands 190
  An- & Weiterreise 288
  Highlights 12, **12**, 191, **191**
  Unterkunft 240, 249
Ox Warehouse (Macao) 222

P
Pak Nai 175
Pak Sing Ancestral Hall 89
Pak Tai Temple 111, 114, 207
Pak Tai Temple (Macao) 230
Pak Tso Wan 207
Para Site 115
Parks & Gärten 28, 34
Pass 20
Pat Sin Leng Nature Trail 181
Patten, Chris 259
Pavillon des Riesenpandas von Macao (Macao) 231
Peak Galleria 93
Peak, the siehe Victoria Peak
Peak Tower 91
Peak Tram 7, **7**, 35, 74, 289
Peng Chau 195
Peng Chau Heritage Trail 195
Penha-Hügel (Macao) 223
Peninsula Hong Kong 146
Pfahlbauten 202, 233
Pferderennen 12, 32, 62
Ping Shan Heritage Trail 168, **168**
Ping Shan Tang Clan Gallery 168
Plover Cove 180
PMQ 89
Pok Fu Lam 69, 132, 137
Pok Fu Lam Village 17, 133
Police Museum 111
Po Lin Monastery 191, **191**
Politik 252

Sehenswertes
Kartenverweise **000**
Fotoverweise **000**

Polizei 298
Post 298
Pou Tai Temple (Macao) 231
Preise 51, 239, 294
Pui O 201

Q
Queen's Road West Incense Shops 93

R
Radfahren 63, 182, 204, 287
Rauchen 19, 295
Rechtsfragen 298
Reisebüros 299
Reisekosten 18
Reiseplanung 20
  Budget 40, 43, 51
  Erstbesucher 20
  Feste & Events 29
  Grundwissen 18
  Infos im Internet 18
  Kindern, Reisen mit 33
  Reisekosten 18, 294
  Reiserouten 24
  Reisezeit 19, 29
  Wie die Einheimischen 37
  Wiederkehrende Besucher 17
Repulse Bay 69, 133, 136
Repulse Bay 133
Rosary Church 148
Roter Markt (Macao) 223
Rotunda de Carlos da Maia (Macao) 223
Rugby 64
Ruine von São Paulo 16, **16**

S
Sai Kung Peninsula 185
Sai Kung Town 185, **186**
Sai Wan Tin Hau Temple 208
Sam Kai Vui Kun Temple (Macao) 219
Schifffahrtsmuseum (Macao) 224
Schiff, Reisen mit dem 22
Schlangen 296
Schnorcheln 188
Schwimmen 65, 193
Schwule Reisende 51
Seac-Pai-Van-Park (Macao) 233
Seilbahnen 191
Senatsbibliothek (Macao) 213

Senioren 294
Sham Wan 193
Shanghai Street 149
Sha Tin 182, **183**
Sha Tin Racecourse 184
Shek O 134, 136
Shek O Beach 134
Sheung Shui 176
Sheung Wan 69, **85**, **334**
  Ausgehen & Nachtleben 102
  Essen 97
  Highlights 88, **88**
  Sehenswertes 89
  Shoppen 105
Shoppen 57; siehe auch gesondertes Register Shoppen
  Gefälschte Waren 147
  Handeln 57
  Öffnungszeiten 58
  Sprache 303
Signal Hill Garden & Blackhead Point Tower 147
Sik Sik Yuen Wong Tai Sin Temple 144, **144**
Silvermine Bay Beach 200
Silvermine Waterfall 200
Soho **85**, **332**
  Ausgehen & Nachtleben 99
  Essen 94
  Sehenswertes 89
  Shoppen 103
Sok Kwu Wan 194
Sport; siehe auch gesondertes Register Sport & Aktivitäten, einzelne Stadtviertel, einzelne Sportarten
  Hong Kong Sevens 30
  Kneipen 53
  Marathon 29
Sprache 18, 21, 301
  Englisch 306
  Kantonesisch 301
Spring Garden Lane 114
Stadtspaziergänge 77, **77**, 92, **92**, 114, **114**, 151, **151**
St. Andrew's Anglican Church 149
Stanley 133, 136, 137, **343**
Stanley Main Beach 134
Stanley Military Cemetery 133
Star Ferry 7, **7**, 22, 35, 73, **73**, 292
State Theatre Building 115
Statue Square 75
Steuern 21, 58
St. John's Cathedral 74

St.-Josef-Seminar & Kirche (Macao) 212
St. Mary's Church 112
Straße des Glücks (Macao) 217
Straßenbahn 13, **13**, 289
  Peak Tram 7, **7**, 35, 74, 289
Straßenkunst 267
Street Music Concert Series 125
St. Stephen's Beach 134
St. Stephen's College's Heritage Trail 133
Sun Wai 177
Sun-Yat-Sen-Gedenkstätte (Macao) 222
Symphony of Lights 35, 146

T
Tag des Erwachens der Insekten 113
Tai Au Mun 189
Tai Fu Tai Mansion 177
Tai Mei Tuk 181
Tai Mo Shan 172
Tai O 201
Taipa 229, 230, **231**, 233, 235
Taipa, Dorf (Macao) 230
Tai Po 178, **179**
Tai Po Kau Nature Reserve 178
Tai Po Market 178
Tai Po Waterfront Park 179
Tai Sui Temple 90
Tamar Park 110
Tam Kung Temple (Macao) 232
Tang Chung Ling Ancestral Hall 177
Tang Clan Ancestral Hall 175
Tanz 50
Tao Fong Shan Christian Centre 184
Taoismus 282
Tap-Seac-Galerie (Macao) 219
Tap-Seac-Platz (Macao) 219
Tauchen & Schnorcheln 64
Taxis 22, 289
Tee-Cafés 45
Teehäuser 45, 48, 50
Telefondienste 18, 299
Temple Street Night Market 10, **10**, 143, **143**, 151
Tennis 129
Theater 54, 56, 270

Themen- & Vergnügungsparks 34, 132
  Hong Kong Disneyland 34, 35
  Ocean Park 34, 35
Tierbeobachtung 166
Tin Hau Temple 134, 149, 193, **278**
Toiletten 300
Tong Fuk 201
Torre de Macau (Macao) 223
Touristeninformation 18, 300
Trappistenkloster 197
Trinkgeld 21
Tsang, Donald 262
Tsim Sha Tsui 11, 69, **344**
  Ausgehen & Nachtleben 159
  Essen 152
  Highlights 11, **11**
  Sehenswertes 146
  Shoppen 11, **11**, 162
  Sport & Aktivitäten 166
  Unterhaltung 161, 162
  Unterkunft 246
Tsim Sha Tsui East Promenade 14, **14**, 142, **142**
Tsing Shan Monastery 173
Tsuen Wan 170, **171**
Tsui Sing Lau Pagoda 168
Tsz Shan Monastery 181
Tuen Mun 172
Tung Chee Hwa 261
Tung Choi St Market 151
Tung Chung 200
Tung Chung Fort & Battery 199
Tung Kok Wai 177
Tung O Wan 194
Tung Wan 207
Two International Finance Centre 75

U

University Museum & Art Gallery 93
University of Hong Kong 93
Unterhaltung 54; *siehe auch gesondertes Register Unterhaltung, einzelne Stadtviertel*
  Singalong Parlours 162
Unterkunft 19; *siehe auch gesondertes Register Unterkunft*
  Aberdeen 245
  Central 241
  Ermäßigungen 294

Gepäckaufbewahrung 296
Infos im Internet 239
Kowloon 245, 246
Macao 249
New Territories 248
Nordwest-Hongkong 241
Outlying Islands 249
Wan Chai 242
Unterwegs vor Ort 19, 22
  Straßenbahn 13, **13**

V

Vegetarier 46, 48
Verkehrsregeln 287
Versicherung 20
Victoria Park 112, 113
Victoria Peak 7, **7**, 69, 87, **87**, 91
Visa 18, 300
Vogelgrippe 296
Vorwahlen 299

W

Währung 18
Waisenhausmuseum (Macao) 217
Wakeboarding 64
Wan Chai 9, 69, 107, **338**
  An- & Weiterreise 108
  Ausgehen & Nachtleben 108, 122
  Essen 9, **9**, 108, 117
  Geführte Touren 129
  Highlights 9, **9**, 12, 107, **107**
  Sehenswertes 110
  Shoppen 108, 125
  Stadtspaziergang 114, **114**
  Unterkunft 240, 242
Wan Chai Market 114
Wandern & Trekken 62, 129, 138
  Clearwater Bay Country Park 189
  Dragons's Back 27
  Geführte Touren 293
  High Island Reservoir East Dam 187
  Hoi Ha Wan Marine Park 188
  Hong Kong Trail 14
  Karten & Stadtpläne 63
  Lantau 204
  Lung Yeuk Tau Heritage Trail 177
  Macao 229, 237
  Ng Tung Chai Waterfall 180

Peng Chau Heritage Trail 195
Tai Long Wan Hiking Trail 188
Tai Mo Shan 28
Wassersport 188
Weinbars 50, 53
Weinmuseum Macao (Macao) 217
Wellness 62, 65, 106
Western District 69
  Ausgehen & Nachtleben 102
  Essen 98
  Sehenswertes 93
Western District Community Centre 94
Western Market 90
Western Monastery 170
Wetter 19, 29
Whiskybars 50, 53
Wholesale Fruit Market 150
Windsurfen 64, 205, 209
Wirtschaft 252, 257
Wong Kar-wai 271
World-Wide Plaza 76

Y

Yau Ma Tei 38, 69, **348**
  Ausgehen & Nachtleben 160
  Essen 156
  Sehenswertes 149
  Shoppen 164
  Unterhaltung 161, 162
Yau Ma Tei Police Station 150
Yellow House 110
Young Master Ales 132
Yuen Long 16, **16**, 168, **168**, 174
Yuen Po Street Bird Garden & Flower Market 150
Yuen Yuen Institute 170
Yung Shue Wan 193

Z

Zeit 18, 300
Zeitungen 295
Zug, Reisen mit dem 286

AUSGEHEN & NACHTLEBEN

7th Avenue 196

A

Amici 123
Amuse 159

Angel's Share Whisky Bar 99
Aqua Spirit 159

B

Bar 42 101
Bar 1911 101
Barista Jam 102
Beer Bay 81
Ben's Back Beach Bar 137
Boo 160
Botanicals 122
Buddy Bar 124
Butler 159

C

Cafe Corridor 124
Cafe Deadend 102
Captain's Bar 81
Central Wine Club 101
Champagne Bar 123
China Beach Club 204
China Bear 204
Cinnebar (Macao) 227
Classified 187
Club 71 99
Club Cubic (Macao) 235

D

Dada 161
Delaney's 137
Dickens Bar 124
Djiboutii 123
Dragon-I 100
Dusk Till Dawn 123

E

Elephant Grounds 124
Executive Bar 123

F

Felix Bar 159
Frites 124

G

Globe 100
Good Spring Co 81

H

Hemingway's 204

I

Intercontinental Lobby Lounge 159
Island Bar 196

K

King Ludwig Beer Hall 160
Knockbox Coffee Company 160
Kubrick Bookshop Café 160
Kung Lee 100

L

Lawn 123
Lion's Bar (Macao) 227
Lok Hing Lane Park 100

M

Macallan Whisky Bar & Lounge (Macao) 235
Macau Soul (Macau) 226
Manson's Lot 123
MO Bar 81
MyHouse 122

N

Ned Kelly's Last Stand 160

O

Old Taipa Tavern (Macao) 235
Ozone 161

P

Peak Cafe Bar 102
Pier 7 81
Ping Pong Gintoneria 102

Q

Quinary 99

R

Red Bar 81
Roundhouse Taproom 101

S

Sevva 81
Single Origin (Macao) 227
Sky 21 Lounge (Macao) 227
Skybar 122
Smugglers Inn 137
Song Cha Xie 161
Steamers 187
Stockton 100

Stone Nullah Tavern 122
Studio 100
Sugar 124

T

Tai Lung Fung 100, 122
Tapagria 159
Tapas Bar 160
Tastings 102
Tazmania Ballroom 101
Ted's Lookout 123
Terra Coffee House (Macao) 227
Three Monkeys 102
Tivo Bar 101
T:ME 100

U

Utopia 160

V

Varga Lounge 101
Vibes 160
Volar 101

ESSEN

22 Ships 118

A

ABC Kitchen 97
Aberdeen Fish Market Yee Hope Seafood Restaurant 135
Aberdeen St Social 98
Ah Po Tofu 180
Ali Oli Bakery Cafe 187
Al Molo 155
A Lorcha (Macao) 226
Amber 79
AMMO 117
António 234
Ap Lei Chau Market Cooked Food Centre **44**, 134
Atum Desserant 119
Australia Dairy Company 157

B

Bahçe 203
Banza (Macao) 233
Ba Yi Restaurant 98
BBQ Lobster 157
Beef & Liberty 116
Bêp 95
Best Kebab & Pizza 195
Bistronomique 99

Black Sheep 137
Bo Innovation 118
Bookworm Cafe 194
Bowrington Road Market 120
Butao Ramen 94

C

Cafe Hunan 99
Café Nga Tim (Macao) 234
Capital Cafe 117
Caprice 79
Carbone 96
Chachawan 96
Chairman 98
Chan Kan Kee 97
Changwon 154
Cheong Fat 158
Cheong Kei (Macao) 225
Chicken HOF & Soju Korean 152
Chi Lin Vegetarian 158
Choi Lung Restaurant 172
Choi's Kitchen 120
Chom Chom 97
Chuen Cheong Foods 117
Chuen Kee Seafood Restaurant 187
Chu Kee 134
Chung Shing Thai Restaurant 181
City Hall Maxim's Palace 76
City'super 154
Clube Militar de Macau (Macao) 225

D

Dai Wing Wah 176
Delicious Kitchen 119
Din Tai Fung 154
Dong Lai Shun 155
Duddell's 80
Duen Kee Restaurant 172
Dumpling Yuan 94

E

Eight (Macao) 226
Espaco Lisboa (Macao) 234

F

Flying Pan 95
Foody 184
Fook Lam Moon 155
Fortune Kitchen 120
Forum 121

G

Gaddi's 155
Gallery 203
Gaylord 155
Gi Kee Seafood Restaurant 121
Good Hope Noodle 157
Go Ya Yakitori 120
Great Food Hall 116
Grissini 119
Guincho a Galera (Macao) 226
Gun Gei Healthy Vegetarian 119

H

Hang Heung 176
Happy Garden 136
Heichinrou 79
Hing Kee Beach Bar 209
Hing Kee Restaurant 155, 156, 157
Ho Hung Kee 119
Ho Lee Fuk 96
Hoi Kwong Seafood Restaurant 135
Hometown Teahouse 208
Honeymoon Dessert 186
Hong Zhou Restaurant 118
Hon Kee Coffee (Macao) 234
Ho To Tai Noodle Shop 176
Hungry Korean 154

I

Inagiku 80
Island Tang 79

J

Joy Hing Roasted Meat 117
Jumbo Kingdom Floating Restaurant 136

K

Kam Wing Tai Fish Ball Shop 208
Kam's Kitchen 120
Kam's Roast Goose 117
Kau Kee Restaurant 94
Kimberley Chinese Restaurant 156
King Ludwig Beer Hall 136
Kin's Kitchen 118
Kowloon Tang 158
Kung Wo Tofu Factory 157
Kwan Kee 180
Kwan Kee Beef Balls & Pork Knuckles 177

Kwok Kam Kee Cake Shop 208
Kwun Kee Restaurant 99

L

Lab Made Ice Cream 120
Lan Fong Yuen 94
La Paloma (Macao) 226
L'Atelier de Joël Robuchon 80
Lei Garden 79
Les Copains d'Abord 195
Lin Heung Tea House 78
Little Bao 96
Loaf On 187
Lock Cha Tea Shop 116
Lord Stow's Bakery (Macao) 234
Luk Yu Tea House 95
Lung King Heen 79
Lung Mun Seafood Restaurant 158
Lung Wah Hotel Restaurant 184
Lung Wah Tea House (Macao) 225
Lung Yue Restaurant 158

M

Mak's Noodle 94
Mammy Pancake 153
Mana! Fast Slow Food 95
Master Low Key Food Shop 122
Mavericks 202
Megan's Kitchen 118
Mido Café 157
Ming Kee Seafood Restaurant 205
Miu Fat Monastery 173
Motorino 95
Mrs. Pound 97
Mui Wo Cooked Food Centre 203

N

Nathan Congee and Noodle 156

O

Oliver's, the Delicatessen 78
One Dim Sum 157
O Porto (Macao) 225
O Santos 234
Otto e Mezzo Bombana 80

P

Pak Kee 135
Pawn 118
Peak Lookout 98
Peking Dumpling Shop 153
Pierre 80
Pierre Hermé 78, 153
Po Lin Vegetarian Restaurant 202
Pou Tai Temple Restaurant (Macao) 233
Pure Veggie House 116

Q

Queen of the East 119

R

Rainbow Seafood Restaurant 195
Restaurante Fernando (Macao) 234
Robatayaki 159
Robuchon Au Dôme (Macao) 226

S

Sam Shing Hui Seafood Market 174
San Xi Lou 117
Seafood Island 189
Sea King Garden Restaurant 158
Sei Yik 136
Sen Hotpot Restaurant 155
Serge et le Phoque 119
Ser Wong Fun 95
Seventh Son 117
Sharkie's 95
Sha Tin 18 185
Shing Kee 184
Sing Kee 78
Siu Wa Kitchen 121
Sogo 120
Solo 203
Spices Restaurant 136
Spring Deer 154
Steak House 156
Stoep Restaurant 203
Strand-BBQ 135
Sun Hing Restaurant 99
Sun Hon Kee 177
Sun Kwai Heung 122
Sun Sin 156
Sun Tung Lok 156
Sushi Fuku-suke 120
Sushi Kuu 97
Sweet Dynasty 153

T

Tai Cheong Bakery 94
Tai Hing Seafood Restaurant 196
Tai Lei Loi (Macao) 233
Tai O Lookout 203
Tak Fat Beef Balls 153
T'ang Court 156
Tasty Congee & Noodle Wonton Shop 78
The Boss 96
Tim Ho Wan, the Dim Sum Specialists 76, 157
Tim's Kitchen (Macao) 226
Tim's Kitchen 97
Toby Inn 136
Tung Po Seafood Restaurant 121

U

Upper Modern Bistro 98

V

Verandah 136

W

Wang Fu 95
Waterfront 195
Watermark 79
West Villa 121
Wing Wah 117
Woo Cow 154
Woodlands 153

Y

Yardbird 97
Yat Lok 95
Yat Lok Barbecue Restaurant 180
Yee Tung Heen 121
Yè Shanghai 154
Yue Hing 78
Yue Kee Roasted Goose Restaurant 172
Yuen Kee Dessert 98
Yum Cha 153
Yung Kee Restaurant 96

SHOPPEN

10 Chancery Lane Gallery 104

A

Andy Hei 104
Apliu Street Flea Market 164
Arch Angel Antiques 104
Armoury 82

B

Basheer 128
Blanc de Chine 83

C

Capital Gallery 105
Chan Shing Kee 105
Chan Wah Kee Cutlery Store 164
Cheung Sha Wan Road 165
Chinese Arts & Crafts 126
City'super 83
Cuffs 128
Cunha Bazaar (Macao) 236
Curio Alley 163

E

Elements 165
Eslite 126

F

Fang Fong Projects 104
Fashion Walk 127
Flow 104
Fook Ming Tong Tea Shop 83
Futura Classica (Macau) 228

G

Gallery of the Pottery Workshop 103
G.O.D. 127, 137
Golden Computer Arcade & Golden Shopping Center 165
Goods of Desire 103
Grotto Fine Art 103
Gum Gum Gum 127

H

Harbour City 163
Heaven Please 163
Hola Classic 128
Honeychurch Antiques 104
Hong Kong Reader 164
Horizon Plaza 137
Hysan Place 127

I

IFC Mall 83
Indosiam 105
Island Beverley Mall 127

J
Jade Market 164
Joyce 126

K
K11 Art Mall 163
K11 Select 162
Kapok 126
Karin Weber Gallery 105
Kowloon Soy Company 82
Kung Fu Supplies 126

L
Ladies' Market 9, **9**, 164
Lam Gallery 104
Lam Kie Yuen Tea Co 105
Landmark 83
Lane Crawford 82, 126
Langham Place Mall 165
Lines Lab (Macao) 229
Linva Tailor 105
Livraria Portuguesa (Macao) 228
Li Yuen Street East & West 105
Lockhart Rd Market 126
L Plus H 104
L's Fine Arts 105

M
Macao Fashion Gallery (Macao) 229
Macau Design Centre (Macao) 228
Mercearia Portuguesa (Macao) 228
Mong Kok Computer Centre 165
Mountain Folkcraft 104
Mountain Services 129
Muji 127
Myarts 209

N
Ngai Tile Wave 106
Numb Workshop 127

P
Pacific Place 126
Papabubble 128
Pearl Lam Galleries 104
Picture This 82
Pinto Livros (Macao) 228

Sehenswertes
Kartenverweise **000**
Fotoverweise **000**

PMQ 103
Premier Jewellery 163
Protrek 165

R
Rise Shopping Arcade 162

S
Shanghai Street 164
Shanghai Tang 82
Sino Centre 165
Sin Sin Fine Art 105
Sin Tat Plaza 165
Sogo 128
Stanley Market 137
Swindon Books 163

T
Tai Yuen Street Toy Shops 126
Tak Hing Dried Seafood 164
Temple Street Night Market 10, **10**
Times Square 128
Two Girls 127

V
Vivienne Tam 165

W
Wah Fung Chinese Goods Centre 128
Wan Chai Computer Centre 125
Wan Chai Market 126
Wattis Fine Art 103
Wing On Department Store 106
Worker Playground (Macao) 229

Y
Yiu Fung Store 128
Yue Hwa Chinese Products Emporium 164

SPORT & AKTIVITÄTEN

A
A. J. Hackett (Macao) 229
Aberdeen Boat Club 138

B
Big Bus Company 166
Bootstouren (Lantau) 205

C
Cheung Chau Windsurfing Centre 209
Chong Hing Water Sports Centre 188
Clearwater Bay Country Park 189
Clearwater Bay Golf & Country Club 189
Coloane-Weg 237
Country & Marine Parks Authority 166

D
Discovery Bay Golf Club 205
Dragon's Back 26, **26**

E
Eastern Nature Trail 129

F
Flawless Hong Kong 106
Friendly Bicycle Shop 204
Fringe Club 106

G
Gray Line (Macao) 229
Guia-Hügel-Rundweg (Macao) 229

H
Happy Foot Reflexology Centre 106
Happy Valley Sports Ground 129
High Island Reservoir East Dam 187
Hoi Ha Wan Marine Park 188
Hong Kong Aqua-bound Centre 138
Hong Kong Dolphinwatch 166
Hong Kong House of Stories 129
Hong Kong Pub Crawl 23
Hong Kong Shaolin Wushu Culture Centre 205
Hong Kong Trail 14, 64
Hong Kong Yachting 138

I
Impakt Martial Arts & Fitness Centre 83

L
Lantau Peak 204
Lantau Trail 204

Long Coast Seasports 205
Lung Kee Bikes 182
Lung Yeuk Tau Heritage Trail 177

M
Macau Golf & Country Club (Macao) 237
Martha Sherpa 129
Mong Kok Stadium 63

N
Ng Tung Chai Waterfall 180

P
Pat Sin Leng Nature Trail 181
Peninsula Academy 166
Plover Cofe Reservoir 181
Pure Fitness 84

S
Shek Pik Reservoir nach Tai O 204
South China Athletic Association 129
Spa at the Four Seasons 83
Sunset Peak 204

T
Tai Long Wan Hiking Trail 188
Taipa-Wanderweg (Macao) 237
Tai Tam Waterworks Heritage Trail 138
Ten Feet Tall 83

V
Victoria Park 129

W
Wan Kei Ho International Martial Arts Association 106
Water Tours 166
Wing Chun Yip Man Martial Arts Athletic Association 166

UNTERHALTUNG

A
Agnès B. Cinema 125
AMC Pacific Place 125
A Petisqueira (Macao) 233

B
Broadway Cinematheque 162

C
Canton Singing House 161
City of Dreams (Macao) 236
Culture Club 103

F
Focal Fair 124
Fringe Club 102

G
Galaxy Macau (Macao) 235
Grand Lisboa Casino (Macao) 228
Grappa's Cellar 82

H
Hidden Agenda 161
Hong Kong Academy for the Performing Arts 125
Hong Kong Arts Centre 125
Hong Kong Cultural Centre 162
Hong Kong Stadium 125
House of Dancing Water (Macao) 235

J
Jyut Wan Go Zo 161

L
Lee Shau Kei School of Creativity Arts Centre 162
Live Music Association (Macao) 227

M
MGM Grand Macau (Macao) 227

O
On and On Theatre Workshop 162

P
Palace IFC 82
Peel Fresco 102
Punchline Comedy Club 125

R
Rui Cunha Foundation (Macao) 228

S
Sands Casino (Macao) 228
Senses 99 82
Sheung Wan Civic Centre 103
Studio City (Macao) 236
Sunbeam Theatre 125
Sun Never Left - Public Art Performance (Macao) 227, 228

T
TakeOut Comedy Club 103
Tongthree 161

V
Venetian (Macao) 235

W
Wanch 124
Wynn Macau Casino (Macao) 227

X
XXX 161

UNTERKUNFT

5Footway Inn (Macao) 250
99 Bonham 241

B
Banyan Tree (Macao) 250
Bishop Lei International House 241
Bradbury Hall Youth Hostel 248

C
Campus Hong Kong 17
Caritas Bianchi Lodge 246
Check Inn 242
City Garden Hotel Hong Kong 244
Cityview 247
Concerto Inn 249

D
Dorsett Wanchai 243
Dragon Inn 246

E
East Hong Kong 244
Espace Elastique 249

F
Four Seasons 241

G
Gold Coast Hotel 248
Green Hub 248

H
Helena May 241
Holiday Guesthouse 246
Hong Kong Disneyland Hotel 249
Hotel Indigo 244
Hotel LKF 242
Hyatt Regency Sha Tin 249
Hyatt Regency Tsim Sha Tsui 247

I
InnSight 246
InterContinental Hong Kong 247
Island Shangri-La Hong Kong 244

J
J Plus by Yoo 244

K
Knutsford Hotel 246

L
Lan Kwai Fong Hotel 242
L'Hotel Island South 245

M
Madera Hong Kong 247
Mandarin Oriental 241
Mariner's Club 245
Mercer 242
Mira Moon 243

N
New China Guesthouse 246
Ngong Ping SG Davis Hostel 249

O
Okura (Macao) 250
Ovolo NoHo 241
Ovolo Southside 245

P
Park Guesthouse 246
Peninsula Hong Kong 247
Pottinger 242
Pousada de Coloane (Macao) 250
Pousada de Juventude de Cheoc Van (Macao) 249
Pousada de Mong Há 250
Pousada de São Tiago (Macao) 250
Putman 242

R
Ritz-Carlton Hong Kong 247

S
Salisbury 245
Sofitel Macau at Ponte 16 (Macao) 250

T
Tai O Heritage Hotel 249
Tao Fong Shan Pilgrim's Hall 248
T Hotel 245
Tuve 243
TUVE 17
Twenty One Whitfield 243

U
Upper House 244
Urban Pack 245

Y
YesInn 242

Cityatlas Hongkong

Sehenswertes
- Strand
- Vogelschutzgebiet
- buddhistisch
- Schloss/Palast
- christlich
- konfuzianisch
- hinduistisch
- islamisch
- jainistisch
- jüdisch
- Denkmal
- Museum/Galerie/historisches Gebäude
- Ruine
- schintoistisch
- sikhistisch
- taoistisch
- Weingut/Weinberg
- Zoo/Tierschutzgebiet
- andere Sehenswürdigkeit

Aktivitäten, Kurse & Touren
- bodysurfen
- tauchen
- Kanu/Kajak fahren
- Kurs/Tour
- Sento-Bad/Onsen
- Ski fahren
- schnorcheln
- surfen
- Schwimmbecken
- wandern
- windsurfen
- andere Aktivität

Schlafen
- Unterkunft
- Camping

Essen
- Lokal

Ausgehen & Nachtleben
- Bar/Kneipe
- Café

Unterhaltung
- Unterhaltung

Shoppen
- Shoppen

Praktisches
- Bank
- Botschaft/Konsulat
- Krankenhaus/Arzt
- Internetzugang
- Polizei
- Post
- Telefon
- Toilette
- Touristeninformation
- andere Einrichtung

Geografisches
- Strand
- Tor
- Hütte/Unterstand
- Leuchtturm
- Aussichtspunkt
- Berg/Vulkan
- Oase
- Park
- Pass
- Picknickplatz
- Wasserfall

Städte
- Hauptstadt (Staat)
- Hauptstadt (Bundesland/Provinz)
- Großstadt
- Kleinstadt/Ort

Verkehrsmittel
- Flughafen
- Grenzübergang
- Bus
- Seilbahn/Gondelbahn
- Fahrrad
- Fähre
- Metro/MTR/MRT-Station
- Einschienenbahn
- Parkplatz
- Tankstelle
- U-Bahn/SkyTrain-Station
- Taxi
- Bahnhof/Zug
- Straßenbahn
- U-Bahnhof
- anderes Verkehrsmittel

Achtung: Nicht alle der abgebildeten Symbole werden auf den Karten im Buch verwendet.

Verkehrswege
- Mautstraße
- Autobahn
- Hauptstraße
- Landstraße
- Verbindungsstraße
- sonstige Straße
- unbefestigte Straße
- Straße im Bau
- Platz/Promenade
- Treppe
- Tunnel
- Fußgänger-Überführung
- Stadtspaziergang
- Abstecher (Stadtspaziergang)
- Pfad/Wanderweg

Grenzen
- Internationale Grenze
- Bundesstaat/Provinz
- umstrittene Grenze
- Region/Vorort
- Meerespark
- Klippen
- Mauer

Gewässer
- Fluss/Bach
- periodischer Fluss
- Kanal
- Wasser
- Trocken-/Salz-/periodischer See
- Riff

Gebietsformen
- Flughafen/Startbahn
- Strand/Wüste
- Friedhof (christlich)
- Friedhof
- Gletscher
- Watt
- Park/Wald
- Sehenswürdigkeit (Gebäude)
- Sportgelände
- Sumpf/Mangrove

KARTENINDEX

1 Central (S. 328)
2 Lan Kwai Fong & Soho (S. 332)
3 Sheung Wan (S. 334)
4 Admiralty (S. 336)
5 Wan Chai (S. 338)
6 Causeway Bay (S. 340)
7 Aberdeen (S. 342)
8 Stanley (S. 343)
9 Tsim Sha Tsui (S. 344)
10 Hung Hom (S. 346)
11 Yau Ma Tei (S. 348)
12 Mong Kok (S. 349)

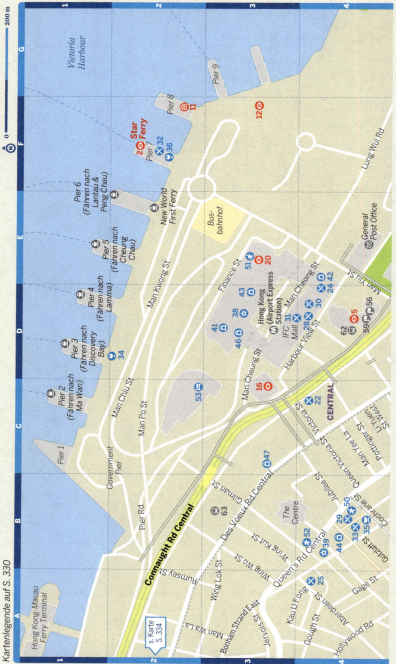

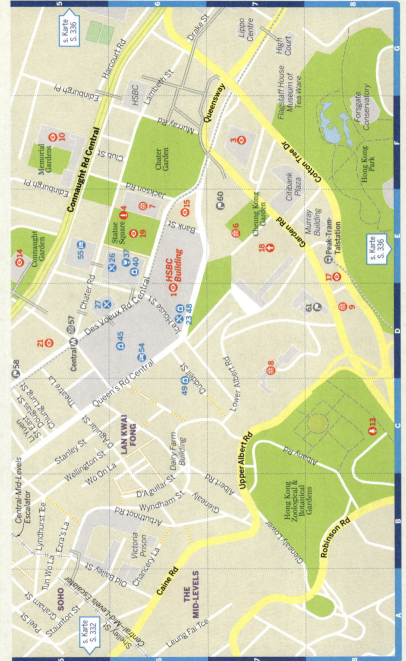

CENTRAL

CENTRAL Karte auf S. 328

⊙ Highlights (S. 72)
1. HSBC Building...................D6
2. Star Ferry..........................F2

⊙ Sehenswertes (S. 74)
3. Bank of China Tower..........F7
4. Cenotaph...................(siehe 45)
   City Gallery................(siehe 10)
5. Exchange Square...............D4
6. Former French Mission Building...................E7
7. Former Legislative Council Building...........E6
8. Government House............D7
9. Helena May......................D8
10. Hong Kong City Hall.........F5
11. Hong Kong Maritime Museum........................F2
12. Hong Kong Observation Wheel...........................F3
13. Hong Kong Zoological & Botanical Gardens........C8
14. Jardine House...................E5
15. Old Bank of China Building...E6
16. One International Finance Centre..................C3
17. Peak Tram........................E8
18. St. John's Cathedral..........E7
19. Statue Square...................E6
20. Two International Finance Centre............E3
21. World-Wide Plaza.............D5

⊗ Essen (S. 76)
Amber...........................(siehe 45)
Caprice.........................(siehe 53)
City Hall Maxim's Palace...(siehe 10)
Duddell's......................(siehe 49)
22. Heichinrou......................C4
Inagiku..........................(siehe 53)
23. Island Tang.....................D6
L'Atelier de Joël Robuchon...........(siehe 45)
24. Lei Garden......................D4
25. Lin Heung Tea House........A4
Lung King Heen............(siehe 53)
26. Oliver's, the Delicatessen...E6
27. Otto e Mezzo Bombana....D5
Pierre...........................(siehe 55)
28. Pierre Hermé...................D4
29. Sing Kee.........................B4
30. Tasty Congee & Noodle Wonton Shop..............D4
31. Tim Ho Wan, the Dim Sum Specialists..................D3
32. Watermark......................F2
33. Yue Hing.........................B4

⊙ Ausgehen & Nachtleben (S. 81)
34. Beer Bay.........................D2
Captain's Bar...............(siehe 55)
35. Good Spring Co................B4
MO Bar.......................(siehe 45)
36. Pier 7............................F2
Red Bar.......................(siehe 20)
37. Sevva.............................E6

⊙ Unterhaltung (S. 82)
Grappa's Cellar............(siehe 14)
38. Palace IFC.......................D3
39. Senses 99.......................B4

⊙ Shoppen (S. 82)
Armoury.......................(siehe 45)
40. Blanc de Chine................E6
41. City'super.......................D3
42. Fook Ming Tong Tea Shop...E4
43. IFC Mall..........................D3
44. Kowloon Soy Company.....B4
45. Landmark.......................D6
46. Lane Crawford................D3
47. PCCW.............................C3
48. Picture This....................D6
49. Shanghai Tang................C6

⊙ Sport & Aktivitäten (S. 83)
50. Impakt Martial Arts & Fitness Centre................B4
51. Pure Fitness...................E3
Spa at the Four Seasons...(siehe 53)
52. Ten Feet Tall...................B4

⊙ Schlafen (S. 241)
53. Four Seasons..................C2
Helena May....................(siehe 9)
54. Landmark Mandarin Oriental....D6
55. Mandarin Oriental...........E5

⊙ Praktisches
56. Kanadisches Konsulat......D4
57. DHL International............D5
58. Irisches Konsulat.............D5
59. Japanisches Konsulat......D4
60. Niederländisches Konsulat...E7
61. Amerikanisches Konsulat...D8

⊙ Transport
62. Busbahnhof Central..........D4
63. CTS Express Coach..........B3

LAN KWAI FONG & SOHO *Karte auf S. 332*

◉ Highlights (S. 88)
1 Man Mo Temple A2

◉ Sehenswertes (S. 89)
2 Cat Street..................... A1
3 Central Police Station........................E5
4 Central–Mid-Levels Escalator E4
5 Dr. Sun Yat-Sen Museum B4
6 Graham Street Market E3
7 Jamia Mosque C7
8 Leung Chun Woon Kee................................. A2
9 Liangyi Museum A1
10 PMQ C3

✖ Essen (S. 94)
Aberdeen St Social...............(siehe 10)
11 Bêp..................................F4
12 Butao Ramen.................F4
13 Carbone..........................F6
14 Chairman D2
15 Chom Chom D4
16 Dumpling Yuan.............F3
17 Flying Pan.......................E5
18 Ho Lee Fuk D3
19 Kau Kee Restaurant D2
20 Lan Fong Yuen............... E4
21 Little Bao........................C3
22 Luk Yu Tea House G4
23 Mak's Noodle................F3
24 Mana! Fast Slow Food.............................F4
25 Motorino........................ D5
26 Ser Wong Fun E4
27 Sharkie's F5
28 Sushi Kuu...................... G6
29 Tai Cheong Bakery E4
30 The Boss G4
31 Wang Fu F4
32 Yardbird A3
33 Yat Lok...........................G4
34 Yung Kee Restaurant G5

◎ Ausgehen & Nachtl. (S. 99)
35 Angel's Share Whisky Bar E4
36 Bar 1911 .... D4
37 Bar 42 ....C4
38 Central Wine Club G6
39 Club 71 .... D3
40 Dragon-I F6
41 Globe D4
42 Kung Lee D3
43 Peak Cafe Bar............... D5
44 Quinary D3
45 Roundhouse Taproom C4
46 Stockton........................F7
47 Studio G6
48 T:ME............................... D3
Tai Lung Fung ....(siehe 10)
49 Tastings.........................G5
Tazmania Ballroom......... (siehe 78)
50 Three Monkeys..............B2
51 Tivo Bar F6
52 Varga Lounge C4
53 Volar F6

◎ Unterhaltung (S. 102)
54 Culture Club.................. D4
55 Fringe Club................... G7
56 Peel Fresco D4
57 TakeOut Comedy Club............................. D5

◎ Shoppen (S. 103)
58 10 Chancery Lane Gallery E6
59 Andy Hei C3
60 Arch Angel Antiques D4
61 Chan Shing Kee C1
62 Fang Fong Projects.......C4
63 Flow................................ D4
64 Gallery of the Pottery Workshop..................... E4
65 Goods of Desire............ D4
66 Grotto Fine Art F7
Honeychurch Antiques .... (siehe 64)
67 Indosiam C3
68 Karin Weber Gallery...... D3
69 L Plus H G4
70 Lam Gallery................... D3
71 Li Yuen Street East & West G4
72 Linva Tailor E4
73 Mountain Folkcraft F5
74 Pearl Lam Galleries.......H5
PMQ ....(siehe 10)
75 Wattis Fine Art.............. E5

◎ Sport & Akt. (S. 106)
76 Flawless Hong Kong G6
Fringe Club........ (siehe 55)
77 Happy Foot Reflexology Centre.......................... G5

◎ Schlafen (S. 241)
78 Hotel LKF F6
79 Lan Kwai Fong Hotel D2
80 Mercer C1
81 Ovolo NoHo...................B2
82 Putman..........................C2
83 The Pottinger................ G4

◎ Praktisches
84 Concorde Travel H6
85 Rent-a-Mum E4

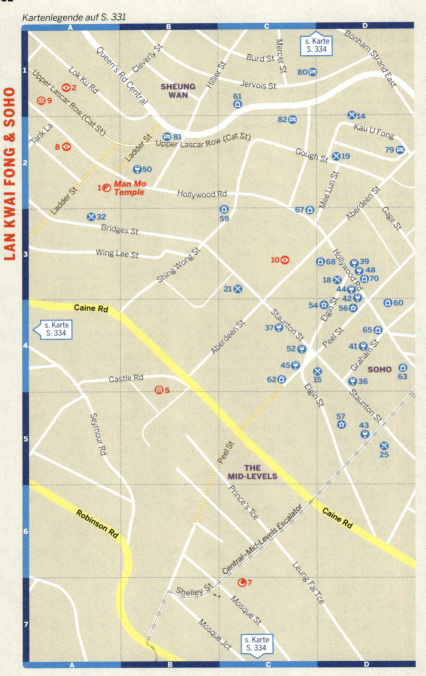

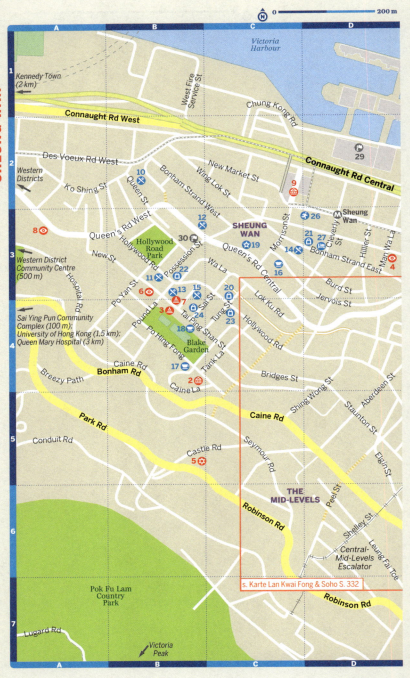

Sehenswertes (S. 89)

1. Hong Kong Cathedral of the Immaculate Conception E7
2. Hong Kong Museum of Medical Sciences B4
3. Kwun Yum Temple B4
4. Man Wa Lane D3
5. Ohel Leah Synagogue B5
6. Pak Sing Ancestral Hall B3
7. Palace of Moon & Water Kwun Yum Temple B4
8. Queen's Road West Incense Shops.....................A3
   Tai Sui Temple............ (siehe 7)
9. Western Market C2

Essen (S. 97)

10. ABC Kitchen B2
11. Chachawan B3
12. Chan Kan Kee B3
    Grand Stage...............(siehe 9)
13. Mrs. Pound...........................B3
14. Tim's Kitchen.......................C3
15. Upper Modern Bistro............B3

Ausgehen & Nachtl. (S. 102)

16. Barista Jam..........................C3
17. Cafe Deadend...................... B4
18. Teakha.................................. B4

Unterhaltung (S. 103)

19. Sheung Wan Civic Centre C3

Shoppen (S. 105)

20. Capital Gallery.......................C3
21. Lam Kie Yuen Tea Co D3
22. L's Fine Arts........................B3
23. Ngai Tile Wave C4
24. Sin Sin Fine Art B4
25. Wing On Department Store......................................E3

Sport & Aktivitäten (S. 106)

26. Wan Kei Ho International Martial Arts Association..........................D3

Schlafen (S. 241)

27. 99 Bonham...........................D3
28. Bishop Lei International House E7

Praktisches

Asia Art Archive .... (siehe 22)
29. Kasachisches Konsulat........D2
30. Laotisches Konsulat.............B3

Transport

31. Hong Kong–Macau Ferry Terminal................................E1

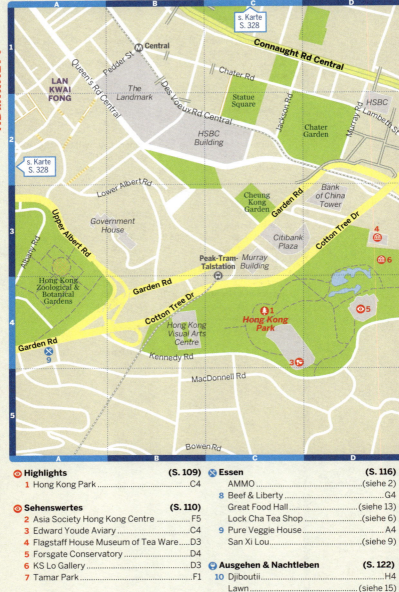

◉ Highlights (S. 109)
1 Hong Kong Park C4

◉ Sehenswertes (S. 110)
2 Asia Society Hong Kong Centre F5
3 Edward Youde Aviary C4
4 Flagstaff House Museum of Tea Ware.....D3
5 Forsgate Conservatory D4
6 KS Lo Gallery D3
7 Tamar Park F1

✦ Essen (S. 116)
AMMO ....(siehe 2)
8 Beef & Liberty G4
Great Food Hall ....(siehe 13)
Lock Cha Tea Shop ....(siehe 6)
9 Pure Veggie House A4
San Xi Lou ....(siehe 9)

◉ Ausgehen & Nachtleben (S. 122)
10 Djiboutii H4
Lawn ....(siehe 15)
11 Ted's Lookout H5

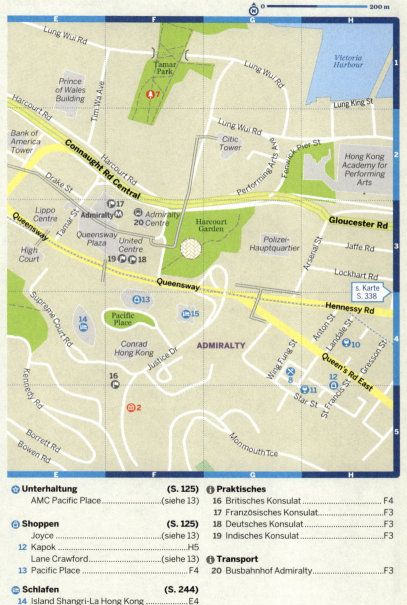

⭐ Unterhaltung (S. 125)
AMC Pacific Place ....(siehe 13)

🛍 Shoppen (S. 125)
Joyce ....(siehe 13)
12 Kapok H5
Lane Crawford ....(siehe 13)
13 Pacific Place F4

🛏 Schlafen (S. 244)
14 Island Shangri-La Hong Kong E4
15 Upper House F4

ℹ Praktisches
16 Britisches Konsulat F4
17 Französisches Konsulat............................F3
18 Deutsches Konsulat F3
19 Indisches Konsulat F3

ℹ Transport
20 Busbahnhof Admiralty................................F3

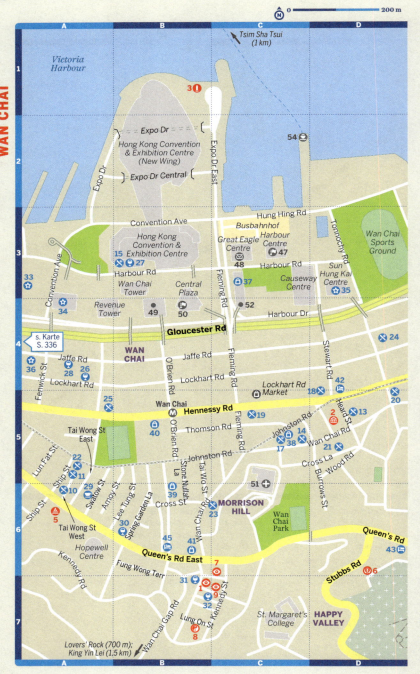

WAN CHAI

⊙ Sehenswertes (S. 110)
1 Blue House................................B7
2 Comix Home Base D5
3 Golden Bauhinia Square B1
4 Hong Kong Cemetery...........E7
5 Hung Shing Temple A6
6 Khalsa Diwan Sikh Temple . D6
7 Orange House C6
8 Pak Tai Temple.......................B7
9 Yellow House C7

✴ Essen (S. 117)
10 22 Ships A6
11 Bo Innovation A5
12 Bowrington Road Market.....E4
13 Capital Cafe D5
14 Chuen Cheong Foods...........C5
15 Grissini B3
16 Gun Gei Healthy
   Vegetarian E4
17 Hong Zhou Restaurant.........C5
18 Joy Hing Roasted Meat D5
19 Kam's Roast Goose C5
20 Kin's Kitchen.........................D5
21 Megan's Kitchen D5
22 Pawn......................................A5
23 Serge et le Phoque C6
24 Seventh Son D4
25 Wing Wah A5

🍸 Ausgehen & Nachtl. (S. 122)
26 Amici......................................A4
   Botanicals ....(siehe 22)
27 Champagne Bar B3
28 Dusk Till Dawn A4
29 Manson's Lot A6
30 MyHouse B6
   Skybar ....(siehe 45)
31 Stone Nullah Tavern.............B7
32 Tai Lung Fung.......................B7

✪ Unterhaltung (S. 124)
   Agnès b. Cinema ......(siehe 34)

33 Hong Kong Academy for
   the Performing Arts A3
34 Hong Kong Arts Centre A4
35 Punchline Comedy Club D3
36 Wanch A4

🛍 Shoppen (S. 125)
37 Chinese Arts & Crafts C3
38 Kung Fu Supplies..................C5
39 Tai Yuen Street Toy
   Shops B6
40 Wan Chai Computer
   Centre B5
41 Wan Chai Market B6

⚽ Sport & Aktivitäten (S. 129)
   Hong Kong House
   of Stories ....(siehe 1)

🛏 Schlafen (S. 242)
42 Check Inn D4
43 Cosmo...................................D6
44 Dorsett Wanchai................... E6
45 Hotel Indigo B6
46 Mira Moon.............................E4

ℹ Praktisches
47 Australisches Konsulat........C3
48 DHL International C3
49 Hong Kong Immigration
   Department B4
50 Neuseeländisches Konsulat.B4
51 Ruttonjee Hospital................C6
52 Visabüro der
   Volksrepublik
   China...................................C4

🚗 Transport
53 Avis E4
54 Wan Chai Ferry Pier C2

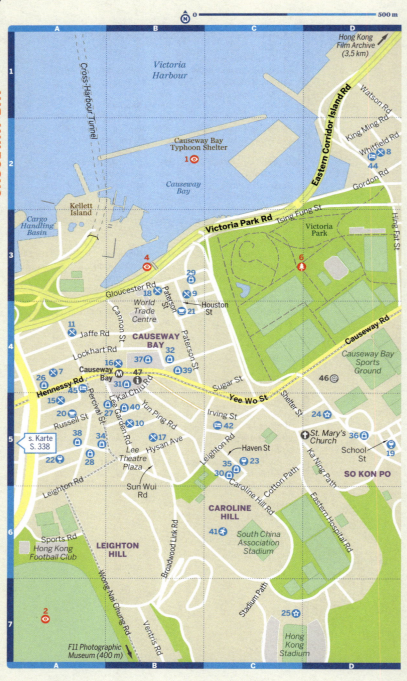

Sehenswertes (S. 112)

1. Causeway Bay Typhoon Shelter B2
2. Happy Valley Racecourse A7
3. Lin Fa Temple E5
4. Noonday Gun........................B3
5. Tin Hau Temple E3
6. Victoria Park C3

Essen (S. 119)

7. Atum Desserant A4
8. Choi's Kitchen D2
9. Delicious Kitchen B3
10. Fortune Kitchen B5
11. Forum...................................A4
12. Go Ya Yakitori E5
    Ho Hung Kee............. (siehe 31)
13. Kam's Kitchen E2
14. Lab Made Ice Cream E5
15. Queen of the East A5
    Sogo.................................(siehe 37)
16. Sushi Fuku-suke B4
17. West Villa B5
18. Yee Tung Heen B3

Ausgehen & Nachtl. (S. 123)

19. Buddy Bar D5
20. Cafe Corridor........................A5
    Dickens Bar .... (siehe 18)
21. Elephant Grounds B4
22. Executive Bar A5
23. Frites......................................C5

Unterhaltung (S. 124)

24. Focal Fair..............................D5
25. Hong Kong Stadium C7

Shoppen (S. 126)

26. Basheer.................................A4
27. Cuffs B5
    Eslite...........................(siehe 31)
28. GOD A5
29. Gum Gum Gum B3
30. Hola Classic C5
31. Hysan Place..........................B4
32. Island Beverley Mall B4
33. Mountain Services...............E2
34. Muji A5
35. Numb Workshop..................C5
36. Papabubble D5
37. Sogo B4
38. Times Square A5
39. Two Girls B4
40. Yiu Fung Store B5

Sport & Aktivitäten (S. 129)

Happy Valley Sports Ground .... (siehe 2)
41. South China Athletic Association....................C6
    Victoria Park............... (siehe 6)

Schlafen (S. 242)

42. J Plus by YOO C5
43. Tuve..E2
44. Twenty One Whitfield D2
45. YesInn A4

Praktisches

46. Central Library D4
47. Hong Kong Island HKTB Centre B4

CAUSEWAY BAY

ABERDEEN

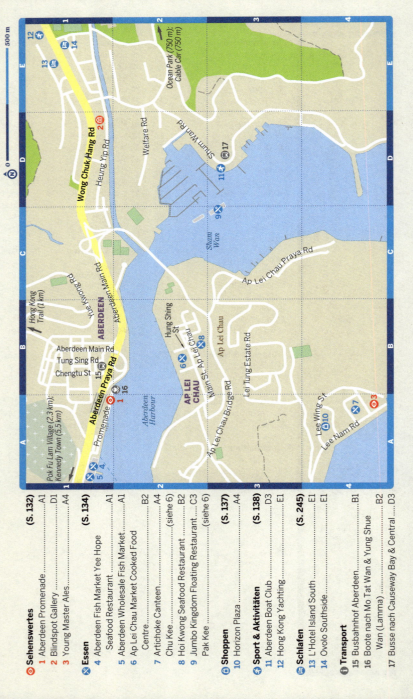

⊙ Sehenswertes (S. 132)
1 Aberdeen Promenade A1
2 Blindspot Gallery D1
3 Young Master Ales A4

⊗ Essen (S. 134)
4 Aberdeen Fish Market Yee Hope Seafood Restaurant A1
5 Aberdeen Wholesale Fish Market A1
6 Ap Lei Chau Market Cooked Food Centre B2
7 Artichoke Canteen A4
 Chu Kee .... (siehe 6)
8 Hoi Kwong Seafood Restaurant B2
9 Jumbo Kingdom Floating Restaurant C3
 Pak Kee .... (siehe 6)

🛍 Shoppen (S. 137)
10 Horizon Plaza A4

✈ Sport & Aktivitäten (S. 138)
11 Aberdeen Boat Club D3
12 Hong Kong Yachting E1

🛏 Schlafen (S. 245)
13 L'Hotel Island South E1
14 Ovolo Southside E1

🚌 Transport
15 Busbahnhof Aberdeen B1
16 Boote nach Mo Tat Wan & Yung Shue Wan (Lamma) B2
17 Busse nach Causeway Bay & Central D3

STANLEY

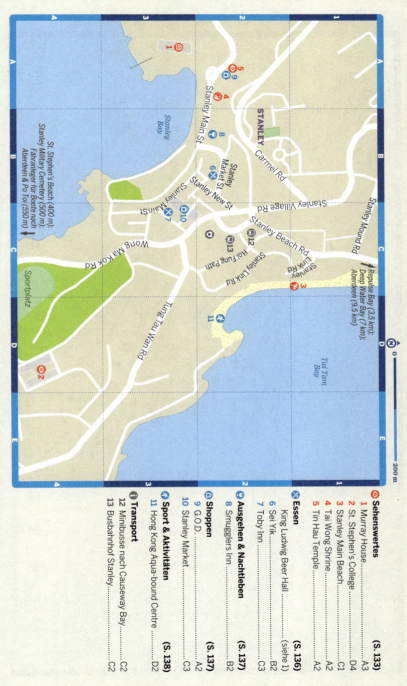

⊙ Sehenswertes (S. 133)
1 Murray House A3
2 St. Stephen's College D4
3 Stanley Main Beach C1
4 Tai Wong Shrine A2
5 Tin Hau Temple A2

⊗ Essen (S. 136)
King Ludwig Beer Hall ..... (siehe 1)
6 Sei Yik B2
7 Toby Inn C3

⊙ Ausgehen & Nachtleben (S. 137)
8 Smugglers Inn B2

⊙ Shoppen (S. 137)
9 G.O.D. A2
10 Stanley Market C3

⊙ Sport & Aktivitäten (S. 138)
11 Hong Kong Aqua-bound Centre D2

⊙ Transport
12 Minibusse nach Causeway Bay C2
13 Busbahnhof Stanley C2

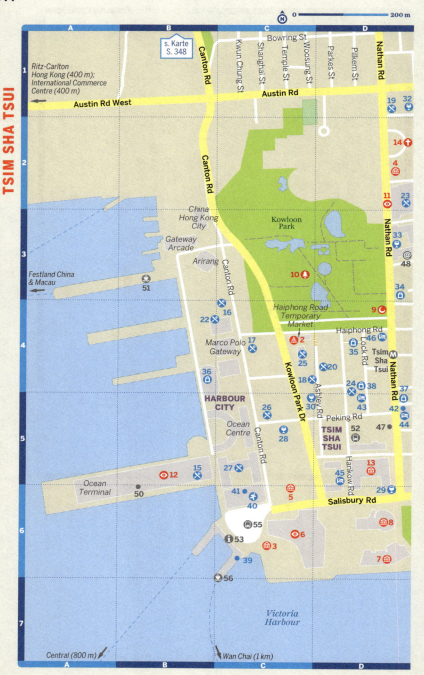

TSIM SHA TSUI

◎ Sehenswertes (S. 146)
1. Avenue of Stars E6
2. Fook Tak Ancient Temple C4
3. Former KCR Clock Tower C6
4. Former Kowloon British School D2
5. Former Marine Police Headquarters C6
6. Hong Kong Cultural Centre C6
7. Hong Kong Museum of Art D6
8. Hong Kong Space Museum & Theatre D6
9. Kowloon Mosque & Islamic Centre D4
10. Kowloon Park C3
11. Nathan Road D2
12. Ocean Terminal Building B5
13. Peninsula Hong Kong D5
14. St. Andrew's Anglican Church D2

✖ Essen (S. 152)
15. Al Molo B5
16. City'super C4
17. Din Tai Fung C4
    Gaddi's .... (siehe 13)
18. Gaylord C4
19. Hing Kee Restaurant D1
20. Hungry Korean D4
21. Mammy Pancake E4
22. Pierre Hermé B4
23. Sun Tung Lok D2
24. Sweet Dynasty D4
25. Tak Fat Beef Balls C4
26. T'ang Court C5
27. Yè Shanghai C5

☕ Ausgehen & Nachtl. (S. 159)
28. Aqua C5
29. Felix Bar D6
30. Ned Kelly's Last Stand C5
31. Tapagria E3
32. Utopia D1
33. Vibes D3

★ Unterhaltung (S. 162)
Hong Kong Cultural Centre .... (siehe 6)

🛍 Shoppen (S. 162)
34. Brown's Tailor D3
35. Curio Alley D4
36. Harbour City B4
37. Premier Jewellery D5
38. Swindon Books D4

⚽ Sport & Aktivitäten (S. 166)
39. Big Bus Company C6
40. Hong Kong Dolphinwatch C6
    Peninsula Academy .... (siehe 13)
41. Water Tours C6
42. Wing Chun Yip Man Martial Arts Athletic Association D5

🛏 Schlafen (S. 245)
Dragon Inn .... (siehe 44)
Holiday Guesthouse .... (siehe 44)
43. InnSight D5
44. New China Guesthouse D5
Park Guesthouse ..... (siehe 44)
Peninsula Hong Kong .... (siehe 13)
45. Salisbury D5
46. Urban Pack D4

ℹ Praktisches
47. China Travel Services Office D5
Hong Kong Antiquities & Monuments Office .... (siehe 4)
48. Pacific Coffee Company D3
49. Tsim Sha Tsui Post Office E5

ℹ Transport
50. Cathay Pacific B6
51. China Ferry Terminal B3
52. Eternal East Cross Border Coach D5
53. Kowloon HKTB Centre C6
54. Sincerity Travel ....
55. Star-Ferry-Busbahnhof C6
56. Star Ferry Pier C6

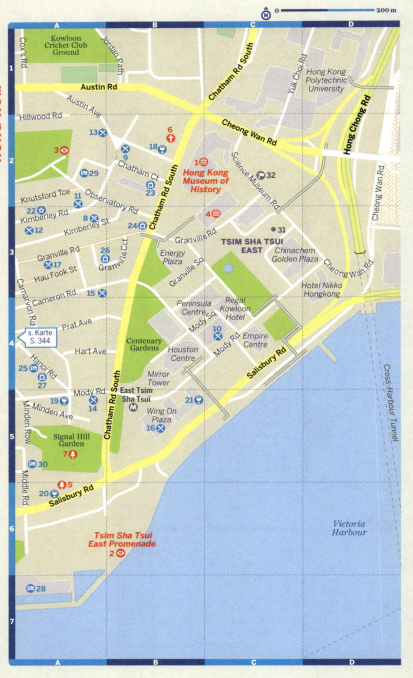

HUNG HOM

◉ Highlights (S. 141)
1. Hong Kong Museum of History B2
2. Tsim Sha Tsui East Promenade B6

◉ Sehenswertes (S. 146)
3. Hong Kong Observatory A2
4. Hong Kong Science Museum C3
5. Middle Road Children's Playground A6
6. Rosary Church B2
7. Signal Hill Garden & Blackhead Point Tower A5

✖ Essen (S. 152)
8. Changwon A3
9. Chicken HOF & Soju Korean B2
10. Dong Lai Shun C4
11. Fook Lam Moon A2
12. Kimberley Chinese Restaurant A3
13. Peking Dumpling Shop A2
14. Spring Deer A5
    Steak House .... (siehe 28)
15. Woo Cow A3
16. Woodlands B5
17. Yum Cha A3

✺ Ausgehen & Nachtl. (S. 159)
18. Amuse B2
19. Butler A5
    InterContinental Lobby Lounge ...... (siehe 28)
20. King Ludwig Beer Hall A6
21. Tapas Bar B5

✺ Unterhaltung (S. 161)
22. Dada A3

🛍 Shoppen (S. 162)
23. Bizet B2
24. Heaven Please B3
25. K11 Art Mall A4
    K11 Select .... (siehe 25)
26. Rise Shopping Arcade A3

🛏 Schlafen (S. 245)
27. Hyatt Regency Tsim Sha Tsui A4
28. InterContinental Hong Kong A7
29. Knutsford Hotel A2
30. Mariner's Club A5

ℹ Praktisches
31. Forever Bright Trading Limited C3
32. Nepalesisches Konsulat C2

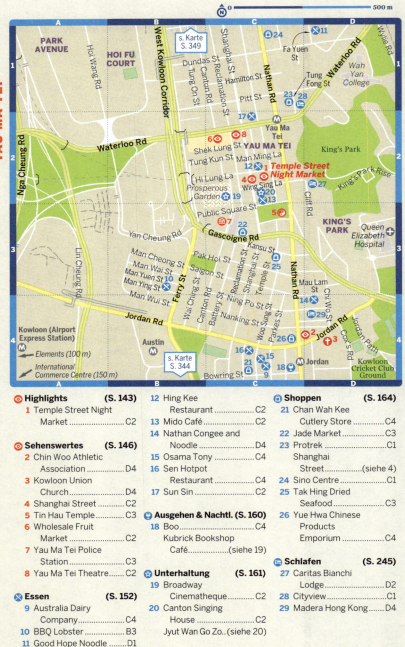

◉ Highlights (S. 143)
1 Temple Street Night Market C2

◉ Sehenswertes (S. 146)
2 Chin Woo Athletic Association D4
3 Kowloon Union Church D4
4 Shanghai Street C2
5 Tin Hau Temple C3
6 Wholesale Fruit Market C2
7 Yau Ma Tei Police Station C3
8 Yau Ma Tei Theatre C2

⊗ Essen (S. 152)
9 Australia Dairy Company C4
10 BBQ Lobster B3
11 Good Hope Noodle D1
12 Hing Kee Restaurant C2
13 Mido Café C2
14 Nathan Congee and Noodle D4
15 Osama Tony C4
16 Sen Hotpot Restaurant C4
17 Sun Sin C2

⊙ Ausgehen & Nachtl. (S. 160)
18 Boo C4
Kubrick Bookshop Café .... (siehe 19)

✪ Unterhaltung (S. 161)
19 Broadway Cinematheque C2
20 Canton Singing House C2
Jyut Wan Go Zo .. (siehe 20)

🛍 Shoppen (S. 164)
21 Chan Wah Kee Cutlery Store C4
22 Jade Market C3
23 Protrek Shanghai Street .... (siehe 4)
24 Sino Centre C1
25 Tak Hing Dried Seafood C3
26 Yue Hwa Chinese Products Emporium C4

🛏 Schlafen (S. 245)
27 Caritas Bianchi Lodge D2
28 Cityview C1
29 Madera Hong Kong D4

MONG KOK

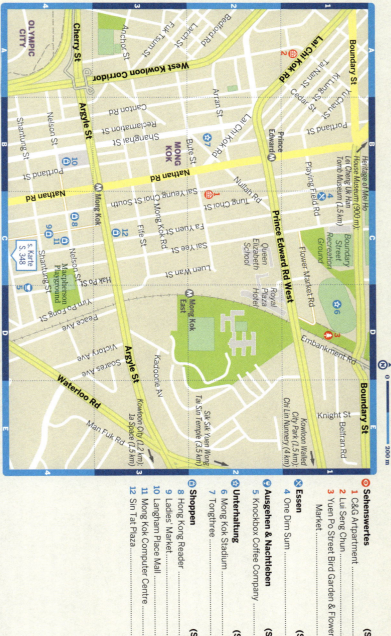

◎ **Sehenswertes**		**(S. 150)**
1	C&G Artpartment	C2
2	Lui Seng Chun	A1
3	Yuen Po Street Bird Garden & Flower Market	D1
✕ **Essen**		**(S. 157)**
4	One Dim Sum	C1
● **Ausgehen & Nachtleben**		**(S. 160)**
5	Knockbox Coffee Company	D4
✪ **Unterhaltung**		**(S. 161)**
6	Mong Kok Stadium	D1
7	Tongthree	B2
🛍 **Shoppen**		**(S. 164)**
8	Hong Kong Reader	C4
9	Ladies' Market	C4
10	Langham Place Mall	B4
11	Mong Kok Computer Centre	C4
12	Sin Tat Plaza	C3

Die Autoren

Emily Matchar
Central, The Peak & der Nordwesten, Kowloon, Outlying Islands, Macao
Emily stammt aus Chapel Hill, North Carolina, und steckte sich während eines Highschool-Austauschs in Argentinien mit dem Reisefieber an. Mittlerweile hat Emily an mehr als zwei Dutzend Lonely Planet Bänden mitgearbeitet. Außerdem schreibt sie für die *New York Times*, *The Washington Post*, *The New Republic*, *The Atlantic*, *Men's Journal*, *Outside*, *Gourmet* und viele andere über Kultur, Reisen, Politik und kulinarische Themen. Wenn sie nicht gerade damit beschäftigt ist, Grillrestaurants in Memphis zu bewerten, über Nachtmärkte in Laos zu schlendern oder durch Neuseeland zu trampen, findet man sie in ihrer Lieblingsstadt Hongkong, wo sie sich Klöße schmecken lässt.

Mehr über Emily gibt's hier: http://auth.lonelyplanet.com/profiles/ematchar

Piera Chen
Reiseplanung, Wan Chai & der Nordosten, Aberdeen & der Süden, New Territories, Hongkong verstehen, Praktische Informationen Wenn sie nicht gerade unterwegs ist, teilt Piera ihre Zeit zwischen ihrer Heimatstadt Hongkong, Taiwan und Vancouver auf. Sie hat an über einem Dutzend Reiseführern mitgeschrieben und an mindestens so vielen Büchern zum Thema Reisen mitgewirkt. Piera hat am Ponoma College ihren BA in Literatur gemacht. In den frühen Jahren ihres Lebens reiste sie oft nach Taiwan, China und Südostasien, aber erst bei ihrem ersten Trip nach Europa kam sie so richtig auf den Geschmack. Sie erinnert sich noch genau daran, wie sie frisch aus dem Flugzeug durch Rom spazierte und dachte: „Das will ich jeden Tag machen." Und das hat sie auch.

Mehr zu Piera gibt's hier: http://auth.lonelyplanet.com/profiles/pierachen

DIE LONELY PLANET STORY

Ein ziemlich mitgenommenes, altes Auto, ein paar Dollar in der Tasche und eine Vorliebe für Abenteuer – 1972 war das alles, was Tony und Maureen Wheeler für die Reise ihres Lebens brauchten, die sie durch Europa und Asien bis nach Australien führte. Die Tour dauerte einige Monate, und am Ende saßen die beiden – pleite, aber voller Inspiration – an ihrem Küchentisch und schrieben ihren ersten Reiseführer *Across Asia on the Cheap*. Innerhalb einer Woche hatten sie 1500 Exemplare verkauft. Lonely Planet war geboren.

Heute hat der Verlag Büros in Melbourne, London und Oakland und mehr als 600 Mitarbeiter und Autoren. Und alle teilen Tonys Überzeugung: „Ein guter Reiseführer sollte drei Dinge tun: informieren, bilden und unterhalten."

130388321
€ 19,99

Lonely Planet Global Limited
Unit E, Digital Court,
The Digital Hub,
Rainsford Street,
Dublin 8,
Ireland

Verlag der deutschen Ausgabe:
MAIRDUMONT, Marco-Polo-Str. 1, 73760 Ostfildern,
www.lonelyplanet.de, www.mairdumont.com
lonelyplanet-online@mairdumont.com

Chefredakteurin deutsche Ausgabe: Birgit Borowski

Übersetzung: Julie Bacher, Karen Gerwig, Laura Leibold

An früheren Auflagen haben außerdem mitgewirkt: Berna Ercan, Tobias Ewert, Derek Frey, Gabriela Huber Martins, Christina Kagerer, Anna Kranz, Jürgen Kucklinski, Britt Maaß, Marion Matthäus, Annika Plank, Dr. Christian Rochow, Andrea Schleipen, Erwin Tivig, Katja Weber

Redaktion: Annegret Gellweiler, Frank J. Müller, Olaf Rappold, Katrin Schmelzle, Julia Wilhelm (red.sign, Stuttgart)

Redaktionsassistenz: Annika Häfner, Sylvia Scheider-Schopf, Stephanie Ziegler (red.sign, Stuttgart)

Satz: Gerhard Junker, Sylvia Scheider-Schopf (red.sign, Stuttgart)

Hongkong
5. deutsche Auflage August 2017, übersetzt von *Hongkong, 17th edition*, Mai 2017,
Lonely Planet Global Limited

Deutsche Ausgabe © Lonely Planet Global Limited, August 2017

Fotos © wie angegeben 2017

Printed in Poland

Obwohl die Autoren und Lonely Planet alle Anstrengungen bei der Recherche und bei der Produktion dieses Reiseführers unternommen haben, können wir keine Garantie für die Richtigkeit und Vollständigkeit dieses Inhalts geben. Deswegen können wir auch keine Haftung für eventuell entstandenen Schaden übernehmen.

MIX
Papier aus verantwortungsvollen Quellen
FSC® C018236

Alle Rechte vorbehalten. Das Werk einschließlich all seiner Teile ist urheberrechtlich geschützt und darf weder kopiert, vervielfältigt, nachgeahmt oder in anderen Medien gespeichert werden, noch darf es in irgendeiner Form oder mit irgendwelchen Mitteln – elektronisch, mechanisch oder in irgendeiner anderen Weise – weiterverarbeitet werden. Es ist nicht gestattet, auch nur Teile dieser Publikation zu verkaufen oder zu vermitteln, ohne schriftliche Genehmigung des Herausgebers. Lonely Planet und das Lonely Planet Logo sind eingetragene Marken von Lonely Planet und sind im US-Patentamt sowie in Markenbüros in anderen Ländern registriert. Lonely Planet gestattet den Gebrauch seines Namens oder seines Logos durch kommerzielle Unternehmen wie Einzelhändler, Restaurants oder Hotels nicht. Informieren Sie uns im Fall von Missbrauch: www.lonelyplanet.com/ip.